D1719144

ULRICH SCHREIBER
OPERNFÜHRER FÜR FORTGESCHRITTENE

ULRICH SCHREIBER
OPERNFÜHRER
FÜR FORTGESCHRITTENE
EINE GESCHICHTE
DES MUSIKTHEATERS

VON DEN ANFÄNGEN BIS ZUR
FRANZÖSISCHEN REVOLUTION

BÄRENREITER KASSEL BASEL

1. Auflage 1988 Bärenreiter-Verlag Karl Vötterle GmbH & Co. KG, Kassel
Lizenzausgabe mit freundlicher Genehmigung der Büchergilde Gutenberg
© 1988 Büchergilde Gutenberg, Frankfurt am Main
Gestaltung: Brigitte und Hans Peter Willberg, Eppstein
Herstellung: Margot Mayer, Neu-Isenburg
Satz: Jung SatzCentrum, Lahnau
Druck: Johannes Weisbecker, Frankfurt am Main
Bindung: Großbuchbinderei Monheim, Monheim
Printed in Germany
ISBN 3-7618-0899-2

Immer spielt ihr und scherzt? Ihr müßt! O Freunde! Mir geht dies
In die Seele, denn dies müssen Verzweifelte nur. HÖLDERLIN

INHALTSVERZEICHNIS

Vorwort 17
Hinweise zum Gebrauch 19

URWORTE, ORPHISCH   21
DIE FRÜHGESCHICHTE DER OPER IN ITALIEN

Die Geburt der Oper aus dem Geist der Schicksalskorrektur 22
Orpheus, der singende Mensch 23
Ideologischer Sprengstoff 25
Gesang als Tonsprache 27
Die Ungleichzeitigkeit des Gleichzeitigen 28
    L'EURIDICE *(Peri und Caccini)* 31
    RAPPRESENTATIONE DI ANIMA E DI CORPO *(Cavalieri)* 34
    LA DAFNE *(Gagliano)* 36

IL DIVINO CLAUDIO   38
CLAUDIO MONTEVERDI

Von der Hofbühne zum Welttheater 39
Erste und zweite Praxis 40
Magd oder Herrin? 40
Der konservative Revolutionär 41
Das Orakel der Musik 42
    L'ORFEO 44
Zwischen Frühwerk und Spätwerk 49
    IL RITORNO D'ULISSE IN PATRIA 53
    L'INCORONAZIONE DI POPPEA 56

ZWISCHEN MONTEVERDI UND SCARLATTI   63
DIE FRÜHE VERBREITUNG DER ITALIENISCHEN OPER

Rom 64
Mazzocchi und Landi 65
Venedig 68
Francesco Cavalli 69
    L'ORMINDO 72
    L'ERCOLE AMANTE 73
Antonio Cesti 75
Grenzüberschreitungen 77

DIE KÖNIGLICHE OPER   80
FRANKREICHS TRAGÉDIE LYRIQUE VON LULLY BIS RAMEAU

Hof und Hauptstadt 82
Die Akademien: Gerichtshöfe des Geschmacks 83
Jean-Baptiste Lully 85
Operndramaturgie 87
Das Rezitativ 90
Durchkomposition 91
Arien, Chöre und Instrumentalsätze 92
Lullys Orchestersprache 94
Das Gesamtkunstwerk als Zukunftsmusik 96
    LE BOURGEOIS GENTILHOMME 96
    ALCESTE OU LE TRIOMPHE D'ALCIDE 99
    ARMIDE 102
Lullys Nachfolger 105
Marc-Antoine Charpentier 106
    DAVID ET JONATHAS 107
    MÉDÉE 109
Jean-Philippe Rameau 111
Rameaus Harmonielehre 114
Der Buffonistenstreit 115
Die Methode des Diskurses 116
Stoffe und Verfahrensweisen 118
Verzicht auf den Prolog 119
Details der Instrumentation 120

Die Chöre und Rezitative 121
    HIPPOLYTE ET ARICIE 123
    LES INDES GALANTES 129
    CASTOR ET POLLUX 131
    DARDANUS 133
Tragédie lyrique oder römischer Gladiatorenkampf? 138

DAS FRÜHE DEUTSCHE MUSIKDRAMA   140
DREISSIGJÄHRIGER KRIEG UND HAMBURGER BÜRGEROPER

Nationale Zerrissenheit 142
Deutsche Opernanfänge 144
    SEELEWIG *(Staden)* 145
Kunstwerk oder Teufelswerk? 149
Theologenstreit in Hamburg 151
Reinhard Keiser 154
Im Widerstreit der Meinungen 155
    MASAGNIELLO FURIOSO ODER
    DIE NEAPOLITANISCHE FISCHER-EMPÖRUNG 158
    DER HOCHMÜTHIGE, GESTÜRZTE UND
    WIEDER ERHABENE CROESUS 160
Händel – Mattheson – Telemann 162
Vergnügen und Erbauung 163
    PIMPINONE 165
    DIE LASTTRAGENDE LIEBE ODER
    EMMA UND EGINHARD 167

ORPHEUS BRITANNICUS UND BETTLEROPER   169
DIE ANFÄNGE DER ENGLISCHEN OPER

Das Theater der Restaurationszeit 170
Henry Purcell 172
    THE FAIRY QUEEN 175
    DIDO AND AENEAS 177
Balladenoper für Bettler 181
    THE BEGGAR'S OPERA 182

DAS ITALIENISCHE MUSIKTHEATER DES SETTECENTO   186

I. DIE ARKADISCHE AKADEMIE
    UND DIE FRÜHFORM DER OPERA SERIA

Die Typologie der Seria 187
Akademischer Reformgeist 189
Die Bedeutung des Habsburgerhofs 191
Die Mechanik der Dramaturgie 192
Das musikalisierte Sprechdrama 193
Das erste Erfolgsstück der Reformer 194
Die Brüder Bononcini 195
Alessandro Scarlatti 196
Das Gift des Mithridates 198
Marcellos Opernsatire 200
Antonio Vivaldi 202
Francesco Gasparini 206

II. GEORG FRIEDRICH HÄNDEL 209

Der entfesselte Prometheus 211
Fortschritt der Vernunft 213
Ironisches 216
Typologisches 219
    GIULIO CESARE IN EGITTO 223
    TAMERLANO 225
    RODELINDA 227
    SERSE 229
    DEIDAMIA 233

III. DIE OPERA BUFFA 236

Intermezzo und Buffo-Oper 237
    LA SERVA PADRONA *(Pergolesi)* 244
    IL FILOSOFO DI CAMPAGNA *(Galuppi)* 249
    CECCHINA OSSIA LA BUONA FIGLIUOLA *(Piccinni)* 253
    IL BARBIERE DI SIVIGLIA
    OVVERO LA PRECAUZIONE INUTILE *(Paisiello)* 258
    IL MATRIMONIO SEGRETO *(Cimarosa)* 262

IV. BLÜTE UND NIEDERGANG DER OPERA SERIA 267

Pietro Metastasio 269
Metastasio und seine Kritiker 270
Vinci, Leo, Pergolesi 274
Dauer-Olympiade 275
Johann Adolf Hasse 277
Hasses Musikstil 278
Carl Heinrich Graun 281
Die königliche Kavatine 282
Größen am Rande 283
Tommaso Traetta 286
Domenico Cimarosa 287
    GLI ORAZI E I CURIAZI 288

REFORM ALS SYNTHESE   292
CHRISTOPH WILLIBALD RITTER VON GLUCK

Reform als Gesinnungstat? 293
Stationen einer Karriere 294
Glucks Klassizismus 296
Eine Welt der Harmonie 297
Opernreform 298
Die Teilbarkeit der dramatischen Wahrheit 299
Calzabigi und Du Roullet 301
Das vernünftige Natürliche 301
Der Piccinistenstreit 302
Polizeiwidriger Fortschritt 303
    ORFEO ED EURIDICE 304
    ALCESTE 310
    PARIDE ED ELENA 314
    IPHIGÉNIE EN AULIDE 315
    IPHIGÉNIE EN TAURIDE 319
Antonio Salieri 325
Vorschuß auf die Zukunft 326

DIE LEICHTE OPER – EINE SCHWERE GEBURT   329
OPÉRA COMIQUE UND SINGSPIEL, BALLAD OPERA
UND ZARZUELA

DIE OPÉRA COMIQUE   330

Jean-Jacques Rousseau   332
   LE DEVIN DU VILLAGE   332
Aufstieg der Opéra comique in Paris   335
Einführung des gesprochenen Dialogs   336
Klänge aus der Arbeitswelt   337
André-Ernest-Modeste Grétry   337
Lebenserinnerungen und Musikanalyse   338
   RICHARD CŒUR DE LION   340
Der Stil der Zeit als Natur der Musik   341
   LUCILE   342

DEUTSCHES SINGSPIEL UND KOMISCHE OPER   345

Johann Adam Hiller   346
Johann Friedrich Reichardt   348
Der Einfluß Lessings   349
Goethe-Vertonungen   350
Finalsteigerungen und Räuberromantik   351
Zwischen Frühklassik und Romantik   352
Wielands imaginäres Theater   353
Grenzüberschreitung im Melodram (*Georg Benda*)   354
Der Triumph der Empfindsamkeit   355
Die Eigensprachlichkeit des Orchesters   356

   WIENS BEITRAG   358

Schmutzige Worte oder ausgearbeitete Piècen   359
Glucks komische Anfänge   360
   LA RENCONTRE IMPRÉVUE   361
Das Wiener Nationalsingspiel   362
Karl Ditters von Dittersdorff   363
   DOKTOR UND APOTHEKER   363

   DIE SPANISCHE ZARZUELA   367

Vorherrschaft fremder Einflüsse   368

Umformung italienischer Vorlagen 370
Von der Zarzuela zur Tonadilla 371

DIE ENGLISCHE BALLADENOPER 373

Todesstoß für Händels Seria-Oper 374
Ein Drache verbreitet schönen Unsinn 375
Abbau des musikalischen Gewichts 375
Charles Dibdin und Stephen Storace 376

ANFÄNGE DER OPER IN RUSSLAND 379

Eine russische Opera seria 380
Die erste russische Oper eines Russen 381
Jewstignej Ipatowitsch Fomin 384

KAPELLMEISTER ODER KAPELLDIENER?   386
DER OPERNKOMPONIST JOSEPH HAYDN

Die rebellierende Musik 387
Vielfalt der Opernarbeit 389
Die komischen Opern 391
    LA CANTERINA 391
    LO SPEZIALE 391
    L'INFEDELTÀ DELUSA 392
Komisch-ernste Mischformen 394
    LE PESCATRICI 394
    L'INCONTRO IMPROVVISO 395
    IL MONDO DELLA LUNA 396
    LA VERA COSTANZA 397
    LA FEDELTÀ PREMIATA 399
    ORLANDO PALADINO 400
Die ernsten Opern 401
    ARMIDA 402

WOLFGANG AMADEUS MOZART   404
ODER DIE GELUNGENE QUADRATUR DES KREISES

Konversationsstücke für Musik 406
Anfänge auf dem Theater 407
Mozarts erste Opera seria 410
Geistliche und höfische Feste 412
Die zweite Opera seria 413
Eine produktive Krise 415
     LA FINTA GIARDINIERA 416
Die große Drehscheibe 421
     IL RE PASTORE 421
     ZAIDE 424
     IDOMENEO 429
     DIE ENTFÜHRUNG AUS DEM SERAIL 440
Die Erstürmung des Gipfels 449
     LE NOZZE DI FIGARO 450
     IL DISSOLUTO PUNITO OSSIA IL DON GIOVANNI 460
     COSÌ FAN TUTTE OSSIA LA SCUOLA DEGLI AMANTI 473
     LA CLEMENZA DI TITO 481
     DIE ZAUBERFLÖTE 488

REVOLUTION UND KLASSIZISMUS   502
LUIGI CHERUBINI IN FRANKREICH

Schreckliche Vereinfacher? 504
Neue Klangwelten 505
Republikanische Oper 507
Paris, Hauptstadt des 19. Jahrhunderts 509
Kaiser und Nebenkaiser 512
Das Lokalkolorit 514
Motivverknüpfungen 515
Davids Klassizismus 518
Luigi Cherubini 520
Empfindliches Gleichgewicht 523
     MÉDÉE 524

Quellenangaben 533
Glossar 539
Opernregister 545
Personenverzeichnis 559

VORWORT

Gesamtdarstellungen der Oper gibt es in deutscher Sprache zuhauf. Ihr Spektrum reicht vom kulturhistorischen Überblick bis zum klassischen Opernführer mit einzeln dargestellten Werken. So verschieden solche Bücher, auch in ihrem jeweiligen Anspruch, sein mögen: sie haben eine gemeinsame Schwachstelle. Von dem Besonderen der Musik, vom Kunstwerkcharakter der Opern, ist in ihnen allzu selten die Rede. Wer sich dafür interessiert, welchen Kunstmitteln eine Oper ihre Unverwechselbarkeit verdankt, findet in den gängigen Opernbüchern nur ausnahmsweise Antworten. Um diesem Mangel zumindest ansatzweise abzuhelfen, wurde das vorliegende Buch geschrieben. In ihm erscheinen Tendenzen der Operngeschichte und die Besonderheiten einzelner Werke des Musiktheaters keineswegs als Beleg für Entwicklungen in der Real- und Geistesgeschichte. Ebensowenig nimmt es den szenischen Ablauf der Werke schon für deren wesentliches Merkmal.

Das Experiment, als sich 1585 in der Florentiner ›Camerata‹ Künstler und Gelehrte an eine Wiederbelebung der attischen Tragödie machten und dabei eher zufällig Geburtshelfer für die Kunstform Oper wurden, ist schon über vierhundert Jahre vergangen. Diese langanhaltende Bauart der Oper erschien in den sechziger Jahren vielen als Ausdruck einer Überlebtheit. Seitdem hat sich aber unser Gefühl für das kulturelle Erbe nachhaltig sensibilisiert. In Anbetracht des täglich möglichen ›Overkill‹ verlieren die Bestandteile unserer Kultur jenen Charakter von Verdinglichung, den sie als schichtenspezifisches Besitzgut angenommen hatten. Die Fatalität des technischen Fortschritts schärft unsere Sinne immer mehr für das, was ihm alles zum Opfer fallen kann. Das mag erklären, warum die Arbeit an der Oper in Wissenschaft und Bühnenpraxis seit den sechziger Jahren eine dramatische Belebung erfahren hat. Das Bewußtsein von der möglichen Endzeit unserer Epoche macht uns in dem Sinne hellhörig, den Friedrich Nietzsche in seiner Streitschrift gegen Richard Wagner formuliert hat: Jede wahrhafte, jede originale Musik ist Schwanengesang.

Diese Originalität des Musikdramas von seinen Anfängen an soll dem Leser hier nähergebracht werden. Deshalb steht der Kunstwerkcharakter im Vordergrund und nicht der Handlungsablauf, der meist nur gestreift wird. Entstehungs- und Uraufführungsgeschichte einzelner Werke werden nur für den Fall in die Deutung einbezogen, daß sie ein besonderes Licht auf das Werk werfen. Sehr viel öfter dagegen wird Bezug genommen auf die Rezeptionsgeschichte der Werke, Besonderheiten ihres Text-Musik-Verhältnisses, Probleme der Stoffgeschichte. Im Zentrum steht die Musiksprache einzelner Opern selbst. Die kann, schon aus Platzgründen, nur in charakteristischen Details ausgewählter Werke beschrieben werden: damit der Leser Lust bekommt, selbst auf Entdeckungsreisen ins Reich der Oper zu gehen.

Die Anordnung des Materials folgt dem geschichtlichen Ablauf der Opernentwicklung, und zwar nach nationalen und gattungstypischen Schwerpunkten. So verbindet sich der Opernführer mit einer Operngeschichte. Die Darstellung folgt dem Motto, das René Leibowitz – dessen Operngeschichte (Paris 1957) den Weg ins Deutsche noch finden muß, 1972 einer Aufsatzsammlung voranstellte: »Ich bin davon überzeugt, daß es unsere Pflicht ist, die Meisterwerke verstehen zu lernen, das heißt, in ihren authentischen Sinn einzudringen, in welcher Epoche und Gesellschaft sie auch entstanden sein mögen.«

Eine dem Kunstwerkcharakter verpflichtete Operndarstellung muß teilweise auch eine Problemgeschichte sein. Dem Konsumenten, der sich ein Kunstwerk wie eine Portion Softeis einverleibt, wird dieses Buch nicht nützlich sein. Es setzt auf der Seite des Lesers nicht nur Bereitwilligkeit voraus, sondern auch einige Grundkenntnisse über die Oper. Adressaten des Buchs sind die fortgeschrittenen Liebhaber der Gattung ebenso wie die Ansprechbaren unter den Verächtern der Oper. Das bedeutet nicht, daß der wissenschaftlich geschulte Spezialist angesprochen werden soll. Vielmehr wird versucht, Erkenntnisse aus dem jüngeren Forschungsstand sowie Anstöße aus der neueren Aufführungsgeschichte dem allgemein Interessierten zu vermitteln. Die Form der Darstellung ist gleichbleibend. Sowohl in Kapiteln über die Großmeister der Operngeschichte wie auch in Epochendarstellungen folgt auf die allgemeinere Einleitung die spezielle Erörterung einzelner Werke. Der Beginn der Operngeschichte wurde pragmatisch auf die Zeit festgelegt, als der sozusagen abendfüllend singende und sich in einer Szenerie bewegende Mensch zum vorrangigen Ausdrucksträger der von der Florentiner ›Camerata‹ vorbereiteten Kunstform wurde.

Für die Hilfe am Zustandekommen dieses Buchs danke ich besonders Jutta Scholl, Franz Giegling, Volker Klotz und meiner Frau Ingrid.

ULRICH SCHREIBER

HINWEISE ZUM GEBRAUCH

Obwohl Inhaltsverzeichnis, Index und ein Glossar fremdsprachiger Fachausdrücke den gezielten Zugriff auf bestimmte Details erleichtern, eignet sich dieses Buch wenig zur schnellen Information vor einem Opernbesuch. Selbst wenn der Leser in den Einzeldarstellungen von Opern das Gesuchte findet, ist dieses doch eingebunden in das jeweilige Gesamtkapitel. Nach Möglichkeit wird dessen Lektüre empfohlen. Dem leichten Verfolg übergreifender Beschreibungen dienen die ausführlichen Vorworte zu den einzelnen Kapiteln ebenso wie die zahlreichen Zwischentitel. Gegenüber dem durchlaufenden Text sind die in Einzeldarstellung erscheinenden Opern durch verringerte Satzbreite deutlich abgesetzt.

Jahreszahlen hinter Operntiteln geben immer das Datum der Uraufführung an; ist ein anderes Datum gemeint (etwa das Erscheinen im Druck) wird das kenntlich gemacht. Operntitel erscheinen immer in VERSALIEN, Titel anderer Werke dagegen in KAPITÄLCHEN (also auch Ballette oder Bühnenmusiken). Zitate werden in doppelten »französischen Anführungen« wiedergegeben, fremdsprachige Ausdrücke oder Hervorhebungen in ›einfachen‹. Textzitate aus Opern werden in *Kursivschrift* gesetzt. Der besseren Lesbarkeit halber wurde auf Abkürzungen im fortlaufenden Text verzichtet; lediglich im Kopf zur Einzeldarstellung einer Oper steht in Kursivschrift *L* für Libretto; *WA* für Wiederaufführung. Auf eine Bibliographie wurde verzichtet. Zitate aus der Forschung werden im Anhang nachgewiesen, fremdsprachige wurden vom Autor übersetzt. Zitate aus Quellenwerken, Dichtung, Philosophie und den Opern selbst werden im fortlaufenden Text durch einen Hinweis auf Autor, Titel und Ersterscheinungsjahr kenntlich gemacht. Liegen zitierte Werke in wissenschaftlichen Ausgaben vor, so wurden sie im originalen Wortlaut benutzt. Andernfalls wurden sie heutigem Lautstand und moderner Rechtschreibung angepaßt.

URWORTE, ORPHISCH
DIE FRÜHGESCHICHTE DER OPER
IN ITALIEN

Corriger la fortune« sei kein Betrug. So wird Minna von Barnhelm in Lessings Lustspiel durch Riccaut de la Marlinière belehrt. Nach dieser Sprachregelung wird man die ›Erfindung‹ der Oper eher einen Trick als einen Betrug nennen können. Unbestreitbar jedenfalls wurden zwei der frühesten erhalten gebliebenen Opern mit den gleichen gezinkten Karten gespielt. Ottavio Rinuccini (1562–1621) war als Lyriker in der Nachfolge Petrarcas und Tassos nicht sonderlich erfolgreich. Dennoch durfte er sich für einen königlichen Poeten halten. Denn als bei den Vorfeiern zur Hochzeit der Maria de' Medici mit Frankreichs König Heinrich IV. am 6. Oktober 1600 im Palazzo Pitti zu Florenz seine Oper EURIDICE, hauptsächlich vertont von Jacopo Peri, erklang, war Henri Quatre von dem Dichter so angetan, daß er ihn als Kammerherrn nach Paris einlud. Rinuccinis späterem Kollegen Heinrich Mann indes war in seinem Roman HENRI QUATRE die ›Erfindung‹ der Oper keine nähere Erwähnung wert. Er ließ Marias Kulturbedürfnis ein Bewenden mit der Lektüre eines trivialen französischen Liebesromans auf der Fahrt nach Paris haben: aus ihm wollte sie den für die Hochzeitsnacht nötigen Wortvorrat schöpfen. Die vom Romancier zitierte Schlußzeile dieses Romans erweckt allerdings den Verdacht, als solle sie Rinuccini als geheimen Autor denunzieren. Da heißt es in der Apotheose eines nackten Jünglings: »Um deinetwillen rinnt fortan ein Quell, den vorher kein Schäfer erblickte.« Immerhin war Rinuccini ein Spezialist für die literarische Verklärung der Schäferwelt, und die Tatsache, daß der bei Heinrich Mann die Quelle verbergende Felsen eine verzauberte Jungfrau ist, bringt die dichterischen Verwandlungskünste des italienischen Literaten ins rechte Licht.

DIE GEBURT DER OPER AUS DEM GEIST DER SCHICKSALSKORREKTUR

Rinuccinis Hauptleistung an der Geburt der Oper war eine Mythenklitterung. Nachdem er als aktives Mitglied in der Künstlergruppe ›Camerata‹ um den Florentiner Grafen Giovanni Maria dei Bardi schon für Jacopo Peris und Jacopo Corsis Oper DAFNE den Text entworfen hatte, weckte er mit einem Trick die Aufmerksamkeit Peris und des ebenfalls der ›Camerata‹ verbundenen Giulio Caccini. Er formte nämlich den Orpheus-Mythos so um, daß er fortan das kulturelle Harmoniebedürfnis einer italienischen Hofgesellschaft nicht stören konnte: dem Sänger Orpheus wurde die Rückkehr der Eurydike aus dem Totenreich ohne jede Bedingung zuteil. So durfte er sich auch nach ihr umsehen, ohne befürchten zu müssen, sie erneut und damit für immer zu verlieren.

Die Versuche in der Florentiner ›Camerata‹, einen neuen Musikstil zu finden, sind lange Zeit durch ihre Selbstinterpretationen mißverstanden worden. Immer wieder berufen sich Peri, Rinuccini und andere auf die antike Tragödie, die sie wiederbeleben wollten, und nach ihrer Meinung sei in diesen alten Dramen der einstimmigen Musik eine bedeutende Aufgabe zugefallen. Im Rückblick auf die Entstehung der Oper erweist sich die Frage als rein akademisch, ob die ›Camerata‹ die attische Tragödie richtig verstanden habe oder nicht. Letztlich ging es den um den Grafen Bardi versammelten Künstlern nämlich weniger um die Rekonstruktion der antiken Tragödie als um den Gewinn einer neuen Kunstform. Die Berufungen auf die Antike waren mehr eine Formel als eine künstlerische Willenserklärung. Rinuccinis Tat besteht ja gerade darin, daß er den Mythos vom thrakischen Sänger Orpheus seiner tragischen Züge beraubt und damit dem Gattungsbegriff der Tragödie entzogen hat. Die anti-tragische Tendenz verstärkte er dadurch, daß er die Handlung in ein Arkadien verlegte, das mit dem der griechischen Literatur nichts mehr gemein hatte (immerhin wußte man um 1600 über die Literatur der alten Griechen viel besser Bescheid als über deren Musik). Hatte Hesiod in seinem Epos WERKE UND TAGE um 700 v. Chr. ein Bild der Goldenen Zeit entworfen, in dem der Mensch vor dem Feuerraub des Prometheus ohne Arbeitszwang unentfremdet neben Göttern und Tieren lebte, so machten (vor allem in der Nachfolge von Vergils BUCOLICA) italienische Renaissance-Dichter wie Torquato Tasso (AMINTA) und Giovanni Battista Guarini (IL PASTOR FIDO) aus dem paradiesischen Arkadien der Antike eine idyllische Schäferwelt in Italien.

Was dem heutigen Geschmack in Rinuccinis Libretto als Nivellierung vorkommen mag: die Entschärfung des Orpheus-Mythos und dessen Verlagerung in eine überstilisierte Pastoral-Welt, das hatte für die Herausbildung der jungen

Oper einen Signalwert. So schrieb der Florentiner Gelehrte Giovanni Battista Doni, seit 1640 Universitätsprofessor in seiner Heimatstadt, im Rückblick auf die Bemühungen der ›Camerata‹ in seinem TRATTATO DELLA MUSICA SCENICA (1635/39, Nachdruck 1903) der Pastorale eine besondere Eignung für die neue Theaterform zu: »Was die Pastorale betrifft, so würde ich sagen . . ., daß man sie vollständig in Musik setzen könnte . . ., weil Götter, Hirten und Nymphen jenes uralten Zeitalters hier auftreten, in dem die Musik natürlich und die Sprache fast Poesie war« und »die dargestellten Hirten nicht jene schmutzigen und gewöhnlichen waren, die heutzutage das Vieh weiden, sondern jene des alten Zeitalters, in dem die Edelsten sich in dieser Kunst übten.«

Doni bezieht die von ihm betonte Operneignung der Pastorale nur in einer vorgeschobenen Rechtfertigung auf die Antike zurück. Seine eigentliche Legitimierung des ›modernen‹ Musikdramas zwingt er in die sehr hypothetische Vorstellung von einer Zeitkunst, in der die Musik Natur und die Sprache Dichtung war. Dieses Ineins von Natur, Klanglichkeit und Sinnvermittlung ist nicht nur die früheste bündige Formulierung des Phänomens Oper, es erklärt auch, warum die Pastorale dessen bestes Transportmittel war: weil in ihrem Nebeneinander von Göttern, Hirten und Nymphen, von Natur und Kunst, die Normal-Realität ebenso überwunden war wie in der jungen Oper. Das Grundproblem der Oper: der Mensch, der sein Denken, Reden und Handeln als Gesang vorführt, konnte in der mythisierenden Pastorale am besten seiner inneren Widersprüche entledigt werden. Aus der Wahrscheinlichkeit einer ›realistischen‹ Tragödie wurde so in der Oper eine ›unrealistische‹ Darstellungsform für reale Vorgänge gefunden (die ›Verosimiglianza, französisch ›Vraisemblance‹, ist ein Hauptbegriff in der sich auf die Antike beziehenden klassizistischen Kunst der Nachrenaissance im romanischen Kulturbereich). Der singende Mensch, ein Abbild höchster Realitätsferne, wandelte sich zum Erscheinungsbild eines besonderen Wahrheitsanspruchs in einer neuen Kunstform.

ORPHEUS, DER SINGENDE MENSCH

Die wirklichkeitsentrückte Pastoral-Welt eines überkünstelten Arkadien und die Klitterung des Orpheus-Mythos durch Rinuccini gaben dem Musiktheater auch deswegen in Italien einen fruchtbaren Boden, weil die zeitgenössische Form der Tragödie im Sprechtheater korrumpiert war und immer mehr durch die burleske Stegreifkomödie ersetzt wurde. So mag Rinuccinis Orpheus-Dichtung durch das Wort seines Zeitgenossen Giordano Bruno beglaubigt sein: »Se non è vero, è ben trovato« (Und sei's nicht wahr, so ist's doch gut erfunden). Das galt auch in einem rein pragmatischen Sinn. Daß Orpheus als Sohn des Musikgottes Apoll zu singen pflegte und mit seinem Gesang die wilden Tiere besänftigte, war durch den lebendigen Mythos unverrückbar ins allgemeine Bewußtsein geprägt. So konnte sich niemand an einem singenden Orpheus auf der Bühne stören. Ebenso wenig am Transzendierungscharakter der Oper: jener Szene, in der Orpheus singend die Geister der Unterwelt bezwingt. Das wirkte nun wie ›Natur‹.

Schon in seinem ersten Opernbuch hatte Rinuccini einen göttlichen Mann der Musik auf der Bühne heimisch zu machen versucht: der Zeussohn Apoll stellt in der DAFNE erfolglos der Tochter eines Flußgottes nach. Um ihr die Jungfräulichkeit zu bewahren, verwandelt Vater Penneus sie in einen den verliebten Gott nicht mehr reizenden Lorbeerbaum. Nachdem Jacopo Peri und Jacopo Corsi dieses Libretto schon im Jahre 1594 vertont hatten (die wahrscheinlich 1597 uraufgeführte Oper ist nur in wenigen Fragmenten überliefert), folgten ihnen darin Giulio Caccini 1602 (das Werk ist verlorengegangen) und Marco da Gagliano 1608. Gaglianos für Mantua geschriebenes und in Anwesenheit von Claudio Monteverdi am Hof der Gonzaga im Januar uraufgeführtes Werk erschien schon im Oktober 1608 als Druck. In dem Vorwort zur Partitur wies der Komponist ausdrücklich auf die ästhetische Legitimation des musizierenden Menschen auf der Bühne durch Apoll hin: An der Stelle, wo »Apoll die Lyra an die Brust setzt (was in anmutiger Weise geschehen muß), ist es notwendig, von der Lyra Apolls eine ungewöhnliche Musik erklingen zu lassen. Deshalb mögen sich vier Violaspieler (gleichviel, ob mit Arm- oder Knievielen) in einer der nächstgelegenen Kulissengassen aufstellen, wo sie wohl von Apoll, nicht aber vom Publikum erblickt werden können; sobald nun Apoll den Bogen auf die Lyra setzt, spielen sie die drei vorgeschriebenen Noten, doch mit gleichzeitiger Bogenführung wie mit einem Strich. Diese Täuschung kann, außer von Sachkennern, von niemandem bemerkt werden.« (Unbemerkt blieb lange Zeit auch der Irrtum der Renaissance-Künstler, die antike Lyra für ein Streichinstrument zu halten.)

Hatte Ottavio Rinuccini mit seiner Schicksalskorrektur den in einer Schäferwelt singenden Menschen auf der Bühne um 1600 legitimiert, so ging Marco da Gagliano insofern einen Schritt weiter, als er die Unwahrscheinlichkeit des auf Bühne sich musikalisch artikulierenden Menschen (oder Gottes) hinter einer akustischen Täuschung verbarg. Die unrealistische Opernkunst hatte also gleichwohl wahrscheinlich zu wirken: eine verständliche Forderung für eine Zeit, in der Galilei (1602) seine Fallgesetze und (1611) die Jupitermonde entdeckte, in der Kepler (1609) seine ersten beiden Gesetze zur Planetenbewegung veröffentlichte und William Gilbert den Erdmagnetismus und die Reibungselektrizität erforschte.

Die musikalische Bühnenkunst der Zeit reflektiert solchen Fortschritt: die Entstehung der Oper war kulturgeschichtlich auch eine ›Kopernikanische Wende‹. Das gilt nicht nur für die Geschichte der Theaterkunst im besonderen, sondern auch für die Funktion der Oper innerhalb der allgemeinen Kunstentwicklung. Die in Rinuccinis Libretti sichtbar werdende Trivialisierung antiker Vorlagen entsprach ihrer Wirkungsdramaturgie nach jener breiten Stilfächerung, mit der gerade im romanischen Kulturbereich um die Wende vom 16. zum 17. Jahrhundert die Dichter in ihrer strengen Nachahmung der antiken Literatur auch deren Praxis von den verschiedenen Stilhöhen wiederbelebten. Waren Dichtung und Kunst in der Renaissance von einem Realismus geprägt gewesen, in dem es möglich war, auch die trivialen Vorgänge des alltäglichen Lebens auf einer hohen und ernsten Stilebene abzuhandeln, so beginnt um 1600 eine neo-antike Strömung. Das Alltägliche wird einer niederen, komischen Kunstebene zugeordnet; deren Darstellungsmittel sind realistisch. Das Erhabene dagegen erfordert eine hohe, ernste Stilebene; deren Darstellungsmittel sind anti-realistisch und können doch, wie im Beispiel von Apolls Lyra bei Gagliano, auf der Bühne in einen Illusionszusammenhang gezwungen werden.

IDEOLOGISCHER SPRENGSTOFF

Die Wiedereinsetzung der antiken Lehre von den getrennten Stilebenen sollte bis ins 19. Jahrhundert hinein nicht nur für die Oper ästhetische Auswirkungen haben. Aber dieser Rückgriff im Umbruch ist beileibe nicht nur als Fortschritt zu verstehen: er hat auch seine prekäre Seite. Brachten die Wissenschaften zu Beginn des 17. Jahrhunderts den endgültigen Zusammenbruch mythischer Welterklärungen zwischen der Bibel und der Antike mit sich, so band sich nun die Kunst im allgemeinen, die Oper im besonderen mit ihren neo-antiken Tendenzen wieder an den Mythos zurück. Daß die Oper in ihrer ersten, hochstilistischen Erscheinungsform der geschichtlich ›reaktionären‹ Adelsschicht und nicht der ›progressiven‹ des Bürgertums zugehörte, ist alles andere als ein Zufall. Ebensowenig kann es als Zufall gesehen werden, daß die andere Schicht traditioneller Kunstförderer, der Klerus, der neuen Theaterform zwiespältig gegenüberstand. Mögen dafür auch immer wieder moralische Bedenken als Grund angeführt worden sein, so darf man nicht übersehen, daß die vermeintlich rückschrittliche Bindung an den Mythos ein ideologisches Sprengpotential freisetzte. Der besondere Realismus der christlich-mittelalterlichen Kunst hatte auf das Moment größtmöglicher Verständlichkeit abgezielt. Natürlich ist dieser Realismus nicht mit realistischen Verfahren im 19. Jahrhundert zu verwechseln, da er eine stark figurative Komponente aufweist. Kanonisch durchgesetzt wurde er durch die Verbreitung der Bibel als vorrangigem Bildungsmittel. Es war vor allem die Leidens- und Sterbensgeschichte Christi »mit ihrer rücksichtslosen Mischung von alltäglich Wirklichem und höchster, erhabenster Tragik, die die antike Stilregel überwältigte«. Allerdings sind die für die Preisgabe der antiken Lehre von den verschiedenen Stilhöhen entscheidenden realistischen Mittel im Mittelalter in einen christlichen Deutungszusammenhang gestellt: Jedes Kunstmittel weist auch über sich hinaus. Dieser figurale Realismus zeigt irdische Vorgänge in ihrer konkreten Wirklichkeit und zugleich als Bestandteil eines göttlichen Heilsplans. Das eine ist immer durchscheinend für das andere, und was uns als zeitgebundene Entwicklung vorkommt, enthält immer auch einen heilsgeschichtlichen Funktionswert.

Dieses Mittel der ›Interpretatio christiana‹ ging in der neo-antiken Kunst Italiens um die Wende zum 17. Jahrhundert weitgehend verloren. Ersetzt wurde es durch eine Eindeutigkeit auf der höchsten Stilebene. In der Oper mit der scheinbar tendenzlosen Musik als Hauptträger geschah indes etwas Merkwürdiges. Wurde Musik als Tonsprache ganz ernst genommen, dann entwickelte sie zu dem jeweils gesungenen Text nicht nur einen illusionistischen Rahmen, sondern manchmal auch das Gegenteil: einen widersprechenden Interlinear-Kommentar (das berühmteste Beispiel finden wir in der Arie des Orest aus Glucks IPHIGENIE AUF TAURIS, wenn die heftig synkopierten Violen den Darsteller, der sich selbst Beruhigung konstatiert, der Selbsttäuschung überführen). Je höher diese autonome Musiksprachlichkeit entwickelt ist, desto mehr verliert die Oper ihre Eindeutigkeit der Stilhöhe und desto mehr gewinnt sie an ›figuraler‹ Komplexität. Diese Binnenspannung der Oper, sicherlich eine der Voraussetzungen ihrer über die Jahrhunderte hin ungebrochenen Faszinationskraft, war keineswegs ein Arbeitsziel ihrer Begründer. Dennoch liegt sie paradoxerweise schon in den Anfängen vor, obwohl das ausgesprochene Ziel der Musiker in der Florentiner ›Camerata‹ darin bestand, die Musik zur Verdeutlichung des gesungenen Textes heranzuziehen. Der Theoretiker Doni hat das in seinem TRATTATO festgehalten, als er die Kunstbasis der ›Camerata‹ beschrieb: »Man wurde sich vor allem darüber einig, daß man, da die heutige Musik im Ausdruck der Worte ganz unzureichend und in der Entwicklung der Textgedanken abstoßend war, bei dem Versuch, sie der Antike wieder näherzubringen, notwendigerweise Mittel finden müsse, die Hauptmelodie eindringlich hervorzuheben: so daß die Dichtung klar vernehmlich sei und die Verse nicht verstümmelt werden.« Dank Doni wissen wir, daß Vincenzo Galilei (der Vater des Physikers) mit einer Vertonung der Klage des Ugolino aus Dantes GÖTTLICHER KOMÖDIE und einiger Klagelieder des Propheten Jeremias erste Versuche unternahm, »die Dichtung klar vernehmlich« in der Musik hervortreten zu lassen.

GESANG ALS TONSPRACHE

Musikgeschichtlich handelt es sich bei den Experimenten der Florentiner ›Camerata‹ weniger um die Wiederbelebung der antiken Tragödie als um die Entwicklung eines ›monodischen‹, von nur einer Stimme vorgetragenen Gesangsstils, mit dem gegen die jeden Text überwuchernde Polyphonie der alt-niederländischen (franko-flämischen) Komponistenschule opponiert wurde – die Oper war ein mehr zufälliges Produkt dieser Bestrebungen. Die von einer Stimme zur Begleitung eines oder weniger Instrumente vorgetragene Monodie wurde nach dem Zeugnis Donis am besten von Peri, Caccini und Monteverdi entwickelt: »Sie haben die musikalische Kunst auf einem Hauptgebiet merklich verbessert, nämlich im Ausdruck, und den Gesang zur Tonsprache erhoben.« Die Erhebung des Gesangs zur Tonsprache: das ist wirklich die historische Leistung jener Komponisten. Die Tatsache, daß es bis heute keine bedeutende italienische Oper mit gesprochenem Dialog gibt, beweist die Richtigkeit von Donis Analyse: Gesang, zur Höhe einer musiksprachlichen Eigengesetzlichkeit entwickelt, bedarf nicht mehr des gesprochenen Wortes, um seinen Sinn zu vermitteln. Sind auch die frühesten überlieferten Opern von diesem Ziel weit entfernt, so rückt es uns in der Klammer zwischen Monteverdis Erstling ORFEO und seinem letzten Wort in diesem Genre, der POPPEA, auf eine Weise nahe, die in den seitdem verflossenen Jahrhunderten an Verbindlichkeit nichts eingebüßt hat. Die frühe Erfüllung dessen, was von der Florentiner ›Camerata‹ um 1580 eingeleitet worden war, mag ein Indiz für den Strukturzusammenhang von Realismus und Figuration, von einheitlicher Stilhöhe und Stilmischung, von Ernst, Satire und tieferer Bedeutung sein. Er ist zwar in keine Heilsgeschichte eingebunden, aber das die Oper seit ihrer Geburt prägende Ineins von Rückblick und Fortschritt hat gegen die Erosion der jeweiligen Realzeit einen Subtext in die Geschichte des Abendlands eingraviert.

Diesem Programm verschrieb sich ausdrücklich eine Kunstform, die neben der mythisch grundierten Pastoralfabel die Herausbildung der Oper beeinflußte: das geistliche Mysterienspiel. Der einer römischen Adelsfamilie entstammende Emilio de' Cavalieri war es, der die seit dem hohen Mittelalter ungebrochene Tradition des liturgischen Dramas durch seine Handhabung des monodischen Gesangsstils für die junge Oper fruchtbar machte. Schon die Zeitgenossen haben das so gesehen, und Jacopo Peri hielt das Urteil in der Vorrede zu seiner EURIDICE fest: »Von Herrn Emilio de' Cavalieri wurde uns, soweit ich weiß, früher als von jedem anderen unsere Musik mit wunderbarer Erfindungsgabe auf der Bühne zum Hören gebracht.« Als künstlerischer Oberleiter am

Florentiner Hof geriet Cavalieri bald nach seinem Amtsantritt im Jahre 1588 in einen Konflikt mit dem Grafen Bardi. Nach Bardis Abgang in die Kurie dürfte der Streit 1592 entschieden worden sein, und Cavalieri übte fortan auf die vom Grafen Jacopo Corsi geführte ›Camerata‹ einen nicht unwesentlichen Einfluß aus. Er dürfte dafür gesorgt haben, daß die von Bardi immer wieder in Angriff genommene Wiederbelebung der attischen Tragödie völlig in den Hintergrund trat und durch die Pastoralfabel ersetzt wurde (er selber hatte 1591 Tassos AMINTA nach Florenz gebracht und in den folgenden Jahren mit Laura Guidiccioni-Lucchesini drei durchkomponierte Pastoralen entworfen: IL SATIRO, LA DISPERAZIONE DI FILENO und IL GIOCO DELLA CIECA). Seine eigene RAPPRESENTATIONE gab zudem Anlaß für eine vergleichsweise kurze Blüte der geistlichen Oper, die vor allem durch das Patronat des 1623 auf den Papstthron gekommenen Urban VII. und seiner Kardinalsneffen Francesco und Antonio Barberini gefördert wurde. Da im römischen Kirchenstaat keine Frauen auf der Bühne stehen durften, wurden die Kastraten der ›Capella Sistina‹ zu Beginn der Karnevalszeit vom Dienst suspendiert und zur Opernbühne abkommandiert, wo sie Frauenrollen spielten.

DIE UNGLEICHZEITIGKEIT DES GLEICHZEITIGEN

Schon dieses Spezifikum der geistlichen Oper macht den Sonderstatus der Gattung deutlich. Daß Cavalieris RAPPRESENTATIONE aus dem Jahre 1600 für die Operngeschichte von Belang ist, erklärt sich weniger aus ihrer ideologischen Stoßrichtung als aus ihrer Einbindung in musikalische Zeitströme. Hier liegt also eine ›Ungleichzeitigkeit des Gleichzeitigen‹ vor. Das von Alessandro Guidotti verfaßte Vorwort zur ersten Druckausgabe der Partitur im Uraufführungsjahr 1600 enthält nicht nur den Hinweis auf die optimale Raumgröße für eine Aufführung, die tausend Menschen bequem Platz bieten solle, sondern auch einige Angaben zur Instrumentation. Noch wichtiger in dem genannten Zusammenhang sind die Hinweise auf die richtige Art des Gesangs: »Der Sänger muß eine schöne Stimme haben, von guter Intonation und Tragfähigkeit. Er soll ausdrucksvoll singen, leise und laut, ohne Passagenwerk. Vor allem soll er die Worte gut artikulieren, daß sie verstanden werden, sie mit Bewegungen und Gesten untermalen, die er nicht nur mit den Händen, sondern auch mit Schritten vollführt – sie sind sehr wertvolle Mittel zur Erregung des Affekts.« Hier ist der neue Gesangsstil als ›Recitar cantando‹ definiert: ein Sprechen als Sinnvermittlung im Singen. In Giulio Caccinis Vorwort zu seinen NUOVE MUSICHE von 1602 werden diese Stichwörter aufgegriffen, wobei Caccini einzelne Effekte der neuen Gesangsweise (›effetti‹) zu einer Ästhetik des guten Singens verbindet

(›buona maniera di cantare‹): er war halt gelernter Sänger. Es ist auffällig, daß die Stilwende der Musik um 1600 vorrangig von einem Willen der Komponisten nach deutlicher Wirkung geprägt wird: auf seiten des Publikums muß eine hohe Reizempfänglichkeit vorhanden gewesen sein. Anders läßt sich der Erfolg des neuen Stils kaum erklären. Caccini spricht offen von der Notwendigkeit, die Affekte zum Ausdruck zu bringen (›esprimare qualche affetto‹) und sie im Publikum freizusetzen (›muovere l'affetto dell'animo‹). Dieser neuartig monodisch-rezitativische Stil war keineswegs in seiner Wirkung auf italienische Ohren beschränkt. So übersetzte Michael Praetorius 1619 eine Generalbaßanweisung Agostino Agazzaris (1607) mit offenbarer Anteilnahme an der neuen Erfindung, »die Wörter zu exprimieren«, und verstand die junge Musiksprachlichkeit als Protest gegen den Stil der alt-niederländischen Polyphonie. Für ihn verwirklichte sich die neue Kunst, »indem man fast und so viel als möglich eben so singet, als wenn man sonsten mit einem redete, welches dann am besten mit einer eintzigen oder ja mit wenigen Stimmen angehet«, ganz im Gegensatz zu den alten Motetten, »welche voller Fugen und Contrapuncten« seien. Diese Haltung findet sich auch bei anderen Theoretikern des 17. Jahrhunderts, so daß von einer weitgehenden Übereinstimmung die Rede sein kann.

Natürlich erlagen alle, die der neuen Kunst theoretisch den Weg in der Abgrenzung gegen die alte wiesen, einem Tendenzirrtum: selbstverständlich hatten auch die Meister der polyphonen Motette auf eine hochentwickelte Textausdeutung Wert gelegt, allerdings in einer so subtilen Weise, daß ihre Werke einer ›Musica reservata‹ für wenige Kenner zugehörten. Die neue, monodisch-rezitativische Vortragsweise erwies sich als eine Kunst für breitere Schichten der an Musik interessierten Öffentlichkeit. Geprägt wird dieser szenische Musikvortrag (›Stile rappresentativo‹) nicht nur vokal, sondern auch durch sein Fundament: den fortlaufenden Baß (›Basso continuo‹), dessen Akkordgerüst mit Ziffern bezeichnet wurde. Gewiß hatte es schon vor der Wende zum 17. Jahrhundert die Praxis einzelner die Singstimme begleitend stützender Akkordfolgen gegeben, aber es dürfte kein schierer Geschichtszufall sein, daß die ersten Großzeugnisse des neuen ›Stile rappresentativo‹ zugleich die für den bezifferten Baß sind (der schon erwähnte Aggazari war einer der ersten Theoretiker, die den rechten Umgang mit dem aus Kreuzen, B's und Ziffern zusätzlich zu der Singstimme notierten Baß lehrten). Aus der Pedanterie, mit der – auch von Praetorius – die Generalbaß-Richtlinien verbreitet wurden, ist zu schließen, daß die Komponisten des neuen Stils auf jeden Fall eines vermeiden wollten: eine Unschärferelation zwischen dem Gesang und der Begleitung; statt dem Improvisationsgeschick der ausübenden Künstler zu vertrauen, sicherten sie sich lieber ab. Andererseits sind die zeitgenössischen Richtlinien in sich widerspruchsvoll und die Generalbaß-Aussetzungen in den überlieferten Werken so karg, daß die Berichte über ungeheuer klangvolle Aufführungen verwirrend wirken. Ein Grund für die schwierige Beurteilung der damaligen Gegebenheiten liegt darin, daß die zeitgenössischen Lehren die Musik kaum auf ihren sozialen Aufführungsrahmen hin klären: ob die Musik im Theater, der Kirche oder in einer höfischen Kammer erklang, dürfte aber für den Aufführungsstil von entscheidendem Gewicht gewesen sein. In Cavalieris RAPPRESENTA-TIONE beispielsweise gibt das Vorwort Hinweise auf eine Veränderung der Instrumentation je nach Art des Raumes, in dem das Werk aufgeführt wurde. Dem entspricht es, daß die erste geistliche und die erste gedruckte Oper überhaupt die Verbindung des ›Stile rappresentativo‹ mit der Generalbaßbegleitung beispielhaft dokumentiert. Mag dieses Werk in seiner textlichen Botschaft auch auf das liturgische Drama des Mittelalters bezogen sein und im Vergleich mit den mythischen Pastoralen der ›Camerata‹ rückständig wirken, so rundet es sich doch zusammen mit diesen zu einem komplexen Wirkungszusammenhang. Schon in der Frühgeschichte der Oper, diesen orphischen Urworten, sind spätere Entfaltungsmöglichkeiten angelegt.

Mit Cavalieris RAPPRESENTATIONE und der DAFNE da Gaglianos ist die Ausstrahlung der Aktivitäten der ›Camerata‹ von Florenz bis nach Rom und Mantua dokumentiert. Die ›Geburtsstadt‹ der Oper selber indes spielte für die Herausbildung des neuen Genres nach den beiden EURIDICE-Vertonungen keine besondere Rolle. Der Grund ist einfach zu benennen. Im Gegensatz zu Mantua, Rom und Venedig war die Oper am Hof der Medici auf den Charakter einer Staatsaktion beschränkt: sie drang nicht über die höfische Schicht hinaus. Spätere Uraufführungen hatten immer einen offiziellen Anlaß und kaum je einmal einen Nachhall. So kam da Gaglianos IL MEDORO (verschollen) 1619 zur Kaiserwahl Ferdinands II., eines Schwagers Cosimos de' Medici, heraus; Caccinis Tochter Francesca (1588–um 1640) schrieb ihre Ballettoper LA LIBERA-ZIONE DI RUGGIERO DALL'ISOLA D'ALCINA 1625 anläßlich des Florenz-Besuchs des polnischen Prinzen Władisław Sigismund; Gaglianos und Peris Koproduktion LA FLORA diente 1628 als Festbeitrag zur Vermählung Margheritas de' Medici mit dem Herzog von Parma. Und als 1637 der Großherzog Ferdinando II. Vittoria della Rovere heiratete, gab es mit der Musikfabel LE NOZZE DEGLI DEI gar ein Gemeinschaftswerk von fünf ortsansässigen Komponisten, das ohne Zuhilfenahme eines auswärtigen Musikers aufgeführt wurde. Daß die Geburtsstadt der Oper für diese keine wichtigere Rolle spielte, mag paradox erscheinen, aber nicht minder paradox mutet die Geburt der Oper selber an. So wie Columbus Amerika fand, weil er Indien suchte, kamen die Mitglieder der ›Camerata‹ zur Oper, weil sie die antike Tragödie wiederbeleben wollten.

L'EURIDICE (›Rappresentata nello Sponsalizio Maria Medici 1600‹. Eurydike, aufgeführt bei den Hochzeitsvorfeiern der Maria Medici 1600. Oper in einem Prolog und sechs Szenen von Jacopo Peri; *L* von Ottavio Rinuccini; Florenz, Palazzo Pitti 1600; *WA* Mailand 1916; Universität München 1934; Metropolitan Museum New York 1972).

L'EURIDICE (›Composta in musica in stile rappresentativo‹. Eurydike, in Musik gesetzt im darstellenden Stil. Oper in einem Prolog und sechs Szenen von Giulio Caccini; *L* von Ottavio Rinuccini; Florenz, Palazzo Pitti 1602).

Neben Cavalieris geistlichem Mysterienspiel RAPPRESENTATIONE DI ANIMA E DI CORPO aus dem Jahre 1600 sind die beiden Vertonungen von Rinuccinis knapp 800 Verse umfassender ›Favola drammatica‹ die ersten überlieferten Opern. Sie sind nicht nur durch das gleiche Libretto miteinander verbunden, sondern auch durch die Tatsache, daß Jacopo Peri (1561–1633) im Vorwort seiner 1601 erschienenen Partitur Teile der Musik Giulio Caccini (ca. 1550–1618) zuweist. Caccini gab seine Partitur kurz vor der Peris heraus und konstatierte im Vorwort: »Ich beschränke mich darauf, mit Genugtuung festzustellen, daß ich der erste bin, der diese Art des Gesangs im Druck herausgibt.« Aus der für die Zeit ungewöhnlichen Tatsache einer Drucklegung vor der Uraufführung des Werks ist zu schließen, daß die führenden Vertreter der Florentiner ›Camerata‹ sich über die Neuartigkeit ihrer Arbeiten im klaren waren und ihren Stellenwert in den Annalen frühzeitig zu sichern suchten. Daß Caccini seinen Prioritätsanspruch nicht auf eine Musikgattung (die Oper), sondern nur auf einen Musizierstil (den neuen monodischen Gesang) bezieht, dürfte weniger mit seiner (nicht vorhandenen) Bescheidenheit zu erklären sein als mit der bereits im September 1600 gedruckten RAPPRESENTATIONE de' Cavalieris. Genau genommen, ist sogar sein reduzierter Prioritätsanspruch fragwürdig. Seine EURIDICE, mit ihm selbst möglicherweise als Orpheus, ging am 5. Dezember 1602 in eben jenem Florentiner Pitti-Palast in Szene, der am 6. Oktober 1600 die Uraufführung von Peris Vertonung erlebt hatte. Daß in dieser fast ein Drittel der Musik von Caccini stammte, ist keineswegs aus der im Kreis der Florentiner ›Camerata‹ immer wieder beschworenen Gemeinsamkeit der Inspiration zu erklären; tatsächlich hatte Caccini (wie Peri ein ausgezeichneter Sänger) als Kopf einer Ausbildungsstätte eine Art Monopol bei der Zuordnung von Rollen an Sänger, und er bestand darauf, daß ›seine‹ Sänger auch einen Teil seiner Musik vortrugen. Wahrscheinlich sang seine Frau Lucia die Titelrolle, während Peri als Orpheus auftrat.

Von der Aufführung der beiden EURIDICE-Opern darf man sich keine frühbarocken Maschinen-Effekte erwarten. Peris Oper war nicht Bestandteil der offiziellen Feiern, sondern mehr der persönliche Tribut des Grafen Jacopo Corsi, der die Aufführung vom Cembalo aus leitete, an Frankreichs zukünftige Königin. Der Saal bot etwa 200 Zuschauern Platz, das Fehlen einer Unterbühne und eines Schnürbodens begrenzte die szenischen Möglichkeiten der von Bernardo Buontalenti nach zeitgenössischem Zeugnis hinreißend ausgestatteten Aufführung. Außer für den Continuo-Baß hat Peri wenig Mühe auf das Instrumentarium verwandt: Chitarrone, Theorbe, Baßlira und Blockflöten haben auf jeden Fall mitgewirkt. Die Dekorationen dürften für die Aufführung von Caccinis Oper ebenfalls benutzt worden sein. Da deren Anlaß weniger festlich war (die herzogliche Familie der Medici erfreute zwei römische Kardinäle mit ein paar Theateraufführungen), wissen wir von den Begleitumständen kaum etwas. Das gilt auch für Besetzung und Instrumentarium beider Werke, deren Partitur keinerlei Ouvertüre aufweist. ›Partitur‹ ist nicht im modernen Sinn zu verstehen, da der Gesangslinie jeweils nur die Baßlinie unterlegt ist. Die harmonische Ausfüllung war wohl recht einfach: ohne chromatische Anreicherung.

Rinuccinis Libretto hat sieben Stationen. Im Prolog verkündet die personifizierte Tragödie in einem siebenstrophigen Solo das Thema und verbindet es mit Anspielungen auf das noble Publikum. Die eigentliche Handlung hat folgenden Ablauf: Chöre von Nymphen und Schäfern feiern die Hochzeit zwischen Orpheus und Eurydike, die beide mit einem Solo eingeführt werden. Die Botin (in der Uraufführung von Peris Vertonung von einem Knabensopran gesungen) berichtet vom Tod der Eurydike, eine Klage des Orpheus und der Chöre schließt sich an. Arcetro berichtet, wie sein Freund Orpheus sich aus Schmerz das Leben nehmen wollte, aber von der Göttin Venus getröstet und aufgefordert wurde, Eurydike vom Unterweltgott Pluto zurückzufordern. Nach einem Szenenwechsel schließt sich ein kurzer Dialog zwischen Venus und Orpheus an, der dann Pluto erweicht. Die Szene endet mit einem feierlichen Chor der Unterweltgeister. Die Botin Aminta verkündet nach erneutem Szenenwechsel die Ankunft der wiedervereinten Gatten. Orpheus singt ein Preislied auf die Musik; Eurydike, Aminta und Arcetro schließen sich an, Chöre und Tänze beschließen das Werk.

Was beide Vertonungen des Orpheus-Stoffs zu Opern im modernen Wortsinn macht, ist vor allem der Vortrag der Gesangsstimmen. Er ist im ›Stile rappresentativo‹ der Florentiner ›Camerata‹ gehalten, der weder eine formal so geschlossene Melodielinie wie die spätere Arie enthält noch dem Rezitativ der Oper im 18. und 19. Jahrhundert entspricht. Zeichnet sich dieses durch ein extrem schnelles Singtempo und viele Notenwiederholungen aus, so folgt die Monodie Peris und Caccinis dem natürlichen Sprachrhythmus bis hinein in die Wortakzente. Das Ende eines Verses wird dabei oft kadenzartig verbreitert. Momente einer formalen Gliederung lassen sich darin erkennen, daß längere Soloszenen durch chorische ›Ritornelli‹ miteinander verbunden werden. Insgesamt erscheint die Musik fast nur als Zugabe zum Text, dessen rhapsodischer Abfolge die Gesangslinie flexibel folgt. Rinuccinis Libretto ist nicht nur in der Beziehung wegbereitend für die spätere Praxis, daß er eine freizügige Verhaltensnorm gegenüber literarischen Vorlagen dokumentiert, sondern auch insofern, als seine strophische Versform im Gegensatz zum manieristischen Schwulst der ›authentischen‹ Literatur jener Zeit eine fast schon klassizistische Klarheit entwickelt. Hier folgt Rinuccini dem Vorbild Gabriello Chiabreras, der die klassische Strophenform im Sog der französischen Pléiade-Dichter wiederzubeleben suchte.

Den freirhythmischen Versen, wie sie stilbildend für die spätere italienische Oper wurden, sind, meist an Szenenenden, Soli in regelmäßiger Metrisierung entgegengestellt (ein solches ist Orfeos *Gioite al canto mio* in der Schlußszene): ein Verfahren, das dem Shakespeares ähnelt, wenn er in Blankversen geschriebene Szenen mit einem gereimten Verspaar beschließt. Der Unterschied in der Setzweise Peris und Caccinis ist relativ gering; man könnte Caccinis Stil als kantabler bezeichnen: in den elegischen Momenten ebenso wie in den recht virtuos jubelnden. Peris Stärke offenbart sich mehr in den dramatischen Augenblicken wie dem Bericht der Botin von Eurydikes Tod. Der Intervallraum übersteigt, in der Hinsicht durchaus sprachähnlich, kaum je eine Quinte, die Notenwerte sind zwischen Halben und Achteln recht einfach differenziert. Erstaunlich ist hier allerdings die Harmoniefolge der Begleitakkorde, die von C-Dur über c-moll, D-Dur, h-moll, E-Dur nach a-moll rücken. In solchen Augenblicken klingt, gerade aufgrund der geringen emotionalen und formalen Spannweite des Ambientes, schon etwas von jener Dramatik an, die Monteverdi dem neuen Gesangsstil gewinnen wird. Ähnliches gilt für den hohen dramaturgischen und musikalischen

Stellenwert der Chöre, die aus nicht mehr als zehn bis zwölf Personen bestanden haben dürften. Von Zeit zu Zeit greifen sie kurz in den Verlauf der Soli ein – ein Reflex der altgriechischen Tragödie. Sie werden mit knappen Refrains als Moment der Formgliederung eingesetzt und sorgen, etwa nach dem ersten Auftritt der Eurydike bei Caccini, durch die Verbindung von Gesang und Tanz für Höhepunkte: *Al canto, al ballo, all'ombre* ist ein lebhafter Sechs-Achtel-Satz, der zwischen Zwei- und Fünfstimmigkeit abwechselt).

RAPPRESENTATIONE DI ANIMA E DI CORPO (›Nuovamente posta in Musica dal Signor Emilio de' Cavalieri per recitar Cantando‹. Das Spiel von Seele und Körper, neu in Musik gesetzt als Sprechgesang von Emilio de' Cavalieri; *L* von Agostino Manni; Rom, Oratorio della Vallicella 1600; *WA* Salzburger Festspiele 1968 in der Fassung Bernhard Paumgartners; 1971 Düsseldorf; 1976 Orgelwoche Nürnberg in der stärker historisierenden Fassung Hans-Martin Lindes).

Uraufgeführt im Februar des Jahres 1600 im Betsaal der Kirche Santa Maria in Vallicella, erschien Cavalieris Hauptwerk noch im gleichen Jahr im Druck. Als durchkomponierte musikalische Form mit gesungenen Dialogen ist es neben den beiden Orpheus-Vertonungen von Peri und Caccini die früheste überlieferte Oper. Eingebunden in die Tradition des Mysterienspiels, entstammt ihr Thema der religiösen Bewegung der Laienbruderschaft des Heiligen Filippo Neri, der die Lehren des Tridentiner Konzils wiederzubeleben suchte. Der Librettist Agostino Manni gehörte der Kongregation an und hatte für sie schon 1577 einen DIALOG VON SEELE UND KÖRPER geschrieben, den er in das spätere Spiel integrierte. Emilio de' Cavalieri (um 1550–1602) hatte schon in jungen Jahren Kontakt zu Neri, der als Begründer des Oratorier-Ordens Rompilger betreute und mit seinen ›alternativen‹ Abendandachten viel Zulauf fand. Nachdem Cavalieri als Günstling der Medici zwischen 1587 und 1600 in Florenz eine höfische Karriere gemacht hatte (als eine Art Generalintendant war er für das Theaterwesen zuständig und führte ein glänzendes Leben), kehrte er 1600 nach Rom zurück und lebte ganz in der Frömmigkeit seiner RAPPRESENTATIONE. Diese bildet einmal eine Brücke zurück zum volkssprachlichen Religionsschauspiel des 15. und 16. Jahrhunderts, in welchem dem der lateinischen Sprache unkundigen Volk die biblischen Geschichten und Heiligenlegenden nahegebracht wurden, zum anderen zu dem teilweise mit Musikeinlagen durchsetzten Jesuitendrama des 16. Jahrhunderts, des-

sen moralisierende Tendenzen ein Indoktrinationsmittel der Gegenreformation waren.

Das Werk beginnt mit einem gesprochenen Dialog zwischen zwei
Jünglingen (›Einsicht‹ und ›Umsicht‹) über die rechte Lebensweise. In
dem höchst informativen Vorwort der Druckausgabe wird jedoch vorgeschlagen, das Spiel mit einem Jubelchor als Ouvertüre zu eröffnen:
das Glück ist dem Menschen zwar vorbestimmt, aber erst nach dem Tod
im Erlebnis der Himmelshierarchien erfahrbar. Diese Haltung prägt
das ausdrücklich für eine szenische Aufführung konzipierte Werk vom
ersten Takt an. Solche Statik durchzieht das ganze Opus. Auch die
Handlungsstationen, die im Widerstehen gegenüber den Verlockun-
gen des irdischen Lebens kulminieren, haben mehr rhetorischen als
dramatischen Charakter. Nicht um die individuelle Entwicklung einzelner Menschen geht es, sondern um die Einbindung der Menschheit
in die Heilslehre. Getragen wird das Spiel von allegorischen Figuren um
die Hauptdarsteller Körper und Seele. Diese ›Uneigentlichkeit‹ steht in
auffälligem Kontrast zu der Affektenpraxis, die im Vorwort zum Ausdruck kommt und auf eine eher emotionale als seelenerhebende Wirkungsdramaturgie abzielt. Die Differenzierung des Instrumentariums,
die genauen Angaben für die Vortragsweise der Sänger und die präzisen
Vorstellungen des Autors vom Aufführungsort geben der RAPPRESEN-
TATIONE gattungstypisch und ideologisch eine janusköpfige Erscheinungsform. Das gilt auch rein musikalisch, da die Deklamationsform
bei de' Cavalieri weniger entwickelt ist als das ›Recitar cantando‹ bei
Peri und Caccini: sie verrät deutlich ihre Herkunft von den alten Lau-
dengesängen. Andrerseits aber ist das Spiel als erstes Druckwerk mit
einem bezifferten Baß auf der Höhe der Entwicklung um 1600. Hinzu
kommen diverse Qualitäten wie ein plötzlicher Wechsel zwischen
Zweier- und Dreiermetren, eine Vorliebe für fallende Septimen in Vo-
kalkadenzen, akustisch überzeugend eingesetzte Echowirkungen und
ein rezitativischer Sprachrhythmus im Chor (z. B. Nr. 2: *Questa vita
mortale*), wie wir ihn bei Monteverdi finden. Ebenfalls an Monteverdi
gemahnt schon die in vier Takten von g-moll nach A-Dur verlaufende
Modulation im Gesang der Verdammten Seele (Nr. 69: *Il fuoco eterno*),
die eine fast schon leitmotivische Funktion hat (wenn auch noch nicht
im Sinne von Monteverdis Tektonik). So blaß Cavalieris Führung der
Singstimmen auch meistens wirkt: in den häufig wechselnden Solopar-
tien, Chören und instrumentalen Ritornellen (als Grundinstrumente
sieht die Partitur Baßlira, Chitarrone, Orgel, Cembalo und Theorbe

vor) weist das Werk eine erstaunliche Farbigkeit und Vielfalt auf. Die Handlung spielt in drei Sphären: auf der Erde, im Himmel und in der beide verbindenden Zeit (dahinter steckt eine erstaunlich ›moderne‹ Auffassung vom Raumzeitgefüge). Dem entspricht die dreiaktige Formanlage, in der sich für den Komponisten die göttliche Dreifaltigkeit im Welttheater spiegelte. Auch die Szenenzahl von dreimal dreißig plus einer, vielleicht ein Reflex von Dantes Formanlage für seine Divina Commedia, ist diesem Baugesetz unterworfen.

LA DAFNE (›Dramma in musica‹. Daphne. Musikdrama in einem Prolog und sechs Szenen von Marco da Gagliano; *L* von Ottavio Rinuccini; Mantua 1608, *WA* Moskau 1911, Florenz 1965, Hitzacker 1976).

Im Januar 1608 erlebte eine erlesene Gesellschaft am Hof zu Mantua die Uraufführung jenes Werks, das als erstes die zukunftsweisende Gattungsbezeichnung trägt: Musikdrama. Gegenüber Peris verlorengegangener Oper mit dem gleichen Stoff hatte Rinuccini sein Textbuch leicht erweitert. Der in Florenz als Kapellmeister an der Kirche San Lorenzo tätige Gagliano (1582–1643) war durch einige Madrigalbücher bekannt geworden und hatte sich in der von ihm begründeten ›Accademia degli Elevati‹, einer jüngeren Schwester der ›Camerata‹, aktiv an der theoretischen und praktischen Herausbildung des neuen Musiktheaters beteiligt. Der Erfolg seiner Oper, die zwei Jahre später in Florenz nachgespielt wurde, war beträchtlich. So berichtete Peri in einem Brief an Kardinal Gonzaga: »Gaglianos DAFNE ist mit außerordentlichem Kunstsinn komponiert und überragt zweifellos alle anderen Kompositionen derselben Oper.« Damit meinte er nicht nur seine eigene Version, sondern auch die 1602 entstandene Caccinis, die leider nicht erhalten ist. Die Begründung für sein Urteil bezog Peri aus dem Gesangsstil: »Signor Marcos Art, Gesangsmusik zu schreiben, ist die am besten geeignete und kommt dem Sprechton viel näher als die irgendeines anderen ausgezeichneten Tonsetzers.«

Auch im historischen Rückblick erweist sich diese Meinung als haltbar, da die im gleichen Jahr in Mantua uraufgeführte ARIANNA Monteverdis den ›Stile rappresentativo‹ von der Sprachimitation in die Eigenständigkeit des ›Stile concertato‹ überführte. Die noch im Jahr der Uraufführung im Druck herausgekommene Partitur der DAFNE ist ein wichtiges Dokument, da Marco da Gagliano genaue Anweisungen für die richtige Ausführung der Gesangsverzierungen gibt: sie sollen nicht aufgesetzt wirken. Außer einem Hinweis auf Violen schweigt sich die

Partitur aber bezüglich des Instrumentariums aus, wiewohl sich Gagliano vor dem Aufziehen des Vorhangs »eine Sinfonia mit verschiedenen Instrumenten, die zur Begleitung der Chöre und zum Spielen der Ritornelle gebraucht werden«, wünscht. Die zweiteilige Handlung setzt nach einem Prolog ein, der vom Darsteller des Dichters Ovid vorgetragen wird. Dessen METAMORPHOSEN entstammt der Stoff: Der Gott Apoll erschlägt einen die Hirten bedrohenden Drachen, wird seinerseits aber von einem Liebespfeil Amors getroffen. Vergeblich setzt er der Nymphe Daphne nach, die in ihrer Verfolgungsnot in einen Lorbeerbaum verwandelt wird. Diese Metamorphose wird nicht auf der Bühne dargestellt, sondern wie die Katastrophen in der attischen Tragödie oder der EURIDICE Peris und Caccinis einem Botenbericht anvertraut. Gegenüber diesen erweist sich Gagliano als der flüssigere Stilist, der seine Melodielinien bewegter gestaltet und mit einem reicher harmonisierten Baßgerüst stützt. Der frei-rhapsodische Monodiestil wechselt mit geschlosseneren Formen ab, so daß hier schon der spätere Unterschied zwischen Rezitativ und Arie vorgeprägt ist. Wie in Cavalieris RAPPRESENTATIONE gibt es auch hier eine der damals so beliebten Echoszenen, einige der Arien haben instrumentale Ritornelle, und den Schluß bildet – wie in der EURIDICE und Monteverdis ORFEO – ein Chortanz. Die Bedeutung des Chors geht noch über die bei Peri und Caccini hinaus, wobei seine Funktion zwischen handlungstreibenden und kontemplativen Momenten aufgeteilt ist. In der Vielfalt von Soli, Duetten, Instrumentalnummern und Chören steht DAFNE auf der Höhe von Cavalieris Werk; rein musikalisch ist es in der Substanz den beiden EURIDICE-Vertonungen überlegen.

Mit dem von Martin Opitz übersetzten Libretto Rinuccinis beginnt phantomartig die deutsche Operngeschichte: die 1627 von Heinrich Schütz geschriebene und im gleichen Jahr auf Schloß Hartenfels bei Torgau aufgeführte DAPHNE ist verlorengegangen.

IL DIVINO CLAUDIO
CLAUDIO MONTEVERDI
(1567–1643)

Der Auftrag, den Herzog Vincenzo Gonzaga von Mantua seinem Hofmusiker gegeben hatte, lautete einfach: er solle dasselbe schaffen wie Jacopo Peri mit seiner EURIDICE, aber besser. Der Herzog wußte, wovon er sprach, denn er war im Jahre 1600 dabeigewesen, möglicherweise sogar in Begleitung des von ihm zehn Jahre zuvor engagierten Monteverdi, als im Florentiner Palazzo Pitti das spektakulärste Ergebnis der Kunsttheorien im Umkreis der ›Camerata‹ erklang. Als der Herzog mit seinem Gefolge am 24. Februar 1607 in die Sala dei Fiumi des Palazzo Ducale zu Mantua zog, stand ihm allerdings etwas anderes bevor, als er erwartet hatte. Vor einem ausgesuchten Kreis von Kunstliebhabern, der ›Accademia degli Invaghiti‹, die den Höhepunkt des Karnevals feiern wollten, spielte sich keineswegs eine Lustbarkeit ab. Vielmehr erlebten die Zuhörer dieser kaum szenischen, sondern fast rein konzertanten Aufführung die eigentliche Geburt der Oper aus dem Geist des musikalischen Dramas.

Wie seine Florentiner Kollegen Peri und Giulio Caccini hatte sich auch Monteverdi entschlossen, die mythische Fabel vom Sänger Orpheus zu vertonen. Schon vor der Uraufführung war sein Unterfangen am Hof mit dem Hauch des Ungewöhnlichen umgeben. So schrieb einen Tag vor der Premiere ein Hofbeamter an seinen Bruder in Rom: »Gestern wurde eine Komödie, wie immer szenisch und mit gewohnter Pracht, im Theater aufgeführt. Aber morgen wird Seine Hoheit, der Herzog, im Saal jenes Palastteils, welcher der Herzogin von Ferrara zugewiesen ist, ein Stück aufführen lassen, welches einmalig sein wird, denn alle Mitwirkenden sprechen musikalisch« (»tutti li interlocutori parleranno musicalmente«). Diese Meinung teilten auch die beiden Söhne des Herzogs, die ihrem Vater die Idee zu diesem Experiment eingegeben hatten. Aus einem Brief des Erbprinzen Francesco Gonzaga an seinen Bruder Ferdinando (1. März 1607) wissen wir, daß auch der Herzog selber an dem Projekt sehr interessiert war und aufmerksam an den Proben teilnahm.

VON DER HOFBÜHNE ZUM WELTTHEATER

Dieser Brief hat allerdings für eine jahrhundertelange Verwirrung gesorgt. Francesco erwähnte in ihm nämlich mit besonderer Hochachtung den Sänger Gualberto Magli, den man für den Darsteller der Titelrolle hielt. Das Unbehagen an dem Gedanken, daß ein Kastrat im ›Urknall‹ der Operngeschichte das titelgebende Mannsbild war, konnte erst 1958 von der Forschung zerstreut werden. Nach mancherlei Analogieschluß wissen wir, daß dieser Altkastrat nur für die Rolle der Todesbotin in Frage kam und wir weiterhin dem Buchstaben von Monteverdis Partitur glauben dürfen: in der Druckausgabe von 1609 ist die Partie des Orpheus nämlich im Tenorschlüssel notiert. Gesungen wurde die Partie wahrscheinlich von dem berühmten Tenor Francesco Rasi. Der Hof zu Mantua war offenbar nicht nur mit den Darbietungen Maglis sehr zufrieden, sondern auch mit der Aufführung insgesamt. So ordnete der Herzog für den 1. März eine zweite Aufführung an, aber das Werk sprengte bald den höfischen Rahmen. So ist aus dem Uraufführungsjahr 1607 nicht nur eine Teilaufführung aus Monteverdis Geburtsstadt Cremona überliefert, sondern auch eine Aufführungsreihe im Theater zu Mantua, das immerhin 4000 Menschen Platz bot.

Auf diese öffentlichen Aufführungen in der Uraufführungsstadt bezog sich Monteverdi in der Vorrede zu seiner 1609 im Druck erschienenen und dem Erbprinzen gewidmeten Partitur der Oper: »Die FAVOLA D'ORFEO, die bereits in der ›Accademia degli Invaghiti‹ unter dem Schutz Eurer Majestät auf enger Bühne musikalisch dargestellt wurde, soll jetzt im großen ›Teatro dell'Universo‹ erscheinen, um sich allen Menschen zu zeigen.« Der übertragene Wortsinn jenes Theaternamens als ›Welttheater‹ wurde von Monteverdis ORFEO tatsächlich erfüllt, und der Rang der Oper ist von den Zeitgenossen mit erstaunlicher Klarsicht erkannt worden. So hat einer von ihnen Monteverdi das ›Orakel der Musik‹ genannt, also ein Organ, das die Zukunft der Musik bestimmend voraussagte. Anderen galt der Komponist ohne den Umweg über die vorchristliche Antike als göttlich (›Divino Claudio‹), und Einigkeit dürfte zumindest im pragmatischen Bereich über die Richtigkeit der Feststellung jenes Mantuaner Hofbeamten Carlo Magno bestanden haben, daß im ORFEO »alle Mitwirkenden musikalisch sprechen«, also die gesungene Musik als ein Instrument der Sinnvermittlung benutzen.

ERSTE UND ZWEITE PRAXIS

Magnos Formulierung präzisiert die Fortschritte, die sich in Monteverdis Erstling gegenüber seinen Florentiner Weggefährten nachweisen lassen. Hatten Peri, Caccini und de' Cavalieri in der Diskussionsrunde des Grafen Bardi zuerst eine (falsche) Theorie des Musikdramas entwickelt und diese dann ohne Umschweife zu verwirklichen gesucht, so war Monteverdi ein Mann der Praxis. Er komponierte, und als er damit eine Revolutionierung der Musikgeschichte bewirkte, untermauerte er seine Arbeit im nachhinein: erzwungenermaßen und mehr als Versprechen denn in eingelöster Form. So reagierte er schon kurz vor der Komposition des ORFEO, im Vorwort zu seinem fünften Madrigalbuch, auf die erregte Kritik des Bologneser Geistlichen Giovanni Maria Artusi und stellte eine Ästhetik der ›Seconda pratica‹, der neuen Kunst, in Aussicht – die ›Zweite Praxis oder Über die Vollkommenheit der modernen Musik‹: »Diejenigen, die da meinen, es gäbe nur die erste Praxis, den einen Stil, den Zarlino gelehrt hat, werden sich vielleicht über den Titel wundern. Doch sie mögen versichert sein, daß im Hinblick auf den Gebrauch der Konsonanzen und Dissonanzen doch noch eine andere, vom Herkömmlichen grundverschiedene Möglichkeit zulässig ist. Das Urteil der Vernunft bietet durchaus eine Rechtfertigung der modernen Musik. Dies wollte ich nur sagen, um vor Mißbräuchen meines Ausdrucks ›Seconda pratica‹ zu warnen; auch sollten scharfsinnige Männer andere Formen der Harmonie zulassen und der Tatsache Glauben schenken, daß der moderne Komponist sein Werk auf den Fundamenten der Wahrheit aufbaut.«

MAGD ODER HERRIN?

Obwohl Monteverdi nie dazu kam, diese große Theorie seiner Musik zu schreiben, kennen wir doch aus späteren Zeugnissen und einigen Ergänzungen seines Bruders Giulio Cesare den Grundzug seiner Theorie. Im Vorwort zu den dreistimmigen SCHERZI MUSICALI faßte Giulio Cesare Monteverdi 1607 das Kompositionsprinzip seines Bruders zusammen: »daß der Textvortrag die Herrin des musikalischen Satzes sei und nicht ihre Magd« (»che l'oratione sia padrona dell'armonia e non serva«). Dieser Satz durchzieht nicht nur die ganze Operngeschichte über Antonio Salieris PRIMA LA MUSICA E POI LE PAROLE (Erst die Musik und dann die Worte; 1786) bis zum CAPRICCIO (1942) von Richard Strauß, er hat auch zu vielen Mißverständnissen Anlaß gegeben. Monteverdis ›zweite Praxis‹, daß der Textgehalt die Komposition bestimmt, ist nicht gleichzusetzen mit einer Rechtfertigung des neuen monodischen Stils der Florentiner

›Camerata‹; und aus demselben Grund steht für ihn die Vorrangstellung des Wortes allein nicht im Gegensatz zur ›ersten Praxis‹ der altniederländischen (oder besser: franko-flämischen) Polyphonie: der Konfliktstoff liegt darin, daß er seinen ästhetischen Grundsatz bis zur harmonischen Regelwidrigkeit in Klang umsetzte.

Die Auseinandersetzung mit Artusi hatte sich bezeichnenderweise nicht an Monteverdis erster Oper entzündet, sondern an seinen Madrigalen – also einer Musikform, die nach gängigem Verständnis nicht der ›Seconda pratica‹ zugehörte. Für Monteverdi war diese Unterscheidung zwischen der ›alten‹ Polyphonie und der ›modernen‹ Einstimmigkeit der Opernmonodie kein Streitpunkt. Er war erstmals 1600 in Artusis Schrift ÜBER DIE UNVOLLKOMMENHEIT DER MODERNEN MUSIK anonym wegen der Behandlung der Dissonanzen angegriffen worden: in seinen Madrigalen. Während die Besinnung der Ästheten in der Florentiner ›Camerata‹ auf die einstimmige Musik der griechischen Antike zur Herausbildung der Oper als einer ›modernen‹ Kunstform führte, kam Monteverdi sozusagen von der konservativen Seite her zu einer ähnlichen Problemlösung. Selbstverständlich war die wortgetreue Sinnauslegung durch Musik auch schon Bestandteil der franko-flämischen Madrigal-Polyphonie gewesen. Was Monteverdis Madrigale nun konservativen Gralshütern verdächtig machte, war nicht so sehr der Grad seiner Textnähe als die Behandlung der Dissonanzen. Waren sie bei seinen Vorgängern im Aufspüren des emotionalen Textgehalts als Durchgangsstufen (etwa in Form von Vorhalten) durchaus anzutreffen, so erregte Monteverdi das Mißfallen Artusis, der sich auf Gioseffo Zarlino und sein mehrfach aufgelegtes musiktheoretisches Hauptwerk ISTITUTIONI HARMONICHE (1558) berief, dadurch, daß er Dissonanzen frei eintreten ließ. Als zweiten Hauptpunkt machte Artusi in der Kritik an Monteverdis Verstößen gegen die Regeln des strengen kontrapunktischen Satzes den Wechsel des Modus (der Tonart) innerhalb einer Komposition geltend.

DER KONSERVATIVE REVOLUTIONÄR

Für Monteverdi war die ›Seconda pratica‹, das dissonanzgeschärfte Pathos in bestimmten Aussagen eines vertonten Textes, ein ästhetisches Grundprinzip für die alte Polyphonie wie die neue Monodie der Oper. Auf den im Umkreis der Florentiner ›Camerata‹ entwickelten Stil des sprachähnlichen Rezitativs übertrug er seine in den Madrigalen erprobte Technik der Harmonieführung, und erst dadurch verhalf er der jungen Oper zur ästhetischen Rechtfertigung. Monteverdi war also das, was Arnold Schönberg später von sich sagen sollte: ein konservativer Revolutionär. Monteverdis Kunst aufzuspalten in ›reaktionäre‹

Madrigal- und Kirchenkompositionen auf der einen Seite, die ›fortschritt-lichen‹ Opern auf der anderen, wäre reine Geschichtsklitterung. Die affektbe-tonte Komponierweise mit den ›verbotenen‹ Dissonanzen verwirklichte er un-terschiedlos in mehrstimmigen Werken und den akkordbegleiteten Sologesän-gen. Die ›Seconda pratica‹ war ihm also kein formaler Fortschritt gegenüber der ›Prima pratica‹, sondern ein harmonischer, ja geradezu ein ethischer.

Das Ethos von Monteverdis Musikanschauung ist als ein doppelter Realis-mus zu begreifen. Die Musik, und damit ging Monteverdi über die alten Theo-rien von der Naturnachahmung in der Kunst hinaus, sei direkter Ausdruck menschlicher Leidenschaften, und gleichzeitig errege sie im Hörer wieder Lei-denschaften. Dieses Ineins der Abbildung und Erweckung von Gefühlen war ihm die Fundierung der Musik auf Wahrheit. Was er darunter verstand, können wir einem Brief entnehmen, in dem er seine Absage auf einen Kompositions-auftrag begründete. Obwohl seit 1613 als Kapellmeister am Markusdom in Ve-nedig tätig, wo er zum Priester geweiht wurde, blieb Monteverdi doch in Ver-bindung mit dem Hof von Mantua. Im Jahre 1616 erreichte ihn der Auftrag, anläßlich der Hochzeit von Ferdinando Gonzaga mit Caterina de' Medici die ›Meeresfabel‹ LE NOZZE DI TETI E PELEO (Die Heirat der Thetis und des Pe-leus) von Scipione Agnelli zu vertonen. Monteverdis Absage gibt Einblicke in seinen entwickelten Sinn für die praktische Seite des Musiktheaters, beleuchtet aber auch seine Ästhetik. Da stellt er zunächst schwer erfüllbare Forderungen an das Instrumentarium, weil er sich für die Tritonen und Meergötter nicht mit den ›delikaten‹ Instrumenten Gitarre, Cembalo und Harfe begnügen könne, sondern zumindest Posaunen benötige. Auch in bezug auf die vokalen Erfordernisse hatte er genaue Vorstellungen: »Darüber hinaus habe ich gese-hen, daß die handelnden Personen Winde sind, Amoretten, Frühlingswinde und Sirenen, weshalb viele Soprane nötig würden, und außerdem sollen die Winde singen, also die Westwinde und die Nordwinde. Wie, lieber Herr, kann ich die Sprache der Winde imitieren, wenn sie nicht sprechen?« (Brief vom 4. Februar 1628)

DAS ORAKEL DER MUSIK

Hinter diesen aufführungspraktischen Bedenken kommt die ethische Seite, so-zusagen der Human-Horizont von Monteverdis Opernästhetik, zum Vor-schein. Gegenüber den ihm für das Musiktheater vorschwebenden Figuren aus Fleisch und Blut, dem Orpheus und der Ariadne, war ihm die Fabel von Agnellis Libretto zu abstrakt, als daß sie ihn hätte interessieren können: »Die Fabel au-ßerdem ... bewegt mich nicht im geringsten, zudem verstehe ich sie nur mühsam, sie inspiriert mich auch nicht zu einem bewegenden Höhepunkt; Arianna inspirierte mich zu einem wahren Lamento und Orfeo zu einem wahren Bittgesang, aber bei diesem Text weiß ich nicht, wozu er mich anregt, so daß ich von Euch gern wüßte, was die Musik in dieser Fabel bewirken soll« (aus dem gleichen Brief an den Librettisten). Als er zudem erfuhr, daß es sich bei diesem Text um eine Abfolge von Intermedien, nicht aber um eine durchgängige Theaterform handelte, war für ihn die Absage endgültig. Für solche Art höfischer Unterhaltungskunst hatte Monteverdi kein Interesse.

Im Gegensatz zu seinen Zeitgenossen aus dem Umkreis der ›Camerata‹, die sich mit ihren Opern in dunklen Mythologemen verloren oder die neuentwickelte Klangsprache mit der Form des Mysterienspiels in den Dienst der Gegenaufklärung stellten, erweist sich Monteverdi in seinem Theaterpragmatismus als emanzipatorischer Humanist. Daß er am Ende seiner Laufbahn in L'INCORONAZIONE DI POPPEA (Die Krönung der Poppea) als erster Komponist ein geschichtliches Sujet wählte, von einer mythischen Vorlage Abstand nahm, weist schon auf den aufklärerischen Aspekt der ›Grand Opéra‹ im Frankreich des 19. Jahrhunderts hin: die Spanne zwischen dargestellter Zeit und Spielzeit zu verkürzen, die Oper der Gegenwart, in der sie gespielt wird, anzunähern.

Zukunftsweisend, tatsächlich ein ›Orakel der Musik‹, war Monteverdi nicht nur in einer Weise, die letztlich Geschichtsspekulation bleiben muß. So führte er in IL COMBATTIMENTO DI TANCREDI E CLORINDA (Der Zweikampf zwischen Tankred und Clorinda) 1624 das Tremolo und Pizzikato der Streicher als spezifisch klangfärberische Ausdrucksmittel ein und differenzierte auch die Dynamik durch das ›Fortepiano‹ (einen knappen Akzent) und die ›Arcata morenda‹ (den Decrescendo-Strich). Nach dem Vorwort zum achten Band seiner Madrigale (1638) stehen Tremolo und Pizzikato für das ›Genere concitato‹, den erregten Typ, den er von den vorherrschenden Ausdrucksweisen weich und gemäßigt (›Genere molle e temperato‹) absetzt. In der strengen Wiederholung von Sechzehntelnoten auf einer Tonhöhe findet er, sich dabei auf Platon berufend, musikalisch eine Erregtheit wiedergegeben, wie sie einem Kämpfer in der Schlacht eigne. Diese tremoloähnlichen Repetitionsnoten verweisen also nicht nur auf äußere Vorgänge, hier das tödliche Duell zwischen dem christlichen Ritter und der Sarazenin, sondern auch auf den inneren Erregungszustand dieser Figuren: Musik wird zum Spiegel des Menschen, in dem äußere Erscheinung und innerer Zustand sich gleichermaßen offenbaren können.

Wenn die Musik die Kraft hat, ein ganzheitliches Abbild des Menschen zu entwerfen, dann kann sie ihn auch verändern. So läßt Monteverdi in seinem OR-FEO die Geister der Unterwelt im Madrigalstil der alt-niederländischen Polyphonie singen, aber dieser ›archaisch‹ gesetzte Chor fordert den Menschen auf, die Grenze seiner Bedingtheit zu erkunden. Während in Cavalieris RAPPRE-SENTATIONE und den EURIDICE-Opern Peris und Caccinis die mechanische Heilsgewißheit von Religion und Mythos besungen wird, setzt Monteverdi im ORFEO ein Stück Utopie frei: der Mensch wird hier symbolisch zum aufrechten Gang aufgefordert. Daß der Gott Apoll den verzweifelten Sänger Orpheus am Schluß zu den Sternen entrückt, spiegelt Monteverdis Glauben an die Verän-derbarkeit der Welt durch Musik. Wie sehr schon den Zeitgenossen dieses uto-pische Moment in Monteverdis Kunst aufgefallen war, belegt eine legenden-hafte Überlieferung. Die Vielzahl der Kerzen an dem Katafalk in der Kirche Santa Maria dei Frari in Venedig, wo Monteverdi am 29. November 1643 aufge-bahrt wurde, soll die Menschen an den sternenübersäten Nachthimmel ge-mahnt haben, in dem sie den Verstorbenen schon zusammen mit Engeln musi-zieren sahen. Im nachhinein ist dieser Legende um den ›Divino Claudio‹ so etwas wie eine eigene Wahrheit zugewachsen. So trübe die Quellen waren, aus denen die neue Kunstform Oper entstand: Monteverdi hat sie durch Humani-sierung gereinigt und der Oper dadurch jenen grenzversetzenden Vorschub ge-geben, mit dem nach Tassos Wort die Musik der Dichtung nicht nur zu sinnli-cher Anschaulichkeit verhilft, sondern geradewegs zur Seelentiefe: »La musica è la dolcezza e quasi l'anima de la poesia.«

L'ORFEO (›Favola in musica‹ – Orpheus. Musikfabel in einem Prolog und fünf Akten; *L* von Alessandro Striggio; Herzoglicher Palast Mantua 1607; *WA* erst im 20. Jahrhundert: Paris 1904, konzertant in der Ein-richtung von Vincent d'Indy, szenisch 1911; weitere Fassungen unter anderem von Carl Orff: Mannheim 1925, Wien 1931, Endfassung Dresden 1940; Hans Ferdinand Redlich: Zürich 1936; Paul Hindemith: Wien 1954; historisierend: August Wenzinger, Hitzacker 1955; Niko-laus Harnoncourt: Zürich 1976; Siegfried Heinrich: Bad Hersfeld 1980).

Striggio, als Sekretär am Hof zu Mantua beschäftigt, entnahm den Stoff den GEORGICA Vergils und den METAMORPHOSEN Ovids. Am Tage der Hochzeit verliert Orpheus Eurydike durch den tödlichen Biß einer Schlange. Er beschließt, in die Unterwelt hinabzusteigen und die Tote von Pluto zurückzufordern. Tatsächlich besänftigt sein Gesang die Geister der Unterwelt, und er erhält Eurydike zurück: unter der Be-dingung, sich auf dem Rückweg nicht nach ihr umzusehen. Aus Angst, sie folge ihm nicht mehr, bricht er das Gebot und verliert Eurydike für immer. Allein zur Erde zurückgekehrt, verflucht er alle Frauen. Der

Schluß ist in zwei Fassungen erhalten: dem Textbuch von 1607 und der Partitur von 1609. Im Libretto wird Orpheus wegen seines frauenfeindlichen Fluchs von den Bacchantinnen verfolgt, die mit einem Fest die Oper beschließen (durch Interpolation eines Madrigals vor dem Schlußfest hat Siegfried Heinrich 1980 diese Fassung wiederherzustellen versucht). In der Partitur erscheint Apoll auf einer Wolke und bietet seinem verzweifelten Sohn die Entrückung in die Unsterblichkeit des Himmels als Trost. Hirtenballett, Freudenchor und Moresca beschließen die Oper. Angesichts von Monteverdis ausgeprägtem Sinn für symmetrischen Formenbau lassen manche Interpreten auf die Moresca noch die Eingangs-Intrada der Trompeten wiederholen. In historischem Sinn mag das eine Überinterpretation sein; eindeutig falsch dagegen ist es, Monteverdis Partiturangabe ›con tutti li stromenti‹ wörtlich zu verstehen: gemeint sind hier keineswegs alle Instrumente des Orchesters, sondern nur der Einbezug anderer Bläser in die fünfstimmig gesetzte Trompeten-Toccata.

Der ausgeprägte Sinn für tektonische Zusammenhänge ist eins der Merkmale, die Monteverdis Überlegenheit gegenüber den Zeitgenossen erklären. So hat er, möglicherweise wegen des begrenzten Raumangebots im Uraufführungssaal, nicht nur Striggios Finale höchstwahrscheinlich verändert, sondern auch an anderen Stellen in das Libretto eingegriffen. Durch Kürzung der Chöre am Ende des zweiten und vierten Akts gewann er eine übergeordnete Symmetrie für die einzelnen Aufzüge. So sind die beiden Außenakte als beschreibende Ruhepunkte angelegt, während die Handlung in den drei Innenakten vorangetrieben wird. Es wäre aber falsch, Monteverdis Eingriffe in das Libretto überzubewerten: es ist seiner Musik weitgehend kongenial. So hat Striggio im Vergleich mit Rinuccinis Text für die EURIDICE-Opern Peris und Caccinis diesen Symmetriebildungen Vorschub geleistet. Denn dort, wo sie in Monteverdis Vertonung nicht explizit auszumachen sind, hat Striggio für Höhepunkte gesorgt, die bei Rinuccini fehlen. Zu nennen sind im fünften Akt Orfeos Echo-Klage über den Verlust Euridices, im vierten die Rückkehr des Paares aus der Unterwelt, im zweiten der Umschlag von der arkadischen Schäferidylle in die Todesbotschaft, im ersten die geradezu zyklische Rahmung von Orfeos Preis der Sonne am Himmel (*Rosa del ciel, vita del mondo*) durch Solorezitative und Chorgesänge.

Dramaturgischer Drehpunkt des Werks ist der dritte Akt, und in diesem bildet Orfeos großer Bittgesang *Possente spirto* (Mächtiger Geist) das Zentrum. Diese Szene, in der Charon, der Fährmann über den zum Totenreich führenden Fluß Lethe, vom orphischen Gesang buchstäblich bezwungen wird, ist in der Geschichte der Oper einzigartig geblieben. Im Gegensatz zu Rinuccini, der für Peri und Caccini ein Rezitativ mit unregelmäßiger Versbildung und dreimal wiederkehrendem Refrain geschrieben hatte, legte Striggio dem Komponisten ein durchformalisiertes Gebilde vor. Es besteht aus sechs Strophen mit jeweils drei Versen, die Monteverdi bis auf die fünfte Strophe als Variationen über einem fast gleichbleibenden Baß vertonte. Verbunden werden die Strophen durch instrumentale Ritornelle, deren motivisches Material schon in den Zwischenspielen der jeweils vorangehenden Strophe erscheint. So wird die zentrale Bedeutung der Szene durch interne Verklammerungen besonders unterstrichen. Was den Bittgesang Orfeos für moderne Ohren vergleichslos macht, ist das Übermaß an vertrackten Verzierungen, mit dem Monteverdi fast das gesanglich Mögliche überstieg. Jedenfalls ließ er neben der virtuosen Ausführung in der Partitur eine vereinfachte drucken mit dem Vermerk: »Orpheus singt eine der beiden Partien.« Dieser Vorgang ist bemerkenswert und wohl nur so zu deuten: der Wahrhaftigkeit des verlangten Ausdrucks traute der Komponist, je nach Fähigkeit des Sängers, in beiden Versionen; nur eine eigenmächtige Verzierung durch den Interpreten wollte er unter allen Bedingungen ausschließen.

Scheint es hier, als habe der Komponist der Willkür seiner und späterer Zeiten vorgebeugt, so stellt er sich mit der Echoszene Orfeos im letzten Akt in eine alte Pastoral-Tradition: Echo hieß eine arkadische Nymphe, die aus Schmerz über ihre verschmähte Liebe zu einer Stimme ohne Körper erstarrt war. Mag sich hinter dem dreimaligen Echo im ORFEO vielleicht die Ankunft Apolls ankündigen, so hat Marco da Gagliano in seiner DAFNE diese dramaturgische Idee materialisiert: bei ihm verbirgt sich tatsächlich Apoll hinter dem Echo. Gegenüber dieser schwächeren Szene Monteverdis muß man die große Totenklage des Orpheus im zweiten Akt *(Tu se'morta)* als ein Musterbeispiel musikdramatischer Gestaltung bezeichnen. Die ersten drei Verse, vom Komponisten durch die Wiederholung des Anfangs in zwei gleiche Teile geordnet, bauen eine Antithetik auf: Du, Eurydike, bist tot, und ich, Orpheus, lebe. Diese Antithetik wird musikdramaturgisch gesteigert. Den ersten Teil des Gesangsverlaufs charakterisiert eine fallende Terz, den zweiten eine fallende Quint, und die frei einsetzende große Septim auf dem zweiten *se'morta* verstärkt die Affektzuspitzung um so mehr, als

Monteverdi ihr das gleiche Instrumentarium wie der Unglücksbotin zuordnet. Hinzu kommt leitmotivisch bei den Worten *Ed io respiro* (Und ich lebe) eine harmonische Rückung von E-Dur nach g-moll. Hier wird eine psychische Situation der Schmerzempfindung über mehrere Stufen geführt und intensiviert, bis Orpheus zum Abschied vom Leben bereit ist. In solchen Augenblicken verwirklicht Monteverdi das, was der Florentiner ›Camerata‹ als ›Stile rappresentativo‹ vorschwebte, auf der Höhe seiner eigenen ›Seconda pratica‹. Daß damit keine Herabsetzung der kontrapunktischen Setzweise aus der franko-flämischen Madrigal-Tradition verbunden war, zeigen die achtstimmigen Geisterchöre und ›Sinfonie‹ des dritten und vierten Akts.

Wie Monteverdi die Musikgeschichte revolutionierte und doch den seine Zeit prägenden Traditionen treu blieb, läßt sich auch seiner Behandlung des Orchesters im ORFEO entnehmen. Obwohl reich besetzt, entsprach es doch weitestgehend den Intermedien-Orchestern des 16. Jahrhunderts, auch bezüglich des Übergewichts der akkordisch spielenden Instrumente. Chitarronen und Lauten, eine Doppelharfe, zwei Cembali und Positive sowie eine Regal für den in bewußt primitiver Grundakkord-Technik gezeichneten Fährmann Charon stehen auf der einen Seite; Violinen, Violen, Violoncelli und Baßgamben vertreten die Streicher, an Blasinstrumenten werden Blockflöten und Zinken, Trompeten und Posaunen eingesetzt. Dieser instrumentale Reichtum ging der Oper weitgehend verloren, als sie den höfischen Rahmen verließ und ein kommerzielles, nach Kosten-Nutzen-Rechnungen geführtes Unternehmen für das Bürgertum wurde. Außer der einleitenden Trompeten-Toccata, die mit ihrer lebhaften Ausschmückung eines C-Dur-Akkords (der durch entsprechende Dämpfer einen Ton höher transponiert wird, wie ihn auch die ungedämpfte Oberstimme spielt) den Fanfarengestus sublimiert, hat das Orchester insgesamt zehn reine Instrumentalstücke: fünf mit der Gattungsbezeichnung ›Ritornello‹ und fünf, die als ›Sinfonia‹ auftauchen. Diese Instrumentalsätze leiten Szenen ein oder verbinden sie, wobei durch Wiederholungen formale Sinnbezüge hergestellt werden.

So beginnt der Prolog, in dem die allegorische Frau Musica auftritt, mit einem Ritornell, das nach jeder Strophe in gekürzter Form wiederholt wird und am Ende des Prologs wieder in der ursprünglichen Gestalt erscheint. Am Ende des zweiten Akts, dem Wendepunkt des Dramas, und im Finale des vierten, wenn die dramatische Handlung im erneuten Verlust Eurydikes ihren eigentlichen Schlußpunkt findet, taucht es wieder auf – so, als sollten die Prologworte untermauert werden: »Ich bin die Musik, die mit lieblichen Tönen / Dem verwirrten Herzen Ruhe schenket.« Gegenüber den leicht instrumentierten Ritornellen sind die Sinfonien gewichtiger gesetzt, wobei imitatorische Wendungen im Stil der alt-niederländischen Polyphonie benutzt werden. Aber auch lautmalerische Wirkungen verlangt Monteverdi dem Orchester ab, etwa in der fünfstimmigen ›Sinfonia‹, die den eingeschlafenen Charon mit tiefen Streichinstrumenten und der ›schnarchenden‹ Holzpfeifenorgel darstellt. Als dynamische Vortragsbezeichnung schreibt der Komponist hier ›Pian piano‹ vor; diese als ›ganz leise‹ bezeichnete Stelle ist eins der ersten Beispiele für eine die Extrembereiche nutzende Dynamik. Gewonnen hat Monteverdi sie zweifellos aus der Tradition, und zwar den Laut-Leise-Kontrasten der mit Ritornellen gegliederten Kirchenmusik und den beliebten Echo-Effekten, wie er sie etwa 1610 im ›Audi coelum‹ seiner MARIENVESPER virtuos nach dem selbst geschaffenen Muster der Echo-Szene im ORFEO für die Kirche nutzte. Im Fall der Charon-Sinfonia wird aus dem beliebten Stilmittel aber eine neue Wirkung gewonnen: sie hat eine verblüffende Abbildungsqualität.

Zu den Besonderheiten des ORFEO im Vergleich mit zeitgenössischen Werken von Peri, Caccini, Cavalieri oder auch Gagliano gehören die virtuose Setzweise der Chöre ebenso wie die hohe Expressivität des Dialogs zwischen Orfeo und der Botin, die vom Tod Eurydikes berichtet: hier ist die ›Seconda pratica‹ in der harmonischen Schärfung der Musik, mit der seelische Grenzsituationen geschildert werden, voll auf der Höhe von Monteverdis theoretischem Anspruch. Über seine Zeitgenossen hinaus ging der Komponist auch in seiner Fähigkeit, eine geschlossene Form mit volkstümlichen Mitteln zu erzwingen. Als Beispiel sei Orfeos *Vi ricorda o boschi ombrosi* (Schattige Wälder, erinnert ihr euch noch?) aus dem zweiten Akt genannt. Es handelt sich um eine Abfolge von vier Strophen, wobei das Ritornell einen tänzerischen Wechsel von Sechsachtel- und Vierviertel-Metrum aufweist. Der Wechselrhythmus kontrastiert in seiner impulsiven Lebensfreude um so heftiger mit der anschließenden Todesnachricht. Verstärkt wird die Wirkung noch dadurch, daß ein Hirte Orfeo zur Fortsetzung seines Liedes auffordert. Dieser Tanzrhythmus Monteverdis ist durch Striggios Text bedingt: die für Orpheus geschriebenen Verse haben je acht Silben, während in seiner Umgebung die in der Literatur der Zeit üblichen Siebensilber vorgetragen werden. Rinuccini hatte den wegen seiner regelmäßigen Akzentfolge für eine Vertonung besonders geeigneten Achtsilber nur in den Aktschlüssen seiner EURIDICE eingesetzt, also sozusagen außerhalb der eigentlichen Handlung. Striggio und Monteverdi greifen nun genau diesen Tanzcharakter auf, der den Achtsilber im Umkreis der ›Camerata‹ von der Musikalisierung der Dialoge ausgeschlossen hatte: »So wird die arkadische Lebensfreude hier nicht wie bei Rinuccini mit Worten und Formulierungen zum Ausdruck gebracht, nicht im Rezitativ erzählt, sondern vorgelebt und musikalisch dargestellt.« Aus den Absichtserklärungen der ›Camerata‹ ist die musikalische Tat geworden.

Um so unbegreiflicher, daß Monteverdi schon in seinem Todesjahr 1643 vom Theater vergessen war. Schließlich wirkt die Souveränität, mit der er im ORFEO über seine gestalterischen Mittel verfügte, wie ein Kernspruch aufgeklärter Selbstbestimmung des Menschen im 17. Jahrhundert: das ›Cogito ergo sum‹ des René Descartes. Es dauerte nach ersten Versuchen gegen Ende des 19. Jahrhunderts bis zum 20. Jahrhundert, daß mit Neuausgaben auch ein Rückgewinn Monteverdis für das Theater eingeleitet wurde. Neben Forschern und Musikpraktikern haben auffällig viele Komponisten sich dieser Aufgabe unterzogen. Und sicherlich haben Vincent d'Indy, Gian-Francesco Malipiero (er gab die erste Gesamtedition heraus), Carl Orff, Paul Hindemith und Bruno Maderna in der geschichtlichen Bedeutung der ersten eigentlichen Oper auch ein Stück ihrer kompositorischen Individualgeschichte erkannt. Daß der ORFEO nach der Zürcher Einstudierung durch Nikolaus Harnoncourt und Jean-Pierre Ponnelle seit 1976 in den Medien Funk, Film, Fernsehen samt Video und Schallplatte einen triumphalen Siegeszug antrat, beweist zumindest eines: daß seine Ursprache auch den Nicht-Komponisten einleuchtet. Erstaunlicherweise war dieser Siegeszug verbunden mit der Einführung historisierender Aufführungspraktiken. Sie haben die Vorherrschaft der Bearbeitungen Carl Orffs, von bedenkenlosen Romantisierern ganz zu schweigen, wohl endgültig gebrochen.

ZWISCHEN FRÜHWERK UND SPÄTWERK

Zu den ausgedehnten Hochzeitsfeierlichkeiten des Mantuaner Thronfolgers Francesco Gonzaga mit der Infantin Margherita di Savoia schrieb Monteverdi 1608 zwei Werke: das Hofballett mit Gesang IL BALLO DELLE INGRATE (Der Tanz der Spröden) und die Oper ARIANNA (Ariadne), von der nur das zentrale Lamento der von Theseus verlassenen Titelheldin überliefert ist (1610 komponierte Monteverdi zu dieser monodischen Version noch eine leicht verknappte polyphone als fünfstimmiges Madrigal). Dieser Klagegesang ist eine durch-komponierte Szene von einer zuvor in der Oper unbekannten Komplexität. Er beginnt mit einem sich über sechs Takte erstreckenden Siebensilber: einem To-dessehnen, das mottoartig mit einer chromatischen Aufwärtswindung anhebt und im Tritonus-Intervall abfällt, in der Wiederholung des Todeswunschs um einen Ganzton höher anfängt und dann in einem Sextsturz abstürzt. Ihm folgen, wie in einem um die Gefühlsfelder von Verzweiflung, Anklage und Auflehnung bereicherten Psychogramm, immer wieder neue Überraschungen und Irrefüh-rungen. Affektintensive Gebärden und kontrapunktisch-dissonante Fort-schreibungen verdichten sich zum akustischen Labyrinth.

Dieses LAMENTO D'ARIANNA, ein musikalisches Meisterwerk des Manieris-mus, bietet eine so hohe Informationsdichte in den einzelnen Mitteln seiner Musiksprachlichkeit, daß die Zeitgenossen von einem wahren Ariadne-Fieber ergriffen wurden – wie später nach der Lektüre von Goethes WERTHER. Zu dieser Informationsdichte gehört auch, daß die Illusionsbühne aufgesprengt wird. Am Ende verläßt Ariadne, ohne den musikalischen Duktus zu verändern, ihre Rolle und verkündet die Moral der Geschichte direkt dem Publikum: »So ergeht es dem, der zuviel liebt und zuviel glaubt.« Da meint man, der Final-einfall von Mozarts DON GIOVANNI oder Verdis FALSTAFF sei schon vorweg-genommen.

Monteverdi selber schätzte das Lamento außerordentlich, und zwar nicht nur als »Herzstück der Oper« (Brief vom 20. März 1620), wie wir aus seiner überlieferten Korrespondenz wissen. Marco da Gagliano hat seine Wirkung auf die Zuhörer bewundernd geschildert; in der Nachrufsammlung auf den Tod Monteverdis, den FIORI POETICI von 1644, ist es als einziges seiner Werke namentlich genannt, und dem Theoretiker Giovanni Battista Doni war es in sei-nem TRATTATO von 1639 »die vielleicht schönste Opernkomposition unserer Zeit«. Die chromatisch anhebende Eingangsfigur und der danach abwärts ge-richtete Melodieverlauf mit dem noch im Mittelalter verteufelten Intervall des Tritonus wurde zahlreichen anderen Komponisten des 17. Jahrhunderts zum Vorbild für ihre Lamenti.

In Monteverdis großem Lamento spiegelt sich vielleicht auch seine prekäre Situation zur Zeit der Komposition an der ARIANNA. Wenige Monate vor der Hochzeit des Erbprinzen war seine Frau, die Hofsängerin Claudia Cattaneo, an Schwindsucht gestorben, und sein eigenes Gehalt reichte für ihn und die beiden Kinder kaum zum Leben. Herzog Vincenzo starb 1612 an der Syphilis und hin-terließ riesige Schulden. Vier Monate später wurde Monteverdi entlassen, und von seiner Nervenkrise erholte er sich während eines einjährigen Aufenthalts im Hause seines Vaters, eines Arztes in Cremona, langsam, ehe ihn die Berufung aus Venedig in neue Lebensbahnen lenkte. Aus den Jahren zwischen seiner Mantuaner Zeit und den späten venezianischen Opern ist lediglich eine einzige, halb szenische Komposition Monteverdis überliefert: IL COMBATTIMENTO DI TANCREDI E CLORINDA (Der Zweikampf zwischen Tankred und Clorinda). Es handelt sich um die Vertonung einer Episode aus dem zwölften Gesang von Tassos Epos GERUSALEMME LIBERATA (Das befreite Jerusalem). Einst hat der Kreuzritter Tankred im Lager der Sarazenen Clorinda kennen und lieben gelernt. Während der Kämpfe um Jerusalem wagt sie in männlicher Verkleidung einen Überfall auf das Lager der Christen, wird von Tankred verfolgt und zum Kampf auf Leben und Tod gestellt. Nach einem Kampf über die Dauer der ganzen Nacht sinkt das Mädchen, tödlich getroffen, zu Boden und bittet den Sieger, sie zu taufen. Als Tankred ihr den Helm abnimmt, erkennt er die Geliebte. Sie stirbt als Christin mit den Worten: »Der Himmel öffnet sich, ich gehe in Frieden.« Bei diesem Werk handelt es sich keineswegs um eine Oper. Vielmehr trägt ein Erzähler, ›Testo‹, die Handlung vor, in die beide Kämpfer mit wenigen direkten Aussprüchen eingreifen. Wir haben es mit einer indirekten Art von Theater zu tun, in dem die sprachlichen Mittel zu solchen der kriegerischen Auseinandersetzung umstilisiert werden. Diese findet also weder als szenisches Madrigal statt wie in Orazio Vecchis zur Vorgeschichte der Oper gehörender Komödie L'AMFIPARNASSO (1594), noch ist sie in eine szenische Kantate eingebunden. Man könnte dieses COMBATTIMENTO als ein Experiment Monteverdis bezeichnen, den Zusammenhang von Handlung und Spiel auf der Bühne in die Musik selber zu verlagern.

Schon in den Anfangstakten des 1624 uraufgeführten Werks wird dieser Experimentalcharakter deutlich. Nach dem knappen Einleitungsakkord beginnt der ›Testo‹, von einfachen Akkordfolgen gestützt, beinahe teilnahmslos mit Wiederholungen ein und desselben Tons. Wenn er, sozusagen Atem holend, die erste deutliche Pause macht, kommentiert das Streichorchester den Vorgang auf seine Weise, indem es eine in sich kreisende Figur intoniert, die den immer schneller werdenden Pferdetrab darstellt: Zwischen die Worte des Erzählers und die Einwürfe der Darsteller (sie spielten bei der Uraufführung im Haus des Venezianers Girolamo Mocenigo eine Pantomime, wenn sie nicht gerade singen mußten) schiebt sich als gleichberechtigte dritte Schicht das Orchester. Erzählton, direkte Rede, Gebärde und Instrumentalklang finden zu einer kammermusikalischen Operneinheit. Diese experimentelle Einzigartigkeit in der Geschichte der Musik hat Monteverdi 1638 in der Vorrede zu den Kriegs- und Liebesliedern seines achten Madrigalbandes betont, als er von einem »Genere non più visto nè udito« sprach (einem noch nicht gehörten oder gesehenen Typus). Unerhört ist diese Musik, weil sie nicht nur den Spannungsgehalt des einzelnen Wortes unterstreicht, sondern auch den größerer Zusammenhänge. Hatte Monteverdi solche musikdramaturgischen Zusammenhänge im ORFEO durch die instrumentalen Vor- und Zwischenspiele geschaffen, so setzt er nun die lediglich von Streichern und dem Continuo-Cembalo verwirklichte Instrumentalsprache in ein eigenständiges dramatisches Geschehen um. In der Vorrede zum COMBATTIMENTO betonte Monteverdi diese Auseinanderspreizung der musiksprachlichen Mittel, indem er auf die Ungleichzeitigkeit von Bericht und Orchesterkommentar hinwies: »Die Instrumente, das heißt vier Viole da braccio, Sopran, Alt, Tenor und Baß sowie ein Kontrabaß, der mit dem Cembalo zusammengeht, müssen mit ihrem Strich die Leidenschaften des Textes nachahmen, der Testo muß klar und sicher singen und eine gute Aussprache haben, da seine Worte zeitlich um einiges von der Instrumentalbegleitung abweichen.«

Diese klangsprachlichen Mittel wie Akzente und Decrescendi, Pizzikati und Tremoli darf man nicht als vereinzelte Effekte mißverstehen, wie es in der Forschung immer wieder geschehen ist, indem man sich auf Monteverdis eigene Begründung des ›Genere concitato‹ berief. Erfinder des Streichertremolos ist Monteverdi keineswegs, da sich dieses schon in den AFFETTI MUSICALI des Biagio Marini (1617) oder im dritten Buch der DIVINE LODI MUSICALI des Giovanni Battista Riccio (1620) nachweisen läßt. Bei Monteverdi wird es nicht als Stilmittel, sondern als Gestaltungsmittel für eine bestimmte Gattung szenographischer Musik eingesetzt. Es handelt sich also weder um eine Verzierung, die an die Stelle einer genauen Ausnotierung tritt, noch um ein atmosphärisches Spannungsmittel, wie es zwischen Gluck und Bruckner eine schaurig-geheimnisvolle Stimmung hervorruft. Im ›Genere concitato‹ verlangt Monteverdi für das Tremolo die Einhaltung der metrischen Zählzeit, es hat also keinen symbolischen Stilwert, sondern einen stilbildenden Symbolwert: als Projektion körperhafter Erregungszustände des Handlungsablaufs in die Instrumentalsprache. Mit dieser Vervollkommnung seiner instrumentalen Ausdrucksmittel schuf Monteverdi sich die Voraussetzungen für sein musiktheatralisches Spätwerk.

Im COMBATTIMENTO hat Monteverdi die höfische Grundkonstellation der Oper: eine erbauliche Unterhaltungsform für eine Minderheit elitärer Kenner zu sein, durch eine rigorose Verringerung der Mittel fast ins Abstrakte gewendet. Gleichzeitig vermag es die Musik, anschaulichst das Geklirr der Schwerter, die Hiebe mit den Knäufen, das Aneinanderschlagen der Rüstungen und sogar den buchstäblich transzendierenden Blick Clorindas in den Himmel zu schildern. Es ist müßig, über andere Stufen von Monteverdis musikdramatischer Entwicklung vor seinen letzten venezianischen Opern zu spekulieren, da seine anderen Werke verlorengegangen sind. Zu diesen gehört neben der ARIANNA auch LA FINTA PAZZA LICORI, eine der frühesten komischen Opern. Die letzte Wende nahm die Lebensbahn des hochbetagten Komponisten, als 1637 in Venedig mit Francesco Manellis (verlorengegangener) Oper L'ANDROMEDA im Teatro San Cassiano das erste bürgerliche Musiktheater eröffnet wurde. Jetzt mußten, im Gegensatz zu den früheren höfischen Anlässen für die Aufführung einer Oper, die Einnahmen die Kosten der Produktion mindestens decken. Zu dem Zweck mußte jeder, ungeachtet seines Standes, Eintritt zahlen: die Oper wurde, wenngleich meist nur während der Karnevalsaison, öffentlich. Für diese Institution schreibt Monteverdi seine letzten drei Opern, von denen LE NOZZE DI ENEA CON LAVINIA (1641) nicht überliefert ist.

IL RITORNO D'ULISSE IN PATRIA (›Dramma in musica‹. Die Heimkehr des Odysseus; Musikdrama in einem Prolog und drei Akten; L von Giacomo Badoaro nach Homers ODYSSEE; San Cassiano Venedig 1640; WA in der Fassung von Vincent d'Indy: Paris 1925; neuere Ausgaben von Gian-Francesco Malipiero in Band XII der Gesamtausgabe; Luigi Dallapiccola: Florenz 1942, Neufassung beim Holland Festival 1962; deutsche Version von Erich Kraack: Hannover 1957; Siegfried Matthus: Komische Oper Berlin 1967, Gelsenkirchen 1979; historisierende Version von Nikolaus Harnoncourt: Theater an der Wien 1971, Zürich 1977; als Stilgemisch aus mehreren Jahrhunderten: Hans Werner Henze, Salzburger Festspiele und Köln 1985).

An der Wertschätzung der Pastoralfabel ORFEO und des Charakterdramas POPPEA hat der ULISSE im 20. Jahrhundert nicht in einem vergleichbaren Maße teilgehabt. Dafür ist bis zu einem gewissen Grad die Editionslage verantwortlich. Während die Authentizität des in Venedig erhalten gebliebenen Librettos außer Frage steht, wurde die der 1881 von August Wilhelm Ambros in der Wiener Nationalbibliothek entdeckten Partitur lange Zeit bezweifelt. Der Streit hielt auch noch an, nachdem Robert Haas das Werk 1922 mit einem auf die Authentizität pochenden Vorwort als Partitur im Neudruck herausgegeben hatte. Partitur ist allerdings kaum das richtige Wort, denn überliefert ist in diesem Dreiakter (das Libretto sieht fünf Akte vor) die Gesangsstimme mit einem unbezifferten Begleitbaß, also ohne harmonische Stütze. Lediglich die orchestralen Zwischensätze, die ›Sinfonie‹ und ›Ritornelli‹, sind fünfstimmig ausgeführt. Daraus ist nicht die Folgerung abzuleiten, Monteverdi habe es an der nötigen Sorgfalt fehlen lassen. Schon die Tatsache des fünfstimmigen Orchestersatzes (in der POPPEA wird er auf drei Stimmen reduziert) beweist, daß der Komponist die beschränkten Möglichkeiten der ›bürgerlichen‹ Oper nicht einfach akzeptierte; für die gleiche Annahme spricht die reichliche Verwendung von Chören, die zwischen drei- und achtstimmigem Satz wechseln (wobei anzunehmen ist, daß die Bezeichnung ›Coro‹ wie in der späteren ›Opera seria‹ nicht im heutigen Sinn zu verstehen ist, sondern in dem von ›Ensemble‹).

Die Hauptaufgabe für die Herausgeber einer spielbaren Neufassung besteht also darin, einen Weg zwischen den Extremen zu finden: der ›nackten‹ Urfassung und einer kompromißlos ›modernistischen‹. Wie schon im Fall des ORFEO haben sich an dieser Aufgabe neben Musikologen vor allem Komponisten versucht. Die nach der Haas-Edition von 1922 erstellten aufführungspraktischen Versionen waren alle mehr oder weniger romantisierend geprägt, ehe das Pendel umzuschlagen begann. Für diesen Kurswechsel war besonders wichtig die 1957 öffentlich beginnende Arbeit des von Nikolaus Harnoncourt gegründeten Concentus Musicus Wien, eines Spezialensembles, das historisierende Musizierpraktiken als realisierbar erwies. 1969 versuchte Harnoncourt in Darmstadt noch einen Kompromiß, als er seine historistisch konzipierte Fassung teilweise modernen Instrumenten anvertraute. Zwei Jahre später brachte er sie mit dem Concentus Musicus in Wien heraus, und für die Aufführung in dem Zürcher Monteverdi-Zyklus fand er 1977 in Jean-Pierre Ponnelle den Regisseur, der seinem musikalischen Historismus einen szenischen an die Seite stellte. Diese über die audiovisuellen Massenmedien verbreitete Fassung hat ebenso wie die nichthistorisierende Raymond Leppards (Glyndebourne 1979) erstmals die Repertoirefähigkeit dieses Spätwerks bewiesen.

Die aus dem letzten Gesang der ODYSSEE überlieferte Geschichte der Heimkehr des Odysseus nach dem Trojanischen Krieg wird von Monteverdi nicht in der Stilisiertheit seines ORFEO erzählt. Das treue Warten der Gattin Penelope, das Drängen der Freier gegenüber der Herrin von Ithaka, die dramatische Zuspitzung mit der Bogenprobe, in der sich der als Bettler verkleidete Odysseus als der wahre Herrscher erweist und ein Blutbad unter den Freiern anrichtet, schließlich die glückliche Wiedervereinigung des Paars: das wird nicht mehr scheu in Botenberichte versteckt, sondern auf der Bühne verhandelt. In seinem nur mittelmäßig librettierten Musikdrama greift Monteverdi auf die schon in Venedig verbreiteten Errungenschaften der Generation seiner Schüler zurück. Aus der elitär geschlossenen Fabel vom Sänger Orpheus (ganz zu schweigen von der kammermusikalischen ›Verinner-lichung‹ im COMBATTIMENTO) ist ein Spektakel für ein zahlendes Publikum geworden, eine Mischung ernster, komischer und die Schaubegierde befriedigender Szenen.

Den vielfältig verschlungenen Handlungsfäden, die durch einen Götterrahmen zusammengehalten werden, entspricht Monteverdis differenzierte Musiksprache. Das Rezitativ läuft nicht rhapsodisch am Text entlang, sondern wird geradezu bildhaft in Sequenzen und kanonischen Imitationen aufgebaut. Die Bandbreite reicht vom sprachähnlichen Parlando bis zu melodisch weit kadenzierenden Bögen, die z. T. in kleine Arien (meist im Dreiermetrum und in strophischer Form) münden. Diese Tripeltaktarien sind oft komischen Figuren wie Penelopes Zofe Melanto und ihrem Liebhaber zugeordnet. Die seriösen Figuren Odysseus und Penelope artikulieren sich meistens im Rezitativ, den Göttern und allegorischen Figuren (wie Amor oder Fortuna) gibt Monteverdi gekünstelte Ausdrucksformen mit madrigalesker Wortausdeutung, virtuosen Koloraturen und orchestralem Ritornell-Besatz. Mit diesen Mitteln wird auch die Zwielichtigkeit der um Penelope werbenden Freier gestaltet. Wenn sie die Königin umgirren und sich gegenseitig auszustechen versuchen, bewegen sie sich in tänzerischen Tripeltakt-Arien mit kunstvollen Koloraturen. Wenn sie aber in einer Verschwörungsszene beschließen, Penelopes Sohn Telemach umzubringen, drücken sie sich im freien Rezitativ aus. Die Bogenprobe legen sie in ritueller Gleichförmigkeit ab: Jeder der drei Fürsten, die sich zu Beginn der Szene in einem Terzett vereinen, nimmt den Bogen, ruft nach einem Orchester-Zwischenspiel in einem Arioso einen Gott an und muß sich in einem Rezitativ geschlagen geben. Eine orchestrale ›Sinfonia da guerra‹ schildert schließlich mit ihren martialischen Klängen das Blutbad, das Odysseus unter den Freiern anstellt.

Wie sehr Monteverdi in seinem Spätstil die rezitativische Ausdrucksmöglichkeit seines LAMENTO D'ARIANNA beherrscht, zeigen nicht nur die Klage der Penelope *Di misera regina* (Ich unglückselige Königin, I,1), die Erwachensszene des von den Phäaken am Strand von Ithaka ausgesetzten Odysseus *Dormo ancora o son desto* (Schlafe oder wache ich; I,7) oder das Erschrecken Telemachs, als er den Vater erkennt *O padre sospirato* (O langersehnter Vater; II,3). In einem wahren ›Coup de théâtre‹ setzt Monteverdi darüber hinaus alle bislang in der jungen Operngeschichte entwickelten Vokalstile für eine Parodie ein. Es handelt sich um die erste Szene des dritten Akts, in der Iros, der von den

Freiern ausgehaltene Vielfraß, den Tod seiner Gönner beklagt: *O dolor,
o martir che l'alma attrista* (O Kummer, o Schmerz, der auf der Seele la-
stet). Die Arie, deren Parallelfunktion zur Eingangsklage der Penelope
offenkundig ist, beginnt auf einem über neun Takte ausgehaltenen D,
das nur mit großem Atem und einer perfekten ›Messa di voce‹ zu singen
ist. Dann folgt ein Parlando-Abschnitt, dem sich eine Passage mit Koloraturen anschließt. Schließlich erklingt ein Arioso, das aus einer taktweise wiederholten Minisequenz besteht. In diesem Stilgemisch greift
Monteverdi schon der Errungenschaft seiner POPPEA vor: daß die Gefühle die Ausdrucksweise eines Menschen ohne Ansehen seines durch
eine bestimmte Stillage gekennzeichneten Sozialstands bestimmen.
Dieser Iros frißt sich offenbar quer durch alle Schichten der Gesellschaft, er ist der erste Buffocharakter der venezianischen Oper in der
Erscheinungsform eines Stilgemischs. Diese erste synthetische Figur
der Operngeschichte setzt die Kennerschaft des zeitgenössischen
Publikums voraus, denn sonst wäre ihre Funktion sinnlos gewesen. Es
handelt sich also nicht nur um eine frühe Buffoszene von kompositori-
scher Authentizität, sondern auch um eine Art Meta-Kunst: Kunst
über Kunst.

Der Klageton der Iros-Szene ist nicht mehr, wie in Penelopes Solo
des ersten Akts, zu begreifen als die musikalische Annäherung an eine
bestimmte Seelenlage. Die hatte den Konflikt der treuen Ehefrau bei
der endlichen Wiedererkennung des Gatten programmiert: in den
zwanzig Jahren ritueller Witwenschaft hat sie sich sozusagen revirgi-
niert, so daß sie niemanden als ihren Mann erkennen will. Der Konflikt
kann nur durch den Beistand der Götter gelöst werden. In der Lamento-
Szene des Iros dagegen, und das macht sie in Monteverdis Schaffen vergleichslos, verselbständigen sich die Kunstmittel. In ihrer souveränen
Handhabe kommuniziert der Komponist augenzwinkernd mit seinem
kennerhaften Publikum über die Eigengesetzlichkeit seiner musiksprachlichen Gestaltungsmöglichkeiten.

L'INCORONAZIONE DI POPPEA (›Favola regia per musica‹. Die Krönung der Poppäa. Königliche Musikfabel in einem Prolog und drei Akten; *L* von Giovanni Francesco Busenello nach dem 14. Buch der ANNA-
LEN des Tacitus; Santi Giovanni e Paolo Venedig 1642; Neapel 1651;
WA in der Bearbeitung von Vincent d'Indy in Paris: 1905 konzertant,
1913 szenisch; weitere Ausgaben unter anderem von Gian Francesco
Malipiero in der Gesamtausgabe nach der venezianischen Partitur mit

Angabe der Abweichungen von der neapolitanischen; Ernst Křenek: deutsch, ohne Prolog, Wiener Volksoper 1937; Hans-Ferdinand Redlich: Letztfassung Deutsche Oper Berlin 1963; Walter Goehr: Hamburg 1959; Raymond Leppard: Glyndebourne 1962, Hannover-Herrenhausen 1967; Erich Kraack: deutsch, stark romantisierend, Wiener Staatsoper 1963; historisierende Fassungen: Alan Curtis, Amsterdam 1971; Nikolaus Harnoncourt, Zürich 1977).

Mit Monteverdis letztem Werk beginnt das, was wir Opernrepertoire nennen. Es wurde nicht nur einige Jahre lang in Venedig gespielt, sondern eröffnete auch 1651 die Reihe öffentlich aufgeführter Opern in Neapel. Die Wiederentdeckung der Oper begann 1888, als Taddeo Wiel in der Biblioteca Marciana die sogenannte venezianische Druckausgabe entdeckte; 1930 stieß Guido Gasperini auf die neapolitanische Fassung – die vermutlich beiden zugrunde liegende ›Urfassung‹ dürfte 1748 beim Brand des Uraufführungstheaters vernichtet worden sein. Die Klagen von Wissenschaftlern, daß die POPPEA nicht in einer authentischen Fassung überliefert ist, gehen – so begreiflich sie sind – von einer falschen Voraussetzung aus. Anders als im Fall des ORFEO, wo ein fürstlicher Auftraggeber auch den zu seinem höheren Ruhme dienenden Druck förderte, stammt die POPPEA aus der bürgerlichen Phase der frühen Opernentwicklung. Wie im Fall des ULISSE sind auch hier starke Einwirkungen aus Monteverdis späten Madrigalen festzustellen: ein Beleg dafür, daß die Oper nicht wie die frühere Pastoralfabel als einzigartiges Kunstwerk, sondern als Gebrauchswerk konzipiert war. Das erklärt, wiederum wie im Falle des ULISSE, das große Interesse von Komponisten, eine spielbare Fassung zu erstellen, und wie im genannten Fall scheint seit den siebziger Jahren auch für die POPPEA eine wachsende Neigung zu historisierenden Aufführungen mit alten (oder nachgebauten) Instrumenten zu bestehen. An der Repertoirefähigkeit des Werks hat es immer weniger Zweifel als bezüglich des ULISSE gegeben.

In der POPPEA krönt Monteverdi seine Kompositionstechnik auf den Fundamenten der Wahrheit (›Sopra li fundamenti della verità‹). Busenellos Libretto, wahrscheinlich durch das Drama OCTAVIA des Seneca (oder aus seiner Schule stammend) inspiriert, gibt die mythische Stofftradition auf und orientiert sich an der Realgeschichte. Aus der von den Begründern der Oper im Umkreis der Florentiner ›Camerata‹ angestrebten antiken Tragödie ist ein letztlich im Venedig des 17. Jahrhunderts spielendes Charakter- und Intrigendrama in historischem Kostüm geworden. Monteverdi hat das Libretto, das den Sturz der Kaiserin Octavia im Jahre 62 unserer Zeitrechnung, den Selbstmord des gegen den Kaiser Nero opponierenden Philosophen Seneca und die Erhebung Poppäas auf den Kaiserthron neben Nero schildert, entscheidend verändert. Da werden die Szenen von ihm zum Teil geradezu filmisch überblendet, zudem arbeitet er mit Vormotivierungen. So macht zu Beginn der Handlung nach dem Auftritt des in der Nacht nach Hause zurückkehrenden Ottone, Poppäas Ehemann, das Gespräch der beiden erwachenden und Neros Schäferstündchen bei Poppäa bewachenden Soldaten die Problematik des erotischen Dreieckverhältnisses schon klar. Wie ein psychologisierender Meisterdramaturg stellt uns Monteverdi gleich darauf die beiden Liebenden vor: dem um Diskretion bittenden Kaiser, der erst seine Gattin verstoßen und dann sein Verhältnis mit der Geliebten legalisieren will, entlockt Poppäa geschickt das Eheversprechen. Als sie es erhält, bricht sie in tänzerischen Jubel aus. Mit ähnlichen Mitteln ist die anschließende Szene gestaltet, in der Poppäa ihrer Amme Arnalta von den hochfliegenden Plänen erzählt, während diese zu bremsen versucht (später, in einer Soloszene, träumt sie ihrerseits vom sozialen Aufstieg im Gefolge Poppäas).

In dieser Szenenfolge sind die Personen mitsamt den von ihnen in die Wege geleiteten Vorgängen psychologisch verzahnt, was Monteverdi durch formale Symmetriebildungen und flexible Wortdeutung in den Rezitativen musikalisiert. Aber es gibt auch eine mythische Motivebene. Dem stoischen Widerstand des nicht unkritisch gezeichneten Philosophen Seneca gegen Neros Pläne wird durch die Todesverkündigung der Göttin Athene eine tiefere Bedeutung zuteil. Zu dem Zweck teilt der Götterbote Merkur Seneca die Stunde des Abschieds vom Leben mit. Daß der späte Monteverdi die Forderungen des Musiktheaters idealtypisch erfüllte, zeigt sich nicht nur an der symmetrischen Form von Senecas Abschied (II,4), den dessen Schüler verhindern wollen. Ebenso bezeichnend ist es, daß er das die Krönung Poppäas feiernde Liebesduett mit Nero gar nicht im Libretto vorfand und nachträglich bei Busenello bestellte. Auch in diesem Schlußduett ist, wie in allen anderen Szenen, der große Menschenkenner zu spüren: Monteverdi stellt seine Personen kritisch, letztlich sogar als unsympathische Figuren dar (selbst die verbannte Kaiserin Octavia erweist sich als potentielle Mörderin), gerät aber nie in die Neigung, seine Geschöpfe zu denunzieren. Sein Realismus umfaßt musiktheatralisch eine neuartige Spannweite, in der das Komische (Arnalta und der Page) für Aufhellung sorgt, aber auch das Makabre, ja Zynische gestreift wird, wenn nach dem befohlenen Selbstmord Senecas der sich als Dichter fühlende Nero und sein Hofpoet Lukan über die Schönheit Poppeas ins Schwärmen und Stottern geraten.

Geschrieben wurde DIE KRÖNUNG DER POPPÄA für das zweite bürgerliche Theater Venedigs, das 1639 eröffnete Theater der Heiligen Johannes und Paulus (1664 umgebaut, 1748 durch Brand zerstört). Im Prolog greifen Monteverdi und sein Librettist noch einmal auf die allegorischen Figuren Fortuna, Virtus und Amor zurück (von denen der letztgenannte einen Auftritt als ›Deus ex machina‹ hat, während der Göttin Athene eine echte dramaturgische Funktion im beschriebenen Sinn zukommt). Insgesamt aber entwickelt sich die Handlung in einer staunenswerten Linearität zwischen Menschen aus Fleisch und Blut. Primärer Handlungsträger ist indes die Musik selber, in der Monteverdi sein im COMBATTIMENTO entwickeltes Prinzip der musiksprachlichen Spannung aus instrumentalem Impuls verwirklicht. Zu erwähnen ist, daß zu Monteverdis Zeit das Orchester nicht im ›Graben‹, sondern meist hinter der Szene spielte. Da es, im Vergleich mit dem ORFEO, weniger reich besetzt war, gehen gegensteuernde Maßnahmen in modernen Aufführungsversionen, wie sie Ernst Křenek etwa mit dem Argument verband, der Komponist könne unmöglich seine frühere Kolorierungsfähigkeit verloren haben, von einer falschen historischen Voraussetzung aus. Im ORFEO hatte Monteverdi, besonders in der koloraturdurchsetzten Anrufung der Unterwelt, eine affektgeladene Gestik des Gesangs begründet, die er im COMBATTIMENTO auf das Instrumentale übertrug, das auf diese Weise eine Vertiefung seiner ›Sprachfähigkeit‹ erfuhr. In der POPPEA nun erreicht der Komponist eine Einheit von vokaler und instrumentaler Gestik, so daß in seinem letzten Werk – scheinbar paradoxerweise, aber letztlich folgerichtig – weder die vokale Fioritur des ORFEO noch die instrumentale Eigenständigkeit des COMBATTIMENTO vorherrscht (obwohl er in der erregten Auseinandersetzung Neros mit Seneca das tremoloähnliche Mittel der schnellen Wiederholung von Sechzehnteln auf einem Ton einsetzt). Die bei der Wiederentdeckung Monteverdis im 20. Jahrhundert als Wunder aufgefaßte Kunsthöhe der POPPEA erweist sich darin, daß hier unter Umgehung der historischen Stufe der Nummernoper schon so etwas wie ein durchkomponiertes Gesamtkunstwerk vorliegt. Bei Monteverdis Nachfolgern wird sich die vokale und (weniger) die instrumentale Gestik zu selbständigen Effekten vereinzeln, so daß Handlung im musikalisch mehr oder weniger bedeutungslosen Rezitativ stattfindet.

In der POPPEA dagegen ist ein dramatischer Gesangsstil entwickelt, der auch im Instrumentalen den vom Wort geschilderten Vorgang veranschaulicht: »Über das Nachvollziehen des Satzbaus hinaus nimmt die Musik selbst Züge von Aktion an und gelangt zu musikdramatisch eigenständigen Gebilden.«

Monteverdis Gesamtkunstwerk ist nicht im barocken Sinn zu verstehen: als Schaugepränge, in dem eine bestimmte geschichtliche Stufe von Theaterbau, Bühne, Kulissen und Maschinenkunst erreicht ist. Vielmehr geht die in der POPPEA verwirklichte Theateridee über diese im RITORNO D'ULISSE IN PATRIA verwirklichte Stufe gleichsam hinaus: ausgehend vom auskomponierten Verhältnis des Wortes zur dramatischen Aktion, zielt sie auf ein Gesamtkunstwerk als Musiktheater. Damit wird dieses zum Gegenstück des Shakespearischen Worttheaters. Wenn in I,12 der von Poppea verlassene Ottone den Zwiespalt seiner Gefühle in einem Monolog schildert, erreicht Monteverdi durch den schnellen Wechsel der Affekte eine tiefenscharfe Psychologisierung der Figur. Die Wiederholung einzelner Wörter oder Verse setzt eine gestische Beweglichkeit frei, die den Umschlag der Melancholie in Zorn (mit überraschenden harmonischen Wendungen) auch Jahrhunderte später ebenso plausibel macht wie die am Schluß gezeichnete Labilität des Charakters. Da wird nämlich auf die alle vorangehenden Abschnitte prägende Rückkehr von der Dominante oder Subdominante zur Tonika verzichtet. Die am Anfang des Monologs geforderte Selbstbesinnung *(Ottone, torna a te stesso)* erweist sich als Illusion: dieser Mensch wird von Mächten geleitet, die außerhalb seiner Willenskraft liegen.

Dieser hohe Grad an musikalischer Definition rundet auch eine vergleichsweise bescheidene Nummer wie die schon in Da-capo-Form angelegte Arie des Pagen in II,5 (*Sento un certo non so che:* eine Vorwegnahme des *Ich weiß nicht, wer ich bin, was ich tue* von Mozarts Cherubino im FIGARO!) zu einer verblüffenden Hermetik. Zwei kleine Motive, zu Beginn je taktweise alternierend, werden zu Beginn des zweiten Teils *(Ti farei)* verschmolzen, wobei die Intervallfolge eine Umkehrung der des zweiten Motivs ist. Die Reprise des Anfangs erfährt dann eine durchführungsartige Erweiterung: der zweite Takt des Kopfmotivs wird wiederholt, zudem erfolgt eine Melodie-Ausdehnung um einen Takt. Diesem konstruktiven Aufwand in der Mikrostruktur entspricht die großräumige Anlage des Ganzen. Wie im ORFEO benutzt Monteverdi orchestrale ›Sinfonie‹ und ›Ritornelli‹ als Mittel der Formgliederung. Diese Instrumentalstücke leiten Szenen ein oder verbinden sie miteinander. Gleichzeitig nehmen sie direkten motivischen Bezug auf die Vokalnummern, nehmen also die bei Gluck und Mozart üblich werdenden Orchestereinleitungen von Arien vorweg. Andrerseits komponiert Monteverdi geradezu eine Sprachstörung, ein Verstummen angesichts erlittenen Unrechts, aus, wenn er die verstoßene Kaiserin ihren Abschied von Rom (*Addio Roma;* III,6) auf einem Ton stammeln läßt, von wo aus sie sich nur um jeweils eine kleine oder große Sekund entfernt, bis die Melodielinie in einem Tritonus-Sturz zusammenbricht.

Hier handelt es sich keineswegs um schlicht illusionistische Verfahren. Daß Monteverdi geradezu dialektisch komponierte, ist dem Finale zu entnehmen: dem ersten richtigen Liebesduett der Operngeschichte, in seiner erotischen Ausstrahlung wohl erst wieder in Wagners TRISTAN und Verdis OTELLO erreicht. Die Orchesterbegleitung ist geprägt von einer ostinaten Viertonfolge im Baß, die in ihrer aus zwei chromatisch angebundenen Notenpaaren bestehenden Absinktendenz dem Gesang wie in einer Chaconne unterlegt bleibt. Wir haben hier einen für die spätere Barockmusik typischen Lamentobaß vor uns, einen Quartbaß, der mit seiner vom Grundton zu dessen Unterquart chromatisch fallenden und damit den Tonbestand einer Tonart durchbrechenden Linie eine einprägsame Klangfigur darstellt. Über diesem Fundament erheben sich die Gesangsstimmen in einer kanonischen Führung, deren Taumel das wechselseitige Begehren versinnbildlicht. Der durchgehaltene Baßschritt, schon den ebenfalls über einem Quartbaß erklingenden Abschied der Karthagerkönigin vom Leben in Purcells DIDO UND AENEAS vorwegnehmend, schreibt der sinnlichen Lust einen Kommentar aus der Perspektive der Ewigkeit ein. In der Kenntnis vom baldigen Ende dieser Liebesbeziehung komponierend, gibt Monteverdi dem Duett mit der geheimen Trauer die in die Annalen der Geschichte gemeißelte Unverlierbarkeit mit.

Obwohl Monteverdi bald vergessen war, blieben die von ihm in der POPPEA geschaffenen Prototypen auf der Bühne lebendig. Dem hohen Paar Nerone-Poppea steht das sozial tiefer gestellte Ottone-Drusilla gegenüber (die ›Opera seria‹ wird das dankbar aufgreifen); dann gibt es die gefährliche Intrigantin im tiefen Stimmfach (Ottavia) und in der Baßregion den weisen Alten: Seneca als Vorläufer des Sarastro, des König Marke oder Arkel in Debussys PELLÉAS. Die komische Alte Arnalta, in der venezianischen Oper noch von einem Tenor dargestellt, wird ebenso ins Repertoire eingehen wie die aus geheimnisvollen Quellen wahrsagende Frau: Pallas Athene als Vorstufe zu Wagners Erda und Verdis Ulrica. Und mit dem Pagen hat Monteverdi schon den Infantil-erotiker als Hosenrolle geschaffen. Mozarts Cherubino und der Octa-vian im ROSENKAVALIER werden ihm nachfolgen. So scheint, zumin-dest unbewußt, die Unverlierbarkeit des von Monteverdi Geschaffenen sich durch die Baßschritte im POPPEA-Finale den Nachgeborenen ein-graviert zu haben. Zu Beginn unseres Jahrhunderts tauchte der Kompo-nist jedenfalls aus dem Vergessensein auf wie ein wohlbekannter »Wie-derkömmling aus dem Schoß der Geschichte«.

ZWISCHEN MONTEVERDI
UND SCARLATTI
DIE FRÜHE VERBREITUNG
DER ITALIENISCHEN OPER

Die Oper ist die umfassende Kunstform der italienischen Barockepoche: ein Gesamtkunstwerk aus Gesang und Orchesterklang, aus Musik, Worten und Bewegung, aus Kostümen, Bühnenbildern und Maschinenzauber. In ihm spiegeln sich die Errungenschaften des 17. Jahrhunderts: die Fortschritte auf dem Gebiet der Künste, Wissenschaften und Welteroberung. An allem hatte die Oper in ihrer Frühzeit teil, und zur eigenen, die Jahrhunderte überdauernden Größe fand sie, weil die Anteilnahme am Fortgang der Weltgeschichte vermittelt wurde durch die Individuation ihrer Helden. Von den Gefühlswirren des Gottes Apoll in den frühen Vertonungen des Daphne-Mythos und dem Liebesleid des Sängers Orpheus, der nach dem Verlust seiner Eurydike der irdischen Liebe abschwört und somit zum ersten Künstler wird, der in dieser Gattung den Preis für seine Kunst als eine Glücksentbehrung erkennt, reiht sich in der italienischen Oper eine bis heute nicht abgerissene Kette von Gestalten, die in ihren Herzensaffären die Welt erfahren und ihr eigenes Ich finden. So erklärte in der Mitte des 18. Jahrhunderts der Librettist Ranieri de' Calzabigi, daß in der italienischen Oper die Arie die Funktion des Chores in der altgriechischen Tragödie erfülle: als lyrische Meditation von universaler Bedeutung. Dieses in einer Arbeit über seinen Vorgänger Pietro Metastasio gefällte Urteil ist gleichzeitig eine rückwirkende Rechtfertigung jener Künstler im Kreis der Florentiner ›Camerata‹, die das antike Drama wiederbeleben wollten und die Oper fanden. Allerdings läßt deren erste, in sich zudem widersprüchliche Erscheinungsform den späteren Triumph der Oper nicht ahnen. Die 1600/1602 erstmals gespielten Werke von Peri und Caccini, EURIDICE, sowie Cavalieris RAPPRESENTATIONE waren formal eine Pastorale bzw. ein Mysterienspiel: also im einen Fall eine elitäre Kunstform für das Vergnügen eines aristokratischen Publikums, im anderen Fall eine gegenaufklärerische Einübung der Gläubigen in die rechte Lebensweise als Verzicht auf die Selbstgenügsamkeit des Irdischen.

Was diese ersten beiden Erscheinungsformen der Oper verband, und das erst gibt uns das Recht, sie so zu nennen, war ein musikalisches Stilistikum: der Sologesang in der neuen Monodieform, unter der ein monophones Harmoniegerüst in einem Generalbaß lag. Formal waren diese ersten Opern sehr einfach gehalten: die Solodeklamation folgte dem Text mehr oder weniger sklavisch; gegliedert wurde das ganze durch chorische und instrumentale Einschübe. Erst mit Monteverdis 1607 in Mantua uraufgeführtem ORFEO kam es zum Opern-Urknall. Daß diese Erhöhung des neuen Stils, des ›Stile rappresentativo‹, zu einer ausdruckshaften Musiksprachlichkeit die ursprünglichen Aufführungsorte der Oper: Fürstenhof und Kirche, überforderte, ist auch heute noch nachvollziehbar. Mit der Ausdehnung der Oper auf das öffentliche Theater begann sich ihr Erscheinungsbild gemäß den Ansprüchen eines gemischten Publikums zu wandeln. Die Handlungen wurden umrißschärfer und variabler, die Charaktere verloren ihre mythische Blässe und wurden zu Menschen aus Fleisch und Blut wie schon bei Monteverdi, die szenischen Darstellungsweisen entwickelten sich vom Abstrakten zum Realistischen. Allerdings sollte man sich vor der Ansicht hüten, es gäbe so etwas wie eine kontinuierliche Entwicklung: so, wie wir die ›Geburt‹ der Oper von deren Wirkungspotential her begreifen und nicht von den Zufällen ihres Entstehens, haben wir uns auch angewöhnt, die späteren Ausformungen des Genres von den für uns stilbildenden Fixpunkten her zu sehen: etwa Gluck, Mozart, Wagner oder Verdi. So verbreitet diese Betrachtungsweise auch sein mag, da sie die Praxis der Opernbühnen bestimmt, so wenig wird sie der geschichtlichen Entwicklung gerecht. Deshalb seien wenigstens ein paar Stichworte zur frühen Verbreitung der italienischen Oper genannt.

ROM

Schon im Geburtsjahr der Oper, 1600, hatte der neue Musikstil, die Verbindung des einstimmigen (›monodischen‹) Gesangs mit einer akkordisch fortlaufenden Baßbegleitung (›Basso continuo‹), Eingang nach Rom gefunden. Doch Emilio de' Cavalieris Mysterienspiel RAPPRESENTATIONE (→ S. 34) fand nur einen vergleichsweise bescheidenen Widerhall in der Moralpastorale EUMELIO von Agostino Agazzari, die 1606 von Studenten des Römischen Seminars uraufgeführt wurde. Die erste weltliche Oper in Rom war, erstmals 1619 aufgeführt, wahrscheinlich LA MORTE D'ORFEO von Stefano Landi (um 1581–1639). In ihrem gelegentlich recht melodiösen Rezitativstil und dem Wechsel von Soli und Chorszenen an jedem der fünf Aktschlüsse ähnelt sie weniger der EURI-

DICE von Peri und Caccini als Monteverdis ORFEO, wenngleich sie dessen Dichte nie erreicht. Das ausgedehnte Chorfinale des letzten Akts weckt sogar den Eindruck, als sei es überhaupt nicht organisch aus dem dramatischen Ablauf erwachsen, sondern diesem wie ein Tableau aufgesetzt. Da wir nicht genau wissen, ob die in Venedig gedruckte Oper für Rom geschrieben war und dort aufgeführt wurde, kommt in einem statistischen Sinn Filippo Vitalis hastig zu Ehren des Kardinals Scipione Borghese im Februar 1620 komponierter Oper L'ARETUSA die gesicherte Priorität zu, den Florentiner Stil in einem weltlichen Spektakel nach Rom gebracht zu haben. Daß die Oper in Rom nicht unbedingt dem Florentiner Beispiel von edler Würde zu folgen bereit war, zeigt die 1626 im Haus des Marchese Evandro Conti gespielte LA CATENA D'ADONE (Der gekettete Adonis; Libretto:˙ Ottavio Tronsarelli) von Domenico Mazzocchi (1592–1665). In einer Episode nach Marinos Epos ADONE wird von dem schönen Jüngling Adonis berichtet, der die Göttin Venus liebt. Als davon deren Mann, Vulkan, und Apoll erfahren, schmiedet der erstgenannte eine Kette, um den Nebenbuhler zu fesseln. Auf seiner Flucht gerät Adonis in die Fänge der Zauberin Falsirena, die ihn mit der unsichtbaren Kette fesselt. Als er ihren Verführungskünsten widersteht, steigt Venus vom Himmel herab und erlöst ihn von seinen Leiden, während die Zauberin mit der Kette an einen Felsen geschlagen wird.

MAZZOCCHI UND LANDI

Mazzocchis Oper, die seit Romain Rollands 1895 erschienener Frühgeschichte der europäischen Oper immer wieder das Interesse der Musikhistoriker erregt hat, wirkt im Vergleich mit älteren Werken fast wie eine Boulevardkomödie. Die mythischen Gestalten bewegen sich nicht mehr in statuarischer Göttlichkeit; die komplizierte Handlung wird durch Momente des Kleidertauschs, plötzliche Szenenwechsel, Beschwörungsszenen oder einen vom Himmel aus der Bühnenmaschinerie herabschwebenden Gott (›Deus ex machina‹) fast schon wie ein Barockspektakel vorangetrieben. Neben der prächtigen Szenerie überrascht das Werk durch die Kraft seiner polyphon geführten Chöre und die flexible Textdeklamation. Andrerseits blieb schon der frühen Forschung nicht unverborgen, daß etwa die Chöre der Nymphen im zweiten Akt trotz »graziöser Wendungen steif und kontrapunktisch ungeschickt« sind. Jedenfalls geht Mazzocchi mit den krassen Harmoniewechseln und der oft langsam aufwärts schreitenden Chromatik über den Rezitativstil der Florentiner ›Camerata‹ weit hinaus. Ähnliches gilt für den hoch entwickelten Formenstand, über den sich der Komponist selber im klaren war. An den Schluß seiner Partitur hat er nämlich ein Verzeichnis sämtlicher Arien und mehrstimmigen Chöre gesetzt (›Racconto delle arie e chori a varie voci‹). Daraus entnehmen wir, daß er insgesamt drei Rezitativarien (›Arie recitative‹), sieben Chöre und siebzehn Arien verfaßt habe – hier erscheint der Begriff ›Aria‹ zum erstenmal. Dann fügt der Komponist an, er habe viele Halbarien (›Mezz'arie‹) über das Werk verstreut: Mischformen zwischen dem Rezitativ und der Arie.

Diese Halbarien, von denen sich insgesamt neun als kurze, auf ein Rezitativ folgende Phrasen mit arienmäßiger Baßführung in der Begleitung (meist in schreitenden Vierteln) und kantabler Führung der Singstimme identifizieren lassen, haben nach ausdrücklicher Meinung des Komponisten die Aufgabe, die Langweile des Rezitativs zu brechen. Hier liegt also nicht nur produktiv ein Fortschritt über die Anfänge der ›Camerata‹ hinaus vor, sondern auch eine Reflexion über das Problem. Die allerdings darf nicht im Lichte einer späteren Ästhetik als voll entwickelt aufgefaßt werden. Mazzocchi faßt beispielsweise unter dem Begriff der Arie durchaus unterschiedliche musikalische Erscheinungsformen zusammen: Strophenrezitative, die im Stil der ›Camerata‹ stehen und die Monteverdi in seinem Spätwerk als archaisches Stilmittel einsetzte, finden sich bei ihm auch als ›Aria‹ klassifiziert. Dennoch ist sein Versuch, die Kompositionsmittel für eine Oper auch begrifflich zu fassen, ein deutlicher Hinweis darauf, wie sich die neue Praxis im Sinne Monteverdis, die ›Seconda pratica‹, auch im Denken über Musik durchsetzt.

Hatte Landi in seiner Orpheus-Oper erstmals die Personaleinheit von Komponist und Librettist erprobt, so ließ er sich für seine Heiligenoper IL SANT' ALESSIO den Text von Giulio Rospigliosi, dem späteren Papst Clemens IX., schreiben. Diese Oper über den Adeligen Alexius – der am Tage seiner Hochzeit die Eitelkeit des irdischen Lebens schockartig begreift und fortan als Bettler lebt, unerkannt von seiner Familie unter der Treppenstiege des eigenen Palastes, und nach dem Tode heiliggesprochen wurde – setzt Cavalieris RAPPRESENTATIONE inhaltlich-ideologisch wie musikstilistisch fort. Gleichzeitig hat sie aber an den jüngsten Fortentwicklungen des Genres teil (die Wiederaufführung bei den Salzburger Festspielen 1977 bewies, daß die Oper noch zu interessieren vermag). DER HEILIGE ALEXIUS ist die erste Oper, die über die innere Entwicklung eines Menschen geschrieben wurde. Zudem vermischt sie, Monteverdis ULISSE und POPPEA vorwegnehmend, ernste Szenen mit komischen und wartet mit einem differenzierten Orchestersatz auf, in dem die altmodischen Violen durch Violinen und Violoncelli abgelöst werden.

Jeden der drei Akte eröffnet eine ausgedehnte und durchgeformte ›Sinfonia‹, deren erste den Typus der ›Französischen Ouvertüre‹ mit einer langsamen Einleitung und einem schnellen zweiten, kontrapunktisch gesetzten Teil vorwegnimmt. Der reichliche Einsatz des Chores ist wieder, wie schon in LA MORTE D'ORFEO, nach dem Gesetz einer Steigerungsdramaturgie angelegt. In den ersten Opernlibretti (und ihren Vertonungen, wenngleich die nicht immer identisch mit dem Textentwurf gerieten): Rinuccinis EURIDICE und Strozzis ORFEO, waren die Entwürfe des Chores noch ganz im Stil der auf die antike Ästhetik zurückgehenden Theorien im Umkreis der Florentiner ›Camerata‹ konzipiert. Nach der POETIK des Aristoteles war der Chor aufzufassen »als ein Schauspieler und Teil des Ganzen, der an der Handlung beteiligt sein sollte: nicht wie bei Euripides, sondern wie bei Sophokles«. Streng von dieser Binnenfunktion des Chors trennte Aristoteles, und in seinem Gefolge als Theoretiker Giovanni Battista Guarini, die Verselbständigung des Chors ab. Der Chor als Mitspieler und als Zwischenspiel: diese Funktionsteilung wurde von Guarini, dessen Pastorale IL PASTOR FIDO neben Tassos AMINTA das Vorbild für die späteren Musikpastoralen war, übernommen, und zwar mit der Einschränkung des Aristoteles, daß auch das chorische Intermedium mit der Handlung verbunden sein müsse. Zugleich wies Guarini aber den Weg zu einer freieren Behandlung, indem er die Tragödie von der Pastorale oder der Mischform der Tragikomödie unterschied. In diesen modernen Gattungen, deren Ziel darin bestehe, »die Traurigkeit des Zuhörers durch das Vergnügen zu reinigen« (in dem theoretischen Dialog VERATO), habe der Chor auch als unabhängiges Intermedium seine Berechtigung. Hatten sich Peri in der EURIDICE und Monteverdi im ORFEO noch an die strengere Funktionsaufteilung nach den Gesetzen der Tragödie gehalten, so verliert der Chor in den Opern von Landi – die darin späteren Entwicklungen vorgreifen – immer mehr den engen Bezug zur Handlung. Entsprechend gewinnt er dadurch an Eigenwert. Formgeschichtlich hatte um 1620 »die Oper tatsächlich, wenn auch nicht dem Begriff nach, das Intermedio absorbiert«. Die römische Opernblüte hatte ihre äußere Voraussetzung darin, daß nach der Wahl Maffeo Barberinis zum Papst Urban VIII. im Jahre 1623 seine beiden Neffen, die Kardinäle Antonio und Francesco Barberini, ein Theater für dreitausend Zuschauer bauen ließen. Der Architekt und Bildhauer Lorenzo Bernini entwarf die Szene für die Eröffnungspremiere mit Landis SANT'ALESSIO, die mit fliegenden Engeln und mancherlei anderem Bühnenzauber aufwartete. Auch die komische Oper kam in Rom zu Ehren, als Virgilio Mazzocchi (1597–1646) und Marco Marazzoli (ca. 1602–1662) auf einen Text Rospigliosis 1637 CHI SOFFRE SPERI (Wer leidet, darf hoffen; Wiederaufnahme 1639) herausbrachten: eine frühe ›Opera buffa‹ mit höchst lebendigem Parlandostil, in dem der Dialekt als Kunstmittel eingesetzt wurde. Es wurde nicht nur bergamaskisch gesungen, sondern auch jene bergamaskische Volksmelodie KRAUT UND RÜBEN vorgetragen, die wir aus Bachs letzter GOLDBERG-VARIATION kennen. Als nach der Wahl Papst Innozenz' X. die Barberinis verbannt wurden, nahm die Opernbegeisterung in Rom begeiflicherweise ab, und gegen Ende des Jahrhunderts gewann das geistliche Oratorium besondere Aufmerksamkeit. So ist Alessandro Stradellas (1644–1682) szenisch gespieltes Oratorium SAN GIO-VANNI BATTISTA (Der Heilige Johannes der Täufer, 1675; WA Perugia 1949, szenisch St. Gallen/Bern 1979) eine der ersten musikdramatischen Behandlungen des Salome-Stoffs. Auch die Eröffnung des ersten allgemein zugänglichen Theaters (Tordinono) und die Öffnung des zuvor dem Adel vorbehaltenen Teatro Capricana änderten nichts an der inzwischen eingetretenen Vorherrschaft Venedigs.

VENEDIG

Während sich in der Geburtsstadt der Oper, Florenz, nach der EURIDICE von 1600 weitere Aufführungen (auch von Theaterformen aus der Vorgeschichte der Oper) nur in Verbindung mit einigen höfischen Anlässen nachweisen lassen, gab es beispielsweise in Bologna an Stelle des nicht vorhandenen Adelshofs örtliche Akademien, die gelegentlich Intermedien, Maskenstücke oder ähnliches aufführten. Dabei war man musikalisch durchaus auf der Höhe der Neuerungen der Florentiner ›Camerata‹. Ähnlich, wenngleich weniger glänzend, waren die Verhältnisse in Städten wie Vicenza, Viterbo oder Parma, wo etwa 1628 Claudio Monteverdis musikalische Einrichtung einiger Intermedien des Ascanio Pio di Savoia herauskam. In der Emilia sind Theateraufführungen vor allem durch die ›Febiarmonici‹ und die ›Accademia Discordati‹ nachgewiesen, aber seit den vierziger Jahren auch durch Benedetto Ferrari und Francesco Manelli, deren Wirkungsbereich auch Rom und Venedig umfaßte. Theatergeschichtlich kommt dieser Truppe das Verdienst zu, das höfische Opernspektakel erstmals in einem öffentlichen, gegen Zahlung eines Eintrittspreises für jedermann zugänglichen Theater gespielt zu haben. Zwar waren in der Lagunenstadt, die weder einen Hof wie Florenz noch eine so dichte Aristokraten- und Klerikerschicht vorweisen konnte wie Rom, dank der überragenden Erscheinung Monteverdis dessen COMBATTIMENTO sowie eine bescheidenere, zudem verloren gegangene PROSERPINA RAPITA (Libretto von Giulio Strozzi; 1630) aufgeführt worden, aber den eigentlichen Durchbruch hatte die Oper hier erst mit der Eröffnung des Teatro San Cassiano im Jahre 1637. Dort spielte die ›Compagnia Ferrari-Manelli‹, und die Vorworte zu den überlieferten Libretti dieser Autoren lassen keinen Zweifel daran, daß die Überführung der aristokratisch-klerikalen Oper in ein bürgerliches Theater ihren Preis kostete: die Einführung dessen, was man heute eine Kosten-Nutzen-Rechnung nennen würde.

Das bedeutete für Francesco Manellis L'ANDROMEDA (Text von Ferrari), mit der das Theater im Frühjahr 1637 eingeweiht wurde, ebenso wie für die von beiden Autoren ein Jahr später herausgebrachte LA MAGA FULMINATA (die Musik beider Werke ist verlorengegangen) nicht nur Einsparungen im Chor-, Kostüm- und Bühnenbildbereich, sondern auch so pragmatische Problemlösungen wie die Einstudierung einer Rolle durch mehrere Sänger, so daß im Fall einer Erkrankung die Aufführung nicht gleich ausfallen mußte. Das Repertoire dieser Truppen war klein, ihre Verwaltungsform entsprach der mit Werken der ›Commedia dell'arte‹ reisenden Schauspielcompagnien, die ihre Existenz vor allem lokalen Mäzenen verdankten. Immerhin hatten Manelli-Ferrari einen solchen Erfolg, daß nicht nur andere Truppen wie die Pilze aus dem Boden schossen, sondern auch Theater: gegen Ende des 17. Jahrhunderts wurden in Venedig bis zu sieben Theater gleichzeitig bespielt, und nachgewiesen sind für diesen Zeitraum nicht weniger als fast 400 Produktionen. Daß der Versuch, ein auch bühnentechnisch höchst aufwendiges Theater zu betreiben, nur zu einer kurzen Blüte führte (das Teatro Novissimo wurde 1641 eröffnet), hing mit dem Ausbruch des Türkenkriegs im Jahre 1645 zusammen: der Oper insgesamt tat der in der Republik Venedig aber nur für zwei Jahre Abbruch.

FRANCESCO CAVALLI

Formgeschichtlich betrachtet, hat die venezianische Oper dem Genre eine Standardisierung gebracht. Musikalisch fand eine Differenzierung des ›Stile rappresentativo‹ in die Hierarchie von Rezitativ und Arie statt, deren Bau sich zur Da-capo-Arie verdichtete: Strophenbau nach dem Schema ABA' oder ABB'. Gleichzeitig erfuhr der Orchesterapparat, verglichen etwa mit dem von Monteverdis ORFEO, eine Reduktion auf einige wenige Streicher und Baßinstrumente (Cembalo, Theorbe, Laute): die orchestral glanzvollen Ereignisse waren fast nur vom Hofe zu bezahlen. Um etwa 1670 machte sich aber in Venedig ein Wandel hörbar. Der Bürgerstolz wurde erfinderisch, und so begann die Trompete ihren Einzug ins Opernorchester, das sich allmählich auch im Streicherkörper auffüllte. Diesem Zuwachs entsprach eine allmähliche Veränderung der mythischen oder epischen Linearität der Handlungen, die sich zu einer mehr oder weniger undurchsichtigen Abfolge von Intrigen mit drastisch-komischen Kontrastszenen wandelten. Eingeführt wurde diese Mischform aus heroischem und komischem Stil (›eroicomico‹) durch den Librettisten Giacinto Andrea Cicognini, dessen 1649 von Francesco Cavalli vertonter GIASONE bis zur Jahrhundertwende ein Erfolgsstück blieb. Pier-Francesco Cavalli (1602–1676) schrieb insgesamt zweiundvierzig Opern, die meisten für Venedig, wo er Kirchensänger und ab 1668 Kapellmeister an San Marco war (überliefert sind 28 seiner Partituren).

In seinen ersten beiden Opern, LE NOZZE DI TETI E DI PELEO (Die Hochzeit des Peleus und der Thetis; 1639) und APOLLO E DAFNE (1640; *WA* Augsburg 1982), experimentiert Cavalli teilweise im Stil von Cavalieris RAPPRESENTATIONE, entwickelt aber auch schon nach dem Vorbild seines Lehrmeisters Monteverdi einen Vokalstil, in dem sich ausdrucksstarke Rezitative und Ansätze zu geschlossenen Arienformen abwechseln. Deutlich inspiriert zeigt sich der Komponist von den Texten, im Fall der Apollo-Oper stammte er von Giovanni Francesco Busenello. Die Arie *Musica, dolce musica* (I,4) besteht aus zwei Strophen, deren deklamatorischer Rezitativstil dem Text genau folgt. Aber einzelne Wörter werden durch melismatische Wendungen betont und die Strophen durch ein orchestrales Nachspiel (›Ritornello‹) deutlich voneinander abgesetzt. Aus diesem Grundmuster entwickelt Cavalli dann allmählich seine Da-capo-Arien, bleibt aber immer für den Reiz irregulärer Formen offen. So ist etwa die Hungerarie des Lesbos in III, 6 der ERITREA, mit der 1652 die genau ein Jahrzehnt zuvor begonnene Zusammenarbeit mit dem Librettisten Giovanni Faustini endet, ein faszinierendes Beispiel rhythmischer Steigerungskunst (*Sempre il gusto e l'appetito pronto avete* – Immer habt ihr schnell Gelüste und Appetit). Cavalli vertont den siebenhebigen Vers so, daß er mit einem zusätzlichen Akzent in einer Schlußausschmückung endet, und steigert das Prinzip in den folgenden Versen durch Erweiterung dieser Kadenz um eine neunte Gesangssilbe. Solcher Beweglichkeit, einen gesteigerten Wortdruck zu komponieren, entspricht Cavallis wachsende Fähigkeit des Ausdrucks in der Großform. So ist etwa die Arie *O care effigi* aus der ersten Fassung der ERISMENA (1656) in der vergleichsweise komplizierten Teilabfolge ABCCA gehalten. Dieser Zuwachs an Gestaltungsmitteln findet sich auch in Cavallis Rezitativkunst: die Wahnsinnsszene des Titelhelden in EGISTO III, 5 (1643) ist ein ausgedehntes Rezitativ (*Celesti fulmini* – Ihr Blitze vom Himmel), dessen schneidende Dissonanzen und heftige Intervallsprünge von stärkstem dramatischem Ausdrucksvermögen zeugen.

Cavallis kompositorische Entwicklung zeigt nach seiner Rückkehr aus Frankreich, wo er 1662 mit dem ERCOLE AMANTE wenig Erfolg hatte, einen Knick. Als er sich nach dem Tod Giovanni Faustinis 1664 von dessen Bruder Marco zu einer historischen Trilogie anregen ließ (SCIPIONE AFRICANO 1664; MUZIO SCEVOLA 1665; POMPEO MAGNO 1666), gelang ihm trotz schöner Einzelheiten der große dramaturgische Musikbogen nicht mehr. Seine produktivste, mit dem ERCOLE AMANTE endende Phase begann mit L'ORMINDO 1644 sozusagen in Fortsetzung von Monteverdis Spätwerk. Aus dessen POPPEA von

1642 übernahm er die Praxis, eine Lamento-Szene in den emotionalen Mittelpunkt einer Oper und ein Liebesduett an dessen Ende zu stellen. Nicht weniger als achtzehn seiner siebenundzwanzig überlieferten Opern (die ERITREA gibt es in zwei Fassungen) haben eine solche Liebesszene, die sich durch zwei Paare wie in DORICLEA (1645) zum Quartett ausdehnen kann. Weitere Finalformen weisen entweder Ensembles von wenigen Takten oder die lustige, oft moralisch eingefärbte Arie einer Nebenfigur auf. Die für andere Städte als Venedig geschriebenen Opern weichen von diesem Schema ab. ORIONE (Mailand 1653) endet mit einem Sextett als Huldigung an den Herrscher, IPERMESTRA (Florenz 1658) und ERCOLE AMANTE (Paris 1662) haben Epiloge, die die eigentliche Handlung wieder auf den Prolog zurückbeziehen. Neben dem Liebesduett in seiner Finalfunktion, die so etwas wie eine venezianische Operntradition in der Monteverdi-Nachfolge markiert, werden Duette auch kontradiktorisch eingesetzt: »um die entgegengesetzten Gefühle zweier Menschen auszudrücken«. In I,7 von ORISTEO (1651) singt Corinta zwar zusammen mit dem Titelhelden, aber beider verschiedene Haltung ist strikt auskomponiert: in langen und dissonant gesetzten Noten für Corinta, in einem lebhaft ausgeschmückten Stil für Oristeo. Ähnliche Situationen liegen vor in SCIPIONE AFRICANO (III,4), ELENA (II,6) oder ELIOGABALO (I,1) mit der Sonderform eines stummen Dritten in ERITREA I, 8: *O luci belle* (Ihr schönen Augen). Laodicea fleht hier die in den Kleidern ihres toten Mannes steckende Eritrea um mehr eheliche Aufmerksamkeit an, und Theramene fühlt sich vor der Maskerade ebenfalls in eine Gefühlsverwirrung gestürzt. Die folgende Szene bietet eins der für Cavalli außer in Finali seltenen Ensembles *(O luminoso appunto)*, wo in eine bewegte Abfolge von zwei Rezitativszenen ein kurzes Quartett montiert ist.

Schon in seiner ersten Oper, LE NOZZE DI TETI E PELEO, hatte Cavalli in den Mittelpunkt eine große Klageszene gesetzt: ein Lamento im Stil des Abschieds der Ottavia in Monteverdis ORFEO (III,5). Es ist allerdings noch nicht in eine geschlossene Form gebracht. Vielmehr wird es rezitativisch abgehandelt. Das gleiche gilt für das erste Lamento in APOLLO E DAFNE (I,7), wo der Refrain der Nymphe *Lassa, io m'inganno* (Erschöpft bin ich und getäuscht) mit seinen pathetischen Kadenzen die Musik ganz aus dem Geist der Sprache formt. *Misero Apollo* (III,3) dagegen ist auf die absteigenden Quartbaßschritte gegründet, also ein rein musikalisches Gestaltungsmittel. Monteverdi hatte es in seinem LAMENTO DELLA NINFA aus dem achten Madrigalbuch von 1638 prototypisch in die Musikgeschichte, 1642 mit dem Schlußduett seiner POPPEA auch in die Geschichte der Oper eingeführt.

L'ORMINDO (›Favola regia per musica‹. Königliche Musikfabel in einem Prolog und drei Akten; *L* von Giovanni Faustini; San Cassiano Venedig 1644; *WA* 1967 Glnydebourne in der zweiaktigen Fassung von Raymond Leppard; Duisburg 1972; historisierend: Kenneth Montgomery, Amsterdam 1982).

Faustini (um 1615–1651), Advokat und Theaterunternehmer in Venedig, war der erste romantische Librettist in der Operngeschichte. Inspiriert vom spanischen Barockdrama, gab er der Intrige zwar breiten Raum, ließ sie aber nicht zum reinen Selbstzweck verkommen. Als Gegenmittel setzte er auch komische Momente ein, wenngleich er in der Beziehung nicht so weit ging wie Cicognini, der für Cavallis GIASONE eine stotternde Figur auf die Bühne brachte. Seine flexiblen Verse hat Cavalli zwischen LA VIRTÙ DE' STRALI D'AMORE von 1642 und ERITREA von 1652 immer wieder zu anrührenden Rezitativen und ausdrucksvollen Arien genutzt. In der Zusammenarbeit beider Künstler sehen wir heute die Fortsetzung von Monteverdis Spätwerk.

Entscheidend für Cavallis beste Opern ist die Tatsache, daß seine Menschen nicht als Schemen oder Typen erscheinen, sondern als Menschen, die beeinflußbar sind und damit wandelbar, sogar durch ihr eigenes Gefühl. So beginnt L'ORMINDO nach dem Prologlob auf Venedig wie eine musikalische Konversationskomödie, in der zwei Paare oberflächliche Beziehungen zueinander knüpfen. Unter diesem Horizont ist es nicht unbedingt zwingend, daß sich die Atmosphäre auf einmal verdunkelt. Aber von dem Augenblick an, als die verheiratete marokkanische Königin Erisbe bemerkt, daß ihr Liebhaber Amida sich treulos und verletzend anderen Menschen gegenüber verhält, richtet sie ihre Sinne nur noch auf Ormindo, den Prinzen von Tunis. Mit dieser Sicherheit über das eigene Gefühl beginnen sich auch die Beziehungen der anderen Figuren zu vertiefen: die Konversationskomödie nähert sich der Tragödie. Daß die Situation der Königin zwischen zwei Liebhabern von einem anderen Paar kommentiert wird, führt zu Duetten von nicht nur komischem Ausdrucksgehalt. Daneben finden wir auch die pathetische Soloszene in der Arie *(Chi mi toglie al diè)* der von ihrem Liebhaber verlassenen und als Ägypterin verkleideten Prinzessin Sicle oder farcenhafte Komik in den Gesängen der wandernden Wahrsager. Höhepunkt der Oper ist die scheinbare Todesszene des Paares Erisbe–Ormindo (sie nehmen einen Schlaftrunk, den sie für tödliches Gift halten): eine jener durchkomponierten Formen, wie sie in bedeutenden Werken der Operngeschichte immer wieder über die Schablonisierung der Form triumphieren. Sie beginnt mit einem aus achtzehn Takten bestehenden c-moll-Dialog der beiden, dem sich ein knappes, nach g-moll führendes Rezitativ anschließt. Kernpunkt der Szene ist ein großes Lamento in Es-Dur. In ihm wird eine in großen Notenwerten langsam im Dreihalbe-takt absteigende Baßlinie nicht weniger als dreißigmal wiederholt, als solle im Abschied der beiden Liebenden vom Leben ihrem Gefühl ein ewiges Denkmal gesetzt werden. Zweifellos hat Cavalli diese Ab-schiedsform einer Passacaglia aus dem Schlußduett von Monteverdis POPPEA übernommen, und wir werden sie nicht nur am Schluß von Purcells DIDO UND AENEAS wiederfinden, sondern auch bei Lully, Campra und Rameau. Daß Cavalli solchen Einfluß auf die französische Oper hatte, ist einem großen Mißerfolg zu verdanken: seiner 37. Oper (von den insgesamt 42 sind nur 28 mit der Musik überliefert): L'ERCOLE AMANTE.

L'ERCOLE AMANTE (›Tragedia‹. Der verliebte Herkules, Tragödie in einem Prolog, fünf Akten und einem Epilog. *L* von Francesco Buti; Paris 1662; *WA* Florenz 1961, Lyon 1978).

Diese Oper ist ein Auftragswerk des französischen Kardinals Maza-rin. Er hatte schon in den vierziger Jahren die ›Febiarmonici‹ nach Paris eingeladen und damit die italienische Oper in Frankreich bekanntge-macht. Als der König 1660 die spanische Infantin Maria Theresia heira-tete, rundete Mazarin den universalistischen politischen Anspruch des Anlasses mit dem Opernauftrag an Cavalli. Den Text lieferte sein Su-perintendant für die italienische Kunst, Francesco Buti. Allerdings stand der Plan unter einem unglücklichen Stern. Cavalli kränkelte sehr, Mazarin starb im März 1661, und der bei dem berühmten Architekten Vigarini in Auftrag gegebene Theaterbau in den Tuilerien, ein mit allen Raffinessen der Technik versehenes ›Théâtre machine‹, verzögerte sich, so daß der ERCOLE erst am 7. Februar 1662 aufgeführt werden konnte. Zu den Mißlichkeiten für Cavalli kam erschwerend hinzu, daß der aus Italien stammende Hofkomponist Ludwigs XIV., Jean-Baptiste Lully, die Einstudierung nach Kräften sabotierte und das Stück mit ei-genen Balletteinlagen dem französischen Geschmack anpaßte. Cavalli kehrte verbittert in die Heimat zurück, und in Paris wurde für dreiviertel Jahrhundert keine italienische Oper mehr gespielt.

Dabei hatte Cavalli bei der Komposition schon den französischen Geschmack berücksichtigt, so daß der ERCOLE sein stilistisch vielleicht breitestbandiges Werk wurde. So ist etwa die Pagenarie in IV,2 (*Zefiri che gite)* im Stil eines französischen Chanson gehalten, während dem Chor eine Aufgabenfülle zufällt, die er in der venezianischen Oper nie hatte. Die Überfülle an Opern und Theatern in der Lagunenstadt ließ den Einsatz von Chören aus rein wirtschaftlichen Gründen als wenig sinnvoll für die Komponisten erscheinen, und deshalb hatte Cavalli seit seinem EGISTO aus dem Jahre 1643 auf ihn völlig verzichtet. Im ER-COLE, einer höfischen und nicht bürgerlichen Oper, setzt er ihn sowohl in madrigalesker Ausrichtung (meist homophon, manchmal auch mit imitatorischer Stimmführung) wie auch in französischen Tanzliedern ein. Zwischen den (späteren) Nationalstilen bewegt sich auch die ›Sinfonia‹ der Oper. Cavalli hatte in seinen venezianischen Opern den für diese Gattung typischen Formablauf mitgeprägt: einem langsamen, pathetischen Teil im Zweiermetrum folgt ein schneller, meist fugiert gearbeiteter im Dreiermetrum; ein dritter kann sich anschließen, oft nur aus einem Variationsakkord zum ersten Teil bestehend. Diese Form wurde dann von Lully zum Typus der französischen Ouvertüre voll ausgebildet. Im ERCOLE allerdings bringt Cavalli eine Variante ins Spiel, die diesen Typus mit der später in der italienischen Oper vorherrschenden (und ihrerseits zum Vorläufer für die klassische Symphonie werdenden) Abfolge Allegro–Grave–Allegro verbindet, indem er dem schnellen ersten Teil eine Grave-Einleitung voransetzt.

Auch dramaturgisch verbindet der ERCOLE verschiedene Opernstile, da er der eigentlichen mythischen Handlung eine in der Gegenwart der Spielzeit ablaufende Rahmenhandlung in Prolog und Epilog mitgibt. Diese, für die französische Hofoper typisch, macht dem Zuschauer die Moral von der Geschicht in Form der Gleichung Herkules = König Ludwig von vornherein klar. Dennoch ist ERCOLE alles andere als eine vordergründige Huldigungsoper für diesen absolutistischen Herrscher (der möglicherweise in Lullys Tanzeinlagen mitgewirkt hat), da die Liebeswirren des schließlich sogar mit dem Nessushemd getöteten Helden einen unentschlossenen, alles andere als vorbildlichen Charakter zeigen. Die von der Göttin Juno verfügte Heirat des Herkules mit der Schönheitsgöttin im Himmel erweist sich sogar als eine durchsichtige Hilfskonstruktion, die den Herrscher-Helden davor bewahrt, nach seinem irdischen Tod auch noch eine Verdammung durch irdische Instanzen zu erleiden. Neben den umfangreichen Chorpartien fallen die ausgearbeiteten Instrumentalsätze besonders auf.

ANTONIO CESTI

Nach Cavalli war Antonio Cesti (1623–1669) der wichtigste Vertreter der früh-venezianischen Oper. Aus Arezzo stammend, ging er als neuntes Kind einer armen Familie mit vierzehn Jahren in den Franziskanerorden: die einzige Möglichkeit für ihn, eine solide Ausbildung zu erhalten. Als Organist und Sänger ausgebildet, trat er 1650 in Cavallis GIASONE auf, was ihm den ersten Verweis des Ordens einbrachte. Vom Erzherzog von Tirol in Venedig als Kammerkapellmeister angestellt, überwachte der mit dem Maler und Poeten Salvator Rosa Befreundete die ersten Aufführungen italienischer Opern in Innsbruck. Dort kamen drei von dem Librettisten Giovan Filippo Apolloni inszenierte Opern Cestis heraus: ARGIA 1655 für die Königin Christine von Schweden, die als gerade zum Katholizismus Bekehrte auf der Rückreise von Rom in Innsbruck Station machte; L'ORONTEA (Text: Hiacinto Andrea Cigognini) im Karneval des Jahres 1656 mit ungeheurem Erfolg (1961 fand an der Piccola Scala in Mailand ein erster Wiederbelebungsversuch statt: in der nicht historisierenden Fassung von Vito Frazzi, 1982 folgte in Innsbruck die historisierende Einrichtung von René Jacobs konzertant); ein Jahr später LA DORI. 1659 mußte Cesti seine Karriere unterbrechen und auf Geheiß des Franziskanerordens nach Rom zurückkehren, wo er seines Gelübdes entbunden und als Sänger in die Sixtinische Kapelle aufgenommen wurde. Als er einen mit päpstlicher Erlaubnis erteilten Urlaub, der zur Vorbereitung seiner Opern LA DORI und L'ORONTEA in Florenz diente, überzog, drohte ihm die Exkommunikation. Sie blieb ihm aufgrund der Fürsprache des Kaisers erspart, und Leopold I. engagierte ihn 1662 als Vizekapellmeister nach Wien.

Dort komponierte er seine berühmteste Oper: IL POMO D'ORO (Der goldene Apfel; das Werk ist nur als Torso überliefert). Sie wurde als Ausklang der Feierlichkeiten anläßlich der Heirat Leopolds mit der spanischen Infantin Margaretha Theresia wahrscheinlich im Juli 1668 mit ungeheurem Aufwand in einem Wiener Freilichttheater vor ungefähr 5000 Zuschauern uraufgeführt. Die Aufführung kostete 100 000 Taler, da Ludovico Burnacini eine aufwendige Bühnentechnik hatte bauen lassen und für die insgesamt 66 Szenen nicht weniger als 23 Dekorationen benötigte. Die von Francesco Sbarra librettierte Handlung um das Urteil des Paris, der den goldenen Apfel als Schönheitspreis einer der Göttinnen Minerva, Iuno und Venus zuerteilen soll, setzt neben vielen Helden auch das fast vollständige Götterinventar der griechisch-römischen Mythologie in Bewegung: insgesamt nicht weniger als 48 Partien. Diese wurden sicherlich nicht von ebenso viel Sängern vorgetragen, da der Einsatz eines Sän-

gers in mehreren Rollen für Venedig üblich war. Erstaunlicherweise galt das nur
für männliche Darsteller, wobei einige ihrer Partien sogar höher notiert waren
als die mancher weiblicher Darsteller (in den überlieferten Partituren Cestis
und Cavallis gibt es überhaupt Probleme der Zuordnung einer Partie auf eine
bestimmte Tonhöhe). Traditionellerweise wurden Frauen, wenn sie in der frühen venezianischen Oper auf der Bühne standen, meist im Alt- beziehungsweise
Mezzofach eingesetzt, da die Komponisten den Sopranpart lieber den Kastraten vorbehielten. Cestis Orchesterapparat umfaßte sechs Violinen, zwölf Violen in verschiedener Tonhöhe, zwei Flöten und Trompeten sowie ein Cembalo
und/oder Orgelpositiv als Hauptinstrument für den von Theorben und Lauten
unterstützten Generalbaß. Die in der Unterwelt spielenden Szenen sahen zwei
Kornette, drei Posaunen, ein Fagott und ein Regal vor. Kaum minder aufwendig
ist der binnenformale Anspruch des Werks, da Cesti neben den Chören und Balletteinlagen auch Ensemblesätze schrieb: Terzette und sogar Quartette. In den
Arien, die oft einen elegisch-weichen Ton haben, bevorzugt Cesti die zweiteilige Form, meist mit Wiederholung des zweiten Abschnitts. Daneben gibt es
auch strophische Formen, die von Vers zu Vers variiert werden. Die Venus-Arie
in II, 9, *Ah, quanto è vero*, stammt höchstwahrscheinlich vom Kaiser selber – kein
Wunder, daß seiner jungen Frau am Ende der goldene Apfel zugesprochen
wird: Kunst und Schönheit erscheinen auf dem Thron vereint.

Cestis Stil zeichnet sich im POMO D'ORO und eher mehr noch in L'ORON-
TEA durch eine vergleichsweise flexible Technik motivischer Fortspinnungen
aus. Die Weiterbildung von Monteverdis gestischer Musiksprache ist über Cavalli, der sich ihr in seinem Frühwerk noch verpflichtet fühlte, zu Cesti ein heute
noch nachvollziehbarer Prozeß. Zu den Konstanten des frühen Opernstils gehören bei Cesti auch die Quartbässe, die manchmal wie ein ironisches Zitat wirken, manchmal aber ebenso ernsthaft wie wirkungsvoll eingesetzt werden: etwa
in der dreimaligen Wiederholung am Schluß von Efestiones Arie *Amar altra bellezza non posso* (Eine andere Schönheit lieben kann ich nicht) aus der Eingangsszene des ALESSANDRO VINCITOR DI SE STESSO (Der sich selbst überwin-
dende Alexander; Venedig 1651). Diese Oper ist ideologisch ein Gegenstück zu
Monteverdis POPPEA. Hatte dort die Triebhaftigkeit über Moralansprüche gesiegt, so beginnt mit Cestis Alexander-Oper die lange Reihe jener Monarchen,
die auf der Bühne in edler Moral ihre Leidenschaft überwinden. Darin ist der
Schritt zur ›Opera seria‹ angelegt, die Verlagerung des europäischen Opern-
zentrums vom bürgerlichen Venedig an die absolutistischen Fürstenhöfe. Auch
motivgeschichtlich, über das Thema vom edlen Fürsten hinaus, läßt sich dieser
Wandel bei Cesti dingfest machen. Die dämonischen Ammen wie bei Monteverdi und Cavalli werden bei ihm lustige Personen. Weder die Fidalpa in ALES-

SANDRO VINCITOR, die als stotternder Krüppel die Tradition von Monteverdis ULISSE oder Cavallis GIASONE fortsetzt, noch die Aristea in der ORONTEA, die immerhin als Amme eines geraubten Kindes eine wichtige dramaturgische Funktion ausübt, haben die geheimnisvolle Aura der Arnalta in der POPPEA.

GRENZÜBERSCHREITUNGEN

Diese Feststellung einer Substanzverdünnung, die von Cestis Flexibilität zumal im eloquenten Rezitativ kein Jota nimmt, gilt auch für andere im Ausland wirkende Kleinmeister der venezianischen Oper. Zu nennen sind Carlo Pallavicino (um 1630–1688) für Dresden; in Hannover wirkten eine Zeitlang Antonio Sartorio (um 1620–1681) und Agostino Steffani (1654–1728), der vorher in München – wo es seit den fünfziger Jahren ein italienisches Musiktheater gab – Hoforganist war. Auch in Spanien und Portugal kam es zu Versuchen einer Repertoirebildung. Brüssel brachte 1650, Amsterdam 1680 erstmals eine italienische Oper heraus. Deren ausländisches Zentrum in der Frühzeit war Wien, wo Antonio Draghi (1635–1700) nicht weniger als etwa hundertundsiebzig verschiedene musikdramatische Werke komponierte. Operngeschichtlich am wichtigsten sind von allen außerhalb ihrer Heimat erfolgreich gewesenen Komponisten Pallavicino und Steffani. Der erste reihte beispielsweise in seinem nach Tassos Epos komponierten GERUSALEMMA LIBERATA (Dresden 1686) neben zwei Duetten nicht weniger als 66 Arien aneinander, die mit hochvirtuosen Koloraturen verziert wurden. Steffani dagegen verlagerte das herrschende Übergewicht mythologischer Stoffe und spektakulärer Effekte zugunsten einer Balance zwischen deutschen Geschichtsstoffen und einer kontrapunktisch verdichteten Musiksprache. Sein bewußter Einsatz des Bläserkolorits läßt zudem Einflüsse von Lully erkennen: für die Herausbildung eines mondänen Operngeschmacks in Deutschland keine schlechte Voraussetzung (NIOBE, München 1688; ENRICO LEONE, Hannover 1689 zur Eröffnung des Schloßopernhauses; ARMINIO, Düsseldorf 1707). Zu den stilistischen Eigenheiten Steffanis gehört auch seine, in der Instrumentalmusik an Corellis Triosonaten zu beobachtende Neigung, der gesungenen Melodiestimme ein obligates Begleitinstrument mit eigener Motivik an die Seite zu stellen. Das vielleicht schönste Beispiel für diesen konzertierenden Stil ist die von einer Oboe begleitete Arie des Adalgiso in TASSILONE III, 1 (Düsseldorf 1709) *Piangerete, io ben lo so* (Ich weiß wohl, daß Ihr weinet). Die Arie des Gheroldo aus derselben Oper (II,4) *Muoia meco* (Stirb mit mir) bezeugt Steffanis Fähigkeit, durch eine Chromatisierung der Begleitstimmen den Ausdrucksgehalt der Melodie zu vertiefen. Hier kündet sich die deutsche Oper an – wie italienisch diese auch immer geraten sollte.

Erwähnenswert ist auch die Arminius-Oper von Heinrich Ignaz Franz Biber (1644–1704) CHI LA DURA LA VINCE (Wer ausharrt, siegt). Einmal, weil Biber einer der überragenden Komponisten seiner Epoche war, der in seinen Streichersuiten oder den Violinsonaten Meisterwerke des Barock geschaffen hat. Andrerseits war er mit vierzehn musikdramatischen Werken ein Markstein in der Salzburger Lokalgeschichte des Musiktheaters. Ohne das Vorbild seiner elf Benediktinerdramen ist Mozarts APOLLO ET HYAZINTHUS kaum denkbar. Insgesamt sind Bibers Werke schlecht überliefert, seine Arminius-Oper aber liegt in einer kalligraphischen Partitur vor: vollständig bis auf die Ouvertüre und die Zwischenballette. Das um 1690 uraufgeführte Werk, Ost-Berlin 1981 und Graz 1985 bewiesen bei Wiederaufführungen seine erstaunlichen Musikqualitäten, folgt dem venzianischen Modell mit dem Spiel auf drei Ebenen: der Staatsaktion, der Liebesintrige und der Buffohandlung. Im Mittelpunkt steht Hermann, der Cherusker. Er befreit als Sklave des römischen Kaisers Tiberius seine gefangene Frau Segesta, erregt dadurch die Bewunderung des Kaisers und wird von ihm zum Vasallen ernannt. Eingebettet ist diese wahrscheinlich von Francesco Maria Raffaelini entworfene Handlung in ein verwirrendes Liebesviereck um zwei Frauen und die beiden Söhne des Feldherrn Germanicus, Nero und den späteren Thronfolger Caligula, sowie eine komödiantische Parallele zum Hauptpaar: Climmia, eine Männerrolle, und den Hofnarren Herchino. Komplettiert wird das heterogene Ganze durch die Staatsaktionen um Germanicus und Seianus, den intriganten Präfekten der Kohorten.

Bis auf den einleitenden Chor ist das Werk nur den Solisten vorbehalten, wobei den Arien im Stil der venezianischen Oper vergleichsweise wenig Ensembles zur Seite stehen. Im Grunde benutzt Biber nur Duette, die er allerdings (insgesamt handelt es sich um sieben) im dritten Akt steigerungsdramaturgisch bis hin zum Sextett kombiniert (im ersten Akt gibt es nur ein Duett, im recht konzertant gehaltenen zweiten gar keins). Erstaunlicherweise beschränkt Biber, der in den instrumentalen Parts der Arien mit polyphoner Verzahnung arbeitet, sich in dem Sextett auf eine rein akkordische Stimmführung. Zu den instrumentalen Höhepunkten der Oper gehört das Ritornell zu der Klagearie der Segesta (Thusnelda) in II,5, auffallend ist ferner die im Vergleich mit Cavalli oder Cesti strengere Unterscheidung von Rezitativ und Arie (ohne die Zwischenform der ›Mezz'arie‹), aber auch das buffoneske Finale I, wenn der seinen Tod fingierende Herchino zweimal mit einem Rezitativ in Climmias zweistrophige Arie einbricht. Das Schwanken zwischen Rezitativ und Arie bleibt überhaupt weitgehend der unteren Ebene vorbehalten. Auf der torkelt Herchino in III,14 zwischen rezitativischem Viervierteltakt- und sizilianisch-ariosem Zwölfachteltakt wie ein Betrunkener hin und her. Auf der höheren Ebene ist dagegen ein

Streben nach Symmetrie festzustellen, wie es die ›Opera seria‹ des 18. Jahrhunderts beherrschen wird. Die ein- oder zweistrophigen Arien, vom Komplikationsgrad des ›Da capo‹ in der späteren ›Opera seria‹ noch weit entfernt, werden meist durch einen ostinaten Baß der Begleitung grundiert, der rhythmisch die Gesangsstimme komplementär anreichert. Formal sind sie so gehalten, daß eine ABA-Form vorherrscht, wobei der jeweilige Mittelteil in Moll-Arien zum parallelen Dur moduliert, während er bei Dur-Arien in das dominantverwandte Dur wechselt.

Den gleichen Symmetriewillen kann man Bibers Großform zubilligen, da er jeden Akt in der Tonart beschließt, in der er begonnen hatte: I in C-Dur, II in G-Dur und III wiederum in C-Dur. In einem Fall kommt Biber sogar dem Schema der Da-capo-Arie nahe, wie es in Agostino Steffanis 1687 in München uraufgeführter Alarich-Oper ALARICO IL GOTHA schon ausgeprägt ist: in Giulias Lamento (›Aria lamentevole‹) I,4. Wie sehr Biber eine Brücke zwischen der frühvenezianischen Oper und der ›Opera seria‹ bildet (wenngleich er als Bühnenkomponist nicht den Rang seiner Instrumentalwerke erreicht), zeigt schon seine Behandlung der ›Lamenti‹ insgesamt. Zwar benutzt auch er den fallenden Quartbaß, etwa in dem großen Waffenruf des Germanicus in II,6, aber er überführt dieses Stilmittel der Tristesse teilweise in die reine Bravour. Während die Unschärferelation zwischen den verschiedenen Bauteilen der venezianischen Oper die Forderung nach einer Kategorisierung laut werden ließ – sie gipfelte in den Reformlibretti der ›Opera seria‹ –, hatten sich in Frankreich, Deutschland und England mehr oder weniger eigenständige Opernversuche entwickelt. Beim Eintritt in das zweite Jahrhundert ihrer Geschichte war die Oper zu einem gesamteuropäischen Kulturphänomen geworden.

DIE KÖNIGLICHE OPER
FRANKREICHS TRAGÉDIE LYRIQUE
VON LULLY BIS RAMEAU

In der 1757 erschienenen zweiten Auflage seiner THEATERGESCHICHTE DER KÖNIGLICHEN AKADEMIE definierte Durey de Noinville die Oper als ein Gesamtkunstwerk (›Spectacle universel‹): »Die Oper ist die Vereinigung der bildenden Künste mit der Poesie, der Musik mit dem Tanz, der Optik mit der Mechanik, in einem Wort: sie ist das große Werk par excellence, wie es das Wort schon sagt, und der Triumph des menschlichen Geistes.« Dureys Hinweis auf die Herkunft des Begriffs Oper vom lateinischen ›Opus‹ (Werk) ist keine etymologische Spielerei, sondern der Beleg für den hohen Organisationsgrad, der die französischsprachige Oper von Anbeginn an prägte. Dieser spiegelt die politischen Strukturen Frankreichs im ›Grand siècle‹ des Sonnenkönigs und unterscheidet sich wesentlich von den Voraussetzungen der Opernblüte in Italien und Deutschland während des 17. Jahrhunderts. Die Begeisterung für die neue Kunstform war schon in den ersten Jahren des Jahrhunderts von Italien nach Frankreich übergeschwappt, als Giulio Caccini und der Textdichter Ottavio Rinuccini im Gefolge Maria de'Medicis nach Paris gingen und von 1604 bis 1605 am Hof Heinrichs IV. blieben. Begünstigt wurde die Ausbreitung der italienischen Oper durch Kardinal Richelieu, der einige der führenden französischen Sänger zu Studien in Italien ermunterte, als er 1624 die Regierungsgeschäfte von Ludwig XIII. an sich riß. Obwohl Richelieu im Verfolg einer auch den Kulturbereich ergreifenden zentralistischen Politik 1635 gegen den Widerstand des Parlaments die ›Académie française‹ als Instrument zur Pflege der Nationalsprache gründete, blieb seine Vorliebe für die italienische Musik ungebrochen. Unter seinem Nachfolger Kardinal Mazarin, der als Giulio Mazzarino 1632 mit dem Kardinal im Auftrag des Papstes verhandelt hatte, aus Bewunderung für den Franzosen päpstlicher Nuntius in Paris wurde und in französische Dienste trat, wurde das Bedürfnis für die italienische Oper noch verstärkt.

Mazarin, der 1641, ohne je die geistlichen Weihen empfangen zu haben, Kardinal und ein Jahr später Nachfolger Richelieus wurde, setzte die Tradition des von dem aus Italien stammenden Choreographen Baltasar de Beaujoyeuls 1581 im BALLET COMIQUE DE LA REINE erstmals zum Gesamtkunstwerk verschmolzenen Hofballetts fort und verpflichtete italienische Sänger. Zum Karneval 1645 wurde eine Truppe für die schon früher angekommene, von Milton gerühmte Sopranistin Leonora Baroni nach Paris eingeladen. Im gleichen Jahr kam Giacomo Torelli aus Parma an, um für Francesco Sacratis 1641 in Venedig uraufgeführte Oper LA FINTA PAZZA die Bühnenmaschinerie zu bauen. Zwei Jahre später führte Luigi Rosso in Paris erstmals seinen ORFEO auf (eine *WA* des Werks, in dem Eurydikes Tod auf der Bühne gestaltet und nicht, wie bei Monteverdi, von einem Boten berichtet wird, fand 1985 in der Mailänder Scala statt). Der erste entschiedene Versuch, die italienische Oper mit französischen Elementen zu verbinden, war 1654 Carlo Caprolis LE NOZZE DI PELEO E DI TETI. Leider ist der Vokalanteil des Werks nicht überliefert. Höhepunkt dieser Bestrebungen sollte die Uraufführung von Cavallis ERCOLE AMANTE werden (→ S. 73). Doch der Tod Mazarins im Jahre 1661 war dem Unterfangen nicht förderlich, zusätzlich blockiert wurde es durch den für die Einstudierung verantwortlichen Jean-Baptiste Lully. Dieser aus Florenz stammende Komponist entwickelte damals seine ersten Versuche in einem französischen Musiktheater und wartete nur auf die Bewährungsprobe für sich selbst. Er opponierte auch gegen die kostenträchtigen Sänger und die Bühnenmaschinen aus Italien, womit er große Gefolgschaft gewann. 1667 wurden die italienischen Musiker aus Frankreich ausgewiesen – drei Jahrzehnte später wiederholte sich der Vorgang für die italienischen Komödianten, die sich mit einer Satire auf Madame de Maintenon, die Mätresse des Königs, zu weit vorwagten.

Beide Vorgänge sind bezeichnend für einen auf nationalsprachliche Autonomie drängenden Kunstwillen in Frankreich. Ohne die Ausweisung von 1667 wäre die Herausbildung der ›Tragédie lyrique‹ zweifellos schwieriger geworden. Und das Verbot des italienischen Komödientheaters von 1697 führte – da die hohe Literatur durch die ›Comédie-Française‹ auf dem Theater monopolisiert war – zu einer eigenständigen französischen Form des ›Théâtre de la foire‹. Aus diesem Jahrmarkttheater sollte sich letztlich die ›Opéra comique‹ entwickeln. So erklärt sich die Schließung der Italienischen Komödie weniger durch den offiziellen Anlaß als dadurch, daß die italienischen Schauspieler gegen das Monopol der 1680 gegründeten ›Comédie-Française‹ auf Werkaufführungen in französischer Sprache verstoßen hatten. Nicht minder restriktiv war das 1669 der ›Académie Royale de Musique‹ verliehene Privileg auf Opernaufführungen. Das Patent garantierte »die Einrichtung von Opernakademien oder

Musikaufführungen in französischen Versen in Paris und allen anderen Städten des Königreichs für den Zeitraum von zwölf Jahren«. Dieses Reglement entsprach der zentralistisch-absolutistischen Politik, die Ludwig XIV. nach Übernahme der Regierungsgeschäfte von Kardinal Mazarin im Jahre 1661 verfolgt hatte. War die Blüte der italienischen Oper in deren Frühzeit aus künstlerischen Ambitionen einzelner Fürstenhöfe erwachsen, was nicht nur für Italien gilt, so verdankte sie sich in der zweiten Hälfte des 17. Jahrhunderts in Venedig bürgerlichen, später (Purcell in London, Keiser in Hamburg) eher nationalsprachlich-volkstümlichen Tendenzen, wie sie auch die italienische Buffo-Oper prägten. Die frühe französische Oper hingegen ist ein königliches Produkt, geschaffen für das fast schon phantomartige Publikum von ›la cour et la ville‹.

HOF UND HAUPTSTADT

Um seine Idee eines absolutistischen Königtums zu verwirklichen, entmachtete Ludwig XIV. den Adel weitgehend und fügte ihn in ein kompliziert verzweigtes System wohldotierter Hofämter ein. Diese schon von Mazarin betriebene Politik, den Adel über seine politische Einflußlosigkeit hinwegzutäuschen, führte zur Etablierung eines beinahe synthetischen Stands, der »innerlich keine ständisch-feudalen Instinkte mehr besaß, sondern nur noch das Bewußtsein der ihm gebührenden formellen und materiellen ›préséances‹.«

Dieser Stand instrumentalisiert seine formellen und materiellen Privilegien, die nur noch das Abzeichen von Macht waren, in einen Hofstaat von etwa viertausend Menschen rund um den Sonnenkönig. Die hierarchische Ordnung des Hofstaats, der in der Prachtentfaltung der Schlösser von Marly und Versailles lebt, wird durch eine rigorose Etikette reguliert. Als Äquivalent zu dieser Flut dekorativer geistlicher Ämter und Hofchargen sucht das Großbürgertum, ohne seine erlernte oder ererbte Erwerbstätigkeit weiterzutreiben, den Übergang von den Erwerbsberufen zu den beamteten. Diese Schicht des öffentlichen Dienstes, die weder von Verantwortung noch von spezieller Begabung getragen ist, sondern nach dem bequemen Wohlstand und der Erfüllung gesellschaftlichen Ehrgeizes strebt, wird in Molières Komödien DER GEIZIGE, DER BÜRGER ALS EDELMANN, DIE GELEHRTEN FRAUEN und DER EINGEBILDETE KRANKE kritisch analysiert. Das bürgerliche Selbstverständnis weicht der Imitation des Ideals vom ›honnête homme‹, und ein jeder solcherweise schon durch die Nachahmung nobilitierte bürgerliche Ehrenmann will nichts mehr von Berufsausübung und persönlichem Lebensrisiko wissen: er wird parasitär. Bürgerlicher Beruf und Honorigkeit schließen sich geradezu aus, und zur zweiten Natürlichkeit des bürgerlichen Ehrenmannes wird es, sich auf jedem Feld in vollkommener Ungezwungenheit zu bewegen. Angehörige eines eindeutig identifizierbaren Berufes wie Ärzte oder Notare erscheinen auf der Bühne nur als komische Figuren, und noch der Sozialphilosoph Saint-Simon bespöttelte den bürgerlichen Identitätsverlust in der adligen Haltung eines Jean Racine: »rien du poète, tout de l'honnête homme« (nichts mehr vom Dichter, alles vom Ehrenmann). Dieser Prozeß der Bildung einer eigenen Gesellschaftsschicht von ›la cour et la ville‹ verbindet trotz aller formalen Rangunterschiede Adelige und Bürgerliche. Es ist ein politisch funktionslos gewordener Adel und ein Bürgertum, das »seiner ursprünglichen Funktion als produktiver Erwerbsstand entfremdet« ist. Dem gesellschaftlichen Funktionsverlust entspricht das gemeinsame Kulturideal dieser Schicht, die in der geschichtlichen Wandlung des Humanismus von der Gelehrsamkeit zur Bildung steht. Die Unterschiede zwischen aristokratisch-feudaler, gelehrter und bürgerlicher Geistesform lösen sich allmählich auf und werden Bestandteil eines Gesellschaftsspiels, das nach strengen Inszenierungsregeln abläuft. Das Volk schweigt (noch), »und eine gebildete Schicht, aus Adligen und wohlhabenden Bürgern bestehend, die sich die Gelehrsamkeit dienstbar gemacht haben, herrscht allein: ›la cour et la ville‹«. Eine wichtige Rolle in der Verbreitung dieser Gelehrsamkeit waren die Akademien. Als Ludwig XIV. die Regierung übernahm – er war beim Tode Mazarins 23 Jahre alt –, gab es neben der von Richelieu gegründeten ›Académie française‹ nur die Königliche Akademie für Malerei und Skulptur. Der Sonnenkönig beauftragte nun ehrgeizige Männer aus der Mittelschicht, seine Pläne in den verschiedenen Funktionsbereichen des Staates zu verwirklichen. Jean-Baptiste Colbert, vom persönlichen Verwalter Mazarins zum Generalkontrolleur der Finanzen aufgestiegen, war mit seinem für das Militärische verantwortlichen Standesgenossen Michel Le Tellier, Marquis de Louvois, das ausführende Organ des Königs. Mit beiden, so bemerkte Saint-Simon später bissig, begann die Herrschaft des bürgerlichen Lasters am Hofe. Diese sarkastische Formel ist nicht nur moralisch zu verstehen, sondern auch sozialethisch. Tatsächlich geht durch das ›Grand siècle‹ ein auf das Jahr 1661 datierbarer Schnitt. Hatte vorher eine gewisse Liberalität vorgeherrscht, so geraten die Künste und Wissenschaften immer mehr unter den Einfluß des Staates. Sozialgeschichtlich läßt sich das deuten als Einpassung der Kultur in ein Netzwerk von »staatlicherseits sanktionierten Kunstregeln«.

DIE AKADEMIEN: GERICHTSHÖFE DES GESCHMACKS

So läßt sich nach 1661 dem politischen Imperialismus ein geistiger zuordnen. Der Einfluß des Staates nimmt in allen Lebensbereichen zu, das Kunstleben erhält »in den Akademien seine Gerichtshöfe, in der Person des Königs und Col berts seine Schutzherren«. Aber verläßlichen Schutz gibt es nur vom König, nie gegen ihn. In der Reglementierung der Kunst wütet allerdings kein spießiger Kleinmut, sondern ein kosmopolitischer Geist: in den Tragödien Racines, auf dem Sprechtheater Inbegriff einer Nationalkunst, findet sich kein einziger Franzose! Andrerseits ist aller kosmopolitische Geist in einen einheitlichen Zweck eingebunden: die künstlerische Ausschmückung eines neuen Königsmythos. Diese Funktion erfüllte etwa die Akademie für Malerei und Skulptur, die zwar 1648 als freie Vereinigung gleichberechtigter Mitglieder gegründet worden war, 1664 aber aufgrund der von Colbert betriebenen Ernennung des Malers Charles Le Brun zum lebenslangen Direktor ein autoritär geführtes Institut der Königsverklärung mit künstlerischen Mitteln wurde. Mit ähnlichen Zielvorstellungen gründete Colbert nicht weniger als fünf weitere Akademien, darunter 1669 die ›Académie d'Opéra‹. Eigentlicher Initiator dieser Gründung und des mit ihr verbundenen Opernprivilegs für zwölf Jahre war der Librettist Pierre Perrin, der zusammen mit dem Komponisten Robert Cambert (um 1627–1677) die sogenannte PASTORALE D'ISSY verfaßt hatte. Diese bezeichnete er in der Druckausgabe von 1659 als die »erste französische Musikkomödie, die in Frankreich aufgeführt wurde. Pastorale, in Musik gesetzt von Monsieur Camber (sic), Organist an der Kollegialkirche Saint-Honoré von Paris«. Die Musik zu dieser Pastorale ist ebenso verlorengegangen wie die der breiter angelegten von ARIANE ET BACCHUS. Von noch mehr Ehrgeiz kündet das Werk, mit dem Perrin und Cambert am 3. März 1671 ihre Opernakademie eröffneten: POMONE. Obwohl von dieser Oper nur die Ouvertüre, der Prolog »zur Ehre des Königs« (als Akt I bezeichnet) und fünf Seiten des zweiten Akts überliefert sind, dürfte die Schilderung zutreffend sein, die Saint-Évremond, der 1661 wegen einer Satire gegen Mazarin ins Exil gehen mußte, 1677 einer seiner Figuren in der Komödie LES OPÉRA in den Mund legt: »POMONE ist die erste französische Oper, die auf einer Bühne aufgeführt wurde. Der Text darin ist sehr schlecht, die Musik schön. Monsieur de Sourdéac baute die Maschinen; das reicht, um einen Eindruck von ihren Schönheiten zu geben; man betrachtete die Maschinen mit Überraschung, die Tänze mit Wohlgefallen; den Gesängen hörte man mit Vergnügen zu, den Worten mit Widerwillen.«

Obwohl der König POMONE nie sah, hatte die Pastorale mit insgesamt 146 Aufführungen einen Riesenerfolg. Doch schon im Juni 1672 wurde das Theater geschlossen, weil Perrin aufgrund betrügerischer Machenschaften seines Geschäftsführers, des skrupellosen Marquis de Sourdéac, in den Schuldturm geworfen wurde. Als Cambert mit einem anderen Librettisten im Winter des Jahres die heroische Pastorale LES PEINES ET LES PLAISIRS D'AMOUR (Die Schmerzen und Freuden der Liebe) herausbrachte (auch von ihr sind nur

Bruchstücke auf uns gekommen), öffnete das Theater für ein Vierteljahr wieder seine Pforten. Da aber Sourdéac die Löhne nicht auszahlte, wurde es erneut geschlossen. Darauf hatte niemand anderes gewartet als Jean-Baptiste Lully: er erwarb von Perrin das Opernprivileg, so daß dieser sich aus dem Schuldturm freikaufen konnte, hinderte andrerseits aber Cambert an einer weiteren Berufsausübung, so daß dieser nach England ging, wo er eine glücklose Akademie gründete. Der König bestätigte die Transaktion am 13. März 1672 und übertrug das Opernprivileg ausdrücklich seinem ›Surintendant de Musique‹. Er dehnte die Laufzeit von zwölf Jahren auf Lullys Lebenszeit aus und wertete die Opernakademie durch die Umbenennung in ›Académie Royale de Musique‹ förmlich auf. Durch repressive Zusatzbestimmungen wußte Lully sein Privileg noch auszuweiten, so daß er das französische Musikleben über ›la cour et la ville‹ hinaus so beherrschte wie der König das ganze Reich. Zusammen mit dem Dramatiker Philippe Quinault begründete er den Typus der französischen Nationaloper im 17. Jahrhundert: die ›Tragédie lyrique‹. Er brachte 1673 CADMUS ET HERMIONE noch im baufälligen Jeu de Paume de Bel Air, einem überdachten Sportplatz in der Rue Vaugirard nahe dem Palais de Luxembourg, heraus, und schon am 17. Februar jenes Jahres mündete sein Unternehmen in den Königsweg des Erfolgs. Als Molière während einer Aufführung des MALADE IMAGINAIRE einen Schlaganfall erlitt und kurz darauf verstarb, überredete Lully den König, ihm den zuvor von Molières Truppe bespielten Saal des Palais-Royal zu überlassen. Dieser über 2000 Zuschauer fassende Raum, 1637 im Auftrag Richelieus gebaut und bis zu ihrer Vertreibung im Jahre 1697 auch von den Italienischen Komödianten bespielt, wird bis zum großen Brand von 1763 der bevorzugte Spielort der französischen ›Tragédie lyrique‹ sein.

JEAN-BAPTISTE LULLY (1632–1687)

In Florenz als Sohn eines Müllers geboren und als Giovanni Battista Lulli getauft, kam der lediglich als Gitarrist ausgebildete Musiker 1646 nach Paris. Dort wurde er Kammerdiener (und nicht, wie es die Legende will, Küchenjunge) bei Mademoiselle de Montpensier, die mit seiner Hilfe ihr Italienisch vervollkommnen wollte. In ihren Diensten entwickelte sich Lully zu einem hochbegabten Tänzer und zu einem beachtlichen Violonisten. Sein Lehrer war der Komponist Michel Lambert, dessen Tochter er 1661 heiratete. Bei diesem Ehekontrakt wie bei seiner im gleichen Jahr erfolgenden Naturalisierung erwies er sich als ein Meister der Selbstnobilitierung im Gefolge der Ideologie vom ›Honnête homme‹: in beiden Verträgen bezeichnete er sich als Abkömmling eines

Florentiner Edelmanns. Als Trauzeugen unterschrieben den Vertrag König Ludwig XIV., die Königsmutter (Anna von Österreich) sowie der Finanzminister Colbert und seine Frau: ein Dokument der höchsten Wertschätzung für Lully. Kennengelernt hatte er den um sechs Jahre jüngeren König 1653, als sie gemeinsam in einem Ballett als Tänzer auftraten. Ein Jahr später wurde er zum Hofkomponisten ernannt, der für die instrumentale Seite der Hofballette verantwortlich war. 1655 bestellte Mazarin bei ihm das italienische Ballett L'AMOR MALATO (Die kranke Liebe), eine Komödie, in deren reinen Tanznummern erstmals die später so beliebten Zigeuner dargestellt wurden. 1659 folgte seine erste Zusammenarbeit mit Molière in LES PRÉCIEUSES RIDICULES (Die lächerlichen Preziösen). Beide Stücke gehören dem Genre der Ballettkomödie an (›Comédie-ballet‹), die man als vom Wort dominiertes Gegenstück zum späteren ›Opéra-ballet‹ mit seinem musikalischen Übergewicht bezeichnen kann. Sie ist neben der Pastorale und dem Hofballett die wichtigste Erscheinungsform des frühen französischen Musiktheaters. 1661 wurde Lully ›Surintendant‹ (Oberaufseher) der Kammermusik und ein Jahr später Musikmeister für die Königliche Familie. In dieser Doppelposition war er für die Kammermusik mit ihren beiden Orchestern, ›La petite Bande‹ und ›La grande Bande‹, wie für die Königliche Kapelle verantwortlich. Lediglich die Bläser der ›Grande Écurie‹, die in Freiluft- und Militärkonzerten sowie bei besonderen Anlässen spielten (etwa dem Neujahrsfrühstück des Königs), waren ihm nicht direkt unterstellt. Da sie aber oft zu Konzerten mit den anderen Orchestern herangezogen wurden, befehligte Lully etwa 120 Musiker.

Von dieser Machtposition aus treibt Lully seine Karriere geradezu planmäßig und rücksichtslos fort. Mit Pierre Corneille nimmt er 1664 Kontakt auf und schreibt ihm für die Wiederaufnahme seines fünf Jahre zuvor uraufgeführten Ödipus-Dramas Tanzeinlagen; im gleichen Jahr verstärkt er seine Zusammenarbeit mit Jean-Baptiste Poquelin, der sich Molière nannte. Als in eben diesem Jahr die Einweihung des neuen Schlosses in Versailles gefeiert wird (beim Bau waren Hunderte von Arbeitern umgekommen), geraten die mehrtägigen Vergnügungen auf dieser synthetischen Zauberinsel (LES PLAISIRS DE L'ÎLE ENCHANTÉE) zu einem Lully-Molière-Festival. Lully hatte in seinem Spottballett von 1659 (BALLET DE LA RAILLERIE) an einer Stelle den Unterschied zwischen italienischem und französischem Gesangsstil als Duett zweier Sängerinnen unparteiisch abgehandelt. Nun beginnt er in der bis 1670, dem Jahr des BÜRGERS ALS EDELMANN, andauernden Zusammenarbeit mit Molière, Stellung in diesem auch spätere Theoretiker interessierendem Problemfeld zu beziehen. In der Ballettkomödie MONSIEUR DE POURCEAUGNAC (1669) wird eine Art Gewaltenteilung vorgenommen: der italienische Stil bleibt den komischen und grotesken Szenen vorbehalten, der französische den ernsten und würdevollen, aber allmählich entwickelt Lully auch einen flüssigen Buffo-Stil ›à la française‹ (er selbst schätzte das Trinklied im 4. Akt des BOURGEOIS GENTILHOMME am höchsten). Der für Molières Komödien entwickelte Gesangsstil wird auch Lullys spätere Opern prägen. Er zeichnet sich im Gegensatz zu der oft mit extremen Intervallen aufwartenden italienischen Musik des 17. und 18. Jahrhunderts durch einen begrenzten Tonraum aus. Die silbengenaue Umsetzung der Sprache in Musik wird durch einen charakteristischen Anapäst-Rhythmus (kurz–kurz–lang) und eine häufige Neigung zum Kadenzieren bewerkstelligt. Die enge Verzahnung von Text, Musik und Tanz im BÜRGER ALS EDELMANN weist schon auf die spätere ›Opéra comique‹ hin, in LES AMANTS MAGNIFIQUES (Die großartigen Liebhaber; 1670) nimmt der durchkomponierte Prolog schon die spätere Ballett-Oper, wie sie Rameau vollenden wird, vorweg; das dritte Intermezzo dieser Komödie spielt in einem pastoralen Rahmen und übernimmt aus der venezianischen Oper eine Schlafszene (›Le sommeil‹) wie die Technik des hier den Flöten vorbehaltenen Ritornells, das Lully auch in seinen Opern verwenden wird. Eine Vorstufe seiner späteren Musiktragödien ist das tragische Ballett PSYCHÉ (1671), das sieben Jahre später tatsächlich in eine ›Tragédie lyrique‹ umgearbeitet wurde und mit seinen Trauermusiken in I,6 die ALCESTE schon ahnen läßt. Einen historischen Schlußstrich unter die Gattung des Hofballetts (›Ballet de cour‹) zieht Lully 1681 in LE TRIOMPHE DE L'AMOUR (Der Triumph der Liebe), wo die Tanzparts nicht mehr dilettierenden Höflingen, sondern einem professionellen ›Corps de ballet‹ anvertraut werden. In diesem traten auch erstmals Frauen auf der Bühne der Pariser Oper auf.

OPERNDRAMATURGIE

So groß die Bedeutung Lullys für das Hofballett, die Ballettkomödie und verwandte Formen auch war (den meisten Zeitgenossen erschien sie noch gewichtiger als die Molières für die Charakterkomödie): erst mit der ›Tragédie lyrique‹, der Musiktragödie, hat er die französische Oper begründet. Allerdings ist Lully nicht ihr einziger Schöpfer, da der Anteil des Textdichters Philippe Quinault (1635–1688) an ihr kaum zu überschätzen ist. Cavalli soll von ihm gesagt haben: »Quinault besitzt die große Fähigkeit unseres Zeitalters: er weiß die Dinge zu ordnen.« Zu ordnen hatten die beiden Künstler immerhin ein Gesamtkunstwerk, das aus Gesang und Instrumentalmusik, aus Tanz und Bühnenzauber gleichermaßen bestand und durch eine Intrigenhandlung zusammengehalten wurde. Quinault suchte seine Themen in der griechischen Mythologie, später in den Rittergedichten. Seine Hauptquellen waren Ovid, Ariost, Tasso und Herberay des Essarts, der die mittelalterlichen Ritterromane des Spaniers García Ordóñez Montalvo ab 1540 zu einer literarischen Modeerscheinung in Frankreich gemacht hatte. Im Gegensatz zur frühen italienischen oder deutschen Oper ist der stilistische Rahmen der französischen Musiktragödie sehr eng und von einer anti-realistischen Tendenz bestimmt: Realgeschichte bleibt aus ihr ausgespart. Sie findet jeweils im Prolog der Fünfakter als Preis des französischen Sonnenkönigs statt. Da die Musiktragödie aus den Gattungen des Hofballetts und der Tanzkomödie bzw. -tragödie erwuchs, verstehen sich statische Einschübe wie ›Divertissements‹ oder ›Intermèdes‹ von selbst. Daraus leitete Quinault die Konsequenz eines sparsamen Umgangs mit dem Wort ab: ein Thema kann, wie es Thomas Corneille im Vorwort seiner Tragödie L'INCONNU schrieb, nicht in seiner ganzen Breite behandelt werden; es dürfen nur Ausschnitte sichtbar werden. Die Rezitative und kleinen Arien müssen ebenso wie die großen Arien und Ensembleszenen verständlich sein. In Abbé Mablys 1741 erschienenem BRIEF ÜBER DIE OPER heißt es unmißverständlich, daß die Musik in der Oper »nur die Hälfte des Kunstwerks ausmacht; also muß der Textdichter die Kunst beherrschen, nicht mehr als die Hälfte dessen zu sagen, was Racine gesagt hätte«. Schon Pierre Perrin hatte für seine POMONE das Motto ausgegeben, das erst im Musikdrama Quinaults und Lullys verwirklicht wurde: »Eine Oper zu hören, ohne die Worte zu verstehen, das ist so, als würde man Tänzer sehen, ohne die Geigen zu hören.« Das Rezitativ der italienischen Oper, in dem die Handlung vorangetrieben wird, war schon Perrin zu umfänglich. Aber ihm gelang noch nicht die musikalische Zähmung der französischen Sprache.

Die Verse Quinaults sind von einer ausgesprochenen Musikalität, wobei er nicht nur das für die französische Literaturtragödie klassische Metrum des Alexandriners flexibel beherrscht, sondern sich auch von diesem freimacht, indem er unregelmäßige Verse, oft mit expressiven Wortwiederholungen, einsetzt. Den tragischen Konflikt entwickelt Quinault nicht aus den Figuren und ihren Anlagen selbst, sondern durch einen Eingriff außerirdischer Mächte – handle es sich um Zauberer oder Götter. In CADMUS ET HERMIONE sowie ISIS erfolgt die Schürzung des dramatischen Knotens bereits im ersten Akt, in Werken wie ATYS oder ROLAND erst im vierten oder fünften Akt. Die Auftritte sind weniger streng reguliert als in der Tragödie eines Corneille oder in der ›Opera seria‹, die Spielzeit ist vage. Zwar wird die Einheit der Handlung gewahrt, wobei realer Ablauf und Bühnenspielzeit zur Kongruenz tendieren. Die Einheit des Ortes aber wird meist zu einem Szenenwechsel pro Akt bei relativ genauer Definierung des Spielorts aufgeteilt. In den Ritterstücken nimmt diese Tendenz spürbar ab. Insgesamt wird die psychologische Zeichnung der Figuren der Musik überantwortet. Dabei ist der Motor der Handlung bis auf CADMUS, PROSER-

PINE und ARMIDE auf Eifersucht und Liebesrivalität begründet, doch der zeitgenössische Vorwurf der Schablonenhaftigkeit trifft kaum zu. Weit mehr als nur erotische Versatzstücke bietet etwa ALCESTE mit dem Meerfest (I), der Schlacht (II), den Klagen über die Verwundung des Admetos (II) und den Tod der Alkestis (III), der Überquerung des Acheron mit dem komischen Charon, der wie ein Kassenwart den Seelen der Verstorbenen ein Eintrittsgeld in die Unterwelt abverlangt (IV). Dennoch wurde den Texten Quinaults von kirchlicher Seite der Vorwurf des Erotismus gemacht. Madame de Maintenon schloß sich dieser Ansicht an und versuchte, den König in der gleichen Richtung zu beeinflussen. Die professionelle Kritik wiederum lehnte die dramaturgische Praxis des Eingreifens außerirdischer Kräfte in das Geschehen ab. Quinaults in der Tat überbordende Neigung zum ›Deus ex machina‹ wurde von Saint-Évremond, La Bruyère und Boileau gleichermaßen kritisiert. Dennoch blieb die Ankunft des aus dem Bühnenhimmel herabschwebenden Gottes, im Begriff der ›Descente‹ ein stilprägendes Merkmal der französischen Oper seit Lully, bis zum Buffonistenstreit um die Mitte des 18. Jahrhunderts unangetastet. Ebenso kennzeichnend wie die Vorliebe für das Wunderbare (›Le merveilleux‹) ist für die ›Tragédie lyrique‹ die Bedeutung des Chors. Man kann sie in ihrem auch musikalischen Rang mit der Funktion der Arie in der italienischen Oper vergleichen. Dramaturgisch entspricht das einer Aufwertung der Massenszenen, was andrerseits zu einer weiteren Reduzierung – auch im gestisch-spielerischen Bereich – der Protagonisten führt. Diese Bedeutung des Chors bleibt auch in den Divertissements beibehalten, die Lullys Musikdrama von der italienischen Oper seiner Zeit unterscheiden. Nur in wenigen Fällen bleiben diese Einlagen im Dekorativen stecken, etwa in den Festszenen von AMADIS (I,4) und PHAÉTON (II,5) oder den tanzenden Statuen in CADMUS (II,6), wie die Rolle der Maschinerie überhaupt für die Divertissements von großer Bedeutung war. Bei genauerer Betrachtung erweist sich aber, daß Quinault bemüht war, diese Einlagen mit ihren Tänzen, Chören, Arien und Maschinentricks in das Drama zu integrieren. So enthüllt die Festszene in CADMUS (I,4) den Gefühlsstreit zwischen Hermione und dem sie begehrenden Riesen, während das Fest für Admetos und Alkestis in ALCESTE (I,7) Lykomedes den Anlaß gibt, die Königin zu entführen. Daß die Divertissements nicht nur als Ruhepunkt der Handlung dienten, sondern diese auch antreiben konnten, zeigt die Dorfhochzeit in ROLAND (II,3 – 5). Vorbereitet wird sie in der vorangehenden Szene, wenn Roland auf der Suche nach seiner Geliebten Angélique aus der Ferne eine ländliche Musik hört. Bei diesem Bläsertrio handelt es sich um den Mittelteil des Menuetts, das in der folgenden Szene ganz erklingt, umgeben von einem Marsch, einem Chor, Tanzliedern und Tanzauftritten von Schäfern und Schäferinnen. In der

nächsten Szene erklingt ein Schäferduett zum Lob des Brautpaares Angélique–
Médor, in dem Roland nun seine eigene Geliebte und den Nebenbuhler erkennt. In der anschließenden Szene zerstört Roland mit seinem Schweigegebot
die pastorale Stimmung, und der Chor der fliehenden Landbewohner geht in
seine Rachearie (Szene 6) über. Lully hat dieser Dramaturgie tonartlich entsprochen: Der Akt beginnt in C-Dur und endet in B-Dur, wobei die Szene vier
als Achse dient. Hier wird die Modulation von C nach B über die Moll-Domi-
nante g erreicht.

DAS REZITATIV

Wie stark die Musiktragödie Lullys Ordnungsprinzipien verpflichtet ist, für die
immer wieder der Stilbegriff des Klassizismus statt der Epochenbezeichnung
des Barock als zutreffender bemüht wurde (vor allem im französischen Schrifttum), zeigt die enge Verbindung Quinaults mit der ›Académie française‹. Ihr
legte er seine Textentwürfe vor, und erst nach erteiltem Plazet unterbreitete er
sie Lully. Dessen entscheidende Tat war nun die Erfindung eines französischen
Rezitativs. In früheren Erscheinungsformen des Hoftheaters hatte es fast nur
die Verbindung von Chansons, Liebesduetten und Chören gegeben. Selbst in
der POMONE von Perrin und Cambert finden wir kein einziges Rezitativ im
eigentlichen Wortsinn. Erst mit dessen Erarbeitung durch Lully beginnt die
französische Musiktragödie, und von CADMUS im Jahre 1673 an wird sie die
französische Oper noch über Gluck hinaus beherrschen. Erst die Revolution
von 1789 setzt dieser königlichen Oper ein Ende, und fast scheint es, als hätten
das jene Massen revolutionärer Pariser begriffen, die Lullys Mausoleum in der
Kirche Des petits Pères stürzten (die Witwe des Komponisten hatte es errichten
lassen, nachdem er sich beim Dirigieren die Eisenspitze seines Taktstabs in den
Fuß gestoßen hatte und an den Folgen einer Blutvergiftung starb, da er sich weigerte, eine Zehe amputieren zu lassen). Allerdings sollte die objektive gesellschaftliche Funktion der Musik Lullys für die Parasitenwelt von ›la cour et la
ville‹ nicht darüber hinwegtäuschen, daß ihre vor allem auf dem Parodieweg erfolgte Verbreitung in alle Volksschichten hinein nicht allein eine Kunst für das
›Juste milieu‹ signalisiert. Während die ästhetischen Normen der ›Tragédie lyrique‹ dem Volk fremd blieben wie die höfischen Denkformen und die aristokratischen Moralvorstellungen, bemächtigte es sich ihrer liedhaften Ausprä-
gungen in breitem Maße.

DURCHKOMPOSITION

Rein musikalisch betrachtet, liegt Lullys operngeschichtliche Bedeutung aber vorrangig in der Erfindung des französischen Rezitativs. Gerade daran stießen sich die meisten Kritiker, wenngleich sie sich darüber einig waren, Lullys Opern denen italienischer Herkunft vorzuziehen. Schon zu Lebzeiten, erst recht aber nach seinem Tod galt Lully als der musikalische Begründer des französischen Klassizismus, gleichberechtigt neben den Dichtern Corneille, Racine und Molière, den Malern Le Brun und Nicolas Poussin. Nicht nur seine Arien und Tänze, Chöre und Instrumentalsätze erfreuten sich allgemeiner Beliebtheit, sondern sogar die dramaturgische Eingliederung des Wunderbaren, Außerirdischen in seine Opern fand noch im Höhepunkt der Aufklärung weitgehende Duldung. Als 1761 seine ARMIDE erneut aufgeführt wurde, schwärmte der ›Mercure‹, das Kommunikationsblatt der Schicht von ›la cour et la ville‹, daß kein Land der Welt sich mit dem ›Spectacle‹ der Pariser Oper vergleichen könne. Um so schwerer tat sich die Kritik mit Lullys Rezitativ, dem eigentlichen Mittel der Durchkomposition, der Integration aller Kunstbausteine zum musikalischen Gesamtkunstwerk. Der Abbé Jean-Baptiste Dubos war einer der ersten, der schon in Richtung auf die späteren Enzyklopädisten die Wort-Musik-Problematik der Oper erkannte. In seinen RÉFLEXIONS CRITIQUES über Poesie und Malerei hielt er 1719 fest: »Die natürlichen Anzeichen der Leidenschaften, denen die Musik ähnelt und die sie mit Kunst anwendet, um die Kraft der in Gesang verwandelten Worte zu stärken, erhöhen deren Fähigkeit, uns zu bewegen ... Die Worte dieser Gesänge haben eine ganz andere Kraft (›énergie‹), wenn man sie gesungen hört, als wenn man sie gesprochen hört.« Die Konsequenz für Dubos daraus lautete, die »Reden der Schauspieler in Musik umzuwandeln«, »ein dramatisches Werk gänzlich zu singen« (S. 577).

Um französische Reden in Musik umzuwandeln, pflegte Lully, der pro Oper etwa drei Monate brauchte, den Text auswendig zu lernen. Dabei deklamierte er ihn sich immer wieder vor, wobei er die Hoch- und Tiefpunkte theatralischer Deklamation notierte. Um ganz in die Prosodie einzudringen, besuchte er öfter Vorstellungen der ›Comédie-Française‹. Dort bewunderte er vor allem Marie Desmares, die als ›La Champmeslé‹ in den Tragödien Racines Triumphe feierte. Bei seiner Umsetzung ging Lully nicht nur unter Berücksichtigung der Tatsache vor, daß es im Französischen unmöglich ist, auf einen Nasallaut eine Koloratur zu legen, sondern auch nach dem Prinzip, daß jede Silbe einem Notenwert vorbehalten sein solle. Daraus folgt der Verzicht auf die mit einer Silbe oft ausladenden Fiorituren des italienischen Rezitativs und damit der

Gewinn einer gewissermaßen sprachnahen Musikdeklamation, die Lully durch häufigen Wechsel zwischen Zweier- und Dreiermetren betonte.

Dadurch versuchte er, der Gefahr der Monotonie zu entgehen, die im anapästischen Rhythmus der zwei symmetrischen Hexameter-Hälften des französischen Alexandriners lag. Dieses verzierungslos gesungene Rezitativ war der Normalfall; es diente mehr der korrekten Deklamation des Textes als der psychologischen Ausdeutung des Wortsinns. (Die Bedeutung des Rezitativs für Lully erhellt schon daraus, daß es etwa fünfzig Prozent seiner Musiktragödien ausmacht.) Die Charakteristika dieses ›Récitatif ordinaire‹ faßte François-Jean Chastellux 1765 in seinem ESSAI SUR L'UNION DE LA POÉSIE ET DE LA MUSIQUE als verbindliche Formel zwischen Lully und Gluck zusammen: »1. Es darf keine Konstanz von Rhythmus oder Metrum haben. 2. Es darf keine Begleitung verwenden, die in einem natürlichen und schnellen Dialog die Verständlichkeit des Textes beeinträchtigen würde. 3. Es darf den Darsteller nicht dadurch ermüden, daß ihm seine brillantesten Töne abverlangt werden.« Neben dieser Form des in einfachen Harmonieschritten sich vorwärtsbewegenden und vom ›Basso continuo‹ begleiteten Rezitativs entwickelte Lully von ATYS ab eine reichere, vom Orchester begleitete Form des monologischen ›Récitatif obligé‹. In dieser bedient er sich der gleichen Mittel wie in den Arien, nur ohne geschlossene Formbildung mit Teilwiederholungen. In diesen begleiteten Rezitativen, zwischen die oft kleine Arien geschoben werden, vermeidet Lully denn auch Formeln, die – wie die die verminderten Septimfälle – eine Neigung zum Klischee haben. Und in AMADIS DE GAULE brachte er das Kunststück fertig, seine Titelfigur fast nur in dieser Musiksprache zu porträtieren. Als Johann Christian Bach das leicht veränderte Textbuch 1779 noch einmal für Paris vertonte, tat er es trotz eines leitmotivisch eingesetzten verminderten Septakkords in italianisierter Buntscheckigkeit: aus der strengen ›Tragédie lyrique‹ war ein musikalischer Essay über deren historisches Ende geworden.

ARIEN, CHÖRE UND INSTRUMENTALSÄTZE

In seinen Memoiren hat Carlo Goldoni 1787 den Hauptunterschied zwischen der italienischen und der französischen Oper des 17. und 18. Jahrhunderts im Warten auf die Arie beschrieben, als er seinen ersten Besuch in der Pariser Musikakademie schilderte: »Die Tänzer traten schließlich auf: ich dachte, der Akt sei vorüber, ohne eine einzige Arie. Ich sprach deswegen meinen Nachbarn an, der mich spöttisch ansah und mir versicherte, es habe sechs Arien in den verschiedenen Szenen, die ich gerade gehört hatte, gegeben. Wie konnte das geschehen? Ich bin nicht taub; die Stimmen waren zwar immer von Instrumenten begleitet ..., aber ich hielt das alles für Rezitative.« Wirklich verbindet die französische Opernarie zwischen Lully und Rameau nichts mit der italienischen der Zeit. Bei Lully hat sie drei Erscheinungsformen. Neben den volksliedhaft-tänzerisch gehaltenen ›Brunettes‹ (die zum Teil aus dem Volksgut stammten, zum Teil in dieses eingingen) gibt es im ernsteren Stimmungsbereich zunächst einmal die Gleichnisarie, in der eine der untergeordneten Figuren sich allgemein äußert; hier setzt Lully den Stil seiner Vorgänger in den sogenannten Hofarien (›Airs de cour‹) fort. Wichtiger ist die Ausdrucksarie, in der ein Protagonist seinen Gefühlen freien Lauf läßt, meist in bedrängter Situation. Obwohl Lully zwei- und dreiteilige Formen benutzt, erstrebt er doch nie den hohen Konstruktionsgrad der italienischen Da-capo-Arie. Zudem bleiben sie im Stil den Rezitativen so ähnlich, wie es das Goldoni-Zitat nahelegt. Das nun bedeutet keineswegs, daß Lullys Arien zweitrangig seien. Das *Belle Hermione* des CADMUS, das von den Zeitgenossen so sehr bewunderte (und noch von Caruso geliebte) *Bois épais* des AMADIS, die leidgetränkte f-moll-Arie der Io *Terminez mes tourments* aus ISIS oder das über einer Chaconne in der Baßbegleitung ablaufende *Atys est trop heureux* aus ATYS sind Meisterbeispiele eines barock-klassizistischen Vokalstils. Das gilt kaum minder für die Tanzarien in den Divertissement-Einlagen oder die schon erwähnte Charon-Arie aus ALCESTE *Il faut passer*, deren wandernde Baßbegleitung die ruhelose Arbeit des Fährmanns zum Ausdruck bringt. Üblicherweise verzichtet Lully auf eine so selbständige Begleitung der Singstimme durch das Orchester (wie auch auf das hier ausnahmsweise verwendete Da capo). Unter Lullys wenigen Ensemblesätzen ragen die Duette heraus; sie sind manchmal so eng mit der Handlung verknüpft, daß sie (ATYS III,2 oder ALCESTE V,4) in Rezitativform erscheinen. Geschrieben sind diese Ensembles alle in homophonem Stil (in den ganz selten imitatorische Wendungen eingeblendet werden), was auch für das berühmte Trio der Parzen in ISIS gilt (*Le fil de la vie*). Größere Bedeutung als Ensemblesätze haben in der französischen Musiktragödie die Chöre. Sie werden bis zu Rameau in den Kleinen und den Großen Chor unterteilt (›Petit chœur‹ - ›Grand chœur‹). Der kleine Chor ist meist dreistimmig gesetzt (ihm standen die besten Sänger zur Verfügung), wobei sich üblicherweise zwei Sopranen ein Contratenor zugesellte (wie in dem erwähnten Parzentrio). Der Große Chor war meist vierstimmig gesetzt, und zwar seit Lullys frühem Miserere aus dem Jahre 1664, wobei Sopran, Contratenor, Tenor und Baß die Stimmträger waren; erweiterte sich der Satz zu fünf Stimmen, trat meist ein Bariton hinzu. Außer den polyphonen Passagen in den Chören aus ALCESTE und PSYCHÉ handelt es sich immer um homophon gesetzte Chöre, deren musikalische Statik den Vorteil der Textverständlichkeit bietet. Manchmal integriert Lully den Chor in die Handlung, wie in der Kampfszene aus THÉ-

SÉE (I,1–3) oder den Unterweltszenen aus ARMIDE (III,4 ff.). Eine seiner Spezialitäten ist die Verbindung von solistischem und chorischem Rezitativ wie in den wandernden Rufen *Alceste est morte* im Zentrum der ALCESTE (Rameau wird sie in HIPPOLYTE ET ARICIE aufgreifen). Auffällig ist auch der orchesterlose Choreinsatz der Nymphen in ISIS (III,4), der venezianische Doppelchor in BELLÉROPHON (I,5) oder der kontrapunktisch gesetzte Kleine Chor in der Schlafszene von ATYS (III,4). Diese Szene fand bei Zeitgenossen auch Bewunderung wegen ihres orchestralen Raffinements. Der Abbé Dubos hat sie in seinen RÉFLEXIONS CRITIQUES von 1719 der Nachwelt überliefert: »Die Fiktion, die Atys einschlafen läßt und ihm in der Folge sehr bewegende Gegenstände im Schlaf zeigt, wird wahrscheinlicher und bewegender durch die verschiedenen Instrumentalstücke (›Symphonies‹), die dem Einschlafen vorangehen.« Die wiegenliedartige Ätherik dieser g-moll-Schlafszene mit ihrem Geigen-Flötenregister war einer der berühmtesten ›Sommeils‹ Lullys, vergleichbar der im gleichen Register und der gleichen Tonart stehenden Schlummerszene in ARMIDE II,3, die Armida sogar vom Mord an Renaud abhält. Nicht minder gerühmt von den Zeitgenossen wurden Lullys Orchesterstücke für die Tanzeinlagen (Divertissements) seiner Opern, und in die Geschichte der Gattung eingegangen ist er als Erfinder der ›französischen Ouvertüre‹ mit ihrer Abfolge von zwei (manchmal auch drei) Satzteilen. Deren erster, punktiert rhythmisiert, ist langsam und statuarisch, der zweite schnell und fugiert. Ein gelegentlich auftretender dritter Satzteil ist wieder langsam, aber ohne thematische Verbindung mit dem Anfangsteil. Diese von Lully geschaffene Ouvertürenform typisiert sozusagen die gesellschaftliche Objektivität seiner Oper: die Einleitung ist eine musikalische Zeremonie, ohne jeden motivischen Bezug zum Folgenden; erst in LE CARNAVAL ET LA FOLIE von André Destouches (1703) und dem ZOROASTRE von Rameau (1749) wird die Ouvertüre Bestandteil eines durchkomponierten Ganzen mit binnenthematischen Zusammenhängen.

LULLYS ORCHESTERSPRACHE

Angesichts der Tatsache, daß Lullys Oper vom französischen Hofballett herkommt, überrascht die vergleichsweise konservative Textur seiner Orchestersprache, auch in den Divertimento-Einlagen. Ansätze zur koloristischen Schreibweise für bestimmte Instrumente wie Geige, Flöte, Oboe oder Trompete, wie sie in seinen Ballett-Komödien durchaus vorhanden waren, werden nun vereinfacht. Der Orchestersatz entspricht der Chorbehandlung: einer kleinen Instrumentengruppe wird eine große gegenübergestellt. Obwohl die überlieferten Partituren nicht immer eindeutige Rückschlüsse auf die Instrumentation zulassen, ist es klar, daß Lully den Streicherpart fünfstimmig aussetzte. Zum ›Grand chœur‹ verstärkt wurden die Streicher durch Oboen und Fagotte in meist paralleler Führung zu einer der Streicherstimmen. Der ›Petit chœur‹ bestand aus etwa zehn solistischen Instrumentalisten (darunter Violinen, Baßviolen, Flöten, Theorbe und Cembalo), die sich nach Vorbild des barocken ›Concerto grosso‹ mit dem ›Grand chœur‹ abwechselten oder die Soloarien begleiteten. Unter den ›Symphonies‹ verstand Lully die Ouvertüren und Tanzstücke ebenso wie meist dreistimmig gesetzten Vor- und Zwischenspiele der Arien (›Ritournelles‹) und die Programmusiken, mit denen wortlose szenische Vorgänge auf der Bühne lautmalerisch verdeutlicht wurden – etwa in AMADIS III,2, wenn Arcabonne von Luftgeistern entführt und auf einem zerstörten Palast niedergelassen wird. Die zehn von Lully in seinen Opern benutzten Tanzformen werden mit Abstand vom Menuett beherrscht, das nach zeitgenössischen Quellen meist im Sechsachteltakt schnell gespielt wurde. Laut Jean-Jacques Rousseaus 1786 in Paris erschienenem und aus seiner Arbeit für die ENCYCLOPÉDIE hervorgegangenen Musiklexikon war es (zu seiner Zeit?) »mehr moderat als schnell und der am wenigsten fröhliche Satz bei Bällen«.

Trotz eher konservativer Orchestersprache hat Lully mit seinen Instrumentaleffekten eine spezielle französische Operntradition begründet: die Schilderung eines Unwetters. Solche lautmalerischen Versuche gab es zwar schon in der italienischen Oper (aus Cestis POMO D'ORO ist der dritte Akt mit dem Unwetter leider nicht überliefert), aber Lully wußte sie als erster dramaturgisch einzusetzen. So beginnt CADMUS ET HERMIONE mit einer ›Tempête‹, die das Landvolk in Schrecken versetzt, wobei Chor und Orchester in Tonwiederholungen oder stufenweise aufeinanderfolgenden schnellen Tonschritten das Geschehen kommentieren. In seiner ALCESTE läßt Lully auf das einleitende Seefest einen Meeressturm folgen. Lullys Nachfolger steigerten solche Wirkungen noch, und der Gewittersturm in Marin Marais' ALCIONE wurde 1706 zu einer wahren Sensation. Der schon zitierte Abbé Dubos fand in diesen unisono spielenden Bässen mit den schnellen Auf- und Abbewegungen der Oberstimmen eine Naturnachahmung verwirklicht, deren musikalischen Rang er gleichberechtigt neben die Errungenschaften der Dramatiker Corneille und Racine stellte. Diese im geraden Takt rhythmisierten ›Symphonies‹ mit ihrer statischen, meist aus Dreiklangsbildungen bestehenden Harmonik (bevorzugte Tonarten: F- und B-Dur) waren bis zu Rameau Stilmerkmal der französischen Oper (Marais verstärkte die Klangwirkung, indem er die Bässe des meist nur aus Streichern bestehenden Orchesters teilte und durch Trommelwirbel schärfte). Und noch in den TROJANERN des Hector Berlioz klingt diese Tradition nach.

DAS GESAMTKUNSTWERK ALS ZUKUNFTSMUSIK

Im Spektrum zwischen Tanzkomödie und Musikdrama hat Jean-Baptiste Lully nicht weniger geschaffen als ein Gesamtkunstwerk französischer Nationalkultur. Das muß auch als Zusammenwirken von Künstlern aus verschiedenen Bereichen verstanden werden. Da sind einmal der für die Bühnenmaschinerie verantwortliche Architekt Carlo Vigarini und der königliche Dekorationsmaler Jean Bérain zu nennen. Lullys Nachruhm wirkte noch so stark ins 18. Jahrhundert hinein, daß sich ein François Boucher nicht zu schade war, die Bühnenbilder bei der Aufführung Lullyscher Opern selbst zu malen. Für die textliche Seite des Gesamtkunstwerks Lullys waren auf der anderen Seite verantwortlich Molière und der Dramatiker Philippe Quinault, der insgesamt elf Libretti für Lully verfaßte. Zwei weitere Operntexte schrieben ihm, während Quinault durch eine Hofintrige eine Zeitlang kaltgestellt war, Thomas Corneille und dessen Neffe Bernard de Fontenelle (PSYCHÉ und BELLÉROPHON). Ein Nachklang dieser Kraft zur Synthese schwingt durch die Geschichte bis hin zur Zweitfassung des CARDILLAC, in der Paul Hindemith 1952 seine Oper mit einer szenischen Aufführung von Lullys PHAÉTON verknüpft (der in Deutschland erst 1985 gespielt wurde) und einzelne Nummern Lullys beziehungsreich mit seinem Drama verwebt.

Eben dieses Zusammenwirken der Künste in Lullys Opern war aufgeklärten Skeptikern der Zeit verdächtig. So sehr in aller zeitgenössischen Kritik an Lullys Oper eine Respektierung, ja Verehrung des Komponisten mitschwingt, so ist doch gerade bei Autoren wie Jean de La Fontaine (im siebten BRIEF ÜBER DIE OPER, 1677) und Saint-Évremond (1677 in seiner polemischen Komödie LES OPÉRA) die Integration der verschiedenen Bestandteile Zielpunkt des Angriffs. Während Saint-Évremond sich von der Vielfalt der Pracht zunächst gefesselt, bald aber ermüdet zeigte, plädierte La Fontaine für die Eigengesetzlichkeit von Ballett, Tragödie, Musik und Bildwerk. Bedenkt man diese Einwände, dann drängt sich das Urteil auf, Lully habe nicht nur eine königliche Opernform für eine eng umrissene Publikumsschicht geschrieben, sondern auch so etwas wie die Zukunftsmusik des französischen Musikdramas.

LE BOURGEOIS GENTILHOMME (Der Bürger als Edelmann; ›Comédie-ballet‹ in fünf Akten, Text von Molière; Chambord 1670, Bearbeitung Hugo von Hofmannsthals 1912 mit der Musik von Richard Strauss).

Der Höhepunkt in der von seiten Lullys nicht gerade fair geführten Zusammenarbeit mit Molière interessiert über die Jahrhunderte hinweg nicht nur als Vorform der eigenständig französischen Oper; wie faszinierend die von beiden erreichte Einheit von Wort, Tanz und Musik war, beweist die schließlich zur Oper ARIADNE AUF NAXOS führende Wiederbelebung durch Hofmannsthal-Strauss. Diese Nachwirkung verdankt das Stück aber auch seinem Thema selber: Molière-Lully schießen kühn über ihre Zeit und die herrschende Gesellschaft von ›La cour et la ville‹ hinaus, indem sie den Übergang markieren, an dem die Patronage der Kunst von den Feudalen zu den Bürgerlichen übergeht. Diese Zukunftsvision hat so etwas wie eine explosive Leerzone: gefragt wird von dem neureichen Bürger Jourdain, der sich die Ideologie vom ›honnête homme‹ ganz zu eigen gemacht hat, nicht nach der Tendenz der Kunst, sondern nur nach ihrem Preis. Wenn sie gratis daherkommt, erweckt sie Verwunderung. Als Jourdain, der neben vielen anderen Künsten auch die Poesie erlernen will, erfährt, daß er deren Gegenpart schon sein Leben lang beherrscht habe: Prosa, ist er in seinem triumphalen Selbstwertgefühl sich selbst am stärksten entfremdet. Die theatralische Entsprechung zu diesem internen Punkt der Selbstentfremdung muß inszeniert werden: da Monsieur Jourdain sich nicht nur von allerlei Beutelschneidern ausnehmen läßt (für den Erwerb der Künste ist ihm nichts zu teuer), sondern auch seine Tochter Lucile mit einem Adligen verheiraten will, greift deren Liebhaber Cléonte zur List. Er tritt als Sohn eines Großtürken auf und verleiht in einer ausgedehnten Zeremonie dem Bürgersmann die fiktive Ehre eines ›Mamamouchi‹. Dieses Täuschungsmanöver, ein Spiel im Spiel, war zugleich Gesellschaftskunst, denn Ludwig XIV. hatte die Szene als Rache an einem türkischen Gesandten bestellt, der sich vom Versailler Glanz nicht in der gebührenden Weise eingeschüchtert gezeigt hatte. Wird in den späteren Opern Lullys und seiner Nachfolger der Gegenwartsbezug (meist in einer Allegorie) aus dem Bühnenspiel selbst herausgenommen und in den Prolog verlegt, so ist er im BOURGEOIS GENTILHOMME noch immanent vorhanden. Darin ist auch ein positiver Tribut an die exotischen Neigungen des Königs zu sehen, der 1664 in der Ballettkomödie LE MARIAGE FORCÉ (Die erzwungene Heirat) von Lully-Molière als Ägypter aufgetreten war. Was der König, ob nun das türkische Milieu aus Lust oder aus Ärger wünschend, nicht steuern konnte, war der Gewinn für die beiden Autoren: sie konnten im fremdländischen Gewand die höfische Gesellschaft gerade im Anpassungsstreben eines Bürgerlichen verspotten. Während Molière den Jourdain spielte, mimte Lully den ›Mufti‹. Nach einem zeitgenössischen Urteil machte er das hinreißend, denn »kein anderer hat ihn in dieser Rolle erreicht, er war ein ebenso guter Grimassenschneider wie ein ausgezeichneter Musiker«.

EXOTIK ALS CAMOUFLAGE

Das Doppelspiel von Molière und Lully nimmt also das Moment der Gesellschaftskritik im exotischen Gewand vorweg, wie es der königliche Garteninspekteur Charles Dufresny 1707 im siamesischen Gewand und Charles-Louis de Montesquieu 1721 mit seinen anonym erscheinenden PERSISCHEN BRIEFEN in die französische Literatur einführten. Das erklärt den Protest von klerikaler Seite gegen den BOURGEOIS GENTILHOMME, demzufolge die Erhebung des Monsieur Jourdain zum Mamamouchi die Zeremonie der katholischen Bischofsweihe verspotte; daß türkische Besucher späterer Vorstellungen an dieser Szene Anstoß nahmen und in ihr die Verhöhnung der Mevlevi-Derwischweihe sahen, bestätigt nur, wie präzis Molière und Lully vorgegangen waren (ihr Gewährsmann war der Chevalier Laurent d'Arvioux, der einen authentischen Bericht von seiner Reise in die Türkei erstattet hatte). Von dieser Authentizität profitierte noch Rossini 1813 in seiner ITALIENERIN IN ALGIER bei der sozusagen seitenverkehrten Aufnahme des Mustapha in den italienischen Orden der ›Papataci‹. Bei Lully (IV,4f.) treten zwölf türkische Sänger und Musiker nebst sechs Tänzern und vier Derwischen auf. Obwohl Lullys Partitur keine genauen Angaben über das verwendete Instrumentarium macht, können wir aus zeitgenössischen Stichen schließen, daß Schellentrommeln, Becken und Triangel zur Standardausrüstung der sogenannten Türkenmusiken zählten. Obwohl schon 1646 im südfranzösischen Carpentras eine (verlorengegangene) musikalische Türkenhandlung des Abbé Mailly, AKÉBAR, ROI DU MOGUL, aufgeführt worden war, ist Lullys Türkenzeremonie aufgrund ihres Grads an Durchkomposition das Vorbild aller späteren Türkenmusiken. Sie beginnt mit einem Marsch, worauf eine Anrufung Mahomets folgt. Diese benutzt authentische türkische Texte, wobei der oberste Derwisch den Namen Allahs ständig wiederholt. Obwohl Lully hier wie im Chor Nr. 4 HEI VALLA VALLA einen vierstimmigen Chorsatz verwendet, versucht er, den Eindruck einer orientalischen Monotonie zu erzeugen. Die Chöre und Allah-Anrufungen beschränken sich entweder auf einen G-Dur-Akkord (was auch für die Antworten auf die Fragen des Mufti gilt) oder ergänzen die Baßchansons des Mufti als harmonisch füllende Einwürfe. So werden Melodieton und Harmonie dreiundzwanzigmal variationslos wiederholt. Dem entspricht in Nr. 3, dem Solo des Mufti SE TI SABIR, die Beschränkung in der Vokallinie des Sängers, der nur die Noten des Begleitbasses singt, statt sich abendländisch darüber zu erheben. In CADMUS ET HERMIONE setzt Lully das Verfahren als Exotismus in der Arie *Mars redoutable* ebenso ein wie in *Et laissez regner sur les ondes les Zéphyres* in ALCESTE. (Ganz exotisch im Sinne von Lullys Ballettkomödie benutzt André Campra das Verfahren 1697 in seinem Opernballett L'EUROPE GALANTE in *Vivir, vivir, gran Sultana*.) Auch einige andere typische Merkmale für den Stil Lullys erweisen sich vom BOURGEOIS GENTILHOMME her als exotisierend: die Vorliebe für Hemiolen (die Umwandlung einer dreiteiligen Taktzeit in eine zweiteilige als Mittel der Schlußverbreiterung) und für punktierte Rhythmen (wie sie in der Sarabande oder der Forlane auftauchen). In dieser Komödie verfügt Lully auch schon über eine ausgeprägte Fähigkeit, musikalische Stilmittel für die Sprachbehandlung einzusetzen – bis hin zur Verfremdung. Seit den Moresca-Tanzliedern, mit denen Orlando di Lasso um 1550 in Neapel ›Mohrenmusik‹ mit der europäischen Kunstmusik verband, drangen Momente einer verballhornten Sprache in die Musik ein. Im BOURGEOIS lassen sich drei Stufen ausmachen. Cléonte spricht ein unverständliches Kauderwelsch, das für Monsieur Jourdain übersetzt werden muß; der ›Mufti‹ spricht einen aus Orlandos Moresken weiterentwikkelten Misch-Jargon, wie er bei Seeleuten in Mittelmeerhäfen angetroffen wurde; in den Chören ist (mit Ausnahme des HALABABA LACHOU in Nr. 6) echtes Türkisch zu hören. Neben der spektakulären Türkenzeremonie des vierten Akts ist die feinsinnige Kunst- und Gesellschaftssatire des ersten so wenig zu vergessen wie das prächtige Ballett der Nationen im fünften (in den Akten II und III gibt es wenig Musik); aber der zeremonielle Marsch, der die Türkenszenen einleitet, sollte weit in die Zukunft des Musiktheaters hineinwirken. Er klingt nicht nur in der Sonnenanbetung von Rameaus LES INDES GALANTES nach, sondern auch in der ›Marcia‹ im dritten Akt von Mozarts IDOMENEO oder im Priestermarsch seiner ZAUBERFLÖTE: eine verbindliche Klangformel für exotisch-orientalisches Kolorit.

ALCESTE OU LE TRIOMPHE D'ALCIDE (Alkestis oder Der Triumph des Herakles; ›Tragédie lyrique‹ in einem Prolog und fünf Akten. *L* von Philippe Quinault; Paris 1674; Darmstadt 1980).

Die zweite ›Tragédie lyrique‹ des Gespanns Lully-Quinault, nach dem Auftakt 1673 mit CADMUS ET HERMIONE, zeigt am deutlichsten, wie ein aus der antiken Mythologie stammender Stoff den Bedürfnissen von ›la cour et la ville‹ angepaßt wurde. Zugrunde liegt der Oper ALKESTIS, das früheste der erhalten gebliebenen Dramen des Euripides. Zeichnet sich dieses schon durch eine gewisse Zweideutigkeit aus: eine Kontrastfreude, die frühen Auslegern der reinen Sphäre des Tragischen in Richtung auf das Komische oder gar Burleske abhebend vorkam, so gilt dies auch in einer ganz bestimmten Weise für Lullys Musikdrama.

Die Grundkonstellation wird aus dem Mythos, der schon vor Euripides gestaltet worden war, übernommen: König Admetos ist dem Tode geweiht. Gott Apoll hat seine Schonung für den Fall erwirkt, daß ein anderer sich an seiner Stelle opfert. Admets alte Eltern lehnen das Opfer ab, aber seine junge Frau Alkestis erklärt sich dazu bereit. Doch nachdem sie gestorben ist, kämpft sie der Halbgott Herakles (Herkules) der Unterwelt wieder ab und gewinnt sie für Admetos zurück. Das dramaturgische Gefüge bei Euripides wird durch einen doppelten Rahmen bestimmt. Einmal spiegelt sich im Schicksal der Menschen ein Kampf der Götter: Apoll will dem Todesgott Thanatos sein Opfer ablisten. Zum anderen sind, konsequenterweise, die Schicksale der Menschen eher pseudo-tragisch als tragisch, da nur Teil eines größeres Spiels. Aus dem Grunde zeigt Euripides auch weniger psychologisch einzelne Verhaltensweisen, etwa der Ehepartner im Augenblick der Trennung. Vielmehr gestaltet er sozusagen in Vorwegnahme der Affektenlehre der italienischen Oper psychische Situationen. Daraus erklärt sich die Ambivalenz der Hauptfiguren: Alkestis empfindet mehr Trauer über den Abschied von ihren beiden Kindern als über den von ihrem Gatten; Admetos wiederum akzeptiert ihr Opfer zunächst bedenkenlos und verfällt erst danach dem Schmerz, als spiele er ein ihm abverlangtes Rollenverhalten durch.

Das Zusammenleben des wiedervereinten Paars ist denn auch Bearbeitern des Stoffs im 20. Jahrhundert unwahrscheinlich vorgekommen – sie lassen den glücklichen Ausgang allenfalls als Märchen gelten. Quinault hat aus dieser Ambivalenz seine eigenen Schlüsse gezogen. Aus der liebenden Mutter Alkestis macht er die junge Braut am Tag der Hochzeit; diese heimliche Erotisierung verstärkt er dadurch, daß Alkestis nicht nur von dem König Lykomedes begehrt und am Tag ihrer Hochzeit entführt wird (der darauf entbrennende Kampf ist, in Säkularisierung der mythischen Vorlage, Anlaß zur tödlichen Verwundung des

Admetos), sondern auch von Herakles geliebt wird. Dieser entschließt sich, sie der Unterwelt abzugewinnen, als er Admetos das Versprechen des Verzichts auf Alkestis abgerungen hat. Dieser Vorherrschaft des galanten Eros, unterstrichen durch die wankelmütige, ebenfalls von mehreren Männern begehrte Dienerin der Alkestis (Céphise), entspricht als Kontrast nicht nur die unerschütterliche Ehre der Alkestis, sondern auch der königliche Großmut des Herakles: von der Treue der Alkestis berührt, führt er sie verzichtend in die Arme des ihr anvertrauten Admetos zurück.

Emotionales Zentrum der Oper ist der Selbstmord der Alkestis in II,4 mit der folgenden Trauerfeier (›Pompe funèbre‹): eine Ausweitung der Lamento-Nummern der italienischen Oper zu einer ganzen Szenenfolge in vierzehn Abschnitten mit Soli, Chören und Orchesterritornellen. Die Einheitlichkeit der Abläufe schafft Lully durch die Todestonart c-moll (nur der Schlußchor moduliert nach Dur), wie auch in der Grabszene des AMADIS (III). Strukturbildend im Sinne eines europäischen Ausdrucks-Topos (wie ihn Purcell im Abschied seiner Dido benutzt) ist der im Intervallraum einer Quarte sich chromatisch bewegende Baß, den Lully im Gefangenenchor des AMADIS diatonisch über den Klangraum einer ganzen Oktave hinaus weitertreiben läßt. Die ALCESTE ist von allen Opern Lullys die abwechslungsreichste, auch die mit der stärksten Chorbeteiligung. In nicht weniger als vier oder fünf Szenenwechseln pro Akt werden starke Kontraste erzeugt. So wechseln etwa im zweiten Akt der Flirt zwischen Céphise und Straton mit der Wut des Lykomedes, dem Kampf um die entführte Alkestis, der Zeichnung des ebenso lächerlichen wie machtlosen Vaters des Admetos behend ab. Ebenso im dritten Akt Szenen von spöttischer Komik, bewegender Klage, lebendiger Freude, großer Ruhe und einer göttlichen Erscheinung. Diese schnelle Folge kontrastierender Szenen, von Quinault in flexible Verse gefaßt, hat Lully kaum minder flexibel in Musik gesetzt: mit Hilfe seiner jungen Kunst des Rezitativs. Zwar gibt es in ALCESTE 29 Arien, aber sie sind zumeist kurz und bis auf zwei Ausnahmen weder Alkestis noch Admetos gewidmet: das eigentliche Drama der Liebesbeziehung zwischen dem hohen Paar vollzieht sich im musikalischen Dialog. Trotz der musikalischen Vielfalt, zu der schon oben erwähnte Momente wie die zahlreichen Divertissements oder die komische Charon-Szene gehören, atmet diese Oper den Geist des französischen Sprechtheaters. In all ihrer auch optischen Opulenz, wie sie Lully kaum je übertraf, wendet sie sich musikalisch immer an ein Publikum,

ALCESTE

das rational durch eine Sinnvermittlung angesprochen wird. In dieser Beziehung begründete Lully mit der französischen Musiktragödie nicht nur eine Tradition, sondern auch einen Kult.

ARMIDE (›Tragédie lyrique‹ in einem Prolog und fünf Akten; L von Philippe Quinault; Paris 1686, WA konzertant Paris 1905; Florenz 1911, Genf 1939).

Die letzte Oper der Partner Quinault-Lully ist ihre vielleicht bündigste geworden. Im Vorwort schrieb der Komponist an die Adresse des Sonnenkönigs: »Auf Ihrer Majestät Geheiß habe ich daran geschafft mit Fleiß und Mühe. Ein gefährliches Siechtum, das mich überfiel, vermochte nicht, mich von dem Werk abzuhalten, und nur der Wunsch, es in der von Ihrer Majestät gesetzten Frist fertigzustellen, hat mich die Gefahr vergessen machen, der ich ausgesetzt war und die mich heftiger bedrängte als aller Schmerz und alle Pein«. Vielleicht ist es unangebracht, dem Werk so etwas wie eine Vorahnung des Komponisten zuzuschreiben, daß es seine letzte Oper werden könne. Aber die Konzentration Lullys auf das Wesentliche ist doch ein herausragender Zug der Komposition, als habe er seine Kräfte auf das eine Ziel noch einmal zusammengenommen. Der König selbst hat, gegen seine Gewohnheit, wenig Interesse für das Zustandekommen des Werks gezeigt. Auch er war von Krankheiten gequält und zudem immer stärker dem Einfluß der Madame de Maintenon ausgesetzt, der dieser Stoff mit seiner unverhohlenen Sinnlichkeit höchst unangenehm war. Daß die ARMIDE in der Pariser Akademie und nicht in Versailles herauskam, kann auch als Signum eines geschichtlichen Endzeitpunkts verstanden werden: So wird es von nun an die Regel sein, die Oper bleibt zwar vor der französischen Revolution ein Privileg der höchsten Gesellschaftsschichten, aber das Gleichgewicht verschiebt sich von ›la cour‹ immer mehr zu ›la ville‹. Und wie in einer Vorwegnahme des Individualismus der bürgerlichen Epoche stilisiert Lully durch die Kraft seiner Musik die Handlung um die Zauberin Armida zum Seelendrama einer Liebenden um. Das bleibt Lullys Vermächtnis an die Nachwelt.

Quinault entnahm den Stoff Tassos BEFREITEM JERUSALEM, besonders dem vierzehnten Gesang. Seine eigene Erfindung ist der dritte Akt, die Anrufung des personifizierten Hasses, und natürlich der Prolog: ein Wettstreit der allegorischen Figuren Ruhm und Weisheit, wer von ihnen den größten der Helden mehr liebt, den »Herrn über hundert verschiedene Völker, mehr noch: den Herrn seiner selbst. Kann man ihn kennen, ohne ihn zu lieben?« Dieser Herr aller Herren ist König Ludwig XIV. selbst. Aber sein Lob tönt uns nicht in hohem Pomp entgegen. Vielmehr hat Lully den auf jegliches Bühnenspektakel verzichtenden Prolog als doppelchörige Motette vertont, deren strenge Symmetriebildung im Dreivierteltakt etwas von der am Hof des Sonnenkönigs durch Madame de Maintenon eingeführten Sittenstrenge verrät. Die Legitimation der Herrschaft wird in der Beschwörung der Vergangenheit abgesichert, der ritterliche Held Renaud (Reinold) erweist sich als Vorläufer des Königs – und als appellatives Mahnbild: so, wie er seine Sinneslust für die Heidin Armida überwand, geziemt es auch einem Helden im Jahre 1686. Der Auftritt der Tänzer markiert im Prolog diese Verbindungslinie des Gestern mit dem Heute. Zu den Klängen von Menuett und Gavotte preisen Weisheit, Ruhm und ihr Gefolge die vorbildlichen Heldentaten, zwei Menuette, zu denen sich die Chöre verbinden, feiern die Vereinigung von Weisheit und Ruhm in einer Figur: das anschließende Schau-Spiel soll die Vergegenwärtigung der Taten von einst bewirken.

Das Drama entwickelt sich mit großer Planmäßigkeit. Armida hat mit ihrer zauberischen Schönheit das ganze Heer der Kreuzzügler bezirzt – nur Reinold nicht, den tapfersten der Christenritter. Lully zeichnet zu Beginn ein Porträt der Zauberin als ihrer Haßliebe Verfallene. In einer durchkomponierten Szene schildert sie ihren Gefährtinnen ihre Gefühlsrealität als Traumerzählung. Als Hidraot, König von Damaskus und Onkel der Zauberin, die gerade den Kreuzzüglern eine schwere Niederlage bereitet hat, von ihr verlangt, daß sie heirate, verkündet sie das Kriterium ihrer Wahl: ihr Zukünftiger muß Reinold besiegt haben. Die Haßliebe zu dem Fremden ist für sie also ein Mittel der Selbstfindung. Als kurz darauf bekannt wird, daß Reinold seine gefangenen Gefährten aus der Herrschaft der Sarazenen befreit hat, spitzt das Drama sich zur Tragödie zu. Ein Rachechor beschließt den ersten Akt. Im zweiten lernen wir den Ritter kennen: als Außenseiter. Wegen eines Totschlags ist er aus dem Lager der Christen verbannt und hat seine Rettungstat im Alleingang durchgeführt. Von seiner Tollkühnheit erhofft er die Wiederaufnahme bei den Kreuzrittern. Der Haß gegen seine Feinde soll ihm die Liebe der Gefährten erringen. Dramaturgisch spiegelbildlich erscheint Armida mit Hidraot und ruft die Geister des Hasses und der Wut in einem Maestoso-Ritornell mit scharfen Dissonanzen um Hilfe an. Dem von seinem Gefährten zurückgelassenen Reinold gaukelt Armida nun mit einer Zaubermusik eine Liebesinsel vor, die der

Ritter im Schlaf erlebt. Johann Sebastian Bach zitierte diese Schlummerarie in den Choreinschüben der Tenorarie *Ich will bei meinem Jesu wachen* in seiner MATTHÄUS-PASSION. Der unendliche, von gedämpften Streichern begleitete Achtelfluß in Reinolds Arie *Plus j'observe ces lieux et plus je les admire* (Je länger ich diesen Ort betrachte, desto mehr bewundere ich ihn) ist ein Musterbeispiel musikalischer Entrückung. In g-moll einsetzend, entwickelt sich der Gang der Harmonien weich über B-Dur, c-moll, d-moll und D-Dur in das befreiende G-Dur des Orchesternachspiels: Reinold ist eingeschlafen. Im anschließenden ›Entrée‹ der Tänzer findet sich der weiche Achtelfluß in seiner g-moll-Grundierung wieder: Außenwelt und Einbildung des Helden fallen utopisch versöhnt zusammen. Dann das Gegenbild: der Auftritt der auf Rache sinnenden Armida (*Enfin, il est en ma puissance* – Endlich ist er in meiner Macht). Im Buffonistenstreit verfiel die Szene 1752 dem Verdikt der Philosophen, Rousseau schrieb eine bittere Kritik, in der er Lullys Komponierweise vorwarf, sie verfehle das Außerordentliche des Augenblicks, sei unangemessen gleichförmig und dürftig. Diese Kritik ist allzu lange wörtlich verstanden worden, dabei zielte sie primär gegen das Politsystem: Ludwig XIV. als Auftraggeber der ARMIDE. Rousseaus Kritik galt weniger der Musik als Versailles, sie richtete sich gegen »die moralische, politische und auch poetische Ordnung, die ein früheres Jahrhundert in diesen Palast eingraviert hatte«. In seinen BEOBACHTUNGEN ÜBER UNSEREN MUSIKINSTINKT hat Rameau 1754 diese Kritik minuziös zurückgewiesen und Lullys differenzierte Harmonik, die auf jeden spektakulären Ausbruch aus der ›bienséance‹ verzichtet, als ein Mittel der Sublimation gepriesen. In der Tat kann Armida den gezückten Dolch nicht gegen ihn führen, sie verfällt dem von ihr selbst inszenierten Zauber und erkennt sich als Liebende. Aus Scham läßt sie sich – zusammen mit Reinold – von Dämonen ans Ende der Welt entführen.

In einer Wüstenei vertieft sich der Konflikt zum Seelendrama Armidas: eine von knappen Einwürfen ihrer Gefährtinnen unterbrochene Arienfolge, zwischen Dur und Moll schwankend. Mit einer heftigen Wendung nach D-Dur entschließt sich die Zauberin, den Haß und die Mächte der Unterwelt um Beistand anzurufen. Sie tauchen auf: ein Ensemble von tiefem Tenor als Haß, von Alt, Tenor und Bariton als Unterweltgeistern. Nach einem Höllentanz erscheint der Haß erneut und will mit einem Zauberspruch die Liebe aus Armidas Herz vertreiben. Doch sie bäumt sich dagegen auf. Da verstoßen die Dämonen die Zauberin in düsterem d-moll aus dem Chor der Höllengeister. Als Intermezzo folgt dem großartig geschlossenen dritten Akt der vierte als Suche zweier Ritter nach Reinold. Der Schlußakt beginnt mit einer Idylle: Reinold und Armida sind, mit Blumengirlanden im Schloß der Zauberin vereint, ein Liebespaar geworden. Doch schon das dunkle c-moll-Vorspiel verheißt nichts Gutes, der Zwiegesang der Liebenden geht in eine große Passacaglia für Solo, Chor und Orchester über. Armida hat sie sozusagen inszeniert, um den von ihr für eine Zeitlang allein zurückgelassenen Geliebten zu trösten. Die Unerbittlichkeit der Festmusik im Dreivierteltakt verkündet eine andere Wahrheit als die vom Chor beschworene des Liebesglücks: die Ritter finden Reinold, halten ihm den diamantenen Schild Gottfrieds von Bouillon entgegen, in dem der Held sich als liebendes Blumenkind erkennt. Doch er bekennt sich nicht zu seiner anderen Zugehörigkeit, in dürren Worten reißt er sich von der zurückgekehrten Armida los. Ein Orchestervorspiel mit heftigen Dissonanzen leitet das Finale ein und strukturiert Armidas g-moll-Abschiedsszene. Die löst sich allmählich in ihrer Form auf zu immer knapperen Partikeln: die Worte nehmen der Zauberin den Atem. Nach kurzem Orchesterzwischenspiel ruft sie die Dämonen mit der Bitte um Zerstörung an. In einem wild rhythmisierten Allegro entführen die Dämonen Armida auf ihrem Zauberwagen durch die Lüfte. Der Palast stürzt ein – und mit ihm eine Vision der Versöhnung zwischen Morgen- und Abendland.

LULLYS NACHFOLGER

Die geschichtliche Bedeutung Lullys wurde von den Nachgeborenen zwar in ihrer zentralen Ausstrahlungskraft für Frankreichs frühe Oper erkannt, in ihrem Stellenwert für das europäische Musiktheater aber ist sie – vor allem im deutschen Kulturbereich – meist unterschätzt worden. Lully sah ein, daß in Frankreich die leichte Reizentfaltung der venezianischen Opernschule wenig Chancen hatte. Vielleicht begriff er gerade aufgrund seiner italienischen Herkunft die Notwendigkeit, den Text neben der Musik und den szenischen Momenten zum gleichberechtigten Bestandteil des Musikdramas zu erheben. So begründete er paradoxerweise die französische Oper, indem er auf die ästhetischen Forderungen der Florentiner ›Camerata‹ zurückging.

Es mag sein, daß Lully in Frankreich nach seinem plötzlichen Tod kanonisiert worden ist, vor allem in Jean-Laurent Lecerf de la Viévilles 1725 erschienener COMPARAISON DE LA MUSIQUE ITALIENNE ET DE LA MUSIQUE FRANÇAISE, dem pro-französischen Gegenstück von François Raguenets Vergleich zwischen der französischen und der italienischen Musik aus dem Jahre 1702. Die überragende Bedeutung Lullys für das Opernschaffen unter Ludwig XIV. und noch während der nach dessen Tod im Jahre 1715 für seinen damals fünfjährigen Nachfolger geführten Regentschaft (›Régence‹) des Herzogs Philipp II. von Orléans erklärt sich aber auch durch die nun langsam einsetzende Dezentralisierung des französischen Theaters. Schon zu Lullys Lebzeiten waren honorarpflichtige Auflassungen seines Opernprivilegs nach Marseille und Bordeaux vergeben worden. Später kam parallel zur schwindenden Bedeutung des vom Sonnenkönig stellvertretend für das Reich überschuldet hinterlassenen Hofs die Praxis der ›Fêtes galantes‹ an den Höfen zumal libertiner Adeliger hinzu. Diese Auflockerung der strengen Opernform Lullys schlug auf die Produktionen der ›Académie Royale‹ selbst zurück. In ihr bürgerte sich allmählich die auch schon von Lully realisierte Form der Ballett-Oper (›Opéra-ballet‹) als Norm ein. Das erste Erfolgsstück dieses Genres nach Lullys Tod war L'EUROPE GALANTE (1697) von André Campra (1660–1744). Mit seinem TANCRÈDE (1702), seiner dritten ›Tragédie lyrique‹, nahm Campra noch einmal Lullys Form des Musikdramas auf, wobei er das aus Tassos BEFREITEM JERUSALEM bekannte Liebesduell zwischen dem Kreuzritter Tankred und der sarazenischen Prinzessin Clorinda durch die Einführung eines Magiers offenkundig an Lullys ARMIDE anknüpfen ließ: auch in der von Dissonanzen durchsetzten Harmonik schimmert das Vorbild durch. Lullys Ansätze zu lautmalerischen Naturklängen werden nun bis hin zu programmatischen Gewittermusiken verselbständigt: zunächst in Campras HÉSIONE (1700), am spektakulärsten in ALCIONE (1706) von Marain Marais (1656–1728). Zum größten Erfolgsstück zwischen Lully und Rameau wurde Campras Ballett-Oper LES FÊTES VÉNITIENNES (1710), die den stilweisenden Rang der Pariser Opéra auch in diesem leichteren Genre nachdrücklich unter Beweis stellte. Noch im Uraufführungsjahr folgte die Drucklegung: nach der Fassung der 51. (!) Aufführung.

MARC-ANTOINE CHARPENTIER (um 1634–1704)

Zu den Momenten einer Lockerung der Lullyschen Strenge in den ›Tragédies lyriques‹ ist auch das Wiederaufleben italienischer Einflüsse zu rechnen. Haben sie etwa in LE CARNAVAL ET LA FOLIE (1704) des Campra-Schülers André-Cardinal Destouches (1672–1749) eine parodistische Ausrichtung, so trug Marc-Antoine Charpentier die Früchte seines Studiums bei Giacomo Carissimi ernsthaft vor. Das bezieht sich sowohl auf seine MÉDÉE, mit der er erstmals eine Produktion in der Akademie hatte, als auch auf seine geistliche Tragödie von DAVID UND JONATHAN, die ein Jahr nach Lullys Tod im Jesuitenkolleg Louis-le-Grand herauskam, wo Charpentier seit 1684 als Musiklehrer beschäftigt war.

DAVID ET JONATHAS (›Tragédie en musique‹ in einem Prolog und fünf Akten; *L* von Père Bretonneau; Paris 1688; *WA* Lyon 1981).

Charpentier war mit seiner Begabung einer der wenigen ernsthaften Konkurrenten Lullys und wurde deshalb von diesem mit Eifer von der Akademie ferngehalten. Da er sich auf die Sakralmusik warf und sich erst nach vorsichtigen Ansätzen an das Musiktheater wagte, ist sein DAVID UND JONATHAN symbolisch zu datieren: erst nach Lullys Tod kam Charpentiers Oper auf die Bühne. Aber nicht in der Akademie, sondern in einer Schule als geistliches Drama; kein Wunder, daß Lecerf sie als eine Oper nur dem Namen nach bezeichnete, die vor Moral und Frömmigkeit triefe. Davon kann im Ernst keine Rede sein, da Charpentier eine der profundesten und interessantesten Opern zwischen Lully und Rameau geschrieben hat. Das vom Jesuitenpater Bretonneau als Ergänzung zu einem gesprochenen Jesuitendrama verfaßte Libretto gestaltet die aus dem ersten Buch Samuels überlieferte Geschichte des israelitischen Königs Saul, der in einen Konflikt mit dem Priester Samuel geriet und sich in zunehmendem Wahn von dem zu seinem Nachfolger bestimmten David verfolgt glaubte. Die Verwirrung des Königs zwischen seinen Pflichten gegenüber Gott und den Menschen wurde dadurch vertieft, daß sein ältester Sohn Jonathan mit David intim befreundet war. Dieser wiederum lebte, ehe er für Israel den Riesen Goliath besiegte, bei den Philistern. Für sie schlug er, mit seinem eigenen Volk im Konflikt, das Volk Amalek, während Saul gegen die Philister ins Feld zog. In dem Kampf verlor er seinen Sohn Jonathan und stürzte sich ins Messer. Daraufhin wurde David zum König Israels gesalbt.

Schon die Ouvertüre beginnt mit einer Überraschung, da Charpentier den von Lully eingeführten Typus variiert. Der üblicherweise langsame homophone Anfangsteil ist recht bewegt, und das folgende Fugato ist zu einer richtigen vierstimmigen Fuge in g-moll verdichtet, als solle von vornherein die Verstrickung der Menschen zum Ausdruck gebracht werden. Die Bühnenhandlung selber beginnt keineswegs mit dem eingeführten Prolog zur höheren Ehre des Herrschers, sondern geht – wie erst wieder 1749 in Rameaus ZOROASTRE – gleich medias in res. Bei der Hexe von Endor fragt der verkleidete König in einem Scheinprolog nach seinem Schicksal und erfährt von dem schließlich erscheinenden Samuel, daß er Sohn, Krone und Leben verlieren wird: ein beeindruckendes, vierstimmig gesetztes Klanggemälde, das von den Liegeharmonien der Baßviolen beherrscht wird. Im Lager der Philister erleben wir dann die Feier anläßlich des Sieges über die Amalekiter mit vielschichtig und – im Vergleich mit Lully – geradezu polyphon gearbeiteten Chören, aus denen ein homophones Schäferterzett herausfällt, das ganz ätherisch um weniger Kampf und Ruhm, dafür um mehr Glück bittet. Allmählich entpuppt sich der biblische Konflikt als eine für das Uraufführungsjahr 1688 aktuelle Diskussion über die Legitimation von Macht. Die Analogie, die in Lullys Prologen etwas gewaltsam mit der Gegenwart gezogen wird, läuft hier als ein interlinearer Kommentar mit. In David und Saul spiegelt sich erstaunlicherweise die Haßliebe des Prinzen Eugen von Savoyen zu Ludwig XIV., von dem er abgewiesen wurde, worauf er sich für Habsburg in einen Stellvertreterkrieg stürzte. So wie David gegen Amalek ins Feld zog, besiegte Prinz Eugen die Türken; das Bindeglied zum König ist in dieser historischen Analogie der Prinz de Conti, Eugens Freund und damit Davids Freund Jonathan. Das wiederum legt den Gedanken nahe, daß sich in Charpentiers Jesuitenstück auch ein Lob der homoerotischen Männerfreundschaft verbirgt (der König hatte das zunehmend homoerotische Gebaren Lullys streng getadelt).

POLITISCHE ANALOGIEN

Hinter der politischen Analogie steckt eine andere: der Legitimationsstreit zwischen Papst Innozenz XI. und Ludwig XIV., der beim Aufbau der ihm ergebenen gallischen Kirche in jenem Jahr 1688 die Jesuiten als gefährliche Papstmacht aus Rom abzog und ihrem von Innozenz bestelltem General die Anerkennung verweigerte, was wiederum zur geheimen Exkommunikation des Königs führte. Die Ächtung des Königs (Saul) und die Verherrlichung des von Gott bestellten wahren Herrschers (David = Innozenz) unter Opferung des verbindenden Glieds (Jonathan wäre in dieser Gleichung der Jesuitengeneral): das war schon ein rabulistisches Kunststück, ein höchst subtiler Kommentar zur Politik mittels Kunst.

In DAVID ET JONATHAS haben wir es also nicht mit einem vordergründigen Barockspektakel oder einer klassizistisch organisierten Tragödie zu tun, wo der Prolog die verordnete Lesart verkündet. Eher handelt es sich um ein Stück geheimer Opposition, geschrieben in der Pariser Höhle des Löwen. Aber was dazu reizt, sich auf die Oper heute einzulassen, ist weniger ihr Potential an historischen Querverbindungen als die Qualität der Musik selbst. Im Gegensatz zu Lullys Note-pro-Silbe-Stil hat Charpentier einen verfugten Satz mit chromatischen

Kühnheiten geschrieben, mit häufigen Seufzersynkopen und pausen-durchsetzten Melodieverläufen. Daraus entsteht weit mehr als ein – gar gegenreformatorisches – Jesuitendrama für den Schulgebrauch: näm-lich ein Werk, das von Menschen handelt, ihren schwierigen, ja unlös-bar problematischen Beziehungen zueinander. Das Maß an psychologi-scher Feinzeichnung erstaunt immer wieder, etwa im Duett der beiden Protagonisten (IV,2) *Vous me fuyez*. Wie Charpentier da zwischen dem Rezitativ ›ordinaire‹ und ›obligé‹ schwerelos wechselt (das ist italieni-scher Stil und nicht französischer!), wie das bescheidene Instrumenta-rium von zwei Blockflöten, Laute, Baßgambe und Streicherchor die ebenso flüchtige wie innige Gefühlseinheit zweier Menschen be-schreibt, wie David schließlich mit der traurigen Geste des Voraus-schauenden sein knappes Abschiedslamento singt: das kommt einem Ideal kammermusikalischer Opernkunst bewegend nahe. Auf dem Weg zwischen Lully und Rameau hat die ›Tragédie lyrique‹ mit DAVID UND JONATHAN ihre ›Pièce de résistance‹: ein Meisterwerk der verinner-lichten Querständigkeit zur Hauptlinie des königlichen Musikdramas.

MÉDÉE (Medea. ›Tragédie mise en musique‹ in einem Prolog und fünf Akten; *L* von Thomas Corneille; Paris 1693; *WA* Lyon 1984).

Das einzige erhaltene weltliche Bühnenwerk Charpentiers, DAVID ET JONATHAS gehört ins Genre der ›Opéra-sacré‹, erfuhr gemäß dem Bericht des ›Mercure de France‹ eine sehr erfolgreiche Uraufführung im Dezember 1693. Marthe Le Rochois, die schon viele Protagonistin-nen Lullys gesungen hatte, verströmte viel »Wärme, Feinheit und In-telligenz«, und im Werk selbst fanden »die echten Kenner viele bewun-derungswürdige Stellen«. In dieses Urteil schloß der Chronist des ›Mercure‹ den König als Widmungsträger selbst ein. Als er das 1694 im Druck erschienene Werk erhielt, soll er die Überzeugung geäußert ha-ben, »daß Charpentier ein fähiger Mann ist und daß er wüßte, wie viele schöne Stellen seine Oper enthielt«. Der Komponist und Musik-schriftsteller Sébastien de Brossard nahm Charpentier in sein erstmals 1703 erschienenes DICTIONNAIRE DE MUSIQUE auf und schrieb über die Oper: »Sie ist ohne Widerspruch die gekonnteste und ausgesuchteste unter allen gedruckten, zumindest seit dem Tode von Monsieur de Lully, obwohl sie durch die Intrigen der Neider und Ignoranten beim Publikum nicht so gut angekommen ist, wie sie es verdient hätte.« In der Tat fiel das Echo auf MÉDÉE insgesamt negativ aus. So bezeichnete Le-cerf de la Viéville sie 1704 in seiner COMPARAISON als ein wahres Greuel

der Umsetzung französischer Sprache in Musik: als »rauh, trocken und
übertrieben gekünstelt«.

Dieses Urteil muß von der Mehrheit des zeitgenössischen Publikums geteilt worden sein. Zumindest hat das Werk nach einer Aufführung 1711 in Lille keine weitere Produktion gefunden. Erst der texani-
sche Theatermacher Robert Wilson, der bis dahin nur eigene Werke
inszeniert hatte, brachte MÉDÉE Ende 1984 in Lyon erstmals wieder
heraus (eine konzertante Aufführung war in gänzlich anderer Besetzung
im gleichen Jahr in Paris vorangegangen). Der Grund für die weitgehende Ablehnung der Oper durch das zeitgenössische französische Publikum läßt sich heute noch nachvollziehen: dazu genügt allein die Ouvertüre. Sie scheint im Stil von Lullys Ouvertürentypus, der unter der
Bezeichnung der französischen Ouvertüre in die Musikgeschichte eingegangen ist, geschrieben zu sein: mit doppelt punktiertem Rhythmus
im ersten Teil, mit fugierter Stimmenführung im zweiten. Aber der Anfangsteil ist weniger gemessen als von Lully gewohnt, und das Fugato
entwickelt keinerlei kontrapunktischen Ehrgeiz. Es weicht auch schnell
einer variierten Wiederaufnahme des Anfangsteils. Charpentier ver-
mischte also die zweiteilige Form der französischen Ouvertüre mit der
dreiteiligen der italienischen Oper. Man darf darin Auswirkungen seiner Studien bei Giacomo Carissimi in Rom sehen, und eben die machten ihn manchem ›Lullisten‹ sozusagen politisch verdächtig.

Dieser grenzüberschreitende Zug in Charpentiers MÉDÉE läßt
sich, ähnlich wie in seiner biblischen Oper über David und Jonathan,
auch geschichtlich deuten als Übergang von der mehr schematischen
Kunst eines Lully zu der ungleich reicheren eines Rameau. So ist die
Partitur der Oper, wiewohl diese fast ohne Blechbläser im Stimmensatz
auskommt, ein Meisterwerk der Kolorierung. Dem vor allem in den
Mittelstimmen genau ausgehörten Satz entspringt ein immer stärker
werdender rhythmischer Impuls, der besonders Medea glänzend charakterisiert. Zwar hat Thomas Corneille den vor allem durch Euripides
in die Literatur eingebrachten Stoff nicht ungeschickt zu einem Libretto verarbeitet, lebensfähig aber ist die Oper heute vor allem durch
ihre Musik. Sie unterzieht die Handlung einer inneren Steigerungsdramaturgie. Jason, der die ihm vermählte Medea und die beiden Kinder
verläßt, weil er Kreusa, die Tochter des korinthischen Königs Kreon
heiraten will, wird als schwächlich hoher Tenor gezeichnet. So entwik-
kelt sich die Tragödie, da auch Kreusa von Charpentier als Nebenfigur
behandelt wird, allmählich in der Beziehung zwischen Medea und

Kreon. Sie bringt ihn, der sie des Landes verweisen will, zum Selbstmord und tötet Kreusa mit dem Gifthemd, nachdem sie ihre eigenen Kinder umgebracht hat. Die Wahnsinnsszene des Kreon und die Beschwörung der Unterwelt durch Medea, die von den Dämonen Beistand erfleht, sind die Höhepunkte der Partitur. In Begleitung der Dämonen erscheinen außerdem die allegorischen Figuren Eifersucht und Rache, die als dramaturgisches Pendant zu den ebenfalls allegorischen Figuren des Siegs und des Ruhms im Prolog fungieren. In dreimaligem rituellem Ansatz beginnt Medea ihre Invokation, in der sich ein daktylischer Rhythmus immer schärfer ausformt und die Szene mit rein musikalischen Mitteln dramatisch steigert. Das ist ein unüberhörbarer Widerhall aus Carissimis Kampfszenen in dessen biblischen Oratorien. Nicht minder erregend Kreons Wahnsinnsszene *Noires divinités* (Schwarze Götter, was wollt ihr von mir?). Hier verzichtet Charpentier auf den Einsatz der hohen Instrumente und teilt die tiefen Streicher auf, sozusagen den Abgrund aufreißend, in den der Herrscher als Opfer von Medeas Zauberkünsten versinkt. Aber auch die zahlreichen ›Entrées‹ und Divertissements weisen Charpentier als Meister seines Fachs aus, und der Einfall, im Divertissement des ersten Akts den vierstimmigen Chor der Korinther (*Courez au champs de Mars* – lauft zum Marsfeld) hinter der Szene beginnen zu lassen und ihm den dreistimmigen der Argonauten gegenüberzustellen, ist ein ›Coup de théâtre‹ mit rein musikalischen Mitteln. Erstaunlich auch, wie Charpentier über die dramaturgisch geschickte Einführung einer kriegerischen Nebenhandlung der Kollektive hinaus das Drama der rächenden Furie, die am Ende mit ihrem Sonnenwagen von der Erde abhebt, mit rein musikalisch-psychologisierenden Kunstgriffen eingefangen hat.

JEAN-PHILIPPE RAMEAU (1683–1764)

Erst mit fünfzig Jahren brachte der in Dijon als Sohn eines Domorganisten geborene Rameau eine Oper heraus. Als HIPPOLYTE ET ARICIE am 1. Oktober 1733 uraufgeführt wurde, meinte André Campra gegenüber dem Prince de Conti: »Mein Gott, in dieser Oper steckt genug Musik, um zehn daraus zu machen; der Mann wird uns alle auslöschen.« Aber schon drei Jahrzehnte später beschrieb ihn der Philosoph Denis Diderot in der Einleitung zu seinem gerade in Angriff genommenen Dialog LE NEVEU DE RAMEAU (von Goethe kongenial in RAMEAUS NEFFE übersetzt) als einen »Autor, der in Gefahr steht, seinen Ruhm zu überleben«. Daß Rameau ein Jahr später starb, bestätigte Diderots

Verdacht in der scheinbaren Widerlegung nur mit der unbarmherzigen Ironie der Geschichte – die Nationaltrauer kaschierte das so wenig wie die offiziellen Elogen damals berühmter Dichter. Der Zeitpunkt des Umschlags von der umstrittenen Bewunderung zur Konstatierung des Sachverhalts, daß Rameau sich überlebt habe, läßt sich ziemlich genau auf jenes Jahr 1752 datieren, als der sogenannte ›Buffonistenstreit‹ in Frankreich die öffentliche Opern-Meinung spaltete. Jean-Jacques Rousseaus berühmt-berüchtigter BRIEF ÜBER DIE FRANZÖSISCHE MUSIK von 1753 war, zugunsten der italienischen Opern-Komödianten verfaßt, so etwas wie ein Verdammungsurteil für den nun ›altmodisch‹ gewordenen Rameau. Es dauerte zwar noch bis 1785, daß seine Werke von der Bühne verschwanden, dann aber war er für mehr als ein Jahrhundert so gut wie vergessen. Der Beginn der von Saint-Saëns verantworteten Gesamtausgabe von 1895 war der erste große Impuls zu seiner Rehabilitierung (obwohl das Projekt unvollendet blieb), und seit Rameaus 200. Geburtstag im Jahre 1964 erfolgt eine Wiederbelebung seines Werks – langsam auch über die französische Sprachgrenze hinaus.

Vom Beginn seiner Bühnenkarriere im Jahre 1733 an (es folgten weitere vier Musikdramen neben Opernballetten und heroischen Balletten) war Rameau umstritten. Das aus heutiger Perspektive gebotene Urteil, er habe den Lullyschen Typus der ›Tragédie lyrique‹ vollendet, spaltete die Zeitgenossen in die Partei der Lullisten und der Ramisten. Was den einen als Verlust erschien: die Verarmung literarischer Substanz, kam den anderen als Gewinn einer reicheren musikalischen Faktur vor. Läßt man heute den Parteienstreit von damals Revue passieren, drängt sich allerdings auch der Eindruck auf, daß es sich um eine Art Stellvertreterkrieg gehandelt hat, in dem Lullisten und Ramisten sich in der Hoffnung bekämpften, dadurch dem gemeinsamen Feind das Interesse der Öffentlichkeit zu beschneiden: dem italienischen Theater. Die strenge Typisierung der ›Tragédie lyrique‹, ihre hohe Stillage (als Erbe der sie tragenden Gesellschaftsschicht von ›la cour et la ville‹), waren spätestens 1716 ins Wanken geraten, als die italienischen Komödianten nach Paris zurückkehren durften und mit der Truppe um Luigi und Flaminia Riccoboni das Publikum in der Stegreifkomödie L'HEUREUSE SURPRISE (Die glückliche Überraschung) entzückten. Riccoboni, der sich Lélio nannte, gelang nichts weniger als eine Art Burgfrieden mit der offiziellen Sprechtheaterform der ›Comédie-Française‹ und dem Jahrmarkttheater, dem ›Théâtre de la foire‹. Daraus entsprang eine Verringerung des spezifischen Theatergewichts, wie sie in den Komödien des Pierre Carlet de Chamblain de Marivaux ihren Gipfel fand. In seinen Dialogkomödien wie in den Landschaften eines Watteau findet so etwas wie die Geburt der Kunstmythologie der ›Régence‹ statt. Nicht mehr Götter und Helden bevölkern die Szenen, sondern Amoretten und verkleidete Schäfer. Aber wir sehen und hören kein Arkadien mehr, nicht den Abglanz eines goldenen Zeitalters, sondern eine in die Zeitlosigkeit verzauberte Gegenwart. Diese Ästhetik des Augenblicks benennt den hohen Stand der Figuren gerade durch die Maskerade: ein Verschweigen der Identität, die sich den Spielern Marivaux' oft unbewußt entzieht. Nur so ist die Selbstdeutung des Dichters zu verstehen: »In meinen Stücken geht es bald um eine Liebe, von der beide Liebenden nichts wissen, bald um eine Liebe, die sie empfinden, aber voreinander verstecken wollen, bald um eine schüchterne Liebe, die sich nicht zu erklären wagt, mitunter schließlich um eine ungewisse, gleichsam noch unentschiedene Liebe, eine erst halb geborene, wenn man so will, über die sich die Liebenden nicht ganz im klaren sind und an der sie darum zweifeln, die sie vorsichtig einander abzulauschen versuchen, ehe sie sich von ihrem Erfolg überwältigen lassen.«

Diese Beschreibung umreißt den Kunststil der ›Régence‹ in der Form jener ›Fêtes galantes‹, die Watteau wie kein anderer Maler seiner Zeit ins Bild gebannt hat: als Transformierung eines realen Raums für die Dauer eines Tanzes, eines Beisammenseins. Vor dieser Wirklichkeitsfiktion einer verfeinerten Bild- und Sprachkraft, in der Mythos und Leben sich zum galanten Fest vereinen, wirken Rameaus Dramen, zumindest textlich, wie klobige Nachfahren jener unerbittlichen Spannung zwischen Liebe und Ehre, die bei Corneille und Racine, bei Quinault und Lully das Spezifikum eines klassizistischen Barock geprägt hatte. Gegenüber der um 1720 sich herausbildenden neuen Sensibilität mußte Rameau wie ein altmodischer Pathetiker erscheinen, und eben das hat Diderot in seinem Dialog unter Bezug auf den aus Florenz stammenden Lully formuliert: »Nachdem er den Florentiner begraben hat, wird er von den italienischen Virtuosen begraben werden; das hat er geahnt, und das hat ihn finster, mürrisch, bitter gemacht; denn niemand hat so schlechte Laune, selbst eine schöne Frau nicht, die beim Aufstehen einen Pickel auf der Nase entdeckt, wie ein Autor, der in Gefahr steht, seinen Ruhm zu überleben.«

Die Verfinsterung Rameaus angesichts der ihm überall entgegenschlagenden Binsenweisheit, er habe sich zu Lebzeiten überholt, ist nicht nur aus dem Wechsel der Theatermode zu erklären. Was Rameau bei vielen Zeitgenossen Ärgernis erregen ließ, war weniger die Tatsache, daß seine Musik mit der von Rousseau und anderen bevorzugten leichten ›Italianità‹ kollidierte, als die Beharrlichkeit, mit der er auf der methodischen Richtigkeit seines musikalischen Diskurses beharrte. In der Beziehung fand er auch Parteigänger, etwa den Philosophen d'Alembert, der 1751 in seinem berühmten Vorwort zur ENZYKLOPÄDIE den Komponisten in den Rang eines Aufklärers erhob: »Indem Rameau die Ausübung seiner Kunst auf diesen hohen Grad der Vollkommenheit brachte, wurde er gleichermaßen zum Vorbild wie zum Gegenstand der Eifersucht für eine große Anzahl von Künstlern, die ihn verteufeln und sich gleichzeitig bemühen, ihn nachzuahmen. Was ihn jedoch besonders auszeichnet, ist, daß er mit großem Erfolg über die Theorie eben dieser Kunst nachgedacht hat, daß er im Grundbaß das Prinzip von Harmonie und Melodie zu finden wußte und dadurch diese Wissenschaft auf sichere und einfache Gesetze zurückgeführt hat, während sie vor ihm Regeln preisgegeben war, die willkürlich oder von einer blinden Erfahrung diktiert waren. Ich ergreife mit Eifer die Gelegenheit, diesen Künstlerphilosophen in einer Abhandlung zu feiern, die vorzugsweise dem Lob großer Männer gewidmet ist.«

RAMEAUS HARMONIELEHRE

D'Alembert ging in seinem Lob Rameaus so weit zu behaupten:»Die Musik, die in ihren Anfängen vielleicht dazu bestimmt war, kaum mehr als Geräusch darzustellen, ist ganz allmählich zu einer Art Diskurs, ja zu einer Sprache geworden, in der man die verschiedenen Gefühle der Seele oder seine unterschiedlichen Leidenschaften ausdrückt.« Rameau, der (wie sein Vater) als Organist seine musikalische Laufbahn begonnen und als Komponist von Cembalostücken auf eine beachtliche Höhe getrieben hatte, war 1722 erstmals mit seinem TRAITÉ DE L'HARMONIE réduite à ses principes naturels als Theoretiker in Erscheinung getreten. Dieser Traktat über die auf ihre natürlichen Grundlagen zurückgeführte Harmonik, durch spätere Untersuchungen vertieft (in denen er die schon 1701 veröffentlichten Obertonversuche Joseph Saveurs verarbeitete), war gleichermaßen geprägt von richtigen Einsichten wie von zahlreichen Widersprüchen und fragwürdigen Analogieschlüssen. Für Rameau war die Musik, nicht unähnlich den harmonikalen Weltvorstellungen der Pythagoräer, eine Art riesiger Grundbaß in Quinten und Quarten (manchmal auch in abwärts laufenden Terzen), über dem sich – wie in einer Chaconne – die Oberstimme als Abfolge von Variationen erhebt. Der Grundbaß ist um einen Zentralton geordnet, aber dieser Modus kann wechseln. Nach diesem Modell ist ein Modus (also, was wir Tonart nennen) aus drei übereinandergeschachtelten Quinten konstituiert, die mit großen Terzen (= Dur) oder kleinen (= Moll) aufgefüllt werden. Der Grundbaß ist nicht eigentlich zu hören, sondern erweckt im Hörer die Vorstellung des 4., 5. oder 6. Obertons und deren Oktaven bei jedem gespielten Ton. Daraus leitete Rameau die Umkehrbarkeit der Akkorde ab und begründete in dieser Überwindung des Generalbaßprinzips die bis zu Schönberg gültige Funktionsharmonik.

DER BUFFONISTENSTREIT

Rameau war konsequent: aus seiner Einsicht in die Struktur der Akkorde folgerte er, auch die Melodie gehe aus der Harmonie hervor. Hört man die enharmonischen Verwechslungen in seinem Stück L'ENHARMONIQUE aus dem dritten, 1728 erschienenen Band der Cembalowerke, wo unvermittelt aus d-moll f-moll wird, dann kann man schon nachvollziehen, daß seine Zeitgenossen nicht wußten, wo in Rameaus Musik Oben und Unten war; was sie mit Sicherheit daraus schließen konnten, war die Rückstufung des melodischen Einfalls in das zweite Glied: und damit die Kampfansage an billige Volkstümlichkeit. Aus diesem Grund geriet er in einen ideologischen Gegensatz zu den aufklärerischen Enzyklopädisten. Auch d'Alembert reihte sich schließlich in die Schar seiner Gegner ein. Das war die Folge von einem auf Verbitterung zurückgehenden Fehlverhalten des Komponisten. Über alle persönlichen Animositäten hinaus war er für die Enzyklopädisten methodisch anfechtbar. Rameau stützte sich ausschließlich auf das mechanistische Welterklärungsmodell, das Descartes in seinem DISCOURS DE LA MÉTHODE (Abhandlung über die Methode, seine Vernunft richtig zu leiten und die Wahrheit in den Wissenschaften zu suchen) 1637 (anonym) veröffentlicht hatte, und machte sich damit derselben Sünde wie sein Vorbild schuldig, aufgrund von vorschnellen Schlüssen eine Wissenschaft auf Gesetzen zu begründen, »die Gott solcherart in der Natur errichtet und deren Erkenntnis er derart in unsere Seelen eingeprägt hat, daß, wenn wir genügend darüber nachgedacht haben, wir nicht daran zweifeln können, daß sie in allem, was in der Welt ist und geschieht, genau befolgt werden« (DISCOURS V). Der Glaube an die eigene Wissenschaftlichkeit (heute erscheint Rameaus Basis: die Ableitung der Musik aus einer mechanistischen Physik, als Schwachpunkt seiner Harmonielehre) ließ den Komponisten in der Tagesauseinandersetzung versteinern, und seine Unbeugsamkeit machte ihn immer einsamer im Alter. Das erklärt aber mitnichten den Widerspruch, daß nach den Gastspielen einer italienischen Operntruppe mit verschiedenen ›Opere buffe‹ in den Jahren 1752/54, darunter Pergolesis Meisterwerk LA SERVA PADRONA, gerade die Enzyklopädisten gegen Rameau Stellung bezogen. Eigentlich hätten sie, in Fortführung des zum Jahrhundertbeginn in Raguenets PARALLÈLE und Le Cerf de La Viévilles Antwort COMPARAISON ausgetragenen Gefechts über die Vorzüge der italienischen und französischen Musik, Partei für Rameau ergreifen müssen. Aber Rousseaus Versuch, 1752 in LE DEVIN DU VILLAGE (Der Dorfwahrsager) die italienische ›Buffa‹ ins Französische zu übertragen, und der scharfe Angriff in seiner LETTRE SUR LA MUSIQUE FRANÇAISE (1753) legen den Gedanken nahe, daß es nicht nur um Fragen des musikalischen Nationalstils ging. Was die Enzyklopädisten in der ›Querelle des bouffons‹ gegen Rameau aufbrachte, war im besonderen dessen ihnen als unerwünschte Kompetenzüberschreitung vorkommender Anspruch auf Wissenschaftlichkeit, im allgemeinen die Stellung der ›Tragédie lyrique‹ im gesellschaftspolitischen Spannungsfeld der Zeit.

Rameaus Musikdramen waren (wie seine Tanzopern) letztlich dem höfischen Stilideal Lullys verpflichtet geblieben. Der – wenngleich noch so stilisierte – Gegenwartsbezug in den ›Fêtes galantes‹ eines Marivaux erschien den Enzyklopädisten viel eher mit den Gesetzen einer Naturnachahmung in der Kunst versöhnbar als Rameaus kanonische Kunst des musikalischen Diskurses – und eben diesen Realitätsbezug entdeckte Rousseau in der SERVA PADRONA. Der Streit drehte sich um die Alternative: Königliche Hofoper oder Bürgerliches Singspiel; daß eins französischer Herkunft, das andere italienischer Provenienz war, hatte nur nebensächliche Bedeutung. In Wirklichkeit ging es um die gesellschaftliche Zuordnung der einzelnen Gattungen, und d'Alembert hat das scharf gesehen: »Einige Leute halten Buffonist und Republikaner, Frondeur und Atheist für identisch«. Man tut ihm keinen Tort an, wenn man den Halbsatz fortführt: Und andere halten Rameau-Anhänger und Royalist, Obrigkeitsdiener und Frömmler für identisch. Für die tendenzielle Richtigkeit dieses Halbsatzes läßt sich immerhin die Tatsache bemühen, daß die italienische Komödiantengruppe 1754 auf königliches Geheiß Paris verlassen mußte. Waren 1697 die italienischen Stegreifspieler nach einer privaten Intrige und aufgrund eines Konkurrenzkampfes außer Landes verwiesen worden, so dieses Mal aus politideologischen Gründen: diese Volkskunst war im vorrevolutionären Paris der Obrigkeit des Aufrührertums verdächtig geworden. Ihre Abschiebung war nichts anderes als die Anwendung des despotischen Schutzzollsystems auf die Kunst. Dieser Vorgang ließ alle aufgeklärten Geister Sturm gegen das von oben als schützenswert ausgegebene Kulturgut laufen: die französische Oper. Das erklärt die Heftigkeit der Auseinandersetzung wie die Aussichtslosigkeit von Rameaus Begehren, im Alter Gerechtigkeit zu finden.

DIE METHODE DES DISKURSES

In seiner Musiklehre von 1618 (COMPENDIUM MUSICAE) hatte Descartes die von Rameau aufgegriffene Bedeutung der Obertöne und des hohen Konsonanzgrades der Terz betont sowie in dem TRAITÉ DES PASSIONS DE L'ÂME (Untersuchung über die Leidenschaften der Seele; 1649) daraus Konsequenzen gezogen: Descartes begründete nichts weniger als die bis tief ins 18. Jahrhundert hinein wirkende Affektenlehre. In dieser rationalistischen Theorie erklärte er die Affekte physiologisch, also nicht unter einem metaphysischen Horizont, sondern unter dem Einfluß mechanistisch-materialistisch Denkens (Karl Marx sprach ihm in DIE HEILIGE FAMILIE die Bedeutung zu, als einer der ersten in der Physik »der Materie selbstschöpferische Kraft verliehen und die mechanische Bewegung als ihren Lebensakt gefaßt« zu haben). Auf dieser Grundlage fußte Rameau als Theoretiker wie als Praktiker der Musik, und in diesem Sinne war er einer der ganz großen Aufklärer in der Musikgeschichte. Letztlich bedeutet seine Fundierung der Dur-Moll-Harmonik nicht nur die Überwindung der Intervall- und Akkordlehre des Barock-Zeitalters, sondern auch die Einführung eines Kombinationssystems: Voraussetzung allen tonalen Komponierens. Dem Dualismus von Dur und Moll entspricht tendenziell der von Gefühl und Verstand, und erst durch die Herausfindung der Gründe, die einen Affekt hervorrufen, kann dieser gebändigt werden. So ist der Endzweck der Musik in der Aufklärung zu begreifen als die Erregung und Beruhigung von Affekten, als Herstellung eines empfindlichen Gleichgewichts zwischen Triebüberschuß und Vernunfthaushalt: als Selbsterfahrung menschlicher Sinnlichkeit. Diesen Weg von der Sinneswahrnehmung zum abstrakten Begriff und der Anwendung dieser Begriffe auf die Erkenntnis der Wirklichkeit hat Rameau in seiner DÉMONSTRATION DU PRINCIPE DE L'HARMONIE 1750 in bewußter Anlehnung an den DISCOURS des René Descartes beschrieben: er markiert eine entscheidende Wegstrecke des Menschen zum aufrechten Gang auch in der Musikempfindung.

Was die Praxis betrifft, hat Rameau seinen Musikdiskurs methodisch streng geordnet. Im Rahmen seiner Affektenlehre teilt er die Akkorde in Klassen ein und legt ihre Stellung zu den einzelnen Affekten fest. Er unterteilt »traurige, schmachtende, zarte, angenehme, fröhliche und erstaunliche Akkorde«, schreibt den konsonanten Pracht und Heiterkeit zu, den dissonanten Zärtlichkeit und Sanftheit. In Dissonanzen schildert er aber auch Leid und Klagen, wobei er zur Affektpräzisierung chromatische Mittel einsetzt. Unvorbereitete Dissonanzen beschreiben Verzweiflung, und wenn sie in Dur stehen, besonders Raserei. Auch eine Tonartencharakteristik hat Rameau entworfen, die seine Akkordlehre differenziert. C-, D-, E- und A-Dur geben Heiterkeit, Fröhlichkeit und das Erhabene wieder, F- und B-Dur eignen sich zur Darstellung von Naturgewalten oder Ungeheuern. Die Molltonarten in d, g oder e entsprechen einer sanften Gemütsstimmung, in f oder b mehr einer zärtlichen oder elegischen. Mit diesem hier nur angedeuteten Kanon entspricht Rameau seiner eigenen Anschauung von der Ästhetik einer Nachahmung der menschlichen Natur. Nicht minder methodisch geordnet sind die Schauplätze seiner Musiktragödien: es handelt sich um Landschaften und Bauwerke. Die Landschaften unterscheiden sich nach naturbelassenen und vom Menschen geformten, wobei pastorale Szenen zwischen Wiesen, Bächen und Dörfern spielen, heroische mehr in gestalteten Landschaften wie Hainen, Parks und Alleen. Zu bedenken ist dabei, daß die französische Bühne nicht die Tiefe der Zentralperspektivik wie im italienischen Theater kannte, sondern trotz der Bemühung italienischer Bühnenkünstler mehr dem Typus der Reliefszene entsprach, die lediglich Kompromisse mit spektakulärer Tiefenausdehnung ermöglichte. Hinzu kommen Tempel, Paläste oder Mahnmale. Im Prinzip übernahm Rameau neben den Dekorationen auch die Kostüme des Theaters Lullys. Sie entsprachen dem höfischen Modeideal, so daß die Damen meist im zweiteiligen Kostüm mit engem Oberteil und weitem, langem Rock auftraten, die Herren oft in antikisierender Aufmachung: mit einer Art Reifrock (›Tonnelet‹), der oberhalb des Knies endete und an den römischen Panzer erinnern sollte.

STOFFE UND VERFAHRENSWEISEN

Ähnlich streng reguliert sind auch Rameaus Sujets und Genreszenen. Bis auf das Spätwerk ZOROASTRE (1749; revidierte Fassung 1756), das im alten Persien spielt, ähneln Rameaus ›Tragédies lyriques‹ denen Lullys bezüglich des klassischen Rahmens, in dem die Spannung zwischen Liebe und Ehre abgehandelt wird. Das gilt auch für ABARIS OU LES BORÉADES (Abaris oder die Boreas-Winde, 1762), der erstmals erst 1982 in Aix-en-Provence in Szene ging. In diesen Musikdramen systematisiert Rameau jene Genrebilder, die teilweise schon bei Lully angelegt sind: Götterankunft und Schlachtenlärm, Schlummer- und Lamentoszene, Donner, Sturm, Erdbeben und Monstererscheinung. Diese Bilder tauchen nicht nur in seinen Tragödien auf (neben den erwähnten: HIPPOLYTE ET ARICIE, 1733 – CASTOR ET POLLUX, 1737; Neufassung ohne Prolog 1754 – DARDANUS, 1739; Neufassung 1744, ohne Prolog 1760), sondern prägen auch die anderen von ihm benutzten Formen des Musiktheaters. Neben einigen Divertissements sind unter diesen zu nennen vier Ballett-Opern (LES INDES GALANTES als herausragende: 1735; erweiterte Fassung 1736), zwei Ballett-Komödien (von denen LA PRINCESSE DE NAVARRE, 1745, LES PALADINS von 1760 an Bedeutung übertrifft), drei heroische Pastoralen (am wichtigsten: NAÏS von 1749), die lyrische Komödie PLATÉE OU JUNON JALOUSE von 1745, zwei heroische Ballette und fünf Ballett-Akte, von denen PYGMALION aus dem Jahre 1748 sich nicht nur der besonderen Wertschätzung seines Autors erfreute.

Wie Lully, so füllt auch Rameau seine Musiktragödien mit Zwischenspielen oder Divertissements in jedem Akt auf; sie haben in der Regel eine lockere Bezichung zur Haupthandlung, der ›Intrigue‹, die weitgehend mit dem Mittel des Rezitativs vorangetrieben wird. Weit von Lullys Sprachnähe entfernt, was sich vielleicht durch die mindere literarische Qualität seiner Libretti gegenüber denen Quinaults erklärt, gewinnt Rameau mit kleinen arienhaften Einschüben (den ›Petits airs‹) der Deklamation eine differenzierte Vielfalt ab, die schon deutlich auf Wagners unendliche Sprachmelodie verweist – in der Beziehung ist Rameau moderner als der Reformkomponist Gluck in vielen seiner Musikdramen. Nachdem Gluck lange Zeit von der Musikgeschichtsschreibung in die Rolle eines Wagner-Vorläufers gedrängt worden war, ist es endlich an der Zeit, die Divertissement-Einlagen der französischen ›Tragédie lyrique‹ angemessen zu sehen: als Produkte einer weitfächerigen Spannungsdramaturgie, die dem theatralischen Akt mehr Inhalt gibt als nur die konsequente Entwicklung eines Handlungsstrangs. So zeichnen sich Rameaus Ballettmusiken durch einen ungewöhnlichen Reichtum an choreographischem Impuls und emotionaler Tiefe aus, der in den ›Tambourins‹ bis zu frenetischer Impulsivität gehen konnte. In seinen Ouvertüren folgt Rameau dem von Lully geprägten Typus mit dem langsamen Kopfteil und dem kontrapunktisch geführten schnellen Teil. Diese Kontrapunktik gibt Rameau allerdings allmählich auf, und zwar zugunsten einer thematischen Arbeit in größeren Bezugsfeldern. Ähnelt die Ouvertüre zu HIPPOLYTE motivisch dem ihr folgenden Prolog-Chor, so kehrt der Anfangsteil der Ouvertüre zu CASTOR moduliert im fünften Akt wieder. Ähnliches läßt sich in PLATÉE beobachten, ABARIS OU LES BORÉADES beginnt mit einem Jagdbild, das in die erste Szene übergeht (das Vorbild für den Sturm in Glucks tauridischer IPHIGENIE). In LA PRINCESSE DE NAVARRE entscheidet sich Rameau für den dreiteiligen italienischen Ouvertürentypus, und in ZOROASTRE geht er zur Programm-Ouvertüre über: einem Klangbild der barbarischen Herrschaft des Abramane und des Friedensregimes unter Zoroastre. Nicht minder erstaunlich modern sind die programmatischen Momente in den Vorspielen zu NAÏS und ZAÏS. Im ersten Fall wird der Sturm der Titanen auf den Olymp geschildert, im zweiten ein Tagesanbruch, bei dem ein Instrument nach dem anderen zu spielen beginnt, so daß die vorgeschriebene Wirkung eines Crescendos durch die Instrumentation sinnvoll verstärkt wird.

VERZICHT AUF DEN PROLOG

Die allmählich sich herauskristallisierende Eigenständigkeit des Rameauschen Ouvertürentyps ist im Zusammenhang mit dessen dramaturgischer Funktion zu sehen. Als Antwort auf den Buffonistenstreit beginnt Rameau 1749 in ZOROASTRE seine letzte Schaffensperiode mit einer Straffung: dem Wegfall des Prologs, in dem der jeweilige Bezug der Vorlage auf das französische Herrscherhaus traditionsgemäß abgehandelt worden war. Dieser Verzicht führte, zumal in der Bearbeitung früherer Werke, zu einer dramaturgischen Konzentration, in der die Ouvertüre – nach den Worten des Komponisten – die Funktion des früheren Prologs übernahm. In diesem Schritt ist eine von zahlreichen Vorleistungen Rameaus auf die spätere Opernreform Glucks zu konstatieren, ein Versuch, die Gattung der ›Tragédie lyrique‹ zumindest formal von der ideologischen Bindung an das absolutistische Königtum zu lösen. Daß Rameaus Werk, als die französische Realgeschichte die Gesellschaft von ›la cour et la ville‹ liquidierte, mit dieser – zumindest für eine gewisse Zeit – unterging, muß man als Ironie der Geschichte werten.

Formgeschichtlich setzte der Komponist, als er mit dem Prolog die königliche Aura der ›Tragédie lyrique‹ beschnitt, den schon im Jahre 1739 in LES FÊTES D'HÉBÉ unternommenen Versuch fort, den Ouvertürentypus Lullys zu überwinden, indem er den zweiten Teil fast schon als kleinen Sonatenhauptsatz anlegte. So kommt ihm für die Frühform der klassischen Symphonie ein nicht unbedeutender Stellenwert zu. Analog zu dieser latenten Bedeutung für die Vorgeschichte der Durchführungsmusik steht seine evidente Bedeutung für die Herausbildung einer choreographischen Kunstform. Daß die den tänzerischen Impulsen seiner Musik entsprang, hat der große Ballettreformer Jean-Georges Noverre 1760 in seinen LETTRES SUR LA DANSE ET DES BALLETS Rameau ausdrücklich bescheinigt.

DETAILS DER INSTRUMENTATION

Instrumentationstechnisch geht Rameau über Lully weit hinaus. In NAÏS, deren schnelle, von den Pauken getriebene Ouvertüre unvermittelt in die erste Prologszene übergeht, setzt er Pizzikato auf vier Saiten ein, konfrontiert es in LES PALADINS mit vier bogengeführten Geigen, läßt in ACANTE ET CÉPHISE während eines Zwischenspiels Klarinetten und Hörner allein spielen oder in der Zweitfassung des ZOROASTRE (IV,6) die Singstimme über sieben Takte von zwei Fagotten begleiten (er war Fagottist). Immer wieder schreibt Rameau in seine Partituren auffällige Anweisungen für die Musiker, etwa: »Kneift die Saiten, statt sie mit dem Bogen zu streichen«, oder »Haltet das G in den zweiten Oboen durch, gestern habe ich davon nichts gehört«. Dieser Hinweis erklärt, daß für den Komponisten die Spielweise oft wichtiger war als das jeweils gespielte Instrument selber. So läßt sich auch im Vergleich zwischen jenen Opern, die in mehreren Fassungen vorliegen, keineswegs eine instrumentale Anreicherung zugunsten der späteren feststellen, sondern eher ein Prinzip der Abmagerung. Beispielsweise enthielt der Chor *Zoroastre, vole à la gloire* aus dem ersten Akt der Urfassung von 1749 Trompeten, Hörner und Pauken, die in der Version von 1756 ebenso fehlen wie die Klarinetten, mit denen Rameau schon experimentierte: Qualitäten waren ihm offenbar wichtiger als Quantitäten. So läßt sich auch in der Chronologie seiner Werkfolge keineswegs eine Neigung zu mehr Klang konstatieren. In seinem Erstling, HIPPOLYTE, setzt Rameau gelegentlich eine Trompete, Hörner und Pauken ein; davon bleibt in der zweiten Tragödie, CASTOR, nur die Trompete übrig, und in der dritten, DARDANUS, wird sogar auf diese verzichtet. Dem Abbau an Fülle, der sich zumindest punktuell nachweisen läßt, entspricht eine Zunahme an Strukturbewußtsein, für das einige unüberhörbare motivische Verzahnungen sprechen. So hält Rameau den dritten Akt des ZOROASTRE durch ein Leitmotiv zusammen, dessen anfänglicher Quartsprung nicht nur ein eigenes Spannungsmoment darstellt, sondern auch den inneren Zusammenhang der Szenen dokumentiert. Andererseits scheut sich Rameau nicht vor desillusionierenden Wirkungen: einer elegischen Stimmung, die er in den Ausdruck freudiger Affekte montiert. Wenn am Ende des zweiten Akts von ZOROASTRE die Befreiung Amélites gefeiert wird, nimmt ihre Arie (*Le jour qui va nous luire* – Der Tag, der uns leuchten wird) eine scheinbar unbegreiflich melancholische Moll-Wendung, die auch den folgenden Schlußchor prägt: hier geht das Vorauswissen des Autors, der dem trügerischen Glück nicht traut, in die Erlebnisperspektive seiner Geschöpfe ein. Den Reichtum des Musikdramatikers Rameau wird man eher in solchen Momenten der Innenansicht eines äußeren Geschehens finden als in dessen spektakulärer Zurschaustellung. Schon 1727 hatte er in einem Brief an Antoine Houdard de la Motte, den Librettisten von André Campras L'EUROPE GALANTE, sein künstlerisches Glaubensbekenntnis formuliert: daß er versuche, die Kunst durch die Kunst selber zu verbergen (»Je tâche de cacher l'art par l'art même«).

DIE CHÖRE UND REZITATIVE

Das bedeutet aber nicht, Rameaus Musik kenne vor lauter Innensog keine Außenwirkung. Sehr wirkungsvoll, in der Beziehung den von Lully gesetzten Standard noch übertreffend, sind Rameaus Chorszenen. Ihr Wechsel zwischen Spannung und Entspannung mag manchem wie ein willkommener Ersatz für den fehlenden Kontrast zwischen Rezitativ und Arie vorkommen. Über diese für die ›Tragédie lyrique‹ typische Funktion hinaus war der Chor für Rameau ein Medium, in dem er seine theoretischen Ansichten über die Natur der Harmonik verwirklichen konnte. Die dramaturgische Bandbreite ist erstaunlich. So stehen dem chorischen Aufstand gegen den Olymp durch die Titanen in NAÏS die spritzigen Klänge bei der Ankunft der Seegötter (*Chantons Naïs;* I,8) und die sanfte Wellenbewegung des Chors gegenüber, wenn Neptun und seine Braut in ihr unterseeisches Heim einkehren (*Coulez, ondes;* III,5). Rameau setzt seine Chöre nicht nur statisch ein, sondern verknüpft sie teilweise dynamisch mit dem Drama; etwa bei den Dämonen, die im dritten Akt von CASTOR ET POLLUX die Hölle bewachen, oder bei den Chören im letzten Akt von ZOROASTRE, die den Kampf zwischen dem Guten und dem Bösen austragen. In seinem Differenzierungswillen reduziert Rameau gelegentlich seinen meist vierstimmigen Chorsatz (in dem die Alt-Partie von Kontra-Tenören gesungen wurde) auf eine kleinere, meist dreistimmige Formation, die gegen den großen Chor gesetzt wird. Daraus kann eine gleichgewichtige Doppelchörigkeit werden, wenn etwa in LES FÊTES DE L'HYMEN ET DE L'AMOUR (*Impétueux torrents;* II,5) die Überschwemmung des Nil durch zwei vierstimmige Chöre und zwei Soli in ein zehnstimmiges Klangbild von großer Prägnanz geformt wird. Größere Gegensätze als der zwischen dem kurz vor dem Verschweigen stehenden Trauerchor nach dem Tode des Castor (in der Zweitfassung zu Beginn des zweiten Aktes: *Que tout gémisse;* Alles möge erschauern) oder der hektischen Betriebsamkeit des zweiten Priesterchors im zweiten Akt des DARDANUS (*Obéis aux lois de l'Enfer* – Gehorche den Gesetzen der Unterwelt) sind kaum denkbar. Verbunden werden sie durch Rameaus harmonische Technik, die Regionen der Dominante für schnelle Bewegungen und strenge Rhythmen, diejenige der Subdominante für elegische Stimmungen und dunkle Klangfarben vorzubehalten.

Das Rezitativ Rameaus zeichnet sich harmonisch durch die Vorliebe des Komponisten für fallende Septimen aus; stehen sie in Moll, zielen sie mehr auf Leidenschaft und Gefühlserregung, in Dur weisen sie mehr auf einen Affektgehalt von Größe und Kraft hin. Ein zweites Charakteristikum des Rameauschen Rezitativs ist in der harmonischen Biegsamkeit zu sehen: oft wird zwischen entfernten Tonarten moduliert, wobei eine Neigung zu enharmonischen Wendungen auffällt. Diese, im Vergleich mit Lully, stärkere Fundierung des Rezitativs auf rein musikalische Ausdrucksmöglichkeiten läßt nicht nur zahlreiche Verzierungen zu (darin äußern sich italienische Einflüsse). Sie führt auch zur Aufhebung des Unterschieds zwischen ›Récitatif ordinaire‹ und ›Récitatif obligé‹ in Richtung auf ein orchestersprachliches Kontinuum des Kommentierens – sogar in Arien. Das vielleicht bewegendste Beispiel ist die f-moll-Arie des Dardanus (IV,1 der Zweitfassung) *Lieux funestes* (Düsterer Ort), wo die enharmonischen Wendungen schon die große Florestan-Szene in Beethovens FIDELIO ahnen lassen. Diese Weiterführung von Lullys musikalischer Sprachbeugung ist von dem Schriftsteller Jean-François Marmontel, sicher mit einer Beglaubigung durch den Komponisten, 1759 in dem von ihm herausgegebenen ›Mercure de France< als ästhetische Forderung kenntlich gemacht worden: Rameau glaube nicht daran, »daß die Gestaltung des Gesanges eine sklavisch getreue Imitation der natürlichen Deklamation« sein müsse. Und Voltaire, dessen Text zu SAMSON aufgrund eines Einspruchs der Zensur von Rameau nicht vertont werden durfte (im Gegensatz zu den späteren Textentwürfen für LA PRINCESSE DE NAVARRE und LE TEMPLE DE LA GLOIRE), faßte den Zusammenhang in seinem Geschichtswerk DAS ZEITALTER LUDWIGS XIV. (1751) als Zitat des Komponisten zusammen: »Ich brauche Sänger, sagte er, und Lully braucht Schauspieler.«

HIPPOLYTE ET ARICIE (Hippolyt und Aricia. ›Tragédie lyrique‹ in einem Prolog und fünf Akten; *L* von Simon-Joseph de Pellegrin; Paris 1733; ohne Prolog: 1757; *WA* Paris 1908 (Vincent d'Indy); Basel 1931; Schwetzingen 1980 als Produktion der Deutschen Oper Berlin).

Das Libretto des Abbé Pellegrin (es war sein letztes), Rameau durch die Vermittlung seines Mäzens Le Riche de la Pouplinière bekannt gemacht, geht auf Jean Racines Tragödie PHÈDRE ET HIPPOLYTE von 1677 zurück. Ins einem Vorwort weist der Autor jeden Konkurrenzanspruch gegenüber dem Dichter zurück und beruft sich statt dessen auf die Eigengesetzlichkeit der Opernbühne, die er habe nutzen wollen. Seine Bearbeitung kann man als Subjektivierung von Racines Tragödie bezeichnen: nicht als objektive Darstellung gegensätzlicher Affektlagen, sondern als ein produktives Mitleiden für die Hauptfiguren. In der Beziehung geht Pellegrin über Racine auf Euripides zurück. Bei diesem hatte ein Gleichgewicht zwischen den Hauptfiguren Phädra und Hippolyt bestanden, während Racine sich mehr auf die leidenschaftliche Phädra konzentrierte. Das erklärt, warum Pellegrin die Nebenhandlung des jungen Paares Hippolyt und Aricia in den Vordergrund rückte und zugleich die Handlungsmomente Racines beibehielt: die frevelhafte Neigung der Königin Phädra für ihren Stiefsohn Hippolyt; die Funktion ihrer Vertrauten Oenone, deren Gegenwart für Phädras Selbstgeständnis ihrer Leidenschaft wichtig ist; die Bitte von Phädras Gemahl, König Theseus, an seinen Vater Neptun, ihn nach seinem abenteuerlichen Eindringen in die Unterwelt wieder in das Reich der Sterblichen zurückzulassen; das Geständnis Phädras gegenüber Hippolyt und die Selbstmordbereitschaft der zurückgewiesenen Königin; dann die Zuspitzung der Situation, als Hippolyt der Schwiegermutter das Schwert aus der Hand reißt, während Theseus zurückkehrt und die Situation mißversteht; die Beschleunigung der Intrige durch Oenone, die den Herrscher in der Eifersucht auf seinen Sohn Hippolyt bestärkt; den verzweifelten Versuch der Aricia, ihren geliebten Hippolyt dazu zu bewegen, dem Vater gegenüber die Schuld Phädras zu gestehen; den Fluch des Theseus gegen seinen Sohn, den der Meergott Neptun durch ein Ungeheuer vollziehen läßt; schließlich den Selbstmord der von Schuldgefühlen verstörten Phädra. Verändert hat Pellegrin seine Vorlage, abgesehen von zahlreichen kleineren dramaturgischen Eingriffen, vor allem durch den glücklichen Ausgang für das Titelpaar. Hatte Ovid in seinen METAMORPHOSEN (Nr. 15) durch die Göttin Diana den Hippolyt retten lassen (bei Euripides stand der begeisterte Jäger, Verächter der Göttin Venus und damit Kristallisationspunkt einer Götterfeindschaft, auch schon unter dem Schutz der Göttin der Jagd), so fügte der Abbé Pellegrin seine endliche Verbindung mit Aricia, der fast schon zur Diana-Priesterin Geweihten und durch Theseus um Vater und Brüder Gebrachten, als Eigenleistung der Stoffentwicklung an. Den Aspekt des Götterkriegs zwischen Venus und Diana verlegte er schließlich in den Prolog, dabei allerdings den religionsgeschichtlichen Aspekt des Euripides säkularisierend.

JAGD, STURM UND PASTORALE

Ein Vergleich des Opernlibrettos mit der direkten Vorlage Racines verdeutlicht den Wesensunterschied zwischen der ›Haute tragédie‹ der französischen Literatur und der ›Tragédie lyrique‹ des Musiktheaters: Blut und Tod im Sprechtheater, Rettung auf der Musikbühne durch das Wunderbare (›Le merveilleux‹). Nicht ungeschickt hat Pellegrin, der das strenge Versmaß des Alexandriners durch Einbezug von Sechs- und Achtsilbern ebenso auflockerte wie den zwanghaften Ablauf der ›Haute tragédie‹ durch diverse Divertissements, die Katastrophe in den vierten Akt vorverlegt. Das führt zur Kombination von vier Bildtypen der Rameauschen Oper: einer Jagdszene (zu Ehren Dianas), einem folgenden Sturm, bei dem ein Monster aus dem Meer steigt und mit großem Schlachtenlärm von Hippolyt bekämpft wird. Darauf erscheint Phädra und erkennt das ganze Ausmaß des von ihr hervorgerufenen Unheils: eine Rückprojektion äußerer Gewaltereignisse auf den Seelenzustand eines einzelnen Menschen, von Rameau durch Phädras Einbezug in den Trauerchor kollektiv vermittelt. Die Jagdszene wird in IV,3 durch ein kleines Vorspiel eröffnet, dem sich eine Arie Hippolyts anschließt. Darin beklagt er den bevorstehenden Abschied von Aricia. Es folgt der

Entschluß der Liebenden, ihren Eid ewiger Treue von Diana segnen zu lassen. Hippolyts anschließendes knappes Solo wird von a-moll nach A-Dur moduliert: der Dominante der nun in viertaktigem D-Dur erklingenden Jagdrufe. Der Rhythmus wechselt von drei Vierteln zu sechs Achteln mit der typischen Viertel-Achtel-Folge (lang-kurz-lang-kurz), neben den üblichen Hörnern unterstützen Oboen und Fagotte den lebhaften Jagdklang. Der Versuch der Liebenden, die herannahenden Jäger zu Zeugen ihres Treueeids zu machen, wirkt angesichts von deren Dynamik etwas deplaziert, zumal der folgende Jägerchor in ein ausgedehntes Jagd-Divertissement mündet. An dessen Ende stehen zwei Menuette (D-Dur und d-moll), und an die Reprise des ersten schließt sich direkt die Szene mit dem Meerungeheuer an.

Eingeleitet wird sie durch einen das Meer aufwühlenden Sturm. Flöte, Oboe und Fagott schließen sich den aufsteigenden Geigen-Figuren an, die sich über dem B-Dur-Tremolo der anderen Streicher erheben. Eine Wendung der Bläser nach Des-Dur signalisiert in schnell aufsteigenden Tonpassagen die Erscheinung des Monsters. In hoher Lage ruft der Chor Diana um Hilfe an, während sich Hippolyt entschlossen zum Kampf stellt, aber in Flammen und Nebel versinkt. Unisono gespielte Dreiklangfiguren des Orchesters begleiten das letzte Aufflackern des Sturms, dann tritt Stille ein. Ein sturmgepeitschtes Schäumen der See gibt es auch in III,9 als Antwort Neptuns auf die Bitte seines Sohns Theseus, den mutmaßlichen Nebenbuhler Hippolyt zu strafen.

In lediglich 17 Takten entwirft die Partitur in einem G-Dur-Vier-Vierteltakt ein eindrucksvolles Klanggemälde. Der achtstimmige Satz zeichnet lautmalerisch die Wellenbewegung nach. Dabei sind die Fagotte mit den Violoncelli, den Bässen des kleinen Chors, in Terzen gekoppelt, die ersten Violinen und Violen geteilt, so daß die Auf- und Abwärtsbewegungen (mit Cembalo und Violen als Stützinstrumenten) nach einem zeitgenössischen Urteil eine kaum zu unterscheidende Klangverschmelzung bewirken. Wahrscheinlich hat Rameau bei einer Wiederaufnahme der ALCIONE von Marin Marais die Technik solcher Sturmmusiken 1730 kennengelernt.

Wie die Jagd- und Sturmszenen, steht auch die Pastorale in der Tradition der ›Tragédie lyrique‹, wenngleich Rameau sie, wie die Jagdbilder, in keinem Drama mehr verwendete, sondern nur noch in anderen Bühnenformen. Hier sind der Prolog und die zweite Szene des fünften Akts Pastoralen: also die Eckpfeiler, die den Konflikt des Dramas vorbereiten und auflösen. Daneben enthält der Prolog, der in die Form eines

Streitgesprächs zwischen Diana und Venus gekleidet ist, eine ›Descente‹ des auf die Bühne schwebenden Jupiter. Ihr entspricht komplementär die ›Descente‹ der Venus im Schlußakt. Verstärkt wird hier die Maschinenkunst des ›Merveilleux‹ durch die Zephyre der Göttin, die den tot geglaubten Hippolyt herbeizaubern. Auch diese Szene ist spiegelbildlich mit dem Prolog verknüpft: der Erlaubnis Jupiters, daß Amor im Wald Dianas bleiben darf. Wie schon Lully in seinen Pastoralen verwendet auch Rameau Oboe und Musette (eine hochentwickelte Form des Dudelsacks mit jenen Chalumeaux genannten Spielpfeifen, die noch Gluck in seinem ORFEO einsetzte). Typisch für die französischen Pastoralszenen war auch die Tanzeinlage der Divertissements, wobei Rameau jedem Auftritt von Hirten die Musette zuordnet (später wurde der Name des Instruments auf die Tanzform übertragen). Neben der Musette mit ihrem Dreiertakt und dem liegenden oder gleichbleibend wiederholten Baßton gehören die Vogelrufe zum Standard der Pastorale: die Nachtigallenarie einer Schäferin in V,2 wird von zwei Flöten nebst Violinen und Cembalo begleitet, wobei der Vogelruf mit Trillern und Koloraturen nachgeahmt wird. Seit Lullys erstem Musikdrama, CADMUS ET HERMIONE, gehören Maschinenszenen als Zeichen des Wunderbaren zum Szenentypus der ›Tragédie lyrique‹ (bei Lully hatte sich der Himmel geöffnet und Hermione war, von Göttern begleitet, auf die Erde zurückgekehrt). Der Librettist Pellegrin hatte im Vorwort zu HIPPOLYTE gerade das ›Merveilleux‹ als spezifisches Unterscheidungsmerkmal gegenüber dem Sprechtheater bezeichnet: »Das Wunderbare, von dem die ganze Fabel voll ist, scheint eindeutig zu erklären, welcher Art des Dramas es angemessen ist.« Dabei hätte er sich auf einen der wenigen Verteidiger dieser speziellen Opernform, den Dichter Jean de La Bruyère, berufen können, der in seinem Hauptwerk LES CARACTÈRES schon 1688 auf den grundlegenden Unterschied zwischen Sprechtheater und Musikdrama hingewiesen hatte: »Berenice und Penelope bedürfen keiner Flüge, keiner Himmelswagen, keiner Verkleidungen: das ist in den Opern nötig, und das Eigentliche dieses Schauspiels besteht darin, den Geist, die Augen und die Ohren gleichermaßen zu verzaubern.«

GÖTTERANKUNFT UND SCHLUMMERSZENE

Üblicherweise geht einer Götterankunft ein Instrumentalstück voran (so erscheint Jupiter im Prolog), manchmal kommen sie nach einer knappen rezitativischen Ankündigung (wie Diana im Prolog) auf die Bühne oder nach einer Anrufung (Diana im Schlußakt). Im Prolog erfolgt die ›Descente‹ Jupiters sogar nach der Anrufung (›Invocation‹) der Göttin Diana. Auf diese feierliche Anrufung, deren aufsteigendes Terzmotiv über langgezogenen D-Dur-Harmonien in der Wiederholung durch eine Ganztonerhöhung intensiviert wird, kündet Jupiter mit Donnern sein Kommen an, und die Schlußwendung der Diana wird nach E-Dur moduliert. In der gleichen Tonart, für Rameau Ausdruck des Majestätischen, findet die ›Descente‹ in zwölf Takten statt, und zwar in einem vom Komponisten auch später für die Charakterisierung des Göttervaters bevorzugten punktierten Rhythmus bei langsamem Bewegungsgestus. Sanft wiegend rhythmisiert wird dagegen die Ankunft der Diana im fünften Akt. »Süße Konzerte« künden ihre von den Schäfern und Schäferinnen erbetene ›Descente‹ an, und nicht minder wiegend werden von Flöten und Violinen die Zephyre geschildert, die auf ihr Geheiß Hippolyt heranführen. Zu den immer wiederkehrenden Genrebildern gehört auch die Schlummerszene. Man darf in der Stereotypie ihres Einsatzes kein Nachlassen schöpferischer Kraft sehen, sondern die Selbstverpflichtung des Komponisten, eine Tradition durch ihre Weiterführung zu bewahren: »Diese topischen Elemente bestehen nicht nur in der musikalischen Ausdeutung eines Wortes oder Gedankens, sondern erfassen die Thematik als Ganzes. Sie enthalten, auch ohne Hilfe der Sprache, bildhaften und sprachähnlichen Bedeutungscharakter.«

Durch die Verwendung solcher szenisch-musikalischen Gemeinplätze hat Rameau einen entscheidenden Beitrag zur Herausbildung einer szenographischen Eigenständigkeit im Musikdrama geleistet. Die Verknüpfung von Aricias e-moll-Schlafszene (›Sommeil‹) mit der Pastorale im fünften Akt, der sie, eingeleitet von einem »süßen Vorspiel«, vorrangeht, unterstreicht den Wert, den Rameau auch diesem Szenentypus beimaß. Im Gegensatz zur italienischen Operntradition betonte er aber nicht durch wiegende Rhythmen den Vorgang des Einschlafens, sondern machte ihn zum Spiegelbild des Seelenzustands des Schläfers: hier einer Elegie auf den von Aricia verloren geglaubten Hippolyt.

THESEUS UND DIE PARZEN

Bedeutung und Reichtum von Rameaus im deutschen Sprachraum allzu lange unterschätzten Musikdramen beschränken sich nicht auf die planmäßige Konstruktion von stereotypen Handlungsbildern. Sind diese schon in seinem Erstling von einer später nicht übertroffenen Dichte der musikalischen Struktur, so hat Rameau erst recht in der Zeichnung eines Individuums mit seinem Theseus in HIPPOLYTE Maßstäbe gesetzt. Theseus hatte seinem Freund Pirithus versprochen, ihm bei dem frevelhaften Versuch beizustehen, Proserpina, die Gattin des Unterweltherrschers Pluto, zu entführen. Von seinem Vater Neptun, der ihm drei Wünsche freigestellt hatte, erbat sich Theseus als ersten, in die Unterwelt zu steigen, was zum Gerücht von seinem Tod führte: auslösendes Moment für Phädra, eine Verwirklichung ihrer Leidenschaft zum Stiefsohn Hippolyt zu erhoffen. Der Gang des Theseus in die Unterwelt ist eine der ausdrucksreichsten Szenen in der französischen Oper überhaupt, durchaus mit Glucks Hades-Szene im ORFEO vergleichbar, wenngleich ungleich breiter ausgemalt. Von seinem Kampf mit der Erinnye Tisiphone über das Strafgericht des Pluto, seinen zweiten Wunsch an Neptun: auf die Erde zurückzudürfen, bis hin zum Parzenspruch, der ihm prophezeit, die Hölle verlassen zu dürfen, aber im eigenen Hause die Hölle zu finden, reiht sich ein eindrucksvolles Tableau an das andere. Bemerkenswert neben der Charakterisierung des Theseus sind vor allem Rameaus orchestersprachliche Mittel. Die merkwürdigen Oktavgänge der Streicher zu Beginn der Hades-Szene, die Fagottklänge im Duett des Theseus mit Tisiphone, die jagenden Violinpassagen im zweiten Parzentrio oder auch der düstere Dämonenchor ragen ebenso aus der Zeit heraus wie die Zeichnung Tisiphones als seelenlos (mit großen Intervallsprüngen) oder die beiden knappen Arien, in denen Theseus verlangt, mit seinem Freund vereint zu werden. Ähnliches gilt für Plutos gehämmerte Deklamation, deren Wut von den Dämonen übernommen wird, oder Theseus' Bitte an Neptun, die sich über einer arpeggioartigen Begleitung erhebt (stilistisch der italienischen ›Preghiera‹ vergleichbar). Überragt wird das alles von dem Parzentrio, das in Halbtonschritten gespenstisch von g-moll nach d-moll moduliert. In der Szene hat Rameau ein Stück wahrer Zukunftsmusik geschrieben. Erst wenn man diese enharmonische Kühnheit im Zusammenhang mit den tradierten Genreszenen sieht, in denen Rameau die Nachahmungsästhetik des Charles Batteux musikalisch einlöste, scheint der ganze Reichtum seiner Musik auf. Zu dessen Vielfalt gehört nach dem scheinbaren Tod des Hippolyt der Einfall, in das verzweifelte Schuldbekenntnis der Phädra *Quelle plainte en ces lieux m'appelle* (Welche Klage ruft mich an diesem Ort?) die chorischen Einschübe *Hippolyte n'est plus* zu montieren: eine Reverenz zurück an Lully, der in seiner ALCESTE das Verfahren begründet hatte *(Alceste est morte)*, ein Vorausweis ebenso auf Gluck, der in seiner ALCESTE die Ankunft des rettenden Herkules mit den traurigen Chorrufen *Pleure, ô patrie* kontrastieren wird.

LES INDES GALANTES (›Ballet héroique‹ in einem Prolog und drei Aufzügen; *L* von Louis Fuzelier; Paris 1735; 1736 Erweiterung auf 4 Aufzüge; *WA* Paris 1952; New York 1961).

Für Rameaus bedeutendste Tanzoper ist der Verzicht auf die mythische Spielzeit konstituierend. An die Stelle der zeitlichen Entfernung setzt er, getreu der Forderung im Vorwort von Racines BAJAZET (1672), nun die räumliche Entrückung von der Realität in LES INDES GALANTES. Der Titel dieser Ballettoper ist kaum übersetzbar. »Les Indes« bedeutet nicht Indien, sondern exotische Ferne allgemein; und galant sind diese Ländereien durchaus nicht, allenfalls die in ihnen spielenden Liebeshandlungen – zum Teil bis in den Tod. Der Prolog exponiert den Problemgehalt des Werks in der Konfrontation zweier mythischer Figuren. Die Göttin der Jugend, Hebe, und die Mars-Schwester Bellona streiten sich mit ihrem Gefolge, ob der Waffenruhm der Liebe vorzuziehen sei. Da steigt Amor, umringt von Amoretten, auf die Bühne herab, und diese verkünden, ihre Waffen und Schwerter aus dem für solche Liebeskämpfe offenbar unempfänglich gewordenen Europa an ferne Gestade zu tragen. Das erste Bild heißt DER SELBSTLOSE TÜRKE. Osman Pascha hält die entführte Emilie als Gefangene und wirbt vergeblich um ihre Liebe. Als ein Sturm neben einigen Seeleuten auch ihren Geliebten Valère ans Ufer wirft, schenkt Osman beiden die Freiheit. Damit beginnt eine Tradition, die in Mozarts ENTFÜHRUNG AUS DEM SERAIL gipfeln wird. Das zweite Bild heißt DIE INKAS IN PERU. Auch hier geht es um eine Beziehung zwischen Liebenden aus verschiedenen Kulturkreisen: die Inka-Tochter Phani und der spanische Konquistador Carlos lieben sich. Als der ebenfalls Phani liebende Sonnenpriester Huascar diese Verbindung nicht verhindern kann, stürzt er sich in einen feuerspeienden Vulkan. DIE BLUMEN ODER DAS PERSISCHE FEST spielt in den Palastgärten Alis. Sein Freund Tacmas liebt eine der

Sklavinnen Alis, dieser eine des Prinzen Tacmas: ein Anlaß zu komödiantischen Verkleidungseffekten, die von der zeitgenössischen Kritik abgelehnt wurden, was Fuzelier zu einer Textänderung veranlaßte. DIE WILDEN sind das Indianerpaar Zima-Adario. Das Mädchen wird zugleich von einem spanischen und einem französischen Offizier begehrt. Aber den von ihnen angebotenen Reizen der europäischen Kultur-Galanterie zieht sie die freien Wälder von Illinois – und ihren Geliebten vor.

DER REIZ DES EXOTISCHEN

LES INDES GALANTES verdient Interesse nicht nur wegen seiner ideologiegeschichtlichen Bedeutung: der naiv-frohen Botschaft, daß die Wilden die besseren Menschen seien. Kaum minder interessant sind die Exotismen des Werks selber. Der Librettist Fuzelier hat im Vorwort zu seinem sehr ungleichmäßigen Textbuch Rechenschaft über sein Bestreben abgelegt, authentisches Lokalkolorit einzufügen, etwa das zeremonielle Rauchen der Friedenspfeife im letzten Bild. Die Musik hat er dabei aber mit keinem Wort erwähnt. Um so überraschender die Tatsache, daß ein mehrfach wiederkehrendes Quartenmotiv mit seiner pentatonischen Melodieweiterführung im peruanischen Sonnengesang des zweiten Bilds (erst intoniert ihn das Orchester, dann folgt Huascar, dem sich der Chor anschließt) einem zu Beginn des 20. Jahrhunderts von Ethnologen aufgezeichneten authentischen Sonnengesang der Inkas entspricht. Als Exotismus sind auch die weiten Intervallsprünge in diesem Bild wie im einleitenden Ritornell zur Türkenszene zu finden. In diesem treten die afrikanischen Sklaven in der damals als exotisch geltenden Tonart g-moll auf, die auch im Indianerbild wiederkehrt. Eine ebenfalls als exotisch geltende Tonart, h-moll, prägt in einem Marsch mit Dreiviertel-Metrum (wie ihn Schumann hundert Jahre später in seinem CARNAVAL als gegenrhythmischen Marsch der Davidsbündler gegen die Philister benutzen wird) den Beginn des persischen Blumenbilds. Am eindringlichsten gelingt Rameau das exotische Flair in der Liebesszene der Indianer. Sie ist ebenfalls in g-moll geschrieben, wobei das monotone Umkreisen eines Zentraltons in der Melodieführung, eine wechselnde Harmonisierung mit chromatischen Bewegungen und eine reiche Instrumentation für das Lokalkolorit sorgen. Gekrönt wird das Bild durch eine Chaconne, die – von Rameau zunächst für seine geplante Voltaire-Oper SAMSON geschrieben – den Zeitgenossen aufgrund ihrer Klangfarbenkontrapunktik und ihrer unwiderstehlichen

Motorik sensationell vorkam. Nicht minder sensationell war es, daß (wahrscheinlich) echte Wilde auf der Bühne agierten: zum erstenmal in der Geschichte der Oper. Rameau konnte dabei auf eigene Erfahrungen zurückgreifen. Er hatte 1725 einen Tanz der Wilden (AIR DES SAUVAGES) für Cembalo komponiert, zu dem im Théâtre-Italien zwei Indianer tanzten; orchestriert nahm er ihn in das Schlußbild der Ballettoper auf, wo er bei der Friedenspfeifen-Zeremonie erklingt. Kaum minder bemerkenswert als die Exotismen sind weitere musikalische Qualitäten der Partitur, etwa Huascars aus kurzen Phrasen und gewagten Intervallen zusammengesetzte Arie *Obéissez sans balancer* (Gehorcht, ohne zu schwanken), Emilies über heftige Sturmwogen als Seelenspiegel sich erhebende Meeresarie *(Vaste empire des mers)*, die italienische Arie *Fra le pupille* im Blumenbild oder das elegische Melos, mit dem das Indianermädchen Zima bedacht wird: in Rameaus Preis der unschuldigen Natur mischt sich zugleich die Klage über deren Verlust. Abgesehen von den hier fehlenden Erscheinungen des Wunderbaren glänzt Rameau in seinen Naturbildern wie im Genre der ›Tragédie lyrique‹: dem Sturm im Türkenbild oder dem durch Huascar ausgelösten Vulkanausbruch, der mit Sturm und Erdbeben das vielleicht eindrucksvollste Naturbild des Komponisten überhaupt ist.

CASTOR ET POLLUX (Castor und Pollux. ›Tragédie lyrique‹ in einem Prolog und fünf Akten; *L* von Pierre-Joseph Bernard; Paris 1737; ohne Prolog, mit neuem ersten Akt: 1754; Parma 1758; Kassel 1776; *WA* konzertant: Paris 1903, szenisch: Montpellier 1908; Glasgow 1927; Florenz 1935; Schwetzingen 1962, als Gastspiel der Essener Bühnen).

Die Unterschiede zwischen den beiden Fassungen, in denen das Werk überliefert ist, sind nicht nur musikalischer Art, sondern auch dramaturgisch-ideologischer. 1737 hatte Rameau dem von Bernard eher episch als dramatisch gebauten Libretto um die beiden Episkuren einen Prolog vorangestellt: anläßlich des 1736 beendeten Polnischen Erbfolgestreits. Dieser neue Prolog verknüpft die Realgeschichte mit dem Mythos vom ewigen Frieden. In der Zweitfassung kürzte er das Drama um diesen Prolog, wodurch die Handlung psychologisch ungleich überzeugender wirkt.

Jetzt steht die Gefühlsverwirrung der Menschen im Vordergrund und nicht deren gewaltsame Umbiegung in eine politische Moral. Im Gegensatz zu seinem von Zeus gezeugten Halbbruder Pollux hat Castor einen irdischen Vater und ist deshalb sterblich. Sein Schicksal trifft ihn

CASTOR ET POLLUX

im Krieg. Er wird alsbald von Pollux gerächt, aber nun beginnt das innere Drama: Pollux ist hoffnungslos verliebt in die um ihren Geliebten Castor trauernde Telaira. Als sie Pollux bittet, seinen Vater Zeus zur Wiederbelebung Castors zu bewegen, versucht die in ihn verliebte Phoebe, ihn von seinem hochherzigen Plan abzubringen: vergebens. Zeus ist zur Erfüllung der Bitte bereit, aber nur unter der Bedingung, daß Pollux im Totenreich bleibe – dieses Opfer des Halbbruders lehnt Castor wiederum ab. Nur für einen Tag will er auf die Erde zurück, wo er aber – zumindest in der Zweitfassung – in Eifersüchteleien verstrickt wird. Da erscheint Jupiter-Zeus und entrückt die Halbbrüder zu untrennbaren Dioskuren ans Firmament.

Die Zweitfassung ist dem Original in bezug auf ihre dramaturgische Bündigkeit vorzuziehen. Teile des nun aufgegebenen Prologs wurden in das Divertissement des vierten Akts verlegt und statt des Prologs ein neuer erster Akt als Exposition geschrieben; die Akte I und II in der Erstfassung werden zu II und III, die Akte III und IV der Urfassung sind nun in einen zusammengefaßt, Akt V blieb im wesentlichen unverändert. Die Vorzüge der Neufassung zeigen sich am deutlichsten im Umfeld der berühmtesten Szene der Oper: dem Trauerchor der Spartaner am Grab Castors (*Que tout gémisse* – Alles möge erschauern) mit der sich anschließenden Arie der Telaira (*Tristes apprêts* – Trauriger Schmuck). In der Erstfassung ist der Chor von dem ihm vorangehenden Prolog dramaturgisch völlig getrennt, in der Zweitfassung geht ihm der mit einem Kriegstanz endende erste Akt voraus. Dessen martialischer Rhythmus steht in einem erschreckenden Kontrast zu den statischen Klangfeldern des Trauerchors. Ähnliches gilt für den Fortgang der Szene. Ursprünglich schloß sich ein konventionelles Rezitativ zwischen Phoebe und Telaira an, während in der Version von 1754 Telairas Arie direkt folgt. Diese sozusagen blendenlose Übergangstechnik unterstreicht den jeweils extremen Affektgehalt der Szenen. Die Arie ist eine der berühmtesten des Komponisten und wurde von Hector Berlioz nicht nur bewundert, sondern auch nachgeahmt: aus dem Fagott als obligatem Begleitinstrument mit seiner immer wiederkehrenden Dreitonfolge machte Berlioz in der Gretchenarie seiner Faust-Oper das Englischhorn-Obbligato mit der konzertanten Begleitfunktion (*D'amour l'ardente flamme* – Der Liebe heiße Flamme). Rameaus langsame, schwere Orchesterbegleitung mit ihren langgezogenen Akkorden und den vielen Pausen schafft eine unverwechselbare Atmosphäre der Trauer in der Ombratonart Es-Dur. Dabei verzichtet der Komponist auf die zu erwartenden Gestaltungsmittel wie chromatische Gänge, heftige Dissonanzen und das Moll-Tongeschlecht. Die Wirkung dieser Musik ist versteckter Art: getreu dem Rameauschen Prinzip, die Kunst durch Kunstmittel zu verbergen. Sie findet sich im Bewegungsverlauf der Singstimme. Der Duktus ist eine Dreitonfolge (lang–kurz–kurz) auf einer Tonhöhe, der ein Absturz folgt: zunächst auf die Stufe der Subdominante, dann auf die Tonika. Innerhalb dieses Verlaufs wird der Tonraum einer Oktave von oben nach unten abgeschritten. Dabei übernimmt die Sopranstimme im ersten Abwärtssprung sozusagen die Funktion des Basses, der die Fundamentschritte liefert, während dieser selbst die Quintfunktion übernimmt. Beim zweiten Abwärtssprung wird dann der Grundton von Es-Dur erreicht, so daß die ganze Phrase wie mit bleiernen Gewichten auf die Grundharmonie zentriert wird.

Neben der konzertanten Arienbegleitung finden wir in CASTOR ET POLLUX andere Stilmerkmale des Rameauschen Arientypus, wobei die französische Bezeichnung ›Air‹ neutral im Sinne von Weise zu verstehen ist. Sie kann wie im ›Air‹ für die Geister (IV,6) eine reine Tanzweise meinen (üblicherweise in Divertissements; hier handelt es sich um eine Gavotte), in der Haupthandlung ein volksliedhaftes Lied im Stil der ›Brunettes‹ (›Air tendre‹) oder eine stilisierte, dem Rezitativ nahe Form der Deklamation (wie Phoebes Ankündigung von Castors Rückkehr in V,1 der Erstfassung: *Castor revoit le jour*). Dem Komplikationsgrad der italienischen Arie nähert sich Rameau in jener Form, die paradoxerweise mit der Verkleinerungsformel ›Ariette‹ umschrieben wird. In der Erstfassung finden wir im Schlußbild eine solche, in der ein Planet die Dioskuren als neue Astralgefährten feiert *(Brillez, astres nouveaux)*, in der Zweitfassung wird Castor eine mit dem Zusatz »graziös« gekennzeichnete ›Ariette‹ zugeordnet *(Tendre amour* – Zärtliche Liebe). Sie markiert mit ihren Choreinschüben, der ausgeschmückten Vokallinie und der angedeuteten Da-capo-Form einen der wenigen Momente, in denen der wie ein erratischer Barock-Block ins Rokoko ragende Rameau sich vom empfindsamen Zeitstil beeindruckt zeigt.

DARDANUS (›Tragédie lyrique‹ in einem Prolog und fünf Akten; *L* von Charles Antoine Leclerc de La Bruère; Paris 1739; Neufassung unter textlicher Mithilfe von Simon-Joseph de Pellegrin: 1744; ohne Prolog: 1760; *WA* konzertant: Schola Cantorum Paris, szenisch: Dijon 1907; Paris 1980; Basel 1981, Wuppertal 1984).

Ohne Herabwürdigung von ZOROASTRE (oder auch ABARIS) läßt

DARDANUS

sich DARDANUS als das letzte Hauptwerk der ›Tragédie lyrique‹ bezeichnen. Es schildert die Liebesbeziehung zwischen dem Jupitersohn Dardanos, dem sagenhaften Gründer Trojas, und Iphisis, der Tochter des mit ihm verfeindeten Phrygierkönigs Teukros. Dieser hat sie dem Prinzen Antenor bestimmt. Zwischen beiden Lagern steht der Zauberer Ismenor, dem Iphisis ihre verbotene Liebe entdecken will. Mit Hilfe von Ismenors Zauberstab hat Dardanos die Rolle des Magiers gespielt und hört nun entzückt, daß seine bisher geheime Liebe erwidert wird. In seinem Glücksgefühl offenbart er sich, wirft den Zauberstab fort und wird von seinen Feinden gefangengenommen. Ein gottgesandtes Ungeheuer bringt die Wende. Antenor bekämpft es vergebens und verdankt Dardanos, der das Monster erlegt, sein Leben. Damit ist der Weg zur Vereinigung der Liebenden gebahnt: Venus besiegelt ihren Bund.

Bei der Uraufführung fand das Werk eine kritische Aufnahme. Neben den Klagen der Lullisten über die dissonante Harmonik und das Untergewicht des Melodischen rügten nun auch Orchestermusiker, sie seien derart beschäftigt, daß für drei Stunden nicht einmal die Zeit zum Schneuzen bleibe. Als langweilig wurden die letzten beiden Akte empfunden, vor allem der vierte, wenn Venus in einer langen Schlummerszene den gefangenen Dardanos auf einer Klangwolke entführt. So entschloß sich Rameau 1744 zu einer grundlegenden Revision, bei der nur die ersten beiden Akte so gut wie unverändert blieben. In dieser Fassung wird an die Stelle der Schlummerszene eine hochdramatische Arie des Dardanos gesetzt, und statt Venus erscheint der Zauberer, der ihm seine Rettung aus dem Gefängnis vorhersagt. Als ihn auch Iphisis aufsucht, kommt es zur Gegenbewegung: ihr Befreiungsversuch kollidiert mit einem Angriff der Dardanos-Truppen, bei dem Antenor tödlich verwundet wird. Trotz dieser dramatischen Verbesserung der Erstfassung und ihrer Rettungsmechanik der ›Dea ex machina‹ bleibt das Libretto die Schwachstelle von Rameaus Musikdrama (was auch für den Prolog gilt, in dem Venus die Liebe zum Sieg über die Eifersucht führt). Musikalisch aber offenbart DARDANUS die ganze Größe Rameaus. Äußerlich folgt die Ouvertüre noch dem französischen Schema: mit einem langsamen Anfang in Doppelpunktierung und einem schnellen Fugato. Dieses entpuppt sich aber als ein verkappter Sonatensatz mit Gegenthema (nachdem die vier Stimmen des Fugato erstmals zusammengelaufen sind) und Durchführung, der sogar eine Art Reprise folgt. Bei aller Knappheit der Form bahnt sich hier schon die symphonische Technik an. Aus dem Prolog ragen hervor die A-Dur-Arie der Venus *Régnez, plaisirs* (Die Freuden mögen regieren) und drei Tänze, die Rameaus unvergleichliche Bedeutung auf diesem Sektor zeigen als Ineins von körperhafter Gestik und emotionaler Tiefe: den beiden Schluß-Tambourins mit ihrem Bewegungsschwung geht ein d-moll-Menuett voran. Dramaturgisch überzeugend ist der erste Akt geraten. Er endet mit einem Divertissement, in dem die bevorstehende Heirat zwischen Iphise und Anténor gefeiert wird. In welche Gefühlsqual sie das Mädchen versetzt, macht der Aktbeginn klar: die Arie *Cesse, cruel Amour, de régner sur mon âme* (Grausame Liebe, regiere nicht länger über mein Herz). Rameau gelingt es hier mit der obligaten Flötenstimme über der reichen, dissonanzengeschärften Orchesterbegleitung, das innere Porträt eines Menschen zu entwerfen, jene gespannte Einheitlichkeit des Affekts darzustellen, wie sie Gluck erst in seinen beiden IPHIGENIEN und der Schlußszene seiner ARMIDE erreichen sollte. Geradezu brutal der Kontrast, wenn nach einer rezitativischen Wende Teucer und Anténor – zwei Bässe! – sich zum Duett zweier Unsensibler zusammentun, der Chor freudig einstimmt und die Krieger sich in einem d-moll-Marsch versammeln. Ein Chor mit Duetteinschüben der beiden Männer zu Ehren der Gottheiten Mars und Bellona schließt sich an, aus dem folgenden Divertissement sind besonders die beiden Rigaudons zu erwähnen (das erste, baßlos nur für Geigen, Bratschen und Oboen geschrieben, hat Rameau in der Zweitfassung durch ein martialischeres ersetzt). Der zweite Akt spielt im Tempel des Jupiter-Priesters und Zauberers Isménor, der sich in einer d-moll-Szene als Prophet vorstellt und in einer umfänglichen Chor-Aktion die von Dardanus gewünschte Verkleidung vornimmt. Höhepunkt ist der Warnchor an Dardanus *Obéis aux loix des enfers* (Gehorche den Gesetzen der Unterwelt), dessen herrischer Bewegungsgestus in einer plötzlichen Wende von d-moll nach c-moll kulminiert, mit der die Höllenspalte charakterisiert wird. Das Zusammentreffen der beiden Liebenden (Dardanus im Gewand des Priesters) ist ein weiterer Höhepunkt in der Individualisierungskunst Rameaus.

EINE VORAHNUNG DES FIDELIO

Der dritte Akt wird überragt von einem trauermarschähnlichen e-moll-Vorspiel, zu dem Iphise die Gefangennahme des Dardanus beklagt (*Ô jour affreux* – O grauenvoller Tag). Die interessanteste Szene in der Erstfassung des vierten Akts ist die traumhafte Musik, zu der Venus auf einem Himmelswagen herabfährt, den eingeschlafenen Helden mit sich nimmt und ihn sich weiter in sanfte Träume hüllt. Ihrer Arie *Venez, songes flatteurs* (Kommt, süße Träume) folgen aus der Kulisse ein Trio mit Chor und ein Orchesterzwischenspiel, das die Seelenruhe des Helden schildert; als Kontrast dagegen steht die Vision des Schlafenden von einem aus dem Meer steigenden Monster und dem Chor des Volks, der ihn zu Pflicht und Ehre ruft: das ganze, in g-moll gehalten, ist ein ›Sommeil‹-Tableau, eine Schlummerszene von delikatem Reiz. Trotz aller dramaturgischen Verbesserungen, die Rameau in der Zweitfassung vorgenommen hat, sind der Verlust der Iphise-Arie aus dem dritten und der Schlummerszene aus dem vierten Akt bedauernswert – beide zeigen Rameau auf der Höhe seiner Fähigkeiten. Wurde die Arie durch den beeindruckenden Haßchor der Phrygier *Dardanus gémit dans les fers* (Dardanus zittert im Eisen) dramaturgisch überzeugend ersetzt, so gilt das – aus der Perspektive der Bühnenwirklichkeit – eher noch stärker für das f-moll-Grave des Titelhelden (*Lieux funestes* – Düsterer Ort), dessen Vorspiel mit seinen Sekund- und Nonenreibungen die Seelenqual aus dem Crucifixus von Beethovens D-Dur-Messe so vorwegnimmt wie die obligate Fagottstimme die Oboe in Florestans nicht nur äußerlich ähnlicher Szene zu Beginn des zweiten Akts des FIDELIO. Daß man als Hörer in den enharmonischen Passagen der Orchesterbegleitung zu Rameaus größter Tenorarie sich nicht in einem späteren Jahrhundert vorkommt, wird letztlich durch die Annäherung an die Da-capo-Form bewirkt. Zeitgeschichtlich betrachtet, führt aber gerade diese formale Geschlossenheit der Arie zu einer gerechten Beurteilung von Rameaus Kunst, seine Figuren von innen heraus zu profilieren. So hat denn das folgende Duett mit Iphise in der Zweitfassung (*Frappez, frappez*) noch nichts vom Gefühlsüberschwang der *namenlosen Freude* eines Beethoven: eher erklingt hier in g-moll ein Pathos der Innerlichkeit, das den beiden in einem namenlosen Schmerz fast das Wort nimmt.

Nach dem Auftritt des verwundeten Anténor, der Dardanus vor einem Angriff auf sein Leben warnt, und einem kurzen Dialog zwischen Dardanus und Iphise erklingt über 50 Takte im Orchester ein Schlachtenlärm als Intermezzo: im Gegensatz zu seinem früheren Brauch, daß ein schon aus einem Divertissement gehörtes Orchesterstück als Intermezzo dienen solle, setzt der Komponist hier als Übergang zum Schlußakt im Palast des von Dardanus besiegten Teucer ein eigens dafür komponiertes Stück ein. Dieser ›Bruit de guerre‹ ist zweigeteilt: als Abschluß des vierten Akts spielen Streicher, Fagott und Continuo im Viervierteltakt repetierte Zweiunddreißigstel und D-Dur-Dreiklangbrechungen; als Zwischenaktmusik wird der Kriegslärm, nach C-Dur transponiert, wieder aufgenommen und leitet, angereichert durch weitere Motive, den fünften Akt ein. (In der Erstfassung hatte der Akt mit einem leichtgewichtigen, beinahe fröhlichen Chor über den Sieg des Dardanus begonnen; eine weitere Fassung aus dem Jahre 1744 reduziert den Kriegslärm auf 31 Takte, die für Flöte, Oboe, Fagott, Streicher und Basso continuo instrumentiert sind; Gluck beendete diese Entr'acte-Praxis der französischen Bühne.) Wie im ersten Akt, so eröffnet Iphise mit einem Solo auch den letzten: es ist freies f-moll-Rezitativ, in dem sie ihrer Sorge um Dardanus Ausdruck verleiht. Doch die mit wahrhaft himmlischen Klängen herabschwebende Venus bringt alles in die rechte Ordnung – wenngleich die musikalisch allzu irdisch wirkt. Das scheint auch der Komponist selbst bemerkt zu haben, da er in einer weiteren Aufführung der Zweitfassung 1744 den etwas hohlen Schlußchor (*Chantons la reine de Cythère* – Laßt uns die Königin von Kythera besingen) durch einen g-moll-Chor ersetzte.

Die Tatsache, daß die ›Tragédie lyrique‹ DARDANUS in zwei Fassungen vorliegt, hat allzu lange eine gerechte Würdigung der hochentwickelten Orchestersprache und Rezitativtechnik Rameaus verhindert. Jede Aufführung des Werks steht, da sie eine Auswahl nötig macht, in einer Gewinn-Verlust-Spannung. Daß Dardanus in der Zweitfassung tiefer charakterisiert ist als in der früheren, müßte sich verbinden lassen mit dem genaueren Profil des Anténor und seinem Entschluß in der Erstfassung, das Monster zu bekämpfen (*Monstre affreux*). Als die Pariser Opéra 1980 das Werk erneut (und zwar mit großem Erfolg) zur Diskussion stellte, nahm der Dirigent Raymond Leppard sich für seine Einstudierung den Seufzer eines engagierten Rameau-Forschers zu Herzen: »Es ist beklagenswert, daß soviel Leben und Schönheit unbekannt vermodert, und man fragt sich, ob nicht eine moderne Ausgabe erstellt werden könne, die auf der Fassung von 1744 basiert und in diese die besten, von Rameau gestrichenen, Passagen der früheren eingliedert.« Leppard brachte das Kunststück fertig, sogar das beste der beiden verschiedenen Welten des vierten Akts zu kombinieren: die Gefängnis-Szene des Dardanus und seine Traumrettung durch Venus. Das wirkte zwar wie Feuer und Wasser – aber Rameau ging, am Vorabend seines 300. Geburtstags, aus dieser Feuer- und Wasserprobe als ein höchst lebensfähiger Komponist für das Musiktheater hervor.

TRAGÉDIE LYRIQUE ODER RÖMISCHER GLADIATORENKAMPF?

1687, im Todesjahr Lullys, war einer jener Dispute ausgebrochen, die das französische Geistesleben immer wieder animiert haben: die ›Querelle des anciens et des modernes‹ (Streit der Alten und der Modernen). Er ging aus von einem Preisgedicht auf König Ludwig XIV. und die Fortschritte seiner Zeit. Die Kernfrage lautete, verkürzt gesagt, ob an den allgemeinen Fortschritten auch die Kunst einen solchen Anteil habe, daß die Hervorbringungen der zeitgenössischen Kultur jenen der als ideal gedachten Antike gleichkämen – eine Frage, die durch Frankreichs Großmachtanspruch für die Parteigänger der Moderne im vorhinein positiv zu beantworten war.

Doch 1765, ein Jahr nach Rameaus Tod, gab Voltaire in seiner humorigen Gesprächsdichtung DIE TOILETTE DER FRAU POMPADOUR eine unerwartete Antwort. An einer Stelle läßt er Tullia, die Tochter Ciceros, ernsthaft argumentieren, die Modernen hätten zweifellos große Fortschritte in den Naturwissenschaften gemacht, die Kunst der Rhetorik aber und das Denken könne man von den Alten lernen. Daß sie in diesem Kontext einräumt, eine Oper Rameaus besitze einen größeren Wert als ein römischer Gladiatorenkampf, entspringt einem ironischen Verwirrspiel des Aufklärers Voltaire. So unbestreitbar in diesem seine Wertschätzung für Rameau aufscheint: es hat eine weitere Komponente. Einer der Hauptvertreter jener ›Modernen‹, die einen Corneille über einen Euripides zu stellen bereit waren, hieß Charles de Saint-Denis, Sieur de Saint-Évremond. Es war kein anderer als jener Spötter, der in seinem BRIEF ÜBER DIE OPER wie in seiner Komödie LES OPÉRA den Verächtern dieser Kunstgattung wohlklingende Argumente an die Hand gegeben hatte. Daß er, einer der bedeutendsten französischen Vorläufer der Aufklärung, sich nicht auf die Seite der ›modernen‹ Kunstform Oper geschlagen hatte, wollte Voltaire durch seinen rückwirkenden Eingriff in die Kulturgeschichte aufheben. Heute sollte dieser Versuch zumindest jenen zu denken geben, die in der ›Tragédie lyrique‹ nichts als die Fortsetzung römischer Gladiatorenkämpfe mit anderen Mitteln sehen wollen.

Diese Einsicht bricht sich im Musikleben langsam Bahn. So stellte der britische Dirigent John-Eliot Gardiner 1979 in London konzertant eine ›Tragédie lyrique‹ vor, die nach dem Uraufführungsjahr 1746 nicht mehr gespielt worden war: SCYLLA ET GLAUCUS von Jean-Marie Leclair, dem berühmten Geiger des Jahrgangs 1697, der in Rameaus Todesjahr 1764 einem Mordanschlag zum Opfer gefallen ist. Obschon das Konzert europaweit im Rundfunk übertragen wurde, fand es kein Interesse bei den Theatermachern. Als aber Gardiner 1986 die Oper szenisch in Lyon einstudierte und auf Gastspielen beim Bath-Festival und den Göttinger Händel-Festspielen präsentierte, sah sich die musikinteressierte Öffentlichkeit mit einem Meisterwerk konfrontiert. In der Tat steht Leclair in seiner einzigen Oper auf Rameaus Höhe, wobei er – mit stark virtuosem Einsatz der Streicher – für ungleich schnellere Affektenwechsel sorgt. Die Geschichte ähnelt jener des Lullyschen ATYS: ein höheres Wesen, hier die Zauberin Circe, liebt einen schon gebundenen Menschen (Glaucus), dessen Liebe sie nicht erringen kann. Daraufhin verwandelt sie die Nebenbuhlerin (Scylla) in ein Meerungeheuer. Der harmonische Reichtum, mit dem Leclair die Zauberin in der Maßlosigkeit ihres Trieblebens ausstattete, aber auch die pastoral durchgezeichneten Titelfiguren und die vielen orchestralen Schönheiten bestärken Voltaires Ansicht, daß eine ›Tragédie lyrique‹ kulturhistorisch einem römischen Gladiatorenkampf überlegen sei, in solchem Maße, daß man sich bald die Entdeckung des Pendants von Leclairs Scylla in Gestalt einer Opern-Charybdis jener Zeit wünscht.

DAS FRÜHE DEUTSCHE MUSIKDRAMA
DREISSIGJÄHRIGER KRIEG UND HAMBURGER BÜRGEROPER

Die Frühzeit der Oper in Deutschland und die frühe deutsche Oper: das sind zwei unvereinbare Größen. Die nationalsprachliche Theaterkunst Deutschlands im Zeitalter von Barock und Aufklärung konnte einen Vergleich mit Italien, Frankreich, Spanien und England kaum aufnehmen. Gotthold Ephraim Lessing brachte diesen bedrückenden Sachverhalt zum Ausdruck, als er im Schlußstück seines großen Versuchs, mit der HAMBURGISCHEN DRAMATURGIE dem im April 1767 in der Hansestadt gegründeten Schauspielhaus eine Idee zu geben, voller Bitterkeit resignierte und über seinen »gutherzigen Einfall, den Deutschen ein Nationaltheater zu verschaffen, da wir Deutsche noch keine Nation sind«, spottete. Um wieviel mehr mußte diese Skepsis für ein Unternehmen gelten, das fast ein Jahrhundert zuvor, am 2. Januar 1678, mit der Bürgeroper am Hamburger Gänsemarkt gestartet worden war. Immerhin hatte die italienische, in geringerem Maße auch die französische Oper die deutschen Staaten mehr als ein halbes Jahrhundert lang beherrscht, als spiegele sich in der Kunst die Fremdherrschaft im Deutschland des Dreißigjährigen Kriegs.

Der Westfälische Friede von 1648 hatte der Zerstückelung der Nation keinen Einhalt geboten. Während die Schweiz und die nördlichen Niederlande aus dem Reichsverbund ausschieden, wurden Schwedens Landgewinne im Norden und Frankreichs Eroberungen ehemals habsburgischer Besitztitel im Westen (Elsaß) mitsamt der Besitzbestätigung für Lothringen und dem Gewinn Breisachs festgeschrieben. Über diese territorialen Abtretungen hinaus mußte das Deutsche Reich den Verlust der eigenen Identität darin erfahren, daß die Erhebung Frankreichs und Schwedens zu Garantiemächten des Friedenswerks den ausländischen Einfluß zum Regelfall machte: das Reich wurde zum Völkerrechtsobjekt. Nicht minder bedeutsam für die spätere Entwicklung wurde die im Westfälischen Frieden ausgesprochene Präzisierung des Augsburger Religionsfriedens von 1555, wobei das Recht des Territorialherrn, im eigenen Land die Konfession zu bestimmen – auch im Fall eines Konfessionswechsels –, aufgehoben und die Religionsbestimmung auf die Reformierten ausgedehnt wurde, denen der Status einer reichsrechtlich anerkannten Konfession erwuchs.

Zu Schwächung von Kaiser und Reich führte das 1648 eingeführte und völkerrechtlich gesicherte Alleinvertretungsrecht der Reichsstände, das zur Mitbestimmung in Reichsangelegenheiten, zum Bündnisrecht untereinander und mit ausländischen Mächten führte. Diese Abhängigkeit von Kaiser und Reich, die in allen wesentlichen modernen Staatsfunktionen die Genehmigung durch die Reichsstände benötigten, brachte nicht nur in der Außenpolitik und Wehrhoheit eine einschneidende Beeinträchtigung mit sich, sondern insgesamt auch eine sozusagen verfassungsrechtlich verankerte Entwicklungsverspätung anderen europäischen Staaten gegenüber. Auf der Kehrseite dieser Medaille der nationalen Identitätslosigkeit, die Lessing noch mehr als ein Jahrhundert später als objektiven Grund für das Fehlen einer deutschen Nationalkultur anführt, steht das Prinzip der ›teutschen Libertät‹: die Souveränität der Territorialstaaten sowie der Reichsstände, die bis zum Ende des Reichs im Zuge der Napoleonischen Kriege 1803/1806 den Fürstenstaaten die Möglichkeit zu modernen Entwicklungen bis hin zu Großmächten erlaubte. Diese geschichtliche Besonderheit der Spannung zwischen einem fremdbestimmten Reich und einem ausgeprägten Partikularismus der Einzelstaaten prägt nach dem Frieden von 1648 auch die deutsche Kultur. Die staatsrechtlich bekundete Gleichberechtigung der christlichen Großkirchen signalisiert deren innere Unversöhntheit: den nicht erklärten Kulturkampf. Während an den katholischen Fürstenhöfen die italienische Oper mit der größten Selbstverständlichkeit übernommen und damit zum Bestandteil einer deutsch-römischen Kulturtradition wurde, entwickelte sich unter protestantischem Vorzeichen jene deutsche Partikular-Kultur, deren Hauptmerkmal die Tiefe einer verweltlichten Frömmigkeit ist: eine Folge des im Luthertum angelegten Verhältnisses zwischen weltlicher Arbeit und religiöser Sinngebung. Daraus entspringt eine spezifische Tatgesinnung, die weniger nach dem Ergebnis fragt als nach dem rechten Geiste, in dem es angestrebt wird – im Gegensatz zum Katholizismus, im Gegensatz aber auch zu jener als innerweltliche Askese erscheinenden Arbeitsethik im Calvinismus, die den Erfolg im Beruf religiös legitimierte und damit die Herausbildung des Kapitalismus förderte. Da das Luthertum andrerseits, weil es sich in der Obrigkeitskirche geborgen fühlte, gegen alles Politische eine ausgesprochene Indifferenz entwickelte, brachte es mit der Bindung des Glaubens an die Staatskirche und der gesinnungshaften Verankerung der Berufsidee einen »Dualismus zwischen einem areligiösen Staatsleben und einem religiösen, außerkirchlichen Berufs- und Privatleben« hervor.

NATIONALE ZERRISSENHEIT

Das protestantische Landeskirchen- und Staatskirchentum hat bis in das Traditionsgefüge des Bismarckreichs hinein nicht nur das unselige Gleichgewicht zwischen dem katholischen Kaisertum und den Territorialstaaten aufrechterhalten, sondern auch die Entwicklung gesellschaftskritischen Denkens und der bürgerlichen Freiheitsrechte behindert: ins Geistige abgelenkt und damit zum Bestandteil einer spezifisch deutsch-lutherischen Frömmigkeit gemacht. Moderne Gesellschaftsentwicklungen zum Nationalstaat und zum Parlamentarismus, zu einer rationalen Naturrechtslehre wie zu den exakten Naturwissenschaften als Ablösung des mittelalterlichen Universalismus wurden dadurch entscheidend gehemmt. Während der französische Rationalismus in der Revolution von 1789 explodierte und mit der Trennung von Kirche und Staat zu seinem Zukunftssinn durchstieß, standen solcher Entwicklung in Deutschland »zwei mächtige Wirklichkeiten entgegen: das Luthertum und die nationale Zerrissenheit. Sie haben Deutschland der Aufklärung und damit dem politischen Humanismus verschlossen. Sie haben dafür gesorgt, daß es in ihr und ihrem großen Gegenspieler, dem Katholizismus, Symbole des Römischen sah, gegen die es sich von jeher zur Wehr setzt, um sein eigenes Wesen zu bewahren.«

Diese kulturelle Selbstbehauptung des deutschen Protestantismus wiederum zwischen Rechtfertigungsdrang und Weltfrömmigkeit war für den Katholizismus unbegreiflich: eine fragwürdige Grenzgängerei zwischen kirchlicher Religiosität und innerweltlicher Eigengesetzlichkeit. Was das zur Kultur säkularisierte Luthertum ausmacht, war dem Katholizismus Ketzerei: der Kult der Innerlichkeit und Freude am Schöpferischen, das Pathos der Ursprünglichkeit und der spekulative Tiefgang. Weder die Katholizismus-Mode der Romantiker noch der Glaube an die politische Wiederkehr des Katholizismus in der Zentrum-Partei der Weimarer Republik und schon gar nicht die zu reinen Proporzpraktiken verdinglichte Religionsharmonie in der CDU der Adenauer-Ära der Bundesrepublik haben diesen alten deutschen Widerstreit zur Idee einer verbindenden Humanität aufzuheben vermocht. Eher wirkt das Bestreben der staatsreligiösen Marxisten in der Deutschen Demokratischen Republik, ein kulturelles Erbe zu beschwören, wie der ernsthafte Versuch, im geschichtlichen Krebsgang auf deutschem Boden eine Nationalkultur zu gewinnen – um den

Preis einer vertieften Spaltung dieses Landes: wenn auch nicht in dreihundert Kleinstaaten wie 1648, so doch in zwei, deren Vereinbarkeit noch weniger möglich erscheint als die der alten Territorialfürstentümer.

Der protestantische Grundzug der deutschen Kultur, die sich erst nach Lessing im Sturm und Drang zu nationaler Relevanz erheben wird, prägt von vornherein auch die Theatergattung Oper an jenen Orten, wo sie nicht im Rahmen eines habsburgisch oder territorialstaatlich geprägten Katholizismus als selbstverständlich gepflegt wird. Das gilt nicht nur für die – zunächst sehr bescheidenen und bald scheiternden – Versuche, eine volkssprachliche Oper der italienischen entgegenzusetzen, sondern auch im theoretischen Rahmen der ästhetischen Erörterung. Während die klassischen Bestimmungsversuche Italiens und Frankreichs im Umkreis der Florentiner ›Camerata‹ ab 1585 und, ein Jahrhundert später, in der ›Querelle des anciens et des modernes‹ die nationalkulturelle Identität im Gleichgewicht mit der Antike fixieren, zeichnen sich die frühen deutschen Versuche einer Verteidigung der Oper durch ein weniger normatives als kritisches Denken aus. An die Stelle eines vorschnell behaupteten Klassizismus tritt eine heftige Diskussion des Klassischen, wobei liberalere Prinzipien in mancher Beziehung schon romantischer Geschmacksbildung den Weg weisen. Vorrangig wird dabei das Einzelwerk behandelt und weniger seine Stellung zu einem vorgegebenen Regelwerk. So kristallisiert sich gegenüber dem Fehlen einer nationalkulturellen Verbindlichkeit so etwas wie der utopische Gehalt von Provinzialität heraus – ein Faktum, das beispielsweise noch 1865 nach den ersten öffentlichen Aufführungen von Wagners TRISTAN UND ISOLDE einem anonymen Kritiker im ›Bayerischen Landboten‹ zuzuordnen ist, der die Ungeheuerlichkeiten des Werks begriff und zu Papier brachte, indem er sie nach ihren eigenen Voraussetzungen und dem jeweiligen Funktionswert im Kunstganzen beurteilte, nicht aber nach alten Tabulatoren (wie die meisten Fachkritiker). In der allgemeinen Operngeschichtsschreibung ist diese Komponente immer zu wenig beachtet worden: daß in Deutschland ein spezifisch protestantischer Zug das Denken und Schreiben über Oper prägte und förderte. Da hat es eine fast schon symbolische Bedeutung, daß die erste deutsche Oper auf die Imitation der antik-griechischen Tragödie verzichtet und auf das reformerische Werk eines Dichters zurückgeht, der eine nationalkulturelle Wirkung anstrebte und bezeichnenderweise vom Luthertum zum Calvinismus übertrat – aber auch, daß die von Heinrich Schütz komponierte Musik zur DAPHNE des Martin Opitz verlorenging.

DEUTSCHE OPERNANFÄNGE

Die erste Opernaufführung im deutschen Kulturraum fällt mit dem Beginn des Dreißigjährigen Kriegs zusammen: 1618 spielte eine italienische Gruppe in Salzburg die ANDROMEDA (Bologna 1610) von Girolamo Giacobbi (1567–1629). Die während oder nach dem Krieg erbauten Hoftheater in Wien (1641), München (1653) oder Stuttgart (1661) waren Hochburgen der italienischen Oper. In den achtzig Jahren bis 1730 wurden fast fünfzig Häuser mehr oder weniger regelmäßig bespielt, wobei der französische Einfluß stärker im Nordwesten, der italienische stärker im Südwesten war, und die Bemühungen um eine deutsche Oper sich um Mitteldeutschland zentrierten, während sich in Hamburg die einzige Bürgeroper etablierte. Den ersten Anlauf in Richtung auf eine deutschsprachige Oper unternahm Martin Opitz (1597–1639). Der damals stellungslose Bürgersohn aus Schlesien verfaßte 1624 in nur fünf Tagen sein BUCH VON DER DEUTSCHEN POETEREY als Gattungspoetik, die seinen Studien der italienischen, französischen und niederländischen Renaissanceästhetik entsprang. Nahm die von ihm skizzierte Typologie des Dichtens schon Gedanken der Aufklärung vorweg, so wirkte seine Verslehre (an Beispielen aus seiner eigenen Dichtung exemplifiziert) mit dem Prinzip einer alternierend-akzentuierenden Metrik (anstelle der in Längen und Kürzen unterteilten antiken) ungemein befruchtend. Paul Fleming faßte die Meinung seiner zeitgenössischen Kollegen zusammen mit seiner Feststellung, daß die Musen »nun durch Opitz' Gunst auch hochdeutsch reden können«. Tatsächlich wurde das Werk in den Sprachgesellschaften eifrig diskutiert und wies mit seinen zahllosen Neuauflagen und deren Kommentierungen einen Weg zur landessprachlichen Literatur, so daß die neulateinische Poesie allmählich verdrängt wurde.

Aber nicht nur in der Literatur, sondern auch in der Oper steht Opitz am Beginn einer eigenständig deutschen Ästhetik. So müßig es ist, über die verlorengegangene Partitur der PASTORAL-TRAGIKOMÖDIE VON DER DAPHNE von Heinrich Schütz (1585–1672) zu spekulieren, so bedenkenswert ist das Vorwort des Dichters zu seiner im April 1627 auf dem Hartenfelser Schloß bei Torgau zur Hochzeit der Tochter des sächsischen Kurfürsten Johann Georg I. mit dem Darmstädter Landgrafen Georg II. aufgeführten Oper. Obwohl es sich bei dem Libretto um eine freie Übersetzung von Ottaviano Rinuccinis Text für Jacopo Peris DAFNE handelt, teilt Opitz nicht die Ansichten der Künstler in der Florentiner ›Camerata‹ über die Neubelebung des antiken griechischen Dramas aus dem Geist der Oper. Offenbar waren für Martin Opitz die theoretischen Erwägungen der Florentiner Hellenisten weniger wichtig als ihre dramaturgischen Konsequenzen. So erhöhte er die sinnliche Anschaulichkeit des Vorgangs, indem er nicht von der Verwandlung der Nymphe in einen Lorbeerbaum berichten läßt, sondern diese Metamorphose auf die Bühne brachte. Daß er im Vorwort sein Bedauern darüber äußert, aus Gründen der geschmacklichen Akzeptanz nicht weitergegangen zu sein, wiederholt sich in dem zu seiner heroischen JUDITH von 1635, wo er erneut um Verständnis dafür bittet, den – wie er meint – aristotelischen Regeln nicht gefolgt zu sein. Er erklärt das mit religiösen und patriotischen Zwängen, die seinem Finalruf zum Kampf gegen die türkischen Heiden einen besonderen Charakter geben. Das Selbstverständnis des Dichters, mag es auch in den genannten Vorworten durch die rhetorische Bitte um Wohlwollen relativiert sein, läßt immerhin einen Schluß zu: daß Opitz den Widerspruch zwischen zeitgemäß-dramaturgischer Gestaltung und einer vermeintlich antiken Dramenpraxis erkannte. Einen Versuch der Problemlösung bietet dann die erste im Druck überlieferte deutsche Oper, die von ihrem Umfang und Stil her eher als Singspiel zu bezeichnen ist: SEELEWIG von Sigmund Theophil Staden (1607–55).

SEELEWIG (›Geistliches Waldgedicht‹ in drei Akten; *L* von Georg Philipp Harsdörffer; Nürnberg 1644; Wolfenbüttel 1654; Augsburg 1698; *WA* Köln 1912; Bielefeld und Utrecht 1975).

Diese zweite deutschsprachige Oper entstand wie die DAPHNE von Schütz-Opitz in den Wirren des Dreißigjährigen Krieges (fiel ihm aber nicht zum Opfer) und war von einem herausragenden Barockdichter nach italienischen Vorlagen konzipiert worden. Der Nürnberger Patrizier Harsdörffer (1607–58), Mitglied der 1617 in Weimar gegründeten ›Fruchtbringenden Gesellschaft‹, hob 1644 zusammen mit Johann Klaj den ›Löblichen Hirten- und Blumenorden an der Pegnitz‹ aus der Taufe. Schon bevor er in dem seit 1647 erscheinenden POETISCHEN TRICHTER (dem ›Nürnberger Trichter‹), einem Nachfahr des Opitzschen Poetik-Buchs, die Regeln der Dichtkunst dem deutschen Publikum nahezubringen versuchte, hatte er 1641 mit der Publikation seiner FRAUENZIMMER-GESPRÄCHSSPIELE einen literarischen Sozialisationsversuch unternommen: »Eingedenk, daß gute Gespräche gute Sitten erhalten und handhaben gleichwie böse selbe verderben«.

Das Schäferspiel SEELEWIG weist mit seiner Gattungsbezeichnung ›Geistliches Waldgedicht‹ auf die italienische ›Favola boscheriggia sacra‹ zurück, wie sie Harsdörffer bei seinem Italienaufenthalt 1629/30 kennengelernt haben dürfte; die Verwendung der Echoszenen verstärkt die Verwandtschaft mit italienischen Pastoralspielen, der Titel

(Seelewig = die ewige Seele) rückt das Werk in eine direkte Beziehung zu Emilio de' Cavalieris RAPPRESENTATIONE DI ANIMA E DI CORPO mit ihrer Spannung zwischen Körperlust und Seelenheil. Andrerseits führt der ebenfalls auftauchende Untertitel ›Freudenspiel‹ zurück auf die Tradition des Schuldramas, das in Nürnberg eine lebendige Pflege fand. Die dortige Ratsmusik verfügte über entsprechende Musiken von Heinrich Schütz, Johann Hermann Schein und Samuel Scheidt, zu denen einheimische Künstler die erforderlichen Dialoge schrieben. Einer von ihnen war der Vater des Komponisten, Johann Staden, von dessen Dialogen sich Teile fast wortwörtlich in SEELEWIG wiederfinden. Obwohl der Komponist den Text Harsdörffers für sein Singspiel zum Teil veränderte, blieb er doch in dessen Zielsetzung der »italienischen Art«.

EINE OPER ÜBER DIE OPER

SEELEWIG ist nicht nur eine Oper in der durch den Einbezug liedhaftdeutscher Momente kaum verdeckten Nachfolge des monodischen Stils der Italiener, sondern zugleich eine Form der Meta-Kunst: eine Oper über die Oper. Das dramaturgische Prinzip Harsdörffers besteht darin, der christlich moralisierenden Schicht des Schäfer- und Nymphenspiels eine weitere Ebene beizugeben: die Erörterung künstlerischer Probleme. So wird die »in ganz weißem Taft« gekleidete Nymphe Seelewig im Verlauf des Spiels den Nachstellungen des lüsternen Waldgeistes Trügewalt entrissen, erscheint also in ihrer irdischen Gestalt als Allegorie der Anima, was schon durch ihre Kleidung versinnbildlicht wird. Sinnigunda hingegen, Verkörperung der Nichtigkeit sinnlichen Begehrens, wird bunt gekleidet, Gwissulda als Verkörperung des Gewissens in Violbraun, Ehrelob als Allegorie des Ehrgeizes in Purpurrot. Diesseits der allegorischen Ebene findet die ästhetische Diskussion statt. Zu dem Zweck läßt Harsdörffer den Text von den Figuren der Rahmenhandlung ausführlich erörtern. Daraus entspringen klare Anweisungen für die Musiker, die Spieler und das Bühnenbild, darüber hinaus sogar eine Erklärung der Oper als umfassender Theaterform. Zunächst unterhält man sich über die italienische Oper, die als eine zu kostbare und empfindliche Pflanze bezeichnet wird, als daß man sie in rauhen Boden umpflanzen könnte. Sinnvoller sei es da schon, eine eigenständige deutsche Oper zum Preise heroischer Taten und christlicher Tugenden zu entwickeln. Eingebunden wird diese sozusagen gattungsspezifische Diskussion in eine Theorie der Musik überhaupt.

Fraglos stehe fest, daß sie im pythagoreischen Sinn ein Abbild der Sphärenharmonie sei, eine Ableitung himmlischer Wahrheiten für menschliche Ohren. Dann werden, nach Simonides, Dichtung und Malerei erklärt: Poesie als ein sprechendes Bild und das Gemälde als stummes Gedicht. Daraus folgert die Überlegenheit der Oper, weil sie Poesie und Malerei in eine Einheit zwinge, so wie die göttliche Musik alle Dissonanzen des Universums harmonisiere. Diesen gesprochenen Zuordnungen entspricht der rein musikalische Rahmen. Er wird nicht nur durch eine Sinfonie und einen abschließenden Engelschor in den Zustand der »An- oder Gleichstimmung«, also einen Widerhall der Sphärenharmonie, sondern auch durch den leibhaftigen Auftritt der Musik- und Malkunst auf den religiös fundierten Ausgleich der internen kunsttheoretischen Diskussion festgelegt.

Die Musik zu diesem anspruchsvollen Unterfangen ist, nach Harsdörffers Zeugnis, »von dem hochberühmten und kunsterfahrenen Herrn Johann Gottlieb Staden, der zu endlicher Vollkommenheit dieser Wissenschaften geboren scheinet, gesetzt worden«. Sigmund Theophil Staden, wie er sich selber nannte, wurde 1627 als Stadtpfeifer in Nürnberg angestellt, wo sein Vater in der ›Musikalischen Gesellschaft‹ für die Beschaffung und Pflege des Notenmaterials verantwortlich war. Ein Jahr später erhielt er, wie zuvor schon sein als Musiklehrer renommierter Vater, den Titel ›ehrbar und kunstreich‹, 1634 wurde er Organist an Sankt Lorenz. Nachdem er schon 1643 das berühmt gewordene ›Historische Konzert‹ veranstaltet hatte (zusammen mit dem Dichter Johann Michael Dilherr), leitete er als Verantwortlicher für Text und Musik 1649 das große Friedensfest, mit dem die Stadt das Ende des Dreißigjährigen Krieges feierte. Er schrieb nicht nur alle Musiknummern für Harsdörffers GESPRÄCHSSPIELE, sondern auch für andere Werke dieses Autors und das Oratorium DER LEIDENDE CHRISTUS von Johann Klaj. Das Instrumentarium für SEELEWIG umfaßt mit jeweils spezifischem Einsatz für einzelne Figuren: Geigen und Flöten für Seelewig und Sinnigunda, Bratschen für den Engelschor, Schalmeien für Ehrelob, Reichimuth und die Hirten sowie für das Vorspiel (›Sinfonia‹), während der Versucher Trügewalt mit Horn oder Trompete, Pommer oder Fagott gekennzeichnet wird. Vertont ist der überwiegende Teil des Textes als generalbaßbegleitetes Sololied oder Chor, wobei zwei Echostellen (ein Nymphenchor und der mit verstellter Fistelstimme auf Fragen Seelewigs echohaft antwortende Trügewalt) aus dem Rahmen fallen. Formal handelt es sich, Harsdörffer übersetzt die

›italiänische Art‹ einmal als ›Genere recitativo‹, um Strophenlieder und durchlaufende Formen, wobei instrumentale Zwischenspiele und ›trockene‹ Rezitative als gliederndes Moment eingesetzt werden (mit der Theorbe als Generalbaßinstrument).

Der liedhafte Grundduktus der SEELEWIG erreicht nie den Spannungsgehalt des italienischen ›Dramma per musica‹ der gleichen Zeit, und lediglich die Verzweiflungsarie der Titelfigur im Gewitter am Ende des zweiten Aktes kommt ihm nahe: *Düstere Wolken, stark brausende Winde* (II,6; kurz vor ihrer Echoszene mit dem Nymphenchor). Hier benutzt Staden auf die Anfangsworte den gleichen verminderten Quartfall wie Monteverdi bei Orpheus' Klage nach dem Erhalt der Nachricht von Eurydikes Tod (*Tu sei morta;* II,1). Von der zweiten zur dritten Zeile führt bei Staden ein großer Septsprung, der sich im Ruf *Schone mein!* zum Oktavsprung dehnt. Dazu beunruhigt sich der durchgehende Rhythmus der punktierten Achtel zu zwei Achteln zwischen Vierteln zum Doppelschlag. Ähnlich fällt in dieser Arie Seelewigs die Harmonik mit ihren zwei aufeinanderfolgenden Tonartwechseln aus dem Rahmen des Werks. Zunächst geht Staden unvermutet von A-Dur nach F-Dur, das als Dominante von B-Dur erscheint. Diese Tonart wird aber nur gestreift, da der Gang über die Subdominante Es-Dur plötzlich nach G-Dur führt. Die Wehrufe der Seelewig am Ende erscheinen dann als chromatische Fortschreibung, die Staden wieder ungewöhnlich harmonisiert: von c-moll über D-Dur nach A-Dur, von dort aus über B-Dur in einer G-Dur-Kadenz endend. Hier ist tatsächlich der Ausdrucksgehalt des monodischen Stils der frühitalienischen Oper erreicht. Einen eigenen ›deutschen‹ Ton verbreitet die Nachtigallarie der Sinnigunda (III,3: *Die schwanke Nachtigall*), wo Staden mit sonst nie in der Oper vorkommenden Sechzehntelläufen, mit Triller und Koloratur lautmalerisch arbeitet und die Klage der Nachtigall davon um so deutlicher absetzt. Bei den Worten, daß der Vogel sein Ach und seine Wehmut »gleich einem Totenlied« singt, schiebt er den Choral WENN MEIN STÜNDLEIN VORHANDEN IST aus dem Hasslerschen Gesangbuch von 1608 ein (er hatte es 1637 neu herausgegeben). Sehr viel weniger eindrucksvoll ist die Konfrontation von Komik und Religiosität im Anschluß an Seelewigs folgende Versuchung durch den mit der Fistelstimme das falsche Echo auf ihre Lebensfragen gebenden Trügewalt. Nachdem dessen erster Verführungsversuch gescheitert war, versucht er nun in einem Blinde-Kuh-Spiel sich von der Angebeteten haschen zu lassen, worauf sich schnell die Bekehrung der Seelewig und der Schlußchor der Engel anschließen: Spannung in einem theatralischen Sinn ist da kaum vorhanden. SEELEWIG steht Cavalieris RAPPRESENTATIONE von 1600 näher als der venezianischen Oper ihrer Entstehungszeit. So deutlich die erste überlieferte deutsche Oper nach der »italienischen Art« komponiert ist, so stark ist sie von einer protestantischen Arbeitsethik geprägt: es kommt mehr auf die rechte Gesinnung des Ganzen als auf dessen Wirkung an, ja eine allzu große sinnliche Wirkung kann die rechte Gesinnung des Aufnehmenden schon wieder in Frage stellen.

KUNSTWERK ODER TEUFELSWERK?

Dieser Problemkreis prägte auch die Herausbildung einer deutschen Oper in Norddeutschland, nachdem Dresdner Versuche der beiden italienischen Komponisten Marco Giuseppe Peranda (um 1625–1675) und Giovanni Andrea Bontempi (um 1624–1705) folgenlos geblieben waren: DAPHNE (1671) trotz fünf Wiederholungen sowie JUPITER UND IO (1673; die Partitur ist verlorengegangen). Nach dem frühen Tod Perandas verlor Bontempi das Interesse an der Oper, das Schwergewicht verlagerte sich nach Norddeutschland. In Braunschweig waren Opernaufführungen am Hofe seit 1639 beliebt, und im Jahre 1690 wurde am Hagenmarkt ein Opernhaus für 2500 Besucher errichtet, das bis 1735 alljährlich zur Messezeit öffentliche Aufführungen bot. Für das künstlerische Gewicht garantierte Hofkapellmeister Sigismund Kusser (1660–1727), von dessen insgesamt elf Opern nur das Schäferspiel ERINDA ODER DIE UNSTRÄFLICHE LIEBE (1694) überliefert ist: ein Werk, in dem sich der Lully-Schüler mit reich instrumentierten Tanzsätzen ebenso profilieren konnte wie mit naturpoetisch volksliedhaften Weisen (etwa Eurillas *Schöne Wiesen, edle Felder*). Dieses Werk schrieb Kusser schon nicht mehr für das Braunschweiger Hoftheater, sondern für die Hamburger Bürgeroper. Sein Nachfolger am Hofe wurde 1697 Georg Caspar Schürmann (um 1672–1751), der für Braunschweig um die vierzig Opern komponierte. Von erstaunlicher Vielfalt der stilsicher eingesetzten Ausdrucksmittel ist die auf das von Lully vertonte Libretto Quinaults zurückgehende GETREUE ALCESTE (1719, deutsche Übersetzung von Johann Ulrich König). Der als großangelegtes Accompagnato komponierte Entschluß zur Todesbereitschaft der Alkestis ist ein verblüffendes Zeugnis für die operngerechte Anverwandlung des Stoffs zwischen Lully und Gluck.

Diese praktischen Erkundungen einer neuen Theaterform verliefen in Norddeutschland nicht ohne begleitende Theoriediskussionen. So hatte der Hamburger Literat Konrad von Höveln schon 1663 (wenngleich unter Pseudonym) einen EHREN-, TANZ-, SING-SCHAUSPIEL-ENTWURF veröffentlicht, aus dessen widerspruchsvollen Ideen immerhin das Lob der jungen Oper hervorging, weil sie die Handlung mit ihrer göttlichen Musik verkläre. Sehr viel tiefergehend war der Versuch einer ästhetischen Rechtfertigung der Oper in dem UNTERRICHT VON DER TEUTSCHEN SPRACHE UND POESIE, den der Kieler Literarhistoriker Daniel Georg Morhof 1682 veröffentlichte (seine Geschichte der Weltliteratur wurde neben diesem Werk bis tief ins 19. Jahrhundert hinein benutzt). Ausgehend von der These, daß die Theaterformen der griechischen Antike ein Gesamtkunstwerk aus Sprache und Musik, Gestik und Tanz gewesen und mit dem Niedergang der antiken Kultur in Vergessenheit geraten seien, pries er den Versuch einer Wiederbelebung dieser abgestorbenen Kunst im Kreis der Florentiner ›Camerata‹. Besonders erwähnte er den Dichter Ottavio Rinuccini und den Komponisten Emilio de' Cavalieri, wenngleich er sich drüber im klaren war, daß das Ergebnis beider Bemühungen weniger zu einer Rekonstruktion des Alten als zum Gewinn eines Neuen führten. Für Morhof lag der fruchtbare Irrtum der Italiener darin, daß sie glaubten, mit einer neuartigen Musik ihrer Zeit eine Spurensicherung betreiben zu können. Die aus diesem Irrtum entstandene Kunstform, die italienische ›Opera‹, übersetzte er als ›Werk‹ ins Deutsche. Während im meist katholischen Süden Deutschlands die Jesuiten Musikformen nach italienischem Vorbild in ihre der Gegenreformation dienenden Dramen übernahmen, bezeichnete im meist protestantischen Norden mancher Gläubige die neue Oper als Teufelswerk.

Das christliche Wettern gegen das Theater war weder eine deutsche Spezialität noch etwas Neues. Seit den Tagen der Kirchenväter mit ihrem Widerstand gegen die Freizügigkeiten des spätrömischen Theaters hatte sich eine klerikale Tradition entwickelt, in der neben der Darstellung von Sexualität besonders die heidnisch-mythischen Vorlagen kritisiert wurden. In Hamburg wurde diese europäische Tradition, wenngleich weniger erfolgreich als andernorts, mit deutscher Gründlichkeit weitergeführt, als es 1678 zur Gründung der Oper am Gänsemarkt kam. Der Bau dieser ersten öffentlichen deutschen Oper verdankt sich der Tatsache, daß die Hansestadt von den Verwüstungen des Dreißigjährigen Kriegs verschont geblieben war und nach dem Krieg neben einer Vielzahl von Flüchtlingen auch ausländische Kaufleute anzog. Mit etwa 70 000 Einwohnern war Hamburg um 1680 nach Wien die größte deutsche Stadt, deren politische Neutralität ebenso sprichwörtlich war wie ihre geistige Aufgeschlossenheit und ihr entwickelter Bürgersinn. Eben dieser führte, in einer Abwehrhaltung angesichts der befürchteten Überfremdung, zur Gründung deutscher Sprachgesellschaften wie dem ›Elbschwanenorden‹, von denen die ›sprachliche Fremdtümelei‹ bekämpft wurde.

In die gleiche Richtung zielte die Gründung der Oper am Gänsemarkt, obwohl im ersten Antrag vom 29. März 1677 die Rede war von der »Praesentierung einiger Opern nach italienischer Art«. Gestellt wurde der Antrag von dem Komponisten und Kapellmeister Johann Theile (1646–1724), der im Gefolge des Herzogs Christian Albert von Schleswig-Gottorf 1675 nach Hamburg gekommen war. Der Herzog, der aus politischen Gründen für vier Jahre ins Hamburger Exil ging, war ein großer Kunstfreund und hatte am Schleswiger Hof eine kleine Theatertradition begründet. Sein Hamburger Vorstoß war an die Adresse des Domkapitels gerichtet, und erst als dieses nur mit Vorbehalt dem Plan zustimmte, im Refektorium des Doms Opern aufführen zu lassen, kam es zur Gründung eines Interessenverbandes, dem außer dem Herzog die Hamburger Juristen Gerhard Schott und Peter Lütjen sowie der Organist Johann Adam Reinken federführend angehörten. Schott hatte in Venedig das Beispiel einer allgemein zugänglichen und nach dem Prinzip der finanziellen Rentabilität geführten Oper studiert, und schon am 2. Januar 1678 konnte das Haus mit Johann Theiles DER ERSCHAFFENE, GEFALLENE UND WIEDERAUFGERICHTETE MENSCH eröffnet werden. Obwohl der Herzog zuvor die Geistlichkeit über den Senat der Stadt gemahnt hatte, nicht gegen die Oper zu predigen, kam es zum Disput.

THEOLOGENSTREIT IN HAMBURG

Theologischer Bezugspunkt war der sogenannte erste Adiaphora-Streit, der noch zu Lebzeiten Luthers um die Zulässigkeit bestimmter Bräuche bei der Meßfeier entstanden war. Unter ›Adiaphora‹ (griechisch: nicht Unterschiedenes) wurden jene Werte subsumiert, die in sittlicher Hinsicht als neutral galten, also etwa Ruhm, Besitz oder Gesundheit. Diesen zwischen Gut und Böse angesiedelten Werten, den in der Heiligen Schrift weder dem einen noch dem anderen angehörenden ›Adiaphora‹, wollten Pietisten die Oper nicht zuschreiben (orthodoxe Lutheraner liebten sie zwar auch nicht, gingen aber in ihrer Kritik nicht so weit). Aus der gerade üblich werdenden Eindeutung der Gattungsbezeichnung als Werk machten sie das Teufelswerk, und Philipp Jacob Spener, Begründer des lutherischen Pietismus in seiner 1675 veröffentlichten Schrift PIA DESIDERIA ODER HERZLICHES VERLANGEN NACH GOTTGEFÄLLIGER BESSERUNG DER WAHREN EVANGELISCHEN KIRCHEN, bezeichnete die Oper ausdrücklich als satanische Versuchung. Als Speners Freund Anton Reiser 1679 zum Pastor an die Kirche Sankt Jacobi berufen wurde, predigte er heftig wider die »heidnische Ergetzlichkeit« und brachte seine Vorbehalte 1682 in einem Traktat zu Druck: THEATROMANIA ODER DIE WERKE DER FINSTERNIS IN DEN

ÖFFENTLICHEN SCHAUSPIELEN. Dieser pietistische Angriff ist nicht einfach aus der Perspektive des Nachgeborenen als puritanische Engherzigkeit abzutun, da er eingebunden war in eine kirchenkritische Tradition des Spiritualismus. Eigentlicher Zielpunkt der pietistischen Kritik war das durch das Obrigkeitskirchentum, den sogenannten ›Caesaropapismus‹, um seinen ursprünglichen Ansatz gebrachte Luthertum. Dessen Veräußerlichung zu rhetorischer Predigt und theatralischer Sakramentalik setzte Spener die Forderung nach der wahren Buße in der Heiligung des Lebens und damit nach der vom Amtskirchentum nicht zu gängelnden Religiosität des einzelnen entgegen. Kein Wunder, daß zunächst die Auseinandersetzung mit Anton Reiser (der nach eigener Aussage weder einen der von ihm attackierten Operntexte kannte noch je eine Aufführung sah) nicht von seinen orthodox-lutherischen Amtskollegen geführt wurde, sondern von der in Hamburg weniger gewichtigen Seite des Katholizismus kam. Der katholische Schauspieler Christoph Rauch verteidigte die Oper ein Jahr später in THEATROPHANIA, ENTGEGEN GESETZET DER SO GENANNTEN SCHRIFT THEATROMANIA, indem er auf den falschen Analogieschluß Reisers hinwies: die aus den Schriften der Kirchenväter herauslesbaren Einwände gegen das Theater auf das der Neuzeit zu beziehen. Ein kluger Schachzug der Opernpartei war es, den um eine Einigung zwischen den Kirchen bemühten Philosophen Leibniz um ein Gutachten zu bitten. Der stellte denn auch, nicht ohne Hinweis auf anderslautende Meinungen, das gewünschte Unbedenklichkeitsattest aus.

Damit war der Streit keineswegs beigelegt, obwohl sich nun auch die lutherische Orthodoxie in der Hansestadt für die Oper einsetzte und die theologischen bzw. juristischen Fakultäten der Universitäten von Jena, Rostock und Wittenberg um Gutachten gebeten wurden. Der lutheranische Pastor Hinrich Elmenhorst beendete 1688 mit seinem BERICHT VON DENEN OPER-SPIELEN die in der Öffentlichkeit geführte Diskussion, die mehrfach zur Schließung des Hauses geführt hatte. Besonders der theologische Streit um die Oper führte zu einer Erörterung ihrer ästhetischen Besonderheiten, die manch einen in der neuen Kunstform das »Hauptwerk theatralischer Gedichte« sehen ließ, wie es der Hamburger Librettist und Theoretiker Christian Hunold 1706 als Menantes in seiner Schrift THEATRALISCHE, GALANTE UND GEISTLICHE GEDICHTE und in seinem Vorwort zu Erdmann Neumeisters Poetik DIE ALLERNEUESTE ART, ZUR REINEN UND GALANTEN POESIE ZU GELANGEN (1707) tat. In diesen Verteidigungen der Oper wird der platte Klassizismus attackiert, wie ihn Charles de Saint-Évremond 1677 in seiner Schrift LETTRE SUR LES OPERA À MONSIEUR LE DUC DE BUCKINGHAM mit der Forderung nach Wahrscheinlichkeit und Einhaltung der angeblich aristotelischen Einheit von Spielzeit, Handlungsort und Handlungsträgern vertrat. Die nach Meinung des Franzosen gravierendste Sünde gegen die

Regel der Wahrscheinlichkeit: die Arie als Ausdruck des in Musik einen Sinn vermittelnden Menschen, wurde von Neumeister (der das religiöse Lied mit aus der Oper entlehnten Formen neu zu beleben versuchte) als Seele der Oper verteidigt, und mit Hunold war er sich darin einig, die Konzentration der verschiedensten Handlungsmomente einer Tragödie nach französischem Stil als das Gegenteil von Wahrscheinlichkeit zu bezeichnen: »Allein es scheint an sich selber fast unmöglich, daß so vielerley Dinge, welche in einem Dramate vorkommen müssen, sich in einem einzigen Tage zutragen können« (Neumeister).

In diesen ersten ästhetischen Selbstbestimmungsversuchen der deutschen Oper ist also schon jener antifranzösisch-klassizistische und proenglisch-romantisierende Ton vorgeprägt, der von Lessing an die Herausbildung einer deutschen Nationalliteratur mittragen wird. In dieser Beziehung müssen die Libretti der Hamburger Bürgeroper als eine legitime Fortsetzung des mit dem Tod Daniel Casper Lohensteins im Jahre 1683 absterbenden spätbarocken Dramas verstanden werden, was zumindest für die Bearbeitung zweier Dramen von Johann Christian Hallmann gilt: ANTIOCHUS UND STRATONICA (1684; als Libretto von Barthold Feind 1708 eingerichtet) und ADELHEID, von einem unbekannten Textdichter 1727 nach DIE SCHAUBÜHNE DES GLÜCKS ODER DIE UNÜBERWINDLICHE ADELHEIDE zu Telemanns Musik geschrieben. Seine eigene Bearbeitung rechtfertigte Feind im Vorwort seines ANTIOCHUS (Musik: Christoph Graupner) mit dem Hinweis, daß er den »durch künstlich zusammengesuchte Wörter und Expressionen« gekennzeichneten Schwulst der Vorlage durch »eine teils heroische, teils indifferent scheinende Bezeugung der Acteurs in der Stille und durch die Tat selber« ersetzt habe. Das ist nichts weniger als die Zusammenfassung der Hamburgischen Operndramaturgie, die man als Affektenbündelung bezeichnen könnte: »wo sonst keine Affecten sind, da sind auch keine Actiones, und wo keine Actiones sind, da wird es auf dem Theatro sehr frieren« (Feind). Dieser Zusammenhang von Affekt und Handlung weist den Hamburger Libretti schon den Weg zum ›Sturm und Drang‹. Andrerseits wurde durch den Einbezug gegenwartsbezogener Sujets, oft sogar im niederdeutschen Dialekt, der Hamburger Alltag in Lokalpossen auf die Bühne gebracht. Während sich Feind 1708 darüber beklagte, daß aus dieser Gewohnheit der Zwang geworden war, lustige Personen nach dem venezianischen Vorbild auch in die Tragödie einzuführen, hatte der neben ihm und Christian Heinrich Postel bedeutendste Hamburger Librettist Lucas van Bostel das schon 1686 im Vorwort zu seinem Drama DER GLÜCKLICHE GROSS-VEZIER CARA MUSTAPHA I. damit zu rechtfertigen versucht, daß sie »die heimlichen Laster oder sonst in der Welt im Schwange gehenden Mißbräuche durch höhnische Aufziehung zur Verbesserung der Sitten entdecken«.

REINHARD KEISER (1674–1739)

War die Entstehung der Hamburger Bürgeroper dadurch begünstigt worden, daß die Hansestadt die Wirren des Dreißigjährigen Krieges unbeschadet überstanden hatte, so ging in späteren Zeitläuften manches wertvolle Dokument verloren. Aus der Anfangszeit der Oper am Gänsemarkt ist nur wenig Notenmaterial bekannt, und als der Forscher Hellmuth Christian Wolff 1957 endlich seine schon 1941 fertiggestellte Standarduntersuchung DIE BAROCKOPER IN HAMBURG veröffentlichen konnte, waren der Bombardierung der Stadt im Jahre 1944 wertvollste Bibliotheksbestände zum Opfer gefallen. Darunter befanden sich (erhalten blieben knapp vierzig Werke, von denen bis 1975 neun im Druck vorlagen) nicht nur so gut wie alle Opern Johann Matthesons, einige Werke Reinhard Keisers (wie DER CARNEVAL VON VENEDIG) und Georg Philipp Telemanns (etwa EMMA UND EGINHARD, das 1972 in einer Washingtoner Kopie wieder auftauchte), sondern auch Ariensammlungen, die einen verläßlichen Einblick in die Frühzeit der Hamburger Oper ermöglichten.

Diese wurde geprägt von Komponisten wie Johann Theile, mit dessen ADAM UND EVA ODER DER ERSCHAFFENE, GEFALLENE UND WIEDERAUFGERICHTETE MENSCH das Haus eröffnet wurde, Nikolaus Adam Strungk aus Braunschweig, dem aus Nürnberg stammenden Johann Wolfgang Franck, Johann Philipp Förtsch, der nach 1690 Arzt wurde, dem Lully-Schüler Johann Sigismund Kusser und Johann Georg Conradi, dessen ARIADNE von 1691 im Jahre 1972 wiederentdeckt wurde. Der wichtigste Komponist für die Bürgeroper war der in Weißenfels geborene, an der Leipziger Thomasschule und später von Kusser ausgebildete Reinhard Keiser, der in vier Jahrzehnten etwa sechzig Opern für das Haus komponierte oder einrichtete. Mindestens zwei Jahrzehnte lang beherrschte er das Repertoire der Hamburger Oper, und 1713 pries ihn Johann Mattheson als den ersten Komponisten der damaligen Welt: »le premier homme du monde«. Bei seinem Tod, ein Jahr nach Einstellung des Spielbetriebs im Jahre 1738, war Keiser indes so gut wie vergessen. Begonnen hatte der damals als Hofkapellmeister in Braunschweig Tätige seine Opernkarriere 1694 mit PROCRIS UND CEPHALUS in Basel sowie DER KÖNIGLICHE SCHÄFER ODER BASILIUS IN ARCADIEN, die in Hamburg herauskam. 1697 siedelte Keiser endgültig in die Hansestadt über, wo er als Kapellmeister der Oper engagiert wurde. Zwischen 1703 und 1707 pachtete er mit einem Partner das Institut, das nach dem Tod des Mitbegründers Gerhard Schott im Jahre 1702 im Besitz von dessen Familie verblieben war. Als das Haus 1717 Bankrott machte, suchte Keiser in Gotha, Eisenach, Stuttgart und Karlsruhe-Durlach eine neue

Position. 1721 kehrte er an die wiedereröffnete Oper zurück, wo Telemann seine frühere Position eingenommen hatte. Bis 1729 komponierte Keiser aber weiter für das Haus, ehe er als Nachfolger Matthesons Kantor am Hamburger Dom wurde. 1737 wurden indes die Kirchenkonzerte eingestellt, ein Jahr später der Opernbetrieb.

IM WIDERSTREIT DER MEINUNGEN

Der Niedergang der Hamburger Oper war im Deutschland der dreißiger Jahre des 18. Jahrhunderts kein Einzelfall. Ein zeitgenössisches GROSSES VOLLSTÄNDIGES UNIVERSAL-LEXICON ALLER WISSENSCHAFTEN UND KÜNSTE kommentierte die eigene Betroffenheit: »Aber man hat auch Ursache, sich zu freuen, wenn das Opern-Wesen in Deutschland mehr und mehr in Abnahme geräth. Das Leipziger Opern-Theater ist seit vielen Jahren eingegangen, und das Hamburgische liegt in den letzten Zügen. Das Braunschweigische hat gleichfalls unlängst aufgehöret; und es steht dahin, ob es jemals wieder in Flor kömmt. Auch in Halle und Weißenfels hat es vormals Opern-Bühnen gegeben, anderer kleinen Fürstlichen Höfe ganz zu geschweigen, die aber alle allmählich ein Ende genommen haben. Dieses zeigt den zunehmenden guten Geschmack unserer Landsleute, wozu man ihnen Glück wünschet.« Die tieferen Gründe für diesen Glückwunsch hat Johann Christoph Gottsched ab 1730 in den vier Auflagen seines VERSUCHS EINER CRITISCHEN DICHTKUNST namhaft gemacht. Gottsched verwarf die Oper, weil sie nicht den Regeln der klassischen antiken Tragödie folge, mit dem Prinzip des singenden Menschen die Wahrscheinlichkeit in der Naturnachahmung störe und mit der Vorherrschaft erotischer Themen die öffentliche Moral zersetze. Das waren dieselben, jetzt nicht mehr theologisch, sondern weltlich-aufklärerisch von den französischen Autoritäten Saint-Évremond und Nicolas Boileau gestützten Argumente, die schon den Adiaphora-Streit in der Frühzeit der Hamburgischen Oper geprägt hatten. Sie haben auf die Musikgeschichtsschreibung erstaunlich lange nachgewirkt, da die Oper am Gänsemarkt im allgemeinen, Reinhard Keiser im besonderen noch bis ins 20. Jahrhundert hinein verkannt worden sind. Was bei Saint-Évremond in einen schon soziologisch und historisch gefärbten Zusammenhang der Argumentation eingeordnet war, wurde von Gottsched auf die fantasielose Engherzigkeit eines aufklärerischen Richterspruchs reduziert: »Man muß seinen Verstand entweder zu Hause lassen und nur die Ohren mitbringen, wenn man in die Oper geht, oder man muß sich Gewalt antun und alle Unmöglichkeiten, die uns darin vorgestellt werden, verdauen können« (schon 1728 in der 58. Nummer der moralischen Wochenschrift DER BIEDERMANN). Als Gottsched 1741 Saint-

Évremonds satirische Komödie LES OPÉRA (1677) übersetzte (DIE OPERN, EIN LUSTSPIEL), bezog er ihr Lokalkolorit auf die gerade geschlossene Hamburger Oper. Im Vorwort erwähnte er eine ihm freundlicherweise zum ausdrücklichen Zwecke der Verteufelung zur Verfügung gestellte Liste aller in Deutschland aufgeführten Opern, die ihm als Vorlage für seine Sammlung NÖTHIGER VORRAT ZUR GESCHICHTE DER DEUTSCHEN DRAMATISCHEN KUNST diente. Diese Titelsammlung aller zwischen 1450 und 1750 im Druck erschienenen deutschen Theaterstücke wurde bis tief ins 18. Jahrhundert ironischerweise auch immer wieder von Verteidigern der Oper herangezogen. Ebenso wirkt es wie eine Ironie der Geschichte, daß Reinhard Keisers negative Beurteilung im 19. Jahrhundert zum Teil auf ein emphatisches Lob aus dem 18. Jahrhundert zurückzuführen ist. In Johann Adolph Scheibes Chronik ÜBER DIE MUSIKALISCHE KOMPOSITION wurde Keiser 1773 noch über zwei damals so gut wie vergessene jüngere Zeitgenossen gestellt: »Händel und Hasse, diese berühmten Männer, die Deutschland in Italien und Engelland Ehre gemacht haben, haben sich, insbesondere der erste, gar oft seiner Erfindungen bedienet und sich dabey sehr wohl befunden . . . Keiser war in der Musik vielleicht das größte Originalgenie, das Deutschland je hervorgebracht hat.« Dieser Einschätzung hat Friedrich Chrysander 1858 im ersten Band seiner Händel-Biographie ausdrücklich die Berechtigung abgesprochen. Nach seinem Urteil war Keiser »bei großer Begabung bald mit sich auf's Reine gekommen. Hieraus muß man sich die sonst auffallende Erscheinung erklären, daß seine ersten Werke aussehen wie seine letzten, da er in vierzig Jahren weder vor- noch rückgeschritten war.«

Die Argumentation Chrysanders und anderer Historiker war keineswegs tendenzfrei. Um das Originalgenie Händel in seiner zumal durch die Wirkungsgeschichte der Oratorien gottähnlich hochstilisierten Einmaligkeit unantastbar zu machen, wurde Keiser im besonderen, die Hamburgische Bürgeroper im allgemeinen des allzu Menschlichen geziehen: da Keiser lebenslustig und sinnenfroh war, mußte sein Opernunternehmen des moralischen Halts wie des sittlichen Ernstes entbehren. Zudem ließ er keinen Zweifel daran aufkommen, daß ihm die italienische Oper als Vorbild galt. Für die Partei der Aufklärung war das der zweifelhafte Sieg der Unvernunft, wie es Gottscheds Kollege Jacob Friedrich Lamprecht 1736 in seinem fiktiven SCHREIBEN EINES SCHWABEN AN EINEN DEUTSCHEN FREUND IN PETERSBURG VON DEM GEGENWÄRTIGEN ZUSTAND DER OPERA IN HAMBURG festhielt: »Die italiänische Sing-Art muß nothwendig wider die Natur seyn, weil sie den Mund in die unnatürlichsten Stellungen bringet.« Die in der Tat zum Teil horrenden Schwierigkeiten von Keisers Vokalstil, dessen Gehalt an komplizierten Ausschmückungen weniger aus dem Geist der Melodie selber, wie in der italienischen ›Fioritura‹, als aus einem angestrengten Kunstwillen zu stammen scheint (was auch für Bach gilt), hat denn auch jüngere Wiederbelebungsversuche auf der Bühne als problematisch erscheinen lassen. Das Qualitätsgefälle in Keisers Opern darf aber nicht darüber hinwegtäuschen, daß er zu tief empfundener Musik fähig war.

Keisers Hamburger Opern sind biographisch und stilistisch in drei Gruppen zu unterteilen. Die erste reicht vom ADONIS des Jahres 1697 bis zum Revolutionsstück MASAGNIELLO von 1706, die zweite von der ARSINOE (1710) bis zum TRAJANUS (1717), die letzte vom ULYSSES (1722) bis zur CIRCE von 1734. Gegen Chrysanders Vorwurf der Gleichmacherei lassen sich doch einige Stilentwicklungen ausmachen. So steht in den Werken der ersten Gruppe das leidende Individuum im Vordergrund, wobei die Musik dank der geschickten Libretti oft für überraschende Wendungen sorgt. Die Affektgipfel mit ihren hochvirtuosen Arien werden oft überzeugend aus der Handlung entwickelt, etwa in Christian Heinrich Postels JANUS, Hinrich Hinschs CLAUDIUS oder der OCTAVIA von Barthold Feind. In DIE VERDAMMTE STAATSSUCHT ODER DER VERFÜHRTE CLAUDIUS erprobt Keiser 1703 erstmals den Einschub italienischer Arien (11 von insgesamt 67). Gegenüber seinen Vorgängern erreicht er in den genannten Werken fließende Übergänge zwischen den sonst formalisierten Teilen des Secco- und Accompagnato-Rezitativs sowie der Arie. Die vokale Stimmführung scheint weniger aus dem melodischen Einfall oder dem Bezug auf den Textgehalt entwickelt als aus einer instrumentalen Vorstellungskraft. Die in ihrem Ablauf meist gut überschaubaren Melodien, auch vom Laienpublikum der Zeit hochgeschätzt, verlaufen oft im Terz- oder Sextabstand zu den begleitenden Instrumenten, die bevorzugte Metrik des Sechs- oder Zwölfachteltakts gibt ihnen einen wiegenden Charakter mit galanten Stilmerkmalen. In der Oper DER BEI DEM ALLGEMEINEN WELTFRIEDEN UND DEM GROSSEN AUGUSTUS GESCHLOSSENE TEMPEL DES JANUS (1699; von Telemann 1729 revidiert) wird die durch Kaiser Augustus nach der Schlacht bei Actium verfügte Schließung des Janustempels mit der zeitgeschichtlichen Politik in Verbindung gebracht. Dieser aktuelle Bezug auf Kaiser Leopolds I. Friedensschluß im Türkenkrieg am 26. Januar 1699 war eine Art Fortsetzung von Johann Wolfgang Francks CARA MUSTAFA nach Bostels Tragödie, in der 1686 die gerade drei Jahre zurückliegende Belagerung und schließliche Entsetzung Wiens geschildert wurde. Neben den üblichen Stoffen aus der griechischen Mythologie und der römischen Geschichte waren solche Einlassungen auf die jüngste Geschichte ebenso eine Besonderheit der Oper am Gänsemarkt wie ihre Rückwendung auf die eigene Lokalvergangenheit, etwa in Keisers zweiteiliger Schilderung des Kampfs der sogenannten Vitalienbrüder STÖRTEBEKER UND JÖGDE MICHAELS (1701) gegen die Hanse im Mittelalter.

MASAGNIELLO FURIOSO ODER DIE NEAPOLITANISCHE FISCHER-
EMPÖRUNG (Oper in drei Akten; *L* von Barthold Feind; Hamburg
1706; Revision durch Telemann 1727; *WA* Staatsoper Berlin 1967,
Basel 1972).

Feinds Text nimmt über ein 1682 von Christian Weise verfaßtes
Schuldrama Bezug auf den 1647 von dem Fischer Masaniello angeführten Aufstand des neapolitanischen Volks gegen die Steuerpolitik des
spanischen Vizekönigs. Als die Oper 1967 in der Ost-Berliner Staatsoper wieder aufgeführt wurde, war eine Bearbeitung zu hören, die das
Werk in eine Tradition sozialrevolutionärer deutscher Kunst stellte
(wie man in der DDR aus der Bürgeroper am Gänsemarkt gern den
erfüllten Wunschtraum einer Volksoper ableitet); die von Basler Musikologen 1972 erarbeitete Aufführung bediente sich dagegen einer historisierenden Perspektive. Der Fall ist in der Tat heikel, da die Oper
zumindest dem äußeren Anschein nach sich auf die Seite der Herrschenden schlägt und das böse Ende des Fischers nicht nur als verdient
hinstellt, sondern auch als Warnung vor aufrührerischen Demagogen
im damaligen Hamburg. Allerdings hat Feind, und mit ihm Keiser,
nicht die plane Sicht Weises übernommen, sondern das Revolutions-
drama als düsteren Hintergrund für eine Liebesaffäre benutzt: es wird
solcherweise durchlässig für eigene Gedanken des Zuschauers. Jedenfalls wirkt hier das Motiv der ungerechten Besteuerung eindeutig
nach, so daß der Vorwurf Goethes gegen Aubers Vertonung des Stoffs
in seiner Oper DIE STUMME VON PORTICI (1828), in der dieser real-
politische Bezug durch die Verführung von Masaniellos Schwester
durch den Sohn des Vizekönigs ersetzt wurde, hier nicht erhoben werden kann: daß nämlich »eigentlich gegründete Motive zu einer Revolution gar nicht zur Anschauung gebracht« würden. So spielt sich Keisers
Oper, im Original stärker als in Telemanns Bearbeitung, in einer um
1706 gerade zulässigen Grauzone der Aufsässigkeit und Ambivalenz ab.

Zwar beginnt die Ouvertüre noch in einem zweiteiligen ›Affetuoso‹
mit Oboensolo, aber der gewichtige Stil der französischen Ouvertüre
Lullys, wie ihn noch die OCTAVIA gezeigt hatte, ist in Richtung auf eine
volkstümlich-italianisierte Beweglichkeit verändert. Die erste Arie mit
ihrer pastoralen Idylle, in der sich zwei Flöten ohne Baßunterstützung
im Sextabstand voneinander bewegen, kontrastiert hart zu Masaniellos
daktylisch rhythmisiertem Revolutionsaufruf *Ihr knallenden Schläge der
donnernden Stücke.* Telemann veränderte deren Duktus, indem er die
Baßgrundierung aufhellte und den Melodiefluß durch Beschleunigung

mechanisierte. Andrerseits ersetzte er Don Pedros Liebesarie *Spielt, pranget, scherzet* durch eine Rachearie mit Trompeten-Obbligato *Ihr Blitze der blinkenden Klinge*. Ein Glanzstück Keisers ist der Ausbruch des Wahnsinns bei Masaniello in einem begleiteten Rezitativ, dem die d-moll-Arie *Ich eile nicht mehr zu Schiffe* folgt. Hier läßt Keiser über die ersten acht Takte einfach den Ton D im Baß liegen, so daß die Musik sich nicht kadenzierend weiterentwickeln kann. Dann geht sie in die Dur-Parallele (B) und von dort nach F- und A-Dur weiter und bricht plötzlich ab; in diesen auskomponierten Augenblick der Sinnverwirrung und Stille fällt der tödliche Schuß auf Masaniello. Schon dieser Hinweis auf Keisers harmonisches Fingerspitzengefühl läßt Telemanns zahlreiche Tonartenänderungen als willkürlich erscheinen. Neben dem düsteren Moment gestaltet Keiser aber auch hellere mit einer vergleichbaren Kraft. So nimmt er im ersten Duett zwischen Marianne und Antonio, die mit ihrem *Addio caro sposo* das letzte Wort in der Oper haben, den Parlando-Stil der italienischen ›Opera buffa‹ vorweg *(Senti mio caro)*, läßt in III,11 ein kleines Instrumentaltrio (Der Schlaf – ›Le sommeil‹) von ausgesprochen französischem Reiz erklingen und sublimiert die marktschreierischen Anpreisungen von Händlern in der Ausruferszene des Fruchtkrämers Bassiano. Händel wird in seinem XERXES darauf zurückkommen.

Keisers zweite Stilepoche zwischen 1710 und 1717 ist »gekennzeichnet durch eine kontinuierliche Entfaltung instrumentaler Möglichkeiten, durch ihre variable Kombination im musikalischen Satz. Die Ausdehnung der Arien wächst, ihr Formschema weicht nur noch selten vom ›Da capo‹ ab. Die großen Arien beherrschen zunehmend die Szene, an deren Ende sie stehen«. Die Nähe zur italienischen Oper des ›Settecento‹ zeigt sich auch darin, daß die Libretti sich meist an italienische Vorlagen anlehnen und die Reformideen Apostolo Zenos spiegeln. Auffällig ist auch Keisers Praxis der ›Kofferarie‹ wie in der ›Opera seria‹ Italiens, wobei er nicht nur auf frühere Arien zurückgreift, sondern auch auf einzelne Textstellen aus älteren Werken. So entstehen zwar »Arienopern von schillerndem Kontrast, hoher Virtuosität und artifiziellem Zuschnitt«, aber der Verzicht auf einfache Strophenlieder und Tanzarien nimmt den auch im orchestralen Bereich anspruchsvollen Werken die eigene Note. Andrerseits führt die hohe Professionalität, auf die Keiser sich als Dirigent eines reich besetzten Orchesters und eines zwar kleinen, aber leistungsfähigen Sängerensembles stützen konnte, in seinen mittleren Werken zur Einführung einer strophischen Variationsform als Ausdruck eines offenbar anerkannten Selbstwertgefühls. Neben der FREDEGUNDA auf den Text von Johann Ulrich von Königs TRIUMPH DER UNSCHULD von 1715 gehört ein von den Zeitgenossen ebenfalls sehr geschätztes Werk in diese Periode, das in zwei Fassungen vorliegt:

DER HOCHMÜTHIGE, GESTÜRZTE UND WIEDER ERHABENE CROESUS (Musikalisches Schauspiel von Lucas von Bostel; Hamburg 1710 und 1730; *WA* New York 1967 konzertant, Wuppertal 1968 szenisch).

Die Zielsetzung des Librettisten war ganz didaktisch: aus dem Schicksal des Lydierkönigs Crösus, der die Warnung des Philosophen Solon, sich vor dem Tode schon glücklich zu nennen, verlacht, vom Perserkönig Cyrus gefangengenommen wird und hingerichtet werden soll, aber seinen Rufen nach Solon schließlich doch das Leben verdankt, sollte das Publikum lernen, daß »aus dem Verlauf der an sich im Hauptwerke wahrhaftigen Geschichte die Unbeständigkeit weltlicher Ehre und Reichthums anerkannt werde« (der Librettist im Vorwort). Der hohen Handlungsebene mit den beiden Königen ist die von zwei komischen Dienerfiguren entgegengestellt. Elcius ist der Vertraute des stummen Crösus-Sohns Atis, Trigesta die Bedienstete der Prinzessin Elmira, in die Atis verliebt ist. Da er sich nicht verbal ausdrücken kann (erst in dem Schock einer Schlacht findet er die Sprache wieder), äußert er sich pantomimisch und läßt seinen Haushofmeister die Liebesarien an die Adresse Elmiras singen. Dieser halb-komische Zug wird auf der Dienerebene insofern verstärkt, als diese ihre Herrschaft parodieren. Zur Unterstützung dieses volkstümlichen Tons dienen musizierende Bauern und singende Kinder ebenso wie groteske Verkleidungen des Elcius, der einmal auch als Hamburger Ausrufer auftritt.

Diese Anreicherung des Stoffs ist keine Hamburger Errungenschaft, da schon im Originallibretto Nicola Minatos für den 1678 in Wien uraufgeführten CRESO Antonio Draghis die Oper buchstäblich als Doppelwerk angelegt war: sie wurde auf zwei Tage aufgeteilt. Dennoch ist Bostels volkstümliche Eindeutschung, die er schon 1684 für den Hamburger Komponisten Johann Philipp Förtsch erarbeitet hatte, ebenso bemerkenswert wie die in bezug auf »Motivgestaltung, rhythmische Plastik, Formenmannigfaltigkeit und Instrumentalkolorit« herausragende Musik Keisers. Zeigt sich Keiser in der Erstfassung der venezianischen Oper des 17. Jahrhunderts verpflichtet, so verändert er zwei Jahrzehnte später das barocke Pathos in Richtung auf den galanten Stil des Rokoko, wobei die Vorherrschaft der vielen obligaten Baßgänge in der Erstfassung zu harmonischen Stützbässen mit starker Profilierung der melodischen Oberstimme umgebogen wird. Aber wenn Keiser sich des ›Basso ostinato‹ bedient, am eindrucksvollsten in den 24 Takten des auf dem Scheiterhaufen den Tod erwartenden Crösus, variiert er das italienische Vorbild der Chaconne, indem er in die Wiederholung der gleichen Baßtonfolge chromatische Zwischentöne legt und auf das notengetreue Da capo verzichtet. Das Bauernduett *Kleine Vöglein, die ihr springet*, das lange Zeit als Kennzeichen Hamburgischer Volkstümlichkeit galt, ist mit seiner Imitation von Schalmei und Sackpfeife von der Forschung als Gemeinplatz erkannt worden: Minato hatte in seinem Originallibretto eben diese Instrumente vorgeschrieben (Zuffolo und Sampagna). Das nimmt nichts von seinem Reiz oder dem der simplen Dreiklangmelodik in der Szene des Elcius als Ausrufer *Kommt ihr Herren, kommt zu kaufen* oder dem Lied *Mein Käthchen ist ein Mädchen, der jede weichen muß.*

Zeichnen sich beide Fassungen des CROESUS durch einen deutlichen Personalstil aus, wie auch DIE GROSSMÜTHIGE TOMYRIS (1717 auf einen Text von Johann Joachim Hoe), so gilt das in der Regel nicht mehr für Keisers Werke aus seiner letzten Schaffensperiode. Da bei seiner Rückkehr im Jahre 1722 Telemann Kapellmeister des Instituts geworden war, ist es begreiflich, daß der Authentizitätsgrad seiner Werke sinkt: immer mehr tauchen in ihnen Arien anderer Komponisten auf. Selbst in dem »scherzhaften Singspiel« von 1726 DER LÄCHERLICHE PRINZ JODELET auf ein Libretto von Johann Philipp Praetorius nach einer Komödie des Paul Scarron (als erster Neudruck einer Keiser-Oper 1892 erschienen; *WA* Hamburg 1930) lassen sich weitgehende Fremdmaterialien nachweisen. Es gelang Keiser mit seinen bewußten Stilzitaten ebensowenig wie dem Textdichter mit seinem Gemisch aus Sprachen und Stillagen, aus ironischen Anleihen bei der ›Opera seria‹ Italiens eine bodenständige Tradition der Buffo-Oper zu entwickeln. Die als falscher Prinz auftretende Titelfigur wird mit ihren Anspielungen auf andere Opern letztlich zum Symbol des unfreiwilligen Eingeständnisses, daß in Hamburg eine eigenständige Operntradition gescheitert war. Daran war zweifellos der immer mehr verrottende Spielbetrieb im Haus am Gänsemarkt mitschuldig, vorrangig aber der im Fehlen einer Werkdramaturgie sich offenbarende Sinnverlust. Keisers zeitweiliger Librettist Barthold Feind hatte ihn, auf den Spuren der Florentiner ›Camerata‹ und Monteverdis ›Seconda pratica‹, 1708 in seine GEDANCKEN ZUR OPER durch die Forderung nach der Führerrolle des Wortes zu bannen versucht: »Denn eine Opera ist ein aus vielen Unterredungen bestehendes Gedicht, so in die Music gesetzet, als welche der Verse wegen allhier gebraucht wird, nicht aber umgekehrt, weil der Poet den Musicum zu allerhand Inventionen veranlasset und der Musicus dem Poeten folgen muß.« Als Gottsched 1740 die schon 1706 erschienene Schrift Lodovico Muratoris DELLA PERFETTA POESIA übersetzte, konstatierte er: »Nichts ist aber so augenscheinlich, als daß jetzt die Poesie der Musik gehorchet und nicht befiehlt«. Die konstruktive Neubesinnung auf das Verhältnis zwischen Text und Musik in der Oper sollte erst durch die Reformopern Christoph Willibald Glucks eingeleitet werden, der 1748 als Kapellmeister der italienischen Operntruppe der Brüder Angelo und Pietro Mingotti in dem längst baufällig gewordenen Haus am Gänsemarkt gastierte. Als es 1757 niedergerissen wurde, entstand an seiner Stelle jenes Schauspielhaus, in dem Lessing zehn Jahre später und fünf Jahre nach Glucks erster Reformoper seine Tätigkeit als Dramaturg und Verfasser der HAMBURGISCHEN DRAMATURGIE beginnen sollte. So falsch es wäre, gegen die lange Unterbewertung der Hamburgischen Bürgeroper am Gänsemarkt nun ein idealisiertes Bild zu stellen, so unbestreitbar ist doch ihre Einbindung in die langsam wachsende Tradition einer deutschen Theaterkultur.

HÄNDEL – MATTHESON – TELEMANN

Georg Friedrich Händel komponierte für die Oper am Gänsemarkt insgesamt vier Opern in den Jahren 1704/05: ALMIRA, NERO, FLORINDO und DAPHNE (die als zweiteiliges Werk aufgeführt wurde). Von diesen ist nur ALMIRA, KÖNIGIN VON KASTILIEN (1705) überliefert: wie Keisers CLAUDIUS eine Oper mit italienischen Einlagearien, von denen eine *(Geloso tormento)* mit ihrer Musikalisierung einer wahrhaft stürmischen Eifersucht aus dem Rahmen fällt. Keiser, der schon vor Händel die Arbeit an seiner eigenen ALMIRA begonnen hatte, dann aber das Libretto dem neuen Schützling Matthesons überließ, war von dem Werk wenig begeistert, nahm es aus dem Spielplan und ersetzte es durch seine eigene Fassung. Deren Flüssigkeit übertrifft mühelos Händels steifen Anfängerstil – was dem Hallenser offenbar einleuchtete, denn er schlachtete während seines Aufenthalts in Italien (1706/10) Keisers OCTAVIA weidlich aus. So übernahm er etwa die Arie des Luzifers *O voi dell'Erebo* in sein Auferstehungs-Oratorium LA RESURREZIONE und, mit einigen Änderungen, in die Oper AGRIPPINA. Ein Vergleich seiner ALMIRA mit der Keisers fällt aber nicht nur zugunsten des letztgenannten aus, sondern belegt auch Händels stärkere Affinität zum Stil der venezianischen Oper – etwa in der koloraturengespickten Arie der Titelfigur *Vedrai, s'a tuo dispetto* mit ihrem triolischen Vorwärtsdrang oder Almiras *Kochet, ihr Adern*, wo die Oktavsprünge einen von Keiser kaum je angestrebten Affektgehalt bekunden.

War Händels Beziehung zur Hamburgischen Oper, wo er als Violonist im

Orchester engagiert wurde, eher flüchtiger Art, so widmete ihr der mit ihm befreundete Sänger, Komponist und Schriftsteller Johann Mattheson (1681–1764) fast sein ganzes Leben lang die größte Aufmerksamkeit. Matthesons vielseitige wissenschaftliche und künstlerische Ausbildung führte zu einer stark britischen Ausrichtung seiner Interessen, so daß er lange vor Bodmer und Breitinger die englischen Wochenzeitschriften ›The Tatler‹ und ›The Spectator‹ für Hamburger Verhältnisse adaptierte (die Zensur machte seinem Blatt ›Der Vernünftler‹ schon nach einem Jahr, 1714, den Garaus) und sich für Shakespeares Dramen HEINRICH IV. und DIE LUSTIGEN WEIBER VON WINDSOR (ohne allerdings den Dichter zu erwähnen) in einer Theorie der GEMÜTHS-BEWEGUNG DES LACHENS einsetzte. Seine musikschriftstellerische Arbeit beginnt 1713 mit DAS NEU-ERÖFFNETE ORCHESTER, wo er die strikte Anwendung der aristotelischen Einheiten auf die Oper als unzulänglich bezeichnet. 1739 in DER VOLLKOMMENE CAPELLMEISTER warnt er vor einer Veräußerlichung der Oper zum Spektakel, denn dieses »fasset gleichsam einen Zusammenfluß von allen übrigen Schönheiten des Schau-Platzes in solchem Maße in sich, daß es bisweilen zu viel wird«. Im Einklang mit der aufklärerischen Theorie befand er sich mit dem schon auf Winckelmanns Bild der Antike vorausweisenden Verbot manieristischer Künstelei: »Edle Gedancken haben immer eine gewisse Einfalt, etwas Ungekünsteltes, und nur ein einziges Augenmerck.« Damit zielte er nicht auf die unterordnende Funktion der Musik in der Oper, sondern nur auf die den dramaturgischen Rahmen bestimmende Aufgabe des Textes. Zugunsten dieses empfindlichen Gleichgewichts forderte er in DIE NEUESTE UNTERSUCHUNG DER SINGSPIELE 1744 (inzwischen war er vollständig taub geworden) Toleranz zwischen den Schwesterkünsten: kein Streben nach Vorherrschaft einer von ihnen, sondern »man sollte vielmehr auf ihre beständige Einigkeit bedacht seyn und lieber von beyden Seiten etwas nachgeben«.

VERGNÜGEN UND ERBAUUNG

Erst durch diese Gleichberechtigung unter allen an der Oper beteiligten Künsten und Wissenschaften sah Mattheson das Ziel des Musiktheaters erreicht. Diesem zuliebe brauchte er seine früher geäußerten Positionen nicht aufzugeben; bei genauerer Betrachtung der deutschen Ästhetik im 18. Jahrhundert kommt Mattheson in mancherlei Beziehung sogar eine führende Rolle zu. So hatte er schon 1713 in der gegen Saint-Évremond gerichteten Schrift DAS NEU-ERÖFFNETE ORCHESTER, acht Jahre vor der dem gleichen Zweck dienenden Gründung der Zeitschrift ›Die Discourse der Mahlern‹ von Bodmer und Breitinger, die Forderung nach der Naturnachahmung in der Kunst abgelehnt:

»Ferner ist es in diesem Stücke mit dem Theatro als wie mit einem Gemälde beschaffen. Denn wer in der Mahlerey der bloßen Natur gar zu genau folgen will, der wird nimmer reussieren, ja nicht einmal eines Mahlers, sondern nur eines Copisten Namen verdienen«. Diese Betonung der Eigengesetzlichkeit der Kunst im allgemeinen, der Musik im besonderen wurde, ebenfalls in Opposition zu Saint-Évremond, 1728 in DER MUSIKALISCHE PATRIOT zu einem das deutsche ästhetische Denken beherrschenden, noch im Begriff des ›authentischen Kunstwerks‹ in Theodor W. Adornos negativer Dialektik auftauchenden Kriterium erhoben: »Das Opern-Theatrum an sich selbst nun ist eine kleine Kunst-Welt, auf einer ansehnlichen Schau-Bühne von allerlei Bau-Materialien errichtet und mit vieler Wissenschaft dazu gemacht«. Bei Christian Wolff findet sich in der Erörterung des Romans der gleiche Gedanke von der Eigengesetzlichkeit der Kunst; Alexander Gottlieb Baumgarten nennt den Dichter in einer damals nicht ungefährlichen Analogie zum Weltenschöpfer einen Schöpfer; die Schweizer Johann Jacob Bodmer und Johann Jakob Breitinger sprechen von einer poetischen Welt; für Goethe schließlich ist die Oper am Ende des Jahrhunderts »eine kleine Kunstwelt«. Daß die ihren Preis kostet, hat – lange vor der Einführung der Subventions-Kultur – Mattheson auch schon klar erkannt: »Die Künste sollen keine reducierte, abgesetzte oder verrufene Münzarten vorstellen; ihr Preis soll vermehret und gesteigert, nicht vermindert, nicht devaluiert werden. Es wird hier nichts eingeschränkt« (PLUS ULTRA, 1755). Mit diesen Gedanken hat Mattheson ungleich folgenreicher in die Musikgeschichte hineingewirkt als mit seinen sechs Opern. Deren erste, DIE PLEJADES ODER DAS SIEBEN-GESTIRN, kam schon 1699 heraus, die letzte in jenem Jahr 1711, als er Abschied von der Oper am Gänsemarkt nahm: DIE GEHEIMEN BEGEBENHEITEN HENRICO IV, KÖNIGS VON CASTILIEN UND LEON. Ein kleiner Reflex seines zukunftsweisenden Denkens zeigt sich aber auch im Werk selber: der Tatsache, daß er nicht nur 1710 einen BORIS GODUNOW komponierte, sondern darin schon einen vierstimmigen Kanon schrieb, wie wir ihn im ersten Akt von Beethovens FIDELIO wiederfinden werden.

Ähnlich belesen und weltgewandt wie Mattheson war Georg Philipp Telemann (1681–1767). Der zu Lebzeiten berühmteste deutsche Komponist jener Zeit hat etwa fünfzig Opern geschrieben (davon ungefähr zwanzig für Hamburg), von denen nur acht überliefert sind. Daß fünf davon heitere Sujets haben, ist kaum ein Zufall, da Telemann eine spezifische Begabung für das komische Musiktheater hatte. Genretypisch folgen die komischen Opern der Unterteilung, die Mattheson in DER VOLLKOMMENE CAPELLMEISTER aufgestellt hatte. Der Gruppe ›musikalisches Lustspiel‹ ist DER GEDULDIGE SOKRATES (Hamburg 1721) zuzuordnen; PIMPINONE (Hamburg 1725) dem ›Intermezzo oder scherzhaften Zwischenspiel‹; DER NEUMODISCHE LIEBHABER DAMON (Hamburg 1724) dem satirischen ›Strafspiel, in dem ein Schurke bestraft wird‹. PIMPINONE und SOKRATES wurden mit deutschen Reziativen und zum Teil italienischen Arien aufgeführt, die weltverbessernde Utopie des Aufklärungszeitalters zeigt sich in den genannten Werken gleichermaßen. In PIMPINONE erscheint sie als Überwindung ständischer Ungleichheit, in SOKRATES als Lob der Philosophie, in DAMON als Verurteilung bramarbasierender Liebestollheit. Jenseits des sozusagen häuslichen Aspekts zeigt sich aber auch ein politischer. In DAMON begegnen wir dem gegen feudalistische Unmoral kämpfenden Volk, in SOKRATES wird eine unfähige Staatsführung verspottet (jeder zeugungsfähige Athener muß sich der Vielweiberei befleißigen, um für soldatischen Nachwuchs zu sorgen); und das standeskritisch behandelte Thema von der ungleichen Heirat beherrscht nicht nur das Intermezzo PIMPINONE, sondern auch EMMA UND EGINHARD sowie das 1761 in Hamburg als Serenade uraufgeführte Spätwerk DON QUICHOTTE AUF DER HOCHZEIT DES COMACHO. Der von Mattheson verkündete Anspruch des autonomen Kunstwerks verhindert keineswegs die Satire auf den Künstler. So erscheint der Komödiendichter Aristophanes im GEDULDIGEN SOKRATES als selbstgefälliger Hochdichter, während in DAMON die Schäferidylle eines Guarini verspottet wird. Andrerseits erfüllt Telemann den Anspruch Matthesons auch sozusagen immanent musikalisch, weil er die Instrumente in oft wechselnden Kombinationen einsetzt. Ein schon auf Gluck vorweisender Höhepunkt seiner Opern ist der Einleitungschor zum Adonisfest im dritten Akt des GEDULDIGEN SOKRATES, wo zwei gestopfte Trompeten und Pauken einerseits, Oboen und Streicher ohne Cembalo andrerseits dem vierstimmigen Chorsatz einen modernen Spaltklang verleihen. Von daher ist es nachzuvollziehen, daß Telemann nach dem Wort Romain Rollands der deutschen Musik »Ströme frischer Luft« zugeführt und damit den Stilwandel vom Barock zur Vorklassik vorbereitet habe – der charakterarme Vielschreiber, als den ihn viele seit dem 19. Jahrhundert gesehen haben, war er auch in der Oper nicht.

PIMPINONE (Intermezzo in drei Teilen; *L* von Johann Philipp Praetorius; Hamburg 1725; *WA* Erlangen 1925).

Das Werk mit dem originalen Titel DIE UNGLEICHE HEIRATH ODER DAS HERRSCHSÜCHTIGE KAMMERMÄDCHEN war der Versuch, ein venezianisches Intermezzo auf die Hamburger Bühne zu übertragen. Der Text stammte von Pietro Pariati, und Tommaso Albinoni hatte ihn 1708 als Intermezzo für seine Oper L'ASTARTO komponiert. Diese Musik ist verlorengegangen, wenn man zugunsten Telemanns annimmt, daß er den kompletten Text neu vertonte. Eindeutig ist das nur für die deutschen Rezitative und zwei Duette sowie eine Arie, auch von Praetorius deutsch geschrieben, während die übrigen beiden Duette und sieben Arien italienisch sind (also von Albinoni stammen können). Jedenfalls ist es nicht nur bemerkenswert, wie genau Telemann der italienischen Prosodie folgte, sondern auch, daß er die rhythmische Energie mit der oft wenig ausgearbeiteten Dreiklangharmonik aus Vivaldis oder Albinonis Instrumentalkonzerten übernahm. Erleichtert wird einem heutigen Hörer die Erkenntnis solcher Stilähnlichkeit, wenn er das Werk mit den von Telemann in der Druckausgabe ausdrücklich empfohlenen Konzerten von Albinoni, Tessarini und Vivaldi hört. Daraus ist auch zu schließen, daß der Komponist das Werk nicht – wie lange Zeit angenommen – als Intermezzo während einer Aufführung von Händels TAMERLANO konzipiert hat, sondern als eigenständige Komposition mit Instrumentaleinlagen (wie es Vivaldi pflegte). Dem würde die terrassenförmige Dreiteiligkeit der Handlung nicht widersprechen. Im ersten Teil erreicht Vespetta ihre Anstellung als Pimpinones Kammerzofe, im zweiten gar die Heirat, während der dritte Teil die schlimme Alltagswirklichkeit des Ehestands schildert. Erzielt Telemanns PIMPINONE auch nicht ganz die Geschlossenheit von Pergolesis acht Jahre später entstandener SERVA PADRONA, so hat sich das Werk doch im 20. Jahrhundert einigermaßen im Repertoire halten können (eine rein deutsche Ausgabe legte Theodor Wilhelm Werner 1936 vor). Vorherrschend ist ein tänzerischer Musiziergestus, der manchmal in reine Tanzformen übergeht. Pimpinones *Sò quel che si dice* (Ich weiß, was man sagt) ist eine Gigue, Vespettas Arien *Io non sono una di quelle* (Ich bin keine von denen) und *Voglio far come l'altre* (Ich will es wie die anderen machen) sind Menuette, das A-Dur-Duett *Nel petto il cor mi giubilia* (Das Herz jubelt mir in der Brust) hat mit seinen oft zu gebrochenen Dreiklängen erklingenden Achteln den Vorwärtsdrang eines Instrumentalkonzertes. Szenischen Witz verraten die Duette, in denen Vespetta musikalischen Einklang mit Pimpinone heuchelt und ihn mit beiseite gesprochenen Worten verspottet, oder das ›Terzett‹ (Nr. 17), in dem Pimpinone zwei zeternde Frauen imitiert und dem Falsett seinen eigenen Kommentar anfügt. Obwohl Telemann nur, wie nach ihm Pergolesi, für kleines Streichorchester mit Cembalostütze schrieb, verstand er es doch, durch selbständige Orchestermotive der Komik ein rein musikalisches Flair zu geben – aufgegriffen wurde diese Technik in der Geschichte der Komischen Oper erst wieder durch Cimarosa und Rossini.

DIE LASTTRAGENDE LIEBE ODER EMMA UND EGINHARD (Oper in drei Akten; *L* von Christoph Gottlieb Wend; Hamburg 1728; *WA* Kleines Musiktheater Hamburg 1981).

Der Stoff geht zurück auf das überlieferterweise freizügige Liebesleben der Töchter Karls des Großen, wobei die Verbindung Emmas mit dem Geheimschreiber Eginhard geschichtlich nicht verbürgt ist. Daß sie in Fabeln des 13. Jahrhunderts auftauchte, erklärt sich weniger durch die dem Skandal der standesmäßig und moralisch unbotmäßigen Liebe eine besondere Würze verleihende Beteiligung des Kaisers als durch ein künstlerisches Moment, das schon in der ersten Stoffbehandlung vorhanden ist: nach einer Liebesnacht bei Emma will sich Eginhard aus deren Kammer schleichen, fürchtet aber, in dem frisch gefallenen Schnee verräterische Spuren zu hinterlassen. Kurz entschlossen trägt ihn daraufhin Emma auf dem Rücken fort, wird dabei aber von ihrem Vater beobachtet, der in einer schlaflosen Nacht aus dem Fenster schaut. Diese Szene hat Telemann zum Höhepunkt seiner Oper gemacht, und in ihrer Mischung von Komik und Tragik bestimmt sie den Charakter des Werks. Obzwar zum Tode verurteilt, wird Eginhard schließlich begnadigt und darf sich mit Emma vermählen. Dieses für die deutsche Aufklärung bedeutende Thema der Legitimierung einer klassenspezifisch nicht erlaubten Ehe wird mit einer ausgesprochen sympathischen Zeichnung des Herrschers verbunden, dessen Friedensschluß mit den besiegten Sachsen von deren Fürst Heswin als ein Symbol nationaler Verständigung bezeichnet wird: *Die Tapferkeit besiegt die Arme, die Großmut aber selbst das Herz.* Für komische Töne sorgen der unter dem Modezwang leidende kaiserliche Rat Steffen *(Wer nicht mitmacht, wird ausgelacht)* und der bramarbasierende General Alvo *(Köpfe spalten, Glieder trennen, morden, plündern, sengen, brennen).* Als Heswin sich in Emma verliebt, gesteht diese sich ihre geheime Liebe zu Eginhard ein. Die Arie *Je mehr daß ich mich widersetze* nutzt Telemann zu einem hochvirtuosen Horn-Obbligato, dessen drei Motive von der Stimme sozusagen durchgeführt werden. Der zweite Akt bringt die Zuspitzung in zwei großartigen Frauenszenen. Emma erwartet in einem Rezitativ von schnell wechselnden Affekten, dem sich die Arie *Erscheine bald, du Irrstern meiner Sinne* anschließt, Eginhard, während zwei Szenen später ihre Schwester Hildegard die unerwiderte Liebe zu Heswin in einer fünfstimmigen Tripelfuge *Meine Tränen werden Wellen* zum Ausdruck bringt. Telemann hält die kontrapunktische Dichte des Anfangs nicht ganz durch, verknüpft aber die Formanlage höchst geschickt mit jener der Da-capo-Arie. Die den Akt beschließende Nachtszene, in der Emma den Geliebten davonträgt, wird durch hektische Betriebsamkeit von Nebenfiguren, nicht ohne Alkoholisierung, sowie das schon auf das Finale II der MEISTERSINGER Wagners vorausweisende Eingreifen des Nachtwächters gerahmt. Der dritte Akt bringt die Verurteilung der beiden Liebenden. Als der Kaiser ihre Liebe und Treue angesichts des Todes sieht, wird er von Mitleid gerührt. In dem Augenblick ertönt »eine Stimme aus den Wolken« und verkündet in einer Baßarie Erbarmen. So finden sich, nach der Erhebung Eginhards, zwei Paare zusammen, und in einer Parodie auf das buchstäblich tragende Hauptmotiv der Oper schleppt der Rat Steffen am Ende noch seine Barbara auf dem Rücken heran. Sein Kommentar ironisiert mit dem als geschlechtstypisch deklarierten Rollenverhalten zugleich das der Standesgrenzen und stellt beides damit als veränderbar dar: »Dieweil dem Kaiser nicht gefällt, / Daß Weiber Männer tragen sollen, / So spiel' ich die verkehrte Welt / Und habe meine Braut getragen bringen wollen«. Hinter dem Lob auf die von oben diktierte Gesellschaftsordnung verbirgt sich die Relativierung der Tatgesinnung zugunsten einer pragmatischen Rechtfertigung des Tatergebnisses: die deutsche Oper erscheint hier ihrer lutherischen Komponente der Weltfrömmigkeit in Richtung auf den munteren Veränderungswillen von unten beraubt, wie er die ›Opera buffa‹ in Italien und die ›Opéra comique‹ in Frankreich auszeichnet.

ORPHEUS BRITANNICUS
UND BETTLEROPER
DIE ANFÄNGE
DER ENGLISCHEN OPER

Niemand kann leugnen, daß Sir William Davenants BELAGERUNG VON RHO-
DOS die erste Oper war, die wir in England hatten; und es war in der Tat eine
vollkommene Oper: mit dem einzigen Unterschied zwischen der Oper und der
Tragödie, daß die eine ihre richtige Handlung gesungen vorträgt, die andere
gesprochen.« Mit diesem Urteil hat der unbekannte Librettist von Henry Purcells ELFENKÖNIGIN 1692 im Vorwort zum Textbuch den utopischen Durchbruch des Jahres 1656 fixiert. Natürlich hatte es Vorformen gegeben. So hatte
sich im Umkreis der elisabethanischen Tragödie als eine Art Satyrspiel die ›Jig‹
entwickelt, ein farcenhafter Musikanhang, in dem manch einer den Vorläufer
der späteren Balladenoper sieht. Der Oper noch ähnlicher waren die höfischen
Maskenspiele, ›Masques‹ genannt, in denen sich Tanz und Gesang verbanden.
Für Ben Jonsons LOVERS MADE MEN schrieb Nicholas Lanier 1617 eine Musik,
in der er seine italienischen Reiseerfahrungen und Opernkenntnisse verwer-
tete; nach zeitgenössischem Urteil war sie im ›Stile recitativo‹ gestaltet. Auch
bekanntere Komponisten aus der elisabethanischen Zeit komponierten solche
Maskenspielmusiken, etwa Thomas Campion und, vielleicht das bekannteste
Beispiel von allen, Henry Lawes für John Miltons COMUS. Zwei Jahre, nachdem
William Davenant 1637 Nachfolger Ben Jonsons als ›Poeta laureatus‹ geworden war, erhielt er von König Karl I. ein Theaterprivileg. Dieses erlaubte ihm,
»von Zeit zu Zeit Stücke in eigens dafür zu errichtenden Häusern aufzuführen,
auch Musik, musikalische Vorstellungen, Szenen, Tänze und dergleichen in
denselben oder anderen Häusern zur Zeit der Spiele oder danach«.

Dafür, daß Davenant trotz ambitionierter Pläne, die Tradition der ›Masques‹ in Richtung auf eine volkssprachliche Oper weiterzuentwickeln und über
die höfische Schicht hinaus bekannt zu machen, scheiterte, gibt es drei Gründe.

Einmal hatte das britische Sprechtheater der elisabethanischen und jakobinischen Epoche in breiten Bevölkerungskreisen eine solche Verwurzelung gefunden, daß neue Theaterformen nur mit ungewöhnlichem Aplomb durchzusetzen waren. Dazu fehlte es Davenant aber am Geld, und schließlich war der erste
Bürgerkrieg im Verlauf der puritanischen Revolution für die Künste ein unge-
eigneter Nährboden. Am 2. September 1642, als Charles I. soeben, nach dem
vergeblichen Versuch, durch Verhaftung einiger Abgeordneter des Unterhau-
ses sich das Parlament gefügig zu machen, das Land verlassen hatte, verfügten
beide Kammern des Parlaments eine Schließung der Theater: »In Erwägung
der Tatsache, daß der notleidende Staat Irland, von seinem eigenen Blut ge-
tränkt, und der zerrüttete Staat England, bedroht von einer Wolke aus Blut, aufgrund des Bürgerkriegs aller möglichen Mittel bedürfen, um den Zorn Gottes,
der sich in diesen Zeichen offenbart, zu besänftigen und von uns zu wenden . . .,
ist es nur billig und wird von den in diesem Parlament versammelten Lords und
Gemeinen angeordnet, daß alle öffentlichen Bühnenspiele aufhören und zu un-
terlassen sind, so lange diese traurigen Umstände und die Zeiten der Erniedri-
gung andauern.« Auch nach der Hinrichtung des Königs im Jahre 1649 und der
Ausrufung eines freien Commonwealth durch die Armee blieb der durch den
1653 zum alleinherrschenden Lord-Protektor erhobenen Oliver Cromwell
ausgesprochene Bann gegen das Sprechtheater wirksam. Um so erstaunlicher
der Mut Davenants, der für seine Theaterneigung zwei Jahre im Tower eingekerkert war, seine Bühnenprojekte aufs neue aufzunehmen, noch bevor mit dem
Einzug Charles' II. in London 1660 die große Restaurationszeit begann.

Als Charles II. ihm 1663 sein altes Privileg erneuerte, »Tragödien, Komödien, Spiele, Opern und andere Vorstellungen auf der Bühne zu erproben und
aufzuführen«, wurde damit nur ein schon bestehender Zustand legalisiert: denn
Davenants Truppe spielte schon längst im Lincoln's Inn Field Theatre. Im vorangehenden Jahr hatte der König ein ähnliches Privileg Thomas Killigrew erteilt, der daraufhin das königliche Theater Drury Lane bauen ließ, während Davenant einen neuen Theaterbau im Dorset Garden betrieb. Als er 1668 starb,
ging sein Privileg an Witwe und Sohn über, die 1671 das Theater eröffneten.

DAS THEATER DER RESTAURATIONSZEIT

Die in der Restaurationszeit erfolgenden Theaterneubauten sind ein äußeres
Anzeichen dafür, daß mit der im Bürgerkrieg 1642 verfügten Schließung eine
Epoche des britischen Theaters zu Ende gegangen und der Neubeginn mit einem weitgehenden Traditionsverlust verbunden war. Im Gegensatz zum elisabethanischen Theater mit seiner der eigentlichen Bühne vorgelagerten Platt-

form als Spielfläche, den Rängen und dem offenen Parkett ähnelte das Restaurations-Theater nach zeitgenössischem Urteil einem in einen Innenraum verlegten Tennisplatz. Es handelt sich um den Typus der Guckkastenbühne mit dem Bühnenportal, einem Proszenium und einer verwandelbaren Hinterbühne, die dem Bedürfnis nach schnellem Wechsel der Dekorationen und dem Einsatz der Bühnenmaschinerie für spektakuläre Effekte entsprach. Ein weiterer Bruch mit der Theatertradition war der erstmals in THE SIEGE OF RHODES dokumentierte Auftritt von Frauen auf der öffentlichen Bühne. Die beiden erwähnten Privilegien von 1662 und 1663 bestätigen diesen Wandel ausdrücklich, und im Prolog seiner Version von Shakespeares Drama DER STURM verkündet John Dryden 1667 den Umschlag vollends im Versprechen einer »allen Zauber des Spiels übersteigenden« Attraktion: einer Frau, die einen Knaben darstellt.

Formgeschichtlich betrachtet, hatte Davenants BELAGERUNG VON RHODOS, deren von Matthew Locke (ca. 1630–1677), Henry Lawes (1596–1662) und anderen stammende Musik verlorengegangen ist, keine unmittelbare Nachwirkung. Das den Angriff Suleimans des Prächtigen Anno 1522 aufgreifende Werk war ein musikalisch durchlaufender Fünfakter, der allerdings nicht als Oper ausgegeben wurde, sondern als eine in Rezitativen gesungene Handlung mit Nummernfolgen statt Akten. Um das puritanische Theaterverbot zu umgehen, das weltliche Musik nicht einschloß, bot Davenant sein Theaterstück als musikalisches Konzert im Kostüm an. Möglicherweise wirkte das im kollektiven Unterbewußtsein nach, denn auch nach der Aufhebung des Theaterverbots in der Restauration kam es zu keiner Opernblüte: Oper galt in England wohl nur als Ersatzkunst. Obwohl Charles II. während seines Exils in Frankreich die Musikpraxis von Versailles kennen und bewundern gelernt hatte und nach dem Vorbild der ›Petite Bande‹ ein Streichorchester mit 24 Musikern gründete, schlug der Versuch seines französischen Hofkomponisten Louis Grabu fehl, Drydens Drama ALBION AND ALBANIUS 1685 im Stil von Lully zu einer Oper umzuformen. Als Lully 1672 die ›Académie Royale‹ in Paris übernahm (Charles II. hatte vergeblich ihn nach England zu engagieren getrachtet), ging sein Vorgänger Robert Cambert nach London, wo bis zu seinem Tod im Jahre 1677 immerhin zwei Opern von ihm gespielt wurden: POMONE und ARIANE. Der französische Einfluß, viel stärker als der italienische, auf die britische Musik des 17. Jahrhunderts spiegelt sich auch in Thomas Shadwells Adaptation von Lullys Ballet PSYCHÉ, für das neben anderen John Locke (1674) die Musik schrieb. Typisch für die englische Theatermusik jener Zeit blieben aber die angestammten Gattungen der Bühnenmusik, wie sie Locke für Shakespeares MACBETH (1672) und THE TEMPEST (1674) schrieb, oder des Maskenspiels, das etwa in VENUS AND ADONIS (1680 oder 1684) von John Blow (1649–1708) über die den altenglischen Geburtstagsprozessionen entstammende Gattung hinauswuchs und zur Pastoraloper tendierte.

HENRY PURCELL (1659–1695)

Die französische Ouvertürenform und die in ihren Proportionen mehr der italienischen Kantate als der französischen Oper ähnelnde Anlage hat Blows ›Masque‹ mit Henry Purcells einziger richtiger Oper gemein: DIDO AND AENEAS. Aus einigen Details wie der Verwendung des neapolitanischen Sextakkords geht Purcells Vertrautheit mit der kontinentalen Musikavantgarde des siebzehnten Jahrhunderts hervor. Als der in der Königlichen Hofkapelle als Chorist tätige Purcell 1673 in den Stimmbruch kam (mit vierzehn Jahren geschah das für die damalige Zeit unverhältnismäßig früh), wurde er zunächst Assistent eines königlichen Instrumentenwarts und stieg allmählich auf: zuerst zu dessen Nachfolger, dann (1674) zum Orgelstimmer in der Westminster-Abtei, als Nachfolger Matthew Lockes in die Funktion eines Hofkomponisten für das königliche Streichorchester (1677). Zwei Jahre später wurde er als Nachfolger John Blows Organist in der Westminster-Abtei. In der gleichen Funktion wurde er ab 1682 auch in der Königlichen Kapelle tätig. Als er in der Abtei 1695 beerdigt wurde, geschah das in einer Art Staatsbegräbnis: ohne Kosten für die Witwe. Seine Wertschätzung zeigt sich auch darin, daß 1698 der erste authentische Band einer Sammlung seiner Lieder unter dem Titel ORPHEUS BRITANNICUS veröffentlicht wurde. Nach dem Erscheinen des dritten Bands im Jahre 1721 erlosch das Interesse für den Komponisten weitgehend, obwohl er als Kirchenkomponist weiterhin aufgeführt und von Musikhistorikern wie Charles Burney in seiner Bedeutung zutreffend eingeschätzt wurde. Erst im Jahre 1878, als die britische Purcell-Gesellschaft mit der Veröffentlichung einer Gesamtausgabe begann, wurde der Komponist wieder einem breiteren Publikum bekannt. Die Zweihundertjahrfeiern anläßlich seines Todestags führten dann 1895 zur Anerkennung Purcells als dem zweiten großen britischen Komponisten der Barockzeit: neben Händel. So fanden die Worte seines ersten Herausgebers eine um 200 Jahre verspätete Bestätigung: »Das außerordentliche Talent des Autors in allen Arten der Musik ist hinreichend bekannt, aber er wurde besonders für seine Vokalmusik bewundert, weil er ein ausgeprägtes Genie besaß, die Energie der englischen Worte auszudrücken, womit er die Gefühle all seiner Zuhörer bewegte« (Vorwort zum ORPHEUS BRITANNICUS).

Die vergeblichen Versuche, nach der Aufhebung des puritanischen Theater-
banns im Jahre 1660 die italienische Oper in England heimisch werden zu lassen, zeitigten im Werk Purcells leichte Spuren: in Ouvertüren, Liedeinlagen
oder Zwischenaktmusiken. Neben seiner einzigen Oper, die man trotz ihrer
Spieldauer von nur einer Stunde als Voll-Oper bezeichnen muß, hat er insgesamt fünf Halb-Opern komponiert: den von John Dryden geschriebenen KING
ARTHUR sowie nach diversen Vorlagen DIOCLESIAN, THE FAIRY QUEEN, THE
TEMPEST und THE INDIAN QUEEN. Diese Halb- oder Semi-Opern waren ein
Spezifikum der englischen Restaurationszeit nach der puritanischen Revolution. Der Begriff Semi-Oper taucht schon bei dem Schriftsteller Roger North
(gestorben 1734) auf, der ihn für zutreffend erklärte, denn die in Frage stehenden Werke »bestanden zur Hälfte aus Musik und zur anderen Hälfte aus gesprochenem Theater«. Diese Form der nicht musikalisch durchstrukturierten szenischen Handlung mag den besonderen Bedürfnissen entsprochen haben, da
mit Hilfe der Musik das vom Verbot bedrohte Sprechtheater überwintern
konnte. Aber ihre Nachteile waren doch so gravierend, daß sie die Möglichkeit
einer nationalsprachlichen britischen Oper im Keim erstickten. North hat das
ebenfalls als einer der ersten erkannt: »Manche nämlich, die das Stück sehen
wollten, verabscheuten die Musik, andere hingegen, denen besonders viel an
der Musik lag, waren nicht bereit, die Unterbrechungen hinzunehmen, die
durch soviel gesprochenen Dialog entstanden; also ist es am besten, beide Gattungen völlig voneinander zu trennen.« Dramaturgisch zeigt sich der Haupt-
nachteil der Semi-Oper darin, daß die Musik, abgesehen von rein instrumentalen Nummern, realistischen oder allegorischen Nebenfiguren anvertraut war,
während die Hauptfiguren sich ausschließlich in der gesprochenen Rede artiku-
lierten; die Tatsache, daß durchkomponierte Mini-Maskenspiele in diese Semi-
Opern eingehen konnten, beförderte ihre Profilierung zu einer musikdramaturgischen Eigenständigkeit auch nicht unbedingt. Andrerseits macht die fehlende Formalisierung von Purcells Semi-Opern deren besonderen Reiz aus, zumal der Komponist in ihnen musikalisch das Beste beider Welten verband. Tatsächlich gelang es ihm, vor allem in der ELFENKÖNIGIN, das im Vorwort zum
Druck seiner Triosonaten von 1683 gegebene Versprechen einzulösen, »den
Ernst und die Gemessenheit« italienischer Musik in England ebenso »zu Beliebtheit und Ansehen« zu bringen wie französische »Leichtigkeit und Balla-
denhaftigkeit«.

Der psychologisch hörende Musikfreund des 20. Jahrhunderts muß, wenn
er sich Purcell auf angemessene Weise nähern will, von mancher Gewohnheit

Abstand nehmen. So ist etwa die große Chorszene im zweiten Akt des DIOCLE-
SIAN (1690) gegen moderne Erwartungen konzipiert. Der erste Teil, in einer
Spannungskurve von G- und C-Dur stehend, zeichnet Rachegefühle nach der
Ermordung des Kaisers und die rechte Art, um ihn zu trauern. Wenn dann
Aurelia mit den Frauen auftritt, um dem Usurpator Diokletian zu huldigen,
geschieht das überraschenderweise in c-moll, wobei die zuvor von den Trompeten beherrschte Klangfarbe zu einer weicheren, von Flöten dominierten
wechselt. Was auf den ersten Blick stark irritiert, stellt sich bei genauerer Betrachtung als ein Mittel der harmonischen Blende heraus: Purcell, der etwa im
Gegensatz zu Lully Moll-Tonarten erheblich höher schätzte, ändert an dieser
zentralen Stelle die Perspektive, indem er von der staatspolitisch-kriminellen
Handlung in die nun das Drama vorantreibende Ebene der Liebeswirren
übergeht.

Überraschen mag auch, daß Purcell keine Neigung zu musikalischem
Lokalkolorit zeigt, obwohl manche seiner Semi-Opern in exotischem Milieu
spielen. Das ist etwa der Fall in THE INDIAN QUEEN (1695; unvollendet), obwohl das auf Dryden zurückgehende Stück einen politischen Konflikt im präko-
lumbianischen Mexiko und Peru behandelt. Der peruanische General Montezuma wirbt vergebens um die Hand der Inkatochter Orazia. Daraufhin schließt
er sich der usurpatorischen Indianerkönigin Zempoalla an, die sich in ihn verliebt: Anlaß für eine der schönsten Arien Purcells (*I attempt from love's sickness to
fly in vain* – Vergebens suche ich der Liebesqual zu entfliehen). Schließlich be-
geht sie mit ihrem Sohn Selbstmord, während Montezuma sich als rechtmäßi-
ger Erbe des Throns von Mexiko erweist und Orazia zur Königin nimmt. Purcells Partitur endet mit dem höchst eindrucksvollen Beginn des fünften Akts,
wenn Montezuma und Orazia im Tempel des Sonnengottes (Inka) hingerichtet
werden sollen. Hier zeigt sich Purcell, dessen Bruder Daniel erfolglos das Werk
zu vollenden suchte, ebenso wie in der Chaconne am Ende des Maskenspiels in
DIOCLESIAN oder in der mit Solo- und Chorstimmen durchsetzten im vierten
Akt von KING ARTHUR (1691; die Musik zum Anfang des dritten Akts ist verlorengegangen) kontrapunktisch und harmonisch ganz auf der Höhe der Zeit.
Dieser musikalische Reichtum wiegt in der Geschichte des sagenhaften Königs
Artus die dramaturgischen Mängel ebenso auf wie die ideologische Grauzone.
Begonnen hatte Dryden seine ›dramatische Oper‹ als Versuch, das Charisma
des zeitgenössischen Königtums durch eine aufs Mittelalter zurückgehende Legitimation zu stärken. Als jedoch das Werk 1691 im Dorset Garden uraufgeführt wurde, war der Dichter von der ›Glorreichen Revolution‹ und der in der
Verkündung der ›Bill of Rights‹ gipfelnden Ent-Auratisierung der Monarchie
überholt worden, so daß der Schlußjubel auf England in seiner Mischung von

Mythologie und Hurra-Patriotismus schon den Zeitgenossen (einschließlich dem Textdichter selber) bedenklich erschien. Zahlreiche Bearbeitungen, auch der Musik, waren die Folge. Neben solchen Ungereimtheiten stehen aber immer wieder Passagen von ausgesuchtem Reiz: etwa die fast schon in Vierteltonlinien lautmalerisch gestaltete Szene Cupidos mit dem frosterstarrten Volk, die der von sordinierten Streichern begleiteten Erscheinung der Nacht in der EL-FENKÖNIGIN oder dem Zischen der allegorischen Neidfigur in der INDIANER-KÖNIGIN gleichwertig ist.

THE FAIRY QUEEN (Die Elfenkönigin. Semi-Oper in fünf Akten; *L* frei nach Shakespeares SOMMERNACHTSTRAUM, möglicherweise von Thomas Betterton oder Elkanah Settle; Dorset Garden London 1692, revidierte Fassung 1693; *WA* Cambridge 1920, Essen 1931, Essen/Schwetzingen 1959 als Ballettoper von Kurt Joos, Bern 1967, Göttingen 1981 in historisierender Musizierpraxis).

Das Textbuch ist eine krude Version von Shakespeares Komödie, die das Spiel mit verschiedenen Realitätsebenen in mißverstandenem Rationalismus auf die aristotelischen Einheiten einengt; es findet nun ausschließlich im Wald von Athen statt. Dort verlieren die Begegnungen zwischen Elfen und Tölpeln, der jungen Athener Generation und den Vertretern eines bedingungslosen Patriarchats ihren komplementären Zusammenhang. Die Rolle der Amazonenkönigin Hippolyta als exotischer Gemahlin des Athener Herrschers Theseus ist ganz gestrichen. In der Zweitfassung, für die Purcell wesentliche Musik neu komponierte, ist die Rolle des Theseus auf eine Episode im vierten Akt geschrumpft. Fragwürdig wird das Libretto immer dann, wenn es Shakespeare paraphrasiert; diese dem Dialog vorbehaltenen Partien hat Purcell aber nicht vertont, sondern nur die lyrischen Einschübe, in denen das Geschehen reflektiert wird. Sie häufen sich zu den Aktschlüssen hin, so daß die Musik von vornherein auf eine das Sprechstück steigernde Wirkung angelegt war. Daß die Elfenkönigin Titania im Mittelpunkt der realen und allegorischen Handlung steht, ist auch als eine Huldigung des Librettisten vor der grenzversetzenden Kraft der Musik zu verstehen: sie verbindet die getrennten Sphären. In der Zweitfassung von 1693 wird das auch äußerlich deutlich. Das Elfenlied *Ye gentle spirits* steht in der Mitte des dritten Akts und damit symbolisch im Zentrum des ganzen Werks. Maskenspiele weiten das gegenüber Shakespeare verflachte Geschehen ins Exotische aus. So müssen die Sänger im zweiten Akt als Gefährten der Nacht und des Schlafs auftreten; im dritten sind sie Faune, Dryaden und Najaden; im vierten begleiten sie die vier Jahreszeiten, und im fünften markieren sie den Chor in einem chinesischen Garten. Die Einfügung eines chinesischen Paars, das in einem goldenen Zeitalter seine Liebe genießen darf, bekräftigt zudem die in der wiederhergestellten Paarbeziehung zwischen Titania und Oberon zum Ausdruck kommende harmonische Weltordnung.

Daß Oberon im fünften Akt der Zweitfassung ausdrücklich eine Sopran-Liebesklage singen läßt *(O let me weep)*, ist im Sinne einer Dramaturgie von Liebeslust und Liebesleid eine der Genietaten Purcells in dem eher befremdlichen Ambiente geworden. Mit ihren chromatisch abwärts verlaufenden Baßschritten ähnelt die Arie dem Klagegesang Didos, weist aber mit ihrem obligaten Violinsolo, dem nach Dur gewendeten Mittelteil, dem Da capo des Hauptthemas und einer deklamatorischen Schluß-Coda über barocke Formmuster schon hinaus. Wie Purcell der Abstrusität des Librettos entgegenwirkte und im Grunde die Idee Shakespeares mit seinen Mitteln wieder zu ihrem Recht führte, zeigt sich am Beginn des dritten Akts. Um dem Esel (dem verwandelten Weber Zettel), in den sie sich aufgrund der Zaubertropfen verliebt hat, zu gefallen, fordert Titania süße Musik: aber sie ist so schmerzlich, daß die unnatürliche Maßlosigkeit ihrer Liebesbeziehung nicht ins Innere, in die Harmonik der Musik, dringt. Alles ist *(If love's a sweet passion)* so sublimiert, daß lediglich die geforderte Musik zweimal erklingt, von zwei Solisten vorgetragen wird und das Prinzip der Verdoppelung auch in der Konfrontation Soli-Chor zeigt. Shakespearisch dagegen gerät die in der Zweitfassung eingefügte Dichterszene aus dem ersten Akt. Daß hier die Elfen Titanias als Quälgeister der Künstler erscheinen, ist nur die halbe Wahrheit; die andere ist darin zu sehen, daß dieser betrunkene Dichter, der in wenigen Takten porträtiert wird, ein Spottbild des mit Purcell zeitweilig zusammenarbeitenden Thomas d'Urfey ist: so sehr um die Zentralfigur der Titania das Allgemeine mit dem Besonderen vermittelt ist, so wenig wird in ihrem Umfeld auf eine Individualisierung verzichtet.

Purcells Musik, mit vielen Vor- und Zwischenspielen für die zum Teil komplizierten Umbauten, ist von einem für eine ›halbe‹ Oper erstaunlich ganzheitlichen Reichtum. Von den Chören sei der die Jahreszeiten im Maskenspiel des vierten Akts rahmende Heil-Ruf ebenso erwähnt wie von den Instrumentalnummern etwa die fein differenzierte Abfolge von anmutigem Schwanenauftritt, behendem Elfentanz und wildem Ballett der ›Grünen Männer‹ in dem auf die von Titania bestellte ›süße Musik‹ folgenden Maskenspiel. Der Humor Purcells zeigt sich am deutlichsten in dem Dialog zwischen Coridon und Mopsa, seine ideologiekritische Veranlagung in der chinesischen Abteilung des Maskenspiels im fünften Akt. Hier wird nicht nur der zeitgenössischen Hofgesellschaft ein exotisches Kuriosum geboten, sondern auch eine Ansicht des unbeschädigten Lebens. So ist darauf hinzuweisen, daß die Arie des Chinesen (*Thus the gloomy world* – So begann die düst're Welt zuerst zu leuchten) zwar mit sieghaftem Trompetenobbligato strahlend beginnt, dann aber in der Mollwendung des Mittelteils so etwas wie das Erwachen menschlicher Scham angesichts seiner Verfügung über eben diese Welt ausdrückt. Dieser Perspektivenreichtum der Musik verliert auch dadurch nichts, daß in der (erst 1903 wieder entdeckten) Partitur kein Akt musikalisch endet. Das ist keine Aufhebung des oben erwähnten Prinzips einer musikalischen Steigerungsdramaturgie, sondern aus der zeitgenössischen Bühnenpraxis zu verstehen. Da der Vorhang über die ganze Spieldauer offen blieb, war es nötig, Aktenden durch akustische Stilmittel deutlich zu machen: Wortdialoge auf dem Proszenium boten sich für den Zweck vorrangig an.

DIDO AND AENEAS (Dido und Aeneas. Oper in einem Prolog und drei Akten; *L* von Nahum Tate; 1689 in Josias Priests Mädchenpensionat zu Chelsea; *WA* konzertant London 1878, szenisch 1895; Münster 1926, Redoutensaal Wien 1927, Basel 1931).

Der zur Weltliteratur gehörende Stoff von Dido und Aeneas findet sich zum erstenmal schriftlich fixiert bei Justinus im dritten vorchristlichen Jahrhundert. Dido (Elissa), eine tyrenische Königstochter, floh vor ihrem Bruder, der ihren Mann hatte ermorden lassen, nach Nordafrika und gründete dort Karthago. Aus Gründen der Staatsraison gab sie dem Werben des Königs Jarbas nach, opferte sich aber aus Treue zu ihrem ermordeten Gatten vor der Hochzeit auf dem Scheiterhaufen. Entscheidend für das Fortleben des Stoffs war in der Folgezeit seine Verknüpfung mit der sagenhaften Gründung Roms, wie sie Vergil in seiner AENEIS erzählt hat. Auf seiner Irrfahrt nach dem Untergang Trojas kommt Aeneas, der trojanische Heldensohn der Aphrodite, an den Hof Didos, wo sich zwischen beiden eine Liebesbeziehung entwickelt. Aber Aeneas verläßt Dido und folgt dem Gebot der Götter, nach Italien zu segeln und Rom zu gründen. In ihrer Würde tief getroffen, gibt Dido sich selbst den Flammentod, nachdem sie ihrer Nachwelt die Rache an dem Ungetreuen überantwortet hat. Purcell lernte den Stoff höchst-

DIDO AND AENEAS

wahrscheinlich durch den Hofpoeten Nahum Tate (er war sieben Jahre älter als der Komponist) kennen. Tate hatte ihn schon 1678 seinem Drama BRUTUS VON ALBA ODER DIE VERZAUBERTEN LIEBENDEN einverleibt, was er im Vorwort ausdrücklich vermerkte; dieser Hinweis sollte möglicherweise vergessen machen, daß Tate sich tatsächlich weniger an Vergil als an Christopher Marlowes Dido-Tragödie von 1594 gehalten hatte. So ist Tate mehr unfreiweillig in die Annalen der britischen Literatur eingegangen: als Textlieferant für Purcell und als jener Bearbeiter, der Shakespeares Tragödie vom KÖNIG LEAR ein ›Happy-End‹ bescherte.

Entstanden ist DIDO UND AENEAS im Auftrag des Tanzlehrers und Pensionatsleiters Josias Priest, der die Oper für eine Aufführung mit seinen Zöglingen bestellte. Tate schrieb das Libretto alsbald, führte die Schwester Didos mit dem unklassischen Namen Belinda (es ist Vergils Anna) in die Handlung ein, verzichtete auf jegliche psychologische Untermauerung des Geschehens und wickelte die Handlung in vordergründiger Hast ab. Diese Kürze wurde offenbar schon von Zeitgenossen als Mangel empfunden, und so ersetzte man den bei der Uraufführung wahrscheinlich nur gesprochenen Prolog 1700 bei einer Aufführung im Lincoln's Inn Field Theatre durch eine umfängliche Allegorie um den Kriegsgott Mars und die Friedensgöttin Eirene. Eine authentische Partitur des Werks ist nicht überliefert, sie mußte aus verschiedenen Handschriften kompiliert werden. Andrerseits legt die Beteiligung des Tanzmeisters Priest an dem Projekt den Gedanken nahe, daß bei der Uraufführung über die gegebenen Anlässe hinaus (den Triumphtanz für Didos Hof im Chaconnerhythmus oder den phantastischen Hexentanz) Ballettszenen aufgeführt wurden. Daraus lassen sich analoge Versuche heutzutage ebenso rechtfertigen wie der Eingriff, den Benjamin Britten 1951 bei seiner Ausgabe des Werks am Ende des zweiten Akts vornahm. Er endet im Original (wie es in der Partitur erschlossen wird, nicht aber im überlieferten Libretto!) mit einem a-moll-Rezitativ des Aeneas, den der scheinbare Götterbefehl, Abschied von Dido zu nehmen, in einen Gefühlskonflikt stürzt. Britten argumentierte, damit widerspreche der Akt Purcells Neigung zur Symmetriebildung: dramaturgisch, weil er nicht wie die anderen mit einem Chor schließe; musikalisch, weil dem Ende die tonartliche Rückbindung an den Aktbeginn fehle (d-moll oder das parallele F-Dur). Britten setzte diese Einsicht überzeugend in die Tat um, indem er das im Libretto vorgesehene Trio für zwei Hexen und die Zauberin aus einem nach d-moll transponierten

Trio der INDIANERKÖNIGIN übernahm, einen zweiteiligen Chor aus einem nach D-Dur transponierten Lied Purcells anhing und den Akt mit einem F-Dur-Tanz beendete, der einer Ouvertüre des Komponisten entstammt. Tatsächlich liegt eine der Hauptwirkungen dieser Oper in ihren Ansätzen zu einem tonartlichen Spannungsfeld.

Die Ouvertüre im französischen Stil ist in c-moll gehalten. Belinda und der Chor versuchen in der gleichen Tonart, die Königin aufzumuntern. Die Gleichheit der Tonart bietet Raum genug für Differenzierung. So entspricht dem Beschleunigungsdrang des Ouvertürenfugatos nach der langsamen Einleitung seitenverkehrt die rhythmische Behandlung von Solo und Chor: während Belinda ihren Wunsch in kurzen, durch Punktierung betonten Noten ausdrückt, spricht der Chor das gleiche in regelmäßig durchgehenden Vierteln aus. Entsprechend eng sind die Intervalle in der Chorlinie, während Belindas Melodiebögen weit geschwungen sind. In der gleichen Tonart schließt sich Didos erste Arie an, an den Lento-Teil der Ouvertüre anknüpfend. Die Aufwärtsschwünge ihrer Melodieführung werden durch die zentnerschwer abwärts schreitenden Baßintervalle konterkariert: Didos Ausspruch, ihr Seelenfriede und sie selber seien einander fremd geworden, gerät zu einem vorromantischen Ausdruck innerer Zerrissenheit. Wenn die Tonart dann nach C-Dur wechselt, Belinda und eine weitere Dame die Königin der bisher unausgesprochenen Zuneigung des Aeneas versichern, ist dessen Auftritt in seiner ganzen Banalität schon vorbereitet. Tatsächlich wechselt er nur ein paar förmliche Worte mit der Königin, so daß Belindas chorunterstützter Preisgesang auf den Gott der Liebe mehr als Wunschvorstellung denn als Wirklichkeit erscheint. Der Triumphtanz, ebenfalls in C-Dur, unterstreicht zum Aktschluß I, wie weit die äußerliche Festlichkeit von Didos Seelenzustand getrennt ist. Um so schärfer der Kontrast zur Gegenwelt: eine Zauberin und zwei Hexen werden durch eine plötzliche Wendung nach f-moll beschworen. Der von der Gesangslinie unabhängig geführte harte Begleitrhythmus kulminiert später im Vernichtungschor der Hexen, einem fugierten Staccato-Lachen in F-Dur. Dieses Lachen ist sozusagen die infernalische Version eines Auguren-Lächelns. Die Zauberin kennt nämlich die mythische Einbindung des Aeneas in den Weltverlauf, und darauf setzt sie ihre Hoffnung: durch eine Manipulation des Trojaners die Karthagerkönigin zu vernichten. Die Bestellung eines falschen Merkur, der dem Aeneas in einem sinnverwirrenden Sturm den Befehl zum Weitersegeln geben soll, führt zu einem Hexenduett in d-moll und dem Echo-

DIDO AND AENEAS

Chor in F-Dur. Das Echo zeichnet die Welt als einen unentrinnbaren Kosmos, in dem das Wort zugleich als seine Verzerrung zur Lüge erscheint. Nach einer d-moll-Wendung erleben wir die Hofgesellschaft bei einer Jagd. Aeneas prahlt mit dem Kopf einer erlegten Bestie; hört man genau hin, dann reduzieren die dünnen Stützakkorde seine Heldentat merklich. Nun schlägt die Stimmung in einen Sturm (D-Dur) um, und als habe er seine eigene Prahlerei bemerkt, bleibt Aeneas allein auf der Bühne zurück: er muß sich gegen die Naturgewalten als Held erweisen. Dadurch wird dem falschen Merkur Gelegenheit zu seinem Abreisebefehl gegeben. Aeneas sinniert in dem schon erwähnten a-moll-Rezitativ darüber, wie er Dido seine Unbeständigkeit erklären soll.

Der dritte Akt gewinnt aus dem Kontrast von Anfang und Ende besondere Wirkung. Nach dem beschwingten Vorspiel singt ein Matrose seinem Mädchen ein Abschiedslied: Vormotivierung der Haupthandlung, wenngleich unter anderen Vorzeichen. Das gilt auch für den folgenden Matrosentanz, ein ›Allegro pesante‹, das als Pedant zum Schlußchor nach Didos Abschiedsszene fungiert. Den Umschlag von der Neben- in die Haupthandlung bringt der Wechselgesang von Zauberin und Hexe. Er mündet in den Triumphschrei der Zauberin, als sie die Vorbereitung der Flotte zum Absegeln sieht. Nun wendet sich die Szenerie nach dem anfänglichen B-Dur ins parallele g-moll: die Auseinandersetzung zwischen Dido und Aeneas mit dem Abschied der Königin vom Leben und dem Schlußchor. In einer erstaunlichen Mobilisierung dichterischer Phantasie hat Nahum Tate der Dido das (von Purcell als verinnerlichtes Pianissimo vertonte) Wort in den Mund gelegt, das von den realen Vorgängen den Weg nach innen weist. Nie werde sie die Schmach vergessen, daß er nur ein einziges Mal daran habe denken können, sie zu verlassen *(That you had once a thought of leaving me)*: absolute Hingabe und Treue werden schon durch den Gedanken an ihre Endlichkeit vernichtet – und damit der Mensch, der in ihnen die Erfüllung des Lebens sieht. So ist die Abschiedsarie der Dido, aus der Vergils Racheschwur ausgespart bleibt (er findet erst in der Schlußszene der TROJANER des Hector Berlioz seine operngeschichtliche Erlösung: als Barbarisierung eines Kriegsgeschreis), nicht nur die Klage eines Menschen über die Welt, sondern die Trauer der ganzen Welt in einem Menschen *(When I am laid in earth* – Werd' ich ins Grab gelegt). Die im Quartraum chromatisch absteigenden Baßschritte, die den Gang dieser Chaconne einleiten und bestimmen, scheinen die Botschaft von Purcells Dido dem Weltgedächtnis einzuhämmern. Nicht Rache ist es, sondern Gedenken, durch die zentrale Funktion des Wortes ›Remember‹ unterstrichen: *Remember me, but ah! forget my fate* (Gedenket mein, doch vergeßt mein Schicksal).

BALLADENOPER FÜR BETTLER

Tatsächlich hat sich Didos Wunsch operngeschichtlich erfüllt: trotz langer Unbekanntheit ist Purcells Vertonung des Stoffs die bislang einzige aus einer barocken Vielzahl geblieben, die dem geschichtlichen Prozeß des Vergessens widerstanden hat. In England allerdings hat DIDO UND AENEAS kaum eine Nachwirkung auf den Fortgang der nationalsprachlichen Oper gehabt, und Versuche in dieser Richtung wurden bis auf Thomas Augustine Arnes ARTAXERXES (1762 mit einer eigenen englischen Version von Metastasios Libretto) aufgegeben, als mit Händels RINALDO 1711 die italienische Oper ihre Herrschaft in England begann. Diese war allerdings von beschränkter Ausdehnung. Es wurde lediglich in London und meist für Wohlhabende gespielt, zudem nur zwischen Januar und Juni. Während die Form der musikalisch durchgängigen nationalsprachlichen Oper in Großbritannien erst 1945 mit Benjamin Brittens PETER GRIMES wieder aufgenommen wurde, entwickelte sich als Gegenströmung zur italienischen Oper die volkstümliche Form der Balladen-Oper mit Dialogen. Die Initialzündung zu diesem britischen Theaterspezifikum war von Gastspielen französischer Truppen zwischen 1718 und 1726 ausgegangen, die nach Art des ›Théâtre de la Foire‹ (Jahrmarkttheater) ihre ›Comédies en vaudevilles‹ vortrugen: eine Mischung aus eigenen Versen zu traditionellen oder gerade populären Musiken. Grundstock für die ›Ballad Opera‹ wurden zeitgenössische Liedersammlungen, wobei Thomas D'Urfeys Edition WIT AND MIRTH (Witz und Freude; 1699/1700) insofern eine Pilotfunktion erfüllte, als in ihr beliebte Arien mit humorvollen Neutextierungen versehen waren. Der sensationelle Erfolg der BETTLEROPER von 1728 führte zu einer wahren Mode, die – oft getragen von anonymen Komponisten – über England hinausstrahlte. So waren die ersten Theaterproduktionen englischer Auswanderer in den damaligen Kolonien Amerikas Balladen-Opern, wobei neben der BETTLEROPER besonders DER TEUFEL IST LOS (THE DEVIL TO PAY) des irischen Dichters Charles Coffey aus dem Jahre 1731 eine besondere Rolle spielte. Dieses Stück wurde nicht nur 1735 in Charleston/South Carolina gegeben, sondern auch 1743 in Berlin in deutscher Übersetzung mit den Originalmelodien. Die später von Christian Weiße besorgte Übersetzung des Textes wiederum komponierte J. C. Standfuß 1752, und eine erneute Textfassung Weißes, der inzwischen eine französische Version des Stücks gesehen hatte, wurde 1766 teilweise neukomponiert von

Johann Adam Hiller. Sie wurde zum Ausgangspunkt des deutschen Singspiels (→ S. 345). Diese alte Tradition wiederum versuchte Kurt Weill 1948 in den Vereinigten Staaten wiederzubeleben, als er mit DOWN IN THE VALLEY (Unten im Tal) einen auf amerikanischen Volksliedern basierenden Einakter schrieb: allerdings nicht mehr mit verbindenden Dialogen, sondern unter Einschluß von Techniken des epischen Theaters (so fungiert der Chor als Erzähler, betende Gemeinde und tanzendes Volk). Und geradezu legendär als prototypische Erscheinung des deutschen Musiktheaters in der Weimarer Zeit ist die Version, die Bert Brecht und Kurt Weill 1928, zwei Jahrhunderte nach der Uraufführung der BETTLEROPER, in Berlin als DREIGROSCHEN-OPER folgen ließen.

THE BEGGAR'S OPERA (Die Bettleroper. Oper in drei Akten von John Christopher Pepusch; *L* von John Gay; London 1728; *WA* London 1920; Köln 1930; Fassung von Benjamin Britten: Cambridge 1948; Wolfgang Fortner/Hans Magnus Enzensberger: Heidelberg 1966).

Im Prolog des Werks erzählt ein Bettler, das Werk sei ursprünglich für die Hochzeit zwei berühmter Balladensänger geschrieben worden. Von daher hat sich in England der Begriff der Balladen-Oper eingebürgert, auch wenn er im spezifischen Wortsinn nicht zutraf. Die Anregung, eine Handlung mit Kriminellen auf die Bühne zu bringen, hatte der irische Satiriker Jonathan Swift seinem englischen Kollegen John Gay gegeben. Aber der nahm bald Abstand von der in Frage stehenden Kunstform der Pastorale und entschied sich für eine satirische Komödie. Sie hatte zwei Stoßrichtungen: die korrupte politische Verwaltung unter dem Premierminister Sir Robert Walpole und die Auswüchse der italienischen Oper in der ›Royal Academy of Music‹. In seiner Einleitung bezieht sich John Gay ausdrücklich auf deren Absurditäten, wenn er feststellt: »Ich hoffe auf Vergebung dafür, daß ich meine Oper nicht gänzlich unnatürlich gestaltet habe wie die gerade modischen, denn ich benutze keine Rezitative«. Die Gefängnisszene, wenn sich Polly und Lucy streiten, wer die legitime Frau des eingekerkerten Straßenräubers Macheath (bei Brecht/Weill: Mackie Messer) sei, bezog Gay konkret auf den gerade einen Sommer zurückliegenden Fall, daß sich die beiden italienischen Primadonnen Faustina Bordoni und Francesca Cuzzoni, die Händel 1726/27 in ALESSANDRO und ADMETO in ein empfindliches Gleichgewicht gebracht hatte, sich in einer Aufführung von Giovanni Bononcinis ASTIANATTE auf offener Bühne prügelten.

Gays Story, von Brecht teilweise übernommen, schildert das alltägliche Leben im Umkreis des Winkeladvokaten Peachum und des Räuberhauptmanns Macheath. Der heiratet Peachums Tochter Polly, wird von diesem angezeigt und von dem korrupten Polizeichef Lockit, mit dessen Tochter Lucy er auch verheiratet ist, eingekerkert. Der zum Tode verurteilte Macheath wird durch einen Willkürakt Peachums, eine demokratische Spielart des alten Theatergags des ›Deus ex machina‹ (Brecht/Weill verdinglichten ihn später zum reitenden Boten des Königs), begnadigt. Der Bettler findet von diesem Triumph der Unmoral den Absprung ins Gegenteil, wenn er behauptet: »Wäre die Komödie so geblieben, wie ich sie zuerst erdacht, so hätte sie auch eine hervorragende Moral enthalten. Sie hätte gezeigt, daß die Armen so lasterhaft wie die Reichen sind, daß aber nur sie dafür bestraft werden.«

Die Gleichzeitigkeit der letzten Blüte der italienischen Oper in London (der die BEGGAR'S OPERA letztlich den Todesstoß versetzte) mit der volkstümlich-landessprachlichen Form der Balladen-Oper setzt in gewisser Weise jene zwischen dem flämischen Barock und dem drastischen Realismus in der niederländischen Kunst des 17. Jahrhunderts fort. Aber während auf dem Kontinent katholisch-höfisch-monarchische Konventionen auf engstem geographischem Raum an protestantisch-bürgerlich-kapitalistische Lebensformen stoßen konnten und künstlerisch das Unvereinbare in die Gleichzeitigkeit zwangen, verschmolzen in Großbritannien beide Erscheinungsformen zu einer widersprüchlichen Einheit. Zwar hatte die ›Glorious Revolution‹ von 1689 die Monarchie geschwächt und den Parlamentarismus gestärkt, aber unter dem ersten historischen Premierminister Walpole führte das Bestreben nach innenpolitischem Kräfteausgleich und unkriegerischer Außenpolitik die Partei der ›Whigs‹ in eine parlamentarische Legitimationskrise: durch ein ausgeklügeltes Bestechungssystem im Unterhaus sicherte Walpole der aus Deutschland stammenden Linie Hanover die Erbfolge und die parlamentarische Unterstützung. Die 1716 in dem ›Septennial Act‹ mit der siebenjährigen Legislaturperiode untermauerte Funktion des Parlaments wurde von kritischen Zeitgenossen durchaus nicht als Idealbild einer sich selbst kontollierenden Volksherrschaft empfunden. So grassierte ein Lied der Lucy aus der BETT-LEROPER als Gassenhauer: *Walpole, der glückliche Clown.*

Die Gleichsetzung von Verbrechern mit scheinbar ehrbaren Bürgern, Händlern und Bürokraten war dramaturgisch-ideologisch die Voraussetzung des Sensationserfolgs der Oper. Er wurde beflügelt durch den Skandal um die Südsee-Gesellschaft, der 1729 durch Speku-

lationen und übermäßige Kurssteigerungen entstand. Nach der Begründung der britischen Herrschaft über Ostindien erfuhr das öffentliche Leben einen Wandel durch den wachsenden Handel, der die Herausbildung arbeitsteilig organisierter Manufakturen begünstigte und
im sogenannten Verlagssystem subunternehmerische Heimarbeit her-
vorbrachte. Die Verfügung über scheinbar unermeßliche Ressourcen
führte zur kapitalistischen Wirtschaftsordnung. In ihr wird die Distri-
bution der Arbeitsprodukte zu einem eigenständigen Wirtschafts-
zweig, der das Gleichgewicht zwischen Arbeit und Kapital aufhebt.
Diese neue Ordnung begründet auch jenen Glauben an die Auserwählt-
heit des puritanischen Angelsachsentums, der sich in der kapitalistischen Weltherrschaft erfüllt sah. Der Bedeutungswandel des Wortes
›comfort‹ vom christlich geprägten Trost, wie er in der ersten Tenorarie von Händels MESSIAS archaisch erscheint, zur säkularisierten
Funktion des Komforts in einer Anspruchsgesellschaft ist ein kleines Indiz dieser Entwicklung. Das Ineins von religiös begründeter Auser-
wähltheit und kapitalistischem Imperialismus hat Hippolyte Taine
1863 in seiner GESCHICHTE DER ENGLISCHEN LITERATUR mokant als
Spezifikum des Engländers bezeichnet: »Ein Prediger ist hier nur ein
Nationalökonom im Priestergewand, der das Gewissen wie Mehl trak-
tiert und die Laster wie Einfuhrzölle bekämpft.«

RULE, BRITANNIA, RULE

In solchem Doppelsinn ist Gays Formel zu verstehen, es sei seine »einzige Absicht, allgemein die herrschenden und modischen Laster zu ta-
deln sowie die Tugend zu empfehlen und in einem so angenehmen
Licht zu zeigen«, wie es ihm nur möglich gewesen sei: Ironie und direkte
Absicht vermengen sich hier unentwirrbar zum geschichtlich ersten
Fall einer Identität von Publikumsunterhaltung und Gesellschaftskri-
tik. Musikalisch vollzogen wurde sie in jenen Kategorien, die Brecht
zwei Jahrhunderte später für seine DREIGROSCHENOPER als Laxheit in
Fragen geistigen Eigentums kennzeichnen sollte. John Christopher
(Johann Christoph) Pepusch (1667–1752), ein aus Berlin stammender
autodidaktischer Musiklehrer und Komponist, wurde von Gay für die
Zusammenstellung der Liedeinlagen in seinem Schauspiel verpflichtet.
Sein Talent in dieser Hinsicht hatte Pepusch schon 1707 bewiesen, als
er wesentlich an einem aus Musik von Alessandro Scarlatti und Giovanni Bononcini gewirkten ›Pasticcio‹ über die Skythenkönigin THO-

MYRIS mitarbeitete. Er arrangierte für die BETTLEROPER insgesamt 69 Lieder, Arien und Tänze. Darunter befinden sich volkstümliche, zumal schottische Liedvorlagen, aber auch ein Marsch aus Händels RINALDO, ein Lied von Purcell und eins von John Eccles. Obwohl Partitur und Einzelstimmen verschollen sind, läßt sich aus den in der dritten Druckauflage der BETTLEROPER von 1729 überlieferten Generalbaßlinien der Harmonisierung Pepuschs schließen, daß sein Talent begrenzt war – ganz im Gegensatz zu John Gay, der seine Texte außergewöhnlich flexibel der jeweiligen Tendenz anpaßte. Pepusch zeigt, vergleicht man seine Harmonisierung mit den teilweise bekannt gewordenen Originalen, starke Schwierigkeiten im Umgang mit britischem Liedgut. Zahlreiche der von ihm arrangierten Lieder sind schottische Volksweisen, die oft nicht auf dem Grundton enden. Dahinter kann sich die Aufforderung verbergen, die Strophe zu wiederholen (und dann harmonisch zum Abschluß zu bringen). Der Grundton wurde aber auch deshalb nicht notiert, weil er mit einem Dudelsackbordun eine Quarte tiefer gekoppelt war und deshalb unschlüssig klang. Daraus einen barocken Generalbaß zu entwickeln, hat bisweilen die Fertigkeiten Pepuschs überfordert, so etwa in Lucys Lied *I like the fox shall grieve*, das sie singt, wenn sie Macheath zur Flucht aus dem Gefängnis verholfen hat. Auch die Ouvertüre, die Pepusch dem Ganzen voransetzte, steht durchaus nicht auf der Musikhöhe seiner Zeit.

Die Musik zur BETTLEROPER ist ebenso vom Zeitfraß verschlungen worden wie der Großteil der von Gay in seinen Texten intendierten Anspielungen. Dennoch ist die BEGGAR'S OPERA als ästhetischer Entwurf einer kritischen Unterhaltungskunst lebendig geblieben. Daß viele kompetente Dichter und Musiker versucht haben, sie fortzuschreiben, ist ein legitimer Akt kultureller Traditionsbildung. In dieser Beziehung überragt das Werk alle späteren Hervorbringungen des britischen Musiktheaters im 18. Jahrhundert. Der Sache nach bekundet die BETTLEROPER im kulturellen Bereich britische Weltgeltung; dem Namen nach verkündet diese der patriotische Gesang *Rule, Britannia, rule* in Thomas Augustine Arnes MASQUE OF ALFRED (1740), einem ansonsten der Vergessenheit anheimgefallenen Werk.

DAS ITALIENISCHE MUSIKTHEATER
DES SETTECENTO
I. DIE ARKADISCHE AKADEMIE
UND DIE FRÜHFORM
DER OPERA SERIA

Bei dem außerordentlichen Schauspiel, dem die Italiener den Namen Opera gegeben haben, herrscht eine so seltsame Vermischung des Großen und Kleinen,
des Schönen und Abgeschmackten, daß ich verlegen bin, wie und was ich davon
schreiben soll. In den besten Opern sieht und hört man Dinge, die so läppisch
und abgeschmackt sind, daß man denken sollte, sie seien nur da, um Kinder oder
einen kindisch gesinnten Pöbel in Erstaunen zu setzen; und mitten unter diesem
höchst elenden, den Geschmack von allen Seiten beleidigenden Zeug kommen
Sachen vor, die tief ins Herz dringen, die das Gemüt auf eine höchst reizende
Weise mit süßer Wollust, mit dem zärtlichsten Mitleiden oder mit Furcht und
Schrecken erfüllen«. Mit diesem Urteil aus seiner ALLGEMEINEN THEORIE DER
SCHÖNEN KÜNSTE hat Georg Johann Sulzer 1774 über das italienische Musiktheater des 18. Jahrhunderts eine unter kritischen Geistern durch die Jahrhunderte gehende Meinung über die Oper schlechthin formuliert. Doch was in der
aufgeklärt-berlinerischen Perspektive des Ästheten zu der buchhalterischen
Diagnostizierung eines künstlerischen Fehlbetrags wurde, liest sich in der Betrachtung des engangierten Praktikers ganz anders. Drei Jahrzehnte vorher
hatte der auch als Komponist in Hamburg tätige Johann Mattheson DIE NEUE-
STE UNTERSUCHUNG DER SINGSPIELE veröffentlicht. Darin trug er nicht minder stolz als Sulzer seine Kenntnis der französischen Aufklärung vor, verband sie
aber mit italienischer Diesseitigkeit und englischem Sensualismus zur Gesamt-
kunst-Ästhetik des 18. Jahrhunderts: »Meines wenigen Erachtens ist ein gutes
Operntheater nichts anderes als eine hohe Schule vieler schöner Wissenschaften, worin zusammen und auf einmal Architektur, Perspektive, Malerey,

Mechanik, Tanzkunst, Actio oratoria, Moral, Historie, Poesie und vornehmlich Musik zur Vergnügung und Erbauung vornehmer und vernünftiger Zuschauer sich auf das angenehmste vereinigen und immer neue Proben geben«.

Wenngleich Sulzer der Oper die Erweckung von Wollust und Mitleid, von Furcht und Schrecken zubilligte, ließ er sich doch nicht auf den anti-realistischen, betont artifiziellen Charakter der italienischen Oper ein. Was ihm daran albern und kindisch erschien, letztlich: unfreiwillig komisch, macht den kunsthistorischen Stellenwert dieses Zwitters aus. Das Musiktheater im Italien des 18. Jahrhunderts repräsentiert die Theatergattung, deren Kunstebene vom Alltagsidiom beinahe unendlich weit entfernt war. Das Urerlebnis des Monsieur Jourdain in Molières LE BOURGEOIS GENTILHOMME: vom Philosophen zu erfahren, daß er sich sein Leben lang in der Kunstform der Prosa geäußert habe, ohne es zu wissen, erklärt die gesungene Verssprache des Theaters in ihrer ganzen poetischen Weltferne. Diese aus dem Bewußtsein des später Geborenen als infantile Geschmacksverflachung authentischer Verssprache im Sprechtheater abzutun, besteht kein Grund. In Wirklichkeit war das italienische Musiktheater des 18. Jahrhunderts ein Bildungstheater im aufgeklärt bürgerlichen Sinn. Die von Mattheson beschworene »Vergnügung und Erbauung vornehmer und vernünftiger Zuschauer« ist nichts anderes als die Utopie einer Aufhebung von Gegensätzen: jenes zwischen Vergnügung und Erbauung wie des anderen zwischen einem aristokratischen (vornehmen) Publikum und einem bürgerlichen, das sich durch seine Vernunft selber nobilitierte. Da das italienische Musiktheater die Stoffe der Antike und der Geschichte einem breiteren Publikum nahebrachte, dürfen wir heute die Funktion der damaligen Musik nicht im Sinne eines künstlerischen Alleinvertretungsanspruchs mißverstehen. Sie war tatsächlich Teil jener »hohen Schule vieler schöner Wissenschaften«, von der Mattheson sprach, und nicht schon das Ganze. Sie fungierte nicht als Verwirklichung eines Originalitätsprinzips, sondern nach den Gesetzen einer Baukastenmechanik. Ihre Austauschbarkeit erklärt sich ähnlich der von Ausstattungsdetails im heutigen Tourneetheater. So war die erste Reform der italienischen Oper, deren Anfang auf den Beginn des 18. Jahrhunderts zu datieren ist, nicht zuletzt auch eine, in der arbeitspraktische und ökonomische Vorteile eines modernen Opernbetriebs institutionalisiert wurden.

DIE TYPOLOGIE DER ›SERIA‹

Um 1700 wird die italienische Oper bei aller Verschiedenheit im einzelnen in Ansätzen standardisiert. Arien erscheinen nun fast nur noch in der Da-capo-Form mit einem festen Punkt der Rückkehr in die Tonalität des A-Teils, die immer mehr durch Verzierungen ausgeschmückt wird. Die alte Form der Begleitung im ›Stile rappresentativo‹: das Continuo für die vokalen Teile, während das volle Orchester nur in den Ritornellen und Zwischenspielen spielt, wandelt sich zu einer genauer ausgearbeiteten Form der durchgehenden Begleitung. So sind in Francesco Pollarolos ARIODANTE von 1716 etwa vier Fünftel der Arien vom ganzen Orchester getragen, und in Alessandro Scarlattis späten Opern finden wir überhaupt keine Arie mehr, die nur von Generalbaß-Instrumenten begleitet würde. Das Orchester selbst wird immer reicher mit Bläsern besetzt, und als beherrschender Typ der Ouvertüre setzt sich die dreisätzige italienische ›Sinfonia‹ durch. Zu dieser Standardisierung gehört auch eine allmählich klar werdende Trennung zwischen ernster und komischer Oper. Die ›Opera seria‹ behandelt, an mythischen oder historischen Stoffen, die Großmut von Herrschern, Konflikte zwischen Liebe und Staatsräson, den Sieg der Treue über die Intrigen der Bösewichter; die ›Opera buffa‹ konzentriert sich auf die Darstellung sozial bedingter Konflikte und die Bloßstellung menschlicher Schwächen, meist in einer Dialektik von Sein und Schein. Aus der Tatsache, daß Carlo Goldoni als bedeutendster Librettist der ›Opera buffa‹ gleichzeitig in der Überwindung der ›Commedia dell'arte‹ zum Erneuerer der italienischen Literaturkomödie wurde, ist eine sozio-kulturelle Funktion der Oper abzuleiten: sie nahm einem Publikum, das nur die nicht-hochliterarische Theaterform der ›Commedia dell'arte‹ goutiert hatte, die Schwellenangst vor dem Musiktheater der Hochkultur. Geschichtlich tendieren ›Opera seria‹ und ›Opera buffa‹ komplementär zur Einheit eines verbindlichen Kulturguts, so daß sie sich unter dem Begriff des ›Dramma per musica‹ subsumieren lassen. So erscheint die ›Opera seria‹ 1702 in François Raguenets Untersuchung LA PARALLÈLE DES ITALIENS ET DES FRANÇAIS EN CE QUI REGARDE LA MUSIQUE ET LES OPÉRAS (Vergleich zwischen den Italienern und den Franzosen bezüglich der Musik und den Opern) als verbindende Eigenart romanischer Kultur: die in Musik gekleidete Sprechtragödie. Eine Zwischenform vor der endgültigen Abspaltung der komischen Oper aus dem Gefüge der ernsten ist (abgesehen von der neapolitanischen ›Commedia per musica‹ als einer Sonderform der komischen Oper) das ›Intermezzo comico‹, das zusammen mit der ›Opera seria‹ aufgeführt wurde. Aus dieser Besonderheit, die in der ARIADNE von Richard Strauss im 20. Jahrhundert noch einmal ironische Urständ feiert, entwickelte sich im ersten Drittel des 18. Jahrhunderts die ›Opera buffa‹ (→ S. 236 ff.).

Durch die Verbannung der komischen Szenen aus der ernsten Oper gibt die Gattung jene Universalität preis, wie sie etwa in Monteverdis Spätwerken

ULISSE und POPPEA schon ausgeprägt war. Diese reinigende Begrenzung war zudem gefährdet als ein Schritt in jene noch heute zu beobachtende Denaturierung des Konzerts im Kostüm: einer Veranstaltungsform, in der das ›Theater‹ das Theater ersetzt, in der die Virtuosität zum künstlerischen Selbstzweck und zum repräsentativen Anlaß für zerstreutes Hören wird, also zur schwersten Hypothek des bürgerlichen Theaters überhaupt. Andrerseits hat die penible Trennung des Hehren vom Komischen nicht nur zur Herausbildung der ›Opera buffa‹ und damit einer volkstümlicheren Form des Musiktheaters geführt. Fortschritt und Stillstand sind hier dialektisch verschränkt. Mit der Entstehung der komischen Oper wurde durch die Inthronisierung der leichten Muse ebenso das Prinzip des reduzierten Kunstanspruchs institutionalisiert, wie die ›Opera seria‹ mit der austauschbaren Periodensymmetrie ihrer Arien und deren taktgruppenweiser Versetzbarkeit über ihre Erstarrung hinaus den Weg zum motivischen Denken in den Kategorien der Durchführungstechnik wies. Das Sonatenprinzip der Wiener Klassik, Voraussetzung für das symbolische Denken im 19. Jahrhundert, ist in seiner musikmaterialen Fortschrittlichkeit ein Erbgut der ›Opera seria‹. Aber ebenso ist die ›Opera buffa‹ mit ihrer Bevorzugung von Ensembleszenen gegenüber virtuosen Solonummern nicht nur die stärker gesellschaftsbezogene Kunstform, allerdings mit der reaktionären Neigung, alle Abweichungen von der Norm dieser Gesellschaft zu verspotten. Sie ist auch diejenige, die auf der scheinbar durch die Erfindung der Monodie in der Opernfrühzeit veralteten Möglichkeit des mehrstimmigen Satzes beharrt: einem der Hauptprinzipien abendländischer Musik. In Mozarts komödiantischen Musikdramen werden dann instrumentale Konzeption und Ensemblegeist, musikalisiertes Sprechtheater und autonomes Musiktheater, Gesellschaftsbezogenheit und Sympathie für die Normabweichung (Don Giovanni!) einzigartig vereinigt.

AKADEMISCHER REFORMGEIST

Geprägt wurde die erste Reform der italienischen Oper, die zur Herausbildung der Gattungen ›Seria‹ und ›Buffa‹ führen sollte, durch den Librettisten Apostolo Zeno (1668–1750), dessen Errungenschaften in der zweiten Jahrhunderthälfte von Metastasio perfektioniert wurden. Zeno gehörte jener ›Accademia dell'Arcadia‹ an, deren Gründer Giovanni Maria Crescimbeni 1700 in seinem Buch über die volkssprachliche italienische Dichtung (LA BELLEZZA DELLA VOLGAR POESIA) den Anteil des Musiktheaters an den schönen Künsten betonte. Zu den Idealen der Arkadischen Akademie, die um 1690 in Rom gegründet worden war und sich in Ortsverbänden über das ganze Land ausbreitete, gehörte vorrangig die Wiederherstellung der verlorengegangenen Reinheit aller einzelnen Kunstgattungen. Aus dem Traktat DE ARCHITECTURA des römischen Autors Vitruvius (um 25 v. Chr.) hatte der Renaissance-Philosoph Leone Battista Alberti im 15. Jahrhundert drei voneinander unterschiedene dramatische Gattungen abgeleitet. Die tragische behandelt demnach das Schicksal der Könige und Tyrannen, die komische die Sorgen und Geschäfte der Familienväter, die satirisch-pastorale schließlich widmet sich weniger den Menschen als den Schönheiten der Natur – erst in zweiter Linie wird das Liebesleben der Schäfer in der ländlichen Szenerie besungen. Die Historie als vierte Hauptgattung des europäischen Theaters fiel tendenziell der Tragödie zu. War die Oper im Umkreis der Florentiner ›Camerata‹ aus dem Geist der dritten dramatischen Gattung, der Pastorale, entsprungen, so waren die Akademisten ein Jahrhundert später bemüht, das Musiktheater auf die Stilhöhe der antiken Tragödie zu heben. Der Venezianer Zeno hatte zu diesem Zweck seine eigene ›Accademia degli Animosi‹ im Jahre 1691 gegründet, die sieben Jahre später der römischen ›Arcadia‹ angeschlossen wurde.

Die zunächst rein dichtungstheoretische Orientierung dieser Akademie darf nicht als ein Versuch gewertet werden, die Krudheit der Oper generell zu bekämpfen: Crescimbenis Lob der volkssprachlichen Dichtung war als Rechtfertigung des Musiktheaters gemeint. Vielmehr ging es den Arkadiern um die Wiedergewinnung der (vermeintlich) antiken Dichtung, wie sie in der französisch-klassizistischen Tragödie errungen sei. Die Berufung auf die französische Tragödie wurde so wörtlich genommen, daß Pier Jacopo Martelli in seinen Tragödien sogar deren Versmaß einführte: den Alexandriner. Scipione Maffei dagegen verzichtete auf die französische Vermittlungsstufe und griff geradezu unvermittelt auf die alt-griechische Tragödie zurück. Seine 1713 uraufgeführte MEROPE war ein ungeheurer, auch nach Frankreich und England wirkender Erfolg, an dem besonders der Verzicht auf die galante Rhetorik der französischen Tragödie gefiel. In dieser Richtung bewegten sich die Vorstellungen der Arkadier insgesamt. Sie eliminierten aus ihren Dramenentwürfen die komischen Szenen und reduzierten die Personenzahl in dem Maße, wie sie die Handlung konzentrierten. Das bedeutete eine Absage an alles Wunderbare und Märchenhafte, die Charaktere wurden einsichtig (und damit zwangsläufig auch einschichtig) in ihrer Erhabenheit. Daß diese Forderungen theoretisch gemeint waren, enthüllen die peniblen Vorworte von Zenos Stücken: wir haben es hier mit einem ausgesprochen akademischen Lesestoff zu tun. Daher rührt auch Zenos Skepsis gegenüber der Reformierbarkeit des Genres Libretto. Erst Metastasios Dramen sind als Bühnenstücke konzipiert, deren dichterische Ambition allerdings alle anderen Elemente des theatralischen Gesamtkunstwerks überragt.

DIE BEDEUTUNG DES HABSBURGERHOFS

Bei der Betrachtung der italienischen Oper im 18. Jahrhundert darf nicht übersehen werden, daß ihre wichtigsten Textdichter eine Zeitlang habsburgische Hofdichter in Wien waren: Silvio Stampiglia (1706/18), Zeno (1718/29) und Metastasio, der als Zenos Nachfolger über seine Emeritierung 1764 hinaus dem Hof verbunden blieb. Diese Kontinuität suggeriert, daß es den Librettisten – anders als den nur in Italien wirkenden Mitgliedern der ›Arcadia‹ – weniger um die Festigung der italienischen Kunstsprache ging als um die Legitimation des Habsburgertums in Abgrenzung zum Absolutismus des französischen Sonnenkönigs. Hatte mit der Pariser Uraufführung der Oper ERCOLE AMANTE des Venezianers Francesco Cavalli 1662 der Niedergang der italienischen Oper in Frankreich begonnen, so ist der Hegemonieanspruch der ›Opera seria‹ im 18. Jahrhundert die habsburgische Antwort auf die von Lully in Frankreich begründete ›Tragédie lyrique‹. Diese, entstanden in der Zusammenarbeit mit dem Dichter Philippe Quinault, war zu dem Zweck konzipiert, in der Figur des mythisierten Herrschers den Absolutismus Ludwigs XIV. zu verherrlichen: auftragsgemäß. Selbst nachdem die Versailler Hofgesellschaft, zumindest als Opernpublikum, sich mit der großbürgerlich-aristokratischen Pariser Stadtgesellschaft verschmolzen hatte, blieb diese Zielsetzung weitgehend unangetastet. Auch die ›Opera seria‹ war letztlich das Produkt eines gesetzgeberischen Akts: erfüllt von »Hofdichtern, die allerdings nicht für einen zentralistisch-absolutistischen, sondern für einen dezentralisierten, aufgeklärt-absolutistischen Staat arbeiteten, in dem höfische und stadtbürgerliche kulturelle Traditionen sich bereits in unendlich vielen Facettierungen brachen«.

Die politische Legitimation der Opernachse Venedig-Wien, zeitweise unter Einbezug Neapels, als Verschmelzung von höfischer und bürgerlicher Theaterkunst ist also letztlich eine Kristallisation des Habsburgermythos vom Universalreich. Hatte die ›Tragédie lyrique‹, zumindest zu Lebzeiten Ludwigs XIV., einen unmittelbar politischen Anspruch verkündet, so verwirklicht sich derjenige der ›Opera seria‹ im poetischen Anspruch des Hofdichtertums und arbeitspraktisch in ihrer quasi universellen Verwendbarkeit. Die Rationalisierung von Personenzahl und Handlungskomplikationen ist also nicht nur, im Sinne der Arkadier, immanent ästhetisch zu verstehen, sondern auch als politischer Herrschaftsanspruch. Kein Wunder, daß in der ›Opera seria‹ den in der ›Tragédie lyrique‹ (vordergründig) bestimmenden Mythenstoffen immer bewußter Sujets aus der Realgeschichte entgegengesetzt werden.

DIE MECHANIK DER DRAMATURGIE

Die von Apostolo Zeno im Umkreis der Römischen ›Arcadia‹ begonnene Reform der italienischen Oper, in der Fixierung der ›Opera seria‹ bei Metastasio kulminierend, enthält auch eine Rationalisierung des Formschemas. Die Grundkonstellation sieht drei oder fünf Akte mit der Abfolge von Exposition, Entwicklung, Peripetie und Lösung vor. Der meist in der Historie spielenden Haupthandlung wird eine erotisch motivierte Nebenhandlung zugeordnet; insgesamt sind sechs bis sieben Personen am Drama beteiligt. Deren Ordnung ist streng hierarchisch: dem Protagonistenpaar steht ein untergeordnetes Paar zur Seite, hinzu kommen zwei Vertraute oder Diener sowie ein Verräter (manchmal auf Kosten eines der beiden Diener oder Vertrauten). Diese Figuren werden auf Grundcharaktere reduziert, die Lösung des Konflikts geschieht oft durch den plötzlichen Durchbruch eines der Protagonisten zu größter (und deshalb meist: abstrakt wirkender) menschlicher Erhabenheit. Die Handlung als solche wird in Gang gesetzt durch eine Motivverknüpfung der beiden Spiel- bzw. Sozialebenen; vorangetrieben wird sie durch Diskussion und Intrige, durch rhetorische oder emotionale Ausbrüche. Am Schluß verkündet ein sentenziöser Chor der Solisten die Moral von der Geschicht'. Während die szenische Situation im Rezitativ dialogisch oder diskursiv zugespitzt wird, faßt die Arie die entstandene Situation statisch zusammen. Danach verläßt der Sänger die Bühne, so daß die Abgangsarie inhaltlich fixiert wird als Musikalisierung eines Affekts, einer Sentenz oder eines Gleichnisses. Die strenge Hierarchie unter den Bühnenfiguren spiegelte sich letztlich auch in den Darstellern selber, so daß die eigentliche Reformidee ins Gegenteil ausschlug: die ›Opera seria‹ erlebte als kostümiertes Arienfest eine Scheinblüte. Deren inflationäre Tendenz zeigt sich auch in dem, was man eine vorindustrielle Überproduktion nennen könnte: Metastasios siebenundzwanzig ›Drammi per musica‹ wurden über achthundertmal vertont, einige von ihnen mehr als siebzigmal. Es versteht sich von selbst, daß daraus eine totale Merkantilisierung der Kunst entsprang. Der Existenzkampf zwischen Händel und Giovanni Bononcini im London der 1720er Jahre ist das berühmteste Beispiel. Diese Übertragung merkantiler Prinzipien auf die Theater war letztlich die Wurzel der ›Grand Opéra‹ im 19. Jahrhundert, die ein kapitalistisches Großunternehmen wurde.

DAS MUSIKALISIERTE SPRECHDRAMA

Rein musikalisch zeigt sich die Reform der italienischen Oper durch die Arkadier in der Vorherrschaft der melodiebestimmten Homophonie gegenüber den Resten einer kontrapunktisch strukturierten Polyphonie. Der flüssigen Versvertonung, die eine immer auffälliger werdende Flexibilität des Orchesterapparats erfordert, entspricht eine changierende Harmonik als Mittel der Schilderung psychischer Zustände. Die immer häufiger eingesetzten instrumentalen ›Obbligati‹ erscheinen nicht nur als reines Spielpotential, sondern auch als Ausdrucksmittel. Die Vorstellung von der Sprachfähigkeit der Instrumente (und deren Entwicklung zu solcher Fähigkeit) gehört wesentlich zur Idee der italienischen Oper als einem ›Dramma in musica‹. Diese in Musik gekleidete Sprechtragödie, der sich die musikorientierte ›Opera buffa‹ entgegenstellen wird, findet sich in den frühen Werken im Umkreis der ›Arcadia‹ nur ansatzweise. Das erste Reform-Libretto entwarf Zeno, und Carlo Francesco Pollarolo (1653–1722) vertonte GL'INGANNI FELICI (Die glücklichen Betrügereien). Die Uraufführung fand im Herbst 1695 im Teatro Sant'Angelo in Venedig statt. Die lange verloren geglaubte Partitur, 1977 gedruckt, hat keinerlei Szenenanweisungen (diese befinden sich im separaten Libretto). Für das Orchester ist lediglich eine reine Streicherbesetzung neben den Continuo-Instrumenten vorgesehen. Die Arien lassen sich in drei Typen unterscheiden: einen mit einfacher Continuobegleitung, einen mit Violinritornellen im Inneren, am häufigsten schließlich einen, der von einem motivisch selbständigen Streicherritornell eingeleitet und abgeschlossen wird. Das Prinzip der Textverteilung: viel auf die Rezitative, wenig bei erheblich längerer Spieldauer auf die Arien, wird für die nächsten Jahrzehnte verbindlich sein. Zu vier Fünfteln handelt es sich schon um Da-capo-Arien, deren ausgeschmückte Reprise der umfänglichste Teil ist. Die Szene spielt in Arkadien, zeigt aber kein Schäferstück, sondern eine Handlung unter Herrscherfiguren. Zwei der Prinzen treten verkleidet als Maler und Musiker auf, eine Prinzessin als Astrologe. Diese glücklichen Betrügereien dienen letztlich einer Verstärkung der Wahrscheinlichkeit: in der Maskerade können sich die Hochgeborenen viel ungezwungener ihren Herzensangelegenheiten hingeben.

DAS ERSTE ERFOLGSSTÜCK DER REFORMER

Die erste große Erfolgsoper im neuen Stil war IL TRIONFO DI CAMILLA REGINA DE' VOLSCI (Der Triumph der Volskerkönigin Camilla). Der Text stammte von Silvio Stampiglia (1664–1725), einem der Mitbegründer der ›Arcadia‹. Die Musik schrieb Giovanni Bononcini (1670–1747), der schon 1694 einen von Stampiglia nach einer älteren Vorlage adaptierten XERXES vertont hatte. Händel griff bei seiner Vertonung des Stoffs 1738 in London textlich wie musikalisch ungeniert auf diesen zurück: die Legende hat es immer anders berichtet. Auf die Uraufführung der CAMILLA in Neapel 1696 folgte eine Wiederaufnahme 1698 in Rom, und in London wurde die Oper zwischen 1706 und 1726 mehr als hundertmal gespielt: sie war stilbildend. Es handelt sich um ein heroisch-historisches Drama, nach Vergil aus der voritalienischen Geschichte gestaltet. Die Titelheldin triumphiert am Ende, indem sie mit List das von den Latinern besetzte Volskerland zurückgewinnt und durch ihre Heirat mit dem latinischen Thronerben Prenesto die verfeindeten Völker versöhnt. Neben einer Parallelhandlung hochgestellter Personen gibt es noch eine Liebeshandlung auf Dienerebene. Beide kommen zu einem zumindest teilweise außengesteuerten ›Happy-End‹. Liebe erscheint nur als Verbindung eines Paars: teils staatspolitisch, teils ökonomisch bedingt. In Hinsicht auf diese geteilte Motivation entspricht Stampiglias Libretto noch nicht den Reformbestrebungen der ›Arcadia‹, sondern weist zurück auf die gemischten Charaktere der älteren venezianischen Oper. Dazu gehört auch der Einbezug komisch-bizarrer Züge auf der Dienerebene.

Auf dem Reformkurs bewegt sich CAMILLA aber in ihrer Formalproportion. Die meisten Arien sind nicht nur in der ABA'-Form geschrieben, sondern auch zumindest der Tendenz nach so plaziert, daß sie für Auf- und Abtritte von Personen reserviert bleiben. Zugleich wird unterbunden, daß eine Person zwei Arien hintereinander singt. Die Liebeshandlung auf der unteren Sozialebene hat mit ihren komischen Anklängen ausgesprochenen Exklavencharakter: sie diente wohl hauptsächlich dazu, Umbauphasen zu überbrücken. Da sie in einem eigenen Rahmen stattfindet, ist hier schon die Verselbständigung der komischen Szenen in den Intermezzi der späteren neapolitanischen Tradition angelegt. Musikalisch ist CAMILLA erheblich höher entwickelt als GL'INGANNI FELICI. Der Anteil des Orchesters hat zugenommen, das Motivmaterial ist reicher, die stilbildend zweiteilig angelegte Reprise des A-Teils mit ihren tonikanahen Kadenzierungen (während der B-Teil tonikafern harmonisiert ist) bringt mit Dur-Moll-Wechseln harmonische Abwechslung ins Spiel. Die oft ostinate

Rhythmisierung verleiht den Arien Lebendigkeit, in deren diatonische Linearität sich unvermittelt Chromatik einschleichen kann (etwa *Vanne seguire* in II,17). Die gleiche kompositorische Sorgfalt bei eher noch größerer modulatorischer Kühnheit findet sich in den Buffoszenen, und Camillas Rache- und Wahnsinnsszene am Beginn des zweiten Akts ist mit ihrer Reihung von begleitenden Rezitativen ein schönes Beispiel sprechender Musikdramaturgie.

DIE BRÜDER BONONCINI

Eins der berühmtesten Libretti Zenos ist GRISELDA: ein Stoff, der aus Boccaccios DECAMERONE den Weg über Petrarca und Chaucers CANTERBURY TALES in die Oper fand. Es schildert die legendenhafte Geschichte der armen sizilianischen Schäferin Griselda, die vom König Gualtiero zur Frau genommen, dann aber verstoßen und ärgsten Prüfungen ausgesetzt wird, ehe sie ihre Rechte zurückgewinnt. Der noch in Gerhart Hauptmanns Drama GRISELDA von 1909 nachwirkende Stoff wirkt ideologisch ambivalent. Auf der einen Seite verklärt er die Frau zur heiligenhaft-stummen Dulderin, auf der anderen Seite mobilisiert er weibliche Gegenkräfte angesichts des unbedingten männlichen Herrschaftsanspruchs. Mutterliebe (der Griselda werden die Kinder genommen) und Hingabefähigkeit entwickeln eine eigene Sogkraft, in der männliche Eigentumsrechte an der eigenen Frau schließlich gerade aufgrund der scheinbaren Bekräftigung relativiert werden: die glückliche Wende in Griseldas Schicksal wird nämlich durch einen Volksentscheid herbeigeführt. Zeno hat in dem Drama, der Ästhetik der ›Arcadia‹ gemäß, die Mehrschichtigkeit der Charaktere dadurch eingeebnet, daß der in Griselda verliebte Höfling Ottone alle handlungstreibenden Intrigen ausheckt.

    Dieser Text wurde zuerst 1701 von Antonio Pollarolo für Venedig in Musik gesetzt, und der Dichter hat diese Fassung zusammen mit der 1725 in Wien von Francesco Conti (ca. 1681–1732) vertonten als allein authentisch erklärt, alle anderen Versionen dagegen als Entstellung. Seit 1718 kaiserlicher Hofdichter in Wien, sah Zeno seinen nun auch politisch zu legitimierenden Erfolg mehr weinenden als lachenden Auges wachsen, wenn auch seine Skepsis gegenüber der originalgetreuen Vertonung Antonio Bononcinis (Mailand 1718) weniger angebracht war als gegenüber der vom Fürsten Francesco Maria Ruspoli für Alessandro Scarlatti eingerichteten Fassung (Rom 1721) und erst recht gegenüber der von Paolo Rolli erstellten Textgestalt, die Giovanni Bononcini 1722 in London vertonte. Diese beiden Opern der Brüder Giovanni Battista (1670–1747) und Antonio Maria Bononcini (1677–1726) sind, wie auch andere ihrer Werke, in der Musikgeschichtsschreibung immer wieder verwechselt worden, obwohl sich beider Lebensweg 1711 trennte. Aus dem Dienst Karls VI. in Wien entlassen (aus Sparmaßnahmen, aber auch, weil Joseph Fux und Antonio Caldara an die Hofkapelle berufen wurden), kam Antonio in die Dienste des Herzogtums d'Este und wurde 1720 in beider Geburtsstadt Modena Kapellmeister. Sein Bruder Giovanni fand 1715 in Rom Kontakt zu dem Earl of Burlington (Richard Boyle), der ihn 1721 mit nach London nahm, wo er Händels großer Konkurrent wurde.

Obschon von dem reisenden englischen Musikforscher Charles Burney früh in seiner Bedeutung erkannt und mit Händel verglichen (was er ausdrücklich mit der Händelschen Würde der Arie *Son qual face* aus GRISELDA belegte), hatte es Giovanni Bononcini schwer, postume Gerechtigkeit zu finden. Seine Stärke lag eindeutig auf dem Gebiet der melodischen Erfindung. Die Abschiedsarie der Griselda im ersten Akt *(Parto, parto, amabile ben mio)* gewinnt aus der durch Pausen bewirkten stoßartigen Betonung von einzelnen Wörtern und ihrer punktierten Rhythmisierung starke affektive Kraft. Instrumentale ›Obbligati‹ werden fast immer nur begleitend, nicht gegenläufig konzertierend eingesetzt. Dennoch ist der Unterschied zwischen der tief registrierten Singstimme des Gualtiero (der berühmte Kastrat Senesino sang ihn) und den beiden hoch registrierten Violoncelli in der Arie aus demselben Akt *Affetto, gioia e riso* zusammen mit den die Melodiestimme triolisch garnierenden Geigenläufen ein Kabinettstück. Antonio Bononcinis Vertonung unterscheidet sich stilistisch klar von dieser Version durch die strikt polyphone Behandlung der orchestralen Einleitung und Begleitung der Arien. Die stärker ausgeprägte Symmetriebildung und die Neigung zu obligatem Einsatz einzelner Instrumente unterscheidet seinen Melodietypus von dem mehr vokal empfundenen seines Bruders. So wird Ottones Arie *La bella nemica* (II,8) von zwei Jagdhörnern und zwei Violinen begleitet, wobei die Blas- und Streichinstrumente verschiedene Motive haben. Dieser strengere Stil mag auch erklären, warum sich Antonio genau an das Originallibretto Zenos hielt, während Scarlatti (1721) und auch Vivaldi (1735) sich große Eingriffe erlaubten.

ALESSANDRO SCARLATTI

Im Vorwort zu seiner GRISELDA bezeichnet Alessandro Scarlatti (1660–1725) diese als seine hundertvierzehnte Oper (danach komponierte er nur noch eine: LA VIRTÙ NEGLI AMORI; 1721). Von diesen sind etwa siebzig dem Titel nach und mit dem Libretto zu verifizieren, aber nur gut dreißig Partituren sind auf uns gekommen. Trotz dieser unvollkommenen Überlieferung läßt sich mit einiger Sicherheit die von der früheren Forschung vertretene Ansicht widerlegen, Scarlatti sei der Gründer der sogenannten neapolitanischen Opernschule gewesen. Selbst die ihm früher zugeschriebene Erfindung des orchesterbegleiteten Rezitativs (›Recitativo accompagnato‹ im Gegensatz zu dem nur vom Continuo begleiteten ›Recitativo secco‹) läßt sich nicht aufrechterhalten. Schon Pollarolo hatte Ende des 17. Jahrhunderts in Venedig angefangen, die tradierte Generalbaßbegleitung der Gesangsstimme durch die Continuo-Instrumente in Richtung auf zumindest partiell motivisch eigenständig geführte Streichinstrumente zu erweitern. Auch andere Stilelemente des neuen Opernstils nach 1700 wie die absolute Vorherrschaft der Da-capo-Arie lassen sich so wenig wie die Herausbildung der ›Opera buffa‹ auf Scarlatti zurückführen. So unbestritten seine Bedeutung auch sei (in Neapel wurden seine Opern nach 1718 indes kaum noch gespielt!), so sehr muß sie daraufhin eingeschränkt werden, daß Scarlatti mehr in der Tradition des 17. Jahrhunderts steht, als daß er die des 18. im allgemeinen oder die der ›Neapolitanischen Schule‹ im besonderen mitbegründet hätte. Das nun bedeutet keineswegs, daß seine Opern nicht auf dem Stand der Zeit komponiert worden seien. Die Arie *Figlio! Tiranno* aus dem zweiten GRISELDA-Akt ist ein schönes Beispiel für seinen Beitrag zur Herausarbeitung des durchkomponierten Rezitativs mit Ariencharakteristika: obwohl in einer gleichmäßigen Achtel- oder Sechzehntelbegleitung komponiert, zeigt die Arie doch mit ihren teils echohaften Unterbrechungen der Instrumente den Weg in die Zukunft. Ähnliches gilt für seine Ouvertüre, in der nicht nur der homophone Stil vorherrscht, sondern auch schon die Funktionsaufteilung der Klassik zu bemerken ist: während die Streicher mit Tremoli und Arpeggien die emotionalen Höhepunkte unterstreichen, setzen die Oboen und Trompeten akkordisch ihre Akzente auf den guten Taktzeiten. Schließlich weist (etwa in der Arie der Constanza in II,9) auch die in seinen späten Opern feststellbare Methode, die Motive einer Arie durch Abspaltungen aus einem einzigen Kopfmotiv zu gewinnen, auf klassische Kompositionsverfahren voraus. Daß er die Finali seiner Opern, nicht nur der komischen, mit Ensembles beschloß, gehört in die gleiche Kategorie. Aber solche und ähnliche Vorgriffe lassen sich ebenso bei anderen Zeitgenossen auffinden, sogar manch kühneres Detail, das nachweislich in die Operngeschichte hineinwirken konnte. So übernahm etwa Reinhard Keiser 1726 in seinem JODELET die Szene der in einer ländlichen Hütte ihr Schicksal beklagenden Heldin (*Sonno se pur sei sonno e non errore*) aus A. Boncinnis GRISELDA (*Numi, stelle, per pietà*) und mit ihr das Changieren von Es-Dur nach g-moll, während Scarlatti hier die konventionellere Tonartenverwandtschaft Es-Dur/c-moll einsetzt. Auch das Fugato beim Einschlafen der Griselda übernahm Keiser von Bononcini. Szenen wie die zum Konzert Griseldas mit obligater Oboenstimme am Schluß des zweiten Akts von Bononcinis Oper gesteigerte Arie, das bei Scarlatti an dieser Stelle stehende Terzett zwischen Griselda, Constanza und Gualtiero, sein vor das Finale plaziertes Quartett *(Non fu mai colpa amor)* oder die Leidensarien der Griselda *(Caro addio dal labbro amato)* und des Ernesto *(Troppo è il dolore)* bei Giovanni Bononcini gehören zu den berühmtesten Erscheinungsformen der frühen ›Seria‹ überhaupt.

DAS GIFT DES MITHRIDATES

Bevor Scarlatti mit seinen letzten beiden Opern in Neapel den Schlußstrich unter seine Arbeit in diesem Genre zog (in den letzten Lebensjahren schrieb er nur noch Kantaten und Kirchenmusik), hatte er in Venedig engen Kontakt zu Kardinal Vincenzo Grimani. Für dessen Teatro San Giovanni Grisostomo schrieb er neben dem Oratorium IL PRIMO OMICIDIO die Oper MITRIDATE EUPATORE (1707). Fünf Jahre zuvor hatte er seine 1684 angetretene Stelle eines Hofkapellmeisters in Neapel aufgegeben und war nach Rom gegangen, wo allerdings Opernaufführungen zwischen 1698 und 1709 aus moralischen Gründen verboten waren. So kam er dort trotz der zeitweiligen Förderung durch Kardinal Pietro Ottoboni nicht zum Zuge und schrieb einzig für das Privattheater der Medici in Pratolino bei Florenz. Noch vor IL TIGRANE (Tigrane oder die Gleichheit von Liebe und Treue; Neapel 1715), der 1969 in Basel eine viel beachtete Wiederaufführung erlebte, dürfte MITRIDATE EUPATORE Scarlattis heute am wenigsten unbekannte ernste Oper sein, da sie nach der (nicht sehr zuverlässigen) Neuausgabe Guiseppe Picciolis aus dem Jahre 1953 in Mailand (1956) in Bordeaux (1963) als erste ›Opera seria‹ des Komponisten wiederaufgeführt wurde. Den Zeitgenossen gefiel sie aber mitnichten. Der Kritiker Cavaliere Dotti nannte sie »süß und einschläfernd«, und ein in Venedig kursierendes lateinisches Spottgedicht sagte dem Kardinal Grimani nach, auch das mithridatische Gegengift (der Ponterkönig Mithridates war einer der berühmtesten Giftmischer der Antike) habe gegen seinen Scharlach (›Scarlatum‹ – auch eine Anspielung auf die Farbe der Kardinalskleidung) nichts genützt. Das Libretto der Oper hatte der Poet und Architekt Girolamo Frigimelica-Roberti als klassische Tragödie in fünf Akten konzipiert, wobei er bewußt und streng auf die Wahrung der sonst in der venezianischen Oper nicht üblichen aristotelischen Einheit von Ort, Spielzeit und Handlung achtete. Geschildert wird die Wiedergewinnung des Pontischen Reichs durch den rechtmäßigen Thronfolger Mithridates.

In dieser Oper, wie auch dem TRIONFO DELLA LIBERTÀ (Neapel 1707, Text vom gleichen Verfasser), ist das Motiv des Tyrannenmords vorherrschend und damit die Kritik an einer unmoralischen Herrschaft, der die Legitimation durch das Volk fehlt. So gibt es im MITRIDATE EUPATORE einen richtigen

Volkschor, der die Schließung eines politischen Vertrags bejubelt. Der politischen Hochebene, auf der es keine Liebesverwicklung gibt, ist eine pastorale Nebenhandlung zugeordnet: die Schwester des Mitridate, die vom Hof vertriebene Laodice, ist mit ihrem Gefährten Nicomede in ein dörfliches Versteck geflüchtet. Ein Höhepunkt der Oper ist die Erkennungsszene der beiden Geschwister, vor allem die h-moll-Arie der Laodice, in der sie den vermeintlichen Tod des Bruders betrauert *(Cara tomba)*. Scarlatti verstärkt die Gefühlsdichte der Musik dadurch, daß er die Singstimme und eine konzertante Violine in ein Spannungsverhältnis bringt. Aus der Tatsache, daß Kardinal Grimani 1709 selber das Libretto für Händels AGRIPPINA schrieb und daß diese in dem Theater herauskam, das vorher die Uraufführung von Scarlattis MITRIDATE EUPATORE erlebt hatte, ist eine gewisse Beeinflussung des Deutschen durch den Italiener zu schließen. So benutzte Händel wie Scarlatti zwei konzertierende Violoncelli, und der Nachhall von Laodices *Cara tomba* ist in seiner AGRIPPINA ebenso zu hören wie der von Mithridates Arie *Patrii Numi, amici Dei* in Ottones Klage *Voi che udite il mio lamento* mit der fugal durch die Begleitinstrumente gehenden Achtelbegleitung (Händel benutzte die Tonart f-moll statt des von Scarlatti gebrauchten F-Dur).

Im Jahre 1684 wurde Scarlatti vom spanischen Botschafter im Vatikan und Vizekönig von Neapel, dem Marquis del Carpio, zum Hofkapellmeister ernannt und verließ Rom. In Neapel, wo er gleichzeitig zu seinem Hofamt Leiter des Theaters San Bartolomeo wurde, blieb er nicht weniger als achtzehn Jahre. Auf Einladung des Kardinals Grimani kehrte er 1708 dorthin zurück, wo er auf seinem alten Posten weitere zehn Jahre verbrachte. Aber er mußte, wie schon in Venedig, die schmerzliche Erfahrung machen, daß sein Stil nicht mehr auf der Höhe der Mode war: die ging nach leichterer und oberflächlicherer Ware. Nicht nur, aber doch auch im Genre der komischen Oper, an dem sich der späte Scarlatti ohne viel Erfolg beteiligte ($\rightarrow$ S. 238 f.). In der Tat hat sich Scarlatti als Opernkomponist seit 1680 kaum weiterentwickelt. Gewiß hat er im Laufe seiner Karriere die Dimension und die Harmonik seiner Arien ausgeweitet und den Orchesteranteil verstärkt, aber von einem Fortschreiten kann kaum die Rede sein: Veränderungen sind weniger evolutionistisch zu erklären als durch die Umstände der jeweiligen Produktionsbedingungen. So ist Scarlatti, dem von der älteren Musikwissenschaft zu Unrecht die Führerschaft in einer ›Neapolitanischen Schule‹ zuerkannt worden war (diese gibt es kaum in einer stilbildenden Weise, sondern nur als quantifizierenden Begriff für die an einem Ort tätigen Komponisten), im wesentlichen ein Bewahrer und Vollender der Tradition.

Hatten in seinen frühen Opern die Arien fast nur Continuo-Begleitung, so

behielt er auch späterhin das kontrapunktisch fundierte Verhältnis der Begleitung zum Gesang aufrecht. Anders als in der Hoch-Zeit der ›Opera seria‹ bleibt
der Baß bei ihm in Bewegung, wird nicht zur homophon-statischen Stütze. In
den späteren Opern, die keine Continuo-Arien mehr kennen, wird die Begleitung fülliger und vielschichtiger, wobei sich eine Arien-Typologie nach der
jeweiligen Affektlage herausbildet. Die martialisch-triumphierenden Arien,
manchmal mit Trompetenstimmen, stehen fast immer in D-Dur; Entschlüsse
weittragender Bedeutung werden in C-Dur-Arien getroffen (manchmal auch in
B-Dur), während die Gefühlsaussprache auf der zweiten Ebene der Rollen-
Hierarchie in G-Dur stattfindet. Die Seelenleiden der Haupthelden wiederum
werden meist in c- oder f-moll geschildert. Duette und Ensembles sind selten
und meist nichts anderes als Arien für zwei oder mehr Personen. Selbst das
Septett aus ERACLEA ist nichts als eine dreiteilige Arie, die abwechselnd von sieben Sängern vorgetragen wird. Lediglich die Finali weisen, meist in C- oder
D-Dur gehalten, eine knappe Vereinigung aller Vokal- und Instrumentalkünst-
ler auf. War Scarlatti in dieser Beziehung durchaus in Übereinstimmung mit
dem Zeitgeist, so ging eine so anspruchsvoll durchkomponierte Szene wie das
orchesterbegleitete Schlußrezitativ in seiner GRISELDA an den Ansprüchen des
Publikums vorbei: er wurde, wie auch Händel, schon zu Lebzeiten ein Alt-
meister.

MARCELLOS OPERNSATIRE

Zu Lebzeiten als Opernkomponist vergessen wurde auch Antonio Vivaldi, der –
wie Alessandro Scarlatti im Genre des Oratoriums – als Großmeister des Instru-
mentalkonzerts früh in die Musikgeschichte einging. Vier Jahre vor seinem Tod
wurde Vivaldi als Opernkomponist buchstäblich vom Bannstrahl getroffen. Er,
der mit fünfzehn Jahren die Tonsur und zehn Jahre später die Priesterweihe erhalten hatte (wegen seiner Haarfarbe war er als ›Prete rosso‹, als ›Roter Priester‹
berühmt), wurde 1737 von Kardinal Ruffo daran gehindert, die Stadt Ferrara zu
betreten, wo er für eine Adelsgesellschaft zwei Opern einstudieren sollte. Die
Begründung des Erzbischofs von Ferrara: Vivaldi habe seine priesterlichen
Pflichten vernachlässigt. Tatsächlich hatte er, wie etwas später Händel in London, die Zeichen der Zeit erkannt: als Komponist konnte man in der Oper nur
überleben, wenn man gleichzeitig das Geschäft des Impresarios betrieb, was natürlich zu Lasten der priesterlichen Tätigkeit ging. Wir wissen beispielsweise,
daß in Hamburg um 1725 ein Komponist für eine komplette Oper fünfzig Gulden erhielt, während der Helm für einen Hauptdarsteller oft das Doppelte
kosten durfte. Der Komponist Benedetto Marcello hat 1720 in seiner Satire

IL TEATRO ALLA MODA (Das Theater der Mode) mit größter Sympathie für den schöpferischen Künstler diese Zustände gegeißelt. Die Erstausgabe seiner kleinen Schrift mit dem ironischen Untertitel »Die sichere und leichte Methode, italienische Opern zu komponieren und auf moderne Weise aufzuführen« zeigt Vivaldi in der Titelvignette: ein geigespielender Engel steuert mit den Füßen ein Ruderboot. Der Engel trägt einen Priesterhut und ist unverkennbar der Komponist, der die Geschicke des Theaters Sant'Angelo zum Erfolg zu steuern versucht. Daß die meisten italienischen Theater aus der Frühzeit der Oper die Namen von Heiligen tragen, hat keine tiefergehende Bedeutung: damit ist nur der Pfarrbezirk angegeben, in dem das Theater stand.

Marcellos Satire gibt einen vorzüglichen Eindruck von den damaligen Arbeitsbedingungen für einen Opernkomponisten. In der Rangliste derer, die an einer Oper beteiligt sind, nahm er eine untere Stellung ein. Ganz oben standen der Librettist und, nachdem die Fürsten als Auftraggeber mehr und mehr von bürgerlichen Theaterunternehmern abgelöst worden waren, eben diese. Unter dem Stichwort des Impresarios schreibt Marcello Folgendes: »Der moderne Impresario wird, nachdem er das Libretto erhalten, aber noch bevor er es gelesen hat, zur Primadonna gehen, damit sie es als erste hört. Bei dieser Lesung werden ihr Beschützer, ihr Anwalt, der Souffleur, irgend ein Pförtner, ein Statist, der Schneider, der Notenkomponist und der Diener des Beschützers anwesend sein. Jeder wird seine Meinung über das Libretto abgeben, einmal diese, einmal jene Stelle mißbilligend. Und der Impresario wird ihnen versichern, daß er alle gewünschten Änderungen veranlassen wird«. Erst nachdem diese Änderungen vom Librettisten in die Tat umgesetzt, eine komplette Besetzung engagiert und ein Termin für die Premiere festgesetzt ist, tritt der Komponist in Erscheinung. Seine Bezugsperson ist der Theaterleiter, der Impresario: »Er wird dem Komponisten das Libretto am 4. des Monats aushändigen und ihm sagen, daß die Oper am 12. des Monats in Szene gehen muß, daß er rasch arbeiten und sich nicht um Kompositionsfehler kümmern solle. Beschweren sich die Sänger über ihre Partien, so wird der Impresario dem Dichter und dem Komponisten nachdrücklich befehlen, ihre Oper zu verhunzen, damit wenigstens die Virtuosen mit ihrer Partie zufrieden sind«. Und um dem Komponisten die letzten Illusionen über sein Sozialniveau zu nehmen, fügte Marcello an: »Promeniert der Komponist mit Sängern, so ist es besonders bei Kastraten erforderlich, daß er immer mit dem Hut in der Hand einen Schritt hinter ihnen hergehe und sich stets dessen bewußt ist, daß der geringste Virtuose auf der Bühne zumindest einen General oder einen Hauptmann der königlichen Garde darstellt«.

Marcellos Satire über das Musiktheater à la mode um 1720 gewinnt den hohen Grad der Zuverlässigkeit ihres Informationsgehalts dadurch, daß die Wirklichkeit in der Schilderung nur wenig übertrieben wird. Das gilt auch für das Verhalten des Komponisten: »Der moderne Komponist wird sich hüten, das ganze Libretto zu lesen, um sich nicht abzuquälen. Aber er wird es Vers für Vers vertonen. Dabei wird er alte Motive benützen, die er bereits im Laufe der Jahre verwendet hatte, ja er wird ganze Arien aus früheren Opern übernehmen. Und wenn der Text dazu nicht geeignet ist, so wird er den Dichter so lange quälen, bis dieser die Verse zu seiner vorhandenen Musik passend gemacht hat.«

ANTONIO VIVALDI (1678–1741)

Es lag auf der Hand, daß die Reformbestrebungen von Librettisten wie Zeno und Metastasio den Keim zu ihrer Pervertierung in sich trugen. Die Anpassung an die Produktionsbedingungen der Opernhäuser führte zum Sinnverlust. Statt eine spezifische Musik für einen bestimmten Text zu schreiben, arbeiteten die Komponisten mit Versatzstücken: mit ›Arie di baule‹ (Kofferarien), die sich von einer Oper in die andere transponieren ließen. Und die Impresarii wiederum ließen, wenn Not am Mann war, gleich mehrere Musiker gleichzeitig an einer Oper arbeiten – so entstanden die ›Pasticcio‹-Opern (Pasteten). Vivaldi beispielsweise hat sich souverän über zwei Reformlibretti hinweggesetzt: die GRISELDA Zenos und die OLIMPIADE Metastasios. Das Drama Zenos bearbeitete ihm Carlo Goldoni, der sich darüber im Vorwort freimütig äußerte: »Vivaldi kam es vor allem auf einen Dichter an, der bereit war, das Libretto nach seinem Geschmack auszubessern oder zusammenzustümpern und die Arien, ob recht oder schlecht, einzufügen, Arien, die seine Schülerin schon in anderen Opern gesungen hatte. Folglich habe ich Zenos Stück, so kann man sagen, ›ermordet‹. Aber die Oper hatte großen Erfolg.« In Metastasios Modelloper wiederum vermehrte Vivaldi die Szenerien von vier auf sechs, strich eine Arie, fügte drei neue hinzu und veränderte den Text von weiteren sechs Arien. Und in Metastasios CATONE IN UTICA strich er sogar den Selbstmord des Helden, um dem vom Publikum ersehnten ›Lieto fine‹ (glücklichen Ende) zu genügen. Dazu bekannten sich im Prinzip freilich die Reformlibrettisten selbst.

Daß in der italienischen ›Seria‹ des 18. Jahrhunderts Reformbestrebungen, Opernpasteten und Kofferarien sich nicht nur überschnitten, sondern teilweise auch gegenseitig bedingten, führte zu wechselhaften Entstehungsprozessen einzelner Werke. Als Beispiel dafür diene Vivaldis ORLANDO von 1727, dessen großer Erfolg im Teatro Sant'Angelo in Venedig den Komponisten dazu veranlaßte, nicht weniger als zehn Arien in seine zwei Jahre später in Florenz aufgeführte Oper ATENAIDE zu transplantieren. Kennengelernt hatte er den aus Ariosts Epos stammenden Stoff 1713. Damals, ein Jahr, bevor Vivaldi seine Tätigkeit als Theaterleiter begann, war im Sant' Angelo ein RASENDER ROLAND mit großem Echo aufgeführt worden. Komponist war ein Giovanni Alberto Ristori, und das Textbuch hatte – nach der Vorlage Ariosts – Graziolo Braccioli, ein junger Jurist aus Ferrara, verfaßt. Er wurde beauftragt, für das folgende Jahr eine Fortsetzung zu schreiben, und als Komponist wurde Vivaldi verpflichtet. Das Produkt mit dem Titel ORLANDO FINTO PAZZO (Der scheinbar wahnsinnige Roland) wurde im Herbst 1714 zu einem Mißerfolg. Nachdem verschiedene Änderungen keinen Erfolg hatten – auf die dritte Fassung einer Stelle schrieb er: »Wenn diese nicht gefällt, will ich keine Musik mehr schreiben« –, schritt er zur Radikalkur und bearbeitete einfach Ristoris ORLANDO FURIOSO aus dem Vorjahr. Diese Version, mit wiederum von einem dritten Komponisten stammenden Rezitativen, soll 1724 in Prag und ein Jahr später in Breslau gegeben worden sein. 1727 nahm Vivaldi dann den Stoff wieder auf, und da er das Libretto Bracciolis in fast allen Arien veränderte, tauchte der Name des Textdichters nicht mehr auf; konsequenterweise nannte Vivaldi seine Oper nun einfach ORLANDO.

Obwohl von dieser Fassung keine Ouvertüre überliefert ist (bis zu Rossini hielt sich der Brauch, sie aus früheren Werken zu übernehmen), kann man den ORLANDO als die gelungenste Oper Antonio Vivaldis bezeichnen. Nach eigenem Zeugnis schrieb er, der als bedeutendster Instrumentalkomponist des italienischen Barock den revolutionären Impuls seiner Musik programmatisch zum Ausdruck brachte, indem er seine erste Konzertsammlung dem ESTRO (der zügellosen Phantasie) und die zweite der STRAVAGANZA (der Extravaganz) widmete, bis 1739 schon vierundneunzig Bühnenwerke. Von diesen ist uns die Hälfte dem Namen nach bekannt, und von zweiundzwanzig Opern liegen die Noten vor. Wie in der späteren ›Opera seria‹ enden Akte mit Duetten, Terzetten oder Chorszenen. Obwohl in der Arie des Ruggiero *Sol da te mio dolce amore* aus dem ersten Akt eine Querflöte virtuose Aufgaben zu erfüllen hat, bleibt der Anteil konzertierender Instrumente meist auf eine enge Verbindung mit der Singstimme beschränkt (parallele Führung in Terzen oder Sexten, Unisonobegleitung oder ausschmückende Umspielung). Gegenüber Zeitgenossen wie Scarlatti und Gasparini mit ihren meist zweistimmigen Arien löst sich Vivaldis Orchesterbegleitung der Arien fast völlig vom Basso-continuo-Stil. Bei ihm sind die Bässe nur harmoniestützend und meist ohne thematisches Eigenleben geführt (in der älteren Forschung wurde das als Stilmerkmal der ›Neapolitanischen Schule‹ bezeichnet; Vivaldi prägte es aber schon vor den ersten Opern Leos, Vincis oder Pergolesis). Zwar beginnen manche seiner Arien mit einem Orchestervorspiel, dessen imitatorische Stimmführung einen polyphonen Anspruch verkündet, aber sobald die Gesangsstimme einsetzt, geht die Begleitung in ein harmonisches Stützsystem über. Meist ist sie einfach gehalten, und zwar bewußt einfach, um den Instrumentalisten ein unproblematisches Spiel vom Blatt zu ermöglichen. Nur in Ausnahmefällen, wie in der Sturmarie *Spiriti indomabili* aus LA FIDA NINFA (Die treue Nymphe, Verona 1732; seit 1964 in einem Neudruck vorliegend), haben die Orchesterstimmen eine eigene Thematik. Dennoch weist Vivaldis Arienstil einen großen Reichtum auf. Dabei beschränkte er sich nicht auf die Darstellung der ›Affetti‹ wie Freude, Schmerz, Begeisterung oder Entsagung (die von René Descartes → S.116f. philosophisch begründeten Affekte waren im Verlauf des 17. Jahrhunderts geradezu minuziös katalogisiert worden). So finden sich im ORLANDO neben stürmischen Arien des Titelhelden *(Nel profondo; Sorge l'irato nembo)* die schon erwähnte Arie mit obligater Flöte des Ruggerio und sogar ein ironischer Beitrag zu diesem Genre: die Arie der Zauberin Alcina *Vorresti amor da me.*

Was Vivaldis ORLANDO (dem auch die 300. Wiederkehr des Geburtstags des Komponisten im Jahre 1978 keine Wiederkehr auf das Theater brachte) heute noch leicht unterscheidbar von anderen Opern jener Zeit macht, ist die Kunstfertigkeit des Rezitativs. Als der vor Eifersucht rasende Paladin Orlando, ein Neffe Karls des Großen, sieht, wie die von ihm geliebte Angelica sich einem anderen vermählt, wird aus seinem Wüten Wahnsinn. Erst nachdem der Zauber der die Handlungsinsel beherrschenden Alcina gebrochen ist, kommt Orlando wieder zu sich und segnet die Vermählten. Dieser Wahnsinn wird musikalisch nur in Rezitativen abgebildet, so daß fast der ganze zweite Akt ohne Arien auskommen muß. Die in einer dreiteiligen Steigerungsdramaturgie angelegten Etappen des Wahnsinns gipfeln unter außerordentlicher vokaler und harmonischer Spannung in einem erregten Dialog zwischen Orlando und dem Orchester. Im dritten Akt wird Orlandos Zustand im Ambiente der anderen Figuren gezeigt: er spricht in fremder Sprache (französisch), wobei Vivaldi das von ihm in seiner FOLLIA-Violinsonate op. 1 variierte Thema (das spanische Volkslied von der Narrheit war über Neapel nach Italien gelangt und gehörte zum musikalischen Allgemeingut) ironisch zitiert. Von dieser geradezu schwebenden Leichtigkeit in der Abbildung eines Ausnahmezustands geht Vivaldi dann, wenn Orlando das Reich der Zauberin zerstört, wieder in ein rezitativisches Wüten über.

Obgleich, oder besser: weil das Libretto des ORLANDO nicht den Forderungen der Reformer genügte (ein Wahnsinniger war eben ein gemischter und kein reiner Charakter), gehört Vivaldis Oper zum Besten, was das italienische Musiktheater in der ersten Hälfte des 18. Jahrhunderts hervorgebracht hat. Das zeigt sich vor allem im Vergleich mit seiner (allerdings recht freizügigen) Vertonung von Metastasios Muster-Libretto L'OLIMPIADE (Venedig 1734; *WA* Siena 1939; Wiener Kammeroper 1966). Erzählt wird in ihm die schemahafte Geschichte des edlen Megacle, der für seinen Freund Licida in den olympischen Wettkampf zieht, um für ihn die als Siegespreis ausgesetzte Prinzessin Aristea zu gewinnen (er ahnt nicht, daß es seine Geliebte ist). Als der Betrug und die Verletzung der olympischen Regeln offenbar werden, will Megacle den Tod erleiden. Der Metastasio-Herausgeber Ranieri de' Calzabigi nannte ihn »den menschenfreundlichsten, tugendhaftesten und liebenswürdigsten Charakter, der je auf die Bühne gebracht worden ist« – als der Komponist Johannes Adam Hiller den Text in der zitierten Weise 1786 in seiner Schrift ÜBER METASTASIO UND SEINE WERKE übersetzte, klang zwischen den Zeilen deutliche Ironie an: nicht zuletzt unter dem Einfluß der von Calzabigi für Gluck geschriebenen Reformlibretti hatte ein entscheidender Geschmackswandel stattgefunden. Am Ende von Pietro Metastasios Dichtung erleidet der Anstifter Licida den Tod, während Megacle und Aristea vereinigt werden. Im Gegensatz zu der vielschichtigen Musik des OR-LANDO bleibt Vivaldi hier in der Schönheit der Außenform stecken (was ihm den Ruf eingebracht hat, Arienkonzerte geschrieben zu haben). Wenn Licida etwa den schlafenden Megacle betrachtet, in dessen Seele der Konflikt zwischen Freundestreue und Frauenliebe tobt, teilt die Musik von solcher Spannung nichts mit, sie bleibt ganz dem Affektgehalt des Emotionsfelds Schlafen/Träumen verhaftet. Verstärkt durch ein Jagdhorn, wiegen sich die Streicher in einer sanften Bewegung. Über ihr erhebt sich die Gesangsstimme auf den Grundtönen eines F-Dur-Dreiklangs, dann verengt sich ihr Intervallraum zu Sekundschritten. Eine kleine Koloratur verstärkt den Sinngehalt des Wortes ›Idea‹. Eine Textwiederholung folgt mit neuer Musik, die durch den Einsatz größerer Intervalle auffällt, der Mittelteil vor dem ›Da capo‹ steht in der verwandten Tonart d-moll. Der Gesamteindruck der Musik ist ausgesprochen statisch, entwicklungslos.

Sehr viel differenzierter weiß Vivaldi in den Rezitativen über die leicht marmorne Schönheit seiner Arien hinauszugehen. Die Szene, in der Megacle scheinbar für immer Abschied von Aristea nimmt (*No, Principessa* in II,7) beginnt mit einer Gesangslinie auf quasi liegenden Baßstimmen. Wenn Aristea ohnmächtig wird, teilt Vivaldi die Worte des Helden durch den Einschub kurzer Streicherakkorde auf, und schließlich gehen sie in ein großangelegtes ›Recitativo accompagnato‹, also mit voller Orchesterbegleitung, über. Daß Vivaldi in manchen Arien seiner Opern ein Defizit an sprachlicher Prägnanz und kantabler Melodik aufweist, ist kein Grund, ihn als Opernkomponist aus dem Geschichtsbewußtsein zu streichen. Gewiß ist er in dieser Eigenschaft erst 1927 wieder in die Diskussion gekommen, als ein verarmtes Kloster in Piemont der Turiner Nationalbibliothek eine umfangreiche Sammlung dicker Folianten schenkte, unter denen sich bis auf eine alle heute erhaltenen Opern Vivaldis befanden. Das aber erklärt nicht, warum die Bemühungen der Wissenschaft um die Einordnung und Beurteilung Vivaldis ein so geringes Echo in der Opernpraxis fanden.

FRANCESCO GASPARINI

Neben Vivaldi muß ein anderer venezianischer Beitrag zur Frühgeschichte der ›Opera seria‹ erwähnt werden: der TAMERLANO von Francesco Gasparini (1668–1727). Der Komponist war mit über 60 Bühnenwerken eine der auffälligsten Figuren im Musikleben der Lagunenstadt nach 1700. Wie sehr sie vom Opernfieber ergriffen war, geht schon aus der Tatsache hervor, daß nach der Eröffnung des ersten öffentlichen Musiktheaters überhaupt, des San Cassiano im Jahre 1637, bis 1800 weitere achtzehn folgten. So läßt sich im 18. Jahrhundert nachweisen, daß pro Jahr zwischen zwölf und neunzehn Opern herauskamen (zumindest deren Titel und Libretti sind vollständig überliefert). Unter den fürstlichen Mäzenen dieses Opernbooms spielte der Graf Agostino Piovene eine wichtige Rolle, da er als Textdichter sich den Prinzipien der ›Arcadia‹ verpflichtet fühlte. So verfaßte er für Gasparinis 1711 im Teatro San Cassiano uraufgeführten TAMERLANO den Text ausdrücklich nach dem Vorbild einer französischen Sprechtragödie. Sein Text wurde neben vierzehn anderen auch von Händel vertont (→ S. 225 f.). Noch deutlicher wird sein Reformstreben in der Zweitfassung, die er 1719 für Reggio Emilia unter dem Titel IL BAJAZET schrieb. Die Titeländerung ist keine Äußerlichkeit, da nun nicht mehr der sprunghafte und kaum nachvollziehbar motivierte Usurpator Tamerlan im Vordergrund steht, sondern das Schicksal des von ihm gefangengenommenen türkischen Sultans. So kulminiert die Oper, die sich im Vorwort zur erhalten gebliebenen Partitur (vom TAMERLANO sind nur neun Arien auf uns gekommen) auf ein Stück des allerdings ungenannt bleibenden französischen Dramatikers Jacques Pradon bezieht, im Selbstmord Bajazets: er weigert sich, die Freiheit durch die Opferung der Unschuld seiner Tochter Asteria zu erkaufen.

Diese von Gis-Dur nach f-moll modulierende Todesszene, die auch das Abschiedsarioso an die Tochter enthält (*Figlia mia, non pianger, nò*), ist ein großangelegtes ›Recitativo accompagnato‹ (III,9), auf das Händel in seiner Vertonung zurückgriff. Allerdings läßt sich hier und an anderen Arien die Überlegenheit Händels deutlich zeigen: seine Melodiebildung ist flexibler und vermittelt Stimmungsänderungen durch größere Intervallspannungen im Melodieverlauf sowie durch heftigere Rhythmisierung (vor allem mittels punktierter Noten). So klar hier Gasparinis Grenzen zutage treten, so wenig kann bestritten werden, daß sein BAJAZET am Fortgang des Genres Anteil hatte – und zwar in zweierlei

Hinsicht. Einmal rückt der leidende und noch im Selbstmord die Menschen-
würde verteidigende Held in den Vordergrund, zum anderen wird dieser Typus
mit einem Tenor besetzt. Seit etwa 1710 mehren sich tenorale Hauptrollen als
Abbilder von Männlichkeit und Moralität. Wenngleich der Kult um die Entmannten damit keineswegs beeinträchtigt wurde (die ersten Kastraten sangen
in Florenz um 1534, in der Päpstlichen Kapelle wurden sie 1652 eingeführt, und
Alessandro Moreschi als letzter Vertreter des Fachs starb erst 1922), kündigt
sich doch ein Wandel in der herrschenden Gesangsästhetik an. So schrieb Gasparini seinem Freund Francesco Tosi, nachdem er von diesem das gegen die
dekadente Gesangsmethode gerichtete Werk OPINIONI DE' CANTORI ANTICHI
E MODERNI (Ansichten über alte und neue Sänger; Bologna 1723) erhalten hatte:
er werde seine »Schüler nach besten Kräften davor bewahren, den Mißbräuchen ... der modernen Prätention« zu verfallen. Das war mit ziemlicher Sicherheit auf die Schule Nicola Porporas in Neapel gemünzt. Als deren später be-
rühmtester Repräsentant hatte der Kastrat Carlo Broschi, genannt Farinelli, gerade seine Karriere begonnen.

Heute, da der allgemeine Siegeszug des im anglo-amerikanischen Musikleben zuerst aufgetretenen ›Countertenors‹ (Tenor in Altlage) nicht nur der Barockoper zu neuer Lebendigkeit verholfen, sondern auch die hundertjährige
Verabscheuung des kastratenhaften Ziergesangs einer geschichtlich gerechte-
ren Betrachtung hat weichen lassen, können wir vielleicht besser als frühere Ge-
nerationen die Faszination des Publikums im 18. Jahrhundert verstehen. Die
Geschlechtslosigkeit der Entmannten führte nämlich zu einer Zone erotischer
Verwirrung auf der Bühne, da Kastraten wie auch Unbeschnittene in Frauenrollen auftraten und das Transvestitentum zum Standardrepertoire gehörte.
Der französische Schriftsteller Charles de Brosses, der 1739/40 als Ergebnis
einer Bildungsreise seine höchst informativen LETTRES HISTORIQUES ET CRI-
TIQUES SUR L'ITALIE (Briefe aus Italien, erschienen 1796) schrieb, hat uns neben
vielen anderen sachverständigen Informationen über das damalige Kulturleben
auch seine eigene Irritation über die Kastraten mitgeteilt: »Man muß schon an
Kastratenstimmen gewöhnt sein, um daran Geschmack zu finden. Sie sind in
der Klangfarbe ebenso hell und durchdringend wie die der Chorknaben, nur viel
lauter. Mir scheint, daß sie noch eine Oktave höher singen als die gewöhnlichen
Frauenstimmen. Es liegt, ganz wenige ausgenommen, etwas Sprödes und Her-
bes in ihrem Gesang, das von der weichen Lieblichkeit der Frauenstimme weit
entfernt ist. Aber ihre Stimmen haben Glanz und Leichtigkeit, dabei Kraft und
Umfang«.

De Brosses' falsche Meinung, die Kastraten sängen höher als Frauen (die in
einer merkwürdigen Ausdehnung des Transvestitentums oft Männer darstell-

ten), spiegelt das Unbehagen des Mittel- und Westeuropäers vor dieser typisch italienischen Erscheinung. Die von den Kastraten perfektionierte Ausschmükkung in den Da-capo-Arien war, da sie auf dem Improvisationsgeschick nicht weniger als auf technischen Fähigkeiten basierte, keine unmoralische Mode, sondern das (darum nicht minder bedenkliche) Ergebnis einer altitalienischen Musiziertradition. Diese war schon im Vortrag von Motetten und Madrigalen des 16. Jahrhunderts voll ausgeprägt gewesen und spiegelt »ein elementares Musizieren des Südländers, das im ganzen Mittelmeergebiet praktiziert wurde und heute noch im Orient geübt wird. Dieses virtuose Improvisieren erschien den nördlich wohnenden Europäern oft fremdartig, so daß sie es mit Mißtrauen betrachteten und für äußerlich hielten«. Nach der Entdeckung historisierender Musizierpraktiken im 20. Jahrhundert, zu deren Arsenal auch der Kontratenor oder ›Altus‹ gehört, sehen wir den Konflikt zwischen virtuosen Primadonnen und Kastraten auf der einen sowie dem Komponisten auf der anderen Seite nicht mehr allein aus der mutmaßlichen Perspektive des Opfers. Schließlich hat niemand Georg Friedrich Händel gezwungen, sich eben solche Sänger aus Italien nach England zu holen: Musik und Interpretation bedingten einander.

II. GEORG FRIEDRICH HÄNDEL
(1685–1759)

Der bedeutendste Vertreter der italienischen ›Opera seria‹ im 18. Jahrhundert scheint heute nur noch in Paradoxien greifbar zu sein. Der geborene Hallenser, der am 13. Februar 1727 in England den Antrag auf Naturalisierung stellte und eine Woche später den zustimmenden Parlamentsbescheid erhielt, schrieb seine besten Opern am nördlichsten Rand des von der ›Opera seria‹ beherrschten Imperiums; weder war er in seinem Schaffen von der diese Gattung begründenden Reformidee nachhaltig beeinflußt, noch wirkte er von London aus nach Italien zurück. Selbst seine größten Erfolge im Inselreich wurden dort leicht von Parodien übertroffen, wenn nicht gar entwertet: Stücke wie die BETTLER-OPER von 1728 oder DER DRACHE VON WANTLEY fast zehn Jahre später hatten längere Laufzeiten als die erfolgreichsten Opernproduktionen Händels. Genau genommen, war er als Opernkomponist schon zu Lebzeiten tot: zwischen 1754, als er noch fünf Jahre zu leben hatte, und der Göttinger Händel-Renaissance im Jahre 1920 kam keine seiner Opern auf die Bühne. Daß der Komponist lebendigen Leibes gestorben war, hat Stefan Zweig mit humanitätsgesättigtem Pathos in einer seiner STERNSTUNDEN DER MENSCHHEIT festgehalten. Es ist die Erzählung, wie Händel zur Komposition seines Oratoriums DER MESSIAS kam, und ihr Titel ist nicht nur biographisch zu verstehen. HÄNDELS AUFERSTE-HUNG: das zielt zunächst auf die Tatsache, daß der Komponist nach einem schweren Schlaganfall im Jahre 1737 gegen die Befürchtungen seiner Freunde und Ärzte sich nicht nur erholte, sondern mit dem MESSIAS auch ein Werk von nachhaltiger Wirkung in völliger geistiger Frische komponierte. Zweigs Titel suggeriert aber auch anderes: daß Händel mit seiner späten Wendung zum englischen Oratorium die angeblich totgeborenen Gefilde der ›Opera seria‹ verließ und erst damit zu seiner wahren Größe aufstieg (zu Händels Hamburger Opernanfängen: → S. 162 f.).

Die Wertschätzung des Oratorienkomponisten zu Lasten des Verfassers italienischer Opern ist keine Erfindung Stefan Zweigs. Sie durchzieht die gesamte Wirkungsgeschichte des Komponisten bis ins 20. Jahrhundert. Während Händels Oratorien die Zeitläufte ungefährdet überstanden, weil sie schon im Frühstadium ihrer Rezeption einen dicken Überlebenspanzer aus monumenta-

lisierter Frömmigkeit angenommen hatten, landeten seine Opern eine Zeitlang
auf dem Abfallhaufen der Kulturgeschichte. Händels bekannte Wohltätigkeit
den Armen seiner Zeit gegenüber verstopfte den Hörern seiner Oratorien wiederum, die sie wie den MESSIAS unter dem Horizont christlicher Heilserwartung wahrnahmen, die Ohren für eine prekäre Angelegenheit. Möglicherweise
verdanken wir nämlich die glanzvollste Erfolgsnummer seines Ruhms zu Lebzeiten wie seines Nachruhms, den Halleluja-Chor, einer gewissen Laxheit des
Komponisten in Fragen geistigen Eigentums. Jedenfalls hatte kein geringerer
als der ›Orpheus Britannicus‹ Henry Purcell gut vier Jahrzehnte vor dem MES-
SIAS in seiner Bühnenmusik frei zu Shakespeares Drama DER STURM am Beginn
des zweiten Akts einen Chor dem Duett zweier menschlicher Teufel sein »for
ever, for ever« wie eine textmusikalische Händel-Vorwegnahme entgegen-
schleudern lassen. Die Umkehrung von Purcells Ruf nach ewiger Verdammnis
für den Sünder zur Beschwörung ewigen Seelenheils für den Christenmenschen
hat die Händel-Gläubigen durch die Jahrhunderte nicht daran irre werden lassen, auch den zweiten Markenartikel Händelschen Nachruhms mit einer schon
bigotten Sakralaura zu umgeben: das sogenannte ›Largo‹. Es ist alles andere als
ein religiöses Erbauungsstück: nämlich eins der in Händels Vokalwerken so
zahlreichen Preislieder auf die Natur. Es ist auch kein Largo, sondern ein Larghetto, die erste Gesangsnummer der Oper XERXES. Händel hat sie, textlich
und unbestreitbar auch musikalisch zurückgehend auf die ältere Vertonung seines Londoner Rivalen Giovanni Bononcini, jenseits heutiger Kategorien des
Urheberrechts in jenem Jahr 1738 komponiert, als ihm von Louis-François
Roubillac in den Gartenanlagen von Vauxhall ein marmornes Standbild errichtet wurde.

Die Verfälschung seines Larghettos aus dem XERXES hat Händel nicht verhindern können, obwohl er in anderer Beziehung darauf bedacht war, der Nachwelt ein getreues Abbild seiner selbst zu hinterlassen. Er, der im gleichen Jahr
1685 wie der spätere Thomaskontor Johann Sebastian Bach und nur wenige Ki-
lometer von dessen Geburtsort Eisenach entfernt zur Welt gekommen war,
fühlte sich am Ende seines Lebens als britischer Nationalkomponist. Drei Tage
vor seinem Tod hatte er zu seinem längst schon geschriebenen Testament einen
Nachtrag anfertigen lassen, der dem mittelmäßigen Bildhauer Roubillac einen
zweiten Anlauf zum Nachruhm ermöglichte: »Ich hoffe, daß mir vom Haupt-
geistlichen und dem Kapitel von Westminster gestattet wird, in der Westminster-Abtei beigesetzt zu werden, und ich habe den Wunsch, daß mein Testa-
mentsvollstrecker die Erlaubnis erhält, dort ein Denkmal für mich errichten zu
lassen, und daß eine Summe, die sechshundert Pfund nicht überschreitet, für
diesen Zweck aufgewendet wird.«

Diesem Wunsch wurde so entsprochen wie zuvor dem nach Erlangung der britischen Staatsbürgerschaft. Daß Händel sie angestrebt hat, ist nicht allein damit zu erklären, daß der Komponist in London eine kleine deutschsprachige Gemeinde vorfand, die ihm das Dortbleiben einredete. Für den Realisten Händel war der Wechsel vom Kontinent nach England so etwas wie der Sprung aus dem Mittelalter in die Neuzeit. In London, wo er sich im Herbst 1712 niederließ (den Vertrag mit seinem Dienstherrn, dem Kurfürsten Georg Ludwig von Hannover brechend, der 1714 als George I. König der Briten wurde und sich Händel gegenüber großzügig zeigte), war gerade die Pressezensur abgeschafft worden, wichtige Staatsverträge stärkten die Errungenschaften der parlamentarischen Demokratie und die anglikanische Staatskirche widersetzte sich kaum den Prinzipien des aufklärerischen Rationalismus; sie sah das Fortkommen des Bürgers im Geschäftsleben mit Wohlgefallen – und Händel stürzte sich als Operndirektor ins Geschäftsgetümmel. Dreimal scheiterte er dabei, aus den verschiedensten Gründen, ohne jedoch – wie es die Legende will – jemals Bankrott zu machen. Einer der Gründe für sein geschäftliches Scheitern ist in der Kehrseite anglikanischer Staatskirchen-Liberalität zu sehen: dem Puritanismus in Fragen der Moral. So wurden die italienischen Opernkastraten immer wieder moralisch attackiert, aber getroffen wurde damit die ›Opera seria‹ selbst. Nach seinem dritten Scheitern und dem ersten Schlaganfall im Jahre 1737 versuchte Händel noch vier Jahre lang, der italienischen Oper in London ein Heimatrecht zu erwirken: vergebens. Dann wandte er sich endgültig dem Oratorium zu.

DER ENTFESSELTE PROMETHEUS

Den Hauptgrund dafür, daß Händel im Oratorium und nicht in der Oper überlebte, hat für das späte 18. und das ganze 19. Jahrhundert der Shakespeare-Übersetzer Johann Joachim Eschenburg schon 1785 formuliert, als er die Vorrede zu seiner Übertragung der Händel-Biographie von Charles Burney schrieb: »Unser Operngeschmack hat sich freilich zu sehr geändert und verwöhnt, um je die Aufführung einer ganzen Händelischen Oper hoffen zu dürfen«. Dem fügte, in der herrschenden Wertschätzung der Oratorien, Johann Gottfried Herder lakonisch hinzu: »seine Opern und Sonaten sind verhallet. Sein *Alexanderfest* dauert.« Hinter Herders Meinung verbirgt sich ein Vorurteil, das auch heute noch bei vielen Musik- und Opernfreunden anzutreffen ist. In seiner mehrbändigen Zeitschrift ADRASTEA, die 1801/04 erschien, versuchte Herder, ein neues Weltbild des Künstlers zu entwickeln. Symbolische Leitfigur in seinem Plädoyer für den Menschen in der Revolte gegen selbstverschuldete Unmündigkeit war ihm DER ENTFESSELTE PROMETHEUS. Sein Hauptgegner im ästhetischen Kampf um die Verbreitung der Humanität ist das Regelwerk der französischen Tragödie, in dem er nur Konventionen anstelle »einer Verknüpfung von Leidenschaften« sieht. Unter diesem Horizont findet die Barock-Oper so wenig seine Billigung wie Mozart, dem er nicht nur szenische Konventionalität vorwirft, sondern auch musikalische: »Läßt der Tonkünstler sich gar hinreißen, seiner musikalischen Drehbank zu Gefallen, die Empfindungen zu zerstücken, zu kauen und wiederzukauen, zu kadenzieren – Unmut erregt er statt Dank und Entzückung in unserer Seele! Schnüret er endlich seine Kunstmaschine Sängern und Sängerinnen so an die Kehle, daß Held und Heldin darüber zu Spott werden, folgt er dem Trödelkram sogenannt weicher Empfindungen bis zu Szenen ausgelassener Frechheit: wie? hätte er gewonnen? und nicht das Beste, den Zauber seiner Kunst, die höchste Einwirkung aufs menschliche Gemüt verloren?«

Herder spezifizierte seinen Vorwurf zwar nicht gegenüber Händel, sehr wohl aber gegenüber Mozart, was uns einen Rückschluß ermöglicht. Die »üppigen Gesänge« aus Mozarts italienischen Opern setzt Herder nämlich deutlich von denen der ZAUBERFLÖTE ab, die ihm gegen alle Schwachpunkte der Fabel im humanistischen Sinn als »die immer erfreulichen, die moralischen, die edlen« erscheinen. So wenig das Problem auf die reine Textverständlichkeit zu verkleinern ist, so stark ist sie mit ihm verbunden: die Formalisierung des aus dem Geist des Sprechtheaters geborenen italienischen ›Dramma per musica‹ in der Fixierung auf die italienische Sprache hat zwischen den Epochen von Sturm und Drang sowie der Romantik gerade den national gesinnten deutschen Künstlern und Kunstfreunden die ›Opera seria‹ bis zur totalen Unkenntlichkeit entfremdet. Selbst Mozarts italienische Opern waren davon betroffen, aber gerade aus der Tatsache, daß sie längst sogar in der Originalsprache angemessen aufgenommen werden, läßt sich für die Zukunft eine wirkliche Händel-Renaissance erhoffen. Dazu bedarf es der Durchsetzung einer bestimmten Kategorie der Werktreue, wie sie für Mozarts TITUS heute als selbstverständlich gilt: daß originale Kastratenpartien von Frauen in der authentischen Tonhöhe gesungen werden oder aber von jenen Kontratenören, wie sie zumindest im angelsächsischen Kulturbereich durch Russell Oberlin und Alfred Deller in den Musikbetrieb eingeführt wurden und seit den siebziger Jahren eine erstaunliche Renaissance erfahren haben (Händel selber hat nur für einen Kontratenor geschrieben, William Savage). In Deutschland aber bürgerte sich allzulange der Brauch ein, die Partien um eine Oktave herabzutransponieren und einem Tenor oder Bariton anzuvertrauen (wenn Händel selbst Partien, die für eine Frau oder einen Kastraten komponiert waren, in späteren Aufführungen einem Tenor gab, dann schrieb er die Musik weitgehend um: das gilt für den Alceste in ARIANNA und den Sesto in GIULIO CESARE). Dadurch wird das empfindliche Gleichgewicht der Tonhöhenbalance, also der Höhenrausch der ›Opera seria‹, banausisch zerstört – man stelle sich nur vor, in Mozarts FIGARO würde der Cherubino ebenso von einem Bariton gesungen wie der Octavian im ROSENKAVALIER von Richard Strauss!

Die Zerstörung des Tonhöhengefüges in Händels Opern ist ebenso wie das nicht minder ignorante Eingreifen in die Formalstruktur von Da-capo-Arien ein unheilvolles Erbe der 1920 in Göttingen einsetzenden Händel-Renaissance. Daß diese höchst verdienstvolle Initiative des Kunsthistorikers Oskar Hagen auch im szenischen Bereich auf eine historisierende Wiedergewinnung der Werke verzichtete, ist ein äußerlicher Spiegel von Mißverständnissen der Musik gegenüber. Diese zeigen sich nicht nur in dem ebenfalls als mißliches Erbgut weiterwirkenden Verzicht auf Ausschmückungen in den wiederholten Arienteilen, sondern auch in deutschen Übersetzungen, die in oft schon grotesker Weise das Original verfälschen. Trotz ebenfalls gravierender Defizite hat die 1952 in der Geburtsstadt des Komponisten einsetzende und von Halle an der Saale in die gesamte DDR hineinwirkende sozialistische Händel-Renaissance dem Opernkomponisten auf breiter Front zum Durchbruch verholfen (parallel dazu wurde den Oratorien die falsche Sakralaura genommen und ihr – bis auf den MESSIAS – in alttestamentarischem Kleid versteckter national-humanitärer Geist in sein Recht gesetzt). So wichtig die Reinigung des Komponisten vom Zerrbild des kapitalistischen Opernunternehmers und des Verfassers bigotter Erbauungswerke in Richtung auf eine Leitfigur humanistischer Aufklärung auch war: der Teufel steckt nach wie vor im musikalischen Detail. Das zeigt auch die 1955 in Angriff genommene Hallesche Händel-Ausgabe. Gestartet als Ergänzung zu Friedrich Chrysanders imponierender, aber in unzähligen Belangen unzureichender Ausgabe (zwischen 1858 und 1902 entstanden 93 Bände mit zahlreichen Supplementen), wurde sie 1958 in Richtung auf eine neue Gesamtausgabe verändert. Diese Entstehungsgeschichte deutet schon an, daß der Anspruch einer historisch-kritischen Ausgabe bislang kaum erfüllt wurde – so sanktioniert die Hallenser Ausgabe in den ersten Opernbänden den unseligen Brauch der Oktavtransposition von Kastratenrollen.

FORTSCHRITT DER VERNUNFT

Wenngleich Romain Rolland in seiner bahnbrechenden Händel-Monographie von 1910, die den Komponisten aus älteren Hohenzollern-Legenden zu befreien suchte, die Existenz eines Händelschen Operntypus verneinte und zur Beschäftigung mit dem Einzelwerk aufforderte, gibt es doch in Händels Opernschaffen Leitlinien, die von einem modernen Verständnis ins 18. Jahrhundert zurückweisen und nicht nur von den damaligen ästhetischen und ökonomischen Bedingungen ausgehen. Bis hin zum SERSE (Xerxes) von 1738 geht es immer um die Entlarvung des Bösen, die Bekämpfung des Rückständigen, den Durchbruch zum Neuen, den im Sinne eines Fürstenspiegels zu verstehenden Sieg der Vernunft, der im England der bürgerlichen Revolution und der parlamentarischen Demokratie vor einem gemischt bürgerlich-aristokratischen Publikum ungleich weniger abstrakt wirkte als auf dem Kontinent mit seinen vergleichsweise rückständigen sozio-ökonomischen Zuständen. In den späteren Werken bis hin zur DEIDAMIA wird unter Verzicht auf jedweden ›Deus ex machina‹ die Legitimation von Herrschaft befragt. Das betrifft den überlieferten Sittenkodex ebenso wie die gültige Staatsraison; daß Händel bei solcher Differenzierung über den Schematismus der Metastasio-Oper hinausging, ist daraus zu ersehen, daß er nur drei Texte des Habsburgischen Hofdichters vertonte. Daß er andrerseits die ›Opera seria‹ nur reformierte, nicht jedoch aufsprengte, läßt ihn heute im Lichte des wahren Revolutionärs erscheinen: zugunsten der Verbreitung einer fortschrittlichen, eben humanistischen und demokratischen Botschaft bediente er sich nicht elitär-avantgardistischer Kunstmittel, sondern solcher, mit denen er ein möglichst breites Publikum erreichen konnte. Daraus erklärt sich auch sein Einsatz für das englische Oratorium, das er als Vehikel einer Volkskunst durchsetzte. Vielleicht hat Karl Marx mit dem Unterbewußtsein dieses Zusammenhangs von der »ausgesprochen revolutionären« Musik Händels gesprochen.

Wie souverän Händel als Opernunternehmer mit eigenem Geschäftsrisiko mit der instrumentalen Verarmung der ›Opera seria‹ gegenüber der reicheren Hofoper des ›Seicento‹ fertig wurde, beweist die Tatsache, daß er nur in drei Opern das Normalorchester einsetzte (Streicher, je zwei Oboen und Fagotte als Verstärkung der Violinen und Bässe, während die Bratschen die Singstimme unterstützen; dazu das Cembalo als Continuo-Instrument): in SIROÈ, BERENICE und IMENEO. Von seinen bemerkenswerten Klangfarbenreizen seien ein paar erwähnt. So koppelt er in PARTENOPE die archaische Theorbe zu Pizzikati der Violoncelli. In RICCARDO PRIMO wird die Sopranblockflöte neben der Traversflöte in G für viele ›Obbligati‹ benutzt, und in dem Duett *Vivo in te* aus TAMERLANO (III, 5) ertönen sie zusammen, was der Klage der unglücklich Liebenden einen ungewöhnlich schmerzlichen Anstrich gibt. In der Klage des Bertarido *Con rauco mormorio* im zweiten Akt der RODELINDA verbinden sich zwei Blockflöten, eine Querflöte und zwei Fagotte mit den hohen Streichern zur Einheit von Lamento und Naturlaut. Ebenso im Sinne einer Verstärkung des Klagegesangs wird eine Flöte in Cleopatras *Piangerò la sorte mia* in GIULIO

CESARE (III,3) gebraucht, während dem Titelhelden (I,9) in seiner Gleichnisarie vom Jäger *Va tacito e nascosto* das Horn virtuos an die Seite gegeben wird. Die
Flöte als Schmerzensinstrument prägt auch Alcestes Todesbereitschaft in AD-
METO. Wie Händel mit solchen Farbakzenten sehr bewußt haushielt, zeigt
etwa, daß die Flöte in dieser Arie *Luci care, addio* (I,3) erst in Takt 45 erklingt. Daß
Händel schon in seinen Hamburger Opernanfängen die Technik der venezianischen Doppelchörigkeit im Orchester kannte, legt das Textbuch seiner ALMIRA
nahe, wo auch von Musikern auf der Bühne die Rede ist. Wirkungsvoll prakti-
ziert hat er sie in ARIODANTE, DEIDAMIA und vielleicht am schönsten in der
Parnaßszene (II,2) des GIULIO CESARE, wenn Cleopatra *(V'adoro, pupille)* dem
Imperator eine sinnesverwirrende Verführungskomödie vorspielt (die zugleich
voller Gefühlstiefe ist) und sich dabei eines eigenen Bühnenorchesters bedient.
Ein aus dem Rahmen der Opernkonvention fallendes Beispiel ist auch das Duett
Tu caro, caro sei aus SOSARME, wo die Streicher auf die beiden Sänger verteilt
werden, denen je ein separates Continuo zugeordnet ist. Gewiß ist aus solchen
Beweisen für eine bewußte und spezifische Kompositionsweise Händels nicht
die Konsequenz zu ziehen, seine Opern besäßen eine feste Werkstruktur im
Sinne des 19. Jahrhunderts; dafür sind sie viel zu sehr auf ihre wechselnden Produktionsbedingungen hin verändert worden. Unbestreitbar aber war Händel
zwischen Monteverdi und Gluck der erste Komponist italienischer Opern, der
bewußt einer Reduzierung des Orchesters auf die reine Begleitfunktion entge-
gengearbeitet hat.

Daß Händel die ›Opera seria‹ aufwertete, indem er ihr Regelwerk unterlief,
läßt sich mit unzähligen Einzelerscheinungen belegen. Wie weit er von schablo-
nenhafter Erfüllung entfernt war, zeigt etwa seine sehr differenzierte Behandlung der Gleichnisarien im allgemeinen, der Vogelarien im besonderen und da
wiederum der Nachtigallenarien. Während die Titelheldin in ARIANNA sich einem elegischen a-moll hingibt, äußert sich die der DEIDAMIA in geschäftigem
A-Dur, wobei die anmutige Bildhaftigkeit mit einer erheblich sparsameren Instrumentation daherkommt. Nicht weniger differenziert ist die Behandlung der
Da-capo-Form, wenn Händel etwa den Mittelteil der Arie *Dimmi o speme* in
FLORIDANTE durch einen Rezitativ-Dialog ersetzt oder in dem von Cleopatras
Venere bella aus GIULIO CESARE den Schlußakkord der A-Dur-Kadenz mit einigen harmonischen Überraschungen hinauszögert. Ähnliche Beispiele gibt es,
ebenfalls zuhauf, bezüglich der Formbehandlung. So wird etwa im Umkreis von
Bajazets Selbstmord in TAMERLANO eine scheinbar konventionelle Abfolge
von Rezitativ und Arie verwirklicht, tatsächlich aber sind fünf verschiedene
Nummern ineinandergefügt. Von nicht geringerer Größe ist am Ende des zweiten Akts die Großszene des dem Wahnsinn verfallenden ORLANDO *Ah! stigie*

larve. Hier wird, zeitgeschichtlich ein ungeheurer Vorgang, die wahre Kunst in einer Tabuzone der Epoche der Aufklärung gesucht und gefunden: im Außersich-Sein eines Menschen. Bei Nacht und Gewitter meint Orlando, in die Unterwelt hinabzusteigen. In vierzehn Takten wechseln Vierviertel-, Fünfachtel- und Sechsachteltakt ab, ehe eine zärtliche Melodie im Tempo der Gavotte erklingt. Wenn dann, mit der Reprise, dem Regelwerk trotz der rhythmischen Irregularität Genüge getan zu sein scheint, bricht erneut der Wahnsinn aus Orlando hervor. Was in Vivaldis ORLANDO (→ S. 204) zu Beginn der ›Opera seria‹ noch unbewußte Formlosigkeit war, ist wenige Jahre später auf dem Höhepunkt der Entwicklung zu einer bewußten Nicht-Erfüllung des Formenkanons geworden.

IRONISCHES

In der Arie *Deggio dunque* des RADAMISTO täuscht Händel die Aufgabe der Dacapo-Form vor, in RODELINDA I,1 bereitet er mit der Abfolge einer langsamen einteiligen Arie, eines dramatischen Rezitativs und einer schnellen Arie der Hauptform der romantischen italienischen Opernarie den Boden: der Kettenform von Kavatine und Kabaletta. Gelegentlich erlaubt er seinen Protagonisten sogar kommentierende Einwürfe in die Arien einer anderen Figur, zum Beispiel im Finale I des PORO, wo sich die entfremdeten Liebenden wechselseitig über den Treuebruch des Partners beklagen, was Händel zu einem ironischen Duett voller kontrapunktischer und lyrischer Schönheiten nutzt. Überhaupt ist bei Händel das Moment der Ironie prägend vorhanden. Ausgehend vom Illusionsbruch des Barocktheaters, das seine schnellen Szenenwechsel bei offenem Vorhang durchführen mußte, bevorzugt Händel an solchen Stellen harmonische Sprünge, als wolle er den Charakter des Theaters auf dem Theater beschwören. Ironisch wie in der bürgerlichen Konversationskomödie ist der Effekt in ALESSANDRO II,2, wenn die von Alexander dem Großen umworbenen Frauen sein Doppelspiel durchschauen und ihm mit seiner Liebesmusik für die jeweils andere in ironischem Tonartwechsel antworten: 1726 ein Belkantofest für die Primadonnen Faustina Bordoni (bei ihrem Londoner Debüt) und Francesca Cuzzoni rund um den Kastraten Senesino.

Andrerseits geht Händel oft über den Kompositionsstand seiner Zeit hinaus, indem er tonartliche Zusammenhänge schafft. Gewiß hatte es die schon bei Keiser und Purcell gegeben, aber Händels Neigung zu harmonischen Zentren ist doch auffällig, auch wenn dadurch noch kein stringenter Zusammenhalt erzielt wird. So herrscht B-Dur in ALMIRA, OTTONE und ALCINA vor, die mit einem Chor- und Instrumentalfinale in G-Dur endet. Von G-Dur beherrscht werden SCIPIONE und SILLA (dieser mit einem D-Dur-Schlußchor), während ARIODANTE zwischen G-Dur und g-moll schwankt; das Schwanken zwischen Dur und moll eines Zentraltons finden wir auch in FLORIDANTE (A, mit Schlußchor in D-Dur) und ARIANNA (D). ALESSANDRO, RICCARDO PRIMO und ATALANTA haben D-Dur als Haupttonart, TOLOMEO, SIROÈ und EZIO F-Dur. Im ersten Akt des AMADIGI hat g-moll eine zentrale Funktion, die durch terzverwandte Tonarten gestützt und durch den Einfall »fremder« Tonarten (e-moll neben B-Dur in der ersten Akthälfte, A-Dur zwischen Es- und B-Dur in der zweiten) kontrastierend betont wird. Ein anderes Gestaltungsmittel durch harmonische Färbung besteht darin, daß Händel einzelne Figuren durch bestimmte Tonarten charakterisiert. So ordnet er Cleopatra in GIULIO CESARE E- und A-Dur zu, der Antigona in ADMETO B-Dur (in nicht weniger als vier Arien).

Solche Versuche, innerhalb des Schemas der ›Opera seria‹ zu einer durchkomponierten Tektonik zu gelangen, können auch als Verweigerungsgeste erscheinen. Dem von Metastasio eingeführten Zwang zum ›Lieto fine‹, dem glücklichen Ausgang, entspricht Händel zwar mit einem Schlußensemble des ›Coro‹, sprich: der Vereinigung der Protagonisten. Aber als Musiker läßt er manchmal, wie in AMADIGI und IMENEO, am eindringlichsten in TAMERLANO, den jubelnden Text durch eine Trauermusik konterkarieren: in der schwingt etwas von den tragischen Ereignissen der Handlung nach, als wolle Händel gegen den Zwang zum ›Happy-End‹ auf dem Recht des Menschen zur Trauer beharren. Das wird auch in der Stimmlagenproportion deutlich. Im Schlußchor der Solisten fehlt nämlich der Sopran Asteria, die vor Schmerz in Ohnmacht gefallen war, ebenso wie der Tenor (Bajazet hat sich selbst entleibt), so daß mit drei Alt- und einer Baßstimme ein dunkel gefärbtes Ensemble erklingt.

Häufiger, als es angesichts des durch Metastasio verfügten Arienzwangs in der ›Opera seria‹ üblich war, hat Händel Ensemble-Szenen komponiert. Duette, in den Libretti erlaubt, gibt es bei ihm zahlreiche, Terzette etwa in TAMERLANO, ALCINA und ORLANDO. Ein besonders einprägsames Beispiel für seine Normabweichung ist Orlandos Duett mit der Schäferin Dorinda *Unisca amor.* Hier werden der Wahnsinnige und die Naive durch ein in Stil, Tempo und Rhythmus zweigeteiltes Orchester begleitet. Für seinen RADAMISTO hatte Händel sogar ein Quartett geschrieben, das er aber wegen der Unmutsäußerungen des Londoner Publikums zurückzog und, als Moment des Durchbruchs, später in sein letztes Oratorium JEPHTHA montierte: *Spare your daughter.* Bedenkt man, wie Jean-Jacques Rousseau die Ensembles in der Oper unter dem Horizont aufgeklärten Wahrscheinlichkeitsdenkens verdammte, dann erscheint Händels Mut, in PARTENOPE ein Quartett (wenngleich ein kurzes) stehen zu lassen, im Licht einer Ästhetik des Widerstands. So ist Händels Fähigkeit, selbst in der Normerfüllung des glücklichen Ausgangs die vorangegangenen Beschädigungen der Menschen nachklingen zu lassen, ein Kennzeichen seiner Opern überhaupt: sie bewahren den alten Stil des Kontrapunkts gegen die empfindsame Homophonie des neuen Stils. Gerade dieses beharrende Moment dürfte der Hauptgrund dafür sein, daß Händel als einzigem Repräsentanten der ›Opera seria‹ im 20. Jahrhundert eine Renaissance vergönnt war. Bei ihm bleiben Stimmen und Instrumente gleichberechtigte Partner, auf das üppige Begleitfigurwerk der Italiener verzichtet er weitgehend, und das ›Colla parte‹ (die Unisono- oder Oktavverdoppelung der Gesangslinie durch die Violinen) nutzt er nur sehr sparsam. Eher neigt er dazu, eine hohe Violinstimme als Gegenbewegung zur Gesangslinie einzusetzen. Gegen die jüngere Praxis des rein stützenden Basses läßt Händel die tiefen Instrumente teil am motivischen Fortgang haben, sie spielen keine akkordischen Flächen, sondern prägnante Intervalle und Figuren, wie überhaupt seine Neigung zu großen Intervallen und punktierten Rhythmen den Zeitgenossen altmodisch vorkam (uns Heutigen erscheint diese Nähe Händels zu Lully eher als ein geschichtliches Qualitätsmerkmal). Das zeigt sich besonders deutlich in seinen Ouvertüren (er nennt sie nie ›Sinfonia‹), die allesamt dem französischen Typus folgen: einem langsamen Anfangsteil mit Doppelpunktierung knüpft sich ein bewegtes Fugato an, dem sich ein oder zwei Tanz- oder Marschsätze anschließen. In den letzten sechs seiner Opern wird der Schlußsatz der Ouvertüre schon bei offenem oder sich gerade öffnendem Vorhang als Illustration zur ersten Handlungsstation gespielt – das mag, wenn in der ARIANNA zu zopfigen Menuett-Klängen die für den Minotauros vorgesehenen Opfer im Hafen von Knossos eingeschifft werden, heutzutage schwer begreiflich sein. Zweifellos zeugt Händels Festhalten an der Tanzform der Siziliana, wie sie die Neapolitaner schätzten, ebenso für seinen Konservativismus (der in Italien und Deutschland wahrscheinlich gar nicht goutiert worden wäre) wie seine Vorliebe für Arien im tänzerischen Rhythmus der Gavotte, des Menuetts oder der Sarabande. So ist beispielsweise Cleopatras in jeder Beziehung verführerische Arie *V'adoro, pupille* aus JULIUS CÄSAR im Sarabandenrhythmus komponiert. Allerdings setzt Händel ihn vom altertümlichen Dreihalbe-Metrum in drei Viertel um, wobei er aber die Aufrechterhaltung des ursprünglichen Bewegungsgestus durch die Tempobezeichnung ›Largo‹ betont.

Was einem italienischen Zeitgenossen an Händel altmodisch vorgekommen sein dürfte, ist auch den Libretti zu entnehmen. Händels Londoner Mitarbeiter Nicola Haym und Paolo Rolli, mit denen er zeitweise enger als damals üblich kooperierte, bearbeiteten ältere Vorlagen für ihn recht frei, ohne den

Schematismus der italienischen Reformer Zeno und Metastasio. Selbst wenn Händel Texte dieser Dichter vertonte (drei Dramen Metastasios, von Zeno nur FARAMODO), geschah dies in einer sehr freien Form. Die größte Änderung bestand darin, die dem Handlungsfortgang dienenden umfänglichen Rezitative, die nur einem Bruchteil des Londoner Publikums verständlich waren, zugunsten der Arien zu kürzen. In der Beziehung ähneln Händels Libretti den kruden Vorlagen der venezianischen Oper im 17. Jahrhundert, wenngleich er zugunsten eines mehr internen Humors oder einer feineren Ironie auf komödiantische Effekte verzichtete; eine Ausnahme ist der Diener Elviro in XERXES, wo – wie in den beiden folgenden Spätwerken IMENEO und DEIDAMIA – die Strenge und der Heroismus der früheren Werke aufgelöst werden. So spannt sich vom Ende der Händelschen Opernkarriere ein Bogen zurück zu seinen Anfängen: ALMIRA und AGRIPPINA mit ihren satirischen Momenten. Andrerseits betonen Händels Libretti, in Erfüllung von Metastasios Ästhetik, moralische Qualitäten wie eheliche Treue, Ehrenhaftigkeit oder Loyalität. Diese hatten aus der klassischen französischen Tragödie eines Corneille und Racine den Weg in die Oper gefunden, während der Handlungswirrwar der Oper im 17. Jahrhundert mehr dem spanischen Barockdrama entsprach. Mit ihrem moralischen Engagement weisen Händels Opern auch in die Zukunft. In RADAMISTO etwa ist schon viel von dem vorweggenommen, was später den Typus der französischen Rettungsoper ausmachte und in Beethovens FIDELIO zum Abbild einer universalen Humanität in der Gattentreue sublimiert wurde.

TYPOLOGISCHES

Sieht man ab von Schauspielmusiken und Beiträgen zur ›Pasticcio‹-Oper, für die mehrere Komponisten verantwortlich zeichneten, so sind von Händel 38 Opern überliefert. Der englische Musikforscher Winton Dean, erster Verfasser einer Monographie über Händels Opern, hat sie pragmatisch in drei Gruppen unterteilt. Die größte umfaßt die heroischen Opern (23), dann folgt die Gruppe der antiheroischen (insgesamt zehn, davon zwei Pastoralen), und die fünf Zauberopern machen den Beschluß. Chronologisch ist Händels Opernschaffen in vier Perioden zu unterteilen: einer frühen, die bis ins Jahr 1719 reicht, als er die erste Königliche Akademie als Aktiengesellschaft (!) gründete; dann folgt die Hauptperiode mit der Arbeit in den beiden Akademien, 1732 mit Plänen einer Abwanderung ins Oratorienfach und anschließend mit dem Kampf gegen die Adelsoper befrachtet. 1737 beginnt die Zeit seiner Spätwerke, die er für ein Theater schreibt, das ihm nicht mehr untersteht; sie endet 1741 mit DEIDAMIA.

Stellt man die einzelnen Werke in ein Koordinatensystem aus Chronologie

und Typologie, dann fällt zunächst auf, daß Händel mehr als die Hälfte seiner
Opern in jenen vierzehn Jahren komponierte, als er mit dem aus der Schweiz
stammenden Impresario John James Heidegger für die erste und zweite Akademie im Haymarket Theatre verantwortlich war. Nach der ARIANNA von 1734
mußte er ins Covent Garden Theatre umziehen, während die sogenannte
Adelsoper, unterstützt von Gegnern des Händel schätzenden Königs George II.,
mit ihrem Hauptkomponisten Nicola Antonio Porpora in das königliche Theater am Haymarket zog. Als dieses Bankrott machte und Händel sich von seinem
Schlaganfall erholte, tat er sich wieder mit Heidegger zusammen und mietete
die Theater am Haymarket und Lincoln's Inn Fields für sein Spätwerk an. In den
Jahren seiner festen Verbindung mit dem Finanzmann Heidegger, zwischen
1720 und 1734, herrscht in seinem Schaffen der Typus der heroischen Oper vor.
Von den fünfzehn Opern, die nicht diesem von Metastasio durchgesetzten Typus entsprechen, hat er nicht weniger als dreizehn vor seiner Bekanntschaft mit
Heidegger und nach dem Bruch bzw. der Lockerung der geschäftlichen Beziehungen geschrieben. Daraus läßt sich schließen, daß Händel ohne Kontrolle
seines Finanzverwalters wagemutiger vorgegangen wäre. Aus seiner Hamburger Zeit, als er in der Oper am Gänsemarkt als Geiger angestellt war, ist nur die
ALMIRA (1705) überliefert, die zweisprachig aufgeführt wurde: die Rezitative
auf deutsch, die Arien auf italienisch. Gegenüber Reinhard Keisers aus der gleichen Zeit stammender Vertonung (→ S.162) wirkt die Händels weniger gelungen. Auffällig ist ihr Rückbezug auf die altvenezianische Praxis der Vermischung komischer und ernster Szenen. Der Diener Tabarco, der einen Liebes-
brief seiner Herrin öffnet und kommentiert, schließlich mit Komödianten auf
einer Art Narrenwagen erscheint, weist in diese Tradition zurück. Wichtiger als
Händels erste in Italien geschriebene Oper, RODRIGO, die unter dem Titel VIN-
CER SE STESSO È LA MAGGIOR VITTORIA (Sich selbst besiegen ist der größte
Sieg) 1707 in Florenz herauskam und die Aneignung des italienischen Stils
durch den jungen Komponisten beweist, ist AGRIPPINA (Venedig 1709). Das
nach einem Libretto des Kardinals Vincenzo Grimani geschriebene Werk steht
in der zumindest ideologischen Tradition von Monteverdis POPPEA: die Figuren haben keine klar umrissene Moralkontur, die Geschichtsgrößen werden in
Alltagsprobleme herabgezogen, das Tragische mischt sich mit dem Komischen.
Hier lassen sich sowohl Einflüsse von Scarlattis Opern ausmachen als auch
Übernahmen aus den Werken seiner Hamburger Kollegen Keiser und Mattheson; andrerseits hat AGRIPPINA schon soviel Eigenständigkeit, daß Händel ihr
später Themen für seine Oratorien JOSHUA, JEPHTHA und JUDAS MACCABAEUS
entnahm.

In der AGRIPPINA zeigt sich Händel, trotz der venezianischen Grundierung des Librettos, auf dem Weg zur ›Opera seria‹. Dramaturgisch wird das im zweiten Akt deutlich. Der römische Kaiser Claudio hat seinem Kampfgefährten Ottone die Nachfolge versprochen. Die wird ihm durch Claudios Frau Agrippina bestritten, die ihren Sohn aus erster Ehe, Nerone, auf den Thron bringen will. Da sie weiß, daß sowohl der Kaiser als auch Ottone sich um die Gunst Poppeas bemühen, entwickelt sie eine kunstvolle Intrige. Als der Kaiser Ottone des Verrats bezichtigt, läuft die Mechanik der ›Opera seria‹, daß eine Figur nach einer Arie abzutreten hat, mit eiserner Konsequenz ab. Ottone wendet sich nach Claudios Anklage an Agrippina, Poppea und Nerone, doch alle weisen ihn in einer Arie ab und verlassen die Bühne. So bleibt Ottone allein zurück mit seinem Schmerz. Die folgende Soloszene ist der Höhepunkt der Oper, vergleichbar der Klage des Ottone in Monteverdis POPPEA (I,12). Auch seine Gefühlslage bestimmen Eifersucht, Neid und Furcht. Trotz des schmerzlichen Affektgehalts wird die Stimmung aber nicht, wie bei Monteverdi, durch unterschiedliche Ausdrucksgesten gestaltet, sondern durch eine fast durchgehende Achtelbewegung in der Singstimme, die von einigen bewegten Orchesterpassagen unterbrochen wird. Trotzdem wirkt das Rezitativ geradezu erregt im Vergleich mit der sich anschließenden Arie (*Voi che udite il mio lamento* – Ihr, die ihr meine Klage hört). Sie markiert szenisch-gestisch einen völligen Stillstand, beginnt als Fugato in den Streichern und setzt sich in einer Fortspinnungstechnik fort. Die Differenzierungen Händels in diesem durchlaufenden Satz erfolgen nicht mehr als Wechsel der musikalischen Gestik, sondern als harmonische oder melodische Überraschung. Auch der Mittelteil der Da-capo-Arie bringt, wiewohl die Motive verkürzend und die Instrumentation verknappend, keine prinzipielle, sondern nur eine graduelle Abwechslung. Aus dem musikalischen Theater Monteverdis ist ein szenisches Konzert geworden; die Musik, die bei Monteverdi eine autarke Erscheinungsform hatte, wird auf einen funktionalen Stellenwert im Rahmen des barock-opernhaften Schaugepräges verändert.

Das ist nicht im Sinne einer Veräußerlichung zu verstehen, da ja gerade die Reformidee im Umkreis der ›Opera seria‹ auf die Abschaffung der barocken Maschineneffekte zielt. Der Unterschied zwischen Monteverdi und der neuen Zeit liegt eher darin, daß Musik nicht mehr die Handlung mitbestimmt, sondern daß die Arien die Auswirkung des Handlungsfortgangs auf den Menschen zeigen. Eben damit imponierte Händel den Londonern in seiner ersten für das Haymarket-Theater geschriebenen Oper RINALDO (1711; *WA* Halle 1956), wiewohl sie auch durch den szenischen Effekt Wirkung machte, daß in der Vogelarie Almirenas ein Schwarm lebendiger Spatzen auf der Bühne losgelassen wurde. Händels Oper auf ein Libretto von Giacomo Rossi nach einer Tasso-Bearbeitung Aaron Hills machte seinen Namen mit einem Schlag in London zum Begriff: fünfzehn ausverkauften Vorstellungen folgten immer wieder Reprisen (mit entsprechenden Eingriffen durch den Komponisten). Wiewohl Händels schwächste Zauberoper, konnte RINALDO doch lange ihre Popularität halten, vor allem durch die beiden Klagearien, Rinaldos *Cara sposa* mit dem Kontrast von chromatisch-sehnsüchtigen Außenteilen und dem erregten Allegro-Mittelsatz, sowie Almirenas Sarabandenmelodie *Lascia ch'io pianga*, aber auch mit der Schlachtenmusik und den beiden Märschen im dritten Akt (von denen einer in der BETTLEROPER von Gay/Pepusch 1728 parodistisch zitiert wurde).

Die mit dem Ablauf des zweiten Akts des RINALDO belegte Bewegungsmechanik der ›Opera seria‹, ein unpsychologisches Prinzip der Spannungserhöhung durch Reduzierung der Personenzahl, bedingt einen kräftigen Anfang, etwa mit Sturm- und Kampfszenen oder Triumphzügen. Händel hat sich ihm nicht erst mit dem Anfangslarghetto in SERSE widersetzt, sondern schon in verhangenen Nachtszenen zu Beginn des ORLANDO und des FLAVIO. Sehr eindrucksvoll ist auch die nächtliche Introduktion zu seiner frühen Zauberoper AMADIGI DI GAULA (Amadis von Gallien, London 1715; Hamburg 1717, *WA* Osnabrück 1929). Der im Zaubergarten der Melissa gefangene Titelheld will die Nacht zur Flucht nutzen (nach einem kurzen Einleitungsduett), was durch ein stimmungsvolles g-moll-Largo geschildert wird. In einem schnellen F-Dur-Allegro durchkreuzen infernalische Geister seinen Plan – und verhindern die Normerfüllung der Da-capo-Arie, da Händel die Handlung in durchkomponierten Rezitativen weiterführt. Mit dem auf ein von Lully vertontes Drama Philippe Quinaults zurückgehenden Libretto des AMADIGI nahm Händel wie im TESEO (1713) Bestandteile der französischen Operntradition auf, in der Chor und Ballett eine wichtige Rolle spielen. Mit IL PASTOR FIDO dagegen (1712; Zweitfassung 1734, *WA* Drottningholm 1971) setzte er der gewichtigen französischen Stilübung eine leichtere Etüde in der italienischen Pastoraltradition entgegen. Damit war der Grund gelegt für seine Arbeit in der Royal Academy, wo er – zunächst gegen die Konkurrenz Giovanni Bononcinis – zwischen 1720 und 1728 ein Dutzend Opern im Heumarkt-Theater herausbrachte. Dabei gelangen ihm zwischen dem Februar 1724 und dem des darauffolgenden Jahres drei Meisterwerke – ein in der Geschichte auch deshalb vergleichsloser Vorgang, weil Händel in den Vorbereitungen der Premieren so viel Musik streichen mußte, daß er damit eine weitere Oper hätte schreiben können. Die Libretti zu diesen drei Opern GIULIO CESARE, TAMERLANO und RODELINDA verfaßte Nicola Francesco Haym, ein aus Rom stammender Musiker, Archäologe und Literat, der um 1701 als Kammermusiker des Herzogs von Bedford nach England gekommen war. Im Auftrag Händels und oft nach dessen genauen Anweisen schrieb er ältere Libretti um, die Händel aus seiner italienischen Zeit mitgebracht hatte.

GIULIO CESARE IN EGITTO (Julius Cäsar in Ägypten. ›Opera‹ in drei Akten; *L* von Nicola F. Haym nach einem Text Giacomo Francesco Bussanis, den Antonio Sartorio 1677 für Venedig komponiert hatte; London 1724, Braunschweig 1725, Wien 1731; *WA* Göttingen 1922, Halle 1959).

Der Stoff ist fester Bestandteil der abendländischen Kulturgeschichte, wobei der welthistorische Aspekt (Cäsars Überschreiten des Rubikons als Schritt in den Bürgerkrieg, um gegen seinen Widersacher Pompeius und den Senat seine Vorrangstellung zu bewahren) gegen den vom Historiker Plutarch überlieferten privat anekdotischen in den Hintergrund tritt. Händels Oper steht also weniger in einer imaginären Linie zwischen Shakespeares Dramen und Bert Brechts Roman-Fragment DIE GESCHÄFTE DES HERRN JULIUS CÄSAR (die aus der Perspektive eines Sklaven geschildert werden) als in der galanten Tradition des Stoffs zwischen Pierre Corneilles Pompeius-Drama LA MORT DE POMPÉE und George Bernard Shaws Schauspiel CAESAR AND CLEOPATRA (1906), das ausdrücklich als Gegenstück zu Shakespeares JULIUS CAESAR und ANTONY AND CLEOPATRA konzipiert war. Die Szenerie im vorchristlichen Alexandria des Jahres 48 verbindet den Aspekt der sinnlichen Faszinationskraft der jungen Königin Cleopatra auf den römischen Imperator geschickt mit dem politischer Intrigen. Parallel zu Cesares Einsatz für die entrechtete Königin verläuft die Rache für den Mord an dem von Caesar besiegten Pompeius, der den Ägyptern als zweifelhaftes Zeichen der Unterwerfung unter die Römer dient. Angesichts seines abgeschlagenen Kopfes, den der Feldherr Achilla im Auftrag von Cleopatras Bruder Tolomeo bringt, geloben Cesare und der Sohn des Ermordeten, Sesto, Rache. Dem Schwur schließt sich Pompeos Witwe Cornelia an. Sesto wird die Rache an Tolomeo ausführen, Cesare die junge Königin auf den Thron führen.

Höchst wirkungsvoll variiert Händel den französische Ouvertürentypus, indem er dem A-Dur-Maestoso und dem energischen Fugato zwar einen Tanz (Menuett) folgen läßt, wie es der Tradition entspricht, diesen aber als Moment der Handlung nutzt: den Jubelchor der Ägypter für den siegreichen Cäsar. Um so größer das Entsetzen auf der Seite der Römer, wenn Achilla den abgeschlagenen Kopf Pompeos vorzeigt: in einem knappen Rezitativ, von h-moll nach f-moll führend. Cesare faßt sich als erster und droht dem Achilla in einer erregten Sechzehntelbewegung. Seine mit ihren verminderten Septakkorden und den chromatischen Reibungen harmonisch ausgesprochen modern klingende c-moll-Arie *Empio dirò tu sei* zieht, in der gleichen Tonart, den Anruf

Sestos an die rächenden Eumeniden nach sich: *Svegliatevi nel core.* Zwischen beiden Arien eins der Händelschen Wunder dieser Partitur: Cornelias Klage *Priva son d'ogni conforto* (Beraubt bin ich jeden Trostes). Trotz der Dur-Tonart (D) schwebt über dem begleitenden Streichquartett die Flöte als Trauerinstrument und verbindet sich mit der Gesangsstimme zu einem Bild der Trostlosigkeit.

Dann wechselt die Szenerie ins Lager der Ägypter. Ohne Wissen von Cleopatra, die als trällernde Naive eingeführt wurde, wird die Intrige geschmiedet. Ihr Bruder Ptolemäus verspricht dem Feldherrn Achilla die Witwe des ermordeten Pompeius, wenn er Caesar töte. Den treffen wir vor der Urne des Ermordeten: in Betrachtungen über die Vergänglichkeit des Lebens. Das begleitete Rezitativ *Alma del gran Pompeo* ist eins der bewegendsten Ariosi Händels, von gis-moll aus nach E-Dur, es-moll schweifend und in as-moll mündend. In düsterer Stimmung lernt er Cleopatra kennen, die – als einfache Frau des Volkes sich ausgebend – seine Hilfe gegen Tolomeo erbittet. Wie eine vorweggenommene Erfüllung seines Versprechens wirkt der folgende Einschub: Cornelia entdeckt im Mahnmal ihres Mannes ein Schwert, und Sextus – dem Cleopatra ihre Dienste anbietet – fühlt sich schon als Rächer. Er singt ein die Mutter tröstendes Es-Dur-Larghetto, *Cara speme*, und verspricht seinerseits Cleopatra Beistand. Die jubiliert in ekstatischem B-Dur ob des neuen Bundesgenossen: *Tu la mia stella sei.* Tolomeo und Achilla empfangen samt Gefolge den Imperator und seine Römer, kaum verhüllte Drohungen werden ausgetauscht, und Cesare singt seine Gleichnisarie vom vorsichtigen Jäger (*Va tacito e nascosto* mit schwierigem Horn-Obbligato). Nach Cesares Abgang fordert Sesto, den Rat dieser Arie mißachtend, Tolomeo zum Zweikampf, wird aber von den Ägyptern entwaffnet, während Achilla seine Mutter bedrängt. Bevor Sesto abgeführt wird, vereinen sich Mutter und Sohn in einem klagenden Abschiedsduett.

Auf dieses Finale mit seiner Zuspitzung der Intrige und dem Affekthöhepunkt der Trauer folgt als Kontrast die erotische Parnaßszene zwischen Cleopatra und Cesare. Die orientalische Sinnenpracht läßt dem Imperator Hören und Sehen vergehen. Händel benutzt hier neben dem Hauptorchester eines auf der Bühne, in dem als besondere Farbwerte Viola da gamba, Theorbe und Harfe vertreten sind. Die Streicher spielen in beiden Orchestern mit Dämpfer, so daß die in ruhigem Bewegungsfluß gehaltene Arie *V'adoro pupille*, von Cäsars ungläubigem Staunen unterbrochen, sich wie eine unendliche Woge ausbreiten kann.

Kaum minder verführerisch Cleopatras spätere A-Dur-Arie *Venere belle*, ein Menuett, das wiederum von einer aufreizenden Langsamkeit ist, und vielleicht noch tiefergründig ihr Schmerz, wenn sie Cäsar tot glaubt. *Che sento, o Dio* ist ein Rezitativ, das von g-moll nach Cis-Dur wandert, als wisse die Königin zwischen Schmerz und Stolz sich nicht zu entscheiden. Ihm folgt als Bitte an die Götter, den Geliebten zu schützen, eine fis-moll-Arie *Se pietà di me non senti* (Wenn du, Himmel, kein Mitleid mit mir fühlst): eins der am tiefsten lotenden Frauenporträts in der Barockoper überhaupt. Wie ungewöhnlich verschwenderisch Händel diese Figur gezeichnet hat, belegt auch ihre Arie im dritten Akt, ehe Caesar sie aus der Gefangenschaft ihres Bruders befreit. *Piangerò la sorte mia* (Ich muß mein Schicksal beklagen) steht in E-dur, der neben A-dur für Cleopatras Arien vorherrschenden Tonart. Aber wie im Falle von Cornelias Arie aus dem ersten Akt, wird die Dur-Tonalität durch die über der Singstimme schwebende Flöte in einen Ausdruck von Trauer gezwungen, den das nach Art einer Passacaglia absteigende Viertonmotiv der Bässe unterstützt. Im bewegteren Mittelteil erscheint das parallele cis-moll, mit dem sich Cleopatra über H-Dur und gis-moll in eine rächende Furie verwandelt, ehe das ›Da capo‹ als musikalisches Bild von Todesverlangen wiederkehrt. Später läßt sie in E-Dur ihren Jubel folgen: *Da tempesta il legno infranto* – da erscheint sie wirklich wie ein Holzscheit, das kein Sturm brechen kann. Um so heftiger der Kontrast, wenn unvermittelt darauf der gerettete Cäsar erscheint und in dem scheinbar unpassendsten F-Dur seine Arie *Dall'ondoso periglio* singt. Diese harte Schnitt-Technik, Folge der anti-illusionistischen Szenenwechsel im Barocktheater, die bei offenem Vorhang vor sich gingen, wurde von Händel bewußt eingesetzt. Sie kann auch heutigen Inszenierungen einen Weg weisen – ganz gleich, ob in diesen barocke Aufführungspraktiken historisierend aufgegriffen werden oder durch moderne Mittel in anti-illusionistischer Verfremdung erscheinen.

TAMERLANO (›Dramma per musica‹ in drei Akten; *L* von N. F. Haym nach einer Vorlage Agostino Piovenes; London 1724, Hamburg 1725, *WA* Karlsruhe 1924, Halle 1940).

Das schon 1711 von Gasparini vertonte Libretto geht auf Jacques Pradons Drama TAMERLAN OU LA MORT DE BAJAZET zurück (Tamerlan oder Der Tod Bayasids, 1675). Dieses wiederum ist eine Umformung von Jean Racines drei Jahre zuvor uraufgeführter Tragödie BAJAZET, die der Racine-Bewunderer Pradon in entscheidender Weise veränderte. Bei Racine, der mit seiner zunächst wenig erfolgreichen Tragödie die sogenannte Türkenmode in der europäischen Kunst begründete, erscheint die Geschichte vom Mongolenkhan Tamerlan und dem ihm unterlegenen Türkensultan Bajazet als ein Spiegel orientalisch-unbegreiflicher Grausamkeit. Pradon gab ihr die entscheidende Veränderung, indem er Tamerlan Bajazets Tochter Astérie lieben und dadurch zum Konkurrenten des Griechenprinzen Andronico werden läßt. Erst durch Bajazets Selbstmord kommt Tamerlan zu Sinnen und verzichtet auf Astérie. Piovene fügte diesem Schema konsequenterweise eine weitere Hauptfigur zu: die von Tamerlan zurückgestoßene Braut Irene. Auch die Motivverstärkung, daß Bajazet seine Tochter zu töten erwägt, um ihre Unversehrtheit zu bewahren, erwies sich als höchst operntauglich.

Gasparini (→ S. 206 f.) hatte 1719 die Zweitfassung seiner Oper IL BAJAZET mit dem Tenor Francesco Borosini in dem zuvor nur berichteten Selbstmord des Titelhelden kulminieren lassen – ein unerhörter Tabubruch, wenn man bedenkt, daß Metastasio diese Darstellung einer Todsünde nach christlichem Verständnis in der Zweitfassung seines CATONE IN UTICA zurückzog und den Selbstmord hinter die Szene verlegte. Eine kanonische Form dieser Normbefolgung ist in Racines BAJAZET zu finden, wo die Aufforderung »Sortez!« der Roxane im fünften Akt dem unglücklichen Titelhelden mit dem Verlassen der Bühne den Weg in den Tod von eigener Hand gebietet. Der Selbstmord auf der Bühne bei Gasparini war Borosinis eigene Idee, und als der ungewöhnlich gebildete Tenor von Händel nach London für dieselbe Rolle engagiert wurde, war es kein Wunder, daß Händel diese Szene auch vertonte. In sein komplex angelegtes Accompagnato übernahm er sogar einige Einfälle Gasparinis und variierte einige andere. Da er eine falsche Vorstellung von Borosinis virilem Tenor hatte, mußte er die zu hoch angelegte Partie weitgehend neu schreiben, wie er überhaupt das Werk einem ständigen Veränderungs- und Verdichtungsprozeß unterzog (was Chrysanders Ausgabe nicht mitteilte – vielleicht ein Grund für die weitgehende Unbekanntheit der Oper im 20. Jahrhundert). Andrerseits wagte Händel, aus dramaturgisch überzeugenden Gründen, das längste Rezitativ in seinem ganzen Opernwerk, das im Finale II nicht weniger als 235 Takte umfaßt; ihm folgen ein bewegtes Terzett und drei knappe Arien, in denen Bajazet, Andronico und Irene ihre Gefühle gegenüber der von Asteria verkündeten Bereitschaft äußern, sich mit Tamerlano den Thron zu teilen. Der Höhepunkt folgt in Asterias Arie, in der sie –

die sich mit dem Dolch nach Tamerlanos erster Umarmung zu töten bereit war – ihre Freude über das Vertrauen der anderen Figuren ausdrückt (*Se potessi un di placare*). Verbunden sind diese Szenen durch kurz eingeschobene Rezitativ-Fragen der Asteria, so daß der mechanische Ablauf der Abtrittsarien durch die Klammer zwischen dem explodierenden Terzett *Voglio stragi* (Blutbäder will ich anrichten), in dem Tamerlano Bajazet und Asteria gegenübersteht und Asterias breit ausschwingender Schlußarie auch für einen heutigen Hörer aufgehoben wird. Was im Finale II des RINALDO noch Erfüllung eines Schemas war, wird nun durch tonartliche Differenzierung zum Mittel musikalischer Psychologie: Jede Abgangsarie vertieft unser Bild von den Figuren.

Zu den schönsten Nummern der Oper gehören zwei e-moll-Sätze (neben fis-moll Händels bevorzugte tragische Tonart): die Siziliana der Asteria *Se non mi vuol amar* und ihr Duett mit (dem vom berühmtem Kastraten Senesino gesungen) Andronico *Vivo in te*, das von Quer- und Blockflöte begleitet wird. In eben dieser Tonart steht auch das schon als Beispiel für Händels Normverweigerung erwähnte Coro-Finale *D'atra notte* (Aus finsterer Nacht), in dem er die schrecklichen Ereignisse der plötzlichen Bekehrung Tamerlans zum guten Herrscher aufprägt: als Reflex der grandios durchkomponierten Sterbeszene Bayazits. Ihr syntaktisch und harmonisch vorzeitiges Ende vor der Endsilbe wie dem Grundton schwingt noch im Tod von Verdis Otello nach.

RODELINDA, REGINA DE' LANGOBARDI (Rodelinda, Königin der Langobarden. ›Dramma in musica‹ in drei Akten, *L* von N. F. Haym; London 1725, Hamburg 1734, *WA* Göttingen 1920 als Auftakt der Händel-Renaissance, Zürich 1923, Wien 1941, Halle 1969).

An dem von Antonio Perti 1710 vertonten Libretto Antonio Salvis, den Händel in Florenz kennengelernt hatte, nahm Haym keine handlungsprägende Änderung vor, verdeutlichte aber das Verhältnis der Charaktere zueinander (die Vorlage war Corneilles Tragödie PERTHARITE). Im Zentrum stehen der langobardische König Bertarido, der von dem Usurpator Grimoaldo ins Exil getrieben wurde und seinen eigenen Tod als Gerücht ausstreute, sowie seine Gemahlin Rodelinda, eine schon auf Beethovens Leonore weisende Gestalt. Auf seiten der Guten stehen Bertaridos Schwester Eduige, von Grimoaldo verlassen, der nun Rodelinda mit seinen Anträgen verfolgt, und Bertaridos Gefolgsmann Unulfo; auf seiten Grimoaldos der finstere Garibaldo. Haym und Händel reduzierten die Rezitative um gut die Hälfte des ursprünglichen Librettos, die Zahl der Figuren um eine und, damit zusammenhängend, die der Arien von 34 und 28. Dadurch wurde, auch für den Geschmack eines heutigen Publikums, die Oper im dramaturgisch-psychologischen Sinn entscheidend verbessert. Bezeichnend für Händels Straffung ist die erste Szene (→ S. 216), in der er das Kavatine-Kabaletta-Verfahren der romantischen italienischen Oper vorwegnimmt. Auf Rodelindas in schmerzlichem c-moll geschriebene Arie *Ho perduto il caro sposo* (Ich habe den geliebten Gatten verloren) folgen ein bewegter Rezitativ-Antrag Grimoaldos, den die vermeintliche Witwe stolz ablehnt, und ihre empörte g-moll-Arie *L'empio rigor del fato* (Die schreckliche Härte des Schicksals). Ähnlich konzis, zumal im Vergleich mit dem Originallibretto, geht Händel im zweiten Akt vor, wenn Rodelinda von Unulfo erfährt, daß Bertarido noch lebt. Hatte Salvi hier Unulfo eine Arie gegeben, in der Rodelinda gute Ratschläge für einen angemessenen Empfang Bertaridos erteilt werden, so läßt Händel Rodelinda gleich selber sprechen: in einer Siziliana *Ritorna, o caro*, die sie als ganz getragene Bitte um die Rückkehr des Gatten vorträgt. Zur selben Tonart G-Dur, als wolle sie sich für die erfüllte Bitte bedanken, kehrt sie nach der Vereinigung mit Bertarido in der Arie *Mio caro bene* zurück. Auch das bei den Zeitgenossen berühmteste Stück der Oper (es wurde mit einem verballhornten Text verbreitet) ist dramaturgisch Hayms und Händels eigene Erfindung: die (bei Salvi nicht vorhandene und von Händel zunächst auch nicht zur Komposition vorgesehene) Arie *Dove sei* (Wo bist du). Bertarido, der von Rodelindas Schicksal nichts weiß, sieht auf dem Friedhof sein eigenes Grabmal, das von Grimoaldo errichtet wurde. Vergleichbar mit dem Monolog Cäsars vor dem Grab des Pompeius singt er nach achttaktigem Vorspiel sein ergreifendes Rezitativ *Pompe vane di morte* (Eitler Totenprunk) in einer stufenweise absteigenden g-moll-Melodik. Die Grabinschrift liest er dann, ohne Begleitung der Instrumente, in einem kühl-distanzierten F-Dur, das sich vor Beginn der Arie in warmes E-Dur nach einer emphatischen H-Dur-Kadenz verwandelt. Die am weitesten voneinander entfernten Tonalitäten von E und F umreißen also die Dialektik von Sein und Schein.

Einen ähnlichen Tonartenkontrast enthält die spätere Gefängnisszene. Während der eingekerkerte Bertarido seine Arie *Chi di voi* in elegischem b-moll singt und sich fragt, ob Liebe oder das Schicksal treuloser seien, hatte sein Widersacher Grimoaldo zuvor – es ist wieder einer der blitzartig schnellen Szenenwechsel – seine zwischen Leidenschaft und Eifersucht bis fast zum Wahnsinn schwankenden Gefühle in

einer a-moll-Arie zum Ausdruck gebracht: *Tra sospetti, affetti e timori*
(Durch Verdacht, Zuneigung und Furcht). Daß die Einleitung zu Bertaridos b-moll-Largo einen fast gleichlautenden Vorklang der Introduktion zu Florestans Kerkerszene im FIDELIO enthält, ist ein ebenso
deutlicher Beleg für Händels Modernität wie die in Beethovens Tonart
f-moll stehende Einleitung zum zweiten Akt des EZIO oder die in
schroffem Wechsel der Tonarten ablaufende Szene der Rettung Bertaridos und der Verzweiflung Rodelindas, die ihn für ermordet hält. Ein
erfüllter Augenblick auf der Höhe der ›Opera seria‹ ist, ebenfalls im
letzten Akt, die Szene, in der Grimoaldo wie von Furien gejagt in eine
Art moralischen Heilschlafs angesichts der reinen Natur versinkt. Die
Szene beginnt mit einer wilden, von Pausen durchsetzten Sechzehntelbewegung (*Fatto inferno è il mio petto* – Meine Brust ist ein höllisches Geschick) als ›Recitativo accompagnato‹. Ihm folgt ein wunderbares Fis-
Dur-Arioso über die Naturschönheit, das in der e-moll-Siziliana *Pasto-
rello d'un povero armento* (Hirte einer armen Herde) gipfelt. Daß Bertarido dann dem erwachenden Widersacher das Leben rettet, wirkt wie
eine vor der Zeit stattfindende Einlösung von Stendhals Wort, die
Schönheit sei nichts als das Versprechen zum Glück (ÜBER DIE LIEBE,
1822).

SERSE (Xerxes. ›Dramma in musica‹ in drei Akten; *L* von Nicola
Minato; London 1738, *WA* Göttingen 1924, Wien-Schönbrunn 1925,
Basel 1959).

Im Gegensatz zur vergleichsweise unproblematischen Aufnahme
durch das moderne Theaterpublikum hat Händels XERXES den Auslegern erstaunliche Schwierigkeiten bereitet. Der Vorwurf, das Werk
vermische Ernstes und Komisches in unzulässiger Weise, zieht sich wie
ein roter Faden durch die Händel-Literatur. Sogar Urteile wie das von
der leicht anrüchigen Boulevard-Komödie oder dem Produkt eines geistig Gestörten wurden von seriösen Forschern gefällt. Tatsächlich haben wir es mit einer Art Opern-Phantom zu tun: Es ist »der Geist der
alten venezianischen Oper, der hier wieder auftaucht«. Damit ist nicht
nur der Mischcharakter gemeint, sondern auch die Herkunft des Librettos. Es war schon 1654 von Cavalli vertont worden, und Händel
kannte (und benutzte) die von Giovanni Bononcini 1694 vertonte Fassung des von Silvio Stampiglia bearbeiteten Textes. Bei Bononcini indes war der SERSE ein Jugendwerk, bei Händel ist er eines, das zwar
nicht in geistiger Verstörung, so aber doch nach Überwindung einer

SERSE

schweren Krankheit entstand: es hat einen gewichtigeren Aggregatzustand. Unter diesem Aspekt ist nicht nur Händels zumindest textlicher Rückgang um ein Jahrhundert zu verstehen, sondern auch die Beschwerung, die das einleitende Larghetto der Titelfigur in der Wirkungsgeschichte Händels zum Largo hin erfahren hat. Die Platane, die der König dort besingt, weist auf den schon bei Herodot einsetzenden religiös-numinosen Aspekt der Baumanbetung zurück. Zudem hat das »liebliche Grün« (*vegetabile amabile*) einen auffällig daktylischen Rhythmus, der bei Minato-Cavalli der Geisterbeschwörung diente (Bononcini und auch Händel lag die entsprechende Szene des Originallibrettos gar nicht mehr vor). Und der in der Textgeschichte bis Händel verlorengegangene numinose Aspekt wird von seiner Musik in einer weltlichen Wandlung zurückgewonnen. Die ›pastorale‹ Tonart F-Dur, die Händel hier (wie in anderen Fällen der Naturverbundenheit) benutzt, verbindet sich ebenso wie die Tempobezeichnung Larghetto mit dem Alt-Teil der Duettfassung aus seinem MESSIAS, dem Schäfergleichnis *Er weidet seine Schafe.* Das pastorale Moment hat also einen Doppelaspekt: den christlichen vom guten Hirten und den weltlichen vom Naturreich Arkadien. Beides ist hier miteinander vermittelt: das christlich Pastorale entwirft das utopisch vorausweisende Bild vom sündenlosen Zustand, das arkadisch Pastorale zielt zurück auf die heidnische Vorstellung vom Goldenen Zeitalter. So läßt sich noch in dem zur Sakralschnulze vernutzten Pseudo-Largo ein Subtext ausmachen, der »hinter dem vordergründigen Mißbrauch des Händelschen Larghettos einen gewissen tieferen Sinn« offenbart.

Diese Gleichzeitigkeit des Ungleichzeitigen ist ein besonderes Merkmal des XERXES. In ihm spiegelt sich einmal Händels schon 1735 in ALCINA und ARIODANTE sichtbar werdendes Experimentieren mit Erscheinungsformen der französischen Oper und der ›Opera buffa‹ (Ballette und Chöre, lockere Verbindung von ›Secco‹, ›Accompagnato‹ und ›Arioso‹ sind keine Stilmerkmale der ›Seria‹), zum anderen eine Gestaltungskraft, die man im Sinne Goethes als objektive Ironie bezeichnen könnte. Sie äußert sich in der für die Titelfigur prägenden Unvereinbarkeit von Wille und Wirklichkeit. Das historische Scheitern der Feldzüge des Xerxes hat Händel im vergeblichen Liebesstreben des Herrschers eingefangen, und das gipfelt im Finale, wenn der persische König sich mit Romilda zu verbinden meint, in Wirklichkeit aber durch die Zweideutigkeit seines Befehls die Angebetete mit seinem verbannten Bruder verheiratet hat. Verstärkt wird diese objektive Ironie dadurch, daß Xerxes in seinen Irrungen und Wirrungen von der als Soldat verkleideten Amastre beobachtet wird, der er die Ehe versprochen hatte: er wird ähnlich durchschaut und zum Einlenken gezwungen wie der Graf in Mozarts LE NOZZE DI FIGARO, wobei für Xerxes die neuer-weckte Begehrlichkeit und nicht die Befolgung einer Moralvorstellung das ausschlaggebende Moment ist. Dennoch stößt die Oper in Bereiche der Utopie einer gesellschaftlichen Versöhnung vor, denn das Zentral-bild: die von Xerxes gebaute Schiffsbrücke zwischen Asien und Europa, siedelt das Stück in einer imaginären Topographie der Grenzüber-schreitung an. Obwohl sich Joachim Herz 1972 in seiner Leipziger In-szenierung des Stücks weigerte, dessen »Absurdität des Völlig-frei-im-Raume-Schwebens von Schauplätzen, Auftritten und Abgängen als Grundstil« zu akzeptieren, hat er doch die objektive Ironie des Werks erstmals einem breiten Publikum bekanntgemacht (er inszenierte die Oper in anderen Städten sowie für das Fernsehen nach). Für ihn war der Mittelpunkt der Oper, Romildas Arie *È gelosia quella tiranna* (Die Eifer-sucht ist ein Tyrann) im zweiten Akt, zugleich der Höhepunkt der Oper, und zwar im Sinn von Doppelbödigkeit. Dem Affektgehalt der Arie ist nämlich eine Erklärung durch die Figur mitgegeben: Romilda wendet sich an das Publikum und will ihm erklären, was in ihr wütet: eben die Eifersucht. Für Herz war die Tatsache, daß »auf dem Höhepunkt der Emotion zugleich eine Erklärung des inneren Zustands an den Zu-schauer erfolgt«, die Voraussetzung dafür, das Werk bewußt als Thea-ter im Theater zu inszenieren.

Dieser Stil prägt den XERXES tatsächlich weit stärker als andere Werke der Barockoper. So sind die Arien fast alle knapp, und zur Hälfte haben sie kein ›Da capo‹, vielen fehlt sogar das einleitende Ritornell des Orchesters. Mit dieser Verknappung in den Mitteln der Formsprache geht eine Auflösung alter Funktionsverteilungen Hand in Hand. So ist der Rezitativstil leicht und manchmal fast schon umgangssprachlich; sogar die Arien selber werden als Handlungsmoment (und nicht mehr als Ruhepunkt für die Affektausbreitung) benutzt, so daß jenes Metasta-sianische Gesetz zum Teil verabschiedet wird, nach einer Arie müsse die jeweilige Figur die Bühne verlassen. Diese Doppelbödigkeit ironisiert auch die Musik selber, deren Affektsprache als der Erklärung bedürftig hingestellt und sogar als austauschbar geschildert wird. Wenn Xerxes im ersten Akt sich entschließt, Romilda seine Liebe zu erklären, dann greift sein Bruder – Romildas Liebhaber Arsamene – eben diese Musik auf, um sich die Treue der Geliebten einzureden: ein klassischer Fall der

SERSE

Wunschprojektion. Vergleichbar ist Händels Einfall, die flatterhafte Atalanta ihre kapriziöse B-Dur-Arie im zweiten Akt *(Voi mi dite)* gleich zweimal an die Adresse des Xerxes singen zu lassen: mit der Wiederholung ihrer Lüge, daß Arsamene sie liebe, das aber verleugne, will sie nicht nur Xerxes belügen; bei der Reprise der Arie glaubt sie der eigenen Lüge. Zu den Feinheiten von Händels Gestaltung gehört auch, daß er die der wechselseitigen Liebesbeteuerung dienende Funktion des Duetts aufhebt. Keines der drei Duette folgt dem Muster: zweimal bezichtigen sich die schließlich vereinten Liebenden der Untreue, im dritten gesteht Romilda dem König, daß sie immer seinen Bruder lieben werde (obwohl sie ihn für untreu hält). In diesen Duetten verzichtet Händel, als wolle er seine Normabweichung unterstreichen, auf das ›Da capo‹. Daß dabei nicht eine im 18. Jahrhundert anerkannte Form sinnlos zerstört wird, sondern eher neue Konstruktions- und Kommunikationsmerkmale ausprobiert werden, deutet Händel mit motivischen Verknüpfungen an. So mit der Wiederkehr der Orchestereinleitung zu Romildas von Blockflöten begleitetem Arioso im ersten Akt (es wird als Konzertarie hinter der Bühne gesungen) oder der mehrfachen Wiederholung von Elviros Straßenlied im zweiten Akt.

Schon solche Merkmale der künstlerischen Verfügung machen klar, daß der XERXES alles andere als eine Farce, eine musikalische Boulevard-Komödie ist. Komisch im burlesken Sinn sind eigentlich nur die d-moll-Arie des Dieners Elviro im ersten Akt (mit großsprecherischem Laßt-mich-nur-machen – *Signor, lasciate far a me* – trabt er als Liebesbote seines Herrn Arsamene davon), sein aus der Hamburger Oper (oder aus Händels Beobachtung des Londoner Straßenmarkts) herkommender Blumenruf sowie seine Wasser/Weinarie im zweiten Akt. Im weiteren Sinn kann man die Finalarie I der Atalanta in E-Dur (sie wirkt wie eine Antwort auf Pergolesis Stil in der SERVA PADRONA) und ihr Schlußwort im dritten Akt dazurechnen, als sie trotz aller Intrigen mit leeren Händen dasteht und wieder in Pergolesis schnippischem Buffostil ihr *Nò, nò, se tu mi sprezzi* singt (Nein, nein, wenn du mich verachtest – an die Adresse des Arsamene gerichtet). Als komische Figur, wenngleich weniger musikalisch als dramaturgisch, wirkt der General Ariodate, Vater des ungleichen Schwesternpaars Romilda-Atalanta. Er ist ein alles mißverstehender Befehlsempfänger. Komisch im szenischen Sinn ist auch das dreimalige, jedesmal in anderer Kleidung und damit Funktion ablaufende Auftreten des Chors.

Ganz seriös dagegen das vom Titelhelden verfolgte Liebespaar Romilda-Asarmene, während sich in der Partie von Serses Verlobter Amastre Momente der Parodie auf die ›Opera seria‹ nachweisen lassen. Im Mittelpunkt der König: alles andere als ein fester Charakter, sondern ein gemischter, ja fast schon zwischen Schwärmerei und Lyrismus, zwischen unsicherer Aggressivität und hohlem Pathos zerrissener Mensch. In ihm erscheint das Kastraten-Königstum der ›Opera seria‹ gebrochen, seine dramaturgische Isoliertheit in der Oper – das schließliche Bekenntnis zu Amastre ist eine Notlösung, in der die gesellschaftlichen Widersprüche offenbleiben – nimmt fast schon die von Hölderlin ins Wort gefaßte gesellschaftliche Überlebtheit seines Standes vorweg: »Es ist die Zeit der Könige nicht mehr.«

DEIDAMIA (›Melodramma‹ in drei Akten, *L* von Paolo Antonio Rolli; London, Lincoln's Inn Field, 1741, *WA* Halle 1953, Kassel und Hamburg 1954 unter dem Titel ACHILL UNTER DEN MÄDCHEN).

Für seine letzte Oper nahm Händel den zur Adelsoper übergelaufenen Sekretär Rolli wieder in Gnaden auf, und dieser schrieb ihm ein ungewöhnliches Libretto: von John Gays Balladenoper ACHILLES (1733) ebenso unabhängig wie von Metastasios hochpathetischem Text, den Caldara 1736 für die Heirat Maria Theresias in Wien komponierte. Sujet ist eine Episode aus der Vorgeschichte des Trojanischen Kriegs. Achilles, dem der Heldentod prophezeit worden ist, wird dem Kriegsdienst entzogen und als Mädchen unter Mädchen auf der Insel Skyros aufgezogen. Deidamia, Tochter des Königs Lykomedes, hat seine Verkleidung längst durchschaut und sich in ihn verliebt. Da den in Aulis zum Aufbruch nach Troja bereiten Griechen geweissagt wird, sie könnten ohne Achilles nicht siegen, werden Odysseus, Phönix und Nestor ausgesandt, ihn zu suchen. Nach mancherlei Verwirrung gelingt es dem listigen Odysseus, Achilles dem Heldenleben zuzuführen. Vor seiner Abreise steht die Hochzeit mit Deidamia, deren Freundin Nerea sich mit Phönix, dem König von Argos, verbindet.

Wie schon in seinen vorangehenden Opern, so begibt sich Händel auch hier auf einen zwischen ›Seria‹ und ›Buffa‹ schwankenden Boden, wobei es seiner Musik gelingt, Reste typisierender Charakterisierung zu individualisieren. So erscheint Ulisse nicht nur als schnüffelnder Intrigant, Fenice nicht nur als tölpelhafter Liebender (Nestor hat keinen Gesangspart), Deidamia nicht nur als liebliches Mädchen, Achille nicht nur als Naturbursche und Lycomede nicht nur als besorgter Vater. Entstehunggeschichtlich zeigt sich die differenzierte Mehrdeutigkeit daran, daß Händel die Arien für Nerea zweimal komponiert hat: einmal mehr kokett, einmal mehr sentimental, was in der jüngeren Aufführungsgeschichte nach 1953 zu mancherlei Experiment geführt hat. So verständlich es auch ist, die große h-moll-Arie der Nerea aus dem ersten Akt der Deidamia als Ausdruck des Trennungsschmerzes vor Achilles Abreise am Ende in den Mund zu legen, so eindeutig geht dieses Verfahren an Händels empfindlicher Balance vorbei. Zu dieser ein paar Stichworte. Ulisse hat Arien unterschiedlichster Art: »drohend-entschieden am Anfang, wechselt er zu schmeichelnder Gebärde noch innerhalb des ersten Aktes. Im zweiten Akt tritt er in zwei Arien als falscher Liebesheld auf, die beiden Situationen prächtig meisternd. Auch im dritten Akt gibt es zwei Arien von ihm, die eine – wieder zurückgreifend auf seinen ersten Gesang – in einem mächtigen Gleichnisbild seinen unbedingten diplomatischen Auftrag begründend, die letzte dafür begütigend, freundlich«.

Erstaunlich ist nicht allein dieser Differenzierungsgrad, sondern auch dessen Verschränkung im Charakterbild der Deidamia, die auf die Arien des Ulisse musikalisch-psychologisch reagiert. Ein bewegendes Beispiel der Zeitebenenverschiebung, der Ungleichzeitigkeit des Gleichzeitigen, ist ihre Arie im dritten Akt *M'ai resa infelice:* Der Vorwurf an Ulisse, sie unglücklich gemacht zu haben. Während der Librettist hier der Unglücklichen eine Art rückgreifender Prophezeiung in den Mund legt (der Tod Achills vor Troja und das zehnjährige Umherirren des Odysseus klingen an), weist Händel musikgeschichtlich in die Zukunft. Er baut die Arie nämlich nach der Art des Sonatenhauptsatzes der Wiener Klassik (wenngleich ohne Durchführung), indem er mit zwei in Rhythmus und Tempo unterschiedlichen Themen arbeitet, deren zweites in der parallelen Dur-Tonart des g-moll-Hauptsatzes aufgestellt wird und bei der Reprise zu dessen Tonika zurückkehrt. Die Aufteilung der Arie in ein Schmerz-Largo (g-moll) und ein Verwünschungs-Allegro (B-Dur) verliert so jede Schematik, da der Affektgehalt des Schmerzes größer ist als jener der Verwünschung, was durch die schließliche Transponierung des Allegros nach g-moll klar wird: Deidamia wird eben nicht zur Furie, sondern bleibt ein leidender Mensch. In der Hinsicht ähnelt sie der Dejanira in dem dramatischen Oratorium HERCULES (1745), die in einer der avanciertesten, nämlich durchkomponierten Rezitativ-Arien Händels *(Where shall I fly?)* sich die Furien selbst auf den Leib wünscht.

Solche Leidens-Humanität prägt auch dramaturgisch die Oper.

Der auf ihre Spielzeit bezogene Aspekt des reinen Eroberungskriegs erweist sich im Verlauf der Handlung ebenso als immer fragwürdiger werdend wie die in ihn hineinwirkende archaische Schicht der Orakelsprüche. Das betrifft nicht nur das Libretto, sondern auch die Musik, mit der es Händel versteht, die Schlüsselrolle des Ulisse zu differenzieren: so schwingt dessen Loblied auf die Liebe auch im Schlußchor nach. Das individuelle Glücksverlangen des Menschen bleibt den Zwängen der Staatsaktion überlagert. In dem Sinne hat schon Romain Rolland 1910 in seinem Buch HÄNDEL die Bedeutung des Komponisten für die Geschichte der Aufklärung verstanden: Er bezeichnete ihn als den ersten der großen deutschen Klassiker des 18. Jahrhunderts, die für die Musik dasselbe bedeuten wie die französischen Dichter und Denker des 17. Jahrhunderts. Nach Rolland habe Händel, sozusagen in Vorwegnahme der Aufhebung einer Klassengesellschaft, für alle geschrieben. Dem hat der Komponist möglicherweise vorsorglich Rechnung zu tragen versucht, indem er die drei Arien der Nerea gleich zweimal schrieb – in Stil und Besetzung durchaus divergierend. Dieser einzigartige Fall in der Operngeschichte ist wohl nur begreifbar als Begleitklang zu einem Phantom. Mit der dritten Aufführung dieser DEIDAMIA verschwand Händels Oper am 10. Februar 1741 für zweihundert Jahre aus dem Musikleben, solcherweise die Wirkungsgeschichte des Opernkomponisten in Extrem fassend, denn zwischen 1754 und 1920 hatte es keine einzige Aufführung einer Händel-Oper gegeben. 1941 erschien eine deutsche Übersetzung der DEIDAMIA von Rudolf Steglich, der vier Jahre später auch ein Klavierauszug folgte. Da begann das vergessene Phantom langsam aufzutauchen – wenngleich paradoxerweise für die einzige Oper, die Händel auf ein Originallibretto komponiert hatte, in deutscher Übersetzung. Die Wiedergewinnung des Klassikers Händel ist auf dem Musiktheater nicht minder verwickelt wie die Heimkehr des Odysseus.

III. DIE OPERA BUFFA

Im Briefwechsel zwischen Goethe und Schiller findet sich ein kleiner Exkurs über die Oper. Am 31. Januar 1798 schreibt Goethe, wie sehr ihn ein neues Werk begeistert habe. Dessen Autor, Domenico Cimarosa, nennt er einen »vollendeten Meister«, und die in Frage stehende Komposition, IL MATRIMO-NIO SEGRETO (Die heimliche Ehe), preist er wegen ihrer italienischen Manier, der er eine besondere Kunst der Transformation zuschreibt: »daß das Alberne, ja das Absurde sich mit der höchsten Herrlichkeit der Musik so glücklich verbindet. Es geschieht dies allein durch den Humor, denn dieser, selbst ohne poetisch zu sein, ist eine Art von Poesie und erhebt uns seiner Natur nach über den Gegenstand.«

Die Verwandlung des ästhetischen Aggregatzustands eines Stoffs, eine Art weltlicher Transsubstantiation, war Schiller in seiner Antwort vom zweiten Februar die Bemerkung wert, es sei dem Deutschen »immer schon etwas Ästhetisches gewonnen, wenn man ihn nur von der Schwere des Stoffs befreit.« Er sah in der Oper generell diese Möglichkeit angelegt, da sie »durch die Macht der Musik und durch eine feinere harmonische Reizung der Sinnlichkeit das Gemüt zu einer schöneren Empfängnis« anrege. Und einen Schritt weitergehend, meinte er, sogar das von ihm so beargwöhnte »Wunderbare, welches hier einmal geduldet wird, müßte notwendig gegen den Stoff gleichgültiger werden.« Diese Anschauung, der zufolge das Textlich-Stoffliche gegenüber dem spezifischen Musikhumor in den Hintergrund trete, legt die Deutung der ›Opera buffa‹ als einer musikalisch dominierten Gattung gegenüber der literarisch vorgeprägten ›Opera seria‹ auf Texte Metastasios nahe (→ S. 187 ff.; S. 267 ff.). In Goethes Urteil ist diese Perspektive zumindest zu spüren, und bei den wichtigsten deutschen Geschichtsschreibern der ›Opera buffa‹, Hermann Abert und Wolfgang Osthoff, ist sie zu einem System ausgeweitet. Seine Erfüllung findet es in beider Darstellung bei Mozart.

So gute und gewichtige Gründe sich für diese Sicht auf die Buffo-Oper von ihrem geschichtlichen Höhepunkt aus bei Mozart nennen lassen, so wenig sollte man darüber die gesellschaftspolitischen Voraussetzungen vergessen, die in

Neapel zur Herausbildung der ›Opera buffa‹ führten und damit, gegen 1780, zu ihrem Sieg im Anspruch auf die musikalische Weltherrschaft über die ›Opera seria‹. Hatte diese zwischen 1720 und 1780 von St. Petersburg bis nach Lissabon den Stil des Musiktheaters bestimmt, so folgte ab etwa 1770 – bei Goethe klingt das in seinen Cimarosa-Übersetzungen an – auch über Italien hinaus der Siegeszug der ›Opera buffa‹. Sein Ende, nach einem halben Jahrhundert an der Aufgabe des cembalobegleiteten ›Recitativo secco‹ erkennbar, zeigt sich nach Donizettis L'ELISIR D'AMORE (Der Liebestrank), Verdis einziger ›Buffa‹ (der FALSTAFF ist eben keine mehr) UN GIORNO DI REGNO (Herrscher für einen Tag) und Donizettis DON PASQUALE von 1843. Vorgebildet ist die italienische ›Buffa‹ des 18. Jahrhunderts in den lustigen Szenen der venezianischen Oper des vorangehenden Jahrhunderts, die dem Personal der unteren Stände vorbehalten waren: Dienern, Pagen oder Ammen mit dem Sonderfall des Vielfraßes Iro in Monteverdis RITORNO D'ULISSE (→ S. 55 f.).

Als Apostolo Zeno 1695 sein erstes Libretto veröffentlichte, waren diese Figuren weitgehend aus der zeitgenössischen Oper verschwunden – er brauchte also in seiner Forderung nach der Reinheit des Tragischen letztlich nur einem in seiner Zeit schon vorhandenen Trend zu folgen. Unter diesem Aspekt ist die von ihm und Metastasio vorangetriebene Ausformung der ›Opera seria‹ weniger ein ausgeprägtes Reformwerk als die Kanalisierung von Bestrebungen, die nicht nur im Umkreis der Dichterakademie ›Arcadia‹ vorhanden waren. Der Bedarf des Publikums nach lustiger Unterhaltung blieb aber ungebrochen. Man kam ihm in Intermezzi (auch: ›Intermedi‹) zwischen den einzelnen Akten der Tragödie entgegen.

INTERMEZZO UND BUFFO-OPER

Eine Vorform der Intermezzi waren die ›Scene buffe‹ (Buffoszenen), die in ernste Opern, und zwar meist vom gleichen Komponisten, eingefügt wurden. Besonders beliebt waren sie in Neapel, wo etwa Alessandro Scarlatti zwischen 1697 und 1702 für zehn seiner Opern mindestens sechzig Buffo-Einlagen schrieb. Sie wurden vor allem in die Aktschlüsse einer ernsten Oper eingeschoben, entsprachen also in ihrem Stellenwert innerhalb des erweiterten Stückablaufs den Intermezzi, die nach den jeweiligen Akten gegeben wurden, nicht ganz; in Francesco Provenzales Oper LO SCHIAVO DI SUA MOGLIE von 1671 hatten die Akte I und II mit jeweils drei bzw. zwei Szenen für die komischen Diener geendet. Erst allmählich verwischten sich die Grenzen zwischen Intermezzo und Buffo-Einlage, wobei sich einige Unterschiede zwischen der Praxis in Venedig und Neapel ergaben. Wurden in der Lagunenstadt die Intermezzi-Texte unabhän-

gig von der Hauptoper gedruckt, so blieben in Neapel die Buffoszenen, ab etwa
1720 Intermezzi genannt, in den Druckausgaben mit dem Text der Hauptoper
verbunden. Um das Jahr 1720 läßt sich in Neapel eine weitere Klassifizierung
feststellen, da nun komische Szenen unter separatem Titel zusammengefaßt
werden und eine strikte Funktionsaufteilung zwischen den Sängern der
Hauptoper und der Buffoszenen stattfindet. In Johann Adolf Hasses erster Oper
für Neapel, dem 1726 im San Bartolomeo uraufgeführten SESOSTRATE, haben
die beiden Buffodarsteller in der ›Seria‹ noch die Rollen der Diener, so daß sich
zwischen Hauptwerk und Intermezzi Querverbindungen ergeben, aber bis etwa
1730 emanzipiert sich das Intermezzo von der Haupthandlung. Das äußere
Merkmal dieser Entwicklung liegt in der Reduzierung der Buffoszenen von drei
auf zwei, wobei eine Hauptrolle dem Baß zufällt, der in der von hohen Stimmen
beherrschten ›Opera seria‹ (mit ihren Sopranen und Kastraten) kaum beschäftigt war.

Das berühmteste Intermezzo dieser Art war Giovanni Battista Pergolesis
Zweiszener LA SERVA PADRONA von 1733, der zuerst als selbständiges Intermezzo für seine Seria-Oper IL PRIGIONIERO SUPERBO diente. Dieses Intermezzo gilt immer noch als prototypische Erscheinungsform der Gattung: zu
den zwei Figuren gesellt sich eine stumme dritte, die pantomimisch agiert. Der
Ablauf der beiden Teile mit ihren Rezitativen und jeweils einer, höchstens zwei
Arien für jeden Sänger pro Szene kulminiert jeweils am Ende in einem Duett.
Um die Mitte des Jahrhunderts erweitert sich das bei Pergolesi nur aus Streicherchor und Cembalo bestehende Orchester ebenso wie die Anzahl der beteiligten Figuren und der geschlossenen musikalischen Nummern, die nun – wie in
einer richtigen Oper – von einer einleitenden ›Sinfonia‹ und einem abschließenden Ensemble gerahmt werden. Eine formgeschichtliche Unterscheidung
zur Buffo-Oper ist nur noch an Details auszumachen: dem ausschließlich komischen Charakter der Figuren mit ihrer einheitlichen Affektebene, der relativ begrenzten Personenzahl und dem Einbezug stummer Rollen in den Intermezzi.

Am Anfang der ›Opera buffa‹, versteht man sie als Volloper und nicht als
Intermezzo, steht paradoxerweise ein Werk, dem man kaum gattungsbegrün-
dende Stilmerkmale nachsagen kann. Aber in seiner zwischen den Gattungen
stehenden und deren Überwindung andeutenden Qualität hat es sich auch in
neuerer Zeit mit seinem geistreichen Humor und seinem Hang zur Selbstparodie dem Publikum mitzuteilen verstanden: Alessandro Scarlattis Musikkomödie IL TRIONFO DELL'ONORE (Der Triumph der Ehre; Neapel 1718). Schon
vor der Herausgabe des modernen Klavierauszugs durch Virgilio Mortari 1941
war die Oper wiederentdeckt worden (Essex 1937, Siena 1940), und auch nach
dem zweiten Weltkrieg hat sie sich als bühnentauglich erwiesen (Kassel 1953 als

INTERMEZZO IN PISA, Drottningholm 1959, Freiburg 1973, Zürich/Schwetzingen 1985). Theatergeschichtlich liegt die Bedeutung des TRIONFO DELL' ONORE darin, daß der Komponist den Versuch unternahm, die neapolitanische Lokalkomödie mit der toskanischen Hochsprache zu versöhnen. Das zeigt sich auch darin, daß Scarlatti den Handlungsort des Librettos von Francesco Antonio Tullio von Neapel nach Pisa verlegte. Auch rein musikalisch ist die Bedeutung des Werks nicht zu unterschätzen. Immerhin brachte der Komponist »die Summe seiner Kunst in das Stück ein, schrieb große dramatische Arien, geistvolle Parodien auf die Aria seria, hintergründige Buffo-Arien, er zeigte, wie Buffo-Ensembles zu komponieren waren und daß er im volkstümlichen Stil der Kanzonen schreiben konnte. Scarlatti unternahm etwas Neues, aber nach traditionellen Kategorien.« Es sind eben diese Verbindungen des Volkstümlichen mit dem oft verspottet Elitären, die Scarlattis ausdrücklich als ›Commedia‹ bezeichnete Oper als eine Schwester im Geiste von Mozarts Musikkomödien erscheinen lassen. Und diese zusammenfassende Kraft macht auch den sozusagen gesellschaftspolitischen Rang des TRIONFO aus.

Es ist sehr auffällig, daß Scarlatti, der Hofkapellmeister, sein Werk nicht am Teatro San Bartolomeo, sondern auf der Bühne des Teatro dei Fiorentini herausbrachte, die vordem zweit- oder drittklassigen Lokalgrößen vorbehalten war. Das nahe der Kirche San Giovanni dei Fiorentini gelegene Theater war lange Zeit von spanischen Komödianten bespielt worden. Angefangen hatte die Geschichte der Theaterstadt Neapel mit der Inthronisation der venezianischen Oper durch den spanischen Vizekönig Graf Oñate nach der Niederschlagung des von dem Fischer Masaniello angeführten Volksaufstands von 1647/48 (der mit Aubers Vertonung DIE STUMME VON PORTICI 1830 wiederum in eine Volkserhebung umschlug: die Selbständigkeit Belgiens von den Niederlanden mit sich bringend). Das Engagement der Theatergruppe der ›Febiarmonici‹ wurde vom Vizekönig ganz ungeniert als kulturelles Propagandamittel zur Selbstfeier der politischen Machtrepräsentanten eingesetzt. Dazu bedienten sich die Spanier in der wechselvollen Geschichte Neapels und Italiens (das zwischen den Ansprüchen Frankreichs und Spanien-Habsburgs jahrhundertelang zerrieben wurde) einer Doppelstrategie. Dem offiziellen Hoftheater wird das öffentliche Impresarialtheater mit seinem Prinzip des Kartenverkaufs und der Logenmiete nach venezianischem Vorbild gleichgeschaltet. Der verwaltungstechnischen Zangenbewegung wird die repertoirepolitische eingegliedert, um ein höchst empfindliches Gleichgewicht zu erzielen. Soziologisch hatten die Vizekönige, dem Status nach absolute Herrscher, aber mit ihrer kurzen Regierungsdauer Spanien unmittelbar unterstellt, mit drei Schichten zu tun: dem Hochadel, der frankophil eingestellt war, den spanischen Absolutismus mehr oder weniger deutlich ablehnte und dem die Regenten mit ihrer Pflege der venezianischen Oper zu schmeicheln suchten; dem Volk, das seine Ergebenheitsadressen an die Herrscher mit einer Weiterführung spanischer Tanz- und Gesangsweisen zu einer immer eigenständigeren, noch im 20. Jahrhundert lebendigen Volkskunst (Neapels ›Compagnia di Canto popolare‹) zu verbinden wußte; schließlich der Intelligenzschicht (›Ceto civile‹), die mit einer eigenen Dramenproduktion ihr Desinteresse an der höfischen wie der volkstümlichen Kunst unter Beweis stellte.

Auch nach dem Übergang des Opernbetriebs in die rein impresariale Verwaltung, wobei das höfisch orientierte Theater San Bartolomeo vizekönigliche Zuschüsse erhielt, bleibt im letzten Viertel des 17. Jahrhunderts das Spezifikum der neapolitanischen Theaterkultur erhalten: die soziale Akzeptanz der nach venezianischem Vorbild geförderten Oper durch zwei divergierende Schichten, das feudale Hofpublikum und die unterständische Stadtbevölkerung, die sich andrerseits an ihren musikalischen Volksfesten erfreute. Das fortschrittliche Bürgertum mit seiner Intelligenz- und Unternehmerschicht blieb an der Oper desinteressiert, obwohl der spanische Vizekönig Marquis Los Velez den Versuch einer Integration unternahm. Der führte zu dem ungewollten Ergebnis, daß sich nun zwar einige Mitglieder des ›Ceto civile‹ an der Oper venezianischer Prägung versuchten, das kleinbürgerliche Publikum sich aber ganz auf die nun immer erfolgreicher werdenden musikalischen Dialektkomödien warf.

Der erste Hauptvertreter der neapolitanischen Dialektkomödie ist Antonio Orefice, dessen PATRÒ CALIENNO DELLA COSTA von 1709 ebensowenig überliefert ist wie sein GEMINO D'AMORE von 1718. Die auf uns gekommenen Libretti vermitteln den Eindruck, daß diese Dialektkomödien dem zeitgenössischen Sprechtheater nacheiferten; ähnliches gilt für Leonardo Vincis berühmte Oper LE ZITE 'N GALERA (Die Mädchen in der Galeere) von 1722, die indes bezüglich der Nachwirkungen von seinem Intermezzo SERPILLA E BACOCCO, OVVERO IL MARITO GIOCATORE E LA MOGLIE BACCHETTONA (Serpilla und Bacocco oder Der verheiratete Spieler und die scheinheilige Ehefrau) nach der Uraufführung 1718 in Venedig übertroffen wurde. So blieb die musikalische Dialektkomödie in Neapel ein weitgehend örtlich begrenzter Sonderfall, wenngleich Charles de Brosses nach seinem Besuch in Neapel im Jahr 1739 – er feierte die Stadt als Metropole der Weltmusik – festhielt, daß ihm die Komödie AMOR VUOL SOFFERENZA von Leonardo Leo (1694–1744) von allen Uraufführungen jenes Jahres am besten gefallen habe, und er sie mit nach Frankreich nahm. Von daher wäre der neapolitanische Einfluß auf Rousseaus LE DEVIN DU VILLAGE (1752) ebenso besser verständlich wie auf den Pariser Buffonistenstreit (→ S. 332 ff.; S. 115 f.) – beides ist allein aus den italienischen Intermezzi und ihrer Ausstrahlung auf Frankreich schwer zu begreifen. Jedenfalls hatten die neapolitanischen Lokalkomödien mit ihren mehr naiven als satirischen Schilderungen des Alltagslebens, ihrer Nähe zum Rührstück und der Utopie einer Versöhnung zwischen den gesellschaftlichen Klassen zumindest in einer subkulturellen Traditionslinie Einfluß auf die Herausbildung der französischen ›Opéra comique‹. Andrerseits ist zur Erklärung des Erfolgs dieser Lokalkomödien in Neapel selber die Vermutung zu berücksichtigen, daß nach dem Einmarsch der Österreicher im Jahre 1707 die Verwendung des Dialekts auch zur Umgehung von Problemen mit der Zensur gedient haben kann. Scarlatti jedenfalls, der nach dem politischen Umschwung wieder nach Neapel berufen wurde, widmete seinen TRIONFO DELL'ONORE als ein Produkt der Hochkunst der österreichischen Vizekönigin. Tullios Libretto ist zweifellos dem Figurenarsenal der ›Commedia dell'arte‹ verpflichtet, aber es weist aufgrund der Anleihen bei der Rollenhierarchie der ›Opera seria‹ auf Mozarts Musikkomödie voraus, weil das Schema mit den (meist vier) Verliebten und (meist vier) lustigen Figuren nicht isoliert, sondern handlungsmäßig verwoben abläuft. Riccardo, ein Vorläufer Don Giovannis, flieht mit seinem Diener Rodimarte, einer Art Leporello, aus Lucca, weil er Leonora verführt und Doralice die Ehe versprochen hat. Bei seinem Onkel Flaminio will er sich in Pisa mit Bargeld versorgen, um eine Lustreise durch Italien anzutreten. Die beiden Mädchen sind ihm nachgereist und treffen sich bei Doralices Tante Cornelia. Dort findet sich auch Leonoras Bruder Erminio, der mit Doralice verlobt ist, ein. Nach einer Reihe turbulenter Verwicklungen, gipfelnd in einem Duell Erminios mit Riccardo, finden sich die richtigen Paare: Riccardo und Leonora, Erminio und Doralice. Onkel Flaminio entsagt der Magd Rosina, die sich Rodimarte verbindet, und begnügt sich mit Tante Cornelia.

Musikalisch handelt es sich bei der dramatischen Entwicklung weniger um eine Aktionskomödie als um eine sozusagen verbürgerlichte ›Opera seria‹ (Scarlattis Beitrag zu diesem Genre → S. 196 ff.). Nicht weniger als siebzehn der dreiunddreißig Arien sind in der Affektsprache der ›Seria‹ gehalten, davon allerdings vier mit parodistischen Momenten. Eingeleitet wird die Oper durch eine ausgewachsene ›Sinfonia‹ in drei Teilen, am Ende des zweiten Akts vereinen sich die vier verliebten jungen Leute zu einem Quartett, in dem die Mädchen sich zwischen die duellbereiten Männer werfen. Dieser Seria-Szene entspricht im dritten Akt ein Buffo-Quartett, in dem einem alten Kater der Tod mittels Halsabdrehung angedroht wird. Der musikalische Anspruch an die Hauptfiguren ist weit höher als in der neapolitanischen Musikkomödie üblich, und Scarlattis Ensemblesätze sind die ersten in diesem ortstypischen Genre. Zukunftsweisend ist auch Scarlattis Experimentieren mit sogenannten Ketten-

ensembles, wie sie im Finale II von Mozarts Buffa LE NOZZE DI FIGARO zur
Vollendung gediehen sind. In einem Duett (II,18) reiht der Komponist acht
Formteile aneinander, die weniger durch melodische Verknüpfungspunkte
verbunden sind, als durch insgesamt sieben Veränderungen des Bewegungsimpulses zwischen einem Adagio und einem Presto einer Steigerungsdramaturgie
unterworfen werden. Dieses Stilmerkmal wurde erst um die Jahrhundertmitte
von Baldassare Galuppi in Venedig und, möglicherweise, von Nicola Logroscino (1698– nach 1765) in Neapel wieder aufgegriffen und weitergeführt.
Macht Scarlatti in seinem TRIONFO DELL'ONORE von den beliebten Gattungen der Auftrittskanzone und der ans Publikum adressierten Kanzone keinen
Gebrauch, so setzt er die Siziliana mehrfach ein. Obwohl er diese Melodieform
keineswegs erfunden hatte (schon in Monteverdis ORFEO läßt sich eine nachweisen), verstand er es doch, dem sich in Moll wiegenden Zwölfachtelrhythmus
durch die Einfügung des neapolitanischen Sextakkords auf den Höhepunkten
eine besondere Färbung zu geben (es handelt sich um einen moll-Subdominant-
Dreiklang, bei dem die Quinte durch die kleine Sexte ersetzt ist) – Händel zeigte
sich etwa in Neros Arie *Quando invita la donna l'amante* aus AGRIPPINA (II,12)
davon sehr beeindruckt, und Mozarts Pedrillo übernimmt das Vorbild in seinem Ständchen *Im Mohrenland gefangen war* in der ENTFÜHRUNG AUS DEM
SERAIL.

    Als der Historiker Giovanni Carlo Bonlini 1730 eine Liste der Theaterauf-
führungen seit der Eröffnung des ersten öffentlichen Theaters Venedigs im
Jahre 1637 für die Lagunenstadt zusammenstellte, legte er das früheste Auftauchen von Intermezzi auf das Jahr 1706 fest. Das Datum bezieht sich auf die Veröffentlichung von Pietro Pariatis Libretti PIMPINONE und PARPAGNACCO, deren Vertonung durch Gasparini, Lotti und Albinoni gelegentlich in deren ernsten Opern aufgeführt wurden. Von Venedig aus breiteten sich die Intermezzi
auch nach Norden aus: 1714 werden die ersten Aufführungen in Wien gemel-
det, 1717 in Dresden, und 1725 macht Telemanns Vertonung des PIMPINONE
(→ S.165ff.) in Hamburg Furore. Im Veneto und in der Toskana reisten fah-
rende Truppen mit solchen Intermezzi regelmäßig über Land, wobei sie oft keineswegs Sänger, sondern schauspielende Komiker (›Comici‹) in den Gesangs-
partien einsetzten. Daß unter solchen Produktionsbedingungen spätere
Begriffe von Werktreue oder Wahrung des Autorenrechts noch keine Bedeutung hatten, liegt auf der Hand. In Neapel, wo Alessandro Scarlattis Versuch,
einen Komödienstil für das Musiktheater mit seinem TRIONFO DELL'ONORE
zu begründen, am Desinteresse des Publikums scheiterte, hielt sich der Brauch,
komische Szenen in ernste Opern zu interpolieren, bis etwa 1720, ehe ausgerechnet Metastasio als späterer Großmeister der ›Opera seria‹ mit dem Zwi-

schenspiel L'IMPRESARIO DELLE CANARIE (Der Impresario von den Kanari-
schen Inseln) in seiner eigenen DIDONE ABBANDONATA (beide von Domenico
Sarri vertont) 1724 dem eigenständigen Intermezzo zum Durchbruch verhalf.
Mit dieser Groteske um zwei Primadonnen und ihren Agenten begann in Nea-
pel das goldene Zeitalter des Intermezzos, für das Komponisten wie Domenico
Sarri (LA CAPRICCIOSA ED IL CREDULO), Johann Adolf Hasse (LA CONTA-
DINA) oder Giuseppe Sellitti (LA VEDOVA INGEGNOSA) genannt seien. Daß in
Neapel stärker als im nördlichen Italien (besonders der Toskana) die komische
Volloper nach dem Vorbild von Scarlattis TRIONFO DELL'ONORE so wenig
Chancen gegen das Intermezzo in der ersten Jahrhunderthälfte hatte, ist aus sozialen Vorbehalten des Publikums zu verstehen: Komödien mit Musik wurden
weit unterhalb der höfischen Sphäre mit ihrem venezianischen Vorbild an billi-
geren Theatern vor einem kleinbürgerlichen Publikum gespielt, und das
machte sie der Unterwertigkeit verdächtig (einer gesellschaftlichen und nicht
unbedingt einer künstlerischen). Für die Intermezzi galten diese Vorbehalte
nicht, obwohl sie mit sehr viel drastischeren und im moralischen Sinn unterwer-
tigen Stoffen aufwarteten: sie wurden, als Pendant zu den ernsten Opern, an den
großen (oft höfisch finanzierten) Häusern aufgeführt und adelten sich durch ihr
Publikum wie von selber.

Nachdem im Ausland das Intermezzo wie selbstverständlich diesen sozialen
Rang erworben hatte, wurde es – als Neapel 1734 wieder der Regentschaft der
spanischen Bourbonen zufiel – gleichsam offiziell nobilitiert. Auf Wunsch der
jungen sächsischen Prinzessin Maria Amalia gab es anläßlich ihrer Heirat mit
Karl Bourbon, dem Sohn des spanischen Königs Philipp V. und Herrscher über
beide Sizilien (also dem nun eigenständigen Königreich Neapel), 1737 separate
Intermezzo-Aufführungen (bei der Gelegenheit ließ König Karl III. das Teatro
San Carlo bauen).

Die Intermezzi speisten sich aus zwei literarischen Hauptquellen: den Komödien Molières, von denen mindestens sechs als Vorlage dienten (z. B. Antonio Salvis Übersetzung des BOURGEOIS GENTILHOMME als L'ARTIGIANO GEN-
TILUOMO), sowie der Tradition der ›Commedia dell'arte‹. Wie die Stegreifkomödie des italienischen Sprechtheaters weist auch das musikalische Intermezzo
eine locker gefügte Handlung, einen fast improvisatorischen Dialog (mit Einschüben von Dialekt und fremdsprachlichem Radebrechen), von Verkleidungen und Slapstick-Effekten auf. Auch die Typen der ›Commedia‹ tauchen in
den Intermezzi auf, wenngleich nicht mehr so deutlich in ihrer landschaftsge-
bundenen Herkunft erkennbar: aus Neapel der angeberische Capitano, aus Venedig der dümmliche Kaufmann Pantalone, aus Bologna der komische Doktor,
aus Bergamo der pfiffige Diener Arlecchino und der Gauner Brighella – die

Vorliebe einiger Juristen für das Schreiben von Libretti führte auch zur Einführung entsprechend sarkastisch gesehener Standesvertreter im Musiktheater. Beherrschend für das Intermezzo ist die Gegenüberstellung eines Hagestolzes, der sich von Pantalone ableitet, mit einer jungen, von der Columbina der ›Commedia‹ abstammenden Frau meist niederer Herkunft. Sie bewegt ihn fintenreich zur Eheschließung. Dabei trägt sie, wie zur Warnung, ihr Signum schon im Namen: als Vespetta (kleine Wespe) in Pietro Pariatis PIMPINONE oder als Serpina (kleine Schlange) in Gennaro Antonio Federicos Libretto LA SERVA PADRONA. Dessen Vertonung durch Pergolesi wurde zu einem Glücksfall, da in ihr die typologischen Besonderheiten des Intermezzos rein ausgeprägt sind: zwei singende Darsteller mit einem stummen Pantomimen, kleine Streicherbesetzung mit Continuo-Cembalo und kaum mehr als einem Holzblasinstrument, strikter Wechsel von Rezitativen und Arien mit je einem Duett am Ende der beiden Szenen. Diese Eigenschaften haben vom ersten Tag an eine eingreifende Kraft in die Musikgeschichte bewiesen, die sich im Laufe der Jahrhunderte zur langanhaltenden Bauart eines klassischen Kunstwerks verfestigte. Diese MAGD ALS HERRIN ist, da Monteverdi bis zum Ende des 19. Jahrhunderts vergessen war, die erste italienische Oper, die unbeschadet von den Zeitläuften ihre Lebensfähigkeit bewiesen hat.

Giovanni Battista Pergolesi (1710–1736): **LA SERVA PADRONA** (Die Magd als Herrin. Intermezzo in zwei Teilen, *L* von Gennaro Antonio Federico; San Bartolomeo Neapel 1733 als Intermezzi nach dem ersten und zweiten Akt von Pergolesis ›Opera seria‹ IL PRIGIONIERO SUPERBO; von Wandertruppen in ganz Italien und im Ausland gespielt: Graz 1739; Dresden 1740 als Intermezzi in Hasses ›Seria‹ DEMETRIO; Paris 1746; 1752 in Lullys ACIS ET GALATÉE als auslösendes Moment für den sogenannten Buffonistenstreit, die ›Querelle des bouffons‹; französische Fassung erstmals 1754, englische 1758, deutsche von C. A. Herklots 1810 in Berlin als ZOFENHERRSCHAFT; danach zahlreiche neue Übersetzungen und Einrichtungen).

Der Welterfolg der SERVA PADRONA erklärt sich zum Teil durch die gegenüber der zeitgenössischen ernsten Oper auffallende Einfachheit von Form und Handlung (in nur sieben musikalischen Nummern wird, ohne vorangesetzte Ouvertüre, erzählt, wie Serpina mit Hilfe des stummen Dieners Vespone den Hagestolz Uberto zur Ehe bekehrt); zum größeren Teil erklärt sich dieser Dauererfolg durch eine neuartige Musiksprachlichkeit. Diese zeichnet sich gegenüber dem ›Recitar cantando‹ der ersten Opern mit seinem gebundenem Sprechgesang und der Formalisierung in der Da-capo-Arie der ›Opera seria‹ durch eine Verkürzung der Artikulationseinheit aus. Diese oft abgehackt wirkende Phrasierung (›Staccato‹) mit ihren vielen Wortwiederholungen verringert scheinbar paradoxerweise den Vorrang des Textes und führt zu komischen Effekten, die aus einer ausgeprägten Motorik der gesanglichen Bewegungsverläufe entspringen (dazu war eine neue Gesangstechnik nötig). Das ist das Prinzip der komischen italienischen Oper, das bei Rossini seinen Gipfel findet, als würden die musiksprachlichen Partikel durch einen Teilchenbeschleuniger gewirbelt.

Dieser Unterschied zur zeitgenössischen ›Opera seria‹ ist als Wandel von der Affektgebundenheit der Musik zu einem Effektgehalt zu bezeichnen; nicht mehr eine bestimmte Gefühlslage oder der Gegensatz zwischen zwei verschiedenen Gefühlslagen interessiert den Komponisten primär, sondern die Handlung selber: er »verwirklicht die Situation, die Aktion, die Begebenheit auf der Bühne, das Geschehen vor unseren Augen, in unserer Gegenwart, hier und jetzt. Die Aufmerksamkeit wird musikalisch auf den Darsteller als handelnde Person gelenkt«. Könnte man das musikalische Wirkungsprinzip der Seria-Arie als eine Gefühlsimplosion bezeichnen, die nach Art der ›Kofferarie‹ letztlich aufgrund ihrer Formalisierung austauschbar wird, so findet in der Buffo-Oper eine Explosion statt, die an einen äußeren, für jedermann seh- und verstehbaren Bühnenvorgang gebunden ist. Schon Ubertos erste Arie *Aspettare, e non venire* macht das unverwechselbar deutlich. Uberto schildert drei Dinge, die er wie den Tod haßt: das Warten auf jemand, der nicht kommt; das Liegen im Bett, ohne einschlafen zu können; das Hoffen auf gute Bedienung, die einen aber im Stich läßt. Aus diesem Leidenssyndrom wird nun nicht mehr ein Affekt, das Abbild einer Gemütslage entwickelt, sondern durch Wiederholung der knappen Motive eine Effektsprache. Diese ist in sich, dem Text angemessen, gegensätzlich angelegt. Die erste Verszeile wird jeweils auf hohen Liegetönen gesungen, die mit einem Oktavsturz enden; im Cembalo erklingen diese Oktaven von Anfang an im Staccato, und die enttäuschte Hoffnung wird auf einen einzigen Takt komprimiert, wobei sich die Notenwerte für eine Silbe jeweils halbieren und der Bewegungsverlauf auf den Kopf gestellt wird: Er beginnt mit einer abwärts verlaufenden Geste und endet in einem wiederholten Hochton. Die Lebendigkeit dieser Musiksprache, verstärkt durch den jeweils um einen Ganzton angehobenen Beginn der wiederholten Phrasen, ist also keineswegs formlos. Was sie von der ›Opera seria‹ mit ihrem Hang zur Sterilität unter-

scheidet, ist die eng gefügte Wendigkeit, in der die Musik auf jede Änderung des Handlungsvorgangs spontan reagieren kann: »So die Wirklichkeit sehen, bedeutet aber, sie als etwas Diskontinuierliches, somit
auch Unberechenbares, erfassen«. Die *Musik*sprache der ›Opera buffa‹
rettet historisch das Musik*theater*, indem sie den handelnden Menschen
ernst nimmt. In dieser Beziehung wird die Buffo-Oper, gerade aufgrund ihres Gegensatzes zur sozusagen absolutistischen Abstraktheit
der ›Seria‹, politisch verdächtig: als Urbild von Veränderbarkeit wie in
Mozarts FIGARO, wo es zum subtilen Vorgrollen der großen Revolution
sich objektiviert.

Auch ein weiteres Spezifikum der komischen Volloper ist in Pergolesis Intermezzo schon angelegt: die Kunst der Ensembles, zumal an
Aktschlüssen. Sind die wenigen Ensembles in der ›Opera seria‹ fast nur
Arienfolgen (wir finden eine solche noch im Gebet der Zweitfassung
von Rossinis MOSES IN ÄGYPTEN 1819), so beginnt mit der Auseinanderspreizung der Tonhöhenunterschiede zwischen den Figuren (der
Emanzipation der Baßstimme) in den Intermezzi auch die Ausformung
von Ensembles. In der SERVA PADRONA wie in vielen anderen Beispielen der Gattung zwangsläufig nur als Duett vorhanden, zeigt sich das
Ensemble doch schon als Träger einer neuen Ausdruckshaltung. Das
Finalduett des ersten Teils *Lo conosco* beweist eine Kunst der Gegensatz-
Spannung durch eine Dramaturgie der Harmonik. Motivisch und
rhythmisch sind die Eingangsphrasen beider Personen der Substanz
nach identisch. Der Gegensatz besteht jedoch darin, daß Uberto, abgesehen von einer komischen Verzierung, in der Dominanttonart singt, so
daß das Gleiche ungleich klingt. Dieses Prinzip der Dominantsteige-
rung setzt Pergolesi dann fort, wobei Serpinas energischer Versuch, die
Gunst des Alten zu gewinnen, durch ihre Tonwiederholungen und das
Staccato der sie begleitenden Streicher betont wird. Ubertos mangelnde Bereitschaft zur Ehe wird durch ein Absacken der Klangsprache
ins fast Depressive gewendet, worauf Serpina nur noch mit einer Steigerung ihrer Effektsprache antworten kann: sie erklimmt nun die Dominante der Dominante. Nach einer Rückmodulation von A-Dur nach D-
Dur stoppt die fließende Achtelbewegung, und Serpinas Frage nach
dem Grund seines Verhaltens leitet, nun zu dem erneut aufgenomme-
nen Bewegungsverlauf, eine Veränderung ihrer Taktik ein. Nach der
Peitsche bietet sie jetzt das Zuckerbrot: eine wunderbar geschwungene,
nicht mehr abgehackte Melodielinie. Auf sie preßt Uberto seinen Ärger
in eine langsam aufsteigende chromatische Figur.

Mit einem Minimum an Differenzierung der musiksprachlichen Mittel wird, gemessen an Pergolesis geschichtlichem Umfeld, ein Maximum an Individualisierung erreicht. Vergleicht man damit das Duett *Serva tua, schiavo dunque* (Deine Dienerin, ich also Sklave), das die Kammerzofe Rosina und der Hauptmann Rodimarte Mombarda in Alessandro Scarlattis TRIONFO DELL'ONORE singen, dann wird der Unterschied greifbar. Während bei dem Älteren die Kontinuität des Satzes beibehalten bleibt, gibt es bei dem Jüngeren den Umschlag in diskontinuierliche Gesten. Daß Scarlatti mit seinem alten Prinzip dennoch zu großer Beweglichkeit und Charakterisierung durchdringt, unterstreicht seinen Rang als Musiker. Andrerseits sind Pergolesis Qualitäten in der Wirkungsgeschichte seines Intermezzos oft als verbesserungswürdig erschienen. Gerade das Schlußduett *Contento tu sarai* (Zufrieden wirst du sein) belegt das. Pergolesi hat es für ein ›Happy-End‹ ohne Überschwang geschrieben. Die schließlich besiegelte Ehe der Partner wird ohne die Gefühligkeit eines romantischen Liebesduetts vorgetragen. Eher meint man, der Besiegelung eines Ehevertrags als einem Liebesgeständnis beizuwohnen. Das war im 18. Jahrhundert vielen Theatermachern zu wenig, und so ersetzten sie das Duett durch eines aus Pergolesis FLAMINIO (*Per te io ho nel core* – Für dich trage ich Liebe im Herzen), das den gewünschten Emotionszuwachs brachte. Ein solcher Eingriff in die Struktur des Intermezzos, wie er sich auch in zahlreichen Einlagearien aus dem 18. Jahrhundert zeigt, zerstört aber dessen empfindliche Innenbalance. Das Finale hat bei Pergolesi keine reinigende Wirkung, die den Menschen sozusagen transzendiert. Die Etablierung eines neuen Zustands, der Ehe, wird mit einer gewissen Zurückhaltung kommentiert. So setzt sich ein skeptischer Kommentar des Komponisten in jene Fugen, die Nachgeborenen als Schwachstellen erschienen. Die Musik gewinnt dabei eine erstaunliche Eigenständigkeit. Ihre manchmal an Domenico Scarlattis Cembalosonaten gemahnende rhythmisch-melodische Beweglichkeit auf engstem Raum vermittelt nicht unbedingt ungetrübte Heiterkeit, sondern eher den Eindruck, als sei sie in all ihrer präzisen Gestik »gleichsam fanatisch mit sich selbst beschäftigt«. Dieser Eindruck einer manchmal das Aberwitzige streifenden Geschäftigkeit ist von einer Übersetzung des durchaus nicht oberflächlich komischen Textes kaum zu leisten: keine MAGD kann je die PADRONA sein.

Um so erstaunlicher ist es, daß Pergolesis beste neapolitanischen Vollopern durch einen produktiven Übersetzungsakt der Vergessenheit entrissen wurden: LO FRATE 'NNAMORATO (1732; *WA* Hannover 1959, Mailand 1960) und IL FLAMINIO (1735; *WA* Wien 1961, Venedig 1982 zur Strawinsky-Zentenarfeier). Wegbereiter ihrer Wiederentdeckung war kein geringerer als Igor Strawinsky, der 1920 in sein Ballett PULCINELLA einige Stücke aus beiden Opern einwob. Daß er auch andere Versatzstücke, deren er und sein Choreograph Sergej Diaghilew in italienischen Bibliotheken habhaft geworden waren, fälschlich Pergolesi zuschrieb, hat seiner Initialzündung für die Wiederentdeckung der ausgewachsenen Opern des Älteren keinen Abbruch getan. Was beide Buffo-Opern auszeichnet, ist das hoch entwickelte Kunstverhältnis zwischen Musik und Text (Libretti: Gennaro Antonio Federico). Das gilt aber auch für beide Parameter unabhängig von ihrem Wirkungszusammenhang. Da begegnen wir etwa verschiedenen Dialekten, die mit der Hochsprache in einen nicht nur soziologischen Spannungszusammenhang treten. So sehr Strawinsky – wie zur gleichen Zeit etwa auch Busoni und Schönberg – von den Typen der alten ›Commedia dell'arte‹ fasziniert war, so wenig erkannte er, daß Pergolesi in deren Scharnieren einen Beitrag zur Selbstwerdung des Menschen, auch des Vertreters unterer Stände, leistete. Da hören wir im FLAMINIO den Dialekt sprechenden Diener Bastiano in seiner Arie *Con queste paroline* (Mit diesen süßen Worten) mit einer voll entwickelten Gefühlssprache wie einen Bruder von Mozarts Figaro. An dieser Nobilitierung Pergolesis und der jungen ›Opera buffa‹ durch die unteren Stände ist auch die Zofe Checca beteiligt, die ihre übermütigen Kanzonen wie eine ältere Schwester von Mozarts Despina oder Zerlina singt. Ihr *Benedetto, maledetto* (Sei gesegnet, sei verflucht) ist seit Strawinskys PULCINELLA zu einem Ohrwurm geworden. Das gilt auch für Polidoros empfindsames *Mentre l'erbetta pasce l'agnella* (Während das Lämmlein auf der Wiese weidet), das in Strawinskys Einrichtung so einschmeichelnd klingt, als wolle uns die Oboenklage darüber hinwegtrösten, daß solche Schätze für zwei Jahrhunderte der Vergessenheit anheimgefallen waren. Im Spiel der höheren Stände geht dieser Tenor als einziger leer aus – er muß sich mit dem Besitz seines Landgutes trösten. Verliebt hat er sich in die junge Witwe Giustina, die aus Rom in sein Landhaus bei Neapel gekommen ist. Ihr ist ihr früherer Verehrer Flaminio gefolgt. Ehe er ans Ziel seiner Wünsche (und schließlich auch derjenigen Giustinas) kommt, muß er sich der Nachstellungen Agatas, der Schwester des Hausherrn, erwehren. Agata wiederum vernachlässigt in ihren Liebeswirren den Verlobten Ferdinando.

Für jede dieser Figuren findet Pergolesi den eigenen Ton, wobei die Arien durch sehr flüssige Rezitativ-Dialoge miteinander verbunden werden. Flaminio selbst, als Kastrat aus der ›Opera seria‹ ins Lachtheater verschlagen, singt im ersten Akt die Klage über seine zurückgewiesene Liebe (*O Dio, sei troppo barbara* – O Gott, allzu barbarisch bist du) im schönsten Schmerzensaffekt: bis zum hohen A aufsteigend, im schier vernichtenden Septfall niederfahrend. Auch der Mezzosopran der Giustina kommt aus der Welt der ›Seria‹, wobei Pergolesi aber jede Formelhaftigkeit in der Tonsprache vermeidet. Wenn sie sich der einst unterdrückten Gefühle für Flaminio erinnert (*Più crudel non mi didrai* – Grausamer konntest du mich nicht heißen), wechselt die Wiederholung einer Phrase von Dur nach Moll. Eine Kastratenpartie war im Original auch Ferdinando, dem Pergolesi aber eine schlicht liedhafte Melodik geschrieben hat, fernab jeder Gekünsteltheit. Kleine Ensembles beschließen die Akt-Finali, so daß die ouvertürenlos überlieferte Oper auch auf der Bühne ihre musikdramaturgische Rundung findet – überzeugender noch als in LO FRATE 'NNAMORATO, wo der Komponist seine musikalischen Differenzierungskünste öfter zur Überzeichnung einsetzt und aus den Figuren ›Parti caricate‹ (Karikaturen) macht. So viele Schönheiten im VERLIEBTEN BRUDER stecken, vor allem komischer Art, so hat Pergolesi doch den musiksprachlichen Reichtum seines Intermezzos LA SERVA PADRONA am ehesten in FLAMINIO zur Volloper ausgeweitet. In diesem Sinne kann auch eine venezianische Variante der Buffo-Oper als Fortsetzung des von Pergolesi mit seinem Intermezzo eröffneten Wegs gedeutet werden: Galuppis PHILOSOPH AUF DEM LANDE.

Baldassare Galuppi (1706–1785): **IL FILOSOFO DI CAMPAGNA** (Der Philosoph auf dem Lande). ›Dramma giocosa‹ in drei Akten; *L* von Carlo Goldoni; San Samuele Venedig 1754; Frankfurt/M. 1755; Wien 1763; deutsch von Kurz-Bernardon 1770 im Wiener Kärntnertor-Theater; *WA* Venedig 1907 in Wolf-Ferraris Bearbeitung; Venedig 1938.

Der Beitrag Carlo Goldonis zur italienischen Buffo-Oper des 18. Jahrhunderts ist oft mit dem Pietro Metastasios für die ›Opera seria‹ verglichen worden. Davon kann aber, trotz der unumstrittenen Bedeutung Goldonis auch für das Musiktheater, keine Rede sein – zumindest nicht in quantitativer Hinsicht. Dennoch lassen sich in Goldonis Opernlibretti durchaus Qualitätsmarken seines rein literarischen Schaffens ausmachen, und sie kennzeichnen Hauptstränge in der Gattungsgeschichte der ›Opera buffa‹. In seinen Stücken für das Sprechtheater versucht Goldoni, die Typisierung der ›Commedia dell'arte‹ bis hin zur buchstäblichen Maskenhaftigkeit zu überwinden: in Richtung auf Molières Charakterkomödie. Obwohl er in seinen Opernlibretti weniger weit ging, schränkte er doch stilbildend das Burleske und rein

Komische zugunsten ernsthafter Züge in. Schon ab etwa 1720 läßt sich die Rückstufung des oft improvisiert-komischen Aktionismus, die auch Pergolesis SERVA PADRONA auszeichnet, als gemeinsamer Nenner der Musikkomödien ausmachen. Für sie bürgert sich allmählich die Bezeichnung ›Dramma giocoso‹ ein. Solche Erweiterung des szenischen Arsenals wurde durch eine Zweiteilung der Figuren erreicht. Neben die herkömmlichen lustigen Personen (›Parti buffe‹) traten seriöse Charaktere (›Parti serie‹), allerdings kaum mehr, wie in der ›Opera seria‹, Helden, sondern fast ausschließlich Liebhaber (die es, bewußt unbeholfen gezeichnet, auch schon in der ›Commedia dell'arte‹ gegeben hatte). Diese ernsthaften Charaktere bleiben meist von den farcenhaften Ensembleszenen verschont oder nehmen daran nur incognito teil – bis hin zum doppelt maskierten Grafen Almaviva im Finale I von Rossinis BARBIER, wo er als Betrunkener und als Soldat auftritt. In Goldonis Libretti herrscht allerdings die alte Figurentypologie noch teilweise vor. Besonders wichtig scheinen ihm der mürrische Alte und die schlaue Dienerin gewesen zu sein. So reproduziert der FILOSOFO IN CAMPAGNA keineswegs überraschend das Schema von Pergolesis Intermezzo. Die Dienerin Lesbina spielt einem reichen Bauern, der ihre Herrin heiraten will, deren Rolle vor und gewinnt ihn dadurch schließlich selbst zum Mann. In anderen Libretti übte Goldoni konkrete Zeitkritik: an der grassierenden Hirtenidyllik etwa in Galuppis Vertonung IL PAESE DELLA CUCCAGNA (Das Schlaraffenland; Venedig 1750) oder an der Effeminierung der Männerwelt in der im gleichen Jahr von Galuppi vertonten Komödie IL MONDO ALLA ROVERSA (Die verkehrte Welt).

Galuppis FILOSOFO IN CAMPAGNA setzt Pergolesis SERVA PADRONA nicht nur textlich, sondern auch musikalisch fort. Dabei spiegelt sich die Erweiterung des Intermezzos zur Volloper auch in der Infrastruktur. Das Finale I etwa wartet mit der gleichen Verteilung von Hoch- und Tiefstimme auf wie Pergolesis zwei Duette in der SERVA. Nur wird sie jetzt verdoppelt. So treten zu der Dienerin Lesbina ihre Herrin Eugenia als zweiter Sopran, zu deren Vater Don Tritemio als Baß der reiche Bauer Nardo als Bariton. Das dramaturgische Prinzip des Finales besteht in der Spannung zwischen Schein und Sein. Immer wieder werden ein oder zwei Figuren bei der Selbstaussprache von einer anderen belauscht, die mehr weiß als der oder die Belauschten und sich darüber amüsiert, was das Publikum zu doppeltem Amüsement bringt. Der Schein prägt noch das Ende, wenn sich alle vier Stimmen zum Quartett vereinen: der Selbsttäuschung der Männer steht die als Selbstschutz wirksame Schadenfreude der Frauen gegenüber. Gestaltet wird das in insgesamt sieben Anläufen, so daß auch in dieser Hinsicht Pergolesis Musikdramaturgie im Finale I der SERVA PADRONA – die schrittweise Eroberung von Positionen – aufgegriffen und differenziert wird. Galuppi dehnt sie zu einem richtigen Kettenfinale aus, das sich tempomäßig einer Steigerungsdramaturgie nach dem Schema Spannung–Entspannung–Spannung–Entladung bedient. Der erste Abschnitt mit Nardos Auftritt ist ein Dreiviertel-Allegro, dem das Schlußpresto mit seinem Dreiachtel-Rhythmus entspricht. Die Beschleunigung hatte schon im zweiten Teil begonnen, wenn Lesbina im Zweiviertel-Presto die Komödie der Verwirrung intoniert. Im Zentrum steht dann eine Verbreiterung, von der aus wieder ein Beschleunigungsdrang ausgeht: von einem Allegro assai im Viervierteltakt beim Auftritt Tritemios über ein Zweiviertel-Moderato mit einem ›Più mosso‹ zu einem Vierviertel-Allegro.

Hatte Pergolesi sich harmonisch mit Tonika-Dominant-Spannungen begnügt, so dringt Galuppi zu einer dichteren Tonartendisposition vor. Die beiden Rahmenteile, im Dreiertakt metrisiert, stehen in F-Dur. Dem Schlußteil gehen zwei C-Dur-Teile, also als Dominantkomplex, voraus. In diesem finden die entscheidenden Vorgänge der Intrige statt: als Scheinverlobung. Vor diesen Dominantkomplex ist eine Art Vorwegnahme im Subdominantbereich gesetzt (B-Dur und g-moll), während im auffällig knappen Zentrum jene Moderato-Passage steht, die von der Dominant-Parallele a-moll in das entsprechende C-Dur moduliert. Diese Tendenz der Steigerung: in der Personenzahl, in der Harmonik und im Bewegungsgestus, löst jenen Anspruch an die Musik ein, den der britische Musikreisende Dr. Burney im TAGEBUCH EINER MUSIKALISCHEN REISE als authentisches Galuppi-Zitat ausgab: »Vaghezza, chiarezza, e buon modulazione«. Als der Hamburger Musikschriftsteller Christoph Daniel Ebeling Burney 1772 übersetzte, ließ er das Zitat im Original stehen: als seien Anmut, Klarheit und wirkungsvolle Modulationen unveräußerbare Bestandteile italienischer Musik. Den Typus des Kettenfinales hat Galuppi auch in seiner nächsten mit Goldoni verfaßten komischen Oper verwendet: LA DIAVOLESSA (Die Teufelin), 1755 in Venedig ebenfalls am Teatro San Samuele herausgekommen. Hier übt sich der Komponist in dem von seinem Textdichter ausgehenden Verfahren, zwischen die komischen und seriösen Typen den gemischten Charakter (›mezzo carattere‹) zu stellen. So haben wir es, auch soziologisch, mit einer Handlung auf drei Ebenen zu tun. Auf

IL FILOSOFO DI CAMPAGNA

der unteren spielt sich die der armen Verliebten ab: Dorina ist ihrem Giannino nach Neapel gefolgt, wo sie in einem Hotel lebt und erfahren muß, daß er sie nicht heiraten kann; auf der mittleren die des komischen Paares Don Poppone und seiner Dienerin Ghiandina, die bald zu seiner Herrin wird; auf der hohen die des adeligen Paares. Graf und Gräfin Nastri werden, unüblich für die ›Opera buffa‹, mit Da-capo-Arien nach Seria-Vorbild bedacht, und die Partie des Grafen ist, noch unüblicher, für einen Kastraten notiert. Generell hatte die Buffo-Oper schon um 1750 diesen Arientypus ausgeschieden, also zwei Jahrzehnte früher als die ›Opera seria‹, und auf Kastraten von vornherein verzichtet. Die Da-capo-Arie wich im allgemeinen einer zweiteiligen Arienform, an deren Ende ein beschleunigter Teil, eine ›Stretta‹ (später auch ›Cabaletta‹ genannt) stand. Überhaupt war ja das Beschleunigungsprinzip ein Stilmerkmal der ›Opera buffa‹. Diese Finalausrichtung ging in die Instrumentalmusik über, und das Finale von Beethovens fünfter Symphonie ist eins von zahllosen Beispielen, wie sich der spezifische Bewegungsgestus der Buffo-Oper in der Symphonik nach dem Vorbild der Geister- und Prügelszene im Finale II der DIAVOLESSA sublimierte.

War die ›Opera seria‹, nicht ganz widerspruchfrei wie schon ein Jahrhundert zuvor der Deklamationsstil der Florentiner ›Camerata‹, von den zeitgenössischen Theoretikern auf die griechische Tragödie des Altertums zurückbezogen worden, so leitet sich die Buffo-Oper letztlich vom griechischen ›Mimos‹, dem oft obszön agierenden Possenreißer, her – und zwar über die Vermittlungsstufe der lateinischen Komödienschreiber. Hatte Terenz noch die Nachfolge des Aristophanes im Auge gehabt, so bevorzugte Plautus mehr den Situationswitz, die komödiantische Eigengesetzlichkeit von Mißverständnissen in einem schnellen Hin und Her, das nie über den Horizont des Alltagslebens hinausging. Über das Stegreiftheater der ›Commedia dell'arte‹ gelangte, wenngleich unter Aussparung der Obszönitäten des lateinischen Volkstheaters, die Vorstellung von einer theatralischen Komik in die ›Opera buffa‹. Während etwa die französische ›Opéra comique‹ die Sache der politischen Satire, oft aus aktuellem Anlaß, verfocht, baute die ›Opera buffa‹ mehr auf die Freude am Spiel und auf die Verspottung allgemein-menschlicher (nicht spezifischer) Schwächen. Ein besonders beliebtes Spielfeld der Buffo-Oper, eigentlich ihr einzig genauer definiertes, war das Theater. Seit Metastasios Intermezzo L'IMPRESARIO DELLE CANARIE von 1724 hatte das Thema schnell Beliebtheit gefunden, da es sich bestens zur Parodie von Sängereitelkeiten im Umkreis der ›Opera seria‹ eignete.

Eine jener bald in halb Europa verbreiteten Opern war L'AMORE IN MU-SICA von Antonio Boroni (1738–1792). Diese ›Buffa‹ wurde 1763 für das Teatro San Moisè in Venedig geschrieben und koppelt die Opernsatire mit einer ernsten Liebeshandlung. In den großen Finali geht Boroni bis zur Neunteiligkeit der Formanlage. Verbunden ist diese Animationsdramaturgie in ihren Ensemblesätzen mit ganz genauen Regieanmerkungen im Libretto, das möglicherweise von Goldoni nach einer Vorlage Francesco Griselinis geschrieben wurde: da ist kein Bewegungsablauf dem Zufall mehr überlassen. Aber es herrscht nicht allein szenische Turbulenz vor. Durch den Wechsel zwischen aktionistisch-komischen und gefühlvoll-ernsten Szenen entsteht jenes Gleichgewicht, das etwa der französische Dichter Stendhal in seiner Rossini-Biographie als Abbild wahrer Humanität pries. Damit meinte er konkret Pietro Guglielmi (1728–1804), den er als ›Créateur de l'opera buffa‹ bezeichnete. Wenngleich dieser natürlich nicht der Schöpfer des Genres war, so wurde er doch auch von Rossini sehr hoch geschätzt. LA SPOSA FEDELE (Die treue Gattin), 1767 für das San Marco in Venedig komponiert, verbreitete sich bald im Ausland und wurde 1775 in Berlin in deutscher Sprache mit gesprochenen Dialogen als ROBERT UND KALLISTE aufgeführt. Die ausgesprochen gestisch konzipierte Musik mit ihren melodischen Kürzeln und ihren vielen Tonwiederholungen führt nicht nur zu einem bewegten Bühnentreiben, sondern dringt auch in tiefere Problemschichten vor. Entscheidend ist dabei die gesellschaftliche Standesproblematik, deren Lösung nicht mehr mechanisch erfolgt, sondern schon so etwas wie den natürlichen Adel des unverdorbenen Unterständlers hervorbringt. Das heimlich verheiratete Dienerpaar Pasqualino–Rosinella kommt nach einem Schiffbruch auf einer Insel in das Schloß eines Marquis, der sich in die Frau verliebt. Daraus entstehen heikle Verwicklungen und groteske Verwechslungen, die in Cimarosas ›Buffa‹ DIE HEIMLICHE EHE ebenso nachleben wie eine nächtliche Szene im Schloßgarten in Mozarts FIGARO. Sehr viel mechanischer lösen sich die gesellschaftlichen Verwicklungen in einer der bedeutendsten komischen Opern der zweiten Hälfte des 18. Jahrhunderts: Piccinnis Erfolgsstück LA BUONA FIGLIUOLA.

Nicola Piccinni (1728–1800): **CECCHINA OSSIA LA BUONA FIGLIUOLA** (Cecchina oder Das brave Mädchen; ›Opera buffa‹ in drei Akten; L Carlo Goldoni nach Samuel Richardsons Briefroman PAMELA ODER DIE BELOHNTE TUGEND. Rom 1760, Teatro delle Dame; Nürnberg 1762, Wien 1764 und 1784 erstmals in deutscher Sprache; WA Bari 1928).

Im Mittelpunkt steht ein elternloses Mädchen, das von einer adeligen Dame aufgezogen wurde und von deren Sohn, gegen allerlei Widerstände aus Standesdünkel, endlich geheiratet wird, nachdem sie seinen Nachstellungen tugendhaft widerstanden hat. Goldoni hatte Richardsons 1740 erschienenen und bald in italienischer Übersetzung verbreiteten Roman 1750 in seiner Prosakomödie PAMELA NUBILE aufgegriffen, die sechs Jahre später von Egidio Duni in Parma vertont wurde. Piccinnis Oper weist ein beinahe identisches Textbuch auf. Der entscheidende inhaltliche Unterschied zum Roman besteht darin, daß sich am Ende Cecchina-Pamela als von adeliger Herkunft entpuppt, so daß sich das gesellschaftliche Problem der nicht standesgemäßen Heirat post festum von selbst aufhebt. Gesellschaftskritik an den höheren Ständen wird dadurch nicht ausgeschlossen, aber Goldoni verficht letztlich das Ideal einer unveränderbaren, fast schon mechanistischen Tugend, vor der ständische Unterschiede verblassen. Im Vorwort notiert er ausdrücklich, daß seine Cecchina immer bescheiden und dankbar ist. Nur die Umstände ändern sich, ihr Charakter bleibt sich immer treu. Eine so unanfechtbare Tugend sollte man nicht aus der Perspektive einer psychologisierenden Dramaturgie als unrealistisch abtun. Eher bietet sich eine Lesart gegen den allzu offenbaren Anschein zum Verständnis an. Denn das Interesse des zeitgenössischen Publikums – die Oper bewirkte eine Cecchina-Mode mit diversen Gebrauchsartikeln und Kleidungsstücken wie fünfzehn Jahre später das Erscheinen von Goethes WERTHER – erklärt sich paradoxerweise daraus, daß die ›Buffa‹ sehr viel weniger erotisch anzügliche Szenen der Verführungsnähe bietet als der Roman. Richardson konnte etwa nachgesagt werden, daß sein Lob der sexuellen Tugendhaftigkeit einen heuchlerischen Zug entblöße. Der in solchen Fragen kompetente D. H. Lawrence meinte sogar, in Boccaccios DECAMERONE gebe es noch in den gewagtesten Szenen weniger Pornographie als in Richardsons tränenreicher Moralität. Gerade die in dieser Beziehung scheinbar viel zurückhaltendere Oper schlägt aus der Tabuisierung Lustgewinn: als Freiraum für erotische Phantasien des Publikums. Diese im Dunkel des Zuschauerraums und in der Einbildungskraft der Theaterbesucher geweckte Lüsternheit gehört einer Kategorie des Übergangs von der Werk- zur Wirkungsdramaturgie an, wie er erst wieder von Jules Massenet im 19. Jahrhundert erreicht werden sollte. Erstaunlicherweise – oder genauer: begreiflicherweise, da er sich auf eigenem Gebiet übertroffen vorkam, reagierte Wilhelm Heinse auf die Qualität des Librettos negativ. Er, der in seinen Künstlerromanen ARDINGHELLO und HILDEGARD VON HOHENTHAL der italienischen Lebensweise, Kunst und ›Opera seria‹ hohes Lob spendet, läßt in dem zuletzt genannten Roman (1795/96) den deut-

schen Kapellmeister Lockmann folgendes Fazit ziehen: »Kurz, das Gedicht ist ein ziemlich ordentlich mittelmäßiges Werk und zeigt wenig
von komischem Genie. Schade, daß die Musik dazu unter die ersten
Hauptwerke der ›Opera buffa‹ gehört!«

Auch in der Musikwissenschaft wurde Piccinni, der gegen seinen
Willen im Streit um Glucks Pariser Reformopern zum Anführer der
Anti-Gluck-Partei ernannt worden war, früh große Bedeutung zuge-
messen. So galt er lange als Erfinder des Rondofinales, in dem das tradierte Kettenfinale, wie es etwa Galuppi in seinem FILOSOFO DI CAM-
PAGNA gestaltet hatte, einen weiteren Zuwachs in Richtung auf eine
musikalisch eigensprachliche Sinnvermittlung gewinnt. Allerdings läßt
sich Piccinni keinesfalls eine quasi symphonische Durchführungstechnik im Sinn der Wiener Klassik attestieren, sondern nur ein vom Libretto vorgegebenes Alternieren zwischen reiner Strophenform und
eingeschobenen Refrains. Die formale Motorik, durchaus wirkungsvoll, entsteht dadurch, daß meistens die Refrainteile mit schon bekann-
tem motivischem Material aufwarten, die Strophenteile mit ihrem vor-
wärtstreibenden Impuls dagegen meistens mit neueingeführtem. Dieses dualistische Spannungsprinzip gilt für das erste Finale mit seinen
335 (!) Takten ebenso wie für das zweite mit 281 Takten Länge. Im zweiten Finale ist die Kettenform zu einem A-B-A-Schema gerundet, womit
Piccinni Galuppis Steigerungsprinzip im FILOSOFO DI CAMPAGNA
folgt.

Über solchen formgeschichtlich wichtigen Details sollten andere
Merkmale der Oper nicht übersehen werden. Die Herkunft des Librettos von Richardsons in der Tradition der anglikanischen Erbauungsbü-
cher stehendem Roman nähert LA BUONA FIGLIUOLA dem bürgerli-
chem Rührstück an. Dahinter verbirgt sich ein Teilaspekt der Dialektik
der Aufklärung. Richardson hatte das Thema der verfolgten weiblichen
Unschuld aus Marivaux' unvollendetem Roman LA VIE DE MARIANNE
(1731/42) übernommen. Dort war es aus der Legendentradition der
Heiligen und Märtyrer gelöst und durch eine hochentwickelte Psychologisierung säkularisiert worden. Diese völlig dem Irdischen verpflichtete Kunst band Richardson wieder zurück auf den Überbau von Moral
und Religion, ohne dabei die weltlichen Errungenschaften Marivaux'
preiszugeben. Dadurch entstand jene erwähnte latente Doppelbödigkeit der Moral, zumal sich Pamela als Unschuld vom Lande höchst raffi-
niert in der Entwicklung ihrer Abwehr- und Anziehungsstrategie zeigt —
sie liebt ja den, der sie verführen will. Der Widerspruch, bei Richardson

in eine spezifisch britische Erscheinungsweise der Heuchelei, des ›Cant‹, gehüllt, war europäisches Gemeingut zu einer Zeit, da die Forderung nach einer Rückkehr zur Natur dem Zivilisationsbedürfnis vieler Aufklärer im Wege stand. So heiratete der Philosoph Jean-Jacques Rousseau zwar, wie in Erfüllung der Moralvorstellungen von Pamela-Cecchina, ein einfaches Mädchen. Aber diese Heirat hielt ihn nicht von Liebschaften mit adeligen Damen ab.

Solche Widersprüchlichkeit offenbart sich musikimmanent in Piccinnis Oper. So ist die Selbstvorstellung Cecchinas (*Una povera ragazza* – Ein armes Mädchen bin ich, habe weder Vater noch Mutter) ausgesprochen bläßlich im Vergleich mit der schon furienhaften Arie ihrer zukünftigen Schwägerin Lucinda. Diese sucht darin nicht nur rhetorisch Hilfe bei außerirdischen Mächten, um den drohenden Verlust ihres Lebensglücks abzuwenden: die Mesalliance ihres Bruders, des Marchese, mit der als Gärtnerin arbeitenden Cecchina würde ihre geplante Verbindung mit dem adelsstolzen Cavaliere Armidoro zerstören. Diese schon auf die Elvira in DON GIOVANNI vorausweisende ›Aria agitata‹ *(Furie di donna irata)* ist trotz ihres Einschubs von zwei knappen Koloraturketten kein kaltes Virtuosenstück. Piccinni hat es genau nach den Gesetzen der Dacapo-Arie in der ›Opera seria‹ gebaut – was den Hörer von heute fragen läßt, ob Piccinni wirklich ganz auf seiten des Fortschritts (der ›Opera buffa‹) und der reinen Unschuld (Cecchinas) stand.

Wenn auf der anderen Seite des um Cecchina sich aufbauenden Spannungsfeldes Lucindas Liebhaber Armidoro, nach ›Seria‹-Brauch eine Kastratenpartie, die Geliebte seiner Treue versichert, dann geschieht in den Mollwendungen seiner G-Dur-Arie das gleiche, was Mozart seinem Don Ottavio in DON GIOVANNI wird zukommen lassen. Die rein rituelle Willensbekundung von Heroismus entlarvt zwar den Schwächling, adelt ihn aber zugleich als einen wahrhaft Empfindsamen durch die nuancierte Harmonik. Analoges passiert eine Etage tiefer in Piccinnis Hierarchie der Handelnden. Wenn der Bauer Mengotto, der sich in Cecchina verliebt hat, von ihren herrschaftlichen Gunstbeweisen erfährt, will er sich – wie später Papageno nach dem vermeintlichen Verlust seiner Papagena – entleiben. Da zufällig ein Degen in der Nähe liegt, wird die standesgemäße Unschicklichkeit seiner Plandurchführung sogleich ins Farcenhafte gewendet. Nur musikalisch eben nicht, da die klagenden Nonenvorhalte und die in parallelen Terzen fließende Begleitbewegung ihm eine Gefühlssprache sichern, die so wenig Farcenhaftes verkündet wie Papagenos g-moll. Piccinni verstand es augenblicksweise, aus der Erlebnisperspektive seiner Figuren zu komponieren. Darin kam er Mozart erstaunlich nahe.

Diese Empfindsamkeit der Klangsprache schließt schiere Komik nicht aus. Gerade rechtzeitig zur Rettung des verzweifelten Bauern erscheint ein deutscher Capitano namens Tagliaferro. Er spricht mit österreichischem Akzent jenes nur in Infinitiven sich verbal beugende Idiom, das seine Landsleute zwei Jahrhunderte später ihren Gastarbeitern gegenüber für eine angemessene Kommunikationsform in der eigenen Sprache halten werden (in Salieris FALSTAFF feiert es noch 1799 fröhliche Urständ'). Obwohl Wilhelm Heinse die Arie dieses Soldaten im zweiten Akt, wenn er dem Bauern zwischen Weinkonsum und Soldateskafreuden ein freundliches Weltbild vorspiegelt, nicht sonderlich schätzte, erkannte er doch ihren besonderen Charakter: daß sie »Spaß auf dem Theater mit den Instrumenten« mache. Dieser Tagliaferro, eine Erfindung Goldonis aus dem Geist der ›Buffa‹ – bei Richardson gibt es ihn nicht –, schwärmt derart von Trommeln und Trompeten, daß die Orchesterinstrumente seinem Lob des Lärmens nichts schuldig bleiben. Dasselbe gilt für seine besungene Taktik, sich beim Herannahen des Feindes im Gefecht erst einmal zu verstecken: da ducken sich über einem Streichertremolo die Begleitmotive im Orchester auf der Molldominante ängstlich zusammen. Aber nicht nur musikalisch, sondern auch sprachlich ist dieser Nachfahr des bramarbasierenden Haudegens aus den älteren Intermezzi, des antiken maulheldischen ›Miles gloriosus‹, eine Kunstfigur von Rang. Sein Radebrechen ist nämlich »so formuliert, daß nur die einfachsten Ausdrücke deutsch erscheinen, also verstanden werden können, während die schwierigen, die der Deutsche am allerwenigsten beherrschen würde, perfekt italienisch sind«. Diesem Kauderwelsch, von der ›Opera buffa‹ möglicherweise aus des Orlando di Lasso Landsknechtständchen *Matona mia cara* übernommen, schließt sich endlich gar der völlig aus dem Geist der ›Seria‹ stammende Marchese an. Er hat auch allen Grund dazu, liefert ihm doch der Deutsche als ideeller Vorläufer eines Goethe und Schiller jene Befreiung von der Schwere des Stoffs, die nicht nur den deutschen Dichterfürsten als Hauptmerkmal italienischer Buffokunst auf dem Musiktheater erschien – in Form eines ›Happy-End‹. Tagliaferro entpuppt sich als Teil der Nachhut jener kaiserlichen Truppen, die 1734 auf der Flucht vor den wieder nach Neapel einrückenden Spaniern nach Norden flohen und dabei des Mariandl verlustig gingen: der Tochter ihres adeligen

CECCHINA

Obristen. Es ist niemand anders als unsere Cecchina. Als natürliches Produkt deutschen Adels darf sie ihren geliebten Verfolger ehelichen. Und Tagliaferro kann als der nicht geringste Dolmetsch deutschen Opernglücks für die italienische ›Buffa‹ gelten.

Giovanni Paisiello (1740–1816): **IL BARBIERE DI SIVIGLIA OVVERO LA PRECAUZIONE INUTILE** (Der Barbier von Sevilla oder Die nutzlose Vorsicht. ›Dramma giocoso‹ in zwei Akten; L Giuseppe Petrosellini nach der Komödie LE BARBIER DE SÉVILLE OU LA PRÉCAUTION INUTILE von Pierre-Augustin Caron de Beaumarchais. Petersburg 1782; Caserta und Wien 1783; unter Hinzufügung von Beaumarchais-Dialogen: Versailles 1784; deutsch: Preßburg 1785, Mannheim 1785, Wien 1796; WA Paris 1868).

Paisiello ist wohl der einzige Komponist von Rang, der mit seinen bedeutendsten Werken von der Geschichte sowohl vorwärts als auch rückwärts überrollt wurde. Konnte sich seine SERVA PADRONA von 1781 nicht gegen die Vertonung Pergolesis aus dem Jahre 1733 durchsetzen, so wurde sein BARBIER sozusagen das Opfer von Rossinis Oper aus dem Jahre 1816. In diesem Faktum sollte man weniger das Walten geschichtlicher Gerechtigkeit sehen als jenen grauenhaften Fatalismus der Geschichte, dessen Gleichmacherei schon Büchners Danton beklagte. Vergleicht man Paisiellos Vertonung der Eingangsarie des Uberto in der MAGD mit der Pergolesis (→ S. 245), dann fallen zunächst die Ähnlichkeiten auf: etwa die musikalische Steigerungsdramaturgie, in der die ersten drei Verse jeweils um einen Ganzton angehoben werden. Was bei Pergolesi aber quasi nackt wirkte, die Musik zu einer szenischen Geste verwandelte, ist bei Paisiello »in einer harmonische Folge von Tonika-Dominante-Tonika-Dominante eingebettet, also in eine funktional größere Einheit«. Bei dem Jüngeren dient die Musik also nicht mehr zum Abbilden einer gestenhaften Körperlichkeit, vielmehr ist sie »gewissermaßen einer innermusikalischen Dramatik gewichen, einer Dramatik, die sich als Freiheit innerhalb eines selbstauferlegten Zwanges verwirklicht«. Darin ist Paisiello weit mehr Mozart als Rossini verbunden, und von einer derben Komik kann keine Rede sein. Das gilt auch für seinen BARBIERE, den Mozart gekannt hat, wie auch den Komponisten. Immerhin hat er für eine geplante, aber erst 1796 stattfindende deutsche Aufführung des BARBIERE in Wien eine Arie zu komponieren begonnen (*Schon lacht der holde Frühling*, KV 580).

Konzipiert hatte Beaumarchais den FIGARO als eine ›Parade‹, also ein Schaustück mit Musik, dann als ›Opéra comique‹, schließlich als fünfaktige Komödie mit Gesangseinlagen, die er einen Tag nach dem Premieren-Mißerfolg 1775 auf vier Akte kürzte. Die musiknahe Herkunft unterscheidet die Komödie von allen anderen Versionen des Sujets, das Beaumarchais in Paul Scarrons Sammlung TRAGIKOMISCHE NOVELLEN (1655/57; deutsch: 1909) gefunden hatte. Im Vorwort zu seiner Komödie hat der Dichter die Handlung, die er später in FIGAROS HOCHZEIT fortführte, auf einen knappen Nenner gebracht: »Ein verliebter Alter, Bartolo, steht im Begriff, sein Mündel Rosina zu heiraten. Ein junger Liebhaber, Graf Almaviva, kommt ihm zuvor und gewinnt trotz der Vorsicht des Alten das Mädchen zu seiner Frau. Figaro, der Barbier, steht dem Grafen mit Witz und List zur Seite.« Ähnlich einigen früheren Vertonern des Stoffs (Johann André, Friedrich Ludwig Benda) bleibt Paisiello eng bei der Vorlage, und sein Textdichter Petrosellini legt im Vorwort Wert auf die Feststellung, daß er »die Komödie vom Barbier in Sevilla aus der französischen Prosa in italienische Verse« übertragen habe, wobei er hofft, »daß die Musik zur Schönheit jener Szenen beitrage, die es notwendigerweise zu kürzen galt, um das Spektakel so kurz wie möglich zu halten«. Im Gegensatz zu Rossini mußte Paisiello auf den Chor verzichten. Wahrscheinlich ließ das Hoftheater der Zarin Katharina II. in St. Petersburg keinen Chor zu. Folglich geht dem Werk jener Massentrubel ab, den Lorenzo da Ponte für das A und O jedes komischen Finales hielt. Statt dieser Ausrichtung auf die in den Finali explodierende Handlung versuchte Paisiello, in der Beziehung über Pergolesis LA SERVA PADRONA hinausgehend, zu einem handlungsbezogenen Komponieren in den Solo- und Duoszenen vorzudringen: »Das Zusammenstellen von Arien und kleineren Ensembles zu größeren musikalischen Komplexen ist das Neuartige an dieser Oper. Damit wies Paisiello den Weg zu Grundlegendem: zum Eindringen der Aktion in einzelne Nummern und zu deren Bindung in einen musikalisch-dramatischen Kontext.« Da geht etwa die Auftrittsarie des Grafen *Ecco l'ora s'avvicina*, ein D-Dur-Andante, nach auffälliger Kürze keineswegs in das zu erwartende Secco-Rezitativ über, das die Handlung vorantreibt. Vielmehr betritt alsbald Figaro die Bühne, wie im Verfertigen einer Arie begriffen *(Diamo alla noia il bando)*. Während er sich rezitativartig selbst beim Vor-Tragen der Arie unterbricht, wird er des Grafen gewahr, der ihn gleichermaßen beobachtet. Ein kleines Orchestermotiv, zum Oktavsprung sich steigernd, wird bis zum gegenseitigen Erkennen beider Männer sequenziert. Dann schließt ein bewegtes Allegro mit den im Terzabstand gekoppelten Männerstimmen die Szene ab: die Intrige kann beginnen. Und so endet der erste der beiden Akte nicht wie bei Rossini in einem ausgedehnten Finale mit der aufziehenden Wache, sondern mit der eher traulichen Kavatine *Giusto ciel* der Rosina. Sie nimmt darin fast ihr betrübtes Rezitativ *Io t'aspettava* nach der Gewittermusik vorweg: ein f-moll-Accompagnato mit Seufzerfiguren in den Streichern, das die Figur mehr Mozarts Gräfin in ihrer ersten FIGARO-Arie annähert als der koloraturgepanzerten Rosina in Rossinis BARBIER.

Allerdings hat Paisiello für die neapolitanische Erstaufführung 1787 im Teatro dei Fiorentini zwei Arien und ein Finale nachkomponiert. In dieser Fassung folgt auf die erwähnte Kavatine der Rosina eine von ihrer Seite her höchst komische Szene, in der sie Bartolo den Brief Almavivas durch allerlei Hustenanfälle vorenthält, sowie ein ausgearbeitetes Final-Quintett. Dieses erreicht zwar weder die riesige Ausdehnung noch die Auseinanderspreizung der Bewegungsverläufe in Rossinis erstem BARBIER-Finale, ist aber mit seinen 372 Takten und dem D-Dur-Allegro mit seinen durchlaufenden Achtel-Staccati einem Steigerungsdrang unterworfen, den die wechselnde Beteiligung der Figuren am Gesang gliedert: vom abseits gesprochenen Solo über den Dialog und das Nebeneinander von zwei Zweiergruppen bis hin zum Tutti. Auch die Bläser, jeweils zwei Oboen, Fagotte und Hörner, haben eine orchestersprachliche Ordnungsfunktion, wie Paisiello überhaupt instrumentale ›Obbligati‹ schätzte. So wird Doktor Bartolo im ersten Akt mit einem Staccato-Motiv des Fagotts in gebrochenen Dreiklängen eingeführt, wie es Mozart später seinem Leporello in der Registerarie des DON GIOVANNI mitgibt. Auch die Mandoline, mit der Don Giovanni sein Ständchen singt, ist in Almavivas Kavatine *Saper bramate* schon vorgeprägt. Paisiello schätzte insgesamt die Instrumente der volkstümlichen Musik, führte andrerseits aber als einer der ersten Komponisten auch die Klarinette zu großer Wirksamkeit. Daß er etwa seine Mädchengestalten differenzierter als Piccinni anlegte – dessen Cecchina etwas schmalspurig bedacht wurde –, zeigt sich an der erwähnten eingefügten Szene vor dem ersten Finale. Während Rosina sonst in der Oper kaum jenen schelmisch zugespitzten Bravourcharakter von Rossinis Figur hat, zeigt sie sich in ihren Hustenanfällen von einer ebenso komischen wie virtuosen Seite, die bei richtiger Aufführung auch szenische Spannkraft entfaltet. Walter Felsenstein hat 1960 in der Komischen Oper Berlin bewiesen, daß Paisiellos BARBIER keineswegs nur etwas für Studiobühnen und Studentenaufführungen ist.

Neben dem bewußten Einsatz von Instrumenten ist die kompositorische Feinarbeit Paisiellos auch in dem Terzett Bartolos mit seinen Dienern Svegliato und Giovinetto überzeugend. Figaro hat, was bei Rossini eine rezitativisch knapp abgehandelte Episode bleibt, die euphemistisch Benamten (der Aufgeweckte, der Jugendliche) mit Schlaf- und Niespulver in einen Zustand versetzt, der es ihnen unmöglich macht, Bartolo zu berichten, was in seiner Abwesenheit geschehen ist. Während der eine in einer synkopisch langsam ansteigenden Sekunde gähnt (wortlos) und der andere in Achtelauftakten niest (ebenfalls wortlos), fragt Bartolo mit drängend schnellen Tonfolgen, die – in Umkehrung des Bewegungsimpulses bei dem Gähnenden – im gleichen Sekundabstand erklingen: aber fallend. Wenn sich alle drei zum Terzett vereinigen, nachdem das Orchester sich bei der Befragung der Bedienten in den Streichern aufgeteilt hatte, wird das Niesen verzögert, so daß es nun wie Stottern wirkt.

Hier wird ein beliebtes Stilmittel der ›Opera buffa‹ verwendet. Den ersten Stotterer hatte Cavalli in seinem GIASONE schon 1649 auf die Bühne gebracht, und das Niesen wird eine höchst komische Wirkung im zweiten Akt von Rossinis ITALIANA IN ALGERI erzielen. Hier nutzt es sich keineswegs zum reinen Effekt ab, weil das bühnenwirksame Spiel mit verschiedenen Laut-Gesten in ein harmonisch-metrisches Gerüst integriert bleibt. Auch in seinen parodistischen Wirkungen ist Paisiello alles andere als derbkomisch. Wenn Bartolo in der Szene der fingierten Gesangslektion seine Arie als Beleg für den alten Stil singt, trägt er eine hispanisierende Seguidilla vor: für einen aus Neapel stammenden Komponisten eine kleine Rache an der langen Fremdherrschaft der Spanier. Daß es sich um einen bewußten Akt handelt, legt die Tatsache nahe, daß die Szene bei Beaumarchais nicht spezifiziert ist, sondern nur als Fingerschnipsen zum Einlagelied erscheint; Rossini folgte Paisiellos Einfall, indem er in derselben Szene wie in einer kleinen Zeitebenenverschiebung den Bartolo eine Siziliana singen ließ, wie sie vor Paisiello von vielen seiner neapolitanischen Kollegen geschätzt worden war.

In seinem SOCRATE IMMAGINARIO (Der eingebildete Sokrates; Neapel 1775, *WA* Darmstadt/Schwetzingen 1985) hat Paisiello eine literarische Satire gegen den Gräzisten Saverio Mattei vertont. Musikalisch argumentiert er dabei insofern, als er Gluck parodiert. Wenn Don Tammaro, der sich für einen Geist vom Rang des Sokrates hält, mit Hilfe eines Dämons seine tote Frau ins Leben zurückrufen will (II,10), spielt er zu neugriechischen Nonsens-Wörtern die Leier,

und alsbald antwortet ihm der Furienchor mit den chromatisch sequenzieren-
den c-moll-Klängen der Unterweltler in Glucks ORFEO. Das Komische erweist
sich bei Paisiello bei genauerer Betrachtung als eine subtile Organisation seiner
künstlerischen Mittel, für die uns Rossinis Brillanz wahrscheinlich die Ohren
verdorben hat. Wer aber genauer hinhört, wird in Figaros Kavatine im ersten
Akt nicht nur den Virtuositätsverlust gegenüber dem Auftritt von Rossinis Barbier bemerken, sondern auch einen Zuwachs an menschlichen Zügen: hier tritt
uns kein von Selbstzweifeln freier Schwadroneur entgegen, sondern ein Individuum, das seine schmerzlichen Erfahrungen mit sich herumträgt. Wo bei Rossini die Bravour zur Typusfeier gerät, setzte Paisiello die Musik zur Beschreibung einer Persönlichkeit ein. In dieser Hinsicht war Paisiello für die Weiterentwicklung der Buffo-Oper in Italien ebenso folgenarm wie darin, daß er 1789
im Königspalast zu Caserta mit seiner NINA OSSIA LA PAZZA PER AMORE (Nina
oder Die Liebesnärrin) eine Opernform zu gründen versuchte, die wie in der
französischen ›Opéra comique‹ oder dem deutschen Singspiel gesprochene
Dialoge zwischen die Musiknummern einsetzt. Das blieb eine Episode für einen
speziell süditalienischen Zweig, der in Bellinis ADELSON E SALVINI, Donizettis
EMILIA O L'EREMITAGGIO DI LIVERPOOL sowie Mercadantes LEONORA
schwache Nachwirkungen zeitigte. Sehr viel nachhaltiger dagegen war die Wirkung der letzten bedeutenden italienischen Buffo-Oper des 18. Jahrhunderts:
Cimarosas HEIMLICHER EHE.

> Domenico Cimarosa (1749–1801): **IL MATRIMONIO SEGRETO** (Die
> heimliche Ehe; ›Melodramma giocoso‹ in zwei Akten; L von Giovanni
> Bertati nach der Komödie THE CLANDESTINE MARRIAGE von George
> Colman d. Ä. und David Garrick, 1776; Burgtheater Wien 1792; Leip-
> zig 1792; Monza 1792; Berlin 1792 in der deutschen Übersetzung von
> F. L. W. Meyer, danach zahlreiche andere deutsche Übertragungen).

Mit dieser Oper erzielte Cimarosa den größten Erfolg seiner Laufbahn und den einzig nachhaltigen. Er konnte ihn weder mit seiner 1794
für Wien geschriebenen ›Buffa‹ LE ASTUZIE FEMMINILI (Weiberlisten) noch mit der ›Seria‹ GLI ORAZI E I CURIAZI (Die Horatier und die
Curiatier, → S. 288 ff.) 1796 in Venedig wiederholen. Komponiert hat
er die HEIMLICHE EHE in Wien, nach der Rückkehr aus St. Petersburg,
wo er – wie Galuppi, Traetta, Paisiello und Sarti vor ihm – engagiert
war. Nach der Uraufführung am Tag der Unterzeichnung der Allianz
zwischen Österreich und Preußen gegen die französische Revolutionsregierung war Kaiser Leopold II. von dem Werk so begeistert, daß er die
wahrscheinlich zweite Aufführung komplett am selben Tag wiederho-

len ließ: ein einmaliger Fall. Der kaiserliche Gunstbeweis hinderte den Komponisten bei seiner Rückkehr nach Neapel aber nicht, sich für die Ideale der Französischen Revolution zu begeistern. Sein unerfreuliches Schicksal wurde ihm in Ernst Ludwig Gerbers NEUEM HISTORISCH-BIOGRAPHISCHEN LEXIKON DER TONKÜNSTLER in den Jahren der anti-napoleonischen Freiheitskriege als gerechte Strafe für aufmüpfiges Verhalten aufgerechnet: »Auch den Cimarosa überfiel der Freiheits-schwindel, statt daß er sich, als Künstler, bei diesen politischen Händeln ruhig und neutral hätte verhalten sollen; um so mehr, da unsere Kunst ihren Wachstum und Flor von jeher mehr den Monarchien als den Re-publiken zu danken hat. Er tat aber dennoch das Gegenteil und wurde als Verräter an seinem Könige verfolgt und, wie die Rede ging, ins Ge-fängnis geworfen ... Ende des 1800ten Jahres hatte er Neapel wirklich verlassen und hielt sich anfangs zu Padua und darauf zu Venedig auf, an welchem letzteren Orte man ihn aufforderte, für das daselbst neue er-baute Theater, La Fenice, eine Oper zu setzen. Allein seine erlittenen Drangsale und seine Einkerkerungen zu ertragen, war zu viel für seinen zarten Körper. Er starb daselbst schon am 11. Januar 1801.« Ein Jahr zuvor hatte ein junger Franzose, im Heer Napoleons über die Alpen nach Italien gekommen, IL MATRIMONIO SEGRETO in Ivrea zum er-stenmal gehört, und dieser Marie Henri Beyle, der unter dem nordisie-renden Pseudonym Stendhal ein weltberühmter Dichter wurde, hat das Opernerlebnis von 1800 als Wendepunkt in seinem Leben begriffen. Cimarosas Musik wurde ihm, wie später die Rossinis, zu einem wahren Lebens-Mittel.

Sieht man von dem eingangs dieses Kapitels als Cimarosa-Verehrer erwähnten Goethe ab, dessen Lob für den Italiener nie in eine Kollision mit seinen Gefühlen für Mozart geriet, war Stendhal der einzige große Künstler, der beide Komponisten des 18. Jahrhunderts gleichermaßen bewundern konnte. Die berühmte Formulierung des Kritikers Eduard Hanslick (MUSIKALISCHES SKIZZENBUCH, 1888), zwischen Cimarosas ›Buffa‹ und Mozarts FIGARO bestehe eine heimliche Ehe, als deren Sproß Rossini hervorgegangen sei, verdeckt das Problem mehr als es zu klären. Cimarosa und Mozart: das war den meisten Nachgeborenen (wie schon den Zeitgenossen der Komponisten!) eine Mesalliance, und Hector Berlioz dürfte das einzige Pendant zu Beyle gewesen sein, da er die HEIMLICHE EHE wie den FIGARO gleichermaßen der Kategorie der Langweiler zuordnete. Daß es anscheinend schwer ist, sich für beider beste Buffo-Oper gleichermaßen zu erwärmen, legt die Tatsache nahe, daß der sich Peter Gast nennende Komponist und Nietzsche-Adept Heinrich Köselitz seinem Meister, unter Berufung auf Stendhal, so lange von Cimarosa vorschwärmte, bis dieser bereit war, ihm die Partitur des MATRIMONIO SEGRETO für 6000 Francs, »zahlbar in vier Jahresraten zu frs. 1500«, abzukaufen – als wolle er damit der Versuchung entgehen, »Mozarts Anmut und Grazie des Herzens« (MENSCHLICHES, ALLZUMENSCHLICHES II) einer Konkurrenz auszuliefern. Gast vertonte danach das Libretto selbst noch einmal.

Daß es problematisch ist, Mozart und Cimarosa gleichermaßen zustimmend gerecht zu werden, läßt sich nicht nur werkimmanent belegen. Noch gravierender als alle individualpsychischen und nationalstilistischen Unterschiede ist das ideologische Auseinanderdriften der aus derselben Epoche stammenden Werke. Bei Mozart-Beaumarchais ist über die Mittlerstufe da Pontes, der in seinem DON GIOVANNI für Mozart Cimarosas MATRIMONIO-Textdichter Giovanni Bertati ungeniert ausgebeutet hatte, sozusagen ›ante festum‹ eine Sympathie für die Französische Revolution auszumachen. Von Cimarosa-Bertati wurde ›post festum‹ jede Assoziation dieser Art unterbunden. Die Urform ihres Meisterwerks, die britische Komödie THE CLANDESTINE MARRIAGE, war inspiriert von William Hogarths sechsteiliger Bilderfolge MARRIAGE À LA MODE, einer bitter-satirischen Abrechnung mit dem Adelsstand. Davon ist in Cimarosas Textvorlage nichts mehr zu spüren, als hätten zwei Zwischenstufen sie vollends neutralisiert: die französischen Vertonungen SOPHIE OU LE MARIAGE CACHÉ (1768) von dem böhmischen Trompeter Joseph Kohout und François Deviennes ›Opéra bouffe‹ LE MARIAGE CLANDESTIN von 1790. Jedenfalls ist die Harmlosigkeit von Cimarosas ›Buffa‹, zumindest im Vergleich mit Mozarts Explosivstoffen, ihr wichtigstes Merkmal. Aus der ursprünglichen Gesellschaftssatire ist ein sanftes Verwirrspiel geworden. Nicht der Adelige, der aus Geldnot ein Bürgermädchen heiraten will, ist Objekt der textlich-musikalischen Kritik. Vielmehr richtet sich die ganze ›Vis comica‹ auf den alten Bologneser Kaufmann Geronimo. Und der wird weniger durch seinen Wahn charakterisiert, unbedingt einen adeligen Schwiegersohn zu finden, als durch seine Schwerhörigkeit, die ihn an dramatischen Höhepunkten zum Stottern bringt. Wäre es also unfair, diese beiden mit dem gespannten Verhältnis Graf–Figaro in Mozarts Oper zu vergleichen, so artikuliert sich das junge Paar durchaus mozartnah: vor allem Paolino, der in seiner Diktion an den Infantilerotiker Cherubino im FIGARO erinnert. Er ist als Buchhalter bei Geronimo angestellt und mit dessen jüngster Tochter Carolina heimlich verheiratet, auf die wiederum Graf Robinsone ein Auge geworfen hat, obwohl Geronimo ihn seiner älteren Tochter Elisetta zugedacht hat. Da der Graf, was für ihn sicher ein schlagendes Argument ist, zugunsten einer Heirat mit Carolina auf die Hälfte der väterlichen Mitgift zu verzichten bereit ist, andererseits Geronimos ältliche Schwester Fidalma Paolino Avancen macht, gibt es bis zum glückhaften Ende noch mancherlei Verwirrung – und Anlaß für viele Ensembles: vier Duette, drei Terzette, ein Quartett und ein Quintett neben den beiden Aktschlüssen.

Das Finale I ähnelt mit seinen klar gegliederten Temposchüben dem des zweiten Akts von Mozarts FIGARO. Zwar geht Cimarosa in den harmonischen Ausweitungen nicht so weit wie Mozart, aber sein Beharren auf dem Prinzip des Gerüstbaus wird doch einer Veränderungsdramaturgie unterzogen, in der die Reprise des Anfangs nicht mehr mit diesem identisch ist: so wird die Eingangstonart D-Dur durchaus wiederhergestellt, doch in einer veränderten Gestalt. Andrerseits bricht Cimarosa im Gegensatz zu Mozart den homophonen Satz nicht zu einer antithetischen Behandlung von Singstimmen und Begleitung auf: er hält in Melodie und Untergrund das gleiche Prinzip periodischer Gliederung durch. Obgleich Cimarosa seine Finalsteigerung, was auch für das zweite Finale gilt, wie Mozart durch ein Anwachsen der Personenzahl unterstreicht, benutzt er sie weniger zu dramatisch-psychologischen Problemlösungen als zur Musikalisierung körperlicher Erregungszustände.

Im einleitenden Adagio des Es-Dur-Quartetts (I,8) öffnet Cimarosas Musik aber auch einen Zugang zum Innenleben seiner Figuren. Der Graf muß erkennen, daß die ihm zugedachte Braut die von ihm ungeliebte Elisetta ist (*Sento in petto un freddo gelo* – Ich fühle in meiner Brust eine bittere Kälte). Erstaunt hebt er zweimal in einem Quartsprung von der Dominante zur Subdominante an, als wolle er sich durch die Wiederholung Mut machen, während die Oberstimmen im Orchester synkopisch aufsteigende Dreiklangbrechungen spielen und die Bässe streng im Viervierteltakt dazu den Kontrapunkt in abwärtsgerichteten Staccatofolgen artikulieren. Intervallwiederholungen in der Singstimme sowie rhythmische und artikulatorische Gegensätzlichkeit im Orchesterapparat bauen weniger ein psychisches Spannungsfeld auf als ein Musikbild der Ratlosigkeit. So wird sein Schlüsselwort ›freddo‹ auf komische Weise durch Zweiunddreißigstel-Figurationen der Violinen unterstrichen: der Reglosigkeit des Sprachausdrucks schiebt sich musikalisch eine irrläuferische Regsamkeit über, und eine Folge von Terzenparallelen weist im Orchester schon auf das kommende positive Schlüsselwort ›cor‹ (Herz) hin. Ihm geben reiche, motivisch selbständige Orchesterfiguren einen Stellenwert, den es handlungstechnisch noch gar nicht haben kann: Cimarosa wirft sozusagen für sein Bühnengeschöpf einen Blick voraus in die glückliche Zukunft. Auf ihrem Weg zur Entdeckung des menschlichen Glücksbedürfnisses ist die italienische ›Opera buffa‹ gewiß nicht zu Mozarts ›Comoedia humana‹ geworden, aber doch zu einem Medium, in dem der Mensch nicht mehr entstellt werden muß, um kenntlich zu sein. Die alten Trubel- und Jubelverzückungen sind ebenso dahin wie die Mantel- und Degentricks, die Verkleidungs- und Verwechslungsspiele. Und formgeschichtlich knüpft Cimarosa an die Zweiaktigkeit von Mozarts ›Dramma giocoso‹ DON GIOVANNI an. Auch da, wo der Tief- oder Biedersinn der Rührstücke ausgeschieden wird, herrscht in der Konzentration auf die komischen Vorgänge bei Cimarosa der Sinn für eine Ökonomie der Proportionen.

Das hat Cimarosa als vielleicht sogar willentlichen Tribut an seinen in Wien ungleich weniger reüssierenden Kollegen Mozart hinterlassen. Wenn die Ouvertüre zu seiner HEIMLICHEN EHE anhebt, ist man angesichts der drei an die ZAUBERFLÖTE gemahnenden Akkordfolgen in der langsamen Einleitung ebenso verwirrt wie von dem in Tonart und Bewegungsgestus der FIGARO-Ouvertüre gleichen Hauptsatz. Wilhelm Heinse jedenfalls hatte in seiner HILDEGARD VON HOHENTHAL unrecht, als er den Italiener zum oberflächlichen Unterhaltungskünstler stempelte: »Cimarosa hat ganz den leichten lachenden Genius, der sich dem Grotesken anschmiegt. Es ist eine wahre Erholung: viel denken darf man dabei nicht; man überläßt sich nur, wie in der heißen Zeit, einem kühlen Lüftchen, das einen fächelt: ein Zeitvertreib für Müde und Erschöpfte, die nichts aus sich hervorbringen wollen oder können.« Seit Giorgio Strehler die HEIMLICHE EHE 1955 zur Eröffnung der Piccola Scala in Mailand inszenierte, wissen wir, daß sie auch auf dem Theater des 20. Jahrhunderts besteht – weil sie, nach Goethes Worten, das Alberne »mit der höchsten Herrlichkeit der Musik so glücklich verbindet«. Recht hatte aber auch Schiller mit seiner Replik: es sei gerade dem Deutschen »immer schon etwas Ästhetisches gewonnen, wenn man ihn nur von der Schwere des Stoffs befreit«.

IV. BLÜTE UND NIEDERGANG
DER OPERA SERIA

Die italienische Reformoper der Librettisten Stampiglia, Zeno und Metastasio hat im 18. Jahrhundert fast eine Weltherrschaft ausgeübt. Abgelöst wurde sie ideengeschichtlich von der vor allem auf französische Einflüsse zurückgehenden Opernreform Christoph Willibald von Glucks und seines Librettisten Ranieri de' Calzabigi; realpolitisch kann man den endgültigen Untergang der Metastasianischen Oper auf das Jahr 1796 datieren, als in den Auswirkungen der Französischen Revolution das Invasionsheer Napoleons nach Italien einmarschierte. Der Untergang der feudalen Gesellschaftsstruktur in Frankreich erschütterte die Hoftheater zwischen St. Petersburg und Lissabon und damit auch die von Metastasio perfektionierte ›Opera seria‹, deren programmatische Parallelisierung von göttlicher und irdischer Gerechtigkeit (im Sinne einer Erziehung der Fürsten zur Humanität) letztlich das feudale Herrschertum ebenso verklärt hatte wie die französische ›Tragédie lyrique‹.

Fast vergessen sind heute die musikalischen Schöpferkräfte, die im Zentrum der Librettoreform, dem Habsburger Kaiserhof zu Wien, wirkten. Johann Joseph Fux (1660–1741) stieg trotz seiner steirisch-bäuerischen Herkunft zum bedeutendsten Komponisten Österreichs im Barock auf. Wiewohl er im Grunde ein Kirchenmusiker war, sich zeit seines Lebens den polyphonen Stilidealen des 17. Jahrhunderts verpflichtet fühlte und sich erst im Alter der Oper zuwandte, diente er doch gleich drei Habsburger Kaisern als Hofkomponist und Hofkapellmeister: Leopold I., Joseph I. und Karl VI. Für den Letztgenannten komponierte er 1716 die ›Festa teatrale‹ von der über die Zauberin Alcina obsiegenden Angelica ANGELICA VINCITRICE DI ALCINA. Das aus Anlaß der Geburt des Thronfolgers im Wiener Lustschloß Favorita als Freilichtaufführung herausgekommene Werk (*WA* 1985 zur Neueröffnung des renovierten Opernhauses in Graz) gefiel nicht nur aufgrund seiner Raumklangwirkungen. Es überrascht auch insofern, als der Librettist Pietro Pariati dem aus dem ORLANDO FURIOSO des Ariost übernommenen Stoff ein versöhnliches Ende aufzwang: Morgen- und Abendland verbanden sich im Rückbezug auf das gut drei Jahrzehnte zurückliegende Ende der Türkenkriege zu einer utopischen Glücksgemeinschaft. Noch aufwendiger als die ANGELICA komponierte Fux 1723 seine COSTANZA E FORTEZZA (Beständigkeit und Stärke), eins der im Barock berühmtesten Spektakel. Auch für dieses letzte Werk des Komponisten hatte Pariati das Libretto geschrieben: ein heroisches Römerdrama, dessen drei Akte voller Kriegsszenen sind. Aber auch Wundererscheinungen, Wasserspiele und das schließliche Friedensfest gaben den zur Krönungsfeier Karl VI. in Prag unter freiem Himmel versammelten Hundertschaften von Künstlern nachhaltig Gelegenheit zur Prachtentfaltung. Chromatische Linienführung in einem Chor der Etrusker als Signum für Barbarismus, breit angelegte Dacapo-Arien mit instrumentaler Virtuosität als Reverenz vor dem Stil der italienischen ›Seria‹, Siciliano-Melodien als Erinnerung an die venezianisch-neapolitanische Operntradition und schlichte Volksliedhaftigkeit entfalten sich zu einer erstaunlichen Bandbreite des musikalischen Spektrums. Fux selbst, zu alt, um sein Werk zu dirigieren, hörte es von einer Loge aus. Dirigent der Oper, deren Titel das Motto des Kaisers ›Constantia et fortitudo‹ an der Belagerung Roms durch den Etrusker Porsenna exemplifiziert, war Antonio Caldara (1670–1736).

Dieser aus Venedig stammende Komponist, dem mehr als hundert Opern zugeschrieben werden, lebte ab 1716 bis zu seinem Tod in Wien. Dort schrieb er auch zwölf Opern für Salzburg. Sein weicher, melodiöser Stil machte einige seiner Arien in Österreich, Böhmen und Mähren so populär, daß sie bald als Volkslieder galten und in eben dieser Eigenschaft am Ende des Jahrhunderts bei den Wiener Klassikern wieder auftauchten. Ein weiterer Vorhall der Wiener Klassik ist in Caldaras 1727 in Wien uraufgeführtem ORNOSPADE zu hören, wo in der Arie des Arsace *La tua spada assai mi diedi* (Dein Schwert hat mir genug gegeben; II,10) ein vierstimmiger, unabhängig geführter Streichersatz in der Begleitung auf den durchbrochenen Stil des klassischen Streichquartetts vorausweist. Andrerseits ist das auf ein Libretto Zenos komponierte Werk trotz seiner vordergründigen Ideologie (die Treue zum König spiegelt sich in der Treue unter Freunden und Ehegatten) eine der interessantesten Vertonungen eines Reformlibrettos, weil sie deutliche Rückbezüge zur älteren venezianischen Oper aufweist. So ist nicht nur die Arienbegleitung lebhafter als in dem harmonischen Stützbaß der jüngeren Oper; auch der Umfang der Arien ist zugunsten der Rezitative stark reduziert, so daß man an das ›Recitar cantando‹ des 17. Jahrhunderts erinnert wird. Die Gespanntheit in der Dialogführung wirkt dabei ähnlich modern wie etwa bei Monteverdi. Abseits von der Hauptlinie des metastasianischen Entwicklungsstrangs steht der wie Caldara aus Venedig stammende und in Wien gestorbene Francesco Conti (um 1681–1732). Einige seiner ab 1706 für Wien komponierten Opern waren so erfolgreich, daß sie in Hamburg nachgespielt wurden. In der komischen Oper DON CHISCIOTTE IN

SIERRA MORENA (Wien 1719; Hamburg 1722) legt er dem verliebten Ritter Cardenio wie dem Sancho Pansa sinnlos aneinandergereihte Wörter aus dem Bestand der ›Opera seria‹ parodistisch in den Mund. Ähnlich ist Don Quijote selbst gekennzeichnet, wenn er sich gegenüber seinem Diener wie wahnsinnig vor Liebesschmerz gibt – eine Reminiszenz an den RASENDEN ROLAND. Da in Hamburg diese Arien im Gegensatz zu den deutsch gesungenen Volksszenen auf italienisch vorgetragen wurden, wandte sich der spezifisch parodistische Effekt zu einer globalen Attacke auf die italienische Oper. Contis wendiger Stil mit den knappen Orchestermotiven, Tonwiederholungen und gebrochenen Oktavbässen übte einen großen Einfluß auf Telemann aus: noch in der Parodie und Selbstparodie erwies sich die Vormachtstellung der italienischen Oper.

PIETRO METASTASIO

Nachdem Metastasio für anderthalb Jahrhunderte als Wegbereiter eines dekadenten Operngenres gegolten hatte, wird ihm dank der 1954 fertiggestellten Gesamtausgabe seiner Werke durch Bruno Brunelli mehr Gerechtigkeit entgegengebracht. Der spätere Dichter wurde 1698 in Rom geboren und als Antonio Trapassi getauft. Adoptiert von dem Juristen Gian Vincenzo Gravina, einem Mitbegründer der ›Arcadia‹, nahm er den Namen an, unter dem er berühmt wurde. Gestorben ist er 1782 in Wien.

Nach einer juristischen Ausbildung gewann er Interesse am Theater, das ihm vor allem durch die Sängerin Marianna Benti-Bulgarelli, genannt ›La Romanina‹, vermittelt wurde. Nachdem er mit der Bearbeitung eines älteren Librettos erstmals 1723 für das Theater gearbeitet hatte, schrieb er ein Jahr später sein erstes eigenständiges Bühnendrama DIDONE ABBANDONATA (Die verlassene Dido), das von Domenico Sarri für Neapel vertont wurde. Schon 1725 folgte Tommaso Albinoni in Venedig, und paradoxerweise vertonten beide Komponisten auch Metastasios für diese Oper geschriebenes Intermezzo L'IMPRESARIO DELLE CANARIE. Obwohl Metastasio, der von ernstzunehmenden Zeitgenossen zu den ganz Großen der Dichtkunst aller Zeiten gezählt wurde, die Musik als eine Nebengabe seiner Dramen bezeichnete, sind sie doch durch ihren von vornherein festliegenden Verwendungszweck geprägt. Die Unterteilung in Rezitative und Arien strukturierte seine Werke. Den Arien in gereimter Versform standen für Dialog und Handlungsvortrieb die Rezitative in reimlosen Versen mit sieben oder elf Silben pro Zeile gegenüber. Die Handlung war immer so angelegt, daß die sozial höher gestellten Personen mehr Arien bekamen als die anderen, und die gesetzmäßige Handhabung der Abgangsarie war ebenfalls ein unverzichtbares Ingredienz seiner Dramaturgie. Diese Vorherrschaft der Arien führte zur musikdramatischen Beziehungslosigkeit der handelnden Figuren. Was sich abwertend unter dem Begriff der Kofferarie einbürgerte, ist indes im Zusammenhang der Barockkunst insgesamt zu verstehen: die isolierte Stellung der Arien entsprach beispielsweise der Terrassendynamik, in der die Unterschiede zwischen Forte und Piano ebenso übergangslos nebeneinanderstanden, wie in der Instrumentalmusik die einzelnen Sätze keinerlei motivische Beziehung aufwiesen. So ähneln die Arien – nur für sie interessierte sich das Publikum, während es bei den endlosen Rezitativen schwatzte oder anderen Beschäftigungen nachging – den Monaden in der Philosophie von Leibniz: quasi fensterlos, also ohne Verbindung untereinander, in ihrer Individualität zwar ausgeprägt, aber »zusammengehalten lediglich durch die ›prästabilierte Harmonie‹ des Librettos«.

Für ein gerechtes Verständnis Metastasios ist es wichtig zu wissen, daß er ausschließlich von seinen Einkünften als Autor lebte, im Gegensatz zu den adeligen Amateurreformern um Zeno in der ›Arcadia‹. Zu den Voraussetzungen seines Erfolgs gehörte die Nähe zur Bühnenpraxis: er arbeitete nicht nur eng mit der ›Romanina‹ und dem Kastraten Farinelli zusammen, sondern auch mit einigen der Komponisten, die seine Libretti vertonten.

METASTASIO UND SEINE KRITIKER

Diese pragmatischen Neigungen des Dichters haben später sein Bild in der Musikgeschichte stark verdunkelt. Entscheidenden Anteil daran hatte Glucks Reformlibrettist Calzabigi. Der gelernte Jurist hatte ganz im Stil Metastasios Dramen drucken lassen. Sie wurden von Stefano Arteaga kritisiert, und zwar unter Berufung auf das Vorbild. Darauf veröffentlichte Calzabigi unter einem Pseudonym 1790 seine berühmt werdende RIPOSTA: eine polemische Entgegnung, in der Metastasio ein Mangel an Natürlichkeit und Wahrscheinlichkeit vorgeworfen wird. Die schematische Stoffbehandlung, die dauernde Verliebtheit der Helden und deren Darstellung durch Kastraten wurden von Calzabigi so streng gegeißelt, daß ihm Metastasio als Verderber der Oper erschien.

Diese Polemik ist als objektiv-sachbezogen mißverstanden worden und diente später zu einer vernichtenden Kritik an der ›Opera seria‹. Sie führte bei Richard Wagner zu einem fast ausnahmslosen Negativbild der italienischen Oper insgesamt, das wiederum Spuren in der Musikforschung hinterließ: etwa in Hermann Kretzschmars erstmals 1919 veröffentlichter GESCHICHTE DER OPER. Frei von dieser Wagner-Fixierung war Hermann Abert, der 1919/21 zum erstenmal seine monumentale Monographie über Mozart erscheinen ließ. Ihm waren die Arien der ›Opera seria‹ rationalistische rhetorische Schnörkel und die Koloraturen gar Schmarotzerpflanzen, die erst von Mozart in seinen Beiträgen zur italienischen Oper überwunden worden seien. Daß nach der Veröffentlichung von Metastasios Gesamtwerk im Jahre 1954 auch die Opernbühne sich langsam wieder mit der ›Opera seria‹ beschäftigt, darf als späte Genugtuung des Dichters wie seiner Reformlibretti bezeichnet werden.

So berechtigt Calzabigis Kritik auch gewesen sei, zumal unter dem Aspekt der von ihm und Gluck verfochtenen Reform der Reformopern: eine quasi wissenschaftliche Darstellung der Problematik kann man sie nicht nennen. Eher ist seine RIPOSTA als Versuch einer gewaltsamen Abnabelung von Metastasio zu begreifen: in der Form einer Negativbesetzung des einstigen Idols. Noch um 1750 hatte sich Calzabigi dem Autor gegenüber als außerordentlich verständnisvoll erwiesen. Damals verfaßte er für die Pariser Ausgabe der vorliegenden Texte Metastasios ein Vorwort, das er 1757 in der Turiner Ausgabe auf nicht weniger als 214 Seiten ausdehnte. Diese DISSERTAZIONE SU LE POESIE DRAMMATICHE DEL SIGNOR ABATE PIETRO METASTASIO ist heute ein mindestens ebenso wichtiges Quellenwerk wie die spätere RIPOSTA. In der DISSERTAZIONE preist Calzabigi nicht nur die Einheit der Handlung, die Schönheit der Sprache und den wechselnden Affektgehalt der Stücke Metastasios. Er führt darüber hinaus die Arien auf die Funktion des Chors in der griechischen Tragödie zurück und rechtfertigt das ›Lieto fine‹, die Dramaturgie des ›Happy-End‹, aus moralischen Gründen: der Dichter solle das Publikum nicht voller Verzweiflung aus dem Theater entlassen, sondern voller Optimismus. Genau daran hatte sich Metastasio gehalten, lediglich sein Erstling DIDONE ABBANDONATA und die Erstfassung des CATONE IN UTICA enden mit dem Tod der Heldin bzw. des Helden.

Für Metastasio war der glückliche Ausgang seiner Dramen ein Mittel, um die ethische Wirkung der Texte auf das Publikum zu steigern. Diese erhoffte er sich vorrangig aus der Vorbildlichkeit der Bühnencharaktere, die wiederum als ein Spiegel der harmonisch-vernünftig-glücklichen Lebensform im Habsburgerreich unter Kaiserin Maria Theresia fungierte. Unter der Regentschaft ihres Vaters Karl VI. hatte Metastasio begonnen, seinen Libretti Epiloge anzufügen, in denen er Mitglieder der kaiserlichen Familie pries. In DEMETRIO, seinem ersten für Wien geschriebenen Drama, zeigte er auf, wie die Überwindung der Leidenschaft eines Herrschers (hier der Königin Cleonice für einen Hirten) Voraussetzung ist, um die soziale und politische Ordnung aufrecht zu erhalten. Dieser Konservativismus, bezeichnend für das europäische Denken im gefährdeten Gleichgewicht von Aufklärung und Empfindsamkeit, war im 18. Jahrhundert insofern Bestandteil einer gleichsam reformistischen Wirkungsästhetik, als ein moralisch begründeter Tugendbegriff die noch mangelhaft ausgeformten Institutionen allgemeingültigen Rechts durch eine normbildende Kraft stützen sollte.

Die Vorbildlichkeit der Bühnenherrschaften ist also nicht nur als vordergründige Apologie des Künstlers auf seinen jeweiligen Brotherrn zu verstehen. Sie muß auch in ihrem utopischen Potential begriffen werden: als Ersatzform für eine noch ungesicherte Rechtswirklichkeit. In seiner GESCHICHTE DES AGATHON faßte Christoph Martin Wieland 1794 diese Jahrhundertutopie in dem Wort zusammen, »daß wahre Aufklärung zu moralischer Besserung das einzige ist, worauf sich die Hoffnung besserer Zeiten, das ist: besserer Menschen, gründet«. Dieser Satz war gegen den sozial umstürzlerischen Impuls der Französischen Revolution gerichtet, entspricht also in der konservativen Grundhaltung dem Gedankengut Metastasios (über das wir dank seiner Briefe über die Dramen hinaus informiert sind). Wenige Jahre später, als eben diese Revolution das allzu empfindliche Gleichgewicht von Aufklärung und Empfindsamkeit mit der Forderung nach bürgerlicher Freiheit, Gleichheit und Brüderlichkeit endgültig zerstört hatte, fiel es August Wilhelm Schlegel 1808 in seinen Wiener Vorlesungen über dramatische Kunst und Literatur leicht, Metastasio aus dem romantisch gestärkten Bewußtsein bürgerlicher Individualität zu verteufeln (»schmelzende Weichlichkeit in den Gefühlen«). Die Aufklärung von gestern war zur Reaktion im Heute geworden. Allerdings hatte Schlegels Kritik eine verborgen kompensatorische Tendenz. Mit Metastasio griff er nämlich die klassische französische Tragödie, auf die sich der Italiener berufen hatte, an: kurz nach dem Desaster von Jena und Auerstedt war das eine kleine Rache für jene militärische Schmach, die den Deutschen durch Napoleon widerfahren war. So ging, verkörpert durch Napoleons Einmarsch in Italien und seinen Sieg über die Preußen in der Doppelschlacht von 1806, Metastasios Weltherrschaft auch realpolitisch zu Ende: in einer Zangenbewegung erdrückt.

FORTSCHRITTE ODER FORT-SCHRITTE?

Die besonders in Deutschland seit dem frühen 19. Jahrhundert zunehmend negative Beurteilung der ›Opera seria‹ ist als Teil jenes antiromanischen Affekts zu verstehen, der entscheidend zur Herausbildung der deutschen Klassik geführt hat. Diese fand in dem Maße zu sich, wie die Besinnung auf die griechische Antike mit einer Abwertung der römischen und, Folge eines Systemzwangs, der romanischen Kultur insgesamt verbunden war. Mit seiner Abhandlung GEDANKEN ÜBER DIE NACHAHMUNG DER GRIECHISCHEN WERKE IN DER MALEREI UND BILDHAUERKUNST hat der Kunsthistoriker Johann Joachim Winckelmann 1755 den Anstoß dazu gegeben. Winckelmanns Griechenbegeisterung, in deren Licht die römische Kultur als matter Abglanz erschien, verband sich mit Jean-Jacques Rousseaus Glauben an einen glücklichen Menschen des Urzustands, der keine Selbstentfremdung durch Arbeitsteiligkeit kennt, zu einer fortschritts- und zivilisationsfeindlichen Haltung. In dieser Klammer wirkte alle nachgriechische Kunst zweitrangig, und ihre jeweils vorhandenen fortschrittlichen Komponenten sprachen ihr um so unerbittlicher das Negativurteil aus: gerade sie waren Fort-Schritte von der ganzheitlichen Vollkommenheit des griechischen Menschen. Friedrich Schiller scheute sich im sechsten seiner BRIEFE ÜBER DIE ÄSTHETISCHE ERZIEHUNG nicht, jeden Erfolg des modernen Menschen als Verlust seiner Totalität, als Beschränktheit, ja Verkrüppelung zu bezeichnen. Von Wilhelm von Humboldt, Friedrich und August Wilhelm Schlegel oder Herder wurde aus der für die deutsche Klassik behaupteten geheimen Identität des idealischen Menschentums bei den Griechen und den Deutschen der antiromanische Affekt entwickelt. Korrekte Höflichkeit, formalisierte Kunstpraxis wurden abgelehnt, und Johann Gottfried Herder bezeichnete alle Einflüsse romanischer Kultur auf die deutsche als Stufen zu deren Selbstwertverlust. Friedrich Schlegel leitete 1795 in seiner Schrift ÜBER DAS STUDIUM DER GRIECHISCHEN POESIE aus der Beschäftigung mit dem Griechentum eine neue Selbstwerdung deutscher Kultur ab: »In Deutschland und nur in Deutschland hat die Ästhetik und das Studium der Griechen eine Höhe erreicht, welche die gänzliche Umbildung der Dichtkunst und des Geschmacks notwendig zur Folge haben muß«, und Wilhelm von Humboldt verkündete 1807 in seiner GESCHICHTE DES VERFALLS UND UNTERGANGS DER GRIECHISCHEN FREISTAATEN apodiktisch die Wesensverwandtschaft des deutschen und des griechischen Menschen.

Aus diesem Blickwinkel galt sogar für Goethe und Schiller, deren ästhetische Anschauungen nie national, sondern immer europäisch begründet waren, die unverhüllt hedonistische Verklärung italienischer Kunst in Wilhelm Heinses Romanen ARDINGHELLO (1787) und HILDEGARD VON HOHENTHAL (1795/96) als ein Greuel. Daß Kunst als Genußmittel gepriesen werden konnte bis hin zur Feier eines ästhetischen Immoralismus, war den Klassikern und Frühromantikern Beispiel einer Verderbtheit durch romanische Vorbilder. Auf einem anderen Blatt steht indes, daß Heinses Verbindung von Kunst und Italien, wie sie auch sein Freund Friedrich Heinrich Jacobi in dem Briefroman EDUARD ALLWILLS BRIEFSAMMLUNG (1792) zum höheren Lob der italienischen Oper verfocht, der späteren Romantik und dem Biedermeier zum literarischen Allgemeingut wurde – da war der ›Opera seria‹ längst der Todesstoß versetzt worden. So blieb auf lange Zeit das letzte Plädoyer für sie Heinses HILDEGARD VON HOHENTHAL vorbehalten. Der Roman liest sich auf weite

Strecken wie ein Führer durch die italienische Oper des ›Settecento‹: ein wahrhaft weites Feld...

Die Blütezeit der ›Opera seria‹ läßt sich, nach den Übergangskomponisten um Scarlatti und Vivaldi (→ S. 196 ff. und S. 202 ff.), in zwei Perioden unterteilen, die von dem Deutschen Johann Adolf Hasse in seiner Person zentriert werden. Die wichtigsten Komponisten der ersten, ungefähr von 1720 bis 1740 dauernden Periode waren Vinci, Leo und Pergolesi, die der zweiten, bis in die siebziger Jahre des 18. Jahrhunderts reichenden Jommelli und Traetta; zeitgleich mit diesen Komponisten verlief die Karriere der Deutschen Gluck und Graun, von denen der erstgenannte als Reformator und damit als Überwinder der ›Opera seria‹ in die Musikgeschichte einging. Der Blütezeit folgt von etwa 1770 bis 1800 eine Art Epilog mit Komponisten wie Piccinni, Sacchini, Paisiello und Cimarosa, die lediglich durch ihre Beiträge zur Gattung der OPERA BUFFA überlebt haben. Als Beiträger zur OPERA SERIA in ihrer letzten Entwicklungsstufe sind auch Haydn und Mozart zu nennen. Ohne übergroße Systematisierung läßt sich sagen, daß Mozart mit seiner Metastasio-Vertonung LA CLEMENZA DI TITO 1791 das Genre erfüllt und damit historisch aufgehoben hat. Im 19. Jahrhundert folgten nur noch vereinzelte Nachläufer.

VINCI, LEO, PERGOLESI

Zwei in ihren ästhetischen Anschauungen sehr unterschiedliche Musikhistoriker, die das 18. Jahrhundert aus eigener Anschauung kannten, waren sich darin einig, daß Leonardo Vinci (1690–1730) als erster den neuen Stil (›dolce stil nuovo‹, in Anlehnung an den der Lyrik Petrarcas zugeschriebenen Begriff) voll ausgeprägt habe: Charles Burney und André Ernest Modeste Grétry. Der englische Musikforscher hatte seiner ALLGEMEINEN MUSIKGESCHICHTE von 1774 ein dieser zuarbeitendes Reisetagebuch vorangehen lassen. 1773 war die dreibändige Ausgabe komplett, und schon 1772 kam der erste Band in deutscher Übersetzung heraus: CARL BURNEYS DER MUSIK DOCTORS TAGEBUCH EINER MUSIKALISCHEN REISE DURCH FRANKREICH UND ITALIEN, eins der wichtigsten Quellenwerke über das europäische Musikleben im 18. Jahrhundert. Der dritte Band war Deutschland, Österreich, Böhmen und den Niederlanden gewidmet. Burney verglich die Bedeutung Vincis mit jener der im Umkreis der Florentiner ›Camerata‹ entwickelten Monodie und schrieb dem Komponisten eine »beträchtliche Revolutionierung des Musikdramas« zu, weil er »seine Kunst, ohne sie zu degradieren, zum Freund, wiewohl nicht zum Sklaven der Dichtung machte, indem er die Melodie vereinfachte und verfeinerte, die Aufmerksamkeit des Publikums hauptsächlich auf die Gesangsstimme lenkte und diese von

Fuge, Komplikationen und angestrengter Findigkeit befreite«. Der belgische Komponist Grétry, der den ersten Band seiner MEMOIREN ODER ESSAYS ÜBER DIE MUSIK im Revolutionsjahr 1789 veröffentlichte, konstatierte, Vinci habe als erster erkannt, »daß Töne die Regungen eines Herzens malen können, das seine verschiedenen Bewegungen mit denen eines vom Sturm gepeitschten Schiffes identifiziert« (wobei er aber Pergolesi die Erfüllung dieses deklamatorischen Stils zuschrieb).

Nachdem um die Wende zum 20. Jahrhundert die Bedeutung Monteverdis recht erkannt worden war, schrumpft die Wertschätzung Vincis durch die zitierten Historiker vor allem auf die Feststellung, daß er als erster Metastasio-Texte in größerer Zahl vertont hat, teilweise in enger Zusammenarbeit mit dem Dichter: SIROÈ, RE DI PERSIA (Venedig 1726), CATONE IN UTICA (Rom 1727), ALESSANDRO NELL' INDIE (Rom 1729), DIDONE ABBANDONATA (Rom 1726) und ARTASERSE (Rom 1730) waren die bekanntesten (Vincis Bedeutung für die Opera buffa wird an anderer Stelle behandelt, → S. 240).

Von den Zeitgenossen wurde besonders der dritte Akt seiner DIDONE mit den vielen orchesterbegleiteten Rezitativen geschätzt. Eindrucksvoll vor allem Didos Abschiedsszene, wenn die allmählich die Stimme überlagernden Instrumente symbolisch verdeutlichen, wie ihr Körper von den Flammen langsam zugedeckt wird.

DAUER-OLYMPIADE

Wie Vinci war auch Leonardo Leo (1694–1744) mit einigen Buffo-Werken im neapolitanischen Dialekt sehr beliebt. Von seinen ersten Opern sei OLIMPIADE nach Metastasio erwähnt (Neapel 1737). Hier ist der Orchestersatz ganz homophon gehalten, und zwar ohne motivische Eigenständigkeit. Das bedeutet aber nicht unbedingt einen einfallslosen Orchesterstil. So ist die Schlummerarie des Licida erheblich spannender als in Vivaldis Vertonung (→ S. 202), weil Sextolenfolgen in den Streichern dem Singenden etwas vom Seelenzustand des schlafenden Freund Megacle verraten. Zwei Jahre vor Leo hatte Giovanni Battista Pergolesi (1710–1736) seine OLIMPIADE in Rom herausgebracht. Sie galt den Zeitgenossen, was sich auch heute leicht nachvollziehen läßt, als erste Erfüllung des Metastasianischen Operntypus. Und das, obgleich die Premiere im Tordinona allem Anschein nach ein Mißerfolg war. Da das Theater keinen Chor hatte, mußte der Komponist darauf verzichten, dafür konnte das Orchester mit zwei Hornisten und Trompetern aufwarten. Das erklärt den für die Frühzeit der Metastasio-Oper reichen Bläsereinsatz. So hören wir in Licidas Schlummer-Arie zwei Hörner, wie bei Leo (Vivaldi war noch mit einem ausgekommen). Der

Oktavsprung zu Beginn *Mentre dormi* (Während du schläfst, quält Liebe deine Träume; I,8) erweckt eine Eingangsspannung, die im weiteren Verlauf durch den Einsatz von ›Appoggiaturen‹ (kleinen Vorhalten) sowie durch die über Phrasenenden ausgehaltenen Klänge von Oboen und Hörnern in den Stil der Empfindsamkeit verlagert wird.

Der ist bei Pergolesi nicht frei von betulichen Zügen, wie der ›Commodo‹-Rhythmus der Dreiachtelbewegung in Licidas Arie zeigt. Was den Komponisten aber wohl vor allen Kollegen, die das Drama vertonten, auszeichnet, ist die Pastoral-Sphäre des zweiten Szenenkomplexes (es gibt in der Oper keine Innenraumszenen). Die beiden Mädchen Argene und Aristea, die allen Grund haben, sich von Megacle und Licida getäuscht zu fühlen, werden in ihrer Gefühlssprache gut differenziert und charakterisiert. Dabei war das Fehlen des Chors bei der Uraufführung nicht unbedingt ein Nachteil, da er – von Metastasio vorgesehen – Argenes Liebesleid nur als Hirtenstaffage gedient hätte. So drückt sie sich liedhaft in einem ›Siciliano‹ aus, dem ein langes Rezitativ folgt: die Erzählung eines Großteils der Vorgeschichte. Darin wurde sie so ihrem Licida entfremdet wie ihre Freundin Aristea, die Königstochter (und Zwillingsschwester des als Kind ausgesetzten Licida), ihrem Megacle, den sie aus standespolitischen Gründen nicht heiraten durfte. Nun tritt bei den Olympischen Spielen Megacle in der Gewandung seines Freundes Licida an: als Preis ist die Königstochter Aristea ausgesetzt. Dem Täuschungsmanöver des schließlich siegreichen Megacle entspricht der Betrug des Licida an seiner Argente wie der unwillentlich aus Nibelungentreue seinem Freund und Lebensretter Licida gegenüber von Megacle begangene Treuebruch an Aristea: ein Anlaß für komplizierte Seelenwirren.

Als Megacle zum olympischen Sieger erklärt wird, sind die Frauen bestürzt. Für Aristea findet Pergolesi ein C-Dur-Andante (*Grandi, è ver* – Wahrlich groß ist deine Qual) das im ›Seria‹-Stil bei stark instrumentalisierter Stimmführung den direkten Schmerzaffekt vermeidet, ihn erst allmählich in der Wendung nach g-moll frei werden läßt. Argente, vom Komponisten als Naturmensch gezeichnet, drückt sich direkter in einer weich abwärts fließenden Mollarie aus: *Che non mi disse un di* (Daß ich es nie erfahren hätte). Auch für die Arie des Megacle im zweiten Akt *Se cerca, se dice* (Wenn sie sucht, wenn sie fragt) setzte Pergolesi mit c-moll das um 1730 immer seltener in der ›Seria‹ verwendete Moll-Tongeschlecht ein. Mit ihrer periodischen Phrasierung und ihrer lyrischen Intensität war die Arie eins der größten Erfolgsstücke der Zeit. Der strikte Wechsel zwischen Refrain und rezitativischen Zwischenstrophen macht sie bei aller Symmetriebildung doch zu einer schon durchkomponierten Szene, in der die ›Opera seria‹ gleichsam das angestammte Terrain verläßt und zur Reformoper im Sinne Glucks vorstößt. Hier war Pergolesi für einen Augenblick so zukunftsweisend wie durchgehend in seiner SERVA PADRONA (→ S. 244 ff.) für die Gattung der ›Opera buffa‹.

JOHANN ADOLF HASSE

Eine der überragenden Erscheinungen der ›Opera seria‹ war der 1699 in Bergedorf geborene und 1783 in Venedig gestorbene Johann Adolf Hasse. Nach einer Karriere als Tenor in Deutschland, Braunschweig vor allem, ging er Anfang der 1720er Jahre nach Venedig, Bologna, Florenz und Rom, ehe er sich für sechs oder sieben Jahre in Neapel niederließ. Dort trat er zum Katholizismus über und studierte bei A. Scarlatti. Daß er laut Dr. Burney auch bei Porpora studiert habe, läßt sich nicht nachweisen. Von 1730 bis 1733 war Hasse, verheiratet mit der berühmten italienischen Sopranistin Faustina Bordoni, als Kapellmeister in Dresden. Dort blieb er, unterbrochen von langen Aufenthalten in Italien, bis 1763. Nach dem Tod August des Starken im Jahre 1733 wurde in Dresden die italienische Oper wieder gepflegt, und Hasse war ihr Prophet. In Italien und Wien wurde er nicht minder geschätzt, seine Titulierung ›Il caro Sassone‹ (Der liebe Sachse) galt als Gütezeichen. Hasses zentrale Bedeutung für die ›Opera seria‹ spiegelt sich in seiner Freundschaft mit Metastasio. Charles Burney hat sie im dritten Band seines TAGEBUCHS so charakterisiert: »Dichter und Musiker sind die beiden Hälften dessen, was einst – wie Platons Androgyn – Einheit war; denn sie zeichnen sich ebenbürtig aus durch die gleichen Charakteristika wahren Genies, Geschmacks und Urteils; so sind Reichtum, Beständigkeit, Klarheit und Genauigkeit unzertrennliche Gefährten.« Und das Urteil des Jahrhunderts faßte er bündig zusammen: Hasse »mag ohne Ungerechtigkeit seinen komponierenden Brüdern gegenüber als allen anderen Opernkomponisten so überlegen gelten wie Metastasio allen anderen Bühnendichtern«. Hasse hat, laut eigener Aussage gegenüber Burney, alle siebenundzwanzig Opern Metastasios bis auf den TEMISTOCLE vertont; insgesamt hat er über fünfzig geschrieben. Nach seinem Tod schnell in Vergessenheit geraten, wurde der Komponist erst wieder Anfang des 20. Jahrhunderts der Aufmerksamkeit für wert erachtet. Dennoch ist sein Werk erst in Ansätzen wissenschaftlich erforscht, und erst recht kann keine Rede sein von seiner Wiedergewinnung für das Musikleben. Der »liebe Sachse« von einst ist heute eine jener zahlreichen Geschichtsleichen des 18. Jahrhunderts und scheint es vorerst auch zu bleiben.

HASSES MUSIKSTIL

Der allgemeinen Einschätzung der ›Opera seria‹ entsprechend, gilt Hasse vor allem als geschickter Verfertiger eleganter und geschmackvoller Arien im galanten (für viele: seichten) Stil. Hasses Briefwechsel mit Metastasio aber, besonders der von Burney aus dem Jahr 1749 mitgeteilte Brief des Dichters über den ein Jahr später in Dresden uraufgeführten ATTILIO REGOLO (*WA* Göttingen 1971), beweist eine auch dramaturgische Diskussion in beider Zusammenarbeit. Metastasio sah vier Handlungspunkte für ein ›Recitativo accompagnato‹ vor, von denen nur eins als Monolog konzipiert war. Dieser Monolog ist das Zentrum der Oper, buchstäblich und im übertragenen Sinn. Regulus ist ein römischer General, der von den Karthagern gefangengenommen wurde und Urlaub auf Ehrenwort erhält, um in Rom einen Austausch von Kriegsgefangenen auszuhandeln. Gegen seine vitalen Interessen überzeugt er den Senat davon, nicht auf die Forderungen des Gegners einzugehen. Er ist auch bereit, nach Karthago zurückzukehren: in den Tod. In dem Monolog in II,8 erwartet er die Entscheidung des Senats. Die Oper endet mit der Abreise des Helden ebenfalls als Rezitativ mit Orchesterbegleitung, wobei Metastasio vorschlug, der Held solle von den Streichern begleitet werden, die anderen Personen nur von den Continuo-Instrumenten (wie es Vinci in der Schlußszene seines CATONE IN UTICA 1728 praktiziert hatte). Als Hasse die Oper im folgenden Jahr (1750) komponierte, hielt er sich an Metastasios Wünsche und fand dabei doch auch zu seinem Personalstil: eine der operngeschichtlich wichtigsten Errungenschaften Hasses (und Jommellis) war es nämlich, das ›Accompagnato‹ gegenüber dem ›Recitativo secco‹ qualitativ, gegenüber den Arien quantitativ aufzuwerten.

Hier ist einer jener historischen Wendepunkte markiert, an denen die Reform Glucks als im Grunde konsequente Weiterführung der ursprünglichen, zur Herausbildung der ›Opera seria‹ führenden Ideen der ›Arcadia‹ erscheint. Auf diese Bedeutung des Rezitativs hat schon der zeitgenössische Kritiker Friedrich Wilhelm Marpurg in KRITISCHE BRIEFE ÜBER DIE TONKUNST (Berlin 1761–63) hingewiesen, als er das erste Rezitativ des EZIO (Neapel 1730; Dresden 1755) analysierte. Der einzige harmonische Vollschluß ertönt erst am Ende; vorher gibt es nur Halbschlüsse oder abgebrochene Kadenzen, die einem Strichpunkt im Text entsprechen. Andere Gliederungsmomente, ungeschriebenen Kommas im Text vergleichbar, werden durch Pausen oder harmonische Veränderungen im Baß bewerkstelligt, so daß ein reich gegliedertes Ganzes entsteht; als Händel 1732 den gleichen Text in London vertonte, kürzte er ihn um gut die Hälfte, so daß trotz seiner Übernahme der Hasseschen Formbildung deren Reichtum nicht erhalten blieb. In solchen Rezitativen (wie etwa in der dritten Fassung des ARTASERSE von 1760) spielt Hasse bisweilen auch mit der ganzen Orchesterpracht, indem er Holz- und Blechbläser mit verschieden strukturiertem motivischen Material einsetzt. Die große Verzweiflungsarie der Dido im dritten Akt seiner DIDONE ABBANDONATA (Hubertusburg 1742; mehrfach revidiert) vermischt Rezitativmomente mit geschlossenen Formen zu einer durchkomponierten Szene, die von den Zeitgenossen zu Recht bewundert wurde. Kaum minder aufregend ist der Auftritt des Aeneas zu Beginn der Oper. Auch hier vermag es Hasse, Rezitativisches und Arioses zu mischen. Die Deklamation geht fast ins Stammeln über, so daß der im Prinzip simple Orchestersatz ein aufregendes Seelengemälde rahmt. Strenger gebaut, aber nicht weniger bemerkenswert ist Didos Arie aus dem ersten Akt *Non ha raggione ingrato*, wo zwischen Quart- und Quintsprüngen sowie Wiederholungen auf einer Tonhöhe und sorgsam eingebauten Pausen ein Gleichgewicht von Spannung und Formprägung erreicht ist. Typisch für diese Arie ist der Einsatz des ›lombardischen Rhythmus‹, der in einer Achtelbewegung durch Halbierung eines Notenwerts und Punktierung des folgenden einen spezifischen Bewegungsimpuls freisetzt.

Ist dieses rhythmische Stilmerkmal bei Scarlatti noch nicht nachzuweisen, so taucht es bei Vinci, Pergolesi und dem vor allem als Gesangslehrer bedeutenden Nicola Porpora (1686–1768) ebenso häufig auf wie in der italienischen Violinmusik der Zeit. Die ungleiche Verteilung des Schwergewichts zwischen zwei Tönen, die der Ausformung ihres Umfelds nach gleich lang sein müßten, ist als Seufzerform ein Stilmerkmal der Empfindsamkeit. In dieser Bewegung, fort vom pathetischen Stil bei Scarlatti und Händel, zum rührenden Melos hat Hasse zweifellos den Zeitstil entscheidend geprägt. Andrerseits gilt das auch für seinen Formsinn in den Arien. Ohne Übertreibung läßt sich sagen, daß Hasse die Dacapo-Arie zu ihrer entwickeltsten Form gebracht hat. Sie läßt sich folgendermaßen schematisieren: A), die erste vierzeilige Strophe, beginnt mit dem Ritornell I; dem ersten Arienteil mit einer Kadenz auf der Dominante oder, im Fall einer Moll-Arie, in der parallelen Dur-Tonart, folgt ein zweites Ritornell. Daran schließt sich ein zweiter Arienteil, der den vorangehenden variiert, nun allerdings mit ausgedehnten Koloratur-Passagen und einer Rückmodulation zur Tonika. Einer Kadenz folgt das dritte Ritornell. B), die zweite vierzeilige Strophe, ist einteilig, also kürzer als A), und steht in einer verwandten Tonart. Ihr thematisches Material kann das von A) variierend fortsetzen oder kontrastieren; auf die Kadenz folgt ein Ritornell, meistens identisch mit dem zu Beginn von A). Das ›Da capo‹ von A), in dem üblicherweise das Ritornell des ersten fortfällt, bringt zusätzliche Koloraturen, die dem Improvisationsgeschick des Sängers überlassen wurden, und eine ausgedehnte Kadenz.

Mit dieser von Hasse durchgesetzten Formalisierung der Arie beginnt auch die Gegenbewegung: die Auflösung des Schemas zu einer verkürzten Reprise (›Dal segno‹: vom Wiederholungszeichen ab) zur einfachen Liedform ABA' oder zu durchkomponierten Großformen, wie sie Hasse in seiner letzten Oper, dem 1771 in Mailand uraufgeführten RUGGIERO mit *Ho perduto il mio tesoro* freisetzt. RUGGIERO enthält bei insgesamt sechzehn Arien nur noch sechs, die das volle ›Da capo‹ aufweisen. Daß Hasse trotz solcher progressiven Momente nicht zu den reformerischen Ideen Glucks durchdrang, ist aus seiner strengen Bindung an das Metastasianische Libretto zu erklären. Dessen Grundprinzip einer stillen Einfalt, edlen Größe entspricht das Fehlen aufbrechender Emotionen in Hasses Musik ebenso wie der Verzicht auf tonartliche Binnenbezüge. Erst in RUGGIERO gibt es so etwas wie eine interne Musikdramaturgie des Quintenzirkels; in den früheren Werken geht Hasse nicht über dominantische oder subdominantische Bezüge in der Folge der Arien hinaus. Auffällig auch die Einheitstempi. Schon in seiner neapolitanischen Zeit bis 1729/30, als er Arien auf den Text und das Vorbild seines Lehrers Scarlatti schrieb, bevorzugte Hasse im Gegensatz zu seinen italienischen Generationsgefährten und ihren differenzierten Bewegungsarten Schematisierungen wie Allegri in Vierteln, Andante-Sätze in Achteln. Das war Folge einer gewollten Schlichtheit, der andrerseits – bis auf das Menuett – die von der älteren Generation so geschätzten und volkstümlich wirkenden Tanzsätze zum Opfer fielen. In seinen Menuett-Arien wurde er, dank seiner geschmeidigen Wortanpassung, zum europäischen Leitbild einer empfindsamen ›Italianità‹. Burney faßte die über Hasse zu seiner Zeit herrschende Meinung zusammen: »daß er von allen jetzt lebenden Komponisten der natürlichste, eleganteste und einsichtsvollste sei und dabei am meisten geschrieben habe. Gleichermaßen Freund der Poesie und der Stimme, zeigt er ebensoviel Beurteilung wie Genie, sowohl im Ausdruck der Worte als in der Begleitung der lieblichen und zärtlichen Melodien, welche er den Sängern gibt. Er betrachtet beständig die Stimme als den Hauptgegenstand der Aufmerksamkeit auf der Bühne und unterdrückt sie niemals durch ein gelehrtes Geschwätz mannigfaltiger Instrumente oder angestrengter Begleitsätze; vielmehr ist er immer darauf bedacht, ihre Wichtigkeit zu erhalten, gleich einem Maler, welcher der Hauptfigur in seinem Gemälde das stärkste Licht gibt.«

Dieses Urteil als zeitgebundene Schwärmerei abzutun, besteht wenig Anlaß, da Hasse offenbar für seine Zeitgenossen zur Vollendung des Vokalstils vorgedrungen war. Das läßt sich aus vielen ernstzunehmenden Urteilen erschließen, etwa dem des Abbé Vogler, der 1778 in seinen BETRACHTUNGEN DER MANNHEIMER TONSCHULE den Vorrang der Singstimme gegenüber den Instrumenten sogar mit einem leichten Mißfallen registrierte: »Aber dadurch hat er auch der musikalischen Welt unendlich genuzet, daß er den wahren Gesang im Beispiel bis auf unsere Zeiten gebracht, geschmackvolle und empfindsame Nachahmer für Fehler und unrichtigen Satz gewarnt hat.« Einen ersten Schritt zu einer Überprüfbarkeit solcher Urteile taten zweihundert Jahre nach dem Tod des Komponisten (16. Dezember 1783) das Mailänder Verdi-Konservatorium und die Sächsische Landesbibliothek Dresden, als sie – wichtigste Verwalter der auf uns gekommenen Autographen – immerhin für die Erstellung ihrer Hasse-Inventare eine Zusammenarbeit beschlossen. So ist für eine fernere Zukunft zu hoffen, daß nach dem 1957 edierten ARMINIO, dem 1973 veröffentlichten RUGGIERO und dem sogar als Bühnenmaterial vorliegenden Intermezzo LA SERVA SCALTRA (Die schlaue Magd, 1729 als Vorläuferin von Pergolesis LA SERVA PADRONA; *WA* Halle, Dresden, Leipzig 1983) weitere Werke in modernen Ausgaben erscheinen.

CARL HEINRICH GRAUN

Die bei Hasse bis zum Moment des Umschlags kulminierende Vorherrschaft der Da-capo-Arie wurde in Preußen auf königlichen Befehl abgeschafft. Friedrich II. (der Große) schrieb 1754 seiner Schwester, der Markgräfin von Bayreuth, er habe ein Opernlibretto verfaßt, in dem es nur noch zwei Da-capo-Arien gebe: eine für den altmexikanischen Herrscher Montezuma, die andere für die indianische Königin Eupaforice. Ein Jahr zuvor hatte er dem Grafen Francesco Algarotti brieflich mitgeteilt, in der von ihm bearbeiteten Geschichte der Eroberung Mexikos durch Hernán Cortés gelte seine Sympathie dem barbarischen Herrscher und seine Verachtung dem christlichen Conquistadoren, der ihm als Anlaß zu antireligiöser Polemik gerade recht war. So zeichnete er, in Übereinstimmung mit seiner noch als Kronprinz verfaßten Schrift gegen den italienischen Staatsphilosophen Macchiavelli, Mexiko als einen Idealstaat, in dem Friede, Humanität und Gastfreundschaft herrschen. Doch so, wie Friedrich kurz nach der Krönung zum König seinen Anti-Macchiavelli mit der Fixierung des Herrschers auf das Gemeinwohl seines Volks vergaß, indem er nach Schlesien einmarschieren ließ, entpuppte sich auch die Schmerzensgebärde des wie sein ›alter ego‹ gezeichneten Montezuma als ideologisches Aufrüstungsmittel: alle aufgeklärte Friedensliebe taugt nichts zum Schutz gegen gewaltsame Eindringlinge. Mit dieser moralischen Selbststärkung fiel es Friedrich sicher leichter, an seinem Hof den bevorstehenden Siebenjährigen Krieg angesichts des allgemeinen Neids auf Preußens Machtzuwachs als Verteidigungskrieg auszugeben. Als Komponist für seinen MONTEZUMA diente ihm Hofkapellmeister Carl Heinrich Graun (1703/04–1759), der das auf französisch verfaßte Libretto in der italienischen Fassung des Hofpoeten Giovanni Pietro Tagliazucchi zwischen Mai und November 1754 vertonte. Die am 6. Januar des folgenden Jahres erfolgreich herausgebrachte Oper, Graun hatte 1742 mit CLEOPATRA E CESARE im Auftrag seines Königs das erste Berliner Opernhaus eröffnet, wurde weitere sechsmal gespielt und 1771 für fünf Vorstellungen neu einstudiert. Wiederaufführungen in Saarbrücken (1936) und Berlin (Hebbel-Theater 1981) bewiesen die Lebensfähigkeit des Werks – zumindest vor einem Publikum, das historisch zu hören vermag und nicht eine psychologisch und dramaturgisch im Sinne des 19. Jahrhunderts ausgefeilte Oper erwartet.

DIE KÖNIGLICHE KAVATINE

Daß Friedrich II. in einer Art Haßliebe bei Hasse sowohl den Kulminationspunkt der Da-capo-Arie sah wie auch den Umschlag in den neuen Typus der nun Graun abverlangten ›Cavatina‹, fand fünf Jahre nach der Premiere des MONTEZUMA eine realpolitisch-makabre Fortsetzung in der Beschießung Dresdens durch die Preußen, bei der Johann Adolf Hasse – wie er dem britischen Musikreisenden Charles Burney mitteilte – seine zu einer Gesamtausgabe vorbereiteten Werke durch Feuer einbüßte. Die vom Preußenkönig favorisierte ›Cavatina‹ leitet sich sprachlich vom italienischen Zeitwort ›cavare‹ ab, das soviel wie ausgraben, herausholen bedeutet. Herausgezogen war die ›Cavata‹, so die ursprüngliche Bezeichnung, aus einem Vers, der nicht zur Arie, sondern zum Rezitativ gehörte. In dem 1732 erschienenen MUSICALISCHEN LEXICON Johann Gottlieb Walthers wurde sie zu Recht definiert als der Schlußabschnitt eines Rezitativs, der »in gar wenig Worten gleichsam concentriert und dergestalt herausgeholt wird, dass es ... nöthig, solche sententiösen Worte nach dem Tact und arioso zu setzen«. Bei Walther findet sich aber, ebenso wie bei Johann Mattheson in seinen Schriften DAS NEU-ERÖFFNETE ORCHESTER (1713) und DER VOLLKOMMENE KAPELLMEISTER (1739) eine zweite Bedeutung der ›Cavata‹: »wenn eine Arie, oder etwas anderes, ungemein wohl ausgeführet und nach Wunsch gelungen ist« (Walther). Da diese zweite Bedeutungsschicht eher für die Da-capo-Arie mit ihrem formalen und harmonischen Aufwand zutraf, bürgerte sich in Abgrenzung zu dieser die Verkleinerungsform der ›Cavata‹ als ›Cavatina‹ ein.

In Grauns MONTEZUMA handelt es sich um musikalisch knappe zweiteilige Formen, die jedoch auffällig viele Verse enthalten, so daß sich die von Friedrich verpönten Wiederholungsteile wie von selbst verboten. Daß Friedrich sich bei seinem Hinweis auf die Schauspielkunst bezog, in der es keinerlei Wortwiederholungen gebe, bereitet gedanklich die Reform der ›Opera seria‹ durch den Ritter von Gluck vor, wenngleich der MONTEZUMA von Friedrich und Graun noch völlig dem galanten Stil der Jahrhundertmitte verpflichtet ist: Rokoko. Die Ouvertüre im italienischen Stil ist homophon angelegt, wobei den kurzen Motiven simple harmonische Wendungen entsprechen. Ganz dem Zeitstil verhaftet ist Graun auch mit seiner Neigung zur Dreiklangmelodik und zum lombardischen Rhythmus (den Burney um die gleiche Zeit in England schon als Marotte bezeichnete). Selbst die Tatsache, daß Graun den Secco-Rezitativen große Sorgfalt angedeihen läßt, ist um die Mitte des 18. Jahrhunderts – ganz abgesehen von Hasses Ansätzen zu durchkomponierten Szenen – auch nicht außergewöhnlich.

GRÖSSEN AM RANDE

Es ist ein Zeichen für die Aushöhlung der ›Opera seria‹, daß ab der zweiten Hälfte des Jahrhunderts die wichtigen Beiträge von Ausländern kommen oder von Italienern, die im Ausland arbeiten. Da sind die Spanier Davide Pérez (1711–1768) mit seinem SOLIMANO (Lissabon 1757) und Domingo Terradellas (1713–1751) zu nennen, der schon 1744 in Venedig mit seiner Metastasio-Oper ARTASERSE heftige Bewegungen in ungewohnten Modulationen verbreitet hatte. Der Neapolitaner Gian Francesco di Majo (1732–1770) kam mit seiner für den Mannheimer Hof komponierten IFIGENIA IN TAURIDE 1764 schon den Gluckschen Reformidealen nahe, und Johann Christian Bach (1735–1782) hat mit seinen Opern nachhaltigen Eindruck bei Mozart hinterlassen. ALESSANDRO NELL' INDIE (Neapel 1762), LUCIO SILLA (Mannheim 1774, *WA* Ulm 1985), LA CLEMENZA DI SCIPIONE (London 1778) und sein Versuch im französischen Stil AMADIS DE GAULE (Paris 1779; *WA* Hamburg 1983) waren mit ihrer Eleganz und Professionalität durchaus auf der Höhe der Zeit. Burney schätzte an dem Londoner und Mailänder Bach »den Reichtum der Harmonien« mehr als die »Originalität der Melodien, wiewohl diese immer natürlich, elegant und im besten italienischen Geschmack der Zeit« seien.

Die letzten Großmeister der ›Opera seria‹ hatten ihre Karriere ganz im Wirkungskreis Metastasios begonnen: Niccolò Jommelli (1714–1774) und Tommaso Traetta (1727–1779), und beide fanden zu ihrem Personalstil weitab der Heimat. Der entscheidende Wendepunkt in Jommellis Karriere, die 1743 mit der von Hasse befürworteten Berufung nach Venedig als Musikdirektor am Hospital der Unheilbaren begonnen hatte, kam 1749, als er zusammen mit Baldassare Galuppi (1706–1785) nach Wien berufen wurde. Galuppi führte noch im gleichen Jahr dort in seinem auf den Metastasio-Text komponierten ARTASERSE eine durchkomponierte Szenenfolge ein, indem er die letzten fünf

Auftritte des ersten Akts in ein großangelegtes f-moll-Quartett verschmolz. Als die Oper zwei Jahre später in Padua zur Eröffnung eines neuen Opernhauses gegeben wurde, setzte Galuppi an die Stelle dieses Ensembles wieder die überlieferte Arienfolge. Jommelli fühlte sich von den fortschrittlichen Bedürfnissen in Wien ebenso animiert und schrieb Chorszenen für ACHILLE IN SCIRO (1749) sowie seine dritte Version der DIDONE ABBANDONATA (Stuttgart 1763). In substantiellen Final-Chören, die hauptsächlich homophon gesetzt waren, sorgte er durch antiphone Abschnitte und imitatorische Wendungen für Abwechslung.

Auch in seinem Arienstil und der Orchesterbehandlung zeigt Jommelli zukunftsweisende Züge. So mischt er rezitativisch-deklamatorische Momente in die Arien, wagt in zahlreichen Modulationen harmonische Kühnheiten, benutzt eine Vielzahl dynamischer Abstufungen, wie er sie schon in Italien an seinen Sinfonien erprobt hatte. Von diesen lernte Carl Stamitz jenes raketenhafte Orchestercrescendo, dessen Erfindung so oft fälschlicherweise der Mannheimer Schule zugeschrieben wird. Jommelli kannte nicht nur den Tutti-Rausch, sondern wußte auch Einzelinstrumente wirkungsvoll einzusetzen, wobei er die zweiten Violinen oder die Bratschen mit Sonderaufgaben betreute. Die frühklassischen Wiener Komponisten Wagenseil und Dittersdorf haben kein Hehl daraus gemacht, daß sie von Jommellis Orchestersprache viel lernen konnten. Seine vielleicht fruchtbarste Zeit verbrachte Jommelli von 1753 bis 1769 als Kapellmeister am Stuttgarter (Ludwigsburger) Hof Herzog Karl Eugens. Dort traf er mit dem Ballettmeister Jean-Georges Noverre, dem Verfasser eines berühmten Traktats und späteren Ballettmeister der Pariser Opéra, zusammen. Noverre, der die Rückkehr zu den griechischen Tanzidealen verfocht, also Natürlichkeit in den Bewegungen und Schlichtheit in den Kostümen, setzte in dem Komponisten neue Energien frei. Inzwischen hatte Jommelli schon längst ein europäisches Renommee erworben, und Burney berichtet von dem Unikum, daß 1754 in London die Abschiedsszene des Regulus in Metastasios ATTILIO REGOLO wiederholt werden mußte: sicher das erste Rezitativ in der Operngeschichte, dem ein ›Da capo‹ zuteil wurde.

Aber auch in seiner OLIMPIADE von 1761 konnte sich Jommelli mit anderen Vertonern des Stoffs messen. Die Soloszene der Argene in I,8, wenn sie von der Untreue ihres Licida erfährt und sich Betrachtungen über männliche Wankelmütigkeit hingibt, ist in ihrem Reichtum an Kunstmitteln sowohl der früheren Version Pergolesis als auch der späteren Paisiellos überlegen. Die Szene beginnt als ›Recitativo accompagnato‹, in dem die Violinen unruhig die Gemütsverfinsterung des Mädchens zeichnen. Ein Andante-Thema nach einer Secco-Zeile scheint auf einen Arienbeginn hinzuweisen, aber es geht weiter mit einer

Mischung aus begleitetem Rezitativ (mit motivisch eigenständigen Instrumentaleinwürfen) und baßgestütztem. Das den ersten Akt abschließende Duett hat Wilhelm Heinse im Roman HILDEGARD VON HOHENTHAL, auch in seiner Nähe zu Pergolesis sprachflexibleren Vertonung, zutreffend beurteilt: »Jommelli hat das Duett als ein großer Meister bearbeitet; der Gesang, die Melodie ist entzükkend und in der Harmonie viel Schönheit. Unruhe und Begierde bei der Aristea, das Wahre zu erfahren; Zurückhaltung der Leidenschaft und des Wahren beim Megakles: machen dessen Charakter; und doch spricht süße, heftige Liebe. Ich glaube, daß Jommelli den Charakter besser getroffen hat als z. B. Paisiello, dessen Musik dazu unter den neueren man für die schönste hält. Megakles mußte seinen Vorsatz ausführen und konnte bei doppeltem Kampf und Sieg also nicht den weichlichen f-moll-Ton in der Seele haben, aus dem dieser singen läßt. Jommellis und Pergolesis A-Dur, welches in das erhabene E-Dur übergeht, ist viel treffender.«

Der Einfluß der ihm durch Noverre vermittelten französischen Ästhetik führte Jommelli zur Preisgabe von Metastasios Formstrenge. Karl Eugen teilte den Geschmack seines Ballettmeisters, da er 1748 in Paris und Versailles von der Oper tief beeindruckt war. In diesem französischen Stil war 1753 nach dem Umbau des Theaters FETONTE (*WA* Stuttgart 1986) konzipiert. Das Finaltrio der zum Geburtstag des Herzogs präsentierten Oper, die er 1768 als End- und Höhepunkt seines Stuttgarter Engagements noch einmal komponierte, war Jommellis spektakulärste Theaterszene überhaupt. Es ist ein Handlungsensemble, wie man es sonst nur in der komischen Oper findet. Rezitative, ariose Momente, Ensemble- und Chorklänge vermischen sich mit einer programmusikalischen Orchesterbegleitung. Als Jommelli 1769, mit Karl Eugen zerstritten, nach Neapel zurückkehrte, exportierte er etwas von dem in Stuttgart gewohnten Reichtum in seine Heimat: Ballett und Chor, Ensembles sowie durchkomponierte Mischformen aus Arie, Kavatine und Rezitativ. So gibt es in III,5 seiner ARMIDA ABBANDONATA (1770) eine Szene mit dem im Wald der Zauberin herumirrenden Rinaldo, die nicht nur einen Chor aufweist, sondern deren zwei. Während einer mit hohen Stimmen die lockenden Geister der Armida darstellt, sind die tiefen Männerstimmen den Dämonen vorbehalten, die Rinaldo erschrecken. Flöten und Streicher unterstützen den Geisterchor, Oboen, Hörner und Streicher den der Dämonen. Mozart indes kam der für Neapels Oper ungewöhnliche Aufwand schon altmodisch vor.

TOMMASO TRAETTA (1727–1779)

Spuren des für den jungen Mozart verdächtigen französischen Stils zeigt auch die 1762 in Mannheim uraufgeführte SOFONISBA Traettas mit ihren Tempel- und Schlachtszenen, dem Unterwasserpalast der Thetis und den Verwandlungen des Proteus. Heinses Romankomponist Lockmann, dessen Urteile manchmal in einer leicht ironischen Färbung erscheinen, jubelt: »Traetta zeigt sich hier als ein wahres, großes Originalgenie, das in der Musik als Erfinder dasteht und andere geleitet hat.« Höhepunkt ist ihm die Schlußszene *Sofonisba che aspetti:* »Wie herrlich der Übergang aus dem C-Dur bei *Ecco al mio labbro già la tazza* in a-moll, worin nun die Begleitung zu dem göttlichen *Ma ohimè* beginnt. *La mano perchè mi trema . . .*, alles im Zwölfachteltakt, Pulsschlag des Schauderns von einem Gefühl ins andere. Und nun Besinnung und Entschluß in neuen Absätzen: . . . aus dem e-moll ins E-Dur und durch den Akkord der kleinen Septime auf der Dominante die ganz göttliche Stelle *Ah, non credei, che il terribil fosse l'aspetto della morte* in der ganzen Fülle mit dem Schauder durch alle Glieder; wohinein der Römische Marsch hinter dem Theater mit Oboen, Hörnern und Fagotten fällt.«

Dieser laufende Kommentar zu einem Durchspiel am Klavier, nach dem Muster sind fast alle Musikerörterungen in Heinses Roman geformt, zeigt stilprägende Momente Traettas auf: den motivisch eigenständigen Einsatz von Holz- und Blechbläsern (ihrer Verwendung in der Schlußszene folgt ein Quintett), mit denen das vorzügliche Mannheimer Orchester (die Sophonisbe sang Dorthea Wendling, Mozarts zukünftige Ilia in IDOMENEO) glänzen und Pfalzgraf Carl Theodor Herzog Karl Eugen von Württemberg ausstechen wollte. Zweifellos spiegelt sich in Traettas besten Werken schon der Einfluß Glucks wider (er parodierte das berühmte *Che farò?* von dessen Orpheus): etwa die Chorszene mit dem Mitleid für Orest fühlenden Chor in der ein Jahr später in Wien uraufgeführten IFIGENIA (I,5). Da mischen sich Glucks Trauerchöre und Rameaus Chromatik aus der Klage um den toten Castor in CASTOR ET POLLUX zu einiger Wirksamkeit. Erstmals unter französischen Einfluß kam Traetta im bourbonisch regierten Parma, wohin er 1758 zusammen mit der ihm von nun an verbundenen Primadonna Caterina Gabrielli engagiert worden war. Dort lernt er nicht nur Racines PHÈDRE kennen, sondern auch einige Partituren Rameaus, und in Wien – wohin er Ende 1760 ging – hörte er Glucks ORFEO. Als er 1768 Nachfolger Galuppis am St. Petersburger Hof Katharinas der Großen wurde, faßte er nach kleineren Vorarbeiten seine Fähigkeiten 1772 in der ANTIGONE (Text von Marco Coltellini) zusammen. Abgesehen davon, daß er in dieser

>Opera seria< das Spektrum der von ihm eingesetzten Bläser um Klarinetten er-
weiterte, ist es eine der ersten Opern, in denen sich ein szenisches Gliederungs-
prinzip durch tonartliche Bezüge feststellen läßt. So drücken die e-moll-Chöre
des dritten Akts auf die umliegenden Soloszenen, in denen das Aufbegehren der
Individuen gegen die von den Chören symbolisierte Schicksalsmacht vergeblich bleibt. Auch die formgliedernde oder zumindest unbewußt Zusammenhänge suggerierende Wiederkehr einzelner Motive gehört zu Traettas fortschrittlicher Kompositionstechnik; dramaturgisch indes bleibt die ANTIGONE
dem Schematismus der >Opera seria< verhaftet.

DOMENICO CIMAROSA (1749–1801)

Die allmähliche Aushöhlung der Metastasianischen Oper zeigt sich im letzten
Drittel des 18. Jahrhunderts unter anderem darin, daß die Da-capo-Arie durch
die schon aus der >Opera buffa< bekannte Rondo-Arie ersetzt wurde und daß
Komponisten immer ungenierter in Metastasios Libretti eingriffen. So weist
die ARMIDA Antonio Salieris (1750–1825), 1771 in Wien uraufgeführt, nur
noch vier Personen auf, und in der ganzen Oper gibt es nur noch zehn Stücke, die
man als Arie bezeichnen könnte. Der Reformgeist Glucks prägt auch das von
Luigi Serio verfaßte Libretto zu Cimarosas ORESTE (Neapel 1783). In einem
Schreiben an König Ferdinand von Neapel brachte Serio im gleichen Jahr die
Misere der italienischen Oper auf jenen Nenner, den Gluck schon 1769 im Vorwort zu seiner ALCESTE formuliert hatte: »Das Drama unserer Zeit weckt wenig Interesse, nicht so sehr wegen der verdienstlosen Poesie, sondern wegen der
großen Leere zwischen den Rezitativen und den Arien . . . sowie der Willkür der
Sänger . . ., die mit ihrer Nachlässigkeit und Unwissenheit die Worte kunstlos
und ohne rechten Ausdruck hervorbringen. Um diesem Wirrwarr ein Ende zu
machen, habe ich die Anzahl der Rezitative auf ein mögliches Minimum reduziert. Zudem habe ich Chöre in das Drama eingeführt, um die Aufmerksamkeit
des Zuhörers zu wecken. Damit sie keine ephemeren, nur geräuschhaften
Stücke seien, habe ich versucht, sie mit der Handlung zu verbinden . . . Die
Arien, besonders die von den Hauptfiguren gesungenen, habe ich so plaziert,
daß der Komponist die Musik dem Text anpassen muß und die Sänger nicht
umhin können, den Gefühlswert der Worte auszudrücken.«

Ist in diesen Äußerungen die Abkehr vom Libretto-Typ Metastasios programmatisch festgehalten, so zeigen auch Cimarosas vier nachgewiesene (von
insgesamt sechzehn) Opern auf Texte Metastasios die Auflösungserscheinun-
gen, die für das Ende des Settecento bezeichnend sind. Die Kürzung der nun
allgemein als zu lang empfundenen >versi sciolti< (freien Verse) in den Rezitati-

ven, die Übernahme von Ensembleszenen nach dem Vorbild der komischen Oper vom Duett bis zur großen Finalszene und die Eliminierung einzelner Metastasio-Arien, deren Affektgehalt als zu vage gilt, zeigen sich in ALESSANDRO NELL' INDIE (Rom 1781), L'EROE CINESE (Neapel 1782) oder L'OLIMPIADE (Vicenza 1784) gleichermaßen. So wird in der letztgenannten Oper beispielsweise aus der Arie der Aristea in II,3 die erste Strophe mit der Klage über das Leid Argenes beibehalten, aus dem gemessenen Lamento der zweiten aber wird ein Rondo *(Giusto ciel! Che rio cimento)*, das den Jammer übersteigert. In Cimarosas nicht auf Texte Metastasios verfaßten Opern weht ein neuer Geist auch in anderer Hinsicht. So ist etwa die Neigung zu ungewohnten Spielplätzen auffällig: LA VERGINE DEL SOL, 1789 in St. Petersburg uraufgeführt, spielt in Peru; VOLDOMIRO, in der Spielzeit 1786/87 in Turin herausgekommen, gar im russischen Mittelalter. Das exotische Milieu verliert hier seine rein koloristische Funktion und wird durchscheinend für politische Botschaften im Vorfeld der Französischen Revolution.

Zum anderen macht sich der Klimawechsel auch dann bemerkbar, wenn Cimarosa in der angestammten Region Metastasios bleibt: der griechischrömischen Antike. Sein GIUNIO BRUTO (Verona 1781) mit dem Libretto von Giovanni Pindemonte ist ebenso wie GLI ORAZI E I CURIAZI auf einen Text von Antonio Sografi »ein Monument der neuerwachten Begeisterung für die Freiheits- und Vaterlandsliebe des republikanischen Rom«. Aus dem sentenzenhaft ausgebreiteten Affekt-Moralismus Metastasios wird unter dem Einfluß der Dramen Vittorio Alfieris ein Bekenntnis zu freiheitlich-demokratischen Idealen, wie sie auch die Dichter des deutschen Sturm und Drang vertraten. So wirken die am zweiten Weihnachtstag 1796 im Theater La Fenice zu Venedig uraufgeführten ORAZI E CURIAZI wie ein utopischer Endpunkt der ›Seria‹ mit Anleihen bei jenem neuen Nuancenreichtum, der etwa Mozarts Beiträge zu diesem Genre auszeichnet: IDOMENEO und LA CLEMENZA DI TITO.

Domenico Cimarosa: **GLI ORAZI E I CURIAZI** (Die Horatier und die Curiatier. ›Tragedia in musica‹ in drei Akten; *L* von Antonio Sografi nach der Tragödie HORACE von Pierre Corneille. Venedig 1796, Wien 1797, Dresden 1805, *WA* San Remo 1983.

Das Libretto behält den Grundkonflikt von Corneilles Tragödie HORACE (1640) bei. Wir befinden uns in der mythischen Gründerzeit Roms. Die aufstrebende Stadt liegt in heftigem Streit mit dem benachbarten Alba. Beide Heere drohen auszubluten. Da vereinbaren die Herrscher einen Entscheidungskampf: für jede Partei sollen drei Krieger in das letzte Gefecht ziehen. Alba ernennt Curiatius mit seinen beiden Brüdern, Rom dagegen Horatius mit seinen. Doch Horatius ist mit Sabina, der Schwester der Curiatier, verheiratet, und seine Schwester Camilla (in der Oper: Orazia) will Curiatius heiraten. Liebe und Pflicht, Neigung und Staatsräson machen die Menschen zu Leidensträgern, wobei die Frauen mehr dem privaten, die Männer mehr dem öffentlichen Wohl zuneigen. Die Geschichte nimmt den schlimmstmöglichen Verlauf. Nachdem er seine Brüder verloren hat, besiegt Marco Orazio mit einer Kriegslist alle drei Curiatier. Den heimkehrenden Triumphator klagt die Schwester Orazia des Mordes an ihrem Verlobten an. Er rechtfertigt sich, hier verkürzt die Oper Corneille einschneidend, in der Berufung auf die Pflichterfüllung eines römischen Staatsbürgers.

Aus dem insgesamt geschickt erarbeiteten Libretto hat Cimarosa sicherlich nicht den Seelenheroismus der Frauen im Sinne Corneilles dem doppeldeutig blendenden Akt des Willensentscheids bei den Männern gegenübergestellt. Die Figur der Orazia gewinnt kaum rechten Umriß, Sabina rutscht mit ihrer Arie *Un raggio sereno* (Ein heiterer Sonnenstrahl; II,8) in die unverbindliche Gefälligkeit des galanten Stils ab. Andrerseits ist es Cimarosa auf eine oftmals verblüffende Weise gelungen, den Konflikt zwischen privatem Glück und öffentlichem Moralanspruch auf dem Musiktheater zu vermitteln. So stellt er dem Marco Orazio beim ersten Auftritt den Chor als Kontrast- und Selbstfindungsmittel an die Seite. Zudem wird der Hauptheld nicht mehr einem Kastraten anvertraut. Vielmehr folgt Cimarosa der von Händel 1724 in seinem TAMERLANO und von Mozart 1781 in IDOMENEO gelegten Spur männlicher Selbstwerdung im Bühnenfach des Tenors. Orazio ist Vorläufer des ›Tenore di grazia‹ in der Belcantooper des frühen 19. Jahrhunderts und damit letztlich Wegbereiter von Verdis Tenorhelden. Die für die ›Opera seria‹ neue Form der Chor-Arie weitet Cimarosa in Marco Orazios Auftritt *Se alla patria ognor donai* (Wie ich dem Vaterland immer den Schweiß meiner Tage widmete; I,7–8) zu einem nummernüberspringenden Szenenkomplex. Dieser Schritt in Richtung auf eine Durchkomposition kann zur Überwindung des alten Nummernsystems führen. Curiazios große Szene in II,12 beginnt als arioses Rezitativ (*Ei stesso intrepido* – Er selbst wird unerschrocken sprechen), das unter Einschluß Orazias und des Chors zu einem Chor-Duo führt. Es folgt die rezitativische Anrufung des Orakels mit anschließender Arie (*Voce augusta del ciel* – Strenge Stimme des Himmels). Die schließliche Chorverstärkung der Arie steigert sich – hier greift Cimarosa auf Rameaus Praxis in der ›Tragédie lyrique‹ zurück – zu einem orchestralen Erdbeben, ehe das Orakel seinen Spruch verkündet: Kampf (auf Leben und Tod). Diese Großszene mit ihrem finsteren orchestralen Unisono gehört zum Beeindruckendsten, was die italienische ›Seria‹ am Ende des ›Settecento‹ hervorgebracht hat. Hier wird Rossini mit seiner SEMIRAMIDE anknüpfen.

Trotz solcher Vorausklänge bleibt Cimarosas Oper letztlich der klassizistischen Ästhetik Metastasios verpflichtet. So galt Stendhal die Arie des Kastraten Curiazio *Quelle pupille tenere* (Diese zärtlichen Blicke; I,5) als die schönste der späten ›Seria‹. Und in seinen SPAZIERGÄNGEN IN ROM (1829) begründete er auch, warum der Komponist auf dem Feld der ernsten Oper vergessen wurde, als Vertreter der Buffo-Oper aber mit seinem MATRIMONIO SEGRETO (→ S. 262 ff.) dauerhaften Ruhm gewann: der Sinn für Muße und Phantasie ging den Zeitgenossen durch die politische Entwicklung verloren – und damit die Voraussetzung für jene Einläßlichkeit, die gerade die ›Opera seria‹ vom modernen Hörer verlangt. Obwohl GLI ORAZI E I CURIAZI bis 1823 in Paris, in Florenz und London sogar bis 1841 auf dem Spielplan standen, wurde ihr Erfolg gesamteuropäisch doch von einer Oper übertroffen, die ganz im Bann der Tradition Metastasios stand: GIULIO SABINO von Giuseppe Sarti (1729–1802) (Venedig 1781; Libretto: Pietro Giovannini). Im Uraufführungsjahr von Beethovens FIDELIO (1805 noch unter dem Titel LEONORE) wurde sie am gleichen Wiener Theater (am Kärntnertor) mit Zutaten von Salieri und anderen wieder aufgeführt und als eins der wenigen Werke der Zeit in Partitur gedruckt. Sarti verfocht das überkommene Schema unbeirrt weiter: Verzicht auf den Chor, sparsame Ensemblesätze, Verlagerung eines Großteils des Dialogs in simple Rezitative und penible Verteilung der Arien auf die Sänger, je nach ihrer hierarchischen Stellung (die inzwischen modisch gewordenen Rondos blieben den Protagonisten vorbehalten).

Der zeitgenössische Erfolg des Werks ist wohl nur als ironischer Schlenker der Geschichte zu verstehen: sie war längst darüber hinweggegangen. Da machte sich, Beethoven bekam es mit seinem FIDELIO zu spüren, die Dialektik des sozialen Fortschritts bemerkbar. Komponisten wie Traetta und Jommelli hatten das starre Schema der Metastasianischen ›Seria‹ nur deshalb mit reformerischen Zutaten anreichern können, weil die dem mondänen Geschmack ihrer fürstlichen Auftraggeber entsprachen. Mit dem bürgerlichen Zeitalter nach der Französischen Revolution beginnt der Kampf des meist auf sich selbst gestellten progressiven Künstlers mit dem – an seinen Vorstellungen gemessen – rückständigen Geschmack der Gesellschaft. Am Endpunkt dieser Entwicklung könnte die Einlösung von Hegels utopischer Vision einer Gesellschaft stehen, deren soziale Fortschritte eine solche Dynamik gewinnen, daß Kunst überhaupt überflüssig wird. Manchem Kulturkritiker mag es indes erscheinen, als sei diese Utopie längst Wirklichkeit geworden: in der Massenmedienlandschaft einer nur noch auf den Konsum eingestellten Wegwerfgesellschaft. Daß Kunst, schon im Zeitalter der ›Opera seria‹ von der Entwicklung des seriell hergestellten Konsumartikels (Kofferarie!) bedroht, in der Wiedergewinnung ihres authentischen Anspruchs etwas von der Unerlöstheit des Menschen in seiner gesellschaftswirklichen Alltäglichkeit verkündet, ist von den großen Erfüllern und Reformern der Oper zwischen Monteverdi und Mozart, Gluck und Wagner immer wieder der Geschichte eingeprägt worden. Nicht als handelbare Botschaft, sondern als Subtext zur künstlerischen Gestaltung. Die Authentizität von Kunst bemißt sich nicht zuletzt auch am Maß des Widerstandspotentials, das sie dem reißenden Strom gesamtgesellschaftlicher Entwicklungen entgegensetzt.

REFORM ALS SYNTHESE
CHRISTOPH WILLIBALD RITTER VON GLUCK
(1714–1787)

Glucks Einbildungskraft ist ungeheuer. Daher sind ihm die Schranken aller Nationalmusiken zu eng: er hat aus der welschen, aus der französischen, aus den Musiken aller Völker eine Musik gemacht, die seine eigne ist; oder vielmehr: er hat in der Natur alle Töne des wahren Ausdrucks aufgesucht und sich derselben bemächtigt.« Mit dieser am 24. Oktober 1768 in den ›Wöchentlichen Nachrichten‹ veröffentlichten Würdigung seines Kollegen Christoph Willibald von Gluck hat Johann Adam Hiller den Grundstein für alle späteren Gluck-Darstellungen gelegt. Die Feststellung, daß Gluck der erste Komponist war, in dem sich die besten Merkmale der beiden bis dahin authentischen Nationalschulen verbanden: der italienischen und der französischen Oper, ist unwiderlegbar. Aber zwischen den Zeilen von Hillers Lob taucht auch ein bedenklicher Gedanke auf: daß von allen die deutsche Musik die wahre, die naturhafteste und tiefste sei.

Richard Wagner hat diesen Gedanken 1851 in seiner Schrift OPER UND DRAMA scheinbar versachlicht und seiner ideologischen Spitze beraubt. Ihm war Ritter von Gluck der »Ausgangspunkt für eine allerdings vollständige Veränderung in der bisherigen Stellung der künstlerischen Faktoren der Oper zueinander. Von jetzt an geht die Herrschaft in der Anordnung der Oper mit Bestimmtheit auf den Komponisten über: der Sänger wird zum Organ der Absicht des Komponisten, und diese Absicht ist mit Bewußtsein dahin ausgesprochen, daß dem dramatischen Inhalt der Textunterlage durch einen wahren Ausdruck desselben entsprochen werden sollte.« Das Reformstreben Glucks, von Wagner primär in der Dämmung falscher Sänger-Ambitionen gesehen, besitze zwar die verbindene Kraft, von der Hiller gesprochen hatte, »im übrigen aber blieb es in bezug auf den ganzen unnatürlichen Organismus der Oper durchaus beim alten. Arie, Rezitativ und Tanzstück stehen, für sich gänzlich abgeschlossen,

ebenso unvermittelt nebeneinander in der Gluckschen Oper da, als es vor ihr
und bis heute fast immer noch der Fall ist.« Die tatsächliche Verwirklichung der
Gluckschen Reformideen, so suggeriert Wagner seinem Leser, finde erst in seinem eigenen Werk statt.

REFORM ALS GESINNUNGSTAT?

Wagner, durch Landflucht von der Dresdner Revolution der Jahre 1848/49 und
ihrer sozialpolitischen Einlösung entbunden, hatte sich in seinem theoretischen
Werk darangegeben, statt der Revolutionierung der Gesellschaft diejenige der
Oper zu betreiben. Daß er Gluck in dem Zusammenhang einen methodischen
Revolutionär nannte, ist von späteren Musikgeschichtsschreibern in diesem
Sinne akzeptiert worden, und die Erfüllung des Musikdramas bei Wagner
(manch einem als totalitäres Kunstwerk vorkommend) hat ein Schlaglicht zu-
rück in die Geschichte der Oper geworfen: Gluck profitierte davon in einem
gefährlichen Maße. Betrachtet man Wagners Bearbeitung der IPHIGENIE IN
AULIS von 1847 oder die 1892 von Richard Strauss erstellte der IPHIGENIE AUF
TAURIS, so erkennt man die strangulatorischen Züge dieser Umarmung: in
solch einer Gluck-Verehrung, die eher selbstgerecht als objektgerecht ist, wird
das tatsächliche Reformwerk des Komponisten derart verfremdet, daß es am
Ende nicht mehr wahrzunehmen, dafür aber als Gesinnungstat um so höher zu
feiern ist.

Diese Unschärferelation zwischen Werk und Wirkung hat im Falle Glucks
Ernst Theodor Amadeus Hoffmann in seiner 1809 entstandenen Erzählung
RITTER GLUCK produktiv beschrieben. Im damaligen Berlin läßt er den Ich-Er-
zähler in einem Gartenrestaurant einen alten Sonderling kennenlernen. Ehe
der sich, 22 Jahre nach dem Tod des Komponisten, als dessen Wiederkömmling
zu erkennen gibt, schilt er das zeitgenössische Berliner Musikleben im allgemeinen und den Stand der Gluck-Pflege im besonderen. Schließlich spielt er dem
Erzähler, sich am Klavier selbst begleitend, nach der Ouvertüre seiner ARMIDE
auch eine Vokalszene vor: »Nun sang er die Schlußszene der Armida mit einem
Ausdruck, der mein Innerstes durchdrang. Auch hier wich er merklich von dem
eigentlichen Originale ab; aber seine veränderte Musik war die Glucksche
Szene gleichsam in höherer Potenz. Alles, was Haß, Liebe, Verzweiflung, Raserei in den stärksten Zügen ausdrücken kann, faßte er gewaltig in Tönen zusammen.«

Die zwischen den Zeilen aufscheinende These, die wahre Bedeutung großer Musik werde dem Nachgeborenen erst durch ihre Veränderung erfahrbar,
spaltet nicht nur Hoffmann in einen klassizistischen Praktiker der Musik als Ka-

pellmeister und einen romantischen Musiktheoretiker; darüber hinaus stempelt sie Gluck zu einem Phänomen der Zweideutigkeit. Unverrückbar scheint zunächst der Platz zu sein, den die Musikgeschichte ihm zugeordnet hat: die Oper reformiert zu haben. Nach gängiger Betrachtungsweise hat Gluck insgesamt sechs Reformopern (innerhalb eines halben Hunderts überlieferter Bühnenwerke) komponiert, die in zwei Gruppen unterteilt sind. Von diesen wendet sich die eine gegen die ›Opera seria‹: ORFEO ED EURIDICE, ALCESTE (wie der ORFEO auch in einer französischen Fassung vorliegend) sowie PARIDE ED ELENA. Die Zielrichtung der zweiten Werkgruppe, zu der die beiden französischen Versionen von ORFEO und ALCESTE zählen, ist die ›Tragédie lyrique‹: IPHIGÉNIE EN AULIDE, ARMIDE und IPHIGÉNIE EN TAURIDE. Das Problem für den heutigen Betrachter ist wirkungsgeschichtlicher Natur: das Spezifikum dieser Reform zu erkennen, da die Traditionen, gegen die sie sich wandte, weitgehend aus dem musikalischen Weltbewußtsein getilgt sind (für die ›Opera seria‹ gilt das in noch stärkerem Maße als für die seit der Mitte der sechziger Jahre langsam wiederentdeckte ›Tragédie lyrique‹).

Dieser Grauzone in der Wirkungsgeschichte Glucks entspricht die der Wertstruktur seiner Kompositionen selber. Obwohl er in seinen Lehr- und Wanderjahren (geboren wurde Gluck im oberpfälzischen Erasbach bei Berching als Sohn eines Forstmeisters) nach einem kurzen Studium der Logik und Mathematik in Prag nicht weniger als vier Jahre bei Giovanni Battista Sammartini, einem der fortschrittlichsten italienischen Instrumentalkomponisten der Zeit, in Mailand studierte, weisen seine rein instrumentalen Sätze einen merkwürdig konventionellen und unpersönlichen Duktus auf. Das gilt für seine sechs Triosonaten, die er 1746 in London (wo sich Händel recht kritisch über ihn äußerte) drucken ließ, ebenso wie für sein Ballett DON JUAN, das – 28 Jahre vor Mozarts Oper – nur in der Höllenfahrt des Helden aus der Konvention ausbricht, oder die Orchestersätze seiner Opern. Erst in seinen Reformopern kommt Gluck zu einer Überwindung stereotyper Praktiken, ohne aber den vom späten Rameau gesetzten Standard der Programm-Ouvertüre oder der rhythmischen Flexibilität je zu übertreffen. Seine italienische Neigung zu Wortwiederholungen, zumal in Ensembles, spiegelt einen analogen Sachverhalt in den Vokalparts.

STATIONEN EINER KARRIERE

Solche Einbindungen in die Untiefen der Tradition lassen sich leicht aus Glucks Laufbahn erklären. Trotz seiner Lehre bei Sammartini war er im Grunde Autodidakt, der seine Erfahrungen in aller Welt machte, ehe er sie theoretisch fundierte und auf solchem Fundament eine neue Praxis zu gründen versuchte. Nach seinem Italienaufenthalt, der nicht weniger als acht italienische Opern zeitigte, reiste er 1745/46 über Paris, wo er möglicherweise Rameau-Opern hörte, nach London; dort brachte er die Oper LA CADUTA DEI GIGANTI heraus. Drei Jahre Wanderschaft mit der Operntruppe der Brüder Angelo und Pietro Mingotti (die in Dresden mit Hasse und in Stuttgart mit Jommelli die deutschen Bastionen der ›Opera seria‹ geschaffen hatten) führten ihn bis 1752 durch halb Europa. Auf einer dieser Opernreisen wurde der Komponist 1756 in Rom vom Papst zum Ritter des Ordens vom goldenen Sporn ernannt. Schon 1752 war er in Wien zum kaiserlichen Hofkomponisten berufen worden, also zum Kollegen des immer noch herrschenden Hofdichters Metastasio. Diesen Posten verdankte er dem Grafen Giacomo Durazzo, der als Assistent des Intendanten und ab 1754 in dessen Funktion (Generalspektakeldirektor) bis 1764 hauptverantwortlich für das Wiener Theaterleben war. In Wien schuf Gluck zunächst zahllose Einlagen für Buffo-Opern, die auf französische Vorlagen zurückgingen, dann zwölf eigenständige Werke (→ S. 360 ff.). Durch die Beschäftigung mit dem ›Vaudeville‹ und der ›Opéra comique‹ erwarb sich Gluck nicht nur die Treffsicherheit im volkstümlichen Ausdruck, sondern auch ein Gespür für jene Knappheit, die zum Grundideal seiner späteren Reformopern wurde.

Dank der umsichtigen Planung Durazzos fand sich Gluck in Wien mit dem Ballettmeister Gasparo Angiolini und dem Librettisten Ranieri de' Calzabigi zu einem Triumvirat verbunden, in dessen Zusammenwirken die Opernreform entstand. Nach dem Ballett DON JUAN im Jahre 1761 kam sie ein Jahr später mit ORFEO ED EURIDICE zum Durchbruch. Calzabigi berief sich auf die französischen Enzyklopädisten, besonders auf Diderots DISCOURS DE LA POÉSIE DRAMATIQUE (Über dramatische Poesie; 1758). Er machte sich dessen Motto zu eigen: »Wahrheit, Natur, die Alten, Sophokles, Philoktet!« und spezifizierte dieses Motto eines Zurück-zur-Natur der Griechen durch die Anlehnung an die mehr opernpraktisch ausgerichtete Schrift des von Friedrich II. in Berlin in den Grafenstand erhobenen Francesco Algarotti SAGGIO SOPRA L'OPERA IN MUSICA (1754; als ABHANDLUNG ÜBER DIE MUSIKALISCHE OPER ins Deutsche übersetzt). Haupttenor von Calzabigis Reformstreben war die Wiedereinsetzung der Herrschaft des Wortes über die Musik. Da diese nur nachahmende Funktion habe, die Dichtung aber nach Bedeutung und Wahrheit strebe, müsse ihr der Primat zukommen. Wie sich Algarotti das vorstellte, leuchtete Calzabigi und Gluck gleichermaßen ein. So müsse die Ouvertüre Bezug auf die Handlung nehmen, die Arien dürften kein virtuoser Zierat sein; der Gegensatz der ›Opera seria‹ zwischen der Arie und dem die Handlung vorantreibenden ›Recitativo secco‹ müsse durch die Mischform des ›Accompagnato‹ überwunden werden.

Parallel zur Aufhebung dieser Spannung zwischen reich dekorierten Arien und einem ärmlichen, vom Cembalo-Zirpen getragenen Rezitativ forderte Algarotti den Abbau der einkomponierten Sängervirtuosität in der Arie, die Gewinnung eines echten Gefühlsausdrucks anstelle einer leerläuferischen Sangesherrlichkeit.

GLUCKS KLASSIZISMUS

Glucks ORFEO ist, weitaus stärker als die beiden ihm folgenden italienischen Opern ALCESTE und PARIDE ED ELENA (Paris und Helena), als sein großes Reformwerk in die Geschichte der Musik eingegangen. Dabei ist es der barocken Tradition in Wahrheit ebenso verhaftet wie die späteren. Nimmt man etwa im zweiten Akt den großen Gesang, mit dem Orpheus die Geister der Unterwelt zu besänftigen sucht, dann muß dem unvoreingenommenen Ohr klar werden, in welchem Maße Gluck das Außerordentliche der Situation in eine belkantische Serenade mit rauschender Harfenbegleitung verlagert. Und dem berühmtesten Stück der Oper, der Orpheus-Klage nach dem zweiten Verlust der Eurydike *(Che farò senza Euridice)*, ist nicht grundlos nachgesagt worden, es könne mit gleicher Wirkung auch zu einem ganz anderen Textinhalt gesungen werden.

Wie sehr Gluck der Tradition verhaftet war, zeigt am deutlichsten die Tatsache, daß er die männliche Titelpartie für einen Kastraten schrieb, also die unnatürlichste Ausgeburt der ›Opera seria‹. Für die Pariser Fassung schrieb er die Partie dann 1774 im Tenorschlüssel neu – aber nicht aus Reformgeist, sondern als Anpassung an die Bräuche in der Pariser Oper. Überpointiert ausgedrückt, faßte Gluck im ORFEO die Tradition der ›Seria‹ mit dem Stilempfinden des galanten Zeitalters zusammen – von Überwindung kann allenfalls punktuell die Rede sein. Etwa in bezug auf die Forderung, die formalisierte Trennung zwischen Rezitativ und Arie in Richtung auf durchkomponierte Großräume zu überwinden. Aber sogar in der Erfüllung der selbstgestellten Norm zeigt Gluck Schwächen: der Fortfall des Rezitativs führt im ersten Akt des ORFEO zum Verzicht auf heftige Tempoänderungen, alles geht in einem gleichmäßig langsamen Tempo über die Szene, die Musik erstarrt quasi vor ihrem eigenen Reformanspruch. Das Bild der Antike, das sich dahinter auftut, ist nicht das des Sophokleischen PHILOKTET, sondern ähnelt auffällig jener edlen Einfalt und stillen Größe, die Johann Joachim Winckelmann mit seinem die moderne Archäologie begründenden Werk GESCHICHTE UND KUNST DES ALTERTUMS 1764 als stilbildend für die deutsche Klassik in Umlauf setzte (wenn er nach Italien reiste, pflegt er bei der Alpenüberfahrt die Vorhänge der Kutsche zuzuziehen, weil die Naturwildheit sein ästhetisches Empfinden beleidigte). Gluck teilt durchaus das zeitbedingte Manko des deutschen Klassizismus: So recht Winckelmann und Lessing hatten, die rokokoverzierten Amoretten, die anakreontischen Bacchus-Bilder zurückzuweisen, die im Frankreich der ›Régence‹ durch die Parks wie über die Bühne geisterten, sowenig war das von ihnen beschworene Griechenland das eines Phidias oder Praxiteles. Sie bewunderten in Rom und Neapel nur die hellenistischen Ausläufer der großen griechischen Kunst, und weder Gluck noch Lessing, weder Winckelmann noch Goethe oder Schiller sahen je Athen, Delphi oder Mykene – daß dieses Griechenland erst ein Jahrhundert später von Schliemann entdeckt wurde, darf man bei einer Betrachtung von Glucks Klassizismus nicht vergessen.

EINE WELT DER HARMONIE

Ebenso ist es vonnöten, Glucks Klassizismus von dem der Weimarer Dichter zu unterscheiden. Gewiß hatte Schiller 1800, als er im Auftrag Goethes eine Einstudierung der deutschen Fassung von Glucks IPHIGENIE AUF TAURIS überwachte, in der Musik »einen unendlichen Genuß« gefunden: »Noch nie hat eine Musik mich so rein und schön bewegt als diese, es ist eine Welt der Harmonie, die geradezu zur Seele dringt«; daraus aber abzuleiten, Schiller habe bei Gluck jenes Musikideal gefunden, das er noch 1794 bei der Abfassung seiner BRIEFE ÜBER DIE ÄSTHETISCHE ERZIEHUNG DES MENSCHEN als unrealisierbar eingestuft hatte, schießt über den Sachverhalt hinaus.

Schiller hob in seinen Reflexionen zur Ästhetik darauf ab, die alte Affektenlehre und die sie tragende Forderung, die Kunst habe Natur nachzuahmen, im klassischen Symbolbegriff aufzuheben. In ihm erscheint Natur nicht mehr als absolut, sondern in einem Erkenntniszusammenhang mit dem Subjekt: Die »beiden Fundamentalgesetze aller tragischen Kunst« seien »erstlich: Darstellung der leidenden Natur; zweitens: Darstellung der moralischen Selbständigkeit im Leiden« (ÜBER DAS PATHETISCHE). In beider Synthese, dem ›Pathetisch-Erhabenen‹, sah Schiller die ästhetische Möglichkeit des Sittlichen: als eine Kategorie der Wirkungsdramaturgie, in der die traditionelle Affektenlehre endgültig überwunden ist. Hatte deren reinigende Wirkung darin bestanden, im Zuschauer durch Rührung die Grenze zwischen Realität und Illusion aufzuheben (nach der Illusionsästhetik der Aufklärung) bzw. durch die Kombination heftigster Affekte (nach der barocken Dramaturgie) die Katharsis zu erreichen, so geht es Schiller um die Transzendierung von Affekt und Charakterdarstellung, von Handlung und Text in Richtung auf eine Idealität.

Von der kann aber, etwa bezüglich der tauridischen Iphigenie, bei Gluck keine Rede sein. An der Humanität, die Goethes Iphigenie prägt, partizipiert sie nicht im Sinn des klassizistischen Idealismus: schließlich wäre sie zum Todesopfer an den Fremden bereit, und nur die Einsicht, daß Orest ihr Bruder ist, hält sie davon ab. Obwohl Glucks IPHIGENIE die Goethes im 19. Jahrhundert eine Zeitlang verdunkelt hat, weist sie doch in die Vergangenheit zurück: ihre reine Affektenästhetik steht in keinerlei Beziehung zum Weimarer Klassizismus – und erst recht nicht zu Goethes IPHIGENIE, in der das Aufgeklärtsein der Griechen gegenüber den Skythen sogar als instrumentelle Vernunft, als Herrschaftsmittel kritisiert wird: »Aufklärung, die sich selbst entläuft; die den Naturzusammenhang, von dem sie durch Freiheit sich scheidet, nicht in Selbstreflexion bewahrt, wird zur Schuld an der Natur.«

Gegen diesen neo-mythischen Schuldzusammenhang erhebt sich Goethes Drama, indem es heimlich mit dem Barbarenkönig Thoas als dem wahren Humanisten sympathisiert – in Glucks Musikdrama wird er hingemetzelt. Bei Gluck (und seinem Textdichter Nicolas-François Guillard) löst nicht Iphigenie den Fluch, sondern die Göttin Diana; Goethe läßt seinen Orest, sogar ohne Hilfe der priesterlichen Schwester, zu seiner Sühne vordringen in einem Akt des nicht nur bewußten Selbstwerdens. Dessen Unbedingtheit kam dem Dichter schon so gewagt vor, daß er es 1802 gegenüber Schiller als »verteufelt human« bezeichnete: der Verteufelung durch eine kirchliche Instanz nahe, der solche Selbstbestimmung schon wieder als Teufelswerk erscheint. In diese Dialektik der Aufklärung ist Glucks Klassizismus noch nicht eingebunden. Andrerseits hat das Fortschreiten seines Reformwerks insgeheim an solcher Dialektik, gegenläufig zum Hauptstrom des sich herausbildenden deutschen Idealismus, teil: die in seiner IPHIGENIE AUF TAURIS erklingenden Reflexe eines vorklassizistischen Griechentums sind auch ein Einspruch gegen dessen Domestizierung im ORFEO.

OPERNREFORM

Die Verklärung Glucks, für die Größen wie Berlioz und Wagner einstehen, ist nicht durch Debussys Ruf »Nieder mit Gluck, es lebe Rameau!« ins Gegenteil zu verkehren; sie bedarf der Relativierung in der geschichtlichen Eingrenzung. Die Reform der italienischen Oper ist eher als Übertragung der französischen ›Tragédie lyrique‹ auf die Form der ›Opera seria‹ zu bezeichnen. Daß Gluck seinen ORFEO und seine ALCESTE wenige Jahre nach ihrer italienischen Uraufführung in Wien zu ›Tragédies lyriques‹ für Paris umarbeiten konnte, wäre (trotz der Mühen vor allem beim ORPHÉE) ohne die in den Urfassungen schon angelegte Möglichkeit der Transzendierung gar nicht denkbar. So steht der Wiener ORFEO nicht nur mit seinem ›Lieto fine‹, dem glücklichen Ausgang, in der barocken Tradition des italienischen wie des französischen Musiktheaters, sondern zollt dem letzteren auch mit der Vorliebe für ›le merveilleux‹ in dem zweimaligen Niedersteigen des Gottes Amor einen Tribut. Der glückliche Ausgang und die undramatische Figur des Gottes stehen dem Reformgedanken entgegen – und damit der Gluckschen Lieblingsforderung nach dramatischer Wahrheit.

Aber auch speziellen Inhalten seines Reformanspruchs hat Gluck durchaus nicht immer entsprochen. So setzte er in ORFEO und ALCESTE noch Da-capo-Arien ein und machte durch das zeremonielle Ballett zu Beginn des zweiten Akts (es feiert die Genesung des Königs Admetos) die dramatische Wahrheit des ersten Akts der ALCESTE zunichte. Und wie hoch ist Glucks Forderung angesichts der vielen Selbstentlehnungen in seinem Werk einzuschätzen? Daß er das posaunenbeschwerte d-moll-Finale seines Balletts DON JUAN in den Pariser ORPHÉE montierte, ist noch als genialer Schachzug zu rühmen. Anders sieht es aber mit dem (übrigens Secco-Rezitative wieder einführenden) TELEMACO von 1765 aus, den Gluck partienweise in Werke wie ALCESTE, PARIDE ED ELENA, IPHIGÉNIE EN AULIDE, die Zweitfassung von CYTHÈRE ASSIÉGÉE, IPHIGÉNIE EN TAURIDE und ARMIDE verfrachtete. Andere Teile aus dem DON JUAN erscheinen in der aulischen IPHIGENIE ebenso wie in der ARMIDE, die tauridische IPHIGENIE wäre ohne das SEMIRAMIS-Ballett von 1765 undenkbar, und das ein Jahr ältere ALEXANDER-Ballett taucht wiederum in der aulischen IPHIGENIE und der ALCESTE auf; damit ist die Fülle seiner Selbstentlehnungen nur umrissen.

DIE TEILBARKEIT DER DRAMATISCHEN WAHRHEIT

Daraus soll keine Abwertung Glucks gefolgert, sondern nur die Tatsache abgeleitet werden, daß sein Begriff von dramatischer Wahrheit teilbar war – in merkwürdiger Parallelität zu Johann Georg Sulzers ab 1771 erschienener Ästhetik ALLGEMEINE THEORIE DER SCHÖNEN KÜNSTE, die auch in der Zweitauflage ab 1792 Beispiele für einen Ganzheitsbegriff nur in den bildenden Künsten, nicht aber in der Musik nennt. Zwar lassen sich in Glucks Werk vorwärtsweisende Momente im Sinn einer Werkidee des 19. Jahrhunderts finden, doch gibt es über die Neigung zum ›Pasticcio‹ hinaus mancherlei vorreformatorischen Zug. So ließ der Komponist 1770 in PARIDE ED ELENA wieder einen Kastraten auftreten; und sogar die operngeschichtlich scheinbar unwiderlegbare Feststellung, Gluck habe das Secco-Rezitativ der ›Seria‹ abgeschafft, bedarf dahingehend der Relativierung, daß er es lediglich vom Cembalo auf das Orchester übertrug. Mozart ließ das Cembalo triumphal auferstehen, und erst in Rossinis

ELISABETTA, REGINA D'INGHILTERRA von 1815 haben wir die erste italienische Oper vor uns, die von Anbeginn an durchorchestriert ist.

Wie teilbar für Gluck der Begriff der dramatischen Wahrheit war, zeigt sich
etwa darin, daß sein Reformsinn stark von den Librettisten abhing: lieferten sie
ihm ein Reformstück, so komponierte er es, lieferten sie etwas anderes, so vertonte er es auch. Zudem maß er in seinem Spätwerk der musikalischen Erfindung weniger Wert bei als der dramaturgischen Konstruktion. So konnte es
kommen, daß in seinem Meisterwerk IPHIGENIE BEI DEN TAURERN Arien von
Händels Format neben Vaudeville-Anklängen stehen; daß italienischer Bel-
canto, französischer Tanzstil und modische Türkenklänge mit ihrer Becken-,
Triangel- und Tamburo-Kombination für die barbarischen Skythen eine
merkwürdige Melange ergeben. Daß die Oper von ihrem Höhepunkt im zweiten Akt an einen verflachenden Fortgang nimmt und die musikalische Wahrheit
der Theaterkonvention annähert, ist ebensowenig zu leugnen wie die Tatsache,
daß Glucks Schwanengesang in ECHO UND NARZISS nur noch ein Abglanz seiner eigenen Möglichkeiten ist.

Der Ritter von Gluck war nicht der große Opernreformator, als der er besonders in deutschen Werken der Musikgeschichte grassiert, seine direkten
Nachwirkungen sind geradezu verschwindend. Glucks große Leistung besteht
vielmehr darin, daß er die europäischen Hauptformen der ernsten Oper des
18. Jahrhunderts zusammengefaßt hat: ›Opera seria‹ und ›Tragédie lyrique‹.
Nicht verwirklichen konnte er seinen Plan, Klopstocks ›Bardiet für die Schau-
bühne‹ HERMANNS SCHLACHT zur deutschen Nationaloper zu vertonen – dadurch wurde immerhin Klopstocks Fehler, das in der GERMANIA des Tacitus
angeführte Wort ›barditus‹ für den germanischen Schlachtruf mit dem kelti-
schen Bardenruf zu verwechseln, nicht doppelt geschichtsträchtig: zweifelhaf-
ter Deutschtümelei hat sich der Komponist nicht schuldig gemacht (auch nicht
in seiner Vertonung von Oden und Liedern Klopstocks). Seine geschichtliche
Position erhellt am ehesten aus jener Jahreszahl, die für den Beginn seiner Pariser Reformtätigkeit an der ›Tragédie lyrique‹ steht: 1774. Damals, als er den
ORFEO zum ORPHÉE verwandelte und die aulische IPHIGENIE herausbrachte,
trat mit Louis XVI der letzte Herrscher des ›Ancien régime‹ sein Amt an – fünfzehn Jahre später wurde statt der Oper die Gesellschaft revolutioniert. Glucks
Werk aber überstand, im Gegensatz zu dem Lullys und Rameaus, den Umbruch
– wenn auch nicht unbeschädigt.

CALZABIGI UND DU ROULLET

Ranieri de' Calzabigi (1714–1795) war einer jener abenteuerlichen Literaten, wie sie mit dem 18. Jahrhundert ausgestorben zu sein scheinen: ein Freund im Geiste von Mozarts Librettist Lorenzo da Ponte, ein wirklicher Freund Casanovas. Das berufliche Hauptfeld des Juristen und Gelegenheitsdichters waren die Finanzen, zusammen mit Casanova gründete er eine Lotterie in Paris unter dem Schutz der Madame Pompadour, in Wien wurde er 1761 Geheimrat bei der Niederländischen Rechnungskammer, für die er auf die Idee kam, den Verkauf von Tabak einem staatlichen Monopol zu unterstellen. Calzabigi war nicht nur ein Finanzgenie (mit Hang zum Bankrott), sondern auch ein versierter Kenner der schönen Künste. Er betätigte sich als Archäologe, übersetzte Milton ins Italienische, las die französischen Enzyklopädisten, gab Metastasios Werke heraus, verbreitete deren Ruhm mit seiner kundigen Einleitung (→ S. 270 f.) und veröffentlichte eine Abhandlung über zwei antike Kunstwerke, die er in Herculaneum bei Neapel gefunden hatte. Später schrieb er eine Satire gegen Lully (LA LULLIADE) und ließ 1790 auf die Kritik des spanischen Theoretikers Esteban Arteaga an seinen Dramen eine Antwort (RIPOSTA) erscheinen, in der er Metastasio heftig angriff und Arteagas These von der Verbindung der Dichtung mit der Musik im Sinne seiner Idee von der Reformoper übernahm. 1773 schrieb Gluck im ›Mercure de France‹, ein Jahr vor seinem Auftauchen in Paris: »Ich würde mir einen empfindlichen Vorwurf machen, wenn ich die Erfindung einer neuen Gattung der italienischen Oper, deren Absicht der Erfolg gerechtfertigt hat, mir allein zueignen lassen wollte. Es ist der Herr von Calzabigi, dem das vorzüglichste Verdienst darum gehört; und wenn meine Musik einiges Aufsehen erregt hat, so glaube ich mit Dank erkennen zu müssen, wieviel ich ihm schuldig bin, denn er allein ist es, der mich in den Stand gesetzt hat, die Quellen meiner Kunst entwickeln zu können.«

DAS VERNÜNFTIG NATÜRLICHE

An die Stelle des recht komplizierten, in Personen- und Szenentypologie erstarrten Intrigendramas Metastasios setzte Calzabigi große und einfache Empfindungen. Dazu bediente er sich nach dem Vorbild der ›Tragédie lyrique‹ mythischer Stoffe, führte das von Metastasio verbannte Ballett ein und räumte, ebenfalls wie in der französischen Oper, dem Chor einen vorrangigen Platz ein. Es gibt nur noch einen oder zwei Helden; Nebenhandlungen werden eliminiert; die Affekte sind nicht mehr der Anlaß zu virtuosen Selbstdarstellungen der Künstler, sondern vermitteln ihre Gefühlsspannung in Ausnahmesituationen. Einfachheit und Einheitlichkeit sind im Rahmen des ›vernünftig Natürlichen‹ die Leitlinien dieser Libretti. Ihr Versmaß, nur andeutungsweise um den Achtsilber zentriert, schwankt und bietet dadurch der Musik viel Assoziationsraum. Doch dem Wiener Zeitgeschmack behagte das alles wenig. In der Vorrede zu PARIS UND HELENA beklagte sich Gluck: »Nur in der Hoffnung, Nachahmer zu finden, entschloß ich mich, die Musik der ALKESTIS herauszugeben, und glaube mir schmeicheln zu dürfen, daß man sich beeifern würde, die von mir eröffnete Bahn zu verfolgen, um die Mißbräuche zu zerstören, die sich in die italienische Oper eingeschlichen und sie entwürdigt haben. Ich habe mich jedoch überzeugen müssen, daß meine Hoffnung vergeblich gewesen ist.« Glucks Reaktion war folgerichtig: er verlegte den Schauplatz seiner Opernarbeit von Wien nach Paris.

Angeregt zu diesem Schritt wurde er von dem Marquis du Roullet, dem Attaché der französischen Gesandtschaft in Wien. Dieser, der sich mit einer (allerdings unveröffentlichten) Schrift gegen Rousseau am Buffonistenstreit beteiligt hatte, konnte sich dabei der Unterstützung von Glucks früherer Schülerin Marie Antoinette, der Tochter Maria Theresias und späteren Königin Frankreichs, versichern. Du Roullets 1776 erschienene Schrift LETTRE SUR LES DRAMESOPÉRA (Brief über das Musikdrama) ist ein in 21 Artikeln zusammengefaßtes Reformprogramm gegen das die ›Tragédie lyrique‹ beherrschende Libretto Quinaults. In ihm geht der Autor (1716–1786) auf die Ideen Diderots und des aus Regensburg stammenden Barons Friedrich Melchior Grimm zurück, dessen LITERARISCHE, PHILOSOPHISCHE UND KRITISCHE KORRESPONDENZ in sechzehn Bänden ein wichtiges Quellenwerk der französischen Zeitgeschichte ist. Außerdem Gedanken von Algarotti und Calzabigi weiterführend, eliminiert du Roullet aus der französischen Oper alle Nebenhandlungen, Divertissements und sogar ›Le merveilleux‹. Statt dessen fordert er eine direkte, Emotionen im Publikum freisetzende Sprache. Unter Berufung auf Euripides wird der Chor aus seiner Staffagerolle befreit und ins Drama integriert. Die Maschinenoper alten Stils ist tot, es lebe die wahre Tragödie (›La vraie tragédie‹)!

DER PICCINISTENSTREIT

Du Roullet und Gluck haben mit ihrer IPHIGENIE IN AULIS 1774 nicht nur einen großen Publikumserfolg errungen, sondern damit auch die königliche Aura der französischen ›Tragédie lyrique‹ und ihres Publikums von ›la cour et la ville‹ noch einmal verklärt. Den zeitgenössischen Zuschauern muß das bewußt geworden sein, denn sie rühmten an dieser Oper gleichermaßen die Annäherung an die französische Theaterklassik eines Jean Racine wie an die Tradition des Musikdramas Jean-Philippe Rameaus. In diesem Moment einer zu Ende gehenden Epoche flammte, wie ein vorweggenommenes Satyrspiel, wieder der alte Streit um die Überlegenheit der italienischen oder der französischen Musik auf: kurz bevor die Revolution von 1789 solche Unterschiede wie mit der Guillotine gleichmachte.

Diese Fortsetzung des Buffonistenstreits (→ S. 115 f.), an Gluck und dem Italiener Nicola Piccinni gegen beider Willen exemplifiziert, ist immer wieder dargestellt worden als eine Auseinandersetzung um das wahre Erbe Lullys und Rameaus. Diesem Erbe solle Gluck nicht ganz entsprochen haben, während Piccinni nachgesagt wurde, er habe im Auftrag der Königlichen Mätresse Madame Dubarry die ›Opera seria‹ in Frankreich durchsetzen wollen. In Wirklichkeit aber handelte es sich um eine teilweise musikferne Auseinandersetzung, die – wie schon die ›Querelle des bouffons‹ – weitgehend in gelehrten Zirkeln ausgetragen wurde. Besonders tat sich dabei als Anführer der Gluck-Gegner Jean-François Marmontel hervor, ein Anhänger der ›Opera buffa‹ und Librettist Piccinnis. Logisch betrachtet, konnten diejenigen, die Gluck Verstöße gegen die Tradition Lully-Rameau vorwarfen, in Piccinni keinen Verbündeten sehen. Um so weniger, als seine Anhänger die französische Oper in Bausch und Bogen verdammten. Auch konnte Piccinni kaum als Wiederentdecker der ›Opera seria‹ im Stile Metastasios gefeiert werden, weil es die in Paris nie gegeben hatte. Und schließlich hatte Gluck selbst mit den Italianismen seiner Musik dieses mögliche Bedürfnis der Zeitgenossen erfüllt. Paradox gesagt: was er an der italienischen Oper reformiert hatte, entsprach in Paris der französischen Operntradition; und was er in seinen Reformopern an italienischer Tradition bewahrt hatte, war in Paris gerade aktuell.

POLIZEIWIDRIGER FORTSCHRITT

Unbewußt recht hatten die Anhänger Piccinnis in dem Streit nur mit ihrem Schlachtruf nach Periodisierung und Formensymmetrie (›La période, le dessin!‹) gegen Gluck. Denn der hatte tatsächlich, zumindest ansatzweise, die sein Reformwerk bedrohende klassizistische Übereinheitlichung überwunden. Wenn die Piccinnisten verlangten, eine Arie solle nur ein Tempo, nur einen Rhythmus und nur einen Affekt haben, dann wollten sie das Rad der Operngeschichte gewaltsam zurückdrehen: gegen Gluck. Eine Szene wie die der verlassenen Armida (*Ah, le perfide Renaud*) ist in ihrem bruchlosen Wechsel von Rezitativ, Arioso und Arie, ihrer metrischen und harmonischen Vielschichtigkeit ein Stück Musik, das damals den Formalisten polizeiwidrig vorkommen mußte (um ein Wort Grillparzers aufzugreifen, mit dem er gegen Tendenzen einer musikalischen Prosa in Webers EURYANTHE polemisiert hat). Der Selbstzerstörungstrieb dieser Zauberin kulminiert, geradezu wagnerisch, in stürmischen d-moll-Skalen (die den Beginn der WALKÜRE vorwegzunehmen scheinen). In diese wird, analog zu den rituellen Dreifachbeschwörungen des Orpheus und der Furien im ORFEO, quer durch die Oktaven in jeweils dreimaliger Wiederholung ein F gerammt, bis nach dem Verziehen der Staubwolken über Armidas zerstörtem Liebesnest feierliche Dur-Klänge das Drama beschließen.

Angesichts dieser vorromantischen Szene, die in der gesamten Opernliteratur des 18. Jahrhunderts ihresgleichen sucht, belegt Glucks Rückgriff auf ein 1777 fast hundert Jahre altes Libretto Philippe Quinaults (das Lully als seine letzte Oper vertont hatte) letztlich nur den zusammenfassenden Gestus seines eigenen Reformwerks. An dessen Progressivität können auch Opern teilhaben, die nicht auf Reformlibretti zurückgehen – wie die ARMIDE. Für ihre Schlußszene hat Wilhelm Heinse in seinem Roman HILDEGARD VON HOHENTHAL treffende Worte gefunden: »Glucks Musik ist hier meistens Deklamation; und die Begleitung oft voll wie ein Wasserfall ... Was ihn darin von allen unterscheidet, ist die Einheit der Instrumentalmusik durch das Ganze; und die immerwährend eigene Deklamation der Stimmen von Rhythmus. Es ist Gluckscher Akzent, Glucksche Originalität. Der vortreffliche Ausdruck des Heftigen, Gewaltigen und Leidenden setzt ihn unter die ersten tragischen Meister.« Wahrscheinlich hat so auch E.T.A. Hoffmann die Szene empfunden, als er sie sich vom Komponisten selbst interpretiert vorstellte – man muß Gluck auf eine besondere Weise hören (und aufführen) können, will man ihn angemessen begreifen. Das geht nur über Ohren, die nicht allein nach seinen Nachwirkungen lauschen, sondern auch empfindlich genug sind, um seine Synthese der Tradition wahrzunehmen.

ORFEO ED EURIDICE (›Azione teatrale in musica‹. Orpheus und Eurydike. Musikalische Theaterhandlung in drei Akten; *L* von Ranieri de' Calzabigi; Burgtheater Wien 1762; Parma 1769; London 1770 (mit Hinzufügungen anderer Komponisten); München 1773 und 1775 (Bearbeitungen); *WA* in der deutschen Übersetzung von Hermann Abert: Bad Lauchstädt, 1914. Französische Fassung von Pierre-Louis Moline als ORPHÉE ET EURIDICE: Paris 1774).

Die Urfassung von Glucks erster Reformoper ist schon in der Frühzeit ihrer Wirkungsgeschichte ein Opfer aufführungspraktischer Probleme geworden. Dazu hat natürlich die französische Fassung von 1774 beigetragen, aber auch die Tatsache, daß der Komponist die Wien-Fassung selbst für verschiedene Aufführungen verändert hat. War die Urfassung für den Altkastraten Gaetano Guadagni geschrieben, so revidierte Gluck sie in Parma 1769 für einen Soprankastraten; ähnlich erging es der für Tenor umgeschriebenen Hauptrolle in der Pariser Fassung: die für Joseph Le Gros offenbar bestens geeignete hohe Tessitura wurde nach Glucks Tod für Adolphe Nourrit umgeschrieben. Als Hector Berlioz, nachdem die Oper fast dreißig Jahre lang vergessen war, 1842 die berühmte Altistin Pauline Viardot zu einer Teilaufführung anregte, bediente sie sich der Wiener Kastraten-Fassung. 1859 folgte dann in dieser Tonlage und einer Mischung aus Wiener und Pariser Fassung die eigentliche Wiederkehr der Oper im Pariser Théâtre-Lyrique. Berlioz, der um die Herausgabe von Glucks französischen Opern größte Verdienste hat, gab damit den Anlaß zu der Gluck-Edition von Fanny Pelletan.

Daß mit dem Ersatz eines Altkastraten durch einen weiblichen Alt (oder Mezzo) Glucks Klangfarbenbalance ins Schwanken geriet, war noch der geringste Fehler dieser ersten Mischfassung, die im Grunde nichts anderes als eine Rückübersetzung der Pariser Fassung in die Tonartenverhältnisse (und das Italienisch) der Urfassung war. Seitdem hat sich so gut wie jeder Regisseur und Kapellmeister an einer Verbesserung Glucks versucht, und das gilt sogar für die Aufführung der von Hermann Abert in deutscher Übersetzung eingerichteten Wiener Fassung (für Mezzo). Als die 200. Wiederkehr der Uraufführung anstand, legte Hans Neugebauer 1962 in Kassel die Erstaufführung der Wiener Fassung von 1762 nach dem Text der neuen Gluck-Gesamtausgabe vor, verzichtete aber – wie schon Wieland Wagner zehn Jahre zuvor in München – auf die beiden Schlußszenen (sowie die Ouvertüre). Als Abschluß setzte er nach Orfeos berühmter Arie *Ach, ich habe sie verloren* den Anfang des den ersten Akt einleitenden Trauerchors – ein Verfahren, das auch Pina Bausch in ihrer kühnen Tanztheater-Version 1975 in Wuppertal praktizierte. Selbst ein für seine Texttreue geradezu als fanatisch bekannter Dirigent wie Arturo Toscanini hat sich der Ouvertüre geschämt, andere haben sie durch die d-moll-Intrada der ALCESTE ersetzt.

Man mag über solche Willkür, die oft genug weniger einem Einblick in die Problemgeschichte des Werks entspringt als dem Wunsch nach einer glatten dramaturgischen Lösung, die Nase rümpfen; sie ist aber integraler Bestandteil der Wirkungsgeschichte der Oper und als potentielle Zweideutigkeit in dieser angelegt. Im zeitlich wachsenden Abstand von der Uraufführung dürfte es immer schwieriger geworden sein, Glucks Distanz zu den eigenen Reformzielen als nicht störend zu empfinden. Hauptpunkte dieses Unbehagens sind die Ouvertüre, die seiner Forderung nach Integration in das Drama mit ihrer scheinbar konventionellen Lärmigkeit nicht entspricht, und das ›Lieto fine‹, in dem Orpheus nach dem zweiten Verlust seiner Eurydike durch den Gott Amor erneut mit ihr vereinigt wird – dieser ›Deus ex machina‹ kommt modernen Opernbesuchern oft wie ein Reisender in Techniken der Wiederbelebung vor (Haydn ließ 1791 in seiner Version des Stoffs L'ANIMA DEL FILOSOFO den Helden nach dem zweiten Verlust der Eurydike den Tod im Geist der stoischen Philosophie finden).

Eine überzeugende Lösung dieser Aufführungsprobleme kann es nur in einer Doppelstrategie geben: einer angemessenen szenischen Realisierung und einer hochgradig werkgetreuen Wiedergabe der Musik (wie sie Gluck selber gefordert hat). Für den ersten Punkt hat etwa Jean-Pierre Ponnelle 1977 in Köln einen diskutablen Vorschlag gemacht, indem er (was schon lange zur Mode geworden ist) das Stück nicht in einer mythischen Un-Zeit spielen ließ, sondern im Wien des Uraufführungsjahrs. Dabei hatte der Chor die Funktion, das zeitgenössische Kolorit verfremdend mit der Übersensibilität des Künstlers zu konfrontieren: Unterhaltungsbedürfnis der herrschenden Hofschicht und Trauerarbeit des ausgehaltenen Künstlers ergaben solcherweise ein Spannungsfeld, in dem die Glucksche Dramaturgie zwischen Konvention und Reform sich nachempfinden ließ. Musikalisch ist Gluck, über eine textlich reine Ausgabe der Wiener Fassung hinaus, endlich ernst zu nehmen. Dazu gehört, das vorgeschriebene Zeitmaß der Ouvertüre (Allegro) nicht in ein Presto zu verfälschen, denn nur bei einem gemessenen Bewegungsverlauf lassen sich zu Beginn Streichertremolo und Sforzati ausbalancieren, das flehende Seitenthema genau phrasieren und in seiner alsbald ausbrechenden heftigen Dynamik zwischen Piano und Fortissimo differenzieren. Ähnliches gilt für Stilmerkmale wie die Oboenseufzer in der Durchführungspartie oder die Schlußverbreiterung.

Wird schon bei der Ouvertüre in den meisten Aufführungen und Aufnahmen die nötige Sorgfalt fallengelassen, so gilt das erst recht für den Nachvollzug der Gluckschen Großform. Da ist, in Einlösung von Calzabigis Reformvorstellungen, weniger eine Szenenfolge komponiert als eine Handlung in drei große Bilder zusammengefügt: das der ›Tragédie lyrique‹ entlehnte Trauertableau des ersten Akts, der Gegensatz von Furien und Elysium in der Unterweltszene, im dritten Akt

die rein menschliche Seite des Problems mit der dialogischen Auseinandersetzung, dem erneuten Verlust und endgültigen Wiedergewinn
Eurydikes. Diese Großform ist, abgesehen von ihrer internen Struktur, durch einen tonartlichen Bezug gegliedert, wobei in den ersten
beiden Akten Solo- und Chorszenen genau ausbalanciert sind. Auf die
C-Dur-Ouvertüre folgt die Totenklage in c-moll: durch den dreimaligen, beim letzten Mal um einen Halbton angehobenen Ruf des Orpheus nach seiner Eurydike zu einem Beschwörungsritual gesteigert.
Der Chor greift die tiefe Klage auf, wobei er die von Orpheus erreichte
Tonstufe Es, als Baßton eines Sextakkords, beibehält: Orpheus hat ihn
in sein Leid eingestimmt. Orfeos erste Soloszene (*Chiamo il mio ben così* –
Klagend gedenk' ich dein) folgt in ihrem F-Dur-Wechsel von Stro-
phenlied und Rezitativ dem Topos der Echoszene, das G-Dur-Rondo
des Amor (*Gli sguardi trattieni* – Der Augen Verlangen) ist so etwas wie
der Einbruch einer gesellschaftlichen Rokoko-Vernünftigkeit in das
Trauerbild.

Der zweite Akt, die Furienszene, nimmt das anfängliche c-moll wieder auf, dem Orpheus in der parallelen Dur-Tonart zu begegnen versucht. Tatsächlich gelingt es ihm, mit seinem weltlichen Es-Dur-Gebet
und dessen allmählicher Intensivierung den starren Rhythmus des Fu-
riengesangs zu brechen. Das geschieht in einer aufregenden Modulation, indem c-moll zur Dominante von f-moll wird, in das sogar als Vorahnung der Elysium-Szene dessen Dur-Dominante hineinwirkt: auch
darin folgen die Furien dem orphischen Sänger willenlos. Orpheus betritt das Elysium: geblendet von dem in Streichern und zwei Flöten vorgetragenen Reigen seliger Geister in F-Dur, bewundert er den plötzlich
rein gewordenen Himmel (*Che puro ciel*). Die getragene Oboenmelodie
über dem Gemurmel der Violinen sowie den vogelrufartigen Wechsel-
spielen von Flöte und Violoncello neben den gehaltenen Dialogtönen
von Fagott und Horn formen die wohl bewegendste Elysium-Szene der
gesamten Opernliteratur. Und wenn Orpheus seine Arie mit einem D-
Dur-Dreiklang in Sextakkordlage beginnt, bemerken wir im Vergleich
mit dem Dominant-Sekundakkord von As-Dur, der am Beginn seines
ersten Rezitativs stand, welchen Weg er zurückgelegt hat: sechs Vorzeichen markieren die Länge der Strecke. Der Chorblock der seligen Geister rundet in lichtem F-Dur die Verheißung Eurydikes ab.

Der dritte Akt zeigt uns das Paar auf dem gefährlichen Weg in die
Tageswelt. Um seine Liebste zu gewinnen, muß Orpheus auf das ihm
eigene Medium der verbalen Vermittlung verzichten und schweigen:

ORFEO ED EURIDICE

der Dichter als Verschweiger der Wahrheit, das ist der eigentliche Konflikt. Vor ihm scheint Eurydikes Zweifel kleinmütig: *Che fiero momento* (O martervoll Geschick) ist eine c-moll-Arie von eher konventionell-italienischem Zuschnitt; und sein Versuch, sie in knapp rezitativischem Wortwechsel voranzutreiben (da das Verharren zur Katastrophe führt: dem verbotenen Blick zurück auf Eurydike), wirkt nach den Monumentalbildern der ersten beiden Akte wie ein Schritt in Richtung auf das Konversationstheater bürgerlicher Alltagsfiguren. Das gilt in gewisser Weise sogar nach dem Niedersinken Eurydikes für die große Orpheus-Arie *Che farò senza Euridice* (Ach, ich habe sie verloren). Gegen Heinses Meinung, sie sei »durchaus reine nackte Darstellung der allerheftigsten Leidenschaft« ist immer wieder das Gegenteil behauptet worden: das C-Dur-Rondo sei von erschreckender Gefühlsneutralität.

Dieser Meinungsstreit ist wohl nur durch eine sorgsame Annäherung an den Text zu schlichten. Die Vortragsbezeichnung ›Andante espressivo‹ darf nicht mit einem überdehnten Trauergesang verwechselt werden, da schon die Aussetzung der Orchesterstimmen auf eine latente Innenspannung hinweist: das Instrumentalvorspiel gibt den zweiten Violinen ein Legato auf, den Bratschen aber ein Spiccato, während die Bässe abwechselnd ein Legato und ein Staccato spielen. Auf dieser Begleitung, die alle Verzweiflung in die Gegensätzlichkeit instrumentaler Spielweisen sublimiert, erhebt sich Orfeos Belkanto nicht in einer weitgeschwungenen Melodiekurve, sondern in einer Kurzphrasigkeit, die sich immer wieder einen neuen Impuls vor dem Verstummen zu geben scheint, während das Orchester seine gegensätzliche Dynamik beibehält. Allmählich verlangsamt sich der Duktus durch rezitativische Einschübe über ein ›Più lento‹ bis zum ›Adagio‹, gegen jede Rondo-Glätte der Form die Innenspannung der Orchesterbegleitung aufgreifend. Wir hören da nicht nur einen Menschen, der dem Affektgehalt eines Schmerzes ausgeliefert ist. Gleichzeitig erleben wir, in der französischen Fassung noch stärker als in der italienischen, eine ›Formation professionelle‹: wie dieser Mensch seinem Schmerz zugleich gestaltenden Kunstausdruck zu verleihen versucht. Da die ersten Versuche der ›Camerata Fiorentina‹ sich am Orpheus-Stoff entzündet hatten, ist Glucks ORFEO durchaus als Reformoper in einem geschichtlichen Kontext zu begreifen: zur Kunstfindung ist auch ein Akt der Selbstbewahrung getreten. Daß Gluck danach nicht die namenlose Freude eines von Menschen selber gestalteten Schicksals inszenieren kann, sondern noch der Hilfe des aus der Bühnenmaschinerie herabschwebenden Gottes Amor bedürftig ist: wer wollte es ihm vorwerfen? Ein Tanz- und Chortableau schließt das Werk konventionell ab.

Die französische Fassung, ORPHÉE ET EURIDICE, wurde textlich von Pierre-Louis Moline in jenem Jahr 1774 fertiggestellt, als Gluck seine erste französische Reformoper, die aulische IPHIGENIE, vorbereitete. Der ORFEO samt einer Prosaübersetzung von Calzabigis Libretto lag schon zehn Jahre im Druck vor. Nach offenbar schwierigen Vorbereitungsarbeiten gelang es dem Komponisten sogar, die Tonartenverhältnisse der Urfassung zu vertiefen. So wird im ersten Block der Gegensatz von c-moll und F-Dur in der italienischen Fassung zu dem von c-moll und C-Dur verändert, womit der pure Quintenzirkel umgangen wird. Der erste Akt endet nun mit einer Orpheus-Arie *L'espoir renaît dans mon âme* (Hoffnung kehrt in meine Seele zurück), in der Le Gros seine stimmlichen Fähigkeiten beweisen konnte (er soll sich während der Arbeit mit Gluck vom Stimmprotz zum Sängerdarsteller entwickelt haben). Authentisch ist jedenfalls Glucks Ausspruch an seinen Tenor, die dreimaligen Eurydike-Rufe im ersten Chor nicht nur zu singen: »sondern schreien Sie ganz einfach so schmerzvoll, als ob man Ihnen ein Bein absäge, und wenn Sie das können, dann gestalten Sie diesen Schmerz innerlich, moralisch und von Herzen kommend!« Ähnliche Anweisungen des Komponisten sind an den Chor überliefert, er solle sein entschiedenes »Nein« im Furienchor in eine den Statuten der Pariser Musikakademie zuwiderlaufende Provokation überführen. Daß Gluck dieses »Nein« gleichzeitig als h bzw. ces notiert hatte, fiel Jean-Jacques Rousseau in einer Analyse auf, der wohl im modernen Sinn ersten der Musikgeschichte: wegweisend »in ihrer empirischen Unbefangenheit, in der Originalität des gedanklichen Ansatzes wie als Genre«. Gluck aber behielt seine verwirrende Notation bei. Den Orpheus-Part indes schrieb er mühsam um, wobei er ihn der französischen Prosodie anpaßte und nicht einfach um eine Oktave heruntertransponierte, sondern sich flexibel meist zwischen einer Quart und einer Quint bewegte. Zudem reicherte er angesichts der königlich subventionierten Akademie Orchester-, Chor- und Tanzparts an.

Gegen die besonders im deutschen Schrifttum immer wieder auftauchende Behauptung, der ORPHÉE sei eine Verschandelung des ORFEO, ist er wertneutral zu bezeichnen als eine »Schwellfassung, in der fast nichts aus der italienischen Partitur fehlt, aber sehr viel Neues hinzugekommen ist«. Zu den Erweiterungen gehören neben der schon erwähnten Orpheus-Arie im Finale des ersten Akts *L'espoir renaît dans mon âme* der große Furientanz am Ende von II,1 (aus dem Finale des Balletts Don Juan übernommen), fast das ganze Ballett in II,2 sowie der die Elysium-Szene glücklich erweiternde Chor-Solo-Satz *Cet aimable asile* aus demselben Akt und drei Sätze im Schluß-Tableau des letzten Akts, von denen die aus der aulischen IPHIGENIE übernommene Chaconne (dort stand sie vor dem Schlußchor) den stärksten Eindruck macht. Die Cornetti und die altertümlichen Chalumeaux der Wiener Fassung wurden durch Klarinetten und Oboen ersetzt, die Bässe im Streichercorps öfter geteilt. Manche Änderung gegenüber dem ORFEO ist genial, wie etwa die von C-Dur nach F-Dur transponierte Arie *Ach, ich habe sie verloren*, die nun ungleich intensiver klingt. Manches wiederum ist problematisch, wie die der Stringenz des Dramas abträgliche Ausdehnung der Tanzsätze. Insgesamt aber ist der Pariser ORPHÉE trotz aller möglichen Einwände dem Wiener ORFEO gleichwertig; nur wer versucht, sich aus beiden Welten dieser Oper eine beste zu mixen, geht an Gluck mit großer Wahrscheinlichkeit vorbei.

Der Uraufführung war 1774 ein außergewöhnlicher Erfolg beschieden, der sich in zahlreichen Wiederholungen spiegelt, bis am 6. Oktober 1789 das Theater in den Revolutionswirren geschlossen wurde. Im Gegensatz zur ›Tragédie lyrique‹ erwies sich der ORPHÉE auch in republikanischen Zeiten als lebensfähig. Er erschien 1792 wieder auf dem Spielplan und blieb dort bis 1800. Bei einer erneuten Wiederaufnahme im Jahre 1809 in der nun ›Académie Impériale‹ genannten ›Opéra‹ war das Interesse schwach. Die Oper verschwand 1817 bis zur Wiederentdeckung durch Berlioz im Jahre 1842. Die erste deutschsprachige Aufführung fand in Brünn 1779 statt, in der Übersetzung von Johann Daniel Sander hatte das Werk ab 1808 in Berlin geringen Erfolg, was auch für den Rückgriff auf den Wiener ORFEO von 1821 gilt. Aber mit diesem Datum beginnt die Besetzung des Sängers mit einer Altistin, woraus nach der Teilaufführung durch Berlioz 1842 in der berühmten Pariser Inszenierung von 1859 mit Pauline Viardot ebenso eine umstrittene Tradition wurde wie die seitdem übliche Verwendung von Mischfassungen.

ALCESTE (›Tragedia per musica‹. Alkestis. Musikdrama in drei Akten; *L* von Ranieri de' Calzabigi nach Euripides; Burgtheater Wien 1767; französische Fassung von Le Blanc du Roullet: Opéra Paris 1776; Kassel 1778; *WA* in der Fassung von H. Berlioz: Paris 1866; neue deutsche Fassung von Hermann Abert: Stuttgart 1923).

Es ist nicht genau bekannt, wann Calzabigi und Gluck die Arbeit an ihrer zweiten Reformoper begannen. Aufgrund der Tatsache, daß Calzabigi das Werk um die zum Selbstopfer bereite Königin und Mutter der 1765 verwitweten Maria Theresia widmete, läßt sich die Fertigstellung auf jenes Jahr datieren. Die 1769 im Druck erschienene Partitur ist dem Großherzog der Toscana und späteren Kaiser Leopold II. gewidmet. Ihr Vorwort spezifiziert das Reformstreben des Komponisten in eindrücklicher Weise: »Als ich daran ging, die Musik zur ALCESTE zu schreiben, nahm ich mir vor, sie durchaus von all den Mißbräuchen zu befreien, die – entweder durch übel beratene Eitelkeit der Sänger oder durch allzu große Gefälligkeit der Komponisten eingeführt – seit langer Zeit die italienische Oper verunstalten und aus dem prächtigsten und schönsten aller Schauspiele das lächerlichste und langweiligste gemacht haben. Ich dachte die Musik wieder auf ihre wahre Bestimmung zu beschränken, der Poesie durch den Ausdruck und durch die Situationen der Fabel zu dienen, ohne die Handlung zu unterbrechen oder sie durch unnütze, überflüssige Verzierungen zu erkälten, und ich glaubte, daß sie dasselbe bewirken solle, wie in einer richtig und wohl angelegten Zeichnung die Lebendigkeit der Farben und der wohlverteilte Kontrast von Licht und Schatten, die dazu dienen, die Figuren zu beleben, ohne ihre Umrisse zu verändern.«

Da die Oper kein Tummelplatz für geläufige Gurgeln sei, müsse schon die Ouvertüre die Grundstimmung des Dramas vorwegnehmen: eine Forderung, die Gluck im Gegensatz zum ORFEO erfüllte. Reformerischen Geist atmet auch das Libretto, das die mythische Geschichte von der thessalischen Königin Alkestis, die sich für ihren Mann opfert, um sein Leben zu erhalten, noch geradliniger erzählt, als es bei Euripides der Fall war (er hatte den Stoff als erster dramatisiert). Durch ein Orakel erfährt sie, daß Admetos vor dem sicheren Tod bewahrt bleibt, wenn jemand an seiner Stelle das Leben hingibt. Als Alkestis sich dazu bereit erklärt, gesundet der König – muß nun aber erfahren, um welchen Preis. Schließlich jagt der von Admetos gastfreundlich aufgenommene Herakles den Todesgöttern die Königin wieder ab. Dieser Schluß der teilweise burlesken Vorlage des Euripides war Calzabigi der Stilhöhe des Dramas nicht angemessen, und so bemühte er als ›Deus ex machina‹ den Gott Apollon. Als du Roullet das Textbuch übersetzte, packten ihn, wie auch den Komponisten, Zweifel an dieser Lösung. Da er den von ihm befürworteten tragischen Ausgang mit dem Tod der Alkestis nicht durchsetzen konnte, rechtfertigte er den in einer späteren Aufführung eingefügten Auftritt des Halbgottes Herakles aus der Bühnenmaschinerie mit dem Hinweis auf Calzabigi: man sei auf diese Lösung gekommen, um möglichst viel von Glucks Musik aus der italienischen Fassung zu bewahren. Für den Auftritt des keulenschwingenden Herakles *C'est en vain que l'enfer compte sur ce victime* (Ihr Dämonen, laßt von diesem Opfer ab) nahm Gluck eine Arie aus seinem EZIO von 1750, und den etwas groben Jungunternehmer-Elan des Halbgottes ließ er durch Apollon legitimieren.

Die Aufführungsgeschichte des allerdings recht selten gespielten Werks hat für die französische Fassung gesprochen. Sie ist in viel stärkerem Maße als im Fall des ORPHÉE keine Bearbeitung der italienischen Version, sondern eine Neufassung. Dabei fielen einige Unstimmigkeiten Calzabigis fort: etwa Secco-Rezitative, wie sie Glucks Reformstreben widersprachen, wenngleich er in PARIS UND HELENA wieder auf dieses Stilmittel der ›Opera seria‹ zurückging, indem er nun allerdings die das Cembalo stützenden Continuo-Instrumente auf den ganzen Streicherchor ausdehnte. Wichtiger noch ist der Fortfall der beiden Kinder des Ehepaars Alkestis-Admetos, die in der italienischen Fassung sentimental wirken. Der Hauptvorzug der Pariser Version ist darin zu sehen, daß die monumentale Statik der Bilder zwar beibehalten wurde, aber in einen überzeugenderen dramatischen Fluß geriet. Dazu gehört eine Kürzung der Rezitative bei erheblich differenzierterer Orchestrierung und eine Korrektur des dramaturgischen Mangels, daß in der Wiener Fassung der Todeskampf der Heldin sich über zwei Akte hinzieht und eine lähmende Monotonie bewirkt.

Die Ouvertüre mündet in der Pariser Version direkt in einen Trauerchor, der seinerseits nach wenigen Takten durch die Herold-Fanfare mit der Nachricht vom bevorstehenden Tod des Königs unterbrochen wird: eine Einlösung des Reformkonzepts. Aus einem schicksalhaft gemeißelten d-moll-Akkord heben sich Seufzermotive und heftige Dissonanzen, lastende Orgelpunktharmonien und kräftige Tutti-Aufschwünge umreißen von vornherein das Spannungsfeld. Der Schmerzensgesang der Alkestis *Grands Dieux* (Große Götter) hebt in der Instrumentalfarbe wie im Bewegungsduktus wie eine Erinnerung an das Lob des schönen Himmels durch Orfeo an. Aber Gluck bricht dann die klassizistisch harmonisierte Oberfläche ruckartig auf. Von hier nimmt der Akt eine für die Operngeschichte neuartige Spannungskurve über die Tempelszene mit dem Oberpriester, einem immer wieder von Solorufen durchzogenen und durch die anwachsende Instrumentation doppelt gespannten Chortableau hin zu dem Orakelspruch, daß Admetos nur durch das Lebensopfer eines anderen zu retten sei. Dabei wird das Schwanken der Heldin zwischen Ohnmacht und Opfermut genau nachvollzogen, besonders in der Pariser Fassung. Die Tempoveränderungen in ihrem Arioso *Non, ce n'est point un sacrifice* (Nein, das ist kein Opfer), die bläsergepanzerte Stimmführung und die unerbittlich nach unten ziehenden Bässe in ihrem Solo *Arbitres du sort des humains* (Ihr Richter des menschlichen Schicksals), das von D-Dur nach cis-moll moduliert, weisen deutlich auf Beethoven (Berlioz sprach von titanischer Musik). Daneben nimmt sich der Aktschluß, die große Alkestis-Arie *Divinités du Styx* (Erhabene Götter des Styx), trotz aller Eindringlichkeit wie eine barocke Affektdarstellung aus.

Das Hoffest, mit dem im zweiten Akt die Genesung des Admetos gefeiert wird, steht zur Spannungskurve des ersten Akts in einem vielleicht zu heftigen Gegensatz. Aber eindrucksvoll ist der Schmerz der Alkestis angesichts allgemeiner Freude gezeichnet. Ihren g-moll-Einschub *Oh Dieux! Soutenez mon courage* (Ihr Götter, laßt mich nicht verzagen) fügt Gluck sehr wirkungsvoll nach dem Muster alter Antiphonen in die Solo-Chorfolgen ein. Selbst Admetos, der seine Euripideische Charakterschwäche nicht verloren hat, gewinnt in einer ausgedehnten Folge von Rezitativen und Arie Profil. Auch in diese Auseinandersetzung der Ehegatten montiert Gluck wieder sehr wirkungsvoll Chorrufe, wie es Lully in seiner ALCESTE und Rameau bei Phädras Entdeckung vom scheinbaren Sohn ihres Stiefsohns in HIPPOLYTE ET ARICIE getan hatten. Ein letztes Mal singt Alkestis »Mir pocht das Herz in wechselnden Gefühlen« (*Ah, malgré moi, mon cœur partage vos tendres pleurs*), doch ihr Entschluß zum Opfer ist unwiderruflich; der Chor schließt den Akt mit einer Betrachtung über die Vergänglichkeit des Lebens. Verstärkt wird der Traueraspekt dieses Finales im Einleitungschor zum dritten Akt *Pleure, ô patrie* (Weine, Volk Thessaliens), in dem Gluck (wie im ersten Trauerchor seines ORFEO) auf die Tombeau-Tradition der ›Tragédie lyrique‹, speziell auf die Szene nach Castors Tod in Rameaus Musikdrama CASTOR ET POLLUX, zurückgreift. Plump bricht Herakles in diese Stimmung ein, und er bleibt sich darin auch treu, wenn er nach den bewegenden Szenen im Todeshain Alkestis den Furien entreißt und dem ebenfalls zum Tod entschlossenen Admetos zurückbringt. Auftritt des Gottes Apollon und Schlußchor des jubelnden Volkes runden sich zu einem konventionellen Happy-End.

PARIDE ED ELENA (›Dramma per Musica‹. Paris und Helena. Musik-drama in fünf Akten; *L* Ranieri de' Calzabigi; Burgtheater Wien 1770; Neapel 1777; Darmstadt ca. 1780; *WA* Prag 1901 und Hamburg 1905 in der deutschen Fassung von Joseph Stransky).

Die dritte Reformoper, die Gluck und Calzabigi für das Wiener Burgtheater schrieben, hat die geringste Nachwirkung gehabt. Obwohl Komponist und Librettist sich der fünfaktigen, von ihnen selbst mit den vorangehenden Reformopern überwundenen Form der ›Opera seria‹ bedienen, weist das Vorwort nachdrücklich auf den aus ihrem Reform-gedanken abzuleitenden Aufführungsstil hin. Hier spricht Gluck zum erstenmal in den Kriterien einer Werkkategorie, die schon den Begriff der Werktreue vorwegnimmt. Eben darauf bezieht sich Wagners Fest-stellung in OPER UND DRAMA, daß mit Gluck die Ära der Komponisten-Oper beginnt. Im Mittelpunkt steht, nach Glucks eigenen Worten, ein »liebender Jüngling, der mit der Sprödigkeit eines edlen und stolzen Weibes zu kämpfen hat, das er schließlich mit allen Künsten erfinderi-scher Leidenschaft besiegt«. Vertieft werde dieser individuelle Vor-gang durch eine Konfrontation der »Nationalcharaktere Phrygiens und Spartas«. So wird also dem asiatisch-genußsüchtigen Paris die sit-tenstrenge Griechin Helena gegenübergestellt: kein Ausgleich für den weitgehenden Fortfall des tragischen Horizonts vom Trojanischen Krieg. Zusätzliche Verkleinerung erfuhren die tragischen Dimensio-nen des Stoffs durch Calzabigi dadurch, daß aus Helenas Ehemann Menelaos (dem Paris die Frau raubt) ihr Verlobter wird: im Wien Maria Theresias reduzieren die Opernreformatoren Gluck/Calzabigi den tra-gischen Anspruch von ORFEO und ALCESTE auf ein höfisches Liebesspiel.

Gluck ließ sich die daraus entspringende Chance, im vorreformato-rischen Schmelz der italienischen Oper zu glänzen, nicht nehmen. Während er seine Helena mehr mit strenger Deklamatorik charakteri-siert, gibt er seinem Paris allen Glanz des Belkanto mit (für die Urauf-führung stand ihm der Soprankastrat Giuseppe Millico zur Verfügung). Die Ouvertüre ist dreiteilig im italienischen Stil konzipiert, folgt aber erstmals in Glucks Schaffen der Programmidee, insofern sie die Haupt-motive des Dramas vorstellt. Im ersten Akt tritt Paris im Rahmen einer großen Venus-Feier mit zwei liedhaft-ausdrucksvollen Gesängen her-vor. Sie werden ziemlich brutal unterbrochen vom Auftritt eines Botens aus Sparta. Der erweist sich als Amor, vor dessen stilistischer Selbstsi-cherheit Paris musikalisch ins Schwanken gerät. Der Gott verrät ihm nämlich, er wisse von den geheimen Entführungsplänen des Trojaners. Ein Solo Amors und Tänze der Spartaner beschließen den Akt. Der zweite bringt die Begegnung der Titelfiguren. Paris entbrennt sogleich in Liebe zu Helena, die ihn in einem karikierten Menuettstil an seine in Troja zurückgelassenen Anbeterinnen erinnert. Der durchkomponierte dritte Akt bringt die sich intensivierende Beziehung zwischen beiden, gerahmt von Chören und Tanzwettspielen der Spartaner und Trojaner, die Gluck völkerpsychologisch zu differenzieren versucht: kantig-rhythmisch die Europäer, galant-melodiös die Asiaten. Eine Chaconne mit Gavotte ist der orchestrale Höhepunkt.

Was als höfisches Liebesspiel begann, entwickelt sich dank Glucks Musik und ihrer erstaunlichen formal-dramaturgischen Geschlossenheit zu einer existentiellen Auseinandersetzung. Auf gleicher Höhe bleibt der vierte Akt, wobei Amor mit seinem buffonesken Plapperton für den Kontrast sorgt. Im fünften Akt hält Helena in seitenverkehrter Vorwegnahme von Mozarts Figaro der Männerwelt ihre Schlechtigkeit vor, entschließt sich einigermaßen überraschend aber doch zur Flucht mit Paris. Der Solo-Chorkomplex mit der Göttin Pallas Athene, die den Trojanischen Krieg androht, wirkt wenig mit dem Ganzen vermittelt, das ja eben diese Komponente ausspart. Ebenso inadäquat zu Glucks Reformidee verhalten sich jene Tanzszenen, in denen sich die Auseinandersetzung zwischen den Titelfiguren nicht kollektiv spiegelt. Dennoch verdient die Oper aufgrund ihres musikalischen Reichtums Beachtung, weil auf ihrer kompositorischen Höhe jene Tradition zum Teil aufgehoben ist, gegen die Gluck mit seinen Reformopern anging. So stehen sich reiner Belkantostil und bedenkenlos eingesetztes Secco-Rezitativ auf der einen Seite sowie der Hang zum szenenübergreifenden Durchkomponieren und ausgeprägte Ensemblekunst (jeweils drei Duette und Terzette) auf der anderen Seite gegenüber. Eine Wiederbelebung setzt für den Paris einen stimmkräftigen Kontratenor voraus. Die Besetzung mit dem Tenor wirft Probleme auf. Die können in den Duetten mit Helena zu Umkehrungsintervallen führen (Terzen statt Sexten usw.), und die Oktavierung kehrt den Sinn des Komponierten um, wenn im Duett Amors mit Paris im ersten Akt das erregte Gurren des Schürzenjägers tiefer als die Stimme des Gottes liegt.

IPHIGÉNIE EN AULIDE (›Tragédie opéra‹. Iphigenie in Aulis. Musikdrama in drei Akten, *L* von Marie François Le Blanc du Roullet; Opéra Paris 1774; revidierte Fassung: 1775; Kassel 1782; deutsche Übersetzung von Johann Daniel Sander: Magdeburg 1790; Bearbeitung von Richard Wagner: Dresden 1847; Annäherung an die Fassung von 1775: Carl-Heinrich Kreith und Hans Löwlein, Deutsche Staatsoper Berlin 1955; Günther Rennert und Karl Böhm, Salzburger Festspiele 1962).

Glucks erste für Paris geschriebene Reformoper (der ORPHÉE und die ALCESTE als Umformungen der italienischen Erstfassungen folgten ihr) geht auf Jean Racines 1774 genau ein Jahrhundert alte Tragödie IPHIGÉNIE zurück (der wiederum den Stoff dem Drama des Euripides entnahm). Stoffgeschichtlich ist sie sozusagen die Fortsetzung von PARIS UND HELENA: Das von Agamemnon geführte Heer der Griechen ist am Strand von Aulis versammelt und erwartet günstige Winde, um gegen Troja zu segeln. Aufgehalten wird es, weil die Göttin Artemis von Agamemnon (aufgrund der Tatsache, daß er eine heilige Hirschkuh gejagt hat) die Aufopferung seiner Tochter Iphigenie verlangt. Euripides hatte den Konflikt so gelöst, daß das Mädchen sich aus Vaterlandsliebe freiwillig zum tödlichen Ritual bereit erklärt. Artemis nimmt (in der nur bruchstückhaft überlieferten Urfassung) die Bereitschaft für die Tat und entrückt das Mädchen als Priesterin nach Tauris. Das ästhetische Prinzip der ›Vraisemblance‹ (Wahrscheinlichkeit) hinderte Racine an einer Übernahme dieser Lösung; andrerseits verbot ihm das nicht minder strenge Prinzip der ›Bienséance‹ (Schicklichkeit), den Opfertod der Iphigenie nach einer anderen mythologischen Überlieferung zu gestalten. So kam er auf eine Ersatzlösung: Der numinose Orakelspruch zielt nicht auf Agamemnons Tochter, sondern auf eine andere »Iphigenie aus dem Blut Helenas«. Diese lebt unter dem Namen Ériphile als Gefangene des Achilles unter den Griechen und hat durch eine Intrige selbst den Tod der Iphigenie angestrebt; diese ist mit Achilles verlobt, den Ériphile wiederum leidenschaftlich liebt. In Erkenntnis der Schuld, die sie auf sich geladen hat, tötet sich Ériphile auf dem Opferaltar selbst (das erfahren wir durch einen Botenbericht des Odysseus). Durch diese komplizierte Lösung verknüpfte Racine den Aspekt einer antik-schuldhaften Unentrinnbarkeit mit dem eines christlichen Heilsplans.

Als Gluck und sein Librettist, den er 1772 als französischen Gesandtschaftsrat in Wien kennengelernt hatte, die von vornherein als Reformoper und Theaterereignis angekündigte Oper konzipierten, griffen sie auf ein Textmodell zurück, das Algarotti schon 1757 im ›Mercure de France‹ nach Racine entworfen hatte. Unter Fortlassung der Racineschen Hilfskonstruktion zielten sie auf eine recht unvermittelte Happy-End-Lösung ab, die Wagner später mit dem Schimpfwort der unerläß-

lichen Mariage zwischen Iphigenie und Achilles belegte. Obwohl das
Werk 1774 eine geradezu triumphale Aufnahme fand (unter den Lob-
rednern befand sich auch der Philosoph Rousseau), waren seine Autoren mit dem Schluß unzufrieden: daß Achilles mit Waffengewalt das
Opfer Iphigenies verhindert, worauf der Oberpriester Kalchas verkündet, die Göttin verzichte auf ihren Tod. In der Wiederaufnahme von
1775 ließen sie die Göttin selbst auftreten und ihren Verzicht auf das
Opfer verkünden. Daß sie auf die Entrückung der Iphigenie als Priesterin der Artemis nach Tauris verzichteten, ist wohl nur aus Pietät
gegenüber Racine zu erklären. Wagner war 1847 weniger penibel und
entschied sich bei seiner Bearbeitung für die Entrückung, um die Oper
»möglichst mit dem gleichnamigen Stück des Euripides in Übereinstimmung zu bringen« (wie er neben dem Dramaturgen auch dem
Musiker Gluck kräftig ins Handwerk pfuschte). Würde man nach
diesem Grundsatz vorgehen, müßte man auch Agamemnons listigen
Versuch, seine Tochter durch eine Lüge zur Abreise zu bewegen –
er läßt ihr durch Klytämnestra weismachen, Achilles sei ihr untreu geworden –, ebenso streichen wie das den ersten Akt beendende und
damit das ›Lieto fine‹ vorwegnehmende Versöhnungsduett von Iphigenie und Achilles – ganz zu schweigen davon, daß Achilles im zweiten
Akt seinen Freund Patroklos einführt, damit für ein Vokalquartett
auch ein Baß vorhanden ist.

Die dramaturgischen Mängel dieser IPHIGENIE sind auch dadurch
zu erklären, daß Glucks und du Roullets Griechenbild für die Unerbittlichkeit einer attischen Tragödie keinen Spielraum ließ – die Musik
sucht sich da zwischen dem Textgefüge manchmal ihre eigene Wahrheit. So weist das Hauptthema der Ouvertüre mit seiner verschlungenen Stimmführung auf den Seelenkampf des Agamemnon, aber in dem
›barbarischen‹ Unisono des zweiten Teils auch auf die buchstäblich
über Leichen zum Kampf gehenden Griechen. Dann kommt, in den
Klagelauten der Oboe, wieder der Feldherr ins musikalische Bild. Nach
einem Monolog in der Eingangsszene wird er mit dem primitiven
Kriegsvolk konfrontiert, dem der von du Roullet eingeführte Hohe-
priester würdevoll antwortet. Nun entspinnt sich zwischen beiden
Männern eine Auseinandersetzung, nach der Agamemnon sich zu einer
trotzigen c-moll-Arie des Widerstands gegen den göttlichen Befehl
durchringt (*Je n'obéirai point à cet ordre inhumain* – Nein, ich gehorche
nie solch grausamem Befehl). Die Instanz, auf die er sich beruft, ist das
Naturrecht: jener Klageruf der Natur (›cri plaintif de la nature‹), den

Gluck durch die Oboe dreizehnmal im dissonierenden Sekundvorhalt ertönen läßt. Aber jede dieser auf jeweils wechselnder Tonstufe erklingenden Dissonanzen wird von der herrschenden Harmonik aufgesaugt, und die Wiederholung von Agamemnons irregulärem Versmetrum in der Anfangszeile macht aus der Normabweichung den Regelfall: »Mit gehobener Stimme verkündet Agamemnon mit Worten das Gegenteil dessen, was er tun wird. Im geheimen weiß er selbst wohl, daß er seine Vorsätze brechen, mit neuem Frevel den alten tilgen und so den Weg des geringsten Widerstands gehen wird.«

Das Verhalten des Feldherrn wird von der Musik als eine ›bestimmte Negation‹ im Sinne Hegels gedeutet: er bleibt dem von ihm Negierten innerlich verhaftet. In solchen Momenten dringt der Klassizismus Glucks, obwohl er harmonisch und rhythmisch der herrschenden Norm verpflichtet scheint, in jene Mündigkeit des Kunstausdrucks vor, in der schierer Illusionismus überwunden ist: »Das musikdramatische Bild ist nicht mehr kulinarisch, sondern in seinen Teilbezügen funktionell, auf der Höhe des Widersprüchlichen, das zusammengezwungen wird, um stilisiert die Welt zu spiegeln.« Daß solche Weltgestaltung im künstlerischen Konstrukt selbst widersprüchlich ist, an einer objektiven Ironie teilhaben kann, zeigt der sich an Agamemnons Arie anschließende Chor. Hier feiert das Volk, das vom Hintergrund des göttlichen Opfergebots nichts weiß, die Ankunft Iphigenies und ihrer Mutter Klytämnestra in einem geradezu tümelnden Reigen.

Überhaupt setzt Gluck gelegentlich das Mittel der Ironie ein: als Spannungsdifferenz zwischen den Bühnenfiguren und dem viel mehr als diese wissenden Zuschauer. Am erschreckendsten wirkt sie im zweiten Akt, wenn nach dem Quartett um das zur Hochzeit bereite Paar den Beteiligten vom Hohenpriester kundgetan wird, Agamemnon warte am Altar keineswegs darauf, Iphigenie mit Achilles zu trauen, sondern sie zu opfern. Die Prophezeiung des Mythos, später von Berlioz in den TRO-JANERN als Mittel der Spannungsdramaturgie über den realen Handlungsablauf hinaus eingesetzt, führt im dritten Akt zu Höhepunkten. Auf ihre elegische h-moll-Bitte um den Schutz des Achilles für ihre Tochter folgt Klytämnestras Ausbruch, in dem sie den Opfertod Iphigenies als Vision zu erleben scheint und den Zorn der Götter auf Griechenland herabruft. Dieser Szene entspricht der Wutanfall des Achilles nach Iphigenies rührendem Es-Dur-Abschied (*Adieu, conservez dans votre âme le souvenir de notre ardeur* – Lebt wohl und bewahrt im Herzen die Erinnerung unserer Liebe), wenn er in hektischer Rhythmik und plötzlichem Forte-Piano-Wechsel Agamemnon den Tod verheißt. Nicht minder beeindruckend am Ende dieses Akts die große Szene des Königs: eine durchkomponierte Folge wechselnder Empfindungen zwischen dem in heftiger Achtelbewegung herausgestoßenen Befehl zum Vollzug des Opfers; einem Verzweiflungsausbruch, der erneuten Besinnung auf die Herrscherpflicht; einer Vision der ihn verfolgenden Rachegeister, deren Schrei immer wieder aus dem Orchester ertönt. Dieses Mittel der orchestersprachlichen Seelenpolyphonie, unabdingbar für Wagners Musikdramen, endet hier in einem chromatisch abwärtskriechenden Motiv – danach kann Agamemnon nur noch kleinmütig die Order geben, die Tochter heimlich aus dem Lager zu bringen: aus dem Herrscher ist ein kleiner Betrüger geworden. Das seine Szene abschließende A-Dur-Allegro legitimiert den Betrug nur äußerlich durch den Zornesausbruch auf die Göttin. Trotz aller dramaturgischen Schwächen: hier beginnt endgültig der Sieg des Musikdramas über die Oper, und nach soviel individueller Psychologisierung in der Musik zeigt der unbefriedigende Schluß – verglichen mit den Finalbildern in den ›Tragédies lyriques‹ eines Lully und Rameau – nur auf, daß ein autokratisches Ritual der Versöhnung von persönlicher Leidenschaft und staatstragendem Ehrgefühl gesellschaftlich unglaubwürdig geworden war. Hinter der Forderung nach der Reform der Oper mit ihren allseits entwickelten Individuen tut sich insgeheim auch die nach der Veränderung der Gesellschaft auf.

IPHIGÉNIE EN TAURIDE (›Tragédie‹. Iphigenie auf Tauris. Musikdrama in vier Akten; L von Nicolas-François Guillard; Opéra Paris 1779, dort bis 1829 über 400 Aufführungen; deutsche Version vom Komponisten und Johann Baptist von Alxinger: Burgtheater Wien 1781; italienische Fassung von Lorenzo da Ponte: Wien 1783; deutsche Fassung von Johann Daniel Sander: Berlin 1795).

Glucks vorletzte Oper, Höhepunkt seines Schaffens überhaupt, geht auf die Tragödie des Euripides zurück (im Titel wäre die Übersetzung »… auf Taurien« oder »… bei den Taurern« sinnvoller als »auf Tauris«). Ihre ideengeschichtliche Problematik in bezug auf den Klassizismus-Begriff in Goethes Drama IPHIGENIE AUF TAURIS wurde in der Einleitung zum Gluck-Kapitel behandelt. Die schöpferische Auseinandersetzung des Komponisten mit dem Stoff reicht mindestens bis ins Jahr 1765 zurück, als von ihm ein tragisches IPHIGENIEN-Ballett im Schloßtheater zu Laxenburg aufgeführt wurde. Die Musik ist verschollen, so daß Nachwirkungen in die Oper hinein nicht belegbar sind. Zwei Jahre zuvor hatte er eine Oper über denselben Stoff von Tommaso Traetta bei einer Wiederaufnahme im Schönbrunner Schloßtheater erlebt, wobei die Szene mit dem schlafenden und von den Erinnyen geplagten Orest tiefen Eindruck auf ihn machte. Von Traetta übernahm er auch den Einfall, daß der erwachende Orest in der auf ihn zukommenden Iphigenie die von ihm getötete Mutter Klytämnestra zu erblicken meint. Die letzte Arbeit an der Oper wurde Gluck dadurch erschwert, daß Niccola Piccinni der gleiche Stoff angeboten worden war, und zwar mit einer zeitlichen Aufführungspräferenz; durch eine Gegenintrige konnte Gluck dem Konkurrenten um zwei Jahre zuvorkommen.

Daß Piccinni an dem Piccinnistenstreit zumindest ebenso wenig schuld war wie der zu Selbstherrlichkeit neigende Gluck, ist schon in der Einleitung erwähnt worden, und wie sinnlos die ganze Auseinandersetzung – musikimmanent betrachtet – war, zeigt schon ein kurzer Vergleich zwischen beiden im wesentlichen inhaltsgleichen Fassungen. Iphigenie, von Artemis (Diana) kurz vor der Opferung in Aulis auf einer Wolke ins Skythenland der Taurer entrückt, muß dort als Priesterin der Göttin und letztlich auch dem König Thoas in einem tödlichen Ritual dienen: jeden auf der Halbinsel erscheinenden Fremden der Göttin zu opfern. Als zwei Griechen gefangen genommen werden (es sind ihr Bruder Orest, der inzwischen Klytämnestra nach deren Mord an Agamemnon getötet hat, und sein Freund Pylades), versucht sie, einen von ihnen zu retten; es ist Pylades, der alles versuchen wird, den Freund zu befreien, während der von den Rachefurien verfolgte Orest zum Tode bereit ist. Als Iphigenie ihn opfern will, folgt die Erkennungsszene der Geschwister; nun weigert sie sich, dem Ritual zu folgen. Als Thoas darauf sie und Orest töten will, wird er mit seinen Gefolgsleuten von Pylades und seinen zur Hilfe geholten Landsleuten erschlagen. Durch ihre Opferbereitschaft haben Iphigenie und Orest den auf dem Atridengeschlecht lastenden Götterzorn überwunden: die Göttin entläßt das Geschwisterpaar nach Griechenland.

Das von Alphonse Du Congé Dubreuil stammende Libretto zu Piccinnis Oper ist dem der Gluckschen Vertonung (beider Hauptquelle war das Drama IPHIGÉNIE EN TAURIDE von Guymond de la Touche) in mancherlei Beziehung überlegen. So strebt dort, wie bei Goethe, der nicht vordergründig barbarisierte Thoas eine Verbindung mit der Priesterin an. Dennoch erhebt sich Glucks Oper weit über die seines Konkurrenten, was die meisten Zeitgenossen erkannten. So ist etwa bei

Piccinni die Figur des Thoas in ihrem Liebeswerben wie in ihren Drohgebärden gleichermaßen blaß gezeichnet. Im Gegensatz zu Glucks Thoas bekommt er hier im ersten Akt keine charakterisierende Arie, und die ihn umgebenden Skythen singen alles andere als exotisch oder barbarisch. Auch in Momenten, da Piccinni scheinbar in Glucksche Gefilde des Musikdramas vorstößt, wirkt das eher zufällig und dramaturgisch unschlüssig. So folgt seinem Schlußchor zum ersten Akt, in dem die Priesterinnen um Gnade flehen, eine stürmische Orchestercoda, die von B-Dur auf die Dominante von f-moll moduliert – eben die Tonart, die den zweiten Akt mit einem weiteren Sturm eröffnet. Doch der tonartliche Zusammenhalt ist kein dramaturgischer, da der zweite Akt chronologisch sich keineswegs bruchlos dem ersten anschließt: hier wird dem Hörer eine musikalisierte Zeitenfolge suggeriert, die in Wirklichkeit gar nicht stattfindet. Ähnlich zweideutig ist auch das Verhältnis der Iphigenie zu den anderen Figuren gestaltet: ob die Priesterinnen ihre Untergebenen oder ihre Vertrauten sind, bleibt offen, während ihr Trio mit Orest und Pylades im dritten Akt einen für den Stand des Handlungsfortgangs viel zu großen Grad der Vertrautheit besitzt. Noch gravierender ist Piccinnis mangelnde Fähigkeit, seine Figuren durch Feinheiten der Deklamation und der Begleitung ästhetisch zu beglaubigen: sie bleiben in stereotypen Ausdrucksformen befangen. Aus einem genaueren Vergleich beider Fassungen geht Glucks IPHIGENIE um so strahlender hervor, als das Werk aus einer unbegreiflichen Anzahl von Selbstentlehnungen besteht. Es ist »das brillanteste ›Pasticcio‹, das je komponiert worden ist.«

Nach einem knappen Vorspiel hebt sich der Vorhang vor dem Hain der Artemis mit dem Tempel. Über ihn geht ein heftiger Sturm hinweg, in den Iphigenie und die Priesterinnen eine dreimalige Bitte an die Götter um Besänftigung der Naturgewalten rufen. Es ist dieselbe Dreiersymbolik wie im ORFEO oder der ARMIDE. Diese Spiegelung von Seelenkämpfen und ihrer schließlichen Besänftigung in einem Naturbild wird sogleich vertiefend weitergeführt: in Iphigenies Traumerzählung vom Untergang des Atridengeschlechts. Das Rezitativ beginnt mit einem sanften Anstieg der Singstimme über Liegeharmonien. Dann steigern sich die Ausdrucksmittel in der Begleitung: Tremolo in den Streichern, Beschleunigung des Tempos, in den Holzbläsern erhebt sich eine klagende Stimme wie in Agamemnons zweitem Monolog der aulischen IPHIGENIE. Es folgt Iphigenies helle A-Dur-Arie an die Göttin, die ihr das Leben rettete (*Ô toi, qui prolongeas mes jours*); trotz der Gefaßtheit stellen irreguläre Sforzati den regelmäßigen Phrasenbau in Frage. Der Auftritt der Skythen bringt heftigen Kontrast. König Thoas, von dem Sturm als Ausdruck des Götterzorns noch ganz beeindruckt, ist in seiner h-moll-Arie von düsteren Vorahnungen gequält (*De noirs pressentiments* – Wie bittre Ahnung mir das Innerste durchwühlt): ein gelungenes Stück der Charakterisierungskunst mit der heftig gestoßenen Deklamation, den punktierten Rhythmen und dem Streichertremolo in der Begleitung. Dem Chor der barbarischen Skythen geben exotische Instrumente wie Pikkoloflöte, Becken, Triangel und Trommel ein damals modisches Türkenflair. Der Akt schließt mit Tänzen der Barbaren, die das bevorstehende Opferfest feiern: ein glänzendes Beispiel für den Einbezug des Balletts in das dramaturgische Gefüge.

Die beiden Mittelakte schürzen den Konflikt um das Geschwisterpaar. Zunächst werden die beiden Freunde geschildert. Orest stellt sich (*Dieux, qui me poursuivez* – Ihr, die ihr mich verfolgt) in atemloser Deklamation über tremolierenden Streichern und heftigen Rhythmen von Trompeten, Hörnern und Pauken als ein von den Rachegeistern Verfolgter vor. Nicht weniger als achtundzwanzigmal hören wir, teils im Orchester, teils in der hohen Baritonstimme, der Quartsprung A–D als Ausdruck seiner Besessenheit. Pylades dagegen tritt in einem fast graziösen Andante als ein Aufgeklärter auf, dem dank der Mittel einer modernen Vernunft am ehesten die Lösung aus den Fallstricken des Mythos zuzutrauen ist. Ihr Duett im dritten Akt (*Et tu prétends encore* – Und du versicherst noch) nimmt diese gegensätzliche Charakteristik auf, doch Orest verläßt schließlich sein c-moll und schließt sich dem Pylades zugeordneten Dur an, ehe sich beider Wege wieder trennen: Orest bleibt in einem dramatischen Rezitativ mit Selbstmordgedanken zurück, Pylades tröstet ihn besänftigend und eilt nach einer freudigen Kampfarie, einem marmorhaft kühlen Beispiel des Gluckschen Klassizismus, davon (*Divinité des grandes âmes* – Du schönstes, größtes Glück auf Erden).

Der innere Höhepunkt des Dramas, korrespondierend zur Erkennungsszene der Geschwister im vierten Akt, findet schon im zweiten Akt statt. Nach seiner Furienarie und der Abführung des Pylades allein gelassen, sinkt Orest erschöpft zu Boden. Endlich glaubt er, seine Seelenruhe zu finden (*Le calme rentre dans mon cœur* – Der Frieden kehret in mein Herz). Aber das ruhelose Streicherbeben mit den gegenrhythmischen Bratschen, den Seufzerfiguren in den Violinen und dem ostinaten, die D-Dur-Tonika in Frage stellenden A im Baß straft seine Worte, nach Glucks eigenem Ausspruch, Lügen: »Er hält für Ruhe, was bloße Erschöpfung seiner Organe ist. Aber die Furien sind immer da: er hat seine Mutter getötet.« Diese Stelle, vergleichbar der Arie des Agamemnon in der aulischen IPHIGENIE I, 3 oder jenem Augenblick in der Pariser ALCESTE, wenn die Titelheldin ihre Bereitschaft, für den Gatten zu sterben, nicht als Opfer verstanden wissen will, und doch, sich selbst korrigierend, den Schmerz über den Verlust ihrer Kinder beklagt, ist eine der berühmtesten der ganzen Operngeschichte. Sie weist in die Zukunft des Musikdramas insofern, als die Eigensprachlichkeit des Orchesterklangs, wie später bei Wagner, eine eigene Wahrheit gegen den Sinn des gesungenen Wortes verkünden kann.

Ein bohrendes Orchesternachspiel von sieben Takten, das endlich das in der Orest-Arie verweigerte D als harmonische Auflösung bringt, leitet über zur Version der dem Eingeschlafenen im Traum erscheinenden Erinnyen. Wiewohl Gluck sich hierbei einer pantomimischen ›Entrée‹ in der Tradition der ›Tragédie lyrique‹ bedient, ist der Auftritt der Tänzer nicht nur in einem handlungsdramatischen Sinn mit der Hauptaktion verfugt. Der in einem vierstimmigen Fugato anhebende Gesang der Erinnyen folgt der gleichen Intervallfortschreitung, wie sie Orest sich stufenweise in seiner vorangehenden Arie als Wunschprojektion eingeredet hatte: die Furien sind ein Objekt seiner Einbildungskraft. Die Posaunen stützen in Oktavparallelen die aufwärtssteigende d-moll-Skala, und aus dem Orchester ertönt immer wieder die leitmotivisch eingesetzte Quartspannung A–D. Orests Schmerzensseufzer sind in den diatonisch hochstrebenden Skalengang eingebunden und schärfen sich am Ende chromatisch: der Erwachende meint, in der ihm entgegentretenden Iphigenie die gemordete Mutter Klytämnestra zu erkennen.

Die folgende Szene zwischen den sich noch nicht erkennenden Geschwistern ist ein vierteiliges ›Accompagnato‹, das zunächst auf starren Liegeharmonien abläuft. Iphigenie, auf eine ihr seltsam erscheinende Art am Schicksal des vermeintlichen Fremden interessiert, fragt ihn nach der Familiengeschichte aus. Bei dem Stichwort ›Mykene‹ fährt Iphigenie auf, der Rhythmus beschleunigt sich zu jagenden Vierteln, denen oft ein noch kürzerer Notenwert vorangestellt wird. Dann geht das Orchester in ein Tremolo über, und wenn Orest erstmals den Namen der gemeinsamen Mutter Klytämnestra nennt, schreit der Chor der Priesterinnen auf. Orest bekennt nun, wenngleich in indirekter Erzählung, seinen Muttermord, und nach diesem Höhepunkt sinkt die

Spannungskurve ab. Als Orest der Schwester, weiter unerkannt, mitteilt, nur Elektra lebe noch, sinkt die Musik ins Schweigen ab: ›Grand silence‹ vermerkt Gluck ausdrücklich, als wolle er das Nicht-Klingen in die Mittel musikalischer Gestaltung aufnehmen. Musikdramaturgisch hat Richard Strauss Glucks Gliederungsverfahren in der Erkennungsszene seiner ELEKTRA aufgegriffen.

Es folgt eine große G-Dur-Arie der Iphigenie (*O malheureuse Iphigénie* – O laßt mich Tiefgebeugte weinen) mit der Aufforderung an die Priesterinnen, den Trauerritus für den vermeintlich toten Bruder Orest einzuleiten. Die Arie ist ein beredtes Beispiel für Glucks klassizistisches Pathos der Einfachheit, da sie den Ton der Entsagung und der Ergebenheit in das Schicksal über vierundzwanzig Takte hin auf dem einfachsten harmonischen Schema von Tonika, Dominante und Subdominante bei gleichbleibendem Bewegungsimpuls ausbreitet. Im Mittelteil streift die Harmonik gelegentlich die Mollvariante, wie auch der Chor der Priesterinnen zwischen C-Dur und c-moll wechselt. Die Schlußwendung bekräftigt gleichsam dieses C-Dur zum Ausdruck von Versteinerung. Daß Gluck mit solchem Pathos keinerlei Tendenz der Gleichmacherei verfolgt, sondern eine psychische Spannung zwischen innerem Zustand und äußerer Haltung aufbaut, zeigt Iphigenies Arie im letzten Akt (*Je t'implore et je tremble* – Erbebend fleh' ich dir), wenn sie vor der Opfertat in zerreißenden Phrasen bei nicht minder zerhacktem Auf und Ab der Begleitung die Göttin bittet, ihr alle menschlichen Skrupel vor dem schrecklichen Ritual zu nehmen. Dann folgen schnell die Erkennungsszene der Geschwister, das Eingreifen der Skythen unter Thoas, der Auftritt der Griechen und die Erscheinung der Göttin. Ein Schlußchor (fast wörtlich aus PARIS UND HELENA entnommen) beschließt das Werk. Im Priesterchor von Mozarts ZAUBERFLÖTE hallt er nach.

Nicht alle Teile des Dramas stehen auf der gleichen Höhe, und nachzutragen bleibt auch eine Enttäuschung angesichts der deutschen Einrichtung der Oper, die Gluck in enger Zusammenarbeit mit dem Librettisten Johann Baptist von Alxinger im Frühjahr 1781 erstellte. Neben sprachlichen Schwulstmomenten ist die Transposition der Partie des Orest von der Bariton- in die Tenorlage ein schweres dramaturgisches Manko, da auch Pylades ein Tenor ist. Zudem tröstet die konzisere Schürzung des dramatischen Knotens nicht über den Fortfall der Szene weg, in der die Opferung des Orest vorbereitet wird (Iphigenies *Contemplez ces tristes apprêts* changiert im Wechsel mit dem Chor zwischen C- und Es-Dur auf eindrückliche Weise). Erst in der Verbindung mit dem c-moll-Trauermarsch, der sie in der Wiener Fassung ersetzt, gewänne die Szene jene ritualähnliche Tiefendimension, die für Glucks reife Werke bezeichnend ist. Doch das wäre genau eine jener Vermischungen verschiedener Versionen, wie sie im Fall des ORFEO so lange unser Gluck-Bild verunklart haben. So bleibt bezüglich der deutschen Fassung ein spezielles Unbehagen zurück, in dem sich das allgemeinere von der verspäteten Opernkultur der Deutschen spiegelt. Wilhelm Heinse hat es, wenngleich auf die ALCESTE gemünzt, in HILDEGARD VON HOHENTHAL seiner Titelheldin mit der Frage in den Mund gelegt, warum »ein in der musikalischen Welt so hervorragender Mann außer Kleinigkeiten nichts für sein Vaterland, dessen Stolz er ist, nichts für die deutsche Sprache schreibt; und wer eigentlich die Schuld hat, ob er selbst oder die Fürsten, die Dichter, das Publikum?«

ANTONIO SALIERI (1750–1825)

Daß Gluck seinen Ruf als musikalischer Kosmopolit außerhalb deutscher Lande ganz zielbewußt einzusetzen wußte, beweist das Schicksal der ihm 1784 von der Pariser Oper in Auftrag gegebenen DANAIDEN. Aufgrund seines schlechten Gesundheitszustands konnte er den Auftrag nicht erfüllen und stellte der Akademie in Salieri einen Ersatzmann. Der brachte das Werk auch im vorgegebenen Zeitrahmen zu Ende, und die Pariser Oper behielt aus vordergründigem Interesse Stillschweigen über den genauen Sachverhalt: Salieri galt als derjenige, der das weitgehend von Gluck komponierte Werk unter dessen Anleitung bühnenreif gemacht hätte. Erst als es zum Erfolgsstück wurde, gab Gluck öffentlich bekannt, daß Salieri dessen Autor sei. Für Salieri war der Erfolg sein Durchbruch zu dem, was den Zeitgenossen als authentische Gluck-Nachfolge erschien. 1774 nach dem Tod Florian Leopold Gaßmanns zum Leiter der italienischen Oper in Wien aufgestiegen, war Salieri 1778 die Ehre widerfahren, daß die Mailänder Scala mit seiner Oper L'EUROPA RICONOSCIUTA ihre erste Spielzeit eröffnete. Daraufhin gab Österreichs Kaiser Joseph II. ihm den Auftrag, mit den RAUCHFANGKEHRERN (→ S. 362) ein deutsches Nationalsingspiel zu komponieren. Aber Salieri war nicht der Mann, der deutschen Oper den nötigen Innovationsschub zu geben. Dennoch band ihn Joseph II. 1788 fest als Hofkapellmeister an die Wiener Hofburg. Dort leitete er weite Teile des Wiener Musiklebens in durchaus segensreicher Weise. Doch das Gerücht, er habe Mozart vergiftet, hat seine Bedeutung für die Musikgeschichte lange Zeit umschattet. Seit Puschkins dramatischem Gedicht MOZART UND SALIERI aus dem

Jahre 1830, von Rimski-Korsakow 1898 vertont, hat es bis hin zu Peter Shaffers Theaterstück AMADEUS von 1979 und erst recht dessen Hollywood-Verfilmung nicht an Versuchen gefehlt, dieses Gerücht kunstwirksam zu machen. So geistert Salieri als Phantom durch die Kulturgeschichte.

Das gilt auch für die Operngeschichte im engeren Sinn. Im vierten Akt seiner ›Tragédie lyrique‹ LES DANAÏDES kommt es zur Katastrophe: neunundvierzig der fünfzig Töchter des Danaus, eben die Danaiden, müssen die ihnen gerade Anvertrauten im Ehebett ermorden (nur Ipermestra widersetzt sich dem Befehl des Vaters). Salieri komponierte dieses unfaßbare Massengrauen, indem er das ganze Orchester drei Takte lang einen einzigen Ton (ein B) spielen und vom Pianissimo ins Fortissimo ansteigen ließ. Es ist genau jene Verfahrensweise, die uns in Alban Bergs WOZZECK III,2 wieder begegnet, nun allerdings differenzierter ausgeführt. Berg hat hier eine Invention über den Ton H geschrieben, und wenn er nach einer Generalpause mit einem leisen Tamtamschlag wieder einsetzt, wird er vom Streicherkörper in siebenfacher Oktavierung pianissimo ausgehalten, ehe nach Maries Hilfeschrei auf eben diesem Ton das Orchester das unheilvolle H zweimal zum infernalischen Fortissimo steigert. Solche Erhebung des Indiviualleids zum Weltleid konnte Salieri den Höllenqualen seiner bestraften Danaiden indes nicht zuteil werden lassen. Ihr Kollektivleid vollzieht sich musikalisch in abgegriffenen Gemeinplätzen: verminderte Septakkorde und hochschießende Sechzehntelfiguren, Sforzati und Tremoloeffekte bleiben im Rahmen der Affektsprache des 18. Jahrhunderts.

VORSCHUSS AUF DIE ZUKUNFT

Salieri war in der Tat kein Komponist von Zukunftsmusik, in der Beziehung sind alle Legenden um seine Beziehung zu Mozart richtig gewebt. Aber selbst in Mozarts Werk läßt sich ein Nachklang des Komponisten finden, der als Programmverantwortlicher für die Musikfeste des Wiener Kongresses 1815 zum Lordsiegelbewahrer der Tradition aufstieg. 1787 kam in Paris Salieris TARARE auf ein Libretto von Beaumarchais heraus: ein weitaus interessanteres Werk als DIE DANAIDEN. Ihm geht ein Prolog voran. In ihm, der auf eine Ouvertüre folgt, die von einer leichten C-Dur-Brise sich zu einem kräftigen c-moll-Sturm steigert, erscheinen zwei allegorische Figuren als Weltschöpfer: der Genius des Feuers und die Natur. Sie erschaffen die Seelen der noch Ungeborenen aus verlorenen Atomen im Weltall. Den Chor der solcherweise beseelten Schatten *Quel charme inconnu nous attire* (Welch unbekannter Zauber zieht uns an) hatte Mozart sicher im Ohr, als er seinen drei Knaben das *Bald prangt, den Morgen zu verkünden* in seiner ZAUBERFLÖTE schrieb. Er hat die Oper des älteren Kollegen bestimmt in Wien gehört (wie der sich von der ZAUBERFLÖTE entzückt zeigte). Aber 1788 hatte sie eine große Veränderung erfahren: aus dem französischen TARARE war ein italienischer AXUR, RE D'ORMUS (Axur, König von Hormus) geworden. Mit der Sprache hatte sich anderes geändert – so konnte Mozart in der Wiener Fassung nicht mehr den deutlich antiroyalistischen und auch nicht gerade kirchenfrommen Ton vernehmen, der den Dialog zwischen der Natur und dem Feuergenius auszeichnet. Für diesen dem Zensor vorbeugenden Eingriff Lorenzo da Pontes in seinen Text hielt sich Beaumarchais schadlos, als das Werk nach der Revolution 1790 wieder auf dem Pariser Spielplan erschien. Da schrieb er ihm einen Epilog, der ganz aktuelle Forderungen erhob: das Recht auf Scheidung, das auf Abschaffung der Sklaverei (Tarare befreit einen Sklaventrupp) und die Bürgerrechte ganz allgemein, wenn nach einem Volksaufstand die Citoyens entsprechende Plakate herumtragen. Das war sozusagen Beaumarchais' Rache dafür, daß da Ponte in seiner italienischen Bearbeitung den freisinnigen Prolog entschärft hatte.

Dieses phantomartige Changieren zwischen Paris und Wien, französischer ›Tragédie lyrique‹, in der Salieri für den Hohenpriester eine Singart dogmatischen Tons verlangt, eine Art Sprechgesang, und italienischer ›Opera seria‹, die da Ponte auf vier Akte kürzte – dieses Changieren zeigt sich am auffälligsten im Titelhelden selbst. Aus Atar, der in der Originalfassung den Helden in tyrannischer Wut verfolgte, ist nun die personifizierte Positivität geworden, und Axur, der Gute von einst, ist nun der orientalische Potentat, der seinem Harem auch noch Atars Frau Aspasia eingliedern will. Der vierte Akt führt uns sogar ins Serail, wo das witzige Streichervorspiel uns an Mozarts Monostatos gemahnt, wenn er sich der schlafenden Pamina in der ZAUBERFLÖTE nähert. Wo in der französischen Fassung ein großes Ballett abgelaufen war, greift da Ponte in der Wiener Fassung auf den Geist der alten venezianischen Oper zurück und führt ein komisches Terzett für drei Figuren aus dem Commedia dell'arte ein. Neben diesem Rückgriff auf eine alte Tradition hat die italienische Fassung aber auch einen Vorschuß auf die zukünftige Operngeschichte zu bieten. Als der verkleidet in das Serail gestiegene Atar nun der eigenen Frau im Auftrag des Tyrannen Gewalt antun soll, singt er die wohl erste ›Preghiera‹ der Operngeschichte, ein weltliches Gebet an den Christengott: »Das ist ein bemerkenswerter Schritt in Richtung auf den romantischen Stil.«

Aber noch in anderer Hinsicht weist Salieris TARARE – AXUR in die Zukunft. Beaumarchais hatte der Originalfassung ein eindrückliches Vorwort mitgegeben. In diesem DISCOURS PRÉLIMINAIRE geht er auf die alte Frage nach der Vorherrschaft des Wortes oder der Musik in der Oper zurück. Salieri hatte sie im Februar 1786 im Auftrag Joseph II. in der denkwürdigen Doppelpremiere mit

Mozarts SCHAUSPIELDIREKTOR in seiner für die Orangerie von Schloß
Schönbrunn komponierten ›Buffa‹ mit dem programmatischen Titel PRIMA LA
MUSICA, POI LE PAROLE (Erst die Musik, dann die Worte) konstruktiv beant-
wortet: sozusagen als Bindeglied zwischen der Florentiner ›Camerata‹ und dem
CAPRICCIO von Richard Strauss. Obwohl die Kunstfrage im Paris des Piccinni-
stenstreits kaum eine Rolle spielte, ging Beaumarchais auf sie ein. Seine These
läuft auf einen Strukturzusammenhang zwischen Text und Musik hinaus, wie
ihn auch Strauss vertreten sollte. Aber er spezifiziert ihn zu einer Mischung der
Genres. Die Oper solle weder Tragödie noch Komödie sein, sondern ein
›Genre mixte‹. Abgesehen davon, daß Salieris Oper in da Pontes italienischer
Einrichtung diese Forderung viel eher als im Original erfüllt, schießt Beaumarchais mit seiner These über Mozart hinaus bis zum französischen Romantizis-
mus eines Victor Hugo vor. Der machte sich im Vorwort zu seinem CROMWELL
1827 diese Verschmelzungstheorie zu eigen und gewann aus ihr seine eigene
Ästhetik der Verbindung des Sublimen mit dem Grotesken. Darin werden All-
tagserscheinungen, soziale und politische Konflikte gleichermaßen, aufgenommen, und diese Theaterkunst wendet sich ausdrücklich an ein neues Publikum:
das bürgerliche.

DIE LEICHTE OPER:
EINE SCHWERE GEBURT
OPÉRA COMIQUE UND SINGSPIEL,
BALLAD OPERA UND ZARZUELA

In seiner 1752 veröffentlichten LETTRE SUR OMPHALE gab der in Paris wirkende Baron Melchior Grimm eine geradezu klassische Begriffsbestimmung für das, was man die leichte Oper nennen könnte. Obwohl Grimm sich allgemein auf die italienische Musik bezog, meinte er besonders die der ›Opera buffa‹, die er zur ästhetischen Richtschnur überhaupt machte: »Italienische Musik verspricht und bietet Vergnügen für jeden, der Ohren hat. Einer weiteren Vorbereitung bedarf sie nicht, und da es die Aufgabe der Musik ist, angenehme Empfindungen mittels harmonischer und wohlgeordneter Klänge hervorzurufen, hat jeder Mensch, sofern er nicht taub ist, das Recht, zu entscheiden, ob sie ihre Aufgabe erfüllt oder nicht.«

In der Scheinlogik dieser auf die reine Genußästhetik abzielenden Formulierung steckt Aufsässigkeit. Nicht mehr das von Fürstenhöfen als Kunstausdruck ihrer Macht propagierte Ideal der italienischen ›Seria‹ und nicht mehr die zur Verklärung des französischen Absolutismus dienende ›Tragédie lyrique‹ galten den Aufklärern im Umkreis der französischen Enzyklopädisten als Richtlinie für eine zeitgemäße Form des Musiktheaters, sondern jene oft gesellschaftskritisch geprägten Erscheinungsformen einer Volksoper, die sich zwischen Madrid und St. Petersburg im 18. Jahrhundert als Gegenströmung zur herrschenden Hoch- und Hofoper herausbildeten. Blieben die iberische ›Zarzuela‹, das deutsche und russische Singspiel wie die englische ›Ballad Opera‹ weitgehend auf den jeweiligen Sprachbereich beschränkt, so entwickelte sich die französische ›Opéra comique‹ neben der ›Opera buffa‹ zur zweiten Form einer volkstümlichen Oper von supranationalem Anspruch.

DIE OPÉRA COMIQUE

Das Formprinzip der ›Opéra comique‹: die Verbindung von Musik und gesprochenem Dialog, läßt sich ohne inhaltliche Fixierung der Werke bis ins 19. Jahrhundert (CARMEN) vor- wie bis ins Mittelalter zurückverfolgen (Adam de la Halles um 1280 geschriebenes JEU DE ROBIN ET DE MARION). Der Begriff selber erscheint erstmals um 1715, als auf Plakaten in Paris Vorstellungen mit ›Opéras comiques‹ angekündigt wurden. Als Alain-René Lesage 1724 anfing, diese frühen komischen Opern zu sammeln, schrieb er ihren Ursprung im Vorwort dem von ihm selbst belieferten Jahrmarkttheater und einem Rückkoppelungseffekt mit dessen Publikum zu: »Das Jahrmarkttheater begann mit Farcen, welche die Drahtseiltänzer mit ihren akrobatischen Vorführungen vermischten. Danach boten wir Ausschnitte aus den alten italienischen Stegreifkomödien. Die ›Comédie-Française‹ indes zwang uns, diese Vorstellungen zu beenden ... und erhielt die Genehmigung, alle Jahrmarktdarsteller an der Aufführung von Komödien mit Monologen oder Dialogen zu hindern. Da es den Jahrmarktdarstellern solcherweise untersagt war, zu sprechen, behalfen sie sich mit großen Schrifttafeln, das heißt: jeder Schauspieler schrieb seinen Text in großen Buchstaben auf eine Tafel, die er dann den Zuschauern zeigte. Diese Inschriften waren zuerst in Prosa gehalten, später wurden sie zu Melodien geschrieben, die das Orchester spielte und das Publikum sang ... Als die Schauspieler merkten, daß die Zuschauer Vergnügen an diesem ›Spectacle en chansons‹ hatten, folgerten sie zu Recht, wenn sie selber die ›Vaudevilles‹ sängen, würde es noch vergnüglicher sein. Sie erzielten eine Absprache mit der Oper, die ihnen aufgrund ihres Privilegs zu singen erlaubte. Dann begannen wir, die Stücke ausschließlich mit ›Vaudevilles‹ zu schreiben, und von da ab nahm das Spektakel den Namen ›Opéra comique‹ an.«

Das Pariser Jahrmarkttheater (›Théâtre de la foire‹) hatte insofern eine große theaterpolitische Bedeutung, als es 1697 nach der Verbannung der italienischen Komödianten aus dem französischen Königreich – vordergründig wegen Verspottung der heimlich mit Louis XIV verheirateten Madame de Maintenon, hauptsächlich aber aufgrund des von der ›Comédie-Française‹ ausgehenden Konkurrenzneids – die Tradition der Stegreifkomödie weiterführte. Die auf das Mittelalter zurückgehende Tradition der ›Sotie‹ ähnelte in vielerlei Beziehung der ›Commedia dell'arte‹. Da die beiden Pariser Jahrmärkte St. Germain und St. Laurent ihre Spektakel zwischen Februar und Palmsonntag bzw. Juni und September aufteilten, gab es so etwas wie eine durchgehende Halbsaison. Doch die Behinderungen hielten an. 1719 untersagte die ›Comédie-Française‹ alle Vorstellungen, doch die wieder in Paris auftauchenden Italiener fanden 1721 auf dem Jahrmarkt St. Laurent die von Lesage erwähnte Lücke; als 1745 die ›Académie Royale‹ die 1714 verbürgte Aufhebung ihres Musiktheater-Privilegs rückgängig machte, entstand die ›Opéra comique‹ sieben Jahre später siegreich neu auf dem Jahrmarkt von Saint-Germain. Von einer Institution als ›Opéra-Comique‹ im Gegensatz zur Gattung ›Opéra comique‹ kann man aber erst seit 1762 sprechen, als sie sich mit der ›Comédie-Italienne‹ zusammenschloß.

Daß die ›Opéra comique‹ sich vom billigen Jahrmarktvergnügen zu einer Institution der Hochkultur entwickeln konnte, ist zunächst dem Geschick ihrer ersten Hauptlibrettisten zuzuschreiben. Lesage (1668–1747) und, ab 1743, Charles-Simon Favart (1710–1792) verstanden es gleichermaßen, das Unterhaltungsbedürfnis des Publikums mit Komödien aus dem farcenhaft geschilderten Alltag zu befriedigen. Musikalisch ist die Frühform der ›Opéra comique‹ unerheblich. Entweder wurden Gassenhauer (›Vaudevilles‹) gesungen oder Partien aus ernsten Opern parodiert. Einzelne Arien und Tänze wurden auch eigens für die neue Gattung komponiert – sogar von Rameau, dessen drei Beiträge aber verlorengegangen sind. Diese ›Ariettes‹ sind ein Mittelding zwischen ›Vaudeville‹ und anspruchsvoller Opernarie. Stoffgeschichtlich führte das neue Genre zu den herkömmlichen Typen der Stregreifkomödie vor allem den Naiven ein (›l'ingénu‹). Der Hauptwitz von Favarts größtem Erfolgsstück LA CHER-CHEUSE D'ESPRIT (Die Geistsucherin; 1741 im Jahrmarkttheater von Saint-Germain uraufgeführt) dürfte darin bestanden haben, daß er zwei geschlechtsspezifische Spielarten des neuen Typs aufeinanderstoßen ließ. Dabei ist das auf Vervollkommnung seiner geistigen Fähigkeiten bedachte Dummerchen Nicette bald bei dem ebenfalls geistig beschränkten Bauern Alain an der rechten Adresse. Gemeinsam versuchen sie, ihre Dummheit zu bekämpfen und halten ihre langsam erwachende erotische Erregung für eine geistige Erscheinung. Da bleibt den Eltern, gegen ihre Heiratspläne, aus Sorge um den guten Ruf der Kinder nichts anderes übrig, als sie »zu verheiraten, um die Fortschritte ihres Geistes zum Stillstand zu bringen«, wie es der zunächst um Nicettes Hand anhaltende Notar Subtil formuliert. Das erste bleibende Werk eines musikalischen Volkstheaters in Frankreich schrieb der Philosoph Rousseau.

JEAN-JACQUES ROUSSEAU (1712 – 1778)

LE DEVIN DU VILLAGE (Der Dorfwahrsager. Singspiel in einem Akt; *L* vom Komponisten; Fontainebleau 1752; Paris 1753; Frankfurt/M. 1759; Wien 1760; Bern 1809).

Der ideengeschichtliche Sprengsatz, der sich hinter der Figur des Naivlings verbirgt, ist unlösbar mit dem komischen Einakter des Philosophen Rousseau verbunden. Nach seiner eigenen Darstellung im achten Buch der CONFESSIONS (Bekenntnisse) schrieb Rousseau, der kein gelernter Musiker, sondern Notenkopist war, den Text der Gesangsnummern im April 1752 innerhalb einer Woche; »das bißchen Rezitativ und das ganze Füllwerk« waren einen Monat später vollendet (Rousseau hatte ein eigenes Notationsverfahren erfunden, das sich für die Aufzeichnung einzelner Stimmen erheblich besser eignete als für das Ausschreiben einer Partitur). Die Selbsteinschätzung des Autors ist durchaus wörtlich zu verstehen: trotz seiner historischen Bedeutung ist der DORFWAHRSAGER weniger eine Oper als eine ›Musiquette‹. Uraufgeführt wurde sie im Oktober 1752 vor König Louis XV und dem versammelten Hof in Fontainebleau (eine Woche später gab es auf Wunsch des Königs eine zweite Vorstellung), im März des folgenden Jahres kam sie in der Pariser Oper heraus, wo sie bis 1829 etwa vierhundertmal aufgeführt wurde. Im Gegensatz zu Favarts GEISTSUCHERIN ist hier das naive Paar nicht komisch gezeichnet, sondern idealtypisch: als Lob des unverderbten Landlebens gegenüber der höfisch-aristokratischen Verdorbenheit. Die Schäferin Colette wurde von ihrem Liebhaber Colin verlassen, der einer Dame aus der höfischen Gesellschaft *(la Dame de ces lieux)* gefolgt ist. Der Dorfwahrsager, dem Colette ihr Leid klagt, verspricht ihr, sie wieder mit dem Geliebten zu vereinen. Dann erscheint Colin beim Dorfwahrsager und beklagt sich über die Falschheit der höfischen Welt. Als er sich seiner Colette wieder zuwenden will, erzählt ihm der Wahrsager, sie sei nun mit einem Herrn aus der Stadt liiert. Erst nach einem Zauber ist der Devin bereit, die Liebenden miteinander zu versöhnen. Ein Dorffest beschließt die Verbindung des Paares.

In diesem Schluß-Divertissement gibt es eine Pantomime, die den Inhalt des Singspiels seitenverkehrt spiegelt: Ein Höfling hat mit dem Geschenk eines Halsbands eine Dorfschönheit ihrem Liebsten entfremdet. Auf Bitten des Bauern läßt er von dem Mädchen ab, weil er sich durch die ländliche Unschuld gerührt fühlt, und in der tänzerischen Verbindung mit den beiden freut er sich seiner guten Tat. So naiv das Ganze auch ist, hat es doch einen umstürzlerischen Unterton: das Landleben wird dem Hofleben als moralisch überlegen gefeiert. Damit zielt Rousseau gegen die Gesellschaftsschicht von *la cour et la ville*, die seit Lullys Tagen die ›Tragédie lyrique‹ getragen hatte. In seinem Text wird das ausgesprochen, wenn Colin entdeckt, daß *ces Dames de la Cour* falsch sind; um so tiefer trifft ihn (womit sein Schuldbewußtsein intensiviert wird) die Mitteilung des Wahrsagers, seine Colette bevorzuge statt seiner nun *un beau Monsieur de la Ville.* Wiewohl im Gesamtwerk Rousseaus eine Marginalie, speist sich DER DORF-WAHRSAGER doch von den beiden großen Utopien, die der Denker der Nachwelt hinterlassen hat: jener, daß der Mensch dem Mitmenschen nur in der vollkommenen Transparenz des Herzens gegenüberzutreten brauche, um gerechte soziale Umstände zu schaffen, und jener anderen, daß der Reichtum individueller Lebenserfahrung alle weiteren Güter aufwiegen kann. Der Vermittlung dieser Botschaft dient die Pantomime, die Rousseau indes (wie auch die Ouvertüre) erst für die Pariser Aufführung komponierte – am Hofe blieb sie verschwommener.

Darin liegt nicht die einzige Zweideutigkeit des Werks. Historisch gesehen, ist LE DEVIN DU VILLAGE in der Urform wirklich nichts als ein Intermezzo, nach der Vorlage von Pergolesis LA SERVA PADRONA geschrieben. Daß der Einakter mit seinen Rezitativen am sozusagen offiziellen Beginn der dialoggeprägten französischen komischen Oper steht, ist paradox; nicht minder paradox ist die Tatsache, daß der Genfer Philosoph mit seiner LETTRE SUR LA MUSIQUE FRANÇAISE im sogenannten Buffonistenstreit (→ S. 115 f.) sich 1753 verzweifelt bemühte, die von ihm selbst bewiesene Tauglichkeit der französischen Sprache für das Musiktheater zu bestreiten. In der Tat ist Rousseaus ziemlich simple Musik, am Stil französischer Volkslieder und Volkstänze orientiert, in den Rezitativen ungewöhnlich flexibel und sprachnah. Um diese Sprachnähe zu betonen, hat er den Rezitativen genaue Vortragsanweisungen gegeben. Wiewohl er weder im Arienstil noch in der Harmonik einen Vergleich mit Lully oder gar Rameau aushält, kann man der Musik eine ausgeprägte Wirksamkeit nicht bestreiten. So soll der König das traurige Entréelied der Colette *J'ai perdu mon serviteur* (Ich habe meinen Diener verloren) »mit der falschesten Stimme des ganzen Reichs« tagelang gesungen haben, und einer Hofdame wird das Wort in den Mund gelegt, man leide nunmehr um Colette statt um Venus. Diese Abkehr von der hohen Kunstwelt der höfischen Spektakel prägt auch Colettes Finalgesang, in dessen Refrain der Bauernchor nach jeder Strophe einen Preisgesang auf das ländliche Musikleben der ›Musettes‹ anstimmt: *Allons danser sous les ormeaux* (Laßt uns unter den Ulmen tanzen).

Diese Pastorale mit dem Lob des Landlebens und dem kaum verhüllten Tadel des Stadt- und Hoflebens wurde am ausgabefreudigsten Königshof im Europa jener Zeit vor eben der Gesellschaft umjubelt uraufgeführt, der Rousseau die Leviten lesen wollte. Der Autor hat diesen Widerspruch genau empfunden und ist dem königlichen Wunsch nach einer Visite nicht nachgekommen – was ihn, wie er wußte, um die Möglichkeit einer Pension brachte. Den Triumph seines Werks inmitten einer gehaßten Umgebung – er selber war in unschicklicher Kleidung nach Fontainebleau gegangen – erlebte er als ein erotisches Stimulans: »Ich lieferte mich bald und ohne Vorbehalt dem Vergnügen aus, meinen Triumph zu genießen. Dennoch bin ich sicher, daß in jenem Augenblick mehr eine sexuelle Begierde als die Eitelkeit des Autors mich erfüllte.« Die sexuelle Begierde wird in den Confessions, obgleich lange Zeit nach der Uraufführung seiner Oper geschrieben, im Sinne dieser Bekenntnisse eines Kindes seiner Zeit doppeldeutig fixiert: sie ist Teil einer selbstbewußten Ichwerdung (wie sie Favart in seiner Geistsucherin ironisierte) und zugleich Teil eines Machtanspruchs an die Gesellschaft. Rousseau hat den Signalcharakter seiner Weigerung, vor dem König zu erscheinen und mit dem Lob Geld einzuheimsen, richtig erkannt als ein Symptom für jene neue Künstlerschaft, die sich vom höfischen oder kirchlichen Patronat allmählich frei macht.

Dieser Vorgang, der zur Wirkungsgeschichte des ›Ingénu‹, des Bühnennaiven, gehört, erhält im Zeitalter der Aufklärung eine besondere Dialektik. Um seine Gewissensfreiheit zu bewahren, muß der Künstler sein Werk warenähnlich feilhalten – Rousseau berichtet in seinen Erinnerungen, er habe eine Nacht lang gezögert, ehe er dem König absagte. Die als Tugend gepriesene Unabhängigkeit, Erbgut stoizistischer Moral, war zugleich eine prahlerische Tat der öffentlichen Zurschaustellung. Rousseau protestierte gegen die Komödie der Welt, spielte sie zugleich mit und trat als ihr Zensor auf. Sein Grunddilemma war es, die Forderung nach der Selbstbestimmung des Menschen als Devotionalie in den Kulturhandel gebracht zu haben. Das hat an seinem Dorfwahrsager sogar Favart, ein ungleich gröberer Geist, gespürt. Als er im August 1753 eine Parodie auf Rousseaus Oper unter dem Titel

LES AMOURS DE BASTIEN ET DE BASTIENNE herausbrachte – sie diente Mozart später als Vorlage für seine Oper BASTIEN UND BASTIENNE – ließ er seine Frau Justine nicht nur den Text teilweise verballhornen und ironisieren, sondern die glänzende Schauspielerin auch in echter Bauernkleidung auftreten: im Sackleinenkleid und in Holzpantoffeln. Das war eine ›Premiere‹, die zugleich zeigte, wie weit das Liebespaar in Rousseaus DEVIN DU VILLAGE von der Naturwirklichkeit entfernt war. Andrerseits war Rousseau als Musikforscher durchaus erfolgreich auf der Suche nach der zu gewinnenden Natur. In seiner Beschreibung der Tasso-Psalmodien venezianischer Gondolieri oder dem Enzyklopädie-Artikel über Musik, wo er sich dem Phänomen des Kuhreigens nähert, hat er erstaunliche Einsichten gehabt. Während er hier in das Problem der Volksliedintonation eindrang, wies er dem pastoralen Lied – wie er es selbst in seiner Oper praktiziert hatte – stimmlichen Zeichencharakter zu. Diese ›Signes vocaux‹, die er sammelte und die als ›Airs‹ in seinen CONSOLATIONS DES MISÈRES DE MA VIE (Tröstungen von den Unglücken meines Lebens) postum erschienen, waren für ihn Teil eines zwischenmenschlichen Kommunikationssystems. Das Sprechen der Melodie, die für sich selbst keinen Kunstanspruch erhebt, wird zum Kulturgut einer bürgerlich-demokratischen Gesellschaft – davon hat sich Louis XV, als er mit der »falschesten Stimme des ganzen Reichs« das Auftrittslied der Colette trällerte, sicher nichts träumen lassen.

AUFSTIEG DER OPÉRA COMIQUE IN PARIS

Rousseaus Versuch, das Rezitativ der italienischen ›Buffa‹ für das französische Musiktheater zu nutzen, wurde 1753 von Antoine Dauvergne (1713–97) in LES TROUQUEURS (Die Tuchhändler) auf einem orchestral höheren Niveau als bei Rousseau fortgesetzt. Eine expansive Melodik verbindet sich hier mit rhythmischer und harmonischer Vielfalt in erstaunlich differenzierten Arienformen – Rameau bewunderte das kleine Werk sehr. Es wirft, wie Rousseaus DORFWAHRSAGER über Favarts Parodie, ein Licht voraus auf Mozarts. Thema ist nämlich, wie in COSÌ FAN TUTTE, ein Tauschhandel zwischen zwei Liebespaaren, der am Schluß nur schwer rückgängig gemacht werden kann. Einen weiteren Schritt zur Herausbildung eines eigenständig französischen Unterhaltungstheaters tat der Neapolitaner Egidio Romoaldo Duni (1709–75) mit der Dialogoper LE PEINTRE AMOUREUX DE SON MODÈLE (Der in sein Modell verliebte Maler; 1757).

EINFÜHRUNG DES GESPROCHENEN DIALOGS

Dunis Nachfolger blieben auf diesem Weg, wenngleich Pierre-Alexandre Monsigny (1729–1817) in LE DÉSERTEUR (1769; Hamburg 1770; Schönbrunn 1775) das ›Recitativo accompagnato‹ verwendete. Wichtigster Textlieferant nach Lesage und Favart wurde Michel-Jean Sedaine (1719–97), der sozialkritische Momente mit seiner Neigung zum Rührstück verband. Monsigny verstand es, besonders im DESERTEUR, das Ernste von Sedains Vorlage mit dem Burlesken, das Komische mit dem Rührenden auf oft engstem Raum miteinander zu verknüpfen. Dabei scheute er auch plötzliche Stimmungsumschläge nicht. Wenn zum Beispiel aufgrund eines Scherzes, den man mit dem auf Urlaub befindlichen Soldaten getrieben hat, der im Gefängnis eingekerkerte Titelheld zusammen mit seiner Braut das Todesurteil erwartet, die Gefängniswärter dabei zechen und einer von ihnen das Lesen lernt, ist die Spannungsdramaturgie ins Extrem ausgeweitet. Ausübendes Organ der Intrige ist die naive Jeannette, die dem Soldaten Alexis in einer D-Dur-Chansonette weismachen muß, daß seine Braut Louise einen anderen heiraten wird. Nachdem Alexis in einem passionierten ›Accompagnato‹ aufgetreten ist, bricht sich seine Enttäuschung in einem f-moll-Duett Bahn, das wieder zu einem ›Accompagnato‹ führt, in dem er sich aus Verzweiflung zur Desertion entschließt. Die Zwischenaktmusik bezieht sich auf Louises Arie *(Peut-on affliger ce qu'on aime)* aus dem ersten Akt, in der sie sich gegen das grobe Verwirrspiel ihres Vaters zur Wehr gesetzt hatte. Der weitere Verlauf ist dramaturgisch sehr geschickt. Auf die komische Arie des betrunkenen Wärters folgt ein g-moll-Duett der Liebenden mit einem anschließenden fugierten Prestissimo-Trio, dessen Thema später von Mozart fast notengetreu in einer seiner Fugen übernommen wurde.

Monsigny hat seiner komischen Oper mit dem glücklichen Ende für einen, dem ein böses Spiel fast bitterer Ernst geworden wäre, eine programmatische (wenngleich musikalisch nicht sehr anspruchsvolle) Ouvertüre vorangestellt. Sie wird in einem Allegretto von D-Dur-Fanfaren eröffnet, ein d-moll-Tremolo mit schnellen Unisono-Passagen verdüstert das Geschehen. Ein pastorales Zwischenspiel folgt, und nach einer langsamen chromatischen Rückung erscheint wieder die Militär-Fanafare, zu deren Klängen in der Oper schließlich der König dem aus Liebesschmerz Desertierten verzeiht. Er selber tritt nicht als ›Deus ex machina‹ auf, vielmehr erfahren wir den Fortgang der Geschichte als etwas langwierigen Botenbericht, ehe Louise mit dem königlichen Pardon erscheint.

KLÄNGE AUS DER ARBEITSWELT

Ein weiterer Vertreter der jungen ›Opéra comique‹ war François-André-Danican Philidor (1726–95): im instrumentalen Bereich ambitionierter als
Monsigny, wenngleich er dessen emotionale und dramaturgische Bandbreite
nicht erreichte. Nach seinem ersten Erfolg BLAISE LE SAVETIER (Blaise der
Flickschuster; 1759) mit einem auf La Fontaine zurückgehenden Libretto
von Sedaine behielt er seine Vorliebe für Vertreter des Dritten Standes bei.
Schuster, Holzfäller oder Schmied sind Figuren, die er nicht pastoral übersti-
lisiert, sondern realitätsnäh zu zeichnen versucht. Dazu gehören auch Ar-
beitsgeräusche wie die sforzierten Achtelketten, mit denen sich der Schmid
bei seinem Gesang aus voller Kehle *(Chantons à pleine gorge)* in LE MA-
RÉCHAL FERRANT (Der Hufschmied; 1761) selbst auf dem Amboß begleitet
(eine Vorwegnahme von Wagners SIEGFRIED!). Im gleichen Werk erklingen
die Dorfglocken, indem zu der in Oktaven hüpfenden Stimme des Kutschers
La Bride (Bim-bam-Effekt) die Streicher Pizzikato-Läufe spielen. Auch bei
Philidor gibt es schon Mozart-Anklänge, etwa in einem Briefduett, bei dem
der Schreibende wie in FIGAROS HOCHZEIT die letzte Phrase des Diktierenden
wiederholt. Ebenso mozartnah ist Philidors Fähigkeit, in einem Ensemble
die Figuren zu differenzieren. So rühmte etwa sein Nachfolger Grétry in seinen Memoiren an einem Duett aus dem ersten Akt von TOM JONES (1765;
nach Fieldings Roman) die rhythmische Unterscheidung zwischen der in
Doppelpunktierungen hüpfenden Sophie und der in einer nur leicht triolisch
unruhig gemachten, Achtel-Viertel-Bewegung sich artikulierenden Honora:
»Philidor ist, glaube ich, der Erfinder dieser Art von Stücken mit verschiedenen kontrastierenden Rhythmen. In Italien habe ich jedenfalls nicht ein einziges Stück dieser Art gehört, bevor ich nach Frankreich kam. Man spürt, daß der
große Geist dieses Künstlers, der ebenso gefeiert wie betrauert wurde, schwierige Kombinationen leicht bewältigen konnte. Er vermochte eine Folge
von Tönen mit derselben Leichtigkeit anzuordnen, mit der er eine Schach-
partie überblickte.« Diese Fähigkeit des musikalischen Schachmeisters Philidor kulminierte im Finale des zweiten Akts von TOM JONES, einem Septett.

ANDRÉ-ERNEST-MODESTE GRÉTRY (1741–1813)

Insgesamt gesehen, war die Neigung zu ausgedehnten Ensembles gering in der
›Opéra Comique‹. Das gilt auch für deren berühmtesten Vertreter im 18. Jahrhundert, den aus Lüttich stammenden Grétry. Als er 1767 auf Empfehlung Vol-

taires nach Paris kam, überstrahlte er bald den Ruhm seiner Vorgänger und führte das Genre auf seinen vorrevolutionären Höhepunkt. Carl Maria von Weber schrieb ihm zu, daß man nach ihm eine eigene Kunstepoche in Frankreich bezeichnen könne, weil seine Melodieformen und Musikdramaturgie zu einem verbindlichen Typus für alle späteren Komponisten wurden, die Publikumserfolg anstrebten. Daß Weber, der dieses Lob 1814 bei einer Einstudierung von Grétrys im Revolutionsjahr 1789 uraufgeführten RAOUL BARBE-BLEUE (Blaubart) formulierte, nicht als einziger Musiker den Belgier schätzte, zeigen dessen Nachwirkungen bei anderen. So ist etwa das ›Molto andante‹, mit dem Susanna völlig unerwartet zu Beginn der neunten Szene im Finale des zweiten Akts von Mozarts FIGARO dem Grafen und der Gräfin aus dem verschlossenen Zimmer entgegentritt (die Abfolge von einem Achtel, vier Sechzehnteln, zwei Achteln und einer Luftpause hat einen unvergleichlich schwebenden, musikdramaturgisch offenen, ja zweideutigen Charakter), Grétrys Oper L'AMANT JALOUX (Der eifersüchtige Liebhaber; I,11) entlehnt. Andrerseits legt Tschaikowsky der alten Gräfin in PIQUE DAME Laurettes Arie *Je crains de lui parler* (Ich habe Angst, ihn in der Nacht zu sprechen) aus RICHARD LÖWENHERZ wörtlich in den Mund als eine Verklärung der guten, alten Zeit. Die Aufsässigkeit der Bediensteten (und selbstbewußten Frau!) Susanna und die Sehnsucht einer alten Aristokratin nach dem ›Ancien régime‹: in diesen Extremen der Wirkungsgeschichte spiegelt sich das Ensemble gesellschaftlicher und kultureller Widersprüche, das Grétry wie wenig andere Komponisten seiner Zeit verkörpert. Sein Quartett *Où peut-on être mieux qu'au sein de la famille* (Wo läßt's sich wohler sein als im Schoße der Familie) aus der LUCILE wurde so populär, daß es als Revolutionsmusik 1795 von Soldaten ebenso gesungen wurde wie im Napoleonischen Heer 1812 beim Rückzug aus Rußland oder, mit anderem Text, während der Restaurationszeit sogar in der Kirche als GESANG DER GLÜCKSELIGEN.

LEBENSERINNERUNGEN UND MUSIKANALYSE

In seinen MEMOIREN ODER ESSAYS ÜBER DIE MUSIK (Mémoires ou Essais sur la Musique) hat Grétry den Erfolg seines Quartetts beim Publikum mit ein paar Rühranekdoten selbst zu verbreiten gesucht. Der im Revolutionsjahr 1789 erschienene erste Band seiner Memoiren markiert jenseits der historischen Zufälligkeit dieses Datums die Widersprüchlichkeit von Grétrys Erfolgsstationen. Im Prinzip war seine Karriere mit jenem Jahr beendet (er kam als einer der Direktoren ans neugegründete ›Conservatoire‹), denn kompositorische Erfolge hatte er nicht mehr; andrerseits ist das Ineins von Lebenserinnerungen und musikalischer Analyse in den MÉMOIRES nicht nur ein erstaunlich progressiver Vorgang, sondern auch ein erschreckender insofern, als »der Autor in seiner Doppelrolle als Darstellender und Dargestellter allmählich von den Problemen überwachsen wird«.

Den Forderungen der neuen Zeit entsprach Grétry durchaus mit seinem bürgerlichen Melodieideal von Anmut und Wohlklang, das die asymmetrische Unendlichkeit der erhabenen Barockmelodie ablöste. In der Beziehung war er tatsächlich moderner als Gluck, obwohl ihn dessen Erfolge mit der Pariser Reformoper ab 1774 für ein Jahrzehnt überschatteten, aber der Schritt von der Affektenlehre des Barock und der Aufklärung in die bürgerliche Ethosästhetik findet erst in Beethovens FIDELIO als Sublimierung des revolutionären Typus der Befreiungsoper statt. Ihre musikalischen Erkennungszeichen sind die symphonische Verarbeitungstechnik und die durchkomponierte Form. Beiden entriet Grétry.

Um so erstaunlicher sind einige Einsichten und kompositionstechnische Spezifika Grétrys, der sich durch den Erwerb von Rousseaus Eremitage in Montmorency nicht nur im besitzbürgerlichen Sinn als Nachfolger des Genfer Philosophen fühlte (obwohl er auf dessen lyrische Szene PYGMALION und ihre melodramatische Vermischung von Sprache und Musik nicht zurückgriff). In der Geschichte der ›Opéra comique‹ hat Grétry nach Philidor und Monsigny endgültig die Tradition der ›Comédie mêlée d'ariettes‹, also der auf das Jahrmarkttheater zurückgehenden Sprechtheater-Komödie mit eingeschobenen Gesangsnummern, zur Eigenständigkeit der Wechselform von Dialog und Musik erhoben. Er folgte der zeitbedingten Ablehnung gelehrter Kompositionstechniken. Rousseau hatte, in Übereinstimmung mit der Nachahmungstheorie der Aufklärung, den Kontrapunkt verdammt; trotzdem war Grétry bemüht, bei der Herausarbeitung programmatischer Motivik in seinen Ouvertüren kontrapunktische Techniken sich zu eigen zu machen. So schildert er, nicht ohne unfreiwillige Komik, in den MÉMOIRES, wie er 1773 für seine Sedaine-Vertonung LE MAGNIFIQUE (Der Prächtige) »in der Art einer Fuge beziehungsweise eines motettischen Satzes« zu komponieren beginnt und sogar erwägt, »einen Kontrapunkt hören zu lassen, der eindeutig zur Kirchenmusik gehört.«

Obwohl er dieser »Verlockung« widerstand, ist die Ouvertüre mit ihrem Ineins von Priestergesang und Militärkapelle hochinteressant. Wie später Charles Ives in symphonischen Werken, versuchte Grétry, eine mit verschiedenen Kapellen aufziehende Prozession in die Kakophonie eines gleichzeitigen Erklingens des vom Hörer üblicherweise als Nacheinander Erlebten zu zwingen. In dem Zusammenhang entwickelte er Gedanken, die schon auf Marcel Prousts unwillkürliche Wieder-Erinnerung vorausweisen. Musikalisch setzte er für das Wiederauftauchen unterbewußter Vorgänge oder Bilder Leitmotive ein, etwa einen Hahn- und Geierschrei in ANDROMAQUE (1780: ein erfolgloser Versuch im Genre der ›Tragédie lyrique‹). Und für sein erfolgreichstes Werk, RICHARD LÖWENHERZ, hat er diese schon an Wagner gemahnende Leitmotivtechnik ausdrücklich in seinen Memoiren reklamiert.

> **RICHARD CŒUR DE LION** (Richard Löwenherz. ›Opéra comique‹ in drei Akten; *L* von Michel-Jean Sedaine; Opéra-Comique Paris 1784; deutsch: Hamburg 1787; Wien 1788).

Grétrys Oper behandelt die Inhaftierung des englischen Königs Richard I., genannt Löwenherz, der auf dem Rückzug vom dritten Kreuzzug 1192/93 durch den (legendenhaften) Troubadour Blondel befreit wurde (in Wirklichkeit fand die Entlassung 1194 nach Zahlung eines Lösegelds statt). Die pastoral getönte Ouvertüre wird bei offenem Vorhang gespielt und zeigt, operngeschichtlich eine Neuerung, eine ländliche Idylle. Andrerseits greift Grétry auf die Schlachtenmusiken der ›Tragédie lyrique‹ zurück, wenn er die entscheidende Schlacht rein instrumental schildert. So, wie Grétry mit dem Trompetensignal in RAOUL BARBE-BLEUE vielleicht Beethoven die Idee für den Wendepunkt in der Kerkerszene seines FIDELIO gab, so nimmt RICHARD LÖWENHERZ die spätere Befreiungsoper im groben Gerippe vorweg: der Versuch Blondels, über Laurette, die Tochter des Kerkermeisters, eine Verbindung mit dem Gefangenen herzustellen, ähnelt dem Rettungsversuch der als Fidelio verkleideten Leonore. Im Gegensatz zu Beethovens Oper ist RICHARD LÖWENHERZ aber noch ausgesprochen royalistisch in der Gesinnung: nicht Gattenliebe ist hier die treibende Kraft, sondern die Ergebenheit des Vasallen seinem König gegenüber. Bei Blondels Befreiungstat spielt seine später von Beethoven für Klaviervariationen (Werk ohne Opuszahl 72) genutzt Arie *Une fièvre brûlante* (Ein heißes Fieber brennt mich) eine leitmotivische Rolle. Grétry hat diese so beschrieben: »Sie erscheint (1. Akt) zum ersten Mal, wenn Blondel Marguerites Aufmerksamkeit erregen will; zum zweiten Mal, wenn sie ihn bittet, diese Melodie oft zu spielen und er sie noch einmal beginnt; (2. Akt) zum dritten Mal als Ritornell in der Szene mit Richard; zum vierten als einzelne Strophe; zum fünften als weitere Strophe mit Refrain; zum sechsten Mal, wenn Blondel die Melodie sehr laut spielt, um sich festnehmen zu lassen; (3. Akt) zum siebenten Mal, wenn er hinter der Szene singt, um bei Marguerite eingelassen zu werden; zum achten in dem Ensemble *Oui, Chevaliers;* zum neunten Mal im letzten Chor.« Anzufügen bleibt, daß Blondel in dem Ritornell anachronistisch sein Lied mit der Geige statt der mittelalterlichen Laute intoniert; Grétry nahm das aber zum Anlaß einer orchestersprachlichen Variante, die das Thema vor der Überhäufigkeit des immer Gleichen bewahrt: es wird von Hörnern, Oboen, Pikkoloflöte und den tiefen Streichern aufgegriffen, während die Violinen nur eine Begleitfigur spielen.

RICHARD

DER STIL DER ZEIT ALS NATUR DER MUSIK

Die Bedeutung Grétrys, von dessen 36 im Druck erschienenen Opern nur acht der Gattung der ›Opéra comique‹ im strengen Sinn angehören, zeigt sich über den Typus der Befreiungsoper hinaus in anderen stoffgeschichtlichen Neuerungen. ZÉMIRE ET AZOR ist die wohl erste Erlösungsoper, in der, wie später Wagners Holländer, ein verwunschener Mann durch die Liebe eines Mädchens erlöst wird. Andrerseits weist dieses oft romantisch-zauberhaft wirkende Werk in die Vergangenheit zurück. Das Duett *Le temps est bel* (Schön ist die Zeit) mit fließenden Streicher-Achteln und lang ausgehaltenen Fagott-Tönen steht in der Tradition der ›Sommeils‹ in der ›Tragédie lyrique‹. Grétrys ›Pasticcio‹ LES TROIS ÂGES DE L'OPÉRA (Die drei Zeitalter der Oper; 1778) dürfte die erste Oper über die Oper sein, da sie Zitate von Lully, Rameau und Gluck verbindet. Mit einem weiteren Versuch, ›historistisch‹ zu komponieren, erntete er ein Jahr später Gelächter: was er und Sedaine in AUCASSIN ET NICOLETTE für rührend hielten, kam einem höfischen Publikum in Versailles wie eine Parodie vor. In dieser Beziehung verhielt es sich konsequenter als der Komponist selbst, der vom Fortschrittsoptimismus der Enzyklopädisten und Rousseaus Haß auf die Musik der Vergangenheit (außer der ihm nicht genau bekannten alt-griechischen) gleichermaßen geprägt war und überkomplizierte Harmonien ebenso als naturwidrig verteufelte, wie er den Vokalstil des von ihm vergötterten Pergolesi und das frühbürgerliche Lied der ›Opéra comique‹ zum geschichtlichen Endziel erhob: »Wie durch Rousseau der bürgerliche Freiheitsanspruch als Naturrecht, wird durch Grétry der Stil seiner Zeit als Natur der Musik verteidigt.«

So nimmt Grétry als Komponist zwar teil an der großen revolutionären Bewegung, aber in seinen Werken nach 1789 ist ihr Reflex nur Staffage. Sein vor Schillers Drama von Sedaine librettierter GUILLAUME TELL (1791) gestaltet dramaturgisch nicht den politischen Konflikt des Stoffs, sondern schildert zunächst ausführlich die ländliche Bauernidylle. In diese bricht unvermittelt die Nachricht vom Wüten des Tyrannen Geßler, das mit denselben tradierten

Sturmbildern gezeichnet wird wie der spätere Aufstand der Schweizer. Und der Schlußjubel entspricht wieder der Anfangsidylle: Konflikte werden, in Anlehnung an die Nachahmungsästhetik, als Natur dargestellt und weder musikalisch noch dramaturgisch entwickelt. Auch dem Einakter LA ROSIÈRE REPUBLICAINE OU LA FÊTE DE LA VERTUE (Das republikanische Rosenmädchen oder Das Tugendfest), 1794 in der Großen Oper uraufgeführt, mangelt es an der kongenialen musikalischen Vermittlung des Stoffs. Die Geschichte des Mädchens, das in einer weltlich umfunktionierten Kirche als Tugend auf dem Altar posiert, wartet mit einem parodistischen Psalmodieren im Messenton, einer schwächlichen Revolutionshymne und einer Schluß-Carmagnole auf, in die auch zwei Nonnen einstimmen. So wirkungssicher das sei: gelungener im rein musikalischen Sinn als diese revolutionären Pflichtaufgaben ist die dörfliche Idylle. Mit den Revolutionsopern Cherubinis und Méhuls läßt sich dieses REPUBLIKANISCHE ROSENMÄDCHEN kaum vergleichen. Die neben RICHARD LÖWENHERZ überzeugendste Oper ist Grétry vielleicht mit dem Frühwerk LUCILE gelungen.

LUCILE (›Comédie‹ in einem Akt; L von Jean-François Marmontel; Opéra-Comique (Hôtel de Bourgogne) Paris 1769; Laxenburg bei Wien 1772; deutsch: Frankfurt/Main 1772).

Trotz des wenig überzeugenden Librettos nach dem Vorbild von Samuel Richardsons Roman PAMELA erfüllt der Einakter vielleicht am besten die Forderungen der Enzyklopädisten. Diderot hatte sie in der Korrespondenz mit Melchior Grimm zusammengefaßt: strenge Moral und erzieherische Zielsetzung; vollständige Illusion der Wirklichkeit mit Hilfe umgangssprachlicher Prosa; viel Pantomime und genaue Szenenanweisungen. Schließlich war, um ein Genre zwischen Komödie und Tragödie zu schaffen, ein Held mit genau definiertem Berufs- und Gesellschaftsstand vonnöten, woraus notwendigerweise Pflichten wie Gefährdungen hervorzugehen hatten. Das Musterbeispiel für diesen Helden hatte Sedaine für Monsignys Oper LE DÉSERTEUR geschaffen. Marmontel versuchte es ihm, auf eine eigene Erzählung zurückgehend, mit der Variante des Rührstücks (›Comédie larmoyante‹) didaktisch gleichzutun. Seine Lucile wird für die Tochter des wohlhabenden Timante gehalten und soll den ebenfalls reichen Dorval heiraten. Am Tag der Hochzeit offenbart Blaise, Ehemann von Luciles Amme, daß sie anstelle von Timantes verstorbenem Kind aufgezogen wurde und seine, des Bauern, Tochter ist. Timante ringt sich durch, den Gesinnungsadel seiner Ziehtochter für Naturadel zu nehmen; pädagogisch geschickt provoziert er Dorvals Vater zu Sympathiebezeugungen für den unteren Stand und zu einem Bekenntnis zum Herzensadel. Darauf steht der Vereinigung der Liebenden nichts im Wege.

Diese von Marmontel recht ungeschickt dramatisierte Handlung wird von nur elf Musiknummern getragen, die zu Grétrys besten gehören. Ausgewogene Phrasen, deutliche Formunterteilung, thematische Kontraste und tonartliche Bezüge formen sich zu einem Ganzen, das von melodiösem Reiz geprägt ist. Der Orchesterklang erinnert an Pergolesi, einmal macht Grétry wirkungsvollen Gebrauch von der Pikkoloflöte. Das schon erwähnte Quartett von der häuslichen Zufriedenheit kennzeichnet Grétrys früh- und ein wenig kleinbürgerlichen Stil. Es ist in einer Art Rondoform gehalten, wobei ein A-Dur-Teil an Anfang und Ende sowie in der Mitte steht. Die beiden Zwischenteile, einmal sogar die moll-Parallele streifend, enden jeweils auf der Dominante von A-Dur – aber die Stimmführung ist konventionell, Spannungen werden nicht aufgebaut. Daß es so populär, und zwar in verschiedenen ideologischen Lagern, werden konnte, ist kaum der Musik selber zuzuschreiben, eher scheint der Text dafür verantwortlich zu sein. Denn psychologisierende Feinheiten konnte Grétry offenbar nicht (wie etwa Mozart) in Ensemblesätzen zeichnen; sehr viel differenzierter ist dagegen Blaises Monolog *Ah! ma femme* (Ah, meine Frau). Er ist zweiteilig angelegt, wobei der erste Teil ein rondoartiges f-moll ist, der zweite, weniger langsame, in Des-Dur beginnt und in f-moll endet (auch die Form ist zweiteilig). Hier wird ein Charakter in bewegter Form porträtiert – es handelt sich um die Schürzung des dramaturgischen Knotens –, und die fast zwei Oktaven umfassende Tessitura erfordert einen hochentwikkelten Vortragsstil. Als sentimentales Gegenstück zu dieser Nummer ist Luciles *Au bien suprême* (Beim höchsten Gut) zu bezeichnen. In schlichter Liedform gehalten, lebt die Musik von dem Wechsel zwischen g-moll und B-Dur, und die kurze Pause vor der Schlußwendung des zu Tode betrübten Mädchens mit den Sechzehntel-Seufzern ist musikalisch erheblich reicher als die Eingangsklage von Rousseaus Colette im DORFWAHRSAGER. Wie diese Urform der frühen ›Opéra comique‹ schließt auch Grétrys LUCILE mit einem Tanz-Divertissement, in dem der dörfliche Chor sich solistisch im Vortrag von drei Couplets abwechselt.

So unbestreitbar die Vertiefung des ländlichen und volksnahen Stils ist, so erscheint doch die Naturnachahmung Grétrys und der französischen Aufklärer im Licht der kommenden Realrevolution als ein Preis-

LUCILE

gesang auf jenen gesunden Menschenverstand, in dem Hegel später die Gesamtheit der Vorurteile der jeweiligen Epoche erblicken wird. Bezeichnend dafür ist die Tatsache, daß Grétry und Sedaine in ihrem RAOUL BARBE-BLEUE aus dem Revolutionsjahr 1789 den in Charles Perraults Märchensammlung (der Vorlage aus dem Jahre 1697) als Bürgermonstrum erscheinenden Blaubart zu einem Adeligen machten. So wurde die Figur, wie in Ludwig Tiecks Drama RITTER BLAUBART von 1797 und späteren Bearbeitungen des Stoffs, nobilitiert, um Schuldgefühle von der nun aufsteigenden Klasse auf den damaligen Klassenfeind zu projizieren. Grétry blieb bei seinem Kampf um eine Volksoper, in der die Ideale der Aufklärung zusammenfließen, dem Irrtum verhaftet, die Ästhetik der Naturnachahmung ziele auf eine widerspruchsfreie Harmonisierung. Unter diesem Aspekt hat Carl Maria von Webers auf den BLAUBART bezogenes Urteil, daß Grétrys Werk zum »feststehenden Typus für alle übrigen wurde, die die Gunst des Publikums besitzen wollten«, den Charakter einer unfreiwilligen Kritik an der leichten Muse. Grétrys aktiver musikalischer Einsatz für die Ziele der Revolution von 1789 täuscht nicht darüber hinweg, daß ihm kaum der Sinn danach stand, für jene Schneider und Schuster zu komponieren, die schon Voltaire von den Fortschritten in der Kunst ausgeschlossen haben wollte. Diesen Einbezug in die Widersprüche der bürgerlichen Revolution hat Grétry am Ende seines Lebens verspürt: »Ich sage es frei heraus, sei es, weil ich alt geworden bin oder weil Republiken kein Land für Illusionen sind: Heutzutage interessiert mich Musik viel weniger als früher...; da ich fast meinen Lebensabend erreicht habe, bedarf ich konkreterer Dinge.«

Rousseau hatte verkündet, der Mensch benötige gerade soviel Verstand, um glücklicher zu werden, als er es durch seine Sinne allein vermöchte. Vergessen blieb in dieser zum Naturzustand erhobenen Ökonomie der Vernunft der Götterfluch gegen den mythischen Aufklärer Prometheus: die von Zeus durch Pandora in die Welt gesetzte Büchse voller Leid und Jammer. Die Aufklärung verwechselte sie mit einer Puderdose, und das zwischen Rousseau und Grétry verherrlichte Landleben war so geschminkt wie nach Meinung der Aufklärer und ihrer musikalischen Gefolgsleute der Mythos in der ›Tragédie lyrique‹. Es bedurfte des Durchgangs durch die Revolution und ihrer Pervertierung durch die angebliche Fleischwerdung des Prometheus in der Gestalt Napoleons, bis die französische Opernarbeit am Mythos bei Berlioz wieder beginnen konnte: als eine neue Stufe im Aufklärungsprozeß der Menschheit.

DEUTSCHES SINGSPIEL UND
KOMISCHE OPER

Wir Deutschen sind immer noch so unglücklich, daß wir keine Singspiele oder Opern in unserer Muttersprache haben.« Mit dieser betrüblichen Nachricht eröffnete ein unbekannter Autor 1767 in der Zeitschrift ›Wöchentliche Nachrichten und Anmerkungen, die Musik betreffend‹ seine Betrachtungen anläßlich einer Aufführung des Singspiels LISUART UND DARIOLETTE, das Johann Adam Hiller ein Jahr zuvor auf einen (teilweise auf Favart zurückgehenden) Text von Daniel Schiebeler komponiert hatte. Herausgekommen war das Werk in einer Aufführung der Leipziger Truppe um Gottfried Heinrich Koch, der anderthalb Jahrzehnte zuvor mit einem Wechselbalg die Geschichte des deutschen Singspiels eigentlich begründet hatte: DER TEUFEL IST LOS ODER DIE VERWANDELTEN WEIBER. Diese Posse ging zurück auf eine von dem irischen Dichter Charles Coffey 1731 verfaßte Balladen-Oper THE DEVIL TO PAY in der Nachfolge der BETTLEROPER. Der Shakespeare-Übersetzer und preußische Gesandte in London Caspar Wilhelm von Borck übertrug sie ins Deutsche, und mit einem Musikarrangement aus den Originalmelodien (wahrscheinlich) wurde sie von Johann Friedrich Schönemann 1743 in Berlin erstmals aufgeführt. Nach großen Erfolgen in verschiedenen Städten beendete Schönemann mit diesem Stück 1750 seine Theaterlaufbahn in Leipzig.

Als Koch zwei Jahre später das Stück in derselben Stadt herausbrachte, spielte er eine Neuübersetzung, die Christian Felix Weiße erstellt hatte. Die Musik schrieb J. C. Standfuß, Geiger und Korrepetitor in Kochs Truppe. Entscheidend für die Herausbildung des Singspiels im nord- und mitteldeutschen Raum wurde die erweiterte Textfassung Weißes, die Koch 1766 mit der Musik von Johann Adam Hiller herausbrachte. Die Fassung mit dem Titel DIE VERWANDELTEN WEIBER enthält insgesamt 38 Musiknummern (13 von Standfuß). Bis auf ein Duett am Ende des zweiten Akts und den Schlußchor handelt es sich ausschließlich um Sologesänge, die Ouvertüre folgt dem dreiteiligen italienischen Schema. Das Stück beschreibt eine Vierecksgeschichte: Ein Edelmann hat unter seiner zänkischen Frau zu leiden, ein betrunkener Schuster behandelt seine Frau schlecht. Durch Zauberei werden die beiden Frauen vertauscht, und die zänkische Edelfrau wird von dem nüchternen Schuster zur Vernunft gebracht. Dieses Schema verdeutlicht geradezu leitmotivisch die meist das deutsche Singspiel und seine Nachfolgeformen beherrschende Untiefe: die Gesellschaftsunterschiede werden verniedlicht, weil aus der Perspektive des mit sich selbst recht zufriedenen Kleinbürgers gesehen. Gesellschaftskritik und Gesellschaftssatire bleiben die Ausnahme.

JOHANN ADAM HILLER (1728–1804)

Musikalisch greift Hiller in LISUART UND DARIOLETTE hauptsächlich auf Formen der ›Opera seria‹ zurück, aber neben der ausgewachsenen Da-capo-Arie finden wir auch plappernde Buffo-Arien, von denen Derwins *Bald die Blonde, bald die Braune* aus dem zweiten Akt ein kleiner Vorläufer von Leporellos Registerarie aus Mozarts DON GIOVANNI ist. Auch französische Einflüsse zeigen sich deutlich in der Verwobenheit von Soli und Chor (etwa im Final-Vaudeville *Elmire weint auf ihres Gatten Bahre*). Von diesem Anpassungsstil rückte Hiller in seinem wohl wichtigsten Werk LOTTCHEN AM HOFE (Leipzig 1767; *WA* Darmstadt 1936, Oberhausen 1983 als Einakter) ausdrücklich ab. Im Vorbericht zu dem wieder von Weiße librettierten Werk bemerkt er: »Die Stimme unseres Auditoriums und meine Erfahrung überzeugen mich, daß man, ohne der Würde der Musik und dem Interesse des Stücks zu schaden, gar wohl von jener eingeführten Gestalt der Arien und Duette abgehen könne und in der comischen Oper auch wirklich abgehen müsse.«

In der Praxis kam Hiller zu teilweise interessanten Ergebnissen. Der auf Favarts LISETTE À LA COUR zurückgehende Dreiakter spielt wieder eine Beziehung zwischen zwei Paaren aus Hofgesellschaft und Bürgertum durch. Selbst dem Grafen Astolph, der Lottchen ungeniert nachstellt und sie am Hof zu einer Dame umformen möchte, nimmt Hiller den sich eigentlich anbietenden Seria-Charakter, wenn er seiner F-Dur-Arie aus dem dritten Akt *Vergebens kämpft mit wilden Wogen* eine zweiteilige Reprisenform mit einer durchführungsähnlichen Verbindung gibt. Andrerseits versucht Hiller, die einfache Strophenform für die Lieder der unteren Stände zu variieren. So erhält etwa Gürges (Jürgens) *O seht doch* einen zweiteiligen Strophenaufbau. Noch differenzierter geht Hiller in DIE JAGD vor. Da Koch mit seiner Truppe Leipzig auf Betreiben der dortigen Professorenschaft 1768 verlassen mußte, kam das wieder nach einer französischen Vorlage von Weiße librettierte Werk 1770 in Weimar heraus. Das der Herzogin Anna Amalia gewidmete Singspiel weist neben Strophenliedern Duette, Quartette und orchestrale Nummern auf. Eine Jagd- und eine Gewittermusik im zweiten Akt knüpfen an entsprechende Typen in der französischen

›Tragédie lyrique‹ an, die Arie des Königs *Welch königliche Lust* hat eine variierte Reprisenform (ohne Koloraturbesatz), in Hannchens Lied *Als ich auf meiner Bleiche ein Stückchen Garn begoß* ist der volksliedhaft-empfindsame Ton schon in Richtung auf die Spieloper eines Albert Lortzing weiterentwickelt. Der schätzte DIE JAGD ebenso wie Johann Friedrich Reichardt (der eine Analyse des Singspiels veröffentlichte) und brachte es 1830 in Osnabrück in einer eigenen Bearbeitung wieder heraus.

Spätere Versuche Hillers zeigen ein uneinheitlicheres Bild. Während in DER DORFBALBIER der derb-komische Text Weißes (nach einer Vorlage Favarts) musikalisch kaum je adäquat getroffen ist, werden im ERNTEKRANZ Sologesänge verschiedener Stile unbekümmert aneinandergereiht und in der Pastorale DIE JUBELHOCHZEIT (Berlin 1773) Strophenlieder und zweiteilige Arien völlig undramatisch genutzt. In der Musik zum DORFBALBIER (1771: Berlin oder Leipzig), nicht zu verwechseln mit dem inhaltlich differierenden Wiener Singspiel von Johann Schenk aus dem Jahre 1796, fällt das Quartett *Herr Barthel, ach, erbarm' er sich* aus dem zweiten Akt als ein Ansatz auf, den verschiedenen Interessenlagen der Figuren gerecht zu werden. Formal überzeugt die Tempobeschleunigung im zweiten Teil: ein Zwei-Halbe-Allegretto nach dem einleitenden Drei-Achtel-Lento, wobei eine auf den ersten Teil motivisch zurückgehende Coda in Hillers Werk eine Ausnahme darstellt.

An diesem Singspiel hat Hiller seinen Schüler Christian Gottlob Neefe (1748–1798), den späteren Lehrer Beethovens, mit einigen Sologesängen beteiligt. Als Musikmeister bei der Seylerschen Gesellschaft, einer der führenden deutschen Schauspielertruppen, beschäftigt, hatte Neefe mit seinen meist ›Operette‹ genannten Werken beachtliche Erfolge. Bemerkenswert sein Versuch, in AMORS GUCKKASTEN (1772 auf einen Text von Johann Benjamin Michaelis) Figuren der Antike mit dem Jahrmarkttreiben in Verbindung zu bringen, wobei der als Gott des Scherzes fungierende Komus in einem Amor gestohlenen Guckkasten mythische Liebesszenen vorführt (eine Vorform der ›Peep show‹). In seiner grotesken Mischung von Göttern und Hirten – Amor hatte z. B. eine modische Pollaca zu singen, Psyche trat im Stil der Empfindsamkeit auf und Komus wie ein Jahrmarktausrufer – vermied Neefe jene Gefährdung, die Reichardt 1774 in seinen BRIEFEN EINES AUFMERKSAMEN REISENDEN DIE MUSIK BETREFFEND als symptomatisch für das neue Singspiel bezeichnet: nämlich die angeschminkt einfältige Ländlichkeit und »kindische, läppische Liebe, die ein vernünftiger Bauer für Wahnsinn halten würde«. Positiv beurteilte er dagegen Hillers JAGD in der Schrift ÜBER DIE DEUTSCHE COMISCHE OPER (1774).

Obwohl Reichardt selbst als Komponist in vielen Gattungen tätig war, ist seine Analyse der Musik Hillers von erstaunlicher Objektivität. Als hervorstechendes Merkmal von Hillers volkstümlichen Liedern bezeichnet er deren Syllabik: pro Silbe der Sprache ein Ton in der Musik, was Reichardt fälschlicherweise für einen Grundzug authentischer Volksmusik hielt. In der Tat läßt sich in Hillers Vokalstil eine spezifische Einlassung auf den deutschen Sprachfluß feststellen, verstärkt durch seine Fähigkeit, die Gestik ihm vertrauter Sänger-Darsteller schon in der Musik selber zu treffen, wobei kleine Pausen oder Dehnungen sich mit chromatischen Abwandlungen der Melodielinie oder kleinen instrumentalen Zwischenteilen sinnvoll ergänzen können (z. B. in Hannchens erwähnter Romanze *Als ich auf meiner Bleiche* aus dem Singspiel DIE JAGD).

JOHANN FRIEDRICH REICHARDT (1752–1814)

In der sinnvermittelnden Kategorie der Dialoge des deutschen Singspiels sah Reichardt nicht grundlos den entscheidenden Unterschied zur italienischen Oper, die ja auch in ihren komischen Spielarten auf das gesprochene Wort verzichtet: »Der kälter nachsinnende Deutsche wird nur durch Überzeugung in die Leidenschaft andrer versetzt, für ihn kann sich der Dichter so leicht nicht des wahren Ganges der Leidenschaft und genauen Darlegung ihrer Motive überheben« (1782 in ÜBER DAS DEUTSCHE SINGESCHAUSPIEL). Reichardt wußte, wovon er sprach, denn als preußischer Hofkapellmeister in Berlin – den bis etwa 1791 ein ungewöhnlich gutes und intensives Verhältnis zu König Friedrich Wilhelm II. begünstigte – strebte er die Begründung eines deutschen Singeschauspiels, also eines nationalen Opernstils, theoretisch wie praktisch an. Mit seinen Erstlingswerken ganz im Banne der italienischen Oper (LE FESTE SUPERBE; Berlin 1775) bzw. der Operette Hillers und Weißes stehend (HÄNSCHEN UND GRETCHEN sowie eine eigene Version von AMORS GUCKKASTEN; beide 1773 in Riga als Klavierauszug gedruckt), erkundet er 1781 mit LIEBE NUR BEGLÜCKT neue Wege. Im Vorwort zu dem in Berlin gedruckten Werk verkündet er erstmals seine Überzeugung, »gesungen werden müßte, wo die Leidenschaft so hoch gestiegen, daß Worte sie nicht mehr ausdrücken«. Um das Verhältnis zwischen Sprache und Musik dramaturgisch auszubalancieren, schreibt er den Text selber und orientiert sich bei der Abfolge von Monologen, Dialogen, Liedern, Arien und Ensembles am bürgerlichen Sprechtheater: weniger dem klassizistischen eines Lessing als dem Rührstück.

DER EINFLUSS LESSINGS

Theoretisch setzte Reichardt die Linie Lessings fort, wie dieser sie 1766 in seiner Schrift LAOKOON ODER ÜBER DIE GRENZEN DER MALEREI UND POESIE entwickelt hatte. Bei dem Versuch, Dichtung und bildende Kunst in ihren Mitteln differenzierend zu untersuchen, kommt Lessing zu einer Funktionszuordnung der Musik in der Oper: »Die Musik kann geradezu mit der Poesie verbunden werden, ja ihrer ersten Bestimmung nach soll sie eigentlich nur der Poesie zur Unterstützung dienen. Daher muß die Kunst der Musik niemals so sehr übertrieben werden, daß sie der Poesie zum Nachteil gereiche, und wir tadeln die neuere Musik mit Recht, daß ihre Künsteleien sich mit keiner wohlklingenden Poesie vertragen.« Allerdings fordert Lessing keine strikte Subordination der Musik unter den Text, sondern ein ›Subservieren‹, das im Grunde schon auf den Wagner vorschwebenden Strukturzusammenhang zielt: »Dieses Subservieren unter den beiden Künsten besteht darin, daß die eine vor der anderen zum Hauptwerke gemacht wird, nicht aber darin, daß sich die eine bloß nach der anderen richtet und wenn ihre verschiedenen Regeln in Kollision kommen, daß die eine der anderen so viel nachgibt als möglich« (Paralipomena 27 zu LAOKOON). Also nicht die pragmatische Regelung des Sprach-Musik-Verhältnisses nach der Kollision der beiden Bestandteile, sondern eine unter dem Primat der Sprache angelegte Vorausplanung der Nicht-Kollision ist Lessings Ziel. Davon indes war in der deutschsprachigen ernsten Oper der Zeit keine Rede: Christoph Martin Wielands Versuch, mit Anton Schweitzer 1773 eine deutsche ALCESTE zu schreiben, wurde von Mozart sechs Jahre später als »gut, aber sonst nichts« bezeichnet, auf die Musik bezogen: »keine Natur drinnen und alles übertrieben und für die Sänger nicht gut gesetzt«; die von Mozart der durchgängigen Trauerstimmung des Werks zugeschriebene Melancholie des Unvermögens kennzeichnet das Singspiel ROSEMUNDE (Gotha 1780) desselben Autorengespanns. Sehr viel mehr beeindruckt zeigt sich Mozart, als er 1777 in Mannheim GÜNTHER VON SCHWARZBURG kennenlernte. Trotz des allgemein als unzureichend eingeschätzten Librettos von Anton Klein rühmte Mozart an diesem Versuch seines Wiener Kollegen Ignaz Holzbauer (1711–1783) das musikalische Feuer, wenngleich er sich darüber mokierte, daß der Titelheld im Sterben eine Arie singen mußte. Zwar blieb Holzbauers Bemühen, das Singspiel in die Großform der patriotischen Nationaloper zu überführen, weitgehend folgenlos – aber es ist nicht auszuschließen, daß Mozart dieses ›Feuer‹ in sich selber spürte, als er 1779 letzte Hand an seine Bühnenmusik zu Tobias von Geblers heroischem Drama THAMOS, KÖNIG IN ÄGYPTEN legte.

GOETHE-VERTONUNGEN

Den entschiedensten Versuch, Lessings Ästhetik für die deutschsprachige Oper zu nutzen, unternahm J. F. Reichardt, als er in den neunziger Jahren des Jahrhunderts vier Singspieltexte Goethes vertonte. Der Dichter hatte seit 1780 in Zusammenarbeit mit dem Komponisten Philipp Christoph Kayser (1755–1823), zunächst unter dem Einfluß der ›Opera buffa‹, Singspiele geschrieben, in denen er zwischen gesprochenem und gesungenem Wort einen kunstvollen Übergang suchte. Damit zielte er letztlich auf ein Ideal der ›durchkomponierten‹ Form ab. Zu dem Zweck arbeitete er seine Stücke ERWIN UND ELMIRE sowie CLAUDINE VON VILLA BELLA weitgehend um, wobei er nicht nur biographische Spuren tilgte, sondern auch den ursprünglichen Prosadialog in Verse umwandelte. Das hatte eine paradoxe Auswirkung. Goethes Tendenz, seine Texte formal zu glätten, entsprang dem Wunsch, dem Komponisten mehr Freiheit bei der musikalischen Gestaltung zu geben; diesen Wunsch aber konnte Kayser nicht erfüllen. Ähnliches gilt für Hermann Dechants verloren geglaubte Vertonung von SCHERZ, LIST UND RACHE, die 1985 wieder aufgefunden wurde.

Kaum minder paradox ist es, daß sich Reichardt mit Feuereifer auf diese revidierten Fassungen stürzte, denn sie widersprachen seiner aus Lessing abgeleiteten Forderung nach unverstellter Abwechslung, nach unformalistischer Gestaltung. Goethe selbst jedenfalls zeigt sich zunächst von Reichardt begeistert, obwohl der Komponist ziemlich ungeniert radikal-republikanische Ansichten äußert, und wohnt der Berliner Premiere der CLAUDINE VON VILLA BELLA 1789 bei. In der preußischen Metropole war acht Jahre zuvor das Nationaltheater gegründet worden: als Folge eines sich verbreitenden Bedürfnisses nach einem deutschen Musiktheater, das Reichardt mit seinem Goethe-Singspiel und der von ihm sehr geschätzten Dittersdorf-Oper DOKTOR UND APOTHEKER zu nutzen versucht. Der Text, nach Goethes Selbstdeutung in DICHTUNG UND WAHRHEIT als Gegenentwurf zur ›Handwerksoper‹ kleinbürgerlicher Couleur konzipiert, verläßt folgerichtig die Regionen der Empfindsamkeit in Richtung ›Sturm und Drang‹. Zwei gegensätzliche Brüder lieben, ohne voneinander zu wissen, dasselbe Mädchen und bringen es unfreiwillig in eine zweideutige Situation. Dabei erweist sich der Sturm-und-Drang-Bruder dem Empfindsamkeits-Bruder gegenüber als moralisch überlegen: er, der als unbändiger Draufgänger das Vaterhaus früh verlassen hat, löst den Konflikt auf edle Weise und trägt zur allgemeinen Versöhnung bei.

FINALSTEIGERUNGEN UND RÄUBERROMANTIK

Goethe hat die Zweitfassung von 1788 dem Schema der ›Opera buffa‹ angepaßt, so etwa durch die Einführung eines zweiten Paares. Auch musikalisch macht das Werk in Reichardts Vertonung (andere waren ihm vorangegangen, Schuberts späterer Versuch blieb 1815 Fragment) einen zwiespältigen Eindruck. So gibt es zwei ausgewachsene Da-capo-Arien, die möglicherweise vom Komponisten für die vom Hof kühl aufgenommene Premiere gestrichen wurden, neben unscheinbaren Strophenliedern (die nicht ganz dem Standard dieses Vertreters der zweiten Berliner Liederschule entsprechen). Besser durchgearbeitet sind die Duette, Terzette und Quartette, bei denen es sich nicht mehr um Strophenfolgen für verschiedene Vortragende handelt, und besonderen Wert legt Reichardt auf die Final-Szenen.

So beginnt das zum dritten Akt mit einem in Dur-Moll-Wechselspiel gehaltenen Duett *Lege, Verräter, nieder die Waffen* mit einer Tempobeschleunigung werden drei weitere Figuren eingeführt, in einem C-Dur-Vivace tritt der Chor der Wachen auf. Diesen werden die fünf Solostimmen konfrontiert, beim zweiten Mal mit einem Umschlag in c-moll. Nach dem Auftritt einer weiteren Figur wird ein Presto angeschlagen, auf dessen Höhepunkt Claudines Ohnmacht offenbar wird. Ihr Erwachen erfolgt in einem Andante, das sich langsam steigert und die unterschiedlichen Verhaltensweisen der Figuren plastisch schildert. Ein anschließendes Allegro moderato zeigt den Dichter etwas mundfaul, und so muß die Musik in vierzig Takten eines instrumentalen Zwischenspiel den Darstellern eine pantomimische Aktion abverlangen, was eine Modulation von C nach D nicht eben sinnfälliger macht. Mit dem Schlußensemble in dieser Tonart *Welch ein Glück und welche Wonne* schließt Reichardt den musikdramaturgischen Bogen durch Verwendung eines Motivs, das in der Exposition des ersten Akts als Tanzmelodie erklungen war (auch schon in der Ouvertüre). Ähnlich anspruchsvoll löst Reichardt das Problem der Exposition, deren drei Nummern trotz der den ersten Teil fast wörtlich wiederholenden Schlußpartie fast schon eine durchkomponierte Szene darstellen: mit dramaturgisch eindrucksvollem Wechsel zwischen Soli, Chor und orchestralem Zwischenspiel. Thematisch bahnt CLAUDINE VON VILLA BELLA der Räuberromantik à la Conradin Kreutzers NACHTLAGER VON GRANADA den Weg.

ZWISCHEN FRÜHKLASSIK UND ROMANTIK

In ERWIN UND ELMIRE, auf den von Goethe während seines zweiten Rom-Aufenthalts nach dem Vorbild der ›Opera buffa‹ bearbeiteten Text der Erstfassung von 1775, vertonte Reichardt die Dialoge zu Rezitativen (das Werk kam nur konzertant heraus), wobei er trotz Kürzungen die Langatmigkeit kaum milderte; Hiller nannte die Rezitative des ersten Akts tödlich langweilig. Der nach dem 1791 entstandenen Singspiel in Angriff genommene Vierakter LILA ging verloren, und 1801 erzielte Reichardt mit dem erst ungefähr acht Jahre nach der Fertigstellung in Berlin uraufgeführten Goethe-Text JERY UND BÄTELY seinen größten Erfolg als Singspielkomponist. Er betonte stärker als Goethe das schweizerische Lokalkolorit, indem er originale Volksmelodien verwendete (etwa das Lied der Sennerin Bätely *Es rauscht das Wasser,* in dem Akkordbrechungen der Baßbegleitung eine gelungene Lautmalerei sind), und dürfte seinen Erfolg dieser Tatsache ebenso zu verdanken gehabt haben wie seinem zurückgenommenen Anspruch. JERY UND BÄTELY greift schon jene Form des Liederspiels auf, in dem Reichardt nach der Jahrhundertwende in musikalisch recht simpler Weise so etwas wie das Ideal einer humanistischen Menschheitsfamilie beschwört. Etwa in LIEB’ UND TREU von 1800, patriotisch abgewandelt in JUCHHEY aus demselben Jahr und dem Nachzügler von 1807, KUNST UND LIEBE, in dem wieder schweizerisches Ambiente musikalisch evoziert wird.

Wichtiger für Reichardts operngeschichtliche Bedeutung ist die von Friedrich Wilhelm Gotter nach Shakespeares Drama DER STURM 1798 als Huldigungsfeier für den neuen preußischen König Friedrich Wilhelm III. in Berlin uraufgeführte GEISTERINSEL. Mit dieser Dialogoper tut Reichardt den Halbschritt ins neue Jahrhundert, in Richtung auf die große deutsche Oper. Der Prosadialog und die gebundenen musikalischen Formen bilden einen nutzbaren Spannungszusammenhang, da der Text dank Shakespeares Ahnenschaft über dem landläufig Üblichen steht und die Musik mit ihren z. T. melodramatisch angelegten großen Szenen samt Rezitativen und Chören in den ausgedehnten Final-Bildern geradewegs in die Feen- und Geisterwelt der romantischen Oper steuert. Reichardt, der ebenso einen Beitrag zur italienischen ›Seria‹ in der Nachfolge Grauns und Hasses geleistet hat, wird somit zu einem ausübenden Organ der Reformideen Glucks: zwischen den Welten der Frühklassik und Romantik, von italienischer Oper, deutschem Singspiel und Gluckschem Reformstreben.

WIELANDS IMAGINÄRES THEATER

Obwohl Wieland mit seiner fünfaktigen Rezitativoper ALCESTE realitätsblind meinte, seine Hausgötter Metastasio und Euripides übertroffen zu haben (Goethe hatte für das Antikenbild des Älteren nur die satirische Farce GÖTTER, HELDEN UND WIELAND übrig), wies er doch der Entwicklung des musikalischen Theaters in mancher Hinsicht Wege. Das Singspiel in der Tradition eines Hiller war seinen eigenen Vorstellungen, wie er sie vor allem 1775 in seinem VERSUCH ÜBER DAS DEUTSCHE SINGSPIEL UND EINIGE DAHIN EINSCHLAGENDE GEGENSTÄNDE entwickelte, durchaus nicht angemessen. Dennoch bewertete er es gerecht und fügte an: »Ich kann nur noch eine andere Art davon denken, welche ein schöneres Ideal hätte.« Wie dieses schönere Ideal beschaffen sein müsse – Weber sollte ihm später mit seiner Wieland-Vertonung OBERON auf eigene Weise entsprechen –, läßt sich aus seinem Lob der wortarmen und musikreichen Verbindung von Sinn und Klang in der Oper entnehmen: »Ich glaube, daß, zumal in einem lyrischen Schauspiel, die Kunst, wenig Worte zu machen, ungleich größer ist. Wie unendlich ist die Sprache der Empfindung von der Sprache der Rednerschulen verschieden! Was für unaussprechliche Dinge kann sie mit Einem Blick, Einer Gebärde, Einem Tone sagen!« Das Ziel dieser Wirkung bezeichnete Wieland als »Beförderung der Humanität«. In einem kühnen Vorgriff auf spätere Theoretiker, fast schon auf Brecht und seinen Verfremdungs-Effekt, lehnte Wieland für das deutsche Musikdrama, das er Singspiel nannte, eine reine Illusions-Dramaturgie ab. Vielmehr bestand er auf der Eigengesetzlichkeit der Täuschung und schrieb den fiktiven Lesern/Zuschauern die Mahnung ins Stammbuch: Dichter, Komponist und Darsteller »verlangen nicht von euch, daß ihr poetische, musikalische und dramatische Nachahmung und ein dadurch entstehendes Ideal für die Natur selber halten sollt.«

Während Wieland der Musik am liebsten die Fähigkeit abgesprochen hätte, abnorme Seelenzustände und Situationen zu spiegeln (weil das nur in reiner Kakophonie und damit gegen ihre angeblich eingeborene Harmonie möglich sei), verspottete er auch im Euripides-Kapitel seines Romans DIE ABDERITEN (1774) das ihm unzureichend vorkommende zeitgenössische Musiktheater. Während die einen aus antiken Vorbildern »rohe Nationalprodukte« zimmerten, stellten die anderen sozusagen im Familienbetrieb ihre »Singspielchen« her (die Originalgenies des Sturm und Drang karikierte er gleichzeitig in der Figur des arroganten Dichters Hyperbolus). Um so überraschter läßt Wieland seine Bewohner des thrakischen Abdera, die ihm unter der Hand immer sympathischer geraten, eine in seinem Sinne authentische Theateraufführung erleben. In ihr bringt Euripides seine eigene ANDROMEDA auf die Bühne, und der auf jeden Überschwang wie auf alberne Neckischkeiten verzichtende Darstellungsstil bewegt die mit den Abderiten gemeinten Deutschen, obwohl sie es gewohnt waren, »ihre Helden und Heldinnen wie Besessene herum fahren zu sehen und schreien zu hören wie der verwundete Mars« in der ILIAS des Homer. In seiner Beschreibung dieser fiktiven Theateraufführung entwirft Wieland ein Idealbild, in dem die »Lebhaftigkeit und Wahrheit der Deklamation und Pantomime« mit der »Schönheit der Stimmen und des Vortrags vereinigt« sind. Diese Verbindung der einzelnen Elemente des Theater bringt »einen Grad von Täuschung bei den guten Abderiten hervor, wie sie noch in keinem Schauspiel erfahren hatten«. Natürlich beschreibt uns Wieland nicht die Musik, mit deren Hilfe ein solches Gesamttheater entsteht, und ebenso wenig konkret war Johann Gottfried Herder in seinen schon 1767 veröffentlichten Aphorismen ÜBER DIE NEUERE DEUTSCHE LITERATUR, als er seinen Landleuten den Mut zur eigenen Nationalidentität anriet und die Imitation überlieferter Formen verdammte.

GRENZÜBERSCHREITUNG IM MELODRAM

Im vierten Band seiner ADRASTEA zog Herder 1801 aus Wielands Täuschungs-Ästhetik, in der die einzelnen Kunst-Parameter durch die Vereinigungskraft des Musiktheaters auf neuer Höhe aufgehoben bleiben, eine Konsequenz, mit der die aufklärerische Nachahmungsästhetik endgültig verabschiedet wird: »Unnötigerweise hat man sich über dies Wunderbare der Oper gequält, wie Menschen an dergleichen Träumen der Un- oder Übernatur Geschmack finden können. Sind wir im wirklichen Traum nicht eben sowohl in einer Zauberwelt? Und wie wahr sind uns die Träume! Darf's also keine Kunst geben, die uns mit den schönsten Träumen aufs schönste auch wachend vergnüge? Einmal in eine Welt gesetzt, in der Alles singt, Alles tanzet, entspreche auch die Welt ringsum dieser Gemütsart; sie bezaubere.« In diesen Worten meldet sich nicht nur der romantische Autonomiebegriff mit seiner Verkündung einer eigenen Kunstwirklichkeit an, sondern auch schon eine geradezu religiös bestimmte Wirkungsdramaturgie. Aus der Affektennachahmung des Barock und der Aufklärung, aus der Moralität des Fürstenspiegels, mit der die Künstler von der Bühne her durch die Vorbildlichkeit hoher Charaktere eine Wirkung auf die aristokratischen Zuschauer erhofften, wird ein Totalitätsanspruch, in dem die Kunst letztendlich als die eigentliche, die wahre Wirklichkeit gegenüber der miserablen des Alltags erscheint. Von Wieland und Herder bis zu Richard Wagner ist es zwar noch ein weiter Weg, aber seit der Zeit des Sturm und Drang stoßen deutsche Künstler – mehr in der Theorie als in der Bühnenpraxis – über die Überwindung tradierter Theatergattungen zu neuen Ufern vor: nicht nur auf dem Sprechtheater, sondern auch auf dem Musiktheater.

Das verbindende Glied zwischen beiden war das ›Melodram‹, ein Wechselspiel von Textrezitation und Musikuntermalung für eine Person (Monodrama) oder zwei Darsteller (Duodrama). Das Vorbild für diese Kunstform hatte Jean-Jacques Rousseau 1763 mit seiner lyrischen Szene PYGMALION geschaffen, die 1770 in Lyon mit der Musik von Horace Coignet privat aufgeführt wurde. Der dem nordischen Dichterkreis angehörende Heinrich Wilhelm von Gerstenberg (1737–1823), in dessen Kopenhagener Heim unter Intellektuellen eine lebhafte Diskussion über die Oper und die anderen Künste gepflegt wurde, schrieb für seine Hauskonzerte Kantaten. Von diesen erschien zumindest ARIADNE AUF NAXOS 1767 im Druck. Diesen Text formte der Schauspieler und Dramatiker Johann Christian Brandes (1735–99) in ein regelrechtes Melodram um, das 1774 mit der (verschollenen) Musik von Anton Schweitzer (1735–87) recht erfolglos aufgeführt wurde. Der Erfolg für die neue Kunstgattung stellte sich ein Jahr später ein, als Georg Anton (Jiří Antonín) Benda (1722–95), einer der prominentesten Vertreter der böhmischen Musikeremigranten des 18. Jahrhunderts, den Text neu vertonte und in Gotha als Konzert im griechischen Kostüm uraufführte. Ebenfalls 1775 brachte er in Gotha, wo im gleichen Jahr sein Singspiel DER DORFJAHRMARKT auf einen Text von Friedrich Wilhelm Gotter (1746–97) herauskam (Ausdehnung des Einakters auf zwei Akte: Johann Adam Hiller, Leipzig 1775), die noch erfolgreichere MEDEA auf einen Text Gotters heraus.

DER TRIUMPH DER EMPFINDSAMKEIT

Auf der Rückreise von Paris lernte Mozart Bendas Werke in Mannheim kennen und war so von ihnen angetan, daß er beide »wahrhaft fürtrefflich« nannte. Dem Vater, der ihn davon abzubringen versuchte, einen eigenen Versuch in diesem Genre zu wagen, beschrieb er die Gattung zutreffend (18. Dezember 1778): »Was die Monodrame oder Duodrame betrifft, so ist eine stimme zum singen gar nicht nothwendig, indemme gar keine Note darin gesungen wird – es wird nur geredet – mit einem wort, es ist ein Recitativ mit instrumenten, nur daß der acteur seine worte spricht und nicht singet.« Besonders hingerissen war Mozart von jenen Momenten in Bendas MEDEA, wenn deklamierter Text und musikalischer Orchesterkommentar sich überlappen (in seinem fragmentarischen Singspiel ZAIDE hat er sich in dieser Technik erprobt). Zudem hatte Benda eine Ouvertüre komponiert, die programmatisch die Handlung schildert, und mit

Erinnerungsmotiven verschaffte er seinem Werk einen inneren Zusammenhalt, der seinen Sensationserfolg und die daraus entspringende Mode hinlänglich erklärt. Auch Goethe versuchte sich 1777 mit seiner PROSERPINA dieser Mode anzuschließen, verspottete sie aber später im TRIUMPH DER EMPFINDSAMKEIT, wo er sich über die Terminologie (sie schwankte in der Tat unlogisch) lustig machte und von »Monodramen zu zwei Personen, Duodramen zu dreien und so weiter« sprach und zu einer negativen Begriffsbestimmung kam: »Eigentlich weder gesungen noch gesprochen. Es ist weder Melodie noch Gesang drin, deswegen es auch manchmal Melodram genannt wird.« Trotzdem ließ Goethe sein Melodram als Intermezzo im TRIUMPH DER EMPFINDSAMKEIT aufführen. Die Musik schrieb ihm der Weimarer Kammerherr Siegmund von Seckendorf.

DIE EIGENSPRACHLICHKEIT DES ORCHESTERS

Zu den Kritikern der neuen Form gehörte auch Herder, während Christian Friedrich Daniel Schubart sich zu ihr bekannte. Historisch recht hatte Ludwig Tieck 1825 in DRAMATURGISCHE BLÄTTER I, als er die Theaterentwicklung des späten 18. Jahrhunderts Revue passieren ließ und die Melodram-Mode als durch Mozart überholt bezeichnete: »Wenige von den neueren Komponisten, auch den besten, haben so rein und vollständig die wahre romantische Oper aufgefaßt als Mozart.« Unter romantisch ist in diesem Zusammenhang keine epochengeschichtliche Bezeichnung zu verstehen, sondern eine stilgeschichtliche im Sinn der von Friedrich Schlegel 1797 in seinen LITERARISCHEN NOTIZBÜCHERN (ediert London 1957) ausgesprochenen Forderung: »Die Oper muß romantisch sein, da Musik und Malerei es sind; die moderne Tanzkunst vielleicht eine Mischung romantischer Fantasie und klassischer Plastik.« Tatsächlich war es das Melodram, das nach Bendas Vorbild in Mozarts ZAIDE, Beethovens FIDELIO (Kerkerszene) und Webers FREISCHÜTZ (Wolfsschluchtszene) der deutschen Oper beträchtlich aufhalf. Es lebte im 19. Jahrhundert aber auch in balladesker Form mit Klavierbegleitung nach (Schumann, Liszt) oder als konzertante Verschmelzung verschiedener Künste (im LÉLIO von Hector Berlioz, der Fortsetzung seiner SYMPHONIE FANTASTIQUE). Daß es zu der von Friedrich Schlegel entworfenen Utopie einer romantisch-progressiven Universalpoesie seinen Beitrag geleistet hat, machen Spätformen im 20. Jahrhundert deutlich: etwa Arnold Schönbergs Monodrama DIE GLÜCKLICHE HAND (1913) oder Rolf Riehms elektronisches Märchen vom MACHANDELBOOM (1982).

Bendas ARIADNE AUF NAXOS ist ein Duodrama, wobei sich den Stimmen von Ariadne und Theseus noch hinter der Szene die einer Oreade (für drei Spre-

cher) zugesellt. Zwischen den Figuren kommt es aber zu keinem Dialog. Das
Werk besteht aus zwei großen Monologen, zuerst dem des Theseus, schließlich
dem Ariadnes. Verbunden sind sie durch die Nachricht der Oreade für Ariadne,
daß Theseus sie verlassen habe. Sie verflucht ihn und stürzt sich in das von einem
Sturm aufgepeitschte Meer. Diesem Sturmbild korrespondiert ein eindrucks-
voller Sonnenaufgang als großes Orchestercrescendo über einem Orgelpunkt
auf dem Ton C. Daraus auf einen bewußt gestalteten Formzusammenhang
innerhalb des Werks zu schließen, ginge an Bendas sozusagen vorklassisch
bestimmten Absichten vorbei. Es lassen sich auch keine leitmotivischen Innen-
bezüge ausmachen. Das ganze Werk kennt nur zwei musikalische Wiederholungen. Die sechzehn Takte des Vorspiels, die das Schwanken des Theseus zwischen seiner Pflicht (der Abreise) und seiner Neigung (für Ariadne) schildern,
kehren später in ihrem Monolog wieder: *Hier bin ich nun, auf ewig verlassen! Götter! Gerechte, beleidigte Götter!* Insgesamt aber ist die Musik »durchweg eine
Folge von Momenten, Stationen, die in sich durch die Emotionen geschlossen
sind, dementsprechend ordnet sich die Musik durch Ausdruck, Tonart und
Tempo. Aber diese Momente sind in keiner Weise aufeinander bezogen.«

Jiří Antonín Bendas Erfindung einer strikten, nur durch gelegentliche
Überlappung aufgehobenen Trennung des rezitierten Parts von dem nach dem
Vorbild des italienischen Accompagnato-Rezitativs gestalteten Orchesterkommentar hob für einen geschichtlichen Augenblick die durch die ganze Opernentwicklung sich ziehende Frage auf, ob die Musik die Dienerin des Textes sei,
oder ob das Wort sich der Musik unterzuordnen habe. In Bendas ausdrucksrei-
chem Orchesterpart taucht geradezu visionsartig die Befreiung des Orchesterklangs in der Oper zu einer Eigensprachlichkeit auf: nicht mehr an vokale Formmuster gebunden und nicht nur auf die beschreibende Funktion für äußere Vorgänge eingeschränkt, etwa Schlachten, Tänze, Naturerscheinungen. Plötzlich
dringt in die Abbildung solcher Ereignisse eine Seelenimplosion von schon
symphonischer Klangkraft ein. Was in den stärksten kompositorischen Momenten bei Rameau und Gluck sich sozusagen unter der Oberfläche einer Abfolge von Rezitativ, Arie und Tanz Bahn bricht, erscheint bei Benda auf Momente isoliert und daher fanalartig: auch vom musikalischen Nicht-Fachmann
als Ausdruck orchestraler Eigensprachlichkeit wahrnehmbar. Das erklärt den
bis ungefähr 1780 andauernden Erfolg der Melodram-Mode. Sie hatte, von
ihren erwähnten und bis in Hollywoods Praktiken der Filmmusik reichenden
Nachwirkungen ganz abgesehen, einen wesentlichen Einfluß auf die Entwicklung des Musiktheaters. Für Mozarts Bemühungen um die deutschsprachige
Oper waren Bendas Melodramen so etwas wie eine Initialzündung.

WIENS BEITRAG

Zweifellos hat der auf musikalischem Volksgut basierende Liedton dem mittel-
und norddeutschen Singspiel einen Anschein von Nationalkultur verliehen.
Aber im musiktheatralischen Sinn bedurfte dieser Liedton der Befruchtung
durch die britische ›Ballad Opera‹ und die französische ›Opéra comique‹, um
sich auf der Bühne zu halten und zu entwickeln. Andrerseits steht das österreichische Singspiel in einer bodenständigen Tradition, die sich durch eine
Nähe zur Volksmusik wie zur Kunstmusik auszeichnet. Leider sind wir, stärker
noch als im Fall des deutschen Singspiels, über die Texte viel besser als über die
Musik informiert. Die Wiener Volkskomödie ist aus dem Barockdrama des
17. Jahrhunderts entstanden, wobei Joseph Anton von Stranitzky (1676–1726)
das aktennotorische Verdienst zukommt, der Ur-Hanswurst als Kontrastmittel
in den Haupt- und Staatsaktionen gewesen zu sein.

Seit 1711 hat Stranitzky in dem neuerbauten Theater am Kärntnertor für
sich aus italienischen Operntexten Dramen geschrieben, in denen er als komischer Salzburger Sauschneider brillierte. Unter seinem Nachfolger Gottfried
Prehauser wird das manchmal seine Unzufriedenheit mit den sozialen Zuständen deutlich artikulierende Volkstheater in Richtung auf die Empfindsamkeit
bewegt, während die ihm folgenden italienischen Impresarii sich am Vorbild
der ›Opera buffa‹ orientieren. Damit berühren sie allerdings das vom Hof er-
teilte Privileg für die Aufführung italienischer Opern, und am 11. Dezember
1728 fordert ein Erlaß Kaiser Karls VI., im Kärntnertor-Theater die damals gespielten Theaterstücke »nicht anders als mit Untermischung deren deutschen
Comödien exhibieren zu lassen«. Dieser bis 1741 geltende Erlaß führte zu einer
besonderen Theaterform am Kärntnertor: Zu deutschen Komödien mit Musik
und Tanz wurden italienische Intermezzi gegeben, die eine heroische oder eine
komische Handlung hatten.

SCHMUTZIGE WORTE ODER AUSGEARBEITETE PIÈCEN

Die komischen Partien dieser Intermezzi verselbständigten sich zu burlesken Zaubersingspielen, als mit Josef-Felix von Kurz (genannt Kurz-Bernardon, später einfach Bernardon; 1717–1783) ein genialer Alleskönner sich dem Theater anschloß. Joseph Haydns um 1752 entstandene Vertonung seiner Komödie DER NEUE KRUMME TEUFEL ist leider verlorengegangen (Kurz hatte sie selbst schon 1738 in Musik gesetzt), der Komponist seines Erfolgsstücks DER AUFS NEUE BEGEISTERTE UND BELEBTE BERNARDON (1754) ist unbekannt. Die Stücke Kurz-Bernardons hatten ausgeprägten Revue-Charakter mit kräftigen Maschineneffekten, ihre manchmal entfesselte Kritik an der Gesellschaftsordnung führte 1752 zu einem kaiserlichen Edikt, in dem der Gebrauch »schmutziger Worte« verboten und die Forderung nach »wol ausgearbeiteten Piècen« gestellt wurde. Nach Ausweichversuchen in fernere Teile des Habsburgerreichs gab Bernardon schließlich der höfischen Anordnung nach. Auf einer anderen Stufe wird diese Wiener Tradition des Singspiels erst 1778 nach der kaiserlichen Gründung des »Teutschen Nationalsingspiels« als Nebenabteilung des Hof- und Nationaltheaters in der Wiener Burg weitergeführt. Der Angriff gegen das chaotische und teilweise aufsässige Theater Bernardons wurde ästhetisch im Sinne Gottscheds geführt, aber die kaiserliche Forderung, »die comoedie solle keine andern compositionen spielen als die aus den frantzösisch oder wälisch oder spanisch theatris herkommen«, war auch eine innenpolitische Disziplinierungsmaßnahme im Rahmen österreichischer Globalpolitik.

Seit 1750 bemühte sich Wenzel Anton von Kaunitz als österreichischer Botschafter in Paris um ein Bündnis mit Frankreich, die einzige Möglichkeit, die an Preußen verlorenen Teile Schlesiens zurückzugewinnen. Er erreichte tatsächlich 1756 ein Defensiv-, ein Jahr später ein Offensivbündnis: Voraussetzungen des Siebenjährigen Kriegs mit Preußen. Diese Annäherung Habsburgs an den Erbfeind hatte entscheidende Auswirkungen auf das Wiener Theaterleben. Im Burgtheater herrschte ab 1752 das französische Repertoire, während das deutsche Volkstheater getreu der kaiserlichen Order, die das romanische und speziell das französische Vorbild zum Maßstab erhob, an den Rand gedrückt wurde: im Theater am Kärntnertor. Einer der ersten hausgemachten und nachwirkenden Erfolge der leichten Oper romanischer Prägung gelang dem später als Opernreformator in die Geschichte eingehenden Christoph Willibald Gluck (→ S. 292 ff.) 1754 mit seiner Vertonung von Metastasios Einakter LE CINESI (Die Chinesinnen). Das auf einer Naturbühne uraufgeführte Werk galt als »durch und durch Zauberwerk« (so der Komponist Dittersdorf 1799 in seinen

Lebenserinnerungen) und führte die Türkenmode mit dem typischen Einsatz von Triangel, kleinen Glocken, Pauken und Schellen als Ersatz für den Schellenbaum der Janitscharenmusik in Deutschland ein.

GLUCKS KOMISCHE ANFÄNGE

DIE CHINESINNEN brachten Gluck eine Anstellung als Hofkomponist in Wien ein, und in dieser Funktion kam er mit gastierenden französischen Truppen in Verbindung. Schrieb er zunächst für solche Aufführungen Einlagenummern, so gelang es ihm schließlich, ganz im Stil der jungen ›Opéra comique‹ zu komponieren. Deren Einflüsse zeigen sich sogar bei Georg Christoph Wagenseil (1715–1777), der als Nachfolger der Hofkomponisten Fux und Caldara die Tradition der ›Opera seria‹ im Stil des ungebrochen bis ins hohe Alter in Wien tätigen Metastasio verfocht. So findet sich schon 1748 in seinem ALESSANDRO NELL' INDIE ein Lied (II,15), das direkt aus der ›Opéra comique‹ stammen könnte, und in dem Pasticcio ARMIDA PLACATA von 1750 (einer der Co-Autoren war Hasse) kommt ihm – gegen das von Metastasio faktisch verfügte Chorverbot (zum ›Coro‹ versammelten sich in der ›Seria‹ nur die Solisten) – die Aufgabe zu, geradezu Chormassen aufzutürmen. Im gleichen Jahr arbeitete Wagenseil an dem Pasticcio EURIDICE mit (u. a. neben Hasse, Jommelli und Galuppi), und sein Hauptbeitrag, eine Szene zwischen Orpheus und Eurydike, wirkt wie eine erstaunliche Vorwegnahme Gluckscher Reformpraxis. Hier werden, wie in der ›Opéra comique‹, kleine Formteile aneinandergereiht, aber durch einen genauen Tonartenplan (von g-moll über Es-Dur und b-moll nach B-Dur) wirkt diese Solo-, Chor- und Duettfolge geradezu durchkomponiert.

Eben diese kleinformatige Gliederungskunst erarbeitet sich Gluck in seinen Beiträgen zur Gattung der ›Opéra comique‹ als Grundstock für seine späteren Reformen. Seine bekanntesten komischen Opern sind L'IVROGNE CORRIGÉ (Der bekehrte Trunkenbold; 1760), LE CADI DUPÉ (Der betrogene Kadi; 1761) und LA RENCONTRE IMPRÉVUE (Unverhoffte Begegnung; 1764). Sie gingen allesamt auf französische Text- und teilweise auch Musikvorlagen zurück. Hatte Gluck für seinen ersten Versuch in der französischen komischen Oper LA FAUSSE ESCLAVE (Die falsche Sklavin) zu den bereits aus Paris angelieferten 51 Vaudevilles lediglich 13 eigene Nummern zu schreiben brauchen, so änderte sich die Zahlenproportion mit den ersten beiden obengenannten Werken, und mit seiner achten und letzten Komödie schrieb er seine erste eigenständige französische Oper:

LA RENCONTRE IMPRÉVUE (Unverhofftes Begegnen oder Die Pilger von Mekka. ›Opéra comique‹ in drei Akten; *L* von Florent-Carton Dancourt; Burgtheater Wien 1764; deutsch: Frankfurt/Main 1771; Wien 1776; *WA* Pariser Opéra-Comique 1906; deutsch: Wiesbaden 1922; Basel 1924; Wien 1931).

Glucks zweite Türkenoper wurde die folgenreichste für die deutsche Operngeschichte, da sie sowohl auf Haydns L'INCONTRO IMPROVVISO als auch auf Mozarts ENTFÜHRUNG AUS DEM SERAIL einwirkte. Führt Mozart in seiner Oper (→ S. 439 ff.) die Möglichkeiten des deutschen Singspiels zusammen, setzt Haydn (→ S. 395 f.) den Stoff in eine ›Opera buffa‹ mit großen Arien und Ensembles um, so schrieb Gluck eine waschechte ›Opéra comique‹, in der die ernsten Charaktere mit anspruchsvollen Arien, die lustigen Dienerfiguren mit liedartigen Gesängen bedacht wurden. Das von dem Pariser Literaten Dancourt verfaßte Libretto geht auf das Theaterstück LES PÈLERINS DE LA MECQUE von Lesage und d'Orneval zurück. Gegenüber der Vorlage ist die Figur des Arlequin durch die des Osmin ersetzt. Er spielt aber noch nicht die ›klassische‹ Rolle des Haremswächters, sondern tritt als Diener des Prinzen Ali auf, der in Kairo seine von Seeräubern entführte Rezia sucht. Diese ist inzwischen die vergeblich begehrte Lieblingssklavin des Sultans geworden. Mit Hilfe des bestechlichen Bettelderwischs Calender versucht das durch einen Zufall wiedervereinte Paar die Flucht in einer Pilgerkarawane nach Mekka, wird aber von Calender aus Habgier verraten. Der herbeigeholte Sultan bestraft den Verräter und gibt das liebende Paar frei.

Mit kräftigen Akzenten beschwört Gluck schon in der Ouvertüre das morgenländische Kolorit durch Piffero (heute: Pikkolo) und Bekken, denen sich im weiteren Verlauf der Oper Englischhorn und kleine Trommel zugesellen. Das einleitende Lied des Osmin *Heureux l'amant* (Glücklich der Liebende) ist typisch französisch, die beiden folgenden Gesänge des Calender haben wieder leicht exotisches Flair (im zweiten wird es durch Unisono-Klänge erzielt; Mozart variierte das Lied für Klavier in KV 455: *Unser dummer Pöbel meint*). Die drei Vertrauten der Prinzessin Rezia werden in einer Mischung aus italienischer Buffo-Arie und französischer Ariette gezeichnet: Balkis mit der E-Dur-Ariette *Bel inconnu*, Dardané mit der durch das Englischhorn leicht elegisch getönten Traumerzählung *J'ai fait un rêve*, Amine mit der italienisch gefärbten Arie *Je cherche à vous faire le sort* (Ich will Euer Schicksal lenken). Die von einer obligaten Flöte begleitete Arie Alis *Vous ressemblez à la rose naissante* (Ihr gleicht der erblühenden Rose) zeigt ebenso eine Herkunft aus der ›Seria‹ wie Rezias koloraturendurchsetzte und mit einem Moll-Mittelteil aufwartende Wiedersehensarie (*Ah, qu'il est doux de se revoir*). Andrerseits benutzt Gluck das Da-capo-Schema auch karikierend, wenn er den dramaturgisch entbehrlichen Maler Vertigo als zweifelhaftes Originalgenie der Nachahmungsästhetik verspottet (sein lautmalerisch durchkomponiertes Andante *Un ruisselet bien clair* wurde, leicht verändert, zu einem berühmten Konzertlied: *Einem Bach, der fließt*). Bis auf die Finalsätze gibt es Duette nicht vor dem 2. Akt, Terzette nicht vor dem dritten, und die Finalensembles selber folgen einer Steigerungsdramaturgie: ein Terzett beschließt den 1. Akt, ein Sextett den zweiten, Oktett und Septett den dritten. Psychologisch-musikalisch am besten gelungen ist das Finale II.

DAS WIENER NATIONALSINGSPIEL

Als Kaiser Joseph II. 1778 seinen Wunsch verwirklichte, daß Wiens »Theater nebst der Burg fortan das deutsche Nationaltheater heißen soll« und dem eigentlichen Burgtheater das »Teutsche Nationalsingspiel« angliederte, schrieb Mozart seinem Vater aus Mannheim: »Ich weiß ganz gewiß, daß der Kaiser im Sinn hat, in Wien eine deutsche Oper aufzurichten, und daß er einen jungen Kapellmeister, der die deutsche Sprache versteht, Genie hat und im Stande ist, etwas Neues auf die Welt zu bringen, mit allem Ernste sucht; ... ich glaube, das wäre so eine gute Sache für mich; aber gut bezahlt, das versteht sich. Wenn mir der Kaiser tausend Gulden gibt, so schreibe ich ihm eine deutsche Oper« (10./11 Januar). Mozart war indes nicht der Wunschkandidat des Kaisers, und obwohl er dem Monarchen letztlich doch den Auftrag zur ENTFÜHRUNG AUS DEM SERAIL verdankte, wissen wir, daß Mozart sich nicht nur zeitlich, sondern auch finanziell mit weniger als erhofft begnügen mußte: Seine 1782 uraufgeführte ENTFÜHRUNG brachte ihm an der Stätte seines großen Erfolgs nicht einmal die Hälfte ein.

Daß Mozart mit seinem Singspiel eins der wenigen Erfolgsstücke in diesem Genre gelang, dürfte sein Verhältnis zum Hofkomponisten Antonio Salieri auch nicht gerade erleichtert haben. Diesem Vertreter der italienischen Schule mußte der Kaiser das deutsche Singspieltheater geradezu abpressen, und Salieris von Mozart abgelehnter RAUCHFANGKEHRER (1781; Text: Leopold von Auenbrugger) wurde trotz eines beachtlichen Publikumserfolgs von der Kritik aufs schärfste zurückgewiesen. Schließlich lag dem Kaiser selbst das deutsche Singspiel weniger am Herzen als die italienische Oper, und es ist zu bezweifeln,

ob die Eröffnungspremiere des Nationalsingspiels 1778 seine Zustimmung
fand. Auf Paul Weidmanns ›Original-Singspiel in einem Akt‹ hatte Ignaz Umlauff (1746–96) DIE BERGKNAPPEN geschrieben. Es handelt sich um ein sozusagen proletarisches Volksstück, das unter Bergarbeitern spielt und das in der
Buffo-Tradition häufige Thema vom gefoppten Alten variiert. Als der Berg-
mann Walcher erfährt, daß er um seine Heiratsabsichten dem eigenen Mündel
gegenüber von dem jüngeren Kollegen Fritz betrogen worden ist, fährt er wut-
entbrannt in eine neue Mine des Bergwerks ein und wird bei einem schlagenden
Wetter verschüttet. Da Fritz ihn rettet, steht der Vereinigung der beiden Liebenden nichts mehr im Wege. Die Blasmusik für die Bergmannschöre und
-märsche sowie schlichte Liedformen stehen auf der einen Seite des Werks, anspruchsvolle Koloraturen und eine originelle Instrumentierung auf der anderen, getragene Adagios und empfindsame Vorhalte sorgen für jene Ausdruckstiefe, der am Schluß ein Vaudeville-Rondo im Stil der ›Opéra comique‹ den
nötigen Kontrast gibt.

KARL DITTERS VON DITTERSDORF (1739–99)

Ein weiterer Versuch Umlauffs mit WELCHE IST DIE BESTE NATION? konnte
den Niedergang des Nationalsingspiels nicht aufhalten: es wurde 1783 auch der
im Kärntnertor-Theater residierenden italienischen Operntruppe Antonio
Salieris geöffnet, während in den Vorstädten drei neugegründete Theater ihm
wie auch der großen Oper zu heftigen Konkurrenten werden: das 1781 von Karl
Marinelli eröffnete Leopoldstädter Theater, das 1786 von Christian Roßbach
ins Leben gerufene Freihaustheater auf der Wieden (später: Theater an der
Wien, das 1789 von Emanuel Schikaneder übernommen wurde) sowie das 1788
eröffnende Theater in der Josefstadt. Dieser vor allem durch die 1776 erfolgte
Aufhebung des Privilegs für das Kärntnertor-Theater zu erklärende Aufschwung der Privattheater mit ihrem volkstümlichen Repertoire ohne zeitkriti-
schen und satirischen Biß führte schließlich 1788 zur endgültigen Schließung
des Nationalsingspiels. Seinen größten Erfolg konnte dieses mit dem Hauptwerk Karl Ditters von Dittersdorfs erringen:

DOKTOR UND APOTHEKER (Komische Oper in zwei Akten; *L* von
Gottlieb Stephanie d.J.; Burgtheater Wien 1786; Kassel 1787; Bern
1804).
        Dittersdorfs bestes Singspiel mit seinem leicht ins Spießbürgerliche
zielenden Libretto kam in jenem Jahr 1786 heraus, das operngeschichtlich vor allem als Uraufführungstermin von Mozarts großer Opera

buffa LE NOZZE DI FIGARO in die Annalen einging. Aber Mozarts FIGARO stieß nicht nur beim normalen Publikum auf weniger Zustimmung als Dittersdorfs Opern. So monierte Kaiser Joseph II. bekanntlich die allzu vielen Noten im FIGARO. Weniger Noten insgesamt, aber auch pro Partiturseite, enthielt Dittersdorfs Meisterwerk. Auch sein Verfasser hatte Beziehungen zum Hofe, und zwar bessere als Mozart. Auf die Frage des Kaisers, was er denn von Mozart halte, will Dittersdorf nach dem Zeugnis seiner Lebenserinnerungen von 1799 geantwortet haben: Mozart »läßt den Zuhörer nicht zu Atem kommen; denn kaum will man einem schönen Gedanken nachsinnen, so steht schon wieder ein anderer herrlicher da, der den vorigen verdrängt, und das geht immer in einem so fort, so daß man am Ende keine dieser Schönheiten im Gedächtnis aufbewahren kann«. Dittersdorf, Streichquartettpartner seiner Kollegen Haydn, Mozart und Jan Křtitel Vaňhal (Johann Baptist Wanhall), hat für die von den Zeitgenossen geschätzte Überschaubarkeit seiner musikalischen Gedanken postum büßen müssen. In seiner VATERLANDSCHRONIK wurde er von Christian F. Daniel Schubart zwar noch als ein deutscher Shakespeare der komischen Oper gerühmt: so habe er »eine ganz eigentümliche Manier, die nur zu oft ins Burleske und Niedrigkomische ausartet. Man muß oft mitten im Strome der Empfindungen laut auflachen, so buntscheckige Stellen mischt er in seine Gemälde. Nicht leicht dürfte einem Komponisten die komische Oper besser gelingen als diesem.« Doch schon E. T. A. Hoffmann kamen 1813 diese »Ausartungen« vor wie Erscheinungen eines abgesunkenen Kulturguts: »So war nichts erbärmlicher und der wahren Oper widerstrebender als jene Reihe von Singspielen, wie sie Dittersdorf gab« (DER DICHTER UND DER KOMPONIST).

Heute wird man die Wahrheit in der Mitte zwischen diesen extremen Urteilen suchen. Operngeschichtlich ist Dittersdorf in der Entwicklung vom Wiener Singspiel zur bürgerlichen Spieloper à la Lortzing ein wichtiges Glied, zum anderen ist sein Thema den Zeitläuften weitgehend enthoben: der Standesdünkel in einer deutschen Kleinstadt, der durch einen Generationskonflikt verschärft wird. Falsche Ehekontrakte und Verkleidungseffekte mögen ebenso von der Zeit angenagt sein wie die scheinbare Zauberei und der Auftritt falscher Geister in HIERONYMUS KNICKER (1787), aber der groteske Einfall, daß im Getümmel einem Kriegsveteranen das Holzbein entwendet wird, dürfte dem Libretto zum Überleben verhelfen. Diese Nachamputation hat ihren latenten dramaturgischen Sinn darin, daß durch den Sinneswandel der Apothekersfrau, die zuvor ihre Tochter unbedingt dem Haudegen anhängen wollte, die glückliche Lösung eingeleitet wird: Durch Abbau von ständischen Männervorrechten wird erst ein erspießliches Nebeneinander erreicht. In der Beziehung ist DOKTOR UND APOTHEKER ein kleines Pendant zu Mozarts FIGARO. Das gilt im Prinzip auch für die Musik, wie kurzphrasig und symmetrisch auch immer Dittersdorfs Melodien im Vergleich mit Mozart seien, wie redundant, fast schon schwatzhaft die Stimmenführung in den keinen Vergleich mit dem FIGARO aushaltenden Ensembles auch wirken mag, wie ausgetrocknet auch immer die italienische Bravour seiner Rhythmen sei.

Hinter solchen Defiziten, die sich durch eine sorgfältige und ernsthafte Aufführung weitgehend ausgleichen lassen, machen sich durchaus bemerkenswerte Töne hörbar. So komponiert Dittersdorf etwa das Selbstmitleid des Doktors angesichts seiner langen Arbeitszeit (II, 1 : *Ein Doktor ist bei meiner Ehr', der größte Mann im Staate*) nicht nur in der Aufgeblasenheit des Lortzingschen Bürgermeisters van Bett, sondern schmuggelt mittels chromatischer Eintrübungen auch so etwas wie echtes Gefühl oder Leiden in die Musik: Voraussetzung für ein Happy-End, das durch die Wandelbarkeit der Figuren vorbereitet wird. Vorangetrieben wird es durch die vier jungen Leute: die Kinder der streitenden Titelfiguren als seriöses Paar Leonore/Gotthold mit einer leicht lyrisch-sentimentalen Note, das Buffo-Paar Sichel/Rosalie mit einer recht munteren Musikcharakterisierung. Mit seinen Repetitionsfiguren in der Ouvertüre (die eine motivische Verwandtschaft zu der des FIGARO aufweist) zeigt Dittersdorf, daß er orchestersprachlich einiges von der italienischen Buffo-Technik gelernt hat, und die plötzlichen Forte-Schläge verraten ihre Herkunft von der Raketen-Dynamik der Mannheimer Orchesterschule. Das Schimpfduett der beiden Titelfiguren *Sie sind ein Scharlatan* wächst sich fast zu einer verbalen Existenzattacke aus, wie sie erst vom Dialog Hauptmann/Doktor in Alban Bergs WOZZECK übertroffen werden sollte. Die Steigerungsdynamik im Finale I mit ihrem leitmotivischen Quart-Pochen und die repetierte Skalenfigur beim Auftauchen des Polizisten im Finale II stehen mit ihrer Mechanisierung von Bewegungsabläufen ganz in der bis zu Rossini ungebrochenen Buffo-Tradition der italienischen Oper.

Gewiß war Dittersdorf kein Genie des deutschen Musiktheaters, aber DOKTOR UND APOTHEKER ist doch so etwas wie eine Summe jener Qualitäten des Wiener Singspiels, die in Mozarts ENTFÜHRUNG ihre Sublimierung und in seiner ZAUBERFLÖTE durch die Verbindung mit Märchenspiel und Maschinenkomödie jenen Quantensprung erfuhren, der in Beethovens FIDELIO die Implosion zum Ideen- und Weltdrama freisetzte. In einem theoretischen Beitrag zum ersten Jahrgang der ›Leipziger Allgemeinen Musikalischen Zeitung‹ hat Dittersdorf im Jahre 1798 der komischen Oper – im Gegensatz zur ernsten – die Aufgabe zugewiesen, »ganz leichte und dem Publikum sogleich faßliche, leicht nachzuträllende Sätze« zu bieten. Dieser Aufgabe ist er mehr als gerecht geworden.

DIE SPANISCHE ZARZUELA

Die Geschichte des Musiktheaters in Spanien zerfällt bis ins 20. Jahrhundert hinein in zwei Stränge: einen internationalen und einen nationalsprachlichen. Als im Jahre 1703 die erste italienische Operntruppe in Madrid auftrat und trotz mäßiger Anfangserfolge die Weltgeltung der italienischen Oper unmißverständlich auf die iberische Halbinsel ausdehnte, sah sie sich mit einer gewachsenen Theatertradition konfrontiert. Seit dem Jahre 1608 gab es in Spanien neben den fahrenden Theatertruppen zwei Kompanien mit festem Wohnsitz, und ihr Repertoire bot neben Schauspielen auch Tanz- und Gesangsstücke, wie sie etwa in italienischen Intermezzi zu finden waren (›Entremesos‹ lautet das spanische Wort dafür).

Zwei berühmte Dichter waren es, die aus solchen volkstümlichen Vorlagen eigenständige Formen eines musikalischen (wenngleich von der Sprache dominierten) Theaters schufen: Felix Lope de Vega (1562–1635) und Pedro Calderón de la Barca (1600–81). Lope schrieb das Libretto zur ersten spanischen Oper, die 1629 im Königlichen Palast Madrid aufgeführt wurde: LA SELVA SIN AMOR (Der Wald ohne Liebe). Die Musik zu dieser Pastorale ist verlorengegangen, und wir kennen nicht einmal den Namen des Komponisten (Mutmaßungen zielen auf den blinden Blas de Castro). Ebenfalls unter königlicher Patronage schrieb Calderón, der zehn Jahre zuvor zum Priester geweiht worden war, um 1660 zwei Libretti für den Komponisten Juan Hidalgo (um 1612–1885): den Einakter LA PÚRPURA DE LA ROSA (Der Purpur der Rose; die Musik ist verlorengegangen) und den Dreiakter CELOS AUN DEL AIR MATAN (Eifersucht selbst auf die Luft ist tödlich; Madrid 1660; konzertante *WA* nach der im portugiesischen Evora erhaltenen Handschrift: Köln 1981 in der Fassung von Pedro Sáenz).

Dieser Dreiakter weist einige der später für die ›Zarzuela‹ typischen Züge auf: einen Wechsel zwischen Tanz- und Gesangsstücken (meist im Dreiermetrum), kurze Chöre im vierstimmigen Satz (›Cuatros‹) und sogar ein paar wiederkehrende Themen; in zwei Punkten ist aber der Unterschied zur späteren ›Zarzuela‹ im Rückgriff auf die Tradition der italienischen Buffo-Oper deutlich (deshalb sprach man auch von einer ›Zarzuela a la italiana‹): Statt gesprochener Dialoge komponierte Hidalgo die handlungstreibenden Texte um die Geschichte der Nymphe Prokris und des ›Caballero‹ Kephalos als Rezitative, und statt der zweiaktigen Form legte er das Werk als Dreiakter an, getreu nach Calderóns Vorlage. Auf diese Weise endete der zweite Akt als Höhepunkt mit dem von Herostrat in Brand gesetzten Tempel der Keuschheitsgöttin, aus dem Kephalos die ohnmächtige Prokris rettet. Ist diese mythische Vorlage um die zu Sinnbildern an den Himmel versetzten Liebenden nicht unbedingt dem nahe, was man später unter einer ›Zarzuela‹ verstand, so ist der nationalkulturelle Aspekt doch durch die Verwendung authentisch spanischer Folklore (hier: einer Seguidilla) vorgeprägt. Eingebürgert hatte sich die Bezeichnung ›Zarzuela‹, die auf eine in der Nähe von Madrid wachsende Pflanzenart und das nach ihr benannte Lustschloß des Königs Philipp IV. zurückgeht, nach Calderóns 1657 uraufgeführtem Einakter EL GOLFO DE LAS SIRENAS (Der Golf der Sirenen; die Musik ist verlorengegangen), als er dieser Fischer-Ekloge ein Jahr später im Coliseo del Buen Retiro EL LAUREL DE APOLO (Der Lorbeer des Apollon; Komponist unbekannt, Musik verloren) folgen ließ. Dieses Stück wurde ausdrücklich als ›Zarzuela in zwei Akten‹ bezeichnet (›Zarzuela en dos jornados‹), und von ihm leitet sich der formprägende Sinn der Gattungsbezeichnung her. Der ursprüngliche Zweck der ›Zarzuela‹: den Königshof zu unterhalten, kennzeichnete die Stoffe auch noch, als diese Opern ins bürgerliche Theater überwechselten (im 18. Jahrhundert hatte Madrid zwei solcher Bühnen: das Teatro de la Cruz und das Teatro del Príncipe). Die Szene wurde beherrscht von Göttern, Helden und Monarchen, die Handlungen entsprachen mit ihrem Zug ins Pompöse und Tragische der italienischen ›Seria‹ oder der französischen ›Tragédie lyrique‹ (Ende des 17. Jahrhunderts wurde Lullys letzte Oper am Hof mit großem Erfolg gespielt: ARMIDE).

VORHERRSCHAFT FREMDER EINFLÜSSE

Diese Stilmerkmale blieben auch erhalten, als 1701 ein folgenreicher politischer Wechsel in Spanien stattfand: der Übergang von der habsburgischen Dynastie zu jener der Bourbonen, verkörpert durch Philipp V., Herzog von Anjou. Als nach dem spanischen Erbfolgekrieg im Frieden von Utrecht 1713 trotz spanischer Gebietsverluste in Italien und den Niederlanden Philipps Königswürde bestätigt wurde, überflutete italienische Musik das Land – und zwar in allen kirchlichen und weltlichen Genres. Der erste Bourbonenherrscher war gleichermaßen ein Freund der Oper wie der Kammermusik, sein Nachfolger Ferdinand VI. ebenfalls, und dessen Gattin, die portugiesische Prinzessin Bárbara de

Braganza, brachte aus Lissabon ihren Cembalo-Lehrer mit nach Madrid: Domenico Scarlatti. Dieser italienische Einfluß wurde unter Karl III. und Karl IV. in Richtung auf eine Vorliebe für französische Literatur und Kammermusik etwas abgeschwächt, aber mit dem Ergebnis, daß für die Weiterentwicklung authentisch spanischer Werke des Musiktheaters wenig Neigung bestand.

Gewiß hatte Antonio Literes (ca. 1670–1747), neben Sebastián Durón (gestorben um 1715) bedeutendster ›Zarzuela‹-Komponist der zweiten Generation, mit ACCIS Y GALATEA (Acis und Galathea; Libretto von José de Cañizares) 1708 im Königlichen Palast zu Madrid einen großen Erfolg (die Besetzung war, dem damaligen Brauch in Spanien entsprechend, fast vollständig weiblich), und LOS DESAGRAVIOS DE TROYA (Die Sühne Trojas), 1712 in Saragossa uraufgeführt, wurde als einzige spanische Oper des 18. Jahrhunderts in Partitur gedruckt – damit sind aber die herausragenden nationalsprachlichen Beiträge zum Musiktheater schon genannt. Als der des Kastilischen nicht mächtige Philipp V. 1721 Annibale Scotti, den italienischen Gesandten aus Parma, zum Intendanten der Oper bestellte (mit dem Kastraten Farinelli als grauer Eminenz), war eine kulturpolitische Grundsatzentscheidung gefällt. Scotti versuchte, spanische Libretti durch Italiener vertonen zu lassen, eine eindeutige Reverenz vor dem, was man damals den ›Stile italiano‹ nannte. Ihren sichtbaren Ausdruck fand die italienische Opernherrschaft in Spanien, als Farinelli 1750 wegen seiner Inszenierung einer Metastasio-Oper anläßlich der Hochzeit einer Infantin mit dem Calatrava-Orden ausgezeichnet wurde. Einer der wenigen spanischen Komponisten, der sich gegenüber den aus Italien kommenden Kollegen behaupten konnte, war José de Nebra (um 1688–1768). Dieser hervorragende Kirchenmusiker schrieb einmal die Musik zu einigen ›Autos sacramentales‹, einer spezifisch spanischen Form des symbolisch-religiösen Theaters an kirchlichen Festtagen, aber auch für Calderóns Versdrama LA VIDA ES SUEÑO (Das Leben ein Traum; 1723); aus seinen ›Zarzuelas‹ ragen heraus: CAUTELA CONTRA CAUTELA Ó EL RAPTO DE GANIMEDES (List um List oder Der Raub des Ganymed; 1740 auf ein Libretto von Cañizares) und ANTES QUE CELOS Y AMOR LA PIEDAD LLAMA EL VALOR Ó AQUILES EN TROYA (Vor Eifersucht und Liebe gewinnt Mitleid Wert oder Achill in Troja; 1747). In der letzteren gibt es eine berühmte Szene, wenn zwei komische Figuren auf den Mauern von Troja Seguidillas singen.

UMFORMUNG ITALIENISCHER VORLAGEN

Während die italienische Oper im Palast Buen Retiro über das reiche Instrumentarium von drei Cembali, sechzehn Violinen, je vier Violen, Violoncelli und Kontrabässen, fünf Oboen sowie jeweils zwei Hörnern, Trompeten und Fagotten verfügte, mußte sich die ›Zarzuela‹ im Cruz und Príncipe mit etwa fünf Violinen und einer Baßviole begnügen, zu denen auf der Bühne selbst ein Gitarrist als Begleiter der Sänger trat. Ähnlich waren die Verhältnisse in Portugal, wo italienische Opern den landessprachlichen Versuch des Brasilianers António José da Silva LA VIDA DO GRANDE DOM QUIXOTE DE LA MANCHA (Lissabon 1733) nach dem Roman des Cervantes überragten. Eine Wende zugunsten der volkssprachlichen Oper trat mit der Thronbesteigung Karls III. in Madrid ein. Dieser Herrscher zeigte wenig Neigung für die italienische Oper und ließ sogar Farinelli pensionieren. Der Geschmackswandel führte dazu, daß italienische Opern in spanischer Übersetzung aufgeführt wurden, zum Beispiel Piccinnis BUONA FIGLIUOLA als LA BUENA HIJA, wobei die originalen Secco-Rezitative durch gesprochene Dialoge im Stil der ›Zarzuela‹ ersetzt wurden (teilweise wurde auch die Musik der Arien verändert). In dieser Form kam Piccinnis Oper nach landesweiten Erfolgen endlich auch 1769 am Hoftheater in Aranjuez heraus.

Der bedeutendste Hispanisierer der italienischen Vorlagen war der Textdichter Ramón de la Cruz (1731–94), der nach einer mehr als zehnjährigen Bearbeitertätigkeit in dem als Kirchenmusiker und Verfasser einer Kontrapunktschule geschätzten Antonio Rodríguez de Hita (1704–84) den angemessenen Partner fand. Ihre erste gemeinsame Arbeit war die heroische ›Zarzuela‹ LA BRISEIDA, zwischen deren zwei Akte bei der Uraufführung im Príncipe-Theater von Madrid 1768 ein Intermezzo nach dem DON QUIJOTE geschoben wurde. Die bis auf eine Baßpartie ausschließlich von Sängerinnen getragene Handlung stand nach Meinung des Textdichters im Widerspruch zu der italianisierten Musik, und schon im September desselben Jahres brachte das gleiche Team im selben Theater eine burleske ›Zarzuela‹ heraus: LAS SEGADORAS DE VALLECAS (Die Schnitterinnen von Vallecas). Der Text ist eine geschickte Adaptation des alttestamentarischen Buches Ruth. Die Geschichte der verwitweten und kinderlosen Frau, die beim Ährenlesen das Wohlgefallen eines Schwagers findet und von ihm nach der in Israel üblichen Leviratsehe geheiratet wird, ist hier in das zeitgenössische Galizien verlegt. Diese Szenen aus dem Landleben sind von Hita mit viel Anleihen bei der Folklore komponiert worden, und seine Einführung von Instrumenten der Volksmusik ins Theater, besonders des Dudelsacks, erwies sich als außerordentlich erfolgreich. Schon ein Jahr später brachten Cruz und Hita eine weitere im Pastoralmilieu spielende ›Zarzuela‹ heraus: LAS LABRADORAS DE MURCIA (Die Bäuerinnen von Murcia). Der Aberglaube der Bauern, daß der Donner eines Gewitters für die Seidenraupen tödlich sei und übertönt werden müsse, um nicht ihre Arbeit zunichte zu machen, führt im Finale I zu einer wirkungsvollen Versammlung von Bauern, die mit volkstümlichen Instrumenten wie der Gitarre, dem Tamburin oder der Kastagnette eine ›Jota murciana‹ singen und tanzen (das zweite Finale ist eine chorische Seguidilla).

VON DER ZARZUELA ZUR TONADILLA

In der Folgezeit wurden Cruz-Libretti von zahlreichen Komponisten vertont, aber die Blüte der ›Zarzuela‹ im 18. Jahrhundert endete mit dem Tod des Dichters im Jahre 1794 ebenso jäh, wie eine königliche Order Karls III. 1765 mit einem Aufführungsverbot das Ende der an Fronleichnam gespielten ›Autos sacramentales‹ herbeigeführt hatte. Auch eine weitere Besonderheit des iberischen Musiktheaters hatte nur eine kurze Blüte: die szenische ›Tonadilla‹. Im Gegensatz zu einer verbreiteten Ansicht waren diese ›Tonadillas‹ keine für Frauen reservierten Gesangssoli, sondern kleine Intermezzi mit einer Spieldauer bis zu zwanzig Minuten. Einer der berühmtesten madrilenischen Tonadilleros war Manuel García, der Vater der späteren Stars der italienischen Oper Maria Malibran und Pauline Viardot. Die berühmteste szenische ›Tonadilla‹ wurde von dem katalanischen Flötisten Luís Misón 1758 komponiert und erschien komplett im Druck: LOS CIEGOS (Die Blinden). Das für drei Personen geschriebene Stück gilt als Muster der Gattung: einer Exposition mit Vorstellung der Figuren und der Situation folgt als Mittelteil eine Reihe strophischer Lieder, und im Finale vereinigen sich alle zu einer Seguidilla. Das Orchester weist je zwei Oboen und Hörner sowie Violinen, Violoncelli und Kontrabässe auf (keine Violen, die in Hitas LABRADORAS gegen den Brauch der Zeit eine Rolle spielen).

Eingeführt werden die Typen ›Bericht‹, ›Zeitung‹ und ›Tagebuch‹ mit ein paar orchestralen Adagio-Takten, zu denen sie monoton ihre jeweilige Ware anbieten. Das geschieht im Wechsel der Dur-Tonarten G, C und A, wobei die orchestralen Nachspiele sowohl dynamisch wie tonartlich auf dem Steigerungsprinzip beruhen. Im Zentrum des Stücks steht eine orchestrale Jota, zu der ›Bericht‹ sein Lied singt, dieses aber unterbricht und sich mit den Kollegen sprechend über die schlechten Zeiten beklagt. Am Ende entschließen sie sich doch zu singen und tragen ihre Seguidillas vor. Diese bei aller Knappheit durchaus eigenständige Kunstform der ›Tonadilla escénica‹ verlor bald ihre Unschuld, da sie teils mit italienischen Stilmitteln überfrachtet, teils mit der um 1790 nach dem Vorbild von Rousseaus PYGMALION und Bendas MEDEA aufkommenden Form des Melodrams (›Melólogo‹ im Spanischen) vermischt wurde. Bemühungen um eine Wiedergeburt eines authentisch spanischen Volkstheaters begannen erst in den dreißiger Jahren des 19. Jahrhunderts, als der hispanisierte Italiener Basilio Basili einaktige ›Zarzuelas‹ als Parodien auf italienische Opern komponierte. Francisco Asenjo Barbieris JUGAR CON FUEGO (Mit dem Feuer spielen) führt 1851 die dreiaktige Großform ein. Zum Zwecke der bewußten Pflege des Genres gründen einige Komponisten eine Gesellschaft, die 1856 das Teatro de la Zarzuela in Madrid errichten läßt. Von da ab gewinnt neben der Großform auch das ›Género chico‹, die einaktige Kleinform, neues Interesse, und beide Formen haben sich, wenngleich stark kommerzialisiert, bis ins 20. Jahrhundert hinein als lebensfähig erwiesen.

DIE ENGLISCHE BALLADEN-OPER

Der einzigartige Fall einer Verbindung von Unterhaltung und Gesellschafts-kritik in der BETTLEROPER von Gay und Pepusch (→ S. 181 ff.) blieb nach der Uraufführung im Jahre 1728 auch der angegriffenen Obrigkeit nicht verbor-gen. Die Fortsetzung POLLY wurde 1729 verboten, und 1737 peitschte der Pre-mierminister Hugh Walpole jenes Gesetz im Parlament durch, das für fast zwei-einhalb Jahrhunderte das britische Theaterleben einschneidend prägen sollte: jedes neue Stück einem Zensor zu unterbreiten, dem Lord Chamberlain (die Abschaffung der Zensur erfolgte erst 1968). Dieser Angriff traf vor allem die satirischen ›Ballad Operas‹ im Gefolge der BETTLEROPER, wie sie etwa Henry Fielding als Leiter des Kleinen Theaters am Londoner Heumarkt spielen ließ. George Bernard Shaw hat 1898 im Vorwort zur Ausgabe seiner UNGEFÄLLIGEN STÜCKE zutreffend formuliert: »Im Jahre 1737 widmete Henry Fielding, der größte praktische Dramatiker, den England – mit der einzigen Ausnahme von Shakespeare – zwischen dem Mittelalter und dem 19. Jahrhundert hervorge-bracht hat, sein Genie der Aufgabe, die damals auf einen Höhepunkt gelangte parlamentarische Korruption zu entlarven und zu vernichten. Walpole, unfä-hig, ohne Korruption zu regieren, knebelte prompt das Theater durch eine Zensur, die im gegenwärtigen Moment noch in voller Stärke wirksam ist.«

Dieser Einschnitt in der Kulturgeschichte des damals fortschrittlichsten Landes mag die Mediokrität späterer Hervorbringungen des britischen Musik-theaters im 18. und 19. Jahrhundert zumindest teilweise erklären. Jedenfalls scheint er auch zur Herausbildung einer Kuli-Sprache der Uneigentlichkeit ge-führt zu haben, denn die Charakterisierung des Librettisten Henry Carey, die er in einem Widmungsbrief an den Komponisten seines DRAGON OF WANTLEY (Der Drache von Wantley) in jenem Uraufführungsjahr 1737 gab, dürfte nicht nur dem aus Deutschland stammenden John Frederic Lampe (1703–51) als hochgradig dialektisch vorgekommen sein: »Es ist eine Opern-Burleske, und die Burleske kann nicht tief genug sein. Die Tiefe ist, übertragen gesprochen, die Erhabenheit der Burleske. Folglich ist diese Oper die Spitze der Erhaben-heit der Gattung.«

TODESSTOSS FÜR HÄNDELS SERIA-OPER

THE DRAGON OF WANTLEY hatte einen äußeren Anstoß: die Szene in Händels GIUSTINO von 1737, wenn der Titelheld einen Drachen erschlagen muß, der sich anschickt, die gefesselte Kaiserin Arianna zu fressen. Als das Werk im Mai jenes Jahres erstmals am Haymarket-Theater gespielt wurde, fand es als Händel-Parodie ebenso begeisterte Zustimmung wie ein halbes Jahr später in Covent Garden, von wo es einen triumphalen Siegeszug antrat. Schon im Uraufführungsjahr wurde das Textbuch in vierzehn Auflagen verbreitet, und Ausgaben der Partitur erschienen 1738, 1746 und 1752 im Druck. Wenn man in gewisser Verkürzung eines geschichtlichen Prozesses sagen kann, daß die BETTLEROPER Händels Londoner Opernunternehmungen die geschäftliche Basis nahm, so gab DER DRACHE VON WANTLEY dem Komponisten in seinem Krisenjahr 1737, als er einen Schlaganfall erlitt, den endgültigen Anstoß, die italienische Oper zugunsten des englischen Oratoriums zu vernachlässigen.

Im Gegensatz zur BEGGAR'S OPERA besteht THE DRAGON OF WANTLEY nicht aus einem Arrangement bekannter Melodien, sondern wurde von Lampe im Stil der italienischen Oper Händels vollständig komponiert. Der Witz des Werks liegt darin, daß der seriöse Musikstil mit dem burlesk-realistischen Libretto Careys heftig kollidiert. Careys Formulierung von der Erhabenheit der Burleske ist nicht nur ein dialektisches Täuschungsmanöver, sondern auch Spiegel der zeitgenössischen Operndiskussion. Die schlug auf seiten der englischen Aufklärer den Händelschen Typus der ›Opera seria‹ insofern dem reinen ›Musical entertainment‹ zu, als melodische Unregelmäßigkeiten eine rationale Wort- und Affektdeutung unmöglich gemacht hätten. Indirekt hat auch Händel selbst in dieser Diskussion Stellung bezogen: so sehr er aus der Masse der Seria-Komponisten herausragte, weil er jenseits der Rollenklischees seinen Figuren zu einer gefühlsbedingten Individuation verhalf, so klar dürfte ihm geworden sein, daß er erst mit seinen englischen Oratorien einen Beitrag zur Herausbildung eines fortschrittlich-bürgerlichen Musiklebens leisten konnte; unter diesem Aspekt gewinnt die Tatsache ein formgeschichtliches Gewicht, daß er in seinen letzten Werken für das Musiktheater eine Annäherung an die komische Oper anstrebte: IMENEO, SERSE, DEIDAMIA.

EIN DRACHE VERBREITET SCHÖNEN UNSINN

Diesen von Händel konstruktiv gelösten Problempunkt des Wort-Musik-Verhältnisses, in dem sich brennspiegelartig die soziokulturelle Problematik der höfisch konzipierten Seria-Oper reflektiert, haben Carey und Lampe mit ihrem DRACHEN VON WANTLEY durch die parodistische Auseinanderspreizung des Text-Musik-Bezugs dingfest gemacht. Carey hat im Vorwort zu der Oper sein zusammen mit Lampe entwickeltes Verfahren geschildert und in der Formulierung zusammengefaßt, auf englisch die in den italienischen Opern herrschende Schönheit des Unsinns verbreiten zu wollen (»to display in English the beauty of nonsense, so prevailing in the Italian operas«).

Textvorlage war eine ältere Ballade, die in neunzehn gereimten Strophen den Kampf des Ritters Moore mit dem Drachen schildert. In das mittelalterlich-mythische Ambiente der Ballade, die Herkules ebenso bemüht wie den heiligen Georg, war schon eine satirische Komponente eingebunden, da der Text auf einen räuberischen Richter anspielte. In der Oper muß sich der Ritter mit sechs Bechern Ale und einem Viertel Schnaps Mut für seine Tat antrinken, und seine Bedingung, für den Kampf müsse ihn auch eine schöne Jungfrau küssen, führt zu Komplikationen nach vollbrachter Tötung des Drachen (der vor dem Exitus auf der Bühne noch seinen Darm leert). Der Dreiakter hat fünf Bilder und enthält insgesamt fünfzehn Arien und Duette, die man insgesamt als Versuch verstehen kann, Stilzitate Händels in den volkstümlichen Ton der Balladen-Opern umzuschmelzen. Wenn sich das Mädchen Margery darüber beklagt, daß der Drache den Landbewohnern Toast und Butter wegfrißt, tut sie das im Stil einer getragenen Siziliana, und das Baß-Solo des Drachen, der den Ritter Moore als Hurensohn bezeichnet, ist der Arie des Minor *Se ti condanno* aus Händels ARIANNA von 1734 nachgeschrieben (nicht notengetreu, sondern in der Ähnlichkeit der Melodielinie bei gleicher Takt- und Tonart).

ABBAU DES MUSIKALISCHEN GEWICHTS

Der Erfolg des DRACHEN VON WANTLEY überschattete andere Versuche, durchkomponierte englische Opern (mit Rezitativen, nicht mit Dialogen) im Repertoire zu verankern. Er wurde in der zweiten Hälfte des 18. Jahrhunderts insgesamt nur achtmal unternommen, und einzig Arnes ARTAXERXES nach Metastasio (1762), musikalisch ganz im Stil der ›Seria‹ gehalten, konnte sich durchsetzen. So war es kein Wunder, daß in der Kritik die Operntauglichkeit der englischen Sprache, zumal für das Rezitativ, immer wieder bestritten wurde.

Der Librettist John Burgoyne zog daraus im Vorwort seiner von William Jackson 1780 vertonten Oper THE LORD OF THE MANOR (als einziges von zahllosen nicht-abendfüllenden Nachspielen der Zeit wurde sie komplett in Partitur gedruckt) die Konsequenz, der Musik selber im Gegensatz zum dialogischen Wort den Sinntransport zu bestreiten: »Sie muß nicht nur davon abgehalten werden, an der Erregung oder dem Ausbruch der Leidenschaften teilzuhaben; ebenso muß Sorge getragen werden, daß sie nicht jene Ereignisse, auf deren Ausgang unser Sinn gespannt ist, unterbreche oder aufschiebe. Sie sollte immer der untergeordnete (›accessory‹) und nie der führende (›principal‹) Teil des Dramas sein.« Dieser Einschätzung entspricht die weitere Entwicklung der Balladen-Oper in Richtung auf das Singspiel mit einem spezifisch geringen Musikgewicht und überwiegendem Anteil der gesprochenen Dialoge (allerdings ohne die gesellschaftskritische Komponente der BETTLEROPER). Während Thomas Augustine Arne (1710–78) in THOMAS AND SALLY 1760 diese Wendung mit einer originalen Musik einleitete, führte schon LOVE IN A VILLAGE (Liebe im Dorf) zwei Jahre später zu einem bleibenden Erfolg, in dem wieder das Gemischtwarenprinzip der Balladen-Oper vorherrscht. Arne selbst schrieb nur sieben der Lieder (und half beim Arrangement anderer), vier Nummern sind volksliedartige Melodien, der Rest ist dem Stil der italienischen Oper nachempfunden.

CHARLES DIBDIN UND STEPHEN STORACE

In den auf dieses Erfolgsstück folgenden Pasticcio-Opern wurde der Anteil der Folklore reduziert, und in THE DUENNA, einer nach Richard Brinsley Sheridans Komödie verfaßten Balladen-Oper, wußte der Ko-Komponist Thomas Linley d. J. (1756–78) sogar die vom Dichter seinen Worten unterlegten schottischen Lieder im Stil der Empfindsamkeit zu verkünsteln. Aus der Vielzahl von Komponisten, die bis zur Jahrhundertwende Hunderte solcher Singspiele und Balladen-Opern hervorbrachten, ragen Charles Dibdin (1745–1814) und Stephen Storace insofern heraus, als sie den Ensemblegeist der ›Opera buffa‹ aufnahmen und weiterführten. Wenn sie darin auch nicht Mozart erreichten, verbietet sich ihnen gegenüber doch mitteleuropäische Hochnäsigkeit. Dibdins vielleicht bestes Singspiel ist das nicht abendfüllende THE PADLOCK (Das Vorhängeschloß; 1768), in dem er selber als Neger Mungo auftrat: sozusagen der gute Geist der Handlung, der nicht nur in seinem Auftrittslied *Dear heart* (Liebes Herz) die Trösterin Musik mit allerlei Instrumentenscherzen zu würdigen versteht, sondern auch das junge Paar gegen die Besitzansprüche eines eifersüchtigen Alten dem Mädchen gegenüber zusammenführt. Daß im Unabhängigkeitskrieg der später Vereinigten Staaten gegen England die Befreiung der Neger eine wichtige Rolle spielt, belegt die historische Brisanz des Stücks. In seinem ebenfalls nicht abendfüllenden Singspiel THE EPHESIAN MATRON (Die Witwe von Ephesus; 1769) nimmt der Librettist Isaac Bickerstaffe (der THE PADLOCK ebenso wie LOVE IN A VILLAGE geschrieben hatte) die Problematik von Christopher Fryes Komödie EIN PHÖNIX ZUVIEL vorweg. Schon in dem Eingangsensemble macht Dibdin den Schmerz der am Grab ihres gerade verstorbenen Mannes weinenden Frau weniger als Todeswunsch denn als Teil einer aus einem Punkt zu kurierenden Hysterie deutlich, ohne die Figur darum zu diffamieren.

Daß Dibdin, der auch als Schriftsteller mit seinen Reisebeschreibungen und einer englischen Theatergeschichte kulturhistorische Bedeutung hat, immer mehr oder weniger knapp am Bankrott vorbeimanövrierte und in Armut starb, ist seiner persönlichen Unverträglichkeit zuzuschreiben, die – über seinen Streit mit dem berühmten Schauspieler und Theaterdirektor David Garrick hinaus – keine dauerhafte Bindung an eins der Londoner Theater zuließ. Dort fungierten als Hauskomponisten: William Shield in Covent Garden, Samuel Arnold im Haymarket-Theater und ab 1789 Stephen Storace (1762–1796) am Drury Lane. Storace, Sohn eines italienischen Kontrabassisten und einer Engländerin, erhielt seine musikalische Ausbildung am Konservatorium San Onofrio in Neapel und dürfte auch ein paar Stunden bei Mozart in Wien genommen haben, als seine Schwester Nancy, die erste Susanna in der HOCHZEIT DES FIGARO, an der dortigen Oper in der Hofburg Primadonna war (1783–87). Paradoxerweise sind seine beiden in Wien komponierten italienischen Opern GLI SPOSI MALCONTENTI (Die unzufriedenen Gatten; 1785) und GLI EQUIVOCI (Die Mißverständnisse; 1786, nach Shakespeares KOMÖDIE DER IRRUNGEN von Lorenzo da Ponte librettiert) trotz einigen Erfolgs in verschiedenen Städten nie in England heimisch geworden.

1787 kehrte Storace mit seiner Schwester und dem mit Mozart befreundeten Tenor Michael Kelly, der in der FIGARO-Premiere Don Basilio und Don Curzio gesungen hatte, nach England zurück (wo Kelly dem dortigen Brauch der Tenöre, in der hohen Lage zu falsettieren, ein Ende machte). In dem von Sheridan geleiteten Drury Lane Theatre bewirkten sie einen kräftigen musikalischen Aufschwung. Mit THE HAUNTED TOWER (Der Geisterturm; 1789) nahm Storace die in malerischen Architekturen angesiedelte Schauerromantik der sogenannten ›Gothic novels‹ vorweg; Ann Radcliffes DIE GEHEIMNISSE VON UDOLPHO erschien erst 1794, Matthew Gregory Lewis' Roman DER MÖNCH ein Jahr später: allesamt Belege für das Überspringen der von der Zensur in den Künsten überwachten Normal-Realität zugunsten einer imaginären

Schreckenswelt, die bei Storace allerdings von einer mehr komischen Seite erscheint. Musikalisch gewichtiger ist sein Singspiel THE PIRATES (Die Piraten; 1792), das mit seinen Handlungsensembles, Stufenfinali und lyrischen Herztönen den Einfluß Mozarts spiegelt. Daß Großbritannien trotz solcher Begabungen wie Arne, Dibdin oder Storace in der Geschichte der komischen Oper eine Randerscheinung wie Spanien und Rußland blieb (die Ansätze zu einem volkstümlichen und zugleich urbanen Unterhaltungstheater mit Musik wurden im späten 19. Jahrhundert durch die Zusammenarbeit des Dramatikers William Gilbert mit dem Komponisten Arthur Sullivan voll entwickelt), macht ein Zufallsfaktum auf seine Weise deutlich: Als Storace 1791 die abendfüllende Oper THE SIEGE OF BELGRADE (Die Belagerung von Belgrad) schrieb, griff er nicht nur auf die Handlungsvorlage, sondern zur Hälfte auch musikalisch auf die komische, nur durch Mozarts Zitat in der Nachtmahlszene des DON GIOVANNI vor dem Vergessen bewahrte Oper UNA COSA RARA zurück. Mit ihr hatte der Valencianer Vicente Martín y Soler im Wien des Jahres 1786 seinen größten Erfolg in der Gattung der ›Opera buffa‹, ehe er nach St. Petersburg ging und sich als Beiträger zur Geschichte der Oper in Rußland erprobte.

ANFÄNGE DER OPER IN RUSSLAND

Die Oper ist eine musikalische Handlung nach Art der Komödie, in welcher Verse gesungen und bei der verschiedene Tänze und eine beträchtliche Bühnenmaschinerie eingesetzt werden.« Mit dieser Begriffsdefinition umrahmte der römische Korrespondent des ›Petersburger Journals‹ 1729 seinen Bericht über die Aufführung einer neuen Oper am Hof des Kardinals Ottoboni. Dieser Versuch, der höfischen Gesellschaft des Zarenreichs eine ferne Theaterform bekannt zu machen, lief parallel zu den ersten, im gleichen Jahr vom ›Mercure de France‹ gemeldeten Verhandlungen russischer Gesandter an deutschen Höfen mit dem Zweck, Künstler an das Petersburger Hoftheater zu engagieren. Offenbar waren die Beziehungen des Zarenhofs zu Friedrich August, König von Polen und Kurfürst von Sachsen, am erfolgreichsten, denn Anfang 1731 reiste aus Dresden eine erste italienische Operntruppe nach Rußland. Ihr Leiter, Giovanni Alberto Ristori, konnte sie einige Monate später durch eine Reihe ebenfalls in Deutschland angeworbener Instrumentalisten verstärken. Doch Ristoris komische Oper CALANDRO und die später gespielten burlesken Intermezzi fanden offenbar wenig Beifall in St. Petersburg, was auch für eine Nachfolgetruppe galt. Als 1735 eine dritte Kompanie unter dem Komponisten Francesco Araja (um 1709–70) engagiert wurde, trat die ›Opera seria‹ in Rußland ihre Herrschaft an. Anfang 1736 führte der in Neapel aufgewachsene Komponist seine 1734 in Mailand herausgekommene Oper LA FORZA DELL'AMORE E DELL' ODIO (Die Macht der Liebe und des Hasses) im späteren Petersburger Winterpalast als erste ernste und abendfüllende Oper in Rußland auf. Das unter der Herrschaft Peters I. errichtete Theater, seit den dreißiger Jahren Opernhaus genannt (›Operny dom‹), war zu diesem Zweck mit einem dreirangigen Zuschauerraum und einer großen Bühnenmaschinerie renoviert worden. Für die Dekorationen hatte man Girolamo Bon gewonnen, der die perspektivische Malerei in die russische Dekorationskunst einführte. Der als Feuerwerkskünstler nach Rußland gerufene, seit 1735 als Kulturhistoriker in Petersburg tätige Jacob von Stählin hat im ›Petersburger Journal‹ einen begeisterten Bericht über das Ereignis verfaßt.

Während der Regierungszeit der Zarin Anna Iwanowna, die als Nichte Peters I. dessen Westöffnung durch ihren Günstling Ernst Johann Biron in selbstherrlicher Deutschtümelei vorantrieb, kamen insgesamt drei italienische Großopern heraus. Als nach ihrem Tod Biron durch einen Staatsstreich nach Sibirien verbannt wurde und Peters jüngste Tochter Elisabeth Petrowna die Regierung übernahm, wurde 1742 anläßlich ihrer Krönung Hasses Metastasio-Vertonung LA CLEMENZA DI TITO (Die Milde des Titus) gegeben; Mozart hat fast ein halbes Jahrhundert später denselben Stoff für die Krönungsfeier Leopolds II. zum König von Böhmen vertont: als letzten Beitrag der Gattung ›Opera seria‹ zum höheren Ruhme irdischer Herrscher.

EINE RUSSISCHE OPERA SERIA

Die Herrschaft der Zarin Elisabeth Petrowna sicherte den Bestand der italienischen Hofoper. Durch ihre Aufhebung der Handelszölle 1754, die Errichtung einer Landwirtschaftsbank für den Hochadel und einer Handelsbank für bürgerliche Kaufleute wurde dreierlei bewirkt: die Festigung des Feudalabsolutismus, die Stärkung der bürgerlichen Kaufmannsschicht und die noch schärfere Ausbeutung der leibeigenen Bauern. Die Stärkung des Bürgertums führte nicht nur im handelspolitischen Bereich zu Manifestationen eines wachsenden Selbstwertgefühls, sondern auch im kulturellen. So bildete Araja den Ukrainer Maxim Beresowski als Kompositionsschüler aus und beschaffte ihm ein Hofstipendium für die Philharmonische Akademie in Bologna, wie er andrerseits den zumeist vom Bürgertum ausgehenden Initiativen in Richtung auf eine Nationalkultur durch die Komposition einer russischen ›Opera seria‹ zu entsprechen versuchte (obwohl er der Sprache nicht mächtig war): TSEFAL I PROKRIS (Zefal und Prokris) wurde, auf ein Libretto von Alexander Petrowitsch Sumarokow, Anfang 1755 in Petersburg uraufgeführt.

Sumarokow war aus der unter der Zarin Maria Iwanowna 1732 gegründeten Kadettenschule des Landadel-Corps hervorgegangen, die im Sinn der von Peter I. acht Jahre zuvor ins Leben gerufenen Akademie der Wissenschaften auch die theoretische Auseinandersetzung mit den Künsten förderte. Inzwischen selber zum Lehrer an der Schule geworden, versuchte der Dichter, im Prokrustesbett der mythischen Vorlage eine tragische Nationaloper zu schreiben – ein Ansatz, den Araja mit volksliedhaften Intonationen (schon in der Ouvertüre) aufgriff. Als Sumarokow unter der Herrschaft der Zarin Katharina II. diesen Ansatz in seiner ALKESTIS mit der Musik von Hermann Raupach 1758 wiederaufnahm, war das der Hofgesellschaft schon zu bürgerlich-demokratisch. Auch eine veränderte Wiederaufnahme dieser ALKESTA 1764 blieb folgenlos.

DIE ERSTE RUSSISCHE OPER EINES RUSSEN

Fördernd für die Herausbildung einer nationalsprachlichen Oper war die Tatsache, daß neben der Seria-Oper auch die italienische Buffo-Oper in Rußland Heimrecht gewann und dank so vorzüglicher Komponisten wie Galuppi, Paisiello, Cimarosa und Martín y Soler ab Mitte der siebziger Jahre die ›Seria‹ von ihrer östlichsten Bastion verdrängte. Ab 1764 zeigt sich am wachsenden Einfluß der ›Opéra comique‹ und des deutschen Singspiels, wie sich der öffentliche Geschmack allmählich wandelte. Entscheidend für diesen Geschmackswandel waren nicht nur die Werke selbst, sondern auch die Tatsache, daß sich das aufstrebende Bürgertum eigene Theater neben den Hofbühnen in Moskau und Petersburg zu leisten begann. Daneben gab es auch aristokratische Liebhabertheater und von Adeligen geleitete Bühnen mit leibeigenen Künstlern. Da Katharina II. nach ihrer Thronbesteigung 1762 viel Wert darauf legte, als aufgeklärte Potentatin im Sinne der französischen Enzyklopädisten zu gelten, begünstigte sie die ›Opéra comique‹ gegenüber der komplizierter organisierten ›Seria‹. So reifte der Boden für eine nationalsprachliche Oper mit gesprochenem Dialog und geringem musikalischen Aufwand.

Im letzten Drittel des Jahrhunderts entstanden nach dieser Vorgabe etwa hundert Werke, von denen gut dreißig überlebten. Ungefähr die Hälfte dieser Stücke nimmt Bezug auf russische oder ukrainische Volkslieder. Daß sich unter den Komponisten viele Ausländer befanden, erklärt den manchmal grob fahrlässigen Umgang mit dem Volksliedgut. Die erste landessprachliche Oper eines Russen dürfte 1772 ANJUTA gewesen sein. Der Komponist der nach dem Vorbild von Rousseaus DEVIN DU VILLAGE geschriebenen Vaudeville-Komödie mit gesprochenem Dialog ist unbekannt. Da die Musik zu diesem Singspiel verlorenging, gilt die mit Rezitativen und folkloristischen Melodien komponierte Oper PEREROSCHDENIJ (Die Wiedergeburt) von Dementij Alexejewitsch Sorin als die älteste überlieferte Oper eines Russen (Moskau, 8. Januar 1777, nach dem Julianischen Kalender).

Über den Komponisten ist so gut wie nichts bekannt, und von dem des ersten Erfolgsstücks kennen wir nicht einmal den Vornamen. Sokolowski war als Geiger in dem vom deutschen Apotheker Karl Knipper gegründeten Freien Theater Petersburg engagiert, wo sein MELNIK – KOLDUN, OBMANTSCHIK I SWAT (Der Müller als Zauberer, Betrüger und Ehestifter) Anfang 1779 herauskam. Der Text, wiederum auf Rousseaus DORFWAHRSAGER zurückgehend, stammt von einem der Mitbegründer der volksnahen russischen Komödie: Alexander Ablessimow. Dieser unterlegte seinem Text zehn Volkslieder, die

Sokolowski in einem meist dreistimmigen Satz naiv harmonisierte. In seinen eigenen Erfindungen suchte der Komponist ebenfalls den volksnahen Ton zu treffen. Der ist vor allem in der Ouvertüre (in Sonatenform) auffällig. Diese Ouvertüre stammt allerdings von Jewstignej I. Fomin für eine spätere Aufführung (nach neueren Forschungen aber höchstwahrscheinlich von Ernst Wantschura). Der leichtgewichtige Dreiakter mit gesprochenem Dialog stellt den ersten Versuch auf dem russischen Theater dar, die Figuren mit musikalischen Mitteln zu definieren. So führt sich das Mädchen Anjuta mit einer zweiteiligen Ariette *Wenn ich sicher wär'* ein, deren lyrisches Anfangsandante in ein tänzerisch bewegtes Allegretto übergeht. Auch der Bräutigam Philemon wird mit den zwei Seiten seiner Gefühlswelt gezeigt, während der Müller in seinen Couplets als übermütig und lebensfroh erscheint (viel weniger idealisiert als der Dorfwahrsager Rousseaus). Den dritten Akt eröffnen drei Hochzeitslieder für zweistimmigen Frauenchor: eine im Singspiel des 18. Jahrhunderts häufige Erscheinungsform des Jungfernchors, die den aufgeklärteren Zeitgenossen in den zwanziger Jahren des 19. Jahrhunderts schon als abgesunkenes Kulturgut mit der einzigen Eignung zum Jahrmarkt- oder Fastnachttheater vorkam.

DER PETERSBURGER KAUFHOF

Nicht weniger als sieben Hochzeitschöre werden im zweiten Akt des Singspiels SANKT-PETERSBURGSKIJ GOSTINNYJ DWOR (Der Petersburger Kaufhof) aufgeboten, um damalige Hochzeitsbräuche folkloristisch auf dem Theater zu zeigen. Die Oper verfaßte in Text und möglicherweise auch Musik Michail Matinski (1750–1820), der ehemalige Leibeigene eines kunstfreundlichen Grafen; sie wurde wahrscheinlich Ende 1779, nach anderen Quellen erst 1782 in Knippers Freiem Theater uraufgeführt. 1792 kam sie in einer revidierten Fassung heraus, für die Wassili Alexejewitsch Paschkewitsch (um 1742–1792), ein professionellerer Komponist als Matinski, verantwortlich war (nur in dieser Fassung ist die Musik überliefert). Die Revision war Anlaß für eine Umbenennung in KAK POSCHIWOSCH, TAK I PROSLYWOSCH (Wie du lebst, ist auch dein Ruf). Als Genrekomödie über das zeitgenössische Leben bedeutet der Dreiakter mit seinen insgesamt 27 Nummern und dem reich besetzten Orchester einen entscheidenden Schritt vorwärts. Neben den Hochzeitsbräuchen des zweiten Akts bietet der erste Einblicke in das Alltagsleben einer Kaufmannsfamilie, während der dritte recht witzig das Handelstreiben im Kleinbürgertum schildert. Neben der mit dem umfangreichen Orchesterapparat geschickt verfahrenden A-Dur-Ouvertüre aus der Feder von Paschkewitsch sind besonders die Ensemblesätze (zwei Duette und Sextette, fünf Terzette und ein Septett) bemerkenswert, weil sie nach dem Vorbild der ›Opéra comique‹ einen Melodiestil aus dem natürlichen Sprachfluß entwickeln. Dieser kann, wie im zweiten Teil von Solomonidas Auftritt, mit russischem Volksliedmelos kontrastieren, was sicherlich auch als Reflex einer gesellschaftlichen Gespaltenheit aufzufassen ist. Daß die Figuren mit sprechenden, d. h. diese charakterisierenden Namen bedacht sind, ist auch als Symptom eines Strebens nach betont volkstümlichem Musiktheater zu deuten.

DAS KUTSCHENUNGLÜCK

Dieses prägt ebenfalls die erste im Jahre 1779 in Petersburg uraufgeführte Erfolgsoper von Paschkewitsch: NESTSCHASTJE OT KARETY (Das Kutschenunglück). Das Gutsbesitzerpaar artikuliert sich als Standesvertretung des Adels erstaunlicherweise nicht in der Musik, sondern nur in der Sprache, als wolle der Komponist es von der sich anbahnenden Gewinnung einer musikalischen Dramatik ausschließen. Um so beredtere Musiksprachlichkeit billigt er dagegen dem jungen Liebespaar in seinem zweiten Duett zu (es ist die elfte von insgesamt 14 Nummern, einschließlich der Ouvertüre und dem finalen Vaudeville-Quintett mit Chor). Die erregten und immer wieder unterbrochenen Sechzehntel in der Pizzikato-Begleitung, die Vorhalte in der Vokallinie, die von einem h-moll-Adagio zu einem D-Dur-Allegro führende Spannungskurve, durch Triolen und Synkopen ebenso wie durch hohe Flöten- und Violinpassagen als Begleitung der Stimmen verdichtet, stellt die beiden Liebenden Anjuta und Lukjan gerade in ihrem sozialanklägerischen Aplomb als Menschen aus Fleisch und Blut dar: von Idyllik so weit entfernt wie von jeder Idealisierung. Von ähnlicher Dichte ist der große Monolog des Geizkragens Skrjagin in seiner Molière-Oper SKUPOJ (Der Geizige; Moskau 1782), wo er die Accompagnato-Technik der italienischen ›Seria‹ nicht nur mit einem folgenden Arioso verbindet, sondern durch die banale Wortdeklamation auch als Mittel der Komik einsetzt. Völlig unrealistisch dagegen ist FEWEJ (Petersburg, 1786) auf ein Libretto der Zarin Katharina II.: ein höfisches Märchen, das mit seiner orientalischen Harmonik im dritten Akt allerdings eine russische Tradition des Musiktheaters begründen sollte (von Borodins FÜRST IGOR über Mussorgskis CHOWANSCHTSCHINA bis zu Rimski-Korsakows Spätwerk DER GOLDENE HAHN).

JEWSTIGNEJ IPATOWITSCH FOMIN

Nicht minder märchenhaft und ebenfalls von Katharina II. entworfen war das Libretto zu der fünfaktigen Tanzoper NOWGORODSKOJ BOGATYR BOJESLA-WITSCH (Der Nowgoroder Held Bojeslawitsch), die Jewstignej Ipatowitsch Fomin (1761–1800) gleich nach Beendigung seiner Studien an der Bologneser Philharmonischen Akademie 1786 für St. Petersburg schrieb; das Werk ist wie auch SOLOTOJE JABLONKO (Der goldene Apfel; 1803) in den Orchesterstimmen erhalten und dürfte als eines der ersten einen auskomponierten Faustkampf enthalten. Überhaupt war Fomin der innovationsfreudigste russische Komponist im 18. Jahrhundert. So enthält sein Melodram ORFEJ I EWRIDIKE (Orpheus und Eurydike; 1792) kühne harmonische Wendungen, die durch den Einsatz von zwei Pikkoloflöten gesteigert werden, und überrascht mit einem Hörnerensemble hinter der Bühne, um den Furientanz (und die Götterstimmen) zu verstärken. (Damals führte Dmitri Stepanowitsch Bortnjanski [1751–1825] in seiner ohne Bezug auf russisches Volksmusikgut 1786 geschriebenen französischen Oper DER FALKE die Klarinette in die russische Oper ein.)

Obwohl als einaktiges lyrisches Intermezzo ohne große Handlung konzipiert, ist Fomins JAMSCHTSCHIKI NA PODSTAWE (Die Kutscher auf der Poststation; Petersburg, 1787) das wichtigste volkssprachliche Bühnenwerk des russischen Musiktheaters im 18. Jahrhundert. In ihm ist eine Sublimierung des Volksliedstils und der Chorpolyphonie erreicht, die ohne theoretische Erfassung dieses Kulturguts durch den Komponisten undenkbar gewesen wäre. Die einfache Harmonisierung traditioneller Melodien ist hier überwunden, DIE KUTSCHER AUF DER POSTSTATION sind der erste systematische Versuch, über die Aneignung des russischen Volkslieds zu einem volkstümlichen Musiktheater vorzudringen. Die elf Nummern des Werks werden von jeweils vier Chor- und Ensemblesätzen dominiert. Zu der Ouvertüre tritt mit einem Marsch ein weiterer Instrumentalsatz, und im Gegensatz zu westeuropäischen Formen der komischen Oper gibt es nur einen Sologesang: das Lied des Kutschers Timofej *Rastlos ist das Herz in der Jugendzeit.* Das für Tenor gesetzte g-moll-Largo ist ein typisches Beispiel für das sogenannte gedehnte russische Volkslied und schon durch den Oktavsprung zu Beginn in jene transzendierende Schwermut gehüllt, wie sie Mussorgski später im JAHRMARKT VON SOROTSCHINZI seinem unglücklichen Liebhaber in den Mund legen wird: mit der gleichen tonalen Unbeständigkeit und dem gleichen melodischen Zierrat, wie sie aus dem byzantinischen ›Kontakion‹ über die A-cappella-Chöre der Ostkirche in die russische Folklore Eingang gefunden hatten. In den Chorsätzen, vor allem dem zweiten *(Hoch fliegt der Falke)*, verschmilzt Fomin die vierstimmige europäische Satztechnik mit der ›homophonen Chorpolyphonie‹ der russischen Tradition (im Orchestersatz führt dasselbe Stilprinzip zu jenen parallel geführten Mittelstimmen oder Oktavkoppelungen, die in Westeuropa als satztechnische Verstöße abgelehnt wurden). Dem Baß kommt dabei die Funktion der harmonischen Stütze in der Vertikalen zu, während die Oberstimmen sich weitgehend unabhängig voneinander in der Horizontalen entfalten und erst auf melodischen Schwerpunkten zusammenfinden. Der dadurch entstehende Eindruck einer unendlichen Melodie, eines epischen Fließens, wird durch den einleitenden solistischen Vorgesang (›Sapjew‹) von zwei Tenören verstärkt.

In solchen Nummern, Sololied oder Chorgesang, hat die russische Oper nach einer unglaublich kurzen Entwicklung aus dem Nichts heraus zu einer eigenen Intonation gefunden. Allerdings darf dieser Sachverhalt nicht aus der Perspektive von Glinkas späterer Nationaloper im Sinne einer geschichtlichen Einbahnstraße verengt gesehen werden: Fomin hat neben seinem zukunftsweisenden Singspiel und dem in völlig anderer Stilwelt angesiedelten ORFEJ, der rein musikalisch den KUTSCHERN AUF DER POSTSTATION ebenbürtig ist, mit der Komödie AMERIKANZY (Die Amerikaner; Petersburg 1800) ein Werk ganz nach der Art der italienischen Buffo-Oper geschrieben. Es basiert, im Libretto von Iwan Krylow, auf Voltaires Tragödie ALZIRE ODER DIE AMERIKANER (1736), deren etwas pathetische Verklärung des Christentums zu einem wahren Humanismus über alle rassischen und religiösen Schranken hinaus recht geschickt entkrampft wird. So steht zwei hohen Paaren mit ihren streng gebauten, in harten Dur-Moll-Kontrasten angelegten Arien ein sozial niedergestelltes Paar mit seinen volksliedhaften Gesängen gegenüber. Bemerkenswert, daß schon am Beginn der russischen Oper eine Utopie der Überwindung von Gegensätzen beschworen wird: es sind die zwischen der alten (zivilisierten) und der neuen (naturhaften) Welt, die in mancherlei Facettierung erscheinen. Das inner-russische Pendant dazu liefern die KUTSCHER AUF DER POSTSTATION, nach dem vorzüglichen Libretto von Nikolai Lwow, der auch als Mitherausgeber der ersten russischen Volksliedsammlung von Bedeutung ist und darin (1790) erstmals terminologische Wege zur Erfassung einer authentisch russischen Musik weist (Unterscheidung zwischen gedehnten und tänzerischen Liedern, erstmaliger Gebrauch des Wortes ›narodny‹ im Sinne von volkhaft). In Fomins Oper sorgen die Kutscher dafür, daß ein Betrüger entlarvt wird, der sich auf Kosten des verheirateten Timofej von der Rekrutierung freikaufen will. Das sind die Ansätze, aus denen sich nach der Niederlage Napoleons vor Moskau 1812 und dem Dekabristenaufstand von 1825 jenes politisch-gesellschaftliche Bewußtsein entwickeln wird, aus dem heraus Michail Glinkas Opern als bürgerlich-demokratischer Bestandteil einer Nationalkultur erwachsen sollten.

KAPELLMEISTER
ODER KAPELLDIENER?
DER OPERNKOMPONIST
JOSEPH HAYDN
(1732 – 1809)

Wenn ich gute Opern hören möchte«, so soll sich Kaiserin Maria Theresia im Sommer 1773 anläßlich eines Besuchs bei Prinz Nikolaus von Esterházy geäußert haben, »gehe ich nach Eszterháza.« Mag diese Äußerung auch mehr als nur ein wenig Courtoisie für den Gastgeber enthalten, so signalisiert sie doch, welche Beachtung Haydns Opernarbeit für die Provinz gerade in Wien, einem der Zentren der europäischen Oper, fand. Nach seinem Tod war sie aber ebenso schnell wie gründlich vergessen, und erst das im Zentenarjahr 1932 erwachende Interesse der Forschung am Werk Haydns hat langsam auch den Opernkomponisten in einem günstigeren Licht erscheinen lassen. Das Theater selbst hat dabei kaum originäre Impulse gezeigt. Nach Helmut Wirths 1940 erschienener erster Darstellung über den Dramatiker Haydn dauerte es bis Mitte der fünfziger Jahre, ehe durch das damals gegründete Kölner Haydn-Institut eine wissenschaftlich abgesicherte Gesamtausgabe zu erscheinen begann, in der auch die Opern als gleichberechtigt neben den Gattungen des Streichquartetts und der Klaviersonate, der Symphonie, der Messe und des Oratoriums behandelt werden. Da in diese Ausgaben die jüngsten Forschungsergebnisse eingearbeitet werden, haben Haydns Opern erstmals seit ihren zeitgenössischen Premieren die Chance auf eine authentische Aufführung. Zunächst wurde sie im Medium Schallplatte genutzt, als der aus Ungarn stammende Dirigent Antal Dorati ab 1977 in vier Jahren insgesamt acht Haydn-Opern mit hochrangiger Besetzung aufnahm und Hungaroton das Unterfangen durch notentreueste Einspielungen ergänzte. Ob diese kulturhistorischen Pioniertaten in einem Langzeiteffekt zur Aufnahme Haydns in den Olymp der Opern-Größen führen, kann indes mit

guten Gründen bezweifelt werden – allen nötigen Korrekturen am undifferen-
zierten Negativbild des Komponisten in diesem Genre zum Trotz.

Diese Skepsis läßt sich mit Aussprüchen Haydns selber belegen. Berühmt ist
seine eigene Deutung der dreißigjährigen Kapellmeistertätigkeit am Hof der
Esterházys in der Nähe von Eisenstadt: »Ich war von der Welt abgesondert, niemand in meiner Nähe konnte mich an mir selbst irre machen oder mich quälen,
und so mußte ich original werden.« Diese zeitweilige Weltabgeschiedenheit
mag Haydn, in der Beziehung dem nie über Königsberg hinausgekommenen
Transzendentalphilosophen Immanuel Kant vergleichbar, die Gelegenheit
verschafft haben, den sich ihm stellenden Kompositionsproblemen auf den
Grund zu gehen, ehe er sich an deren Lösung machte. Das ließe sich an Genres
der Instrumentalmusik belegen; für die Gattung Oper indes fehlte Haydn der
Weltbezug, denn er komponierte seine Opern nie für das damalige Welttthea-
ter. Vielmehr vertonte er lediglich mehr oder weniger schlechte Texte mehr
oder weniger gut. So erscheint es fast als ein Moment von Lebenstragik, daß
Haydns Aufbruch nach London im Alter nur zu einem nicht zu Ende gekommenen Versuch auf dem Gebiet der Oper führte: jener ANIMA DEL FILOSOFO mit
dem Unter- oder Nebentitel ORFEO ED EURIDICE, die 1791 nicht aufgeführt
werden durfte und erst 1951 unter Erich Kleiber beim Florenzer Mai-Festival
ihre Premiere hatte. Vielleicht war Haydn aber auch ohne das Eingreifen der
Obrigkeit, die in London die Aufführung seiner letzten Oper untersagte, gar
nicht mehr in der Lage, diese zu vollenden: zu sehr war ihm Mozarts Überlegenheit bewußt geworden. So bewegend Haydns briefliche Sympathie- und Ergebenheitsadressen für den jüngeren auch sein mögen, sie entbehren nicht des tragischen Untertons. Er schrieb im Februar 1790 der Frau des Esterházyschen
Leibarztes Dr. von Genzinger von einer großen häuslichen Unordnung als Ent-
schuldigung für sein langes Schweigen: »Ich fand zu Hause alles verwirrt, 3 Tage
wußte ich nicht, ob ich Kapellmeister oder Kapelldiener war, nichts konnte mich
trösten, mein ganzes Quartier war in Unordnung, mein Fortepiano, das ich sonst
liebte, war unbeständig, ungehorsam, es reizte mich mehr zum Ärgern als zur
Beruhigung, ich konnte wenig schlafen, sogar die Träume verfolgten mich, denn
da ich am besten die Oper LE NOZZE DI FIGARO zu hören träumte, weckte mich
der fatale Nordwind auf und blies mir fast die Schlafhauben vom Kopf.«

DIE REBELLIERENDE MUSIK

Man muß keine psychoanalytische Traumdeutung bemühen, um Haydns
FIGARO-Glück und die Nordwind-Kälte als eine Wunschverkehrung des
Komponisten dingfest zu machen. Daß Haydn darauf bestand, in seiner letzten

Oper den Mythos vom Sänger Orpheus bis zum ursprünglich tragischen Ende zu erzählen, daß er also aus der Operntradition zwischen Ottavio Rinuccinis im Jahre 1600 von Jacopo Peri (und Giulio Caccini) vertonter EURIDICE und Calzabigi-Glucks Reform-ORFEO von 1762 ausscheren wollte, mag unter diesem Horizont gar wie eine subtile Rache an dem ihm schon göttlich vorkommenden Sänger Mozart erscheinen. Dieser Zusammenhang ist selbstverständlich nicht in den Kategorien einer moralischen Schuldzuweisung zu begreifen, sondern in einem Aufstand der Musik gegen die Glücksversprechungen des Rationalismus. Leider ist er in der Wirkungsgeschichte Haydns, vor allem aufgrund der nach L'ANIMA DEL FILOSOFO geschriebenen Oratorien DIE SCHÖPFUNG und DIE JAHRESZEITEN, zugunsten einer bilderbogenhaften Weltharmonie aus dem allgemeinen Bewußtsein entschwunden. Genau in diese Blindstelle stieß im Haydn-Jahr 1982 der Schriftsteller Helmut Heißenbüttel mit der Feststellung, in Haydns Opern ab LA FEDELTÀ PREMIATA dränge »musikalischer Gefühlsausdruck nicht auf Lösung, auf ›Happy-End‹, sondern auf Zerstörung. In Haydns musikalischer Sprache des 18. Jahrhunderts wird etwas hörbar, das später erst bei Berlioz und Wagner erklingt, nämlich das Vernichtende der autonom und frei gesetzten Emotionalität: Julia, Cléopâtre und Kundry. Anders ausgedrückt, die Musik Haydns nimmt am Ende, ohne sich selbst untreu zu werden, libidinöse Züge an.« In der Orpheus-Oper, so wäre der Gedanke weiterzuführen, verbinden sich solche Züge mit einem Todestrieb. Aus dieser Verbindung gewinnt L'ANIMA DEL FILOSOFO (Die Seele des Philosophen) eine ansonsten im Opernschaffen Haydns kaum je anzutreffende musikszenische Bündigkeit.

Die erste dramaturgische Hauptentscheidung weist auf das griechische Drama zurück und auf das epische voraus: die Aufteilung der Funktion des Chores in einen kommentierenden und einen handelnden Part. Wenn er dann, wie in der Auftrittsszene der Eurydike zu Beginn des ersten Akts, nach dem Vorbild der ›Tragédie lyrique‹ mit einer Solostimme verwoben wird, ist – hier handelt es sich um das c-moll-Vivace *Deh, per pietà, lasciatemi* (Erbarmen, laßt ab von mir) – ein hoher Grad der Innenspannung erreicht.

Ein ebenfalls aus dem Geist der Musik geschaffenes Spannungsmittel ist Haydns Unterbrechungstechnik. Immer wieder unterlegt er Momenten einer Glücksempfindung die Vorahnung des schlimmen Endes: Nach dem endgültigen Verlust der Eurydike schwört Orpheus dem Liebesangebot der Bacchantinnen ab, die ihn daraufhin mit vergiftetem Wein töten und zur Strafe vom Meer verschlungen werden. So fällt ein den Musikablauf unterbrechender Schatten schon in Orfeos harfenbegleitetes Solo und sein Duett mit Euridice am Ende des ersten Aktes, und sogar die ruhige E-Dur-Arie des Creonte im glei-

chen Akt hat einen solchen Augenblick der Irritation, wenn sich ein Kontrabaß-
schatten auf die Arabesken von Flöte und Streichern legt. Um so überraschender ist die Tatsache, daß der Komponist auf der Hand liegende szenische Wirkungen geradezu vergibt. So wird die vom Librettisten Carlo Francesco Badini,
allen anderen Ungeschicklichkeiten zum Trotz, durchaus vorgegebene Beschwörung der Unterwelt durch den göttlichen Sänger in einem Secco-Rezitativ vertan. An dieser zentralen Stelle erfahren wir also nichts von der steinerwei-
chenden Gesangskunst des Orpheus, die schon im ersten Akt zur Besänftigung
wilder Tiere aufgeboten worden war (eine sehr viel bravourösere Arie wird zu
alledem einer Nebenfigur gegeben).

Ganz auf seiner kompositorischen Höhe ist Haydn aber im finalen Meeressturm und seinem Abflauen sowie in Euridices Sterbearie und Orfeos großer
Klage. Wenn er ein Tableau mit Musik schildert oder starke Affekte nachzeich-
net, schafft er Bleibendes. Allerdings tut er das, eingebunden in die Dramaturgie
der ›Opera seria‹, nicht mehr mit den musikalischen Mitteln des Barock, sondern mit einer von innen kommenden Motorik. Nicht die szenische Situation
reizt ihn, sondern die Gespanntheit der jeweiligen Seelenlage – genau wie es der
Oper Metastasios entspricht –, aber diese Musikdramaturgie verinnerlicht er.
Daß er dieses Prinzip an einem Stoff erprobte, der sich nun gerade nicht für die
Prinzipien der ›Opera seria‹ anbietet, sondern für ein reformerisches Komponieren, in dem Außen- und Innenwelt zusammenfallen, ist eine größere Parado-
xie als der unbefriedigende Schluß der Oper. Vielleicht hatte Haydn vor, einen
fünften Akt zu schreiben, in dem Orpheus – analog zu Monteverdis Lösung – in
die Gefilde der Philosophie entrückt werden sollte. Das würde zumindest den
Titel des mit einzelnen Nummern erstmals 1807 erschienenen Musikdramas
erklären: L'ANIMA DEL FILOSOFO OSSIA ORFEO ED EURIDICE (Die Seele des
Philosophen oder Orpheus und Eurydike). Vollständig erschien das überlieferte Werk erst 1974.

VIELFALT DER OPERNARBEIT

Wissen wir heute nicht zu sagen, ob Haydns Oper in vier oder fünf Akte unterteilt war und komplett oder unvollständig auf uns gekommen ist, so ist die Musik
zu seiner ersten Opernarbeit, die vier Jahrzehnte zuvor in Angriff genommen
worden war, verschollen. Es handelt sich um das für Wien geschriebene und
dort wahrscheinlich 1753 uraufgeführte deutsche Singspiel DER KRUMME
TEUFEL auf einen Text Joseph Kurz-Bernardons (ebensowenig überliefert
wurde der Text, der möglicherweise mit Kurz-Bernardons 1758 erschienener
Zauberposse DER NEUE KRUMME TEUFEL identisch ist). Haydns spätere Bei-

träge zur Gattung des deutschen Singspiels wurden in den siebziger Jahren für das Marionettentheater komponiert, das Fürst Nikolaus Esterházy 1773 bauen ließ und neben der eigentlichen Oper betrieb; zu beiden Häusern gab es freien Eintritt: eine Art fürstlichen Volkstheaters. Diese Singspiele sind, bis auf eine Arie aus DIDO und weite Teile von PHILEMON UND BAUCIS, verlorengegangen. Zu den kapellmeisterlichen Pflichten Haydns gehörte es nicht nur, selbst zu komponieren, sondern auch die Opern anderer Komponisten für den Esterházy-Hof einzurichten und einzustudieren. Dieses Geschäft betrieb er von 1761 bis 1790. Zunächst fanden die Aufführungen im Schloß zu Eisenstadt statt, ab 1775 im Opernhaus zu Eszterháza und gelegentlich an anderen Orten (zum Beispiel Preßburg). Anlaß für solche Aufführungen waren fürstliche Familienfeste oder der Besuch hochgestellter Persönlichkeiten, die sich vom hohen Qualitätsstandard der italienischen Operntruppe überzeugen konnten. Aus den auf uns gekommenen Abrechnungsbüchern wissen wir, wieviel Zeit Haydn für diesen Teil seiner Pflichten aufwenden mußte; so dirigierte er allein im Jahre 1776 hundertfünfundzwanzig Vorstellungen.

Von seinen Einlagearien sind mindestens einundzwanzig als authentisch gesichert, etwa der gleiche Teil stammt wahrscheinlich von Haydn und ein nochmals ebenso großer Anteil weist deutliche Spuren Haydns auf. Einige der authentischen Einlagearien hat der Komponist für seine Geliebte, die italienische Sopranistin Luigia Polzelli, geschrieben – sie sind etwas eintönig im Stil von Mozarts späterer Despina gehalten. Unter diesen in Eszterháza als Einlage für andere Opern entstandenen Szenen (zwischen 1780 und 1790 war Haydn nachweislich mit sechsundneunzig verschiedenen Opern beschäftigt) befinden sich einige seiner gelungensten Kompositionen für das Musiktheater überhaupt: die Tenorarie des Orest *Qual destra omicida* (Welch mörderische Hand) für Traettas IFIGENIA und die dramatische Sopranarie der Beatrice *Infelice sventurata* (Ich Unglückliche, Unselige) für Cimarosas I DUE SUPPOSTI CONTI (Die beiden vermeintlichen Grafen). Ihnen mindestens ebenbürtig sind zwei Szenen, die Haydn 1790 und 1796 in London konzertant aufführen ließ: die Soprankantate *Miseri noi, misera patria* (Weh uns, weh dir, Vaterland) und die dramatische Sopranszene *Berenice, che fai* (Berenice, was tust du) auf einen Text Metastasios. Diese Arien widerlegen auf eindrucksvolle Weise das Urteil, Haydn habe kein musikdramatisches Talent gehabt.

Im Zentrum von Haydns Opernarbeit für Eszterháza stehen, sieht man von verschollenen Werken ab, insgesamt dreizehn zwischen 1762 und 1783 komponierte italienische Opern (die ›Seria‹ ACIDE, 1763 uraufgeführt, kam ein Jahrzehnt später in einer Neufassung heraus; von der Musik sind nur Bruchstücke überliefert). Diese lassen sich nach den überlieferten Gattungen der ›Opera

Buffa‹ und ›Opera seria‹ unterteilen, wobei gegenüber den rein komischen Opern (drei) und den rein ernsten (vier, wenn man beide Fassungen des ACIDE mitzählt; die ANIMA DEL FILOSOFO entstand ja nicht mehr in Esterháza) das Zwischengenre der ›Semiseria‹, auch ›Dramma eroico-comico‹ genannt, mit sechs Werken am stärksten vertreten ist. Im folgenden seien diese Opern stichwortartig behandelt.

DIE KOMISCHEN OPERN

LA CANTERINA (Die Sängerin. Intermezzo in zwei Akten; *L* eines unbekannten Autors, frei nach Benedetto Marcellos Satire IL TEATRO ALLA MODA; 1766; *WA* Bielefeld 1939; in einer einaktigen Version 1966 Schloßtheater Drottningholm; Kammeroper Wien 1974; Basel 1982).

Haydns erste Buffo-Oper, mit Seccorezitativen, führt vor, wie die junge Sängerin Gasparina, unterstützt von ihrer Theatermutter Apollonia, die Männer um den Finger wickelt: ihren ältlichen Gesangslehrer Don Pelagio und den jungen Kaufmann Don Ettore. Höhepunkt dieser Künste ist, nachdem Don Pelagio sie aus dem Hause geworfen hat, ein fingierter Ohnmachtsanfall, aus dem sie nur durch Geld und Diamanten ihrer Verehrer sich wieder erwecken läßt. Zuvor hatte sie mit einer schönen c-moll-Arie *Non v'è chi mi aiuta* (Will keiner mir helfen) den Alten zur Vergebung ihrer Flatterhaftigkeit bewegen wollen. Der Affektgehalt der Arie ist zweideutig, wahrscheinlich in parodistischer Absicht: Die Erinnerung an den Typus der neapolitanischen Rachearie ist so stark wie die Vorahnung von Haydns Sturm-und-Drang-Stil (dafür spricht zum Beispiel der Einsatz von zweifachem Englischhorn). Vom Durchschnitt der italienischen Buffo-Oper der Zeit unterscheidet sich LA CANTERINA insgesamt durch den entwickelteren Orchestersatz. Der Tradition verpflichtet ist Apollonias plappernde Eingangsarie ebenso wie der Ansatz zum Kettenfinale; das des zweiten Akts, ebenso ein Quartett wie das des ersten, hat eine dreiteilige Formanlage.

LO SPEZIALE (Der Apotheker. ›Dramma giocoso‹ in drei Akten: *L* von einem unbekannten Autor nach Carlo Goldoni; 1768; *WA* Dresden 1895 in der stark bearbeiteten deutschen Fassung von Robert Hirschfeld; Basel 1982 in der Originalfassung).

Für Haydns erste dreiaktige ›Buffa‹ hat der Librettist die seriösen Partien aus Goldonis Vorlage gestrichen. Übrig blieben vier Rollen, wie in LA CANTERINA paritätisch (und damit wenig bühnentauglich) auf Sopran und Tenor aufgeteilt. Trotz einer konzertanten Privataufführung in Wien 1770 beim Freiherrn von Sumerau haben sich keine Abschriften verbreitet. Da die Oper im dritten Akt nicht vollständig überliefert ist, legte Robert Hirschfeld 1895 eine freie Bearbeitung vor. In dieser Form wurde DER APOTHEKER zu Haydns erster Oper mit einer relativ großen Verbreitung im 20. Jahrhundert (aber teilweise in wahren Verballhornungen). Seit 1959 liegt die Partitur autographgetreu vor, 1970 edierte der amerikanische Haydn-Forscher H. C. Robbins Landon einen Klavierauszug, in dem die fehlende Musik im Geiste Haydns hinzukomponiert ist. Nach Carl Ferdinand Pohls 1882 erschienenem zweiten Band seiner umfangreichen Haydn-Biographie ist LO SPEZIALE Haydns vollkommenste Oper: sicher ein Fehlurteil, wenngleich ihm die Wiederentdeckung des Komponisten für die Bühne zu verdanken ist.

War in LA CANTERINA die Handlung offen geblieben, den Zuhörer sozusagen in die Frage entlassend, wie oft Gasparina ihr Spiel würde wiederholen können, so findet nun Grilletta, das Mündel des reisefreudigen Apothekers Sempronio, nach allerlei Verwicklung – in einer komischen Türkenszene kulminierend – zur Ehe mit dem Apothekergehilfen Mengone, während der geckenhafte Volpino (eine Hosenrolle) leer ausgeht. Die ganze Handlung ist auf den Höhepunkt des Duetts der beiden Liebenden im dritten Akt hin angelegt – um so bedauerlicher, daß es nicht überliefert ist. Bemerkenswert sind die g-moll-Arie des von Grilletta abgewiesenen Volpino, ihre von einem Moderato in ein Presto hüpfende Spottarie *Caro Volpino amabile* (in einer späteren Fassung hat Haydn sie in einen einheitlichen Lyrismus umgeformt) und Volpinos türkische ›Salamelica‹ im dritten Akt mit ihrer bizarren Kadenzierung in der Harmoniefolge I-V-IV-I, den Terzwiederholungen und dem Ineins von gestrichenen und gezupften Saiten. Der schematisch harte Wechsel von Laut/Leise und die periodische Verkürzung zum Schnaderhüpfl-Schluß klingen in Mozarts ENTFÜHRUNG deutlich an. Auch die Aktschlüsse sind buffonesk angelegt mit einem Terzett im ersten und Quartetten im zweiten und dritten Akt, mit Vorformen des Kettenfinales im ersten und zweiten Akt.

L'INFEDELTÀ DELUSA (Untreue lohnt nicht. ›Burletta in musica‹ in zwei Akten; *L* von Marco Coltellini; 1773; *WA* Wien 1930 in einer deutschen Bearbeitung; Originalfassung Budapest 1959; Herrenhausen

1962 (deutscher Text von Hans Friedrich Kühnelt; Bern 1963; Graz 1965).

In seiner dritten komischen Oper erweitert Haydn das bisher von ihm gepflegte Vokalquartett hoher Frauen- und Männerstimmen um einen Baß – und dieser junge Bauer Nanni erhält mit seiner f-moll-Arie *Non v'è rimedio* (Es gibt kein Mittel) ein Stück fulminanter Ausdrucksmusik, das Haydn aber im kontrastierenden Sechs-Achtel-Dur am Schluß wieder auf die Bahn der ›Buffa‹ bringt. In deren Zentrum steht Nannis Schwester Vespina, die als Intrigantin, teilweise sogar in Verkleidung (als alte Frau, deutscher Diener, Marquis de Pipafratta und als Notar), die Fäden entwirrt. Sie sorgt dafür, daß ihr Bruder Sandrina, die Tochter des reichen Bauern Filippo, bekommt. Der hatte sie dem reichen Nencio zugedacht, den sich Vespina aber nach einigem Widerstand zurückzugewinnen versteht. Verstärkt wird der schlüssige Eindruck der Handlung durch die Qualität des Textes, in dem die Unterschiede zwischen Reich und Arm, zwischen Stadt und Land auf eine nicht zu vordergründige Weise abgehandelt sind. Daß dieses Werk – von H. C. Robbins Landon als beste Haydn-Oper eingestuft – nach der Taschenbuchedition der Partitur 1961 durch den amerikanischen Forscher eine erstaunliche Bühnentauglichkeit bewiesen hat, ist natürlich vorrangig der Musik zuzuschreiben. Der erwähnten Arie des Nanni entspricht sein D-Dur-Duett mit der Schwester *Son disperato* (Ich bin verzweifelt), in dem die Wut der Geschwister sich erst im abschließenden Sechs-Achtel auflöst. Diese beiden emotional gemischten Szenen stehen nicht allein in dem buffonesken Umfeld, das weitgehend von den Verkleidungen der Vespina geprägt ist. So hat das Eröffnungsquartett *Bella sera* (Welch schöner Abend) eine fast schon seraphische F-Dur-Qualität, die allmählich in ein Buffo-Geplapper übergeht. Im gleichen ersten Akt singt Nencio unter Sandrinas Fenster eine zugleich heitere und ängstliche Serena *Chi s'impaccia* (Wer sich mit einer Frau aus der Stadt einläßt), und seine gegen den alten Bauern gerichtete Rachearie im zweiten Akt *Oh che gusto* (Oh, welche Freude) hat eine höhnische Komponente. Mag auch die koloraturendurchsetzte Arie der Sandrina *È la pompa un gran imbroglio* (Pomp ist eine schwere Last) dem im Text verkündeten Bekenntnis zum einfachen Leben widersprechen, so zeigt sich doch gerade darin ein Stückchen musikalischer Komplexität. Davon künden auch die beiden Aktfinali, von denen das zweite (G-Dur) mit seiner Stufenemotionalität vom Komischen über das Dramatische zum Feierlichen besonders wirkungsvoll ist.

L'INFEDELTÀ DELUSA

Im zweiten Finale gibt es ein effektvolles Paukensolo, und auch die erstmals von Haydn (wie in seinen C-Dur-Symphonien jener Zeit) eingesetzten C-Hörner unterstreichen mit ihrer Brillanz die Bedeutung des Orchesterparts. An momentanem Spannungsgehalt, der mit rein musikalischen, d. h. orchestralen Mitteln erreicht wird, geht Haydn zumindest für Augenblicke über die italienische Orchestertradition der ›Opera buffa‹ hinaus. Das E-Dur-Ständchen des Nencio wurde schon erwähnt, und die nach einer Halbkadenz und einer Generalpause am Schluß auf das Wort ›Guai‹ (Schmerz) ertönende Dissonanz dürfte die Hörer des Jahres 1773 tatsächlich schockiert haben. Auf der anderen Seite von Haydns musikalischer Innenspannung steht seine Fähigkeit des tektonischen Aufbaus. Die ebenfalls schon erwähnte Eingangsszene der Oper ist ein mit etwa 400 Takten ungewöhnlich umfangreiches Ensemble in zwei Hauptteilen. Der erste ist ein Alla-breve-Moderato, angelegt als eine Art Rondo für die vier Solisten, der zweite ein Drei-Achtel-Allegro, in dem die Figuren allmählich aus der einheitlichen Abendstimmung heraustreten und sich als Teilnehmer am dramatischen Ablauf profilieren. Diese Intensität des musikalischen Formaufbaus kulminiert in Haydns INFEDELTÀ DELUSA und macht deren innere Stärke aus; ab 1775, erstmals in L'INCONTRO IMPROVVISO, kehrt der Komponist sie in die Extensität der musikalischen Mittel um.

KOMISCH-ERNSTE MISCHFORMEN

LE PESCATRICI (Die Fischerinnen. ›Dramma giocoso‹ in drei Akten; *L* von einem unbekannten Autor nach Carlo Goldoni; 1770; *WA* Edinburgh 1965; München 1967).

Etwa ein Viertel des Werks ist nicht überliefert, so daß H. C. Robbins Landon 1965 für den Klavierauszug die fehlende Musik komponierte und als Ouvertüre den Kopfsatz der Symphonie Nr. 57 einsetzte. Wahrscheinlich war sie aber mit dem 1971 wiedergefundenen Allegro der Symphonie Nr. 106 identisch, das im Anhang der 1972 edierten kritischen Ausgabe abgedruckt ist. Das Textbuch teilt die Figuren in seriöse und komische ein. Zur ersten Gruppe gehören der Fürst Lindoro (Baß) und die edle Eurilda (Alt), die als Fischermädchen aufgewachsene Erbin eines Fürstenthrons. Von den als buffonesk ausgegebenen Fischern unterscheiden sie sich dadurch, daß sie weder komische Arien haben noch an den komischen Ensembles beteiligt sind. Leider sind beide Figuren durch die verlorengegangenen Passagen nur bruchstückhaft gezeichnet. Die Mischung der Emotionen gelingt Haydn bei den lustigen Figuren nicht überzeugend. So streift die erste Arie des Fischers Burlotto den Bravourstil der ›Seria‹, während in anderen Arien der Wechsel der Stillage, verstärkt durch Wiederholungen, schematisch abläuft. Bemerkenswert hingegen einige Chöre, von denen vor allem das Finale III profitiert.

L'INCONTRO IMPROVVISO (Unverhofftes Begegnen. ›Dramma giocoso‹ in drei Akten; *L* von Karl Friberth nach Florent-Carton Dancourt; 1775; *WA* Bad Lauchstädt 1936 in der deutschen Bearbeitung von Helmut Schultz; Originalfassung: Wiener Kammeroper 1964).

Die Oper, erst 1962/63 nach dem Wiederauftauchen des Autographs in Leningrad gedruckt, steht zeitlich und gattungstypisch zwischen Glucks Vertonung des gleichen Stoffs in LA RENCONTRE IMPRÉVUE von 1764 (→ S. 361 f.) und Mozarts ENTFÜHRUNG AUS DEM SERAIL von 1782 (→ S. 439 ff.). Der Ritter von Gluck hatte eine französische ›Opéra comique‹ geschrieben, Mozart wird das deutsche Singspiel auf den Gipfel bringen – Haydn dagegen vertraut der italienischen Buffo-Oper mit ihren Rezitativen (›Accompagnati‹ gibt es an vier sehr wirkungssicheren Stellen). Karl Friberth, Tenor und Regisseur am Hoftheater der Esterházys (möglicherweise war er für weitere Libretti Haydnscher Opern verantwortlich), hat Glucks Textfassung bei seiner Übersetzung nicht ungeschickt eingestrichen. So hat die im Harem des Sultans gefangene Rezia nur noch zwei statt drei Vertrauter, und alle drei vereinen sich zu dem beeindruckenden Terzett *Mi sembra un sogno* (Mir scheint zu träumen). Der Maler Vertigo ist ganz gestrichen, wird nur am Rande erwähnt, die Charakterzeichnung der Personen ist gemischter als bei Gluck und Mozart. Rein komisch sind nur Prinz Alis gefräßiger Diener Osmin und der betrügerische Bettelmönch Calender. Ali, auf der Suche nach seiner Geliebten und von dieser aus dem Harem des sie gefangen haltenden Sultans heraus auf eine Treueprobe gestellt, wird nicht nur mit klagenden und heldischen Tönen geschildert, sondern hat auch eine groteske Arie zu singen: *Ecco un splendido banchetto* (Das ist ein prächtiges Bankett). Rezia ihrerseits nimmt an der Fülle lustiger Canzonen ebenso teil wie alle anderen, reckt sich aber mit ihrer C-Dur-Arie *Or vicina a te, mio core* (Ich bin dir nahe, mein Herz) fast zu Konstanzes Marternarie in Mozarts ENTFÜHRUNG hoch. Höhepunkt der Oper ist das direkt an das Liebesduett der Wiedervereinten *Son quest'occhi un stral d'amore* (Diese Augen sind ein Pfeil

Amors) sich anschließende Finale II. Heiter beginnend und turbulent endend, deutet es mit seiner Länge von 335 Takten die ausgedehnten Kettenfinali der letzten Semiseria-Opern Haydns an. Wie sehr Haydn musikalisch und nicht szenisch dachte, zeigt in diesem Finale der Auftritt Osmins. In die allgemeine Bestürzung darüber, daß der Sultan die in den Harem Eingedrungenen überraschen wird, bricht der Diener mit der Aufforderung zum Essen hinein. Hatte Gluck diesen Auftritt durch ein Rezitativ nach Unterbrechung des Opernensembles wirkungsvoll gestaltet, so ändert sich bei Haydn die Musik nur wenig: Geradezu beiläufig geht sie weiter.

IL MONDO DELLA LUNA (Die Welt auf dem Monde. ›Dramma giocoso‹ in drei Akten; *L* von einem unbekannten Autor nach Carlo Goldoni; 1777; *WA* in der Bearbeitung von Mark Lothar: Schwerin 1932 und Basel 1933; Fassung von H. C. Robbins Landon: Den Haag und Salzburg 1959).

Die Tatsache, daß die kritische Ausgabe der Oper vom Kölner Joseph-Haydn-Institut 1979/82 in drei Teilbänden erfolgte, vermittelt schon etwas von der verwickelten Editionslage. Obwohl das Werk außerhalb Eszterházas nicht aufgeführt worden sein dürfte und selbst dort nicht oft gegeben wurde, stehen die überlieferten Fragmente des Autographs und die aus dem 18. Jahrhundert stammenden Abschriften in einer Unschärferelation zueinander. So sind zum Beispiel drei Rollen in verschiedenen Stimmlagen überliefert. Dieses Durcheinander läßt sich weniger mit der Diskussion um Voraufführungen zur Premiere vom 3. August 1777 klären als mit dem Hinweis darauf, daß Haydn mit der Vertauschung der ursprünglich geplanten Stimmlagen für den Ecclitico (Alt) und den Ernesto (Tenor) ebenso wie durch zahlreiche andere Varianten eine Arbeitsintensität bewies, die dem Urteil, er habe seine Opern als Nebenprodukte betrachtet, den Boden entzieht.

Die Oper führt in recht unterhaltsamer Weise vor, wie dem ebenso reichen wie einfältigen Kaufmann Bonafede seine Töchter Clarice für Ecclitico, Flaminia für den Kavalier Ernesto abgeluchst werden. Der falsche Astrologe Ecclitico gaukelt Bonafede eine Reise auf den Mond vor, wo dieser die Verbindung seiner Töchter mit den Liebhabern als Pantomime erlebt – aber auch dieser Einblick in die Zukunft der Realität stimmt ihn nicht um. Erst als ihm angedroht wird, seine ›Reise auf den Mond‹ in Venedig publik zu machen, willigt er aus Angst vor der Blamage in die Verbindung ein. Wichtige Rollen bei diesem Verwirrspiel sind der Bediensteten Bonafedes (Lisetta) und dem Diener Ernestos (Cecco) anvertraut. Der Umschlag der Handlung findet im Finale II statt, wenn Bonafede mit den Worten, die Komödie sei zu Ende, das ziemlich sadistische Betrugsspiel aufdeckt. Aber Haydn komponiert, wie schon im Finale II seines INCONTRO IMPROVVISO, über diesen entscheidenden dramaturgischen Einschnitt hinweg und greift ihn musikalisch erst bei dem folgenden Zornesausbruch Bonafedes auf. Dramaturgisch auf schwachen Füßen steht auch der gesamte dritte Akt, der bei Goldonis Stück 1750 (es wurde von Baldassare Galuppi in jenem Jahr vertont) noch nicht vorhanden war. Aus dieser Schwäche macht Haydn eine Stärke, wenn er zu Beginn des Akts dem Paar Clarice–Ecclitico in dem Largo-Duett *Un certo ruscelletto* (Ein sanftes Bächlein) die Gelegenheit zu einer lyrischen Selbstfindung gibt. Dieser Umschlag der Farce in die Gefühlswahrheit, die ihrerseits mit ihrer Nachtstimmung den Zug in die Selbstentgrenzung aufweist, zeigt den wahren Meister Haydn. An solchem Ernst haben auch andere Figuren manchmal teil, so Ernesto in seiner Arie *Qualche volta non fa male* (Diese Wendung schmerzt mich nicht) aus dem zweiten Akt, die Haydn später für das Benedictus seiner Mariazeller Messe verwendete. Andererseits hat Haydn seinen Figuren viele komische Züge mitgegeben, wobei Ecclitico in *Voi lo sapete* (Ihr wißt es wohl) ebenso ins Buffoneske gerät wie der Diener Cecco, der den Mondkaiser zu spielen hat und seinerseits eine zwei- bis vierstimmige Hymne geboten bekommt. Bemerkenswert auch die instrumentalen Intermezzi und die Schlummermusik, wenn Bonafeda nach Einahme eines Schlaftrunks eine imaginäre Reise auf den Mond antritt.

LA VERA COSTANZA (Wahre Beständigkeit. ›Dramma giocoso‹ in drei Akten; *L* von Francesco Puttini; 1779; Zweitfassung 1785; deutsche Version von Franz Xaver Girzik: Preßburg 1786 und öfter; freie Bearbeitung von Gerhard Schwalbe und Walter Zimmer: Schwerin 1960 als LIST UND LIEBE; Zürich 1978; Originalfassung: Schönbrunn 1982).

Haydns erste Oper, die im 18. Jahrhundert einen gewissen Erfolg hatte, dreht sich um die unstandesgemäße und gefährdete Ehe zwischen dem Grafen Errico und der Fischerin Rosina. Kontrapunktiert wird diese eher tragikomische Verbindung immer wieder durch zwei andere Paare. Das Libretto, wie in den beiden vorangehenden Semiseria-Opern für sieben Personen konzipiert, war kurz vor Haydn schon von Pasquale Anfossi vertont worden (Bologna 1776, Wien 1777), und er-

staunlicherweise ist eine seiner Grafenarien in Haydns Partitur ge-
rutscht: *Ah, non m'inganno, è Orfeo* (Ich täusche mich nicht, es ist Orpheus). Als 1779 ein Feuer die Noten vernichtete, machte sich Haydn
1785 an eine Zweitfassung, die nachweislich einundzwanzigmal am
Opernhaus der Esterházys sowie an verschiedenen anderen Theatern
aufgeführt wurde. In Paris kam 1791 eine französische Bearbeitung unter dem Titel LAURETTE heraus, möglicherweise hat es 1802 sogar in
Moskau eine russische Aufführung gegeben. Seit 1976 liegt die Partitur
in der historisch-kritischen Ausgabe vor, und allen dramaturgischen
Schwächen zum Trotz erweist sie Haydn als einen differenzierten Büh-
nenkomponisten. So nimmt er beispielsweise Abschied von den viertei-
ligen Buffo-Arien, die er bisher bevorzugt hatte, und erprobt eine zweiteilige (für die spätere italienische Oper beherrschende) Form, in der
ein schneller, aber nicht buffonesker Teil auf einen langsamen folgt.
Rosina stellt sich mit diesem Arientypus vor: *Con un tenero sospiro* (Mit
einem sanften Seufzer), und der Bauerntölpel Villotto liefert dazu
gleich die Parodie: *Già la morte in mante nero* (Schon naht der dunkle
Tod). Mit dem Fischer Masino verbindet er sich in dem grotesken Duett
Massima filosofica (Höchste Philosophin), Masino verkehrt mit der
Kammerzofe Lisetta wiederum im üblichen Buffoton.

Gegenüber dem Intrigantenpaar, das aus der Baronin Irene und
dem Marchese Ernesto besteht und mit einer konventionellen Gleichnisarie sowie einer Kavatine gekennzeichnet wird, erscheint das Hauptpaar psychologisch erheblich aufgewertet. Die in den Adelsstand erho-
bene Fischerin Rosina hat nicht nur ihre schon erwähnte zweiteilige
Ausdrucksarie, sondern noch zwei eindrucksvoll durchkomponierte
Szenen. Die eine, *Dove fuggo* (Wohin soll ich fliehen), ist eine bewegte f-
moll-Klage, die andere verbindet ein begleitetes Rezitativ mit einer einteiligen Arie, die wiederum in ein ›Accompagnato‹ mündet. Das
schwankende Charakterbild des Grafen, der schließlich zu seiner Rosina zurückfindet, wird durch mehrteilige und wiederholungslose Arien
musikalisiert, in denen sich die Parodie heroischer Töne mit einer gewissen Exaltation verbindet. Höchst eindrucksvoll ist er in der Szene vor
dem Finale I gezeichnet, deren wütendes Rezitativ mit schneidenden
Hornklängen in eine drängende Arie führt. Nach einer Pause beginnt
ein langsamer Teil, aber Haydn unterbricht ihn und bringt die Arie
höchst unkonventionell mit einem Sprung nach c-moll zu Ende. Als
Pendant zu dieser fast schon symphonisch durchkomponierten Szene
dient das kleine Ensemble *Va, pettegola insolente* (Geh, freche Schwätze-

rin) im zweiten Akt. Hier übernimmt Haydn das Vaudeville-Schema, trennt die Strophen aber durch wütende Rezitativeinschübe gegen Rosina. Die Finali I und II sind mit jeweils über 600 Takten ausgesprochene Kettenfinali, das des dritten Akts ist ein etwas blasser Schlußchor.

LA FEDELTÀ PREMIATA (Die belohnte Treue. ›Dramma pastorale giocoso‹ in drei Akten; *L* von Giambattista Lorenzi; 1781; deutsch: Wien 1784; *WA* Holland Festival 1970, Karlsruhe 1972 in der Fassung von H. C. Robbins Landon; Zürich 1975).

In seinem Textbuch, das Domenico Cimarosa 1779 für das neue neapolitanische Teatro del Fondo schon komponiert hatte (L'INFE-DELTÀ FEDELE), legt Lorenzi Wert auf die Feststellung, nicht eine der üblichen volkstümlichen Farcen geschrieben zu haben. Vielmehr habe er mit tragischen Tönen etwas Salz in die Handlung gestreut, um so ein Mittelding zwischen den ernsten Opern im Teatro San Carlo und den rein burlesken Opern zu schaffen, wie sie im Teatro dei Fiorentini und im Teatro Nuovo üblich waren. Dieser operngeschichtlich falsche Anspruch, eine Neuerung eingeführt zu haben, ist mit folgender Funktionsaufteilung der Figuren verbunden. Eine dramaturgische Klammer setzt die Göttin Diana; ihrem Spruch zufolge sollen zwei Liebende einem Ungeheuer geopfert werden; die Ähnlichkeit mit Mozarts IDOME-NEO liegt auf der Hand, wird aber psychologisch nicht ausgeführt. Am Ende löst Diana als Dea ex machina alles in Wohlgefallen auf. In diesem Rahmen wird eine verzwickte und wenig einleuchtende Schäferhandlung durch diverse komische Momente angereichert. Dem seriösen Paar Celia-Fileno (sie soll geopfert werden, er will es an ihrer Stelle) stehen die Arien der Amaranta und Nerina stilistisch zur Seite; die Vertreter des komischen Fachs sind der ängstliche Schürzenjäger Conte Perrucchetto, der unwürdige Diana-Priester Melibeo, der umkommt, und sein tölpelhafter Gehilfe Lindoro.

Glanzstück der Oper ist das Kettenfinale des ersten Akts, mit 822 Takten von einer ungeheuren Ausdehnung (das Finale II hat immerhin 506 Takte). Wie sehr sich auch der Gedanke aufdrängt, in diesem Finale eine Vorform von Mozarts zweitem Finale in FIGAROS HOCHZEIT zu sehen: eher liegt ein Rückgriff Haydns auf die Formanlage bei Cimarosas Vertonung desselben Buchs nahe. Zwar bringt er es nur auf 647 Takte, aber Haydn setzt in seinem ohne motivische Querverbindung auskommenden Stück dieselben Zäsuren wie der Neapolitaner. Die Ähnlichkeit geht weiter bis in Details wie dem jeweils von der Flöte gekennzeichneten Auftritt Celias, dem Wechsel zwischen imitatorischen Fügungen und homophonen Blöcken oder dem Sechsachtel-Takt im dritten Teil des Finales. Gewiß liegt hier kein Plagiat vor, und die offenkundige Vorherrschaft eines Zeitstils schmälert Haydns Erfindungsstärke keineswegs. Das gilt für das nach dem Vorbild von *Un certo ruscelletto* aus IL MONDO DELLA LUNA geschriebene Duett der beiden Liebenden, Filenos fünfteilige Klagearie *Miseri affetti miei* (Meine schmerzlichen Gefühle), die aber im Gegensatz zur ebenfalls fünfteiligen Arie des Grafen aus LA VERA COSTANZA mit Wiederholungen Charakterfestigkeit andeutet, oder Celias hinreißende Szene im zweiten Akt. Es handelt sich um ein ›Accompagnato‹ *Ah, come il core* (Ach, dieses Herz) mit einer zweiteiligen Arie *Ombra del caro bene* (Du Schatten des Geliebten), die 1782 als Kantate einzeln erschien (die komplette Partitur der Oper konnte erst 1965 nachgewiesen werden, und drei Jahre später kam sie in der kritischen Gesamtausgabe heraus). Daß von den anderen Figuren Amaranta und Nerina gefühlsbetonte Arien singen, Fileno auch am buffonesken Stil Anteil hat, während Perrucchetto mit seiner seriös getönten Arie *Coll' amoroso foco* (Mit dem Feuer der Liebe) auf die Parodie eben dieses Tons abhebt, erklärt den musikalischen Reichtum der Partitur zumindest andeutungsweise.

ORLANDO PALADINO (Pfalzgraf Roland. ›Dramma eroicomico‹ in drei Akten; *L* von Nunziato Porta nach Carlo Francesco Badini; 1782; deutsche Fassung von Franz Xaver Girzik: Preßburg 1786 und öfter; *WA* Leipzig 1932 in der Bearbeitung von Ernst Latzko; Originalfassung Theater an der Wien 1982, Festival de Carpentras 1982, Basel, Gelsenkirchen 1984).

PFALZGRAF oder RITTER ROLAND, wie Haydns letzte ›Semiseria‹ auf deutsch genannt wird, ist seine im späten 18. und frühen 19. Jahrhundert meistaufgeführte Oper gewesen. Sie erschien 1799 in Bonn sogar als deutscher Klavierauszug im Druck, und 1932 wurde anläßlich des Zentenarjahrs mit einer neuen deutschen Fassung ein Wiederbelebungsversuch gestartet (die kritische Ausgabe erschien 1972/73). Das schon im Titel auf ein heroisch-komisches Mischgenre zielende Werk schildert das über die Grenze zum Wahnsinn hinausgehende Liebeswerben von Roland, dem Paladin Karls des Großen, um Angelica, die Königin von Kattai. Deren ängstlicher Liebhaber Medoro kann sie dabei so wenig schützen wie der bramarbasierende Berberkönig Rodomonte, und erst der Zauberin Alcina gelingt es nach zweimaligem Zugriff, Roland in die Bahnen höfischer Wohlanständigkeit zurückzuführen.

Neben diesen Figuren, von denen Angelica musikalisch besonders reich bedacht ist, werden auch Randerscheinungen von Haydn individuell charakterisiert: die Schäferin Eurilla als Vertreterin eines bukolischen Lyrismus mit scherzhaften Zügen und Orlandos Schildknappe Pasquale, der als Hasenfuß und Aufschneider schon an Mozarts Leporello und Papageno denken läßt (er bildet mit Eurilla das komische Paar). An Mozarts Idiom gemahnt ebenso das seriöse Paar Angelica–Medoro, dem im zweiten Akt ein eindrucksvolles Liebesduett zukommt. Auch beider Arien geht das parodistische Moment völlig ab, wobei sie im dritten Akt eine große Arie mit pathetischem ›Accompagnato‹ hat, er schon etwas den Don Ottavio in DON GIOVANNI vorwegnimmt. Die Zauberin Alcina wird mit der großen Bravourarie bedacht, aber ohne Koloraturen. Orlando hat in jedem Akt eine große Szene mit ›Accompagnato‹ und einteiliger Arie. Sie zeigen ihn, durchaus nicht parodistisch, in den Fängen seines Liebeswahns, als Opfer der Zauberin Alcina und im Banne der Unterwelt (mit einem ironischen Zitat aus Glucks ORFEO). Die komische Seite seines Liebeswahns teilt sich mehr in den Ensembles mit, wo er mit übertrieben heldischen Tönen aufwartet oder von Alcina genasführt wird – da wird er dem ausgesprochen parodistischen Rodomonte, der mit leeren Drohungen säbelrasselnd über die Szene reitet, immer ähnlicher. Die ersten beiden Akte enden mit ausgedehnten Kettenfinali von 539 bzw. 416 Takten, der letzte mit einem Vaudeville, das Haydn für einen Chor in L'ANIMA DEL FILOSOFO wieder verwenden sollte. Formal knüpft es an das Vaudeville in LA VERA COSTANZA und am Schluß von Mozarts ein halbes Jahr vor dem ORLANDO PALADINO uraufgeführter ENTFÜHRUNG AUS DEM SERAIL an.

DIE ERNSTEN OPERN

Haydns erste italienische Oper war eine ›Opera seria‹: ACIDE, 1763 am Esterházyschen Hof zu Eisenstadt nach einem einaktigen Libretto von Giovanni Ambrogio Migliavacca uraufgeführt. Obwohl Haydn für eine 1773 auf Schloß Eszterháza anläßlich eines Besuchs der Kaiserin Maria Theresia geplante Wiederaufführung eine Neufassung schrieb, ist das Werk nur fragmentarisch überliefert. Auf diesen Einakter folgte Ende 1779 mit L'ISOLA DISABITATA (Die wüste Insel) auf einen wenig dramatischen Text Metastasios ein Zweiakter in diesem

Genre. Anfang des 19. Jahrhunderts begab sich der Komponist an eine Überarbeitung, ließ die Arbeit aber liegen. Ein Wiederbelebungsversuch 1909 in der Wiener Hofoper konnte das Werk auch nicht dem Theater gewinnen: Die Geschichte der durch Räuber von ihrem Gatten Gernando getrennten Costanza, die mit ihrer jüngeren Schwester Silvia auf einer verlassenen Insel lebt und nach dreizehn Jahren den Gatten, den sie fälschlicherweise der Untreue verdächtigt hatte, wiederfindet, trägt kaum auf der Bühne. Nach dieser oratorischen Oper kam Haydn erst am Ende seines Schaffens für die Eszterháza-Oper auf den damals allerdings schon antiquierten Typus der ›Opera seria‹ zurück (seine letzte Oper über den Orpheus-Mythos wurde in der Einleitung dieses Kapitels behandelt).

ARMIDA (›Dramma eroico‹ in drei Akten; *L* wahrscheinlich von Nunziato Porta frei nach Tasso; 1784; deutsche Fassung von F. X. Girzik: Preßburg 1785 oder 1786; *WA* konzertant: WDR Köln 1968; szenisch: Bern 1968).

Das Textbuch ist aus verschiedenen älteren Opern über die Armida-Episode aus Tassos Epos GERUSALEMME LIBERATA zusammengestellt. Obwohl es sich auf den reinen Konfliktstoff beschränkt: die erotischen Fallstricke, die von der morgenländischen Zauberin Armida um den christlichen Ritter Rinaldo gelegt werden, Vor- und Nebengeschichte des Kreuzfahrers ausspart, entbehrt es des dramaturgischen Fadens. Deutlich wird diese Schwäche nicht nur in der Umständlichkeit und psychologischen Unschärfe der Rezitative, sondern auch in der Final-Marcia mit Solistensextett, wenn Rinaldo, vom Zauber der Armida befreit, die Moral von der Geschicht' verkündet wird: Niemand kann seinem Schicksal entgehen; aber nur Rinaldos Schicksal ist einigermaßen umrissen, das der anderen bleibt im dunkeln.

Dennoch enthält das Werk zahlreiche musikalische Schönheiten. Höhepunkt ist die Rachearie der Armida aus dem zweiten Akt *Odio, furor, dispetto* (Haß, Schrecken, Verachtung), in deren e-Moll die von Rinaldo verlassene Heldin ein Seelen-Agitato von Gluckschem Ausmaß offenbart. Daneben vermögen sich ihre koloraturendurchsetzte Arie aus dem ersten Akt *Se pietade avete, o Numi* (Habt Mitleid, ihr Götter) mit den schroffen Modulationen zwischen d-moll und A-Dur, die Selbstdeutung des Rinaldo aus dem zweiten Akt *Cara, è vero* (Es ist wahr, Geliebte) mit ihrem Es-Dur-Adagio und folgendem c-moll-Presto, das Final-Terzett II in D-Dur und der sordinierte Zauberwaldklang aus dem dritten Akt behaupten. Formal fällt Haydns Neigung (wie schon in

L'ISOLA DISABITATA) auf, Szenenkomplexe durchzukomponieren: besonders eindrucksvoll im Zauberwald. Unter den recht originellen Einsätzen reiner Instrumentalmusik ist der Heranzug eines Bläsersextetts für die Kreuzritter-Märsche besonders zu erwähnen.

Neben solchen musikalischen Schönheiten sind dramaturgische Mängel wie jener kaum zu kaschieren, wenn sich Zelmira über den Hinterhalt empört, den der Sarazenenkönig Idreno den Christen gelegt hat (im zweiten Akt); man erfährt darüber bis zum Schluß genau so wenig wie über die ideologische Zugehörigkeit der Zelmira, die in den ersten beiden Akten zu den Christen hält, im dritten aber Rinaldo ihrer Herrin Armida zuführen will. Da wird auch in Zukunft der Beitrag Haydns für das Musiktheater zwiespältig bleiben. Denn in seinen Opern folgt er schon dem Prinzip der späten Oratorien DIE SCHÖPFUNG und DIE JAHRESZEITEN, sich in der Vertonung so eng wie möglich an den Text zu halten. Das aber ist kein dramatisches Prinzip: »In der Oper wird seit Gluck nicht allein Ausdeutung des Gesangstextes, sondern auch der Situation verlangt, nicht allein Darstellung von Gefühlen, Stimmungen und Bildern, sondern auch Beleuchtung des hintergründigen Kräftespiels. Daran aber scheint es bei Haydn des öfteren zu fehlen. Indem er scheinbar belanglose, weil nicht affekt- oder bildhaltige Worte normalerweise nicht tiefer auslotet, bleiben wesentliche dramatische Möglichkeiten ungenutzt.«

WOLFGANG AMADEUS MOZART
(1756–1791)
ODER DIE GELUNGENE QUADRATUR
DES KREISES

Der Gesang in der Oper, so meinte Adorno, sei »die Sprache der Leidenschaft: nicht nur die überhöhende Stilisierung des Daseins, sondern auch Ausdruck dessen, daß die Natur im Menschen gegen alle Konvention und Vermittlung sich durchsetzt, Beschwörung der reinen Unmittelbarkeit.« Diese Unmittelbarkeit indes ist mühsam errungen: im Durchgang durch Kostüme und die Unwahrscheinlichkeit, daß ein schon durch das Kostüm sich selbst zum Rollenträger Entfremdeter den Gesang, das am wenigsten realistische Kommunikationsmittel, einsetzt. Konkrete Utopie in der Vielfalt der Konventionen und Vermittlungen war Adorno denn auch der Waldvogel in Wagners SIEGFRIED. Sein Gezwitscher gibt für den Helden erst dann einen Sinnzusammenhang frei, wenn er mit dem Aufstrich des Drachenbluts sich einem mythischen Initiationsritus unterzogen hat. Vor dieser Verklärung eines Problemfelds steht für den Komponisten die Lösung einer tagtäglichen Aufgabe: des Verhältnisses zwischen Text und Musik. Ohne Ambition auf eine Überhöhung des Daseins in der Beschwörung der Unmittelbarkeit hat Wolfgang Amadeus Mozart in einem Brief an seinen Vater vom 13. Oktober 1781 in der Lösung dieses Problems die gelingende Quadratur des Kreises gesehen: »Da ist es am besten, wenn ein guter komponist der das Theater versteht, und selbst etwas anzugeben im stande ist, und ein gescheidter Poet, als ein wahrer Phönix, zusammen kommen.« Wie das in der Praxis aussah, hatte Wolfgang Amadeus dem Vater schon am 26. September geschrieben, als er ihm sein Verhältnis zum Librettisten der ENTFÜHRUNG AUS DEM SERAIL schilderte: »er arrangiert mir halt doch das buch – und zwar so wie ich es will – auf ein haar – und mehr verlange ich bey gott nicht von ihm!« Bei soviel Sicherheit im Umgang mit dem Metier war der Absprung in die Theorie und damit die moralische Forderung zwangsläufig: »Bey einer opera muß schlechterdings die Poesie der Musick gehorsame Tochter seyn« (im erstgenannten Brief).

Damit scheint eine entschiedene Gegenposition zu der zwischen Monteverdi und Gluck beschworenen Formel bezogen zu sein, die Musik habe der Dichtung als gehorsame Tochter zu dienen. Geradezu abfällig schärft Mozart am 13. Oktober 1781 seine Attacke gegen die Vorherrschaft des Wortes und bezeichnet Reime als für die Musik das »schädlichste«. Sprache in einer Ordnungsweise, die selber in ihrem klanglichen Zusammenhalt schon eine vormusikalische Struktur aufweist, wäre also von ihrer gewünschten Funktion als gehorsamer Tochter der Musik am weitesten entfernt. Doch dieser Extremfall gibt nicht Mozarts tatsächliche Einschätzung des Sprachanteils im Wort-Musik-Kunstwerk wieder. Im gleichen Satz geht nämlich der Verteufelung des Reims ein Lobpreis des Verses voran: »Verse sind wohl für die Musick das unentbehrlichste«, und dem scheinbar so bündigen Urteil von der Poesie als der gehorsamen Tochter der Musik hatte Mozart ein sibyllinisches »und ich weis nicht« vorangestellt.

Durch diese Unschärferelation wird keineswegs Mozarts praktischer und theoretischer Beitrag zu der Erörterung der Wahrheitsfrage, was Oper sei, verkleinert; vielmehr erweist sie nur die Unmöglichkeit einer formelhaften, auf den Begriff gebrachten Lösung. Was Oper sei, ist nicht zu definieren, sondern nur zu erarbeiten: von einem guten Komponisten, der das Theater versteht und dem Librettisten genaue Angaben machen kann, zusammen mit einem gescheiten Poeten. Hier ist Oper erstmals in solcher Klarheit begriffen als eine Funktionseinheit ihrer Hauptbestandteile, und der darin zugleich verfochtene Autonomieanspruch für die Musik hat die seit Monteverdi geführte Diskussion, ob sie ›Serva‹ oder ›Padrona‹ des Wortes sei, bis in das 20. Jahrhundert fortbestehen lassen. So schrieb etwa Alban Berg 1928 in seinem Aufsatz DAS OPERNPROBLEM, er habe Georg Büchners Drama WOYZECK so in Musik zu setzen versucht, »daß sie sich ihrer Verpflichtung, dem Drama zu dienen, in jedem Augenblick bewußt ist«. Angesichts der Tatsache, daß Berg in seinem WOZZECK den musikalischen Handlungsablauf nach Formgesetzen der absoluten Musik organisierte, ist die von ihm bemühte dienende Funktion der Musik keineswegs eindeutig auf das Schema ›Serva/Padrona‹ einzugrenzen. Berg betonte das mit dem Anspruch, daß seine Musik »alles, was dieses Drama zur Umsetzung in die Wirklichkeit der Bretter bedarf, aus sich allein herausholt«, und schwang sich zum ausdrücklichen Lobpreis »ihres durch nichts Außermusikalisches behinderten Eigenlebens« auf.

KONVERSATIONSSTÜCKE FÜR MUSIK

Operngeschichtlich erweist sich bei Mozart die immer wieder gestellte Frage nach dem Vorrang von Musik oder Dichtung endgültig als zu kurz greifend. Richard Strauss und sein Textdichter Clemens Krauss haben 1942 darüber im Kostüm der Mozartzeit eine ganze Oper gemacht: CAPRICCIO. In ihr fürchtet sich die Gräfin Madeleine nicht nur vor der Trivialität jedes Opernschlusses; hinter ihrer Angst verbirgt sich auch die vor allzu schnellen Antworten auf die Frage nach der Opernwahrheit. Die Gräfin, in einen Dichter und einen Komponisten gleichzeitig verliebt, kann sich die Lösung des Problems weniger im Leben als in der Gattungstheorie vorstellen: »In eins verschmolzen sind Worte und Töne zu einem Neuen verbunden.« Daß die Autoren ihren Einakter ein ›Konversationsstück für Musik‹ nannten, und nicht eins für Sängerdarsteller, unterstreicht die geschichtliche Spätstufe ihres Werks. Erkenntnistheoretisch folgten sie in ihrer Drahtseil-Ästhetik dem Rat, den Ludwig Wittgenstein 1921 in seinem TRACTATUS LOGICO-PHILOSOPHICUS dem auf einer Art Jakobsleiter die Welträtsel von Stufe zu Stufe Erforschenden gegeben hatte: »Er muß sozusagen die Leiter wegwerfen, nachdem er auf ihr hinaufgestiegen ist.«

In solch luftiger Höhe hat Mozart in der Tat Opern als Konversationsstücke für Musik geschrieben. Wir können seinen Weg nachvollziehen und verfolgen, wie er – ehe er die Leitern wegwarf – die Stufen von ›Opera seria‹ und ›Singspiel‹, von ›Opéra comique‹ und, zumindest der Wunsch nach Erkenntnis läßt sich aus seinem Brief an den Vater vom 17. August 1782 erschließen, der Pariser ›Tragédie lyrique‹ erklomm. Schließlich verband er Töne mit Worten zu einem Neuen. In diesem geriet die Musik selbst zum Drama, und die Figuren der musikalischen Konversation gaben ihre alte Funktion als Tendenzträger auf – sie wurden Menschen. So verschmolz in Mozarts Opernschaffen allmählich das geschichtlich Gewachsene mit dem persönlich Schöpferischen zu einer wunderbaren Einheit von Welt und Musik. Die Dichterin Ingeborg Bachmann, als Librettistin für Hans Werner Henze mit dem Wort-Musik-Problem bestens vertraut, hat in ihrem BLATT FÜR MOZART 1959 diesen Zusammenhang in ein poetisches Bild gefaßt: »Die reinste, bitterlichste und süßeste Musik ist nur die vollkommene Variation über das von der Welt begrenzte, uns überlassene Thema.«

ANFÄNGE AUF DEM THEATER

Mozarts erste musikdramatischen Werke entstanden, allesamt Auftragskompositionen wie die späteren, aus lokalen Traditionen. Nachdem er in London bei Johann Christian Bach, den er 1764 kennenlernte, und dem Kastraten Giovanni Manzuoli erste tiefgehende Kenntnisse der ›Opera seria‹ erworben und diese in zwei Arien erprobt hatte (*Va dal furor portata* KV 21 und *Conservati fedele* KV 23), wurde er als knapp Elfjähriger mit einem größeren Auftrag bedacht. In einem ›Pasticcio‹, für das neben ihm die Salzburger Komponisten Michael Haydn und Anton Adlgasser verpflichtet wurden, schrieb er den ersten Teil von Anton Weisers Oratorium DIE SCHULDIGKEIT DES ERSTEN GEBOTS, das nach Salzburger Brauch 1767 szenisch aufgeführt wurde. Ausgesprochen musikdramatisch wirkt hier in der Szene vom Jüngsten Gericht der Moment, wenn zu den Tenorworten *Du wirst von deinem Leben genaue Rechnung geben* das Secco-Rezitativ unvermittelt in ein ›Accompagnato‹ mit obligater Posaunenstimme übergeht. In einer speziell bayerisch-österreichischen Barocktradition steht auch Mozarts zweites musikdramatisches Werk, die lateinische Schuloper APOLLO ET HYACINTHUS (1767). Es handelt sich um drei ursprünglich titellose Intermezzi für das lateinische Schulschauspiel CLEMENTIA CROESI, die nach dem Prolog sowie dem zweiten und vierten Akt zur Unterstützung der Moral des im Stil des Jesuitendramas verfaßten Stücks eingeschoben wurden. Die Texte hatte für beide Werke der Benediktiner-Pater Rufinus Widl geschrieben. Für Mozarts Oper ging er auf den aus Ovids METAMORPHOSEN geläufigen Mythos vom Jüngling Hyazinth zurück. Dieser wurde, von Zephir erschlagen, durch den ihn liebenden Gott Apoll in eine Blume verwandelt. Die Männerliebe wurde von Widl dahingehend verharmlost, daß nun Apoll die Schwester des Hyacinthus liebt, und auch ihr Vater Oebalus hat gegenüber den antiken Gestaltungen des Stoffes eine stärkere Bedeutung. Trotz der teilweise überlangen Rezitative ist die Schöpferkraft des kindlichen Komponisten erstaunlich. Tod und Verwandlung des Hyacinthus werden in zwei ausdrucksvollen ›Accompagnati‹ geschildert, die große Arie des Oebalus *Ut navis in aequore luxuriante* (Wie auf tobendem Meer ein Schiff über Berge) weist eine verblüffende Sicherheit im Stil der ›Seria‹ auf, das elegische Duett Oebalus–Melia *Natus/Frater cadit* (Der Sohn/Bruder tot) entfaltet mit den sordinierten ersten Geigen, den geteilten Bratschen und den gezupften zweiten Geigen und Bässen in einer schlichten Barkarolenform ein ›Chiaroscuro‹, in dem sich schon der schmerzliche Glücksausdruck des reifen Mozart ankündigt.

Mit seinen beiden folgenden Opern verließ Mozart den Salzburger Boden und die geistlich geprägte Barocktradition. Auf einer mit Vater Leopold 1768 nach Wien unternommenen Reise erhielt er von Kaiser Joseph II. den Auftrag zu einer italienischen ›Opera buffa‹: LA FINTA SEMPLICE (Die verstellte Einfalt; Salzburg 1769; WA Karlsruhe 1921, Wien 1925). Das Libretto entwarf der Hofdichter Marco Coltellini, seit 1764 Nachfolger Metastasios, indem er ohne Quellenangabe ein schon 1764 erfolglos in Venedig vertontes Libretto Carlo Goldonis ausbeutete. Titelheldin ist Rosina, Schwester des ungarischen Offiziers Fracasso. Unter der Maske der Unschuld vom Lande soll sie zwei Brüder in sich verliebt machen: den reichen Frauenfeind Cassandro und den trottelhaften Schürzenjäger Polidoro. Dadurch werden Paarverbindungen ermöglicht: zwischen Giacinta, der Schwester der beiden Brüder, und Fracasso sowie zwischen Giacintas Kammerzofe Ninetta und Fracassos Burschen Simone. Rosina ›kuriert‹ schließlich den Hagestolz Cassandro. Die Mechanik der Handlung entspricht mehr der ›Commedia dell'arte‹ als jener der ›Opera buffa‹. Bis auf die Einleitung: ein Quartett, ein Duett und die drei Finali singen sich die Figuren in Arien an, so daß dem Werk der Reiz spannender Ensembles abgeht. Da Coltellini zu allem Überfluß bei der Handhabe dieser Mechanik ungeschickt vorging und Mozart den Text nicht in allen Einzelheiten verstanden zu haben scheint, erreicht die Oper kaum je einen musikdramatischen Zusammenhalt. Diese Zufälligkeit zeigt sich auch daran, daß Mozart für die Tenorarie Polidoros (Nr. 7: *Cosa ha mai la donna indosso*), in der dieser die Schürzenjagd als Lebensinhalt ausgibt, auf die Arie *Manches Übel will ich zuweilen* aus seinem Oratorium DIE SCHULDIGKEIT DES ERSTEN GEBOTS zurückging.

Trotz aller Mängel hat LA FINTA SEMPLICE als Konfrontation mit dem italienischen Musiktheater für Mozart reichlich Frucht getragen. Auch ohne die vorausweisende Bedeutung läßt sich der Musik die Erweiterung von Mozarts musikdramaturgischem Weltbild nach den Salzburger Erfahrungen anhören, und in einem Paradox ließe sich festhalten, daß er hier seine Musiksprachlichkeit gerade deshalb vertiefte, weil er der Vorlage dramaturgisch kaum gewachsen war. So hat er dem Orchesterpart große Aufmerksamkeit gewidmet. Sie zeigt sich in der Ouvertüre, die er allerdings mit einer veränderten Instrumentation und unter Fortfall des Menuetteils aus seiner D-Dur-Sinfonie KV 45 übernahm, ebenso wie in einzelnen Details der Oper. Der Wechsel zwischen ›Secco‹ und wiegendem ›Accompagnato‹ im zweiten Akt, wenn Rosina dem betrunken einschlafenden Cassandro einen zuvor abgeluchsten Ring wieder auf den Finger schiebt und damit die Intrige zum Höhepunkt bringt, findet seine instrumentalsprachlich geschärfte Fortsetzung in dem logischerweise folgenden Duell-Duett zwischen Fracasso und Cassandro, in dem die geteilten Geigen das Bramarbasieren der Figuren gestisch ausdrücken (es handelt sich um das D-

Dur-Vivace *Cospetton, cospettonaccio*). Sehr reizvoll im ersten Akt Rosinas Echo-Arie *Senti l'eco*, in deren getragenem Es-Dur Mozart den Streichern paarweise Jagd- und Englischhorn zuordnet und das Instrumentalecho von der Oboe spielen läßt. Daß die in Wien geplante Uraufführung der Oper hintertrieben wurde, gehört zu den ersten großen Enttäuschungen, die Vater und Sohn Mozart im Verfolg ihrer Opernpläne erlebten. (Die Salzburger Uraufführung von 1769 ist übrigens dokumentarisch nicht datierbar.)

Der Besuch in Wien brachte Mozart indes einen zweiten Auftrag ein: der Magnetiseur Franz Anton Mesmer bestellte bei ihm die Vertonung des Singspiels BASTIEN UND BASTIENNE. Möglicherweise hatte er schon 1767 daran in Salzburg gearbeitet und nach Mesmers Auftrag das liegengebliebene Werk wieder in Angriff genommen. Als es 1974 in der Neuen Mozart-Ausgabe, die vom Bärenreiter-Verlag 1955 gestartet worden war, erschien, faßte der Herausgeber Rudolph Angermüller die Textgeschichte des Singspiels in dem Satz zusammen, in wohl keinem anderen Werk Mozarts sei an der textlichen Vorlage derart herumgeflickt worden. Ausgangspunkt des Librettos war Rousseaus berühmtes ›Intermède‹ LE DEVIN DU VILLAGE von 1752 (→ S. 332 ff.) und zugleich dessen Parodie durch Charles-Simon Favart und andere, die Mozart in der deutschen Übersetzung von Friedrich Wilhelm Weiskern vorgelegt wurde. Aber auch die Musik selbst hat ihr Überlieferungsschicksal gehabt. Kurz gefaßt läßt sich sagen, daß es dieses Werkchen in zwei Fassungen gibt: der im Stil des Singspiels altbekannten mit verbindenden Dialogen und einer allerdings nicht über viel mehr als das erste Drittel hinausgediehenen Version mit Rezitativen, die zweifelsfrei aus Mozarts Feder stammen. Die Existenz dieser Rezitative deutet darauf, daß Mozart – der ja zur gleichen Zeit an der dreiaktigen Buffo-Oper LA FINTA SEMPLICE arbeitete – die Musik nicht unbedingt im Stil des Singspiels (oder der ›Opéra comique‹) konzipierte, sondern zumindest unterbewußt auch im Geist der ›Opera Buffa‹. Diese Erfahrung vermittelte 1976 die konzertante Salzburger Erstaufführung der Rezitativfassung (von Leopold Hager zu Ende gebracht), die dem reizvollen Werk über zwei Jahrhunderte nach seiner Uraufführung im Wiener Gartentheater des Dr. Mesmer (1768) und einer eingreifenden Bearbeitung 1890/91 in Berlin und Wien (Text und Musik!) zu einer neuen Beurteilung verhalf. Daß in BASTIEN UND BASTIENNE nicht nur eine ins Bäuerliche verlagerte Schäferidylle aus der Feder eines Kindes vorliegt, vermittelt schon der Anfang der ›Intrada‹: hier erklingt nichts anderes als das spätere Kopfmotiv von Beethovens ›Eroica‹-Symphonie! Das ganze Werk hat sechzehn Vokalnummern. Die von ihrem Liebsten verlassene Bastienne wird recht gefühlvoll gezeichnet, ihr schließlich durch die List des Colas zurückkehrender Bastien mehr im italienischen Buffo-Stil, der ›Zauberer‹ selbst schließlich wird in einer Parodie der ›Opera seria‹ eingeführt: mit grober Dorfmusik und einem Beschwörungskauderwelsch in ›dämonischem‹ c-moll. Der orchestrale Rahmen, erheblich einfacher als in der FINTA SEMPLICE, verrät wiederum ungewöhnliches Geschick. Die beiden dem Streicherchor zugeordneten Oboen werden einmal von Flöten oder Hörnern unterstützt, und nur in zwei Ensemblesätzen ertönen sie gemeinsam. Wenngleich das Singspiel im privaten Kreis der Uraufführung großen Erfolg hatte, wurde es alsbald vergessen und erst hundert Jahre nach dem Tod des Komponisten wiederentdeckt. Ungleich erfolgreicher war Mozart mit seinen folgenden italienischen Musikdramen, die ihm sogar im Ursprungsland der Oper Anerkennung eintrugen.

MOZARTS ERSTE OPERA SERIA

Auf seinen Reisen durch Europa hatte Leopold Mozart mehrfach mit dem Plan geliebäugelt, seinen Wolfgang und die drei Jahre ältere Nannerl auch nach Italien zu führen. In einem Brief an den Salzburger Freund, seinen Hausherrn Lorenz Hagenauer, stellte Leopold schon am 16. August 1766 die rhetorische Frage: »Hätte uns nicht die natürliche Laage, unsere Umstände, der allgemeine Zuruff aller Menschen, und unser eigenes interesse und Reißbegierde verführen sollen, gerade der Nasen nach, nach Italien zu gehen?« Allerdings war sich Vater Mozart im klaren darüber, daß er eben nicht nach Reisen durch Deutschland, Belgien, Frankreich, England und den Niederlanden geradewegs der Nase nach ins Stammland der Musik gehen konnte: das mußte nach genauen Plänen vorbereitet werden. Die drei Italienreisen mit dem Vater zwischen dem Dezember 1769 und dem März 1773 brachten Wolfgang mit den italienischen Bühnenwerken MITRIDATE, RE DI PONTO (Mailand 1770), ASCANIO IN ALBA (Mailand 1771) und LUCIO SILLA (Mailand 1772) großen Beifall ein. Dasselbe gilt für IL SOGNO DI SCIPIONE, 1772 anläßlich der Salzburger Amtseinführung des Bischofs Hieronymus von Colloredo komponiert. In MITRIDATE und LUCIO SILLA wagte sich Mozart erstmals an die Form der ›Opera seria‹, und das mit erstaunlichem Erfolg. MITRIDATE wurde dreiundzwanzigmal gegeben, LUCIO SILLA hatte zwei Jahre später sogar sechsundzwanzig Aufführungen. Das Libretto, schon 1767 durch Quirino Gasparini vertont, wurde von Vittorio Amadeo Cigna-Santi nach einer Übersetzung von Racines Tragödie MITHRIDATE verfaßt. Mozart verhielt sich, kaum überraschend für einen vierzehnjährigen Komponisten, dem erstaunlich guten Libretto gegenüber sehr konservativ, nahm die Chance der vielen Aktionsarien nicht wahr, sondern vertonte den Text nach den Möglichkeiten der ihm zur Verfügung stehenden Sänger: zuerst die orchesterlosen Rezitative, dann die Arien sowie die beiden Ensembles und die knappen ›Accompagnati‹. Chöre gibt es nicht. Mit dieser Schematik war der Stoff musikdramaturgisch nicht überzeugend zu gestalten. Die konzertante Salzburger Wiederaufführung 1970, zweihundert Jahre nach der Premiere, machte das vielleicht weniger offenkundig als die ein Jahr später dort und in Düsseldorf erfolgende szenische Wiederbelebung nach der Neuen Mozart-Ausgabe. Der Grundfehler des Werks liegt darin, daß der pontische König Mithridates von vornherein als ein Geschlagener gezeichnet wird, der nur noch seiner leidenschaftlichen Liebe zu Aspasia leben will. Doch in seinen Söhnen, der eine aufrecht, der andere verschlagen, sind ihm Rivalen erwachsen. So schiebt sich über den Kampf des Asiaten gegen Rom ein häuslicher Krieg, der mit viel psychologischem Raffinement geführt wird und mit dem Tod des entsagenden Königs endet. Diesem doppelten Aspekt wird Mozarts Musik dramaturgisch kaum je gerecht, da sie dem Schema der gängigen ›Opera seria‹ starr verhaftet bleibt. Das gilt für die Instrumentation, die dem Streichorchester jeweils zwei Fagotte, Oboen und Hörner zuordnet (mit einer Trompete in der Eingangsarie), wie für die formale Behandlung der Arien. Der üblichen Da-capo-Form, die auch in den eingebürgerten Abkürzungen gepflegt wird (A-B-A' statt der fünfteiligen Abfolge) stehen einfachere Stücke gegenüber, die aus zwei Teilen bestehen (von denen der zweite eine Variation des ersten ist). Offenbar versuchte Mozart, der tradierten Norm zu genügen (was ihm durchaus gelang: dafür ist der zeitgenössische Erfolg ein besserer Gradmesser als unser vom späteren Mozart ausgehendes Urteil), nicht aber, die Norm zu überspringen – mit einer Ausnahme vielleicht. In seinem Brief an den Vater vom 28. Februar 1778 teilt er mit, die schon früher von Johann Christian Bach vertonte Konzertarie *Non so d'onde viene* zu komponieren, und zwar mit dem ausdrücklichen Vorsatz, »eine Arie zu machen, die derselben vom Bach gar nicht gleicht«. Dasselbe könnte er, bezüglich seiner Unabhängigkeit von den Vorbildern, auf die g-moll-Arie der Aspasia in seinem MITRIDATE (I,4) gesagt haben: *Nel sen mi palpita dolente il core* (In meinem Busen schlägt mir das leiderfüllte Herz). Nicht der schmerzliche Charakter der Musik, wenn man sie etwa mit Gasparinis Vertonung vergleicht, ist hier das Besondere, in dem die Norm übersprungen wird, sondern Mozarts Bauprinzip. Während Gasparini die als textliche Sinneinheit konzipierten zwei Titelzeilen (wie oben zitiert) in einem Bogen vertont, trennt Mozart sie und betont so das ›dolente‹ als Schlüsselwort mit einem Sextsprung. Die Asymmetrie verstärkt er durch verschieden lange Auftakte in den Verszeilen und durch die harmonische Besonderheit, daß der g-moll-Schrei des Anfangs sich zur fünften Stufe von D-Dur öffnet. Was vordergründig wie eine Reverenz vor der Affektenlehre von Barock und Aufklärung wirkt, läßt in der tektonischen Ordnung der Bauteile schon jenes subjektive Schwanken deutlich werden, das zu einem Charakteristikum von Mozarts Humankunst werden sollte.

Ein fast ebenbürtiges Stück ist die Arie des Sifare *Se il rigor d'ingrata sorte* (Wenn die Strenge des unbarmherzigen Schicksals) in III,4. Der Sohn des Mithridates und Liebhaber der Aspasia antwortet ihrer Schmerzensarie in einem c-moll-Agitato mit der vollen Bläserbesetzung (in Aspasias Szene waren die Hörner zugunsten der melancholischen Fagotte ausgespart). Mozart kommt hier formal zu einer Verknüpfung der Da-capo-Arie mit der Form des Sonatenhauptsatzes, zumindest ansatzweise. Bemerkenswert ist auch desselben Sifare Arie in II,3: *Lungi da te* (Fern von dir). Es handelt sich um ein sehr kantables D-Dur-Adagio, das im ersten Teil schon das horngeprägte Fernweh eines Schubert oder Weber vorwegnimmt. Zu den beiden Hörnern, die sich hier mit den Oboen den Streichern zugesellen, tritt noch ein virtuoses Horn-Obbligato. Kaum minder bemerkenswert ist das der erwähnten c-moll-Arie des Sifare im dritten Akt vorangehende Doppel-Accompagnato der Aspasia, in dem Mozart neben den Streichern auch Oboen und Hörner einsetzt: in jenem Augenblick, als das Mädchen bereit ist, den von Mithridates gemischten Giftbecher zu trinken. In diesem Rezitativ wendet die Musik sich von der erstmals in der ganzen Oper als Grabes-Ausdruck erreichten Tonart Es-Dur nach c-moll, mit Violinsoli und ausgehaltenen Schlußakkorden so etwas wie ein Todeserlebnis suggerierend und direkt in die Götteransprache der Kavatine *Pallid' ombre* (Bleiche Schatten) übergehend. Die Wiederaufnahme des ›Accompagnato‹ rundet den Auftritt tonartlich zu einer ›Ombra‹-Szene mit ihren drei Erniedrigungszeichen (B's).

GEISTLICHE UND HÖFISCHE FESTE

Auf der Rückreise von Mailand nach Salzburg erhielt Mozart in Padua den Auftrag, für die Fastenzeit des folgenden Jahres ein geistliches Oratorium zu komponieren: LA BETULIA LIBERATA (Das befreite Bethulien), eine ›Azione sacra‹ nach Metastasio. Das in seiner Entstehungs- und Aufführungsgeschichte immer noch nicht zweifelsfrei belegte (wenngleich authentische) Werk behandelt als Zentralfigur Judith aus einem apokryphen Buch des Alten Testaments. Obwohl die Vokalpartien keine großen Schwierigkeiten aufweisen und Chor wie Orchester vergleichsweise simpel behandelt sind, entbehrt die Musik nicht der Tiefe. Das gilt schon für d-moll-Klänge der Ouvertüre, in denen man ein Echo aus Glucks ALCESTE hören kann. An Gluck gemahnt auch das Gebet des Ozia (Nr. 4) *Pietà, se irato sei* (Hab' Mitleid, Herr, in Deinem Zorn), in dessen von synkopisch spielenden zweiten Violinen und geteilten Bratschen geprägtes

Solo sich der blockhaft geführte Chor mischt. Synkopische Unruhe verbreitet auch der Es-Dur-Chor (Nr. 9) *Oh prodigio* (O Wunder), in dem das Volk zum Abschluß des ersten Teils sein Erstaunen darüber ausdrückt, daß eine friedliebende Frau zu politischer Verantwortung bereit ist.

Ähnliche Innenspannungen wird man in den höfischen Festspielen ASCANIO IN ALBA (nach einem Text von Giuseppe Parini) und Il SOGNO DI SCIPIONE (Der Traum des Scipio, nach Metastasio) kaum finden. Dennoch verblüfft, wie schon in MITRIDATE, die handwerkliche Sicherheit des Komponisten. In ASCANIO differenziert er die Chöre der Nymphen, Grazien und Hirten instrumentalfarblich und gewinnt der Mädchenfigur der Silvia einen persönlichen Gefühlston ab; in SCIPIONE, einem historisch eingekleideten Lehrstück über die Vorzüge der ›Costanza‹ (Standhaftigkeit) gegenüber der Glücksgöttin ›Fortuna‹, fallen die Arien erheblich länger und weniger interessant aus, während das Orchester reichlicher bedacht wird und der Chor der Heroen sogar Ansätze zu einer formalen Durcharbeitung zeigt, die über den akkordischen Stil der vielen Chöre in ASCANIO hinausweist.

DIE ZWEITE OPERA SERIA

Sehr viel individuellere Töne findet Mozart in seiner letzten für Italien geschriebenen Oper (er sah das Land nie wieder): LUCIO SILLA, einer ausgewachsenen ›Seria‹ (›Dramma per musica‹ lautet im Sinne Metastasios die Gattungsbezeichnung des auf ein Libretto von Giovanni de Gamerra geschriebenen Werks). Man kann den Text, den auch Johann Christian Bach für Mannheim vertonte (1774), als Fortsetzung des MITRIDATE bezeichnen. Historisches Vorbild des Titelhelden ist der römische Patrizier Sulla, der im Jahre 86 vor unserer Zeitrechnung den Ponterkönig Mithridates entscheidend besiegt hatte. Aber ihm erging es kaum besser als dem Besiegten: in seiner Abwesenheit hatten sich zwei seiner politischen Gegner zu Konsuln ernannt. In der Oper sind das sein vermeintlicher Freund Lucio Silla und der geächtete Senator Cecilio. Dieser ist verlobt mit Giunia, der Tochter eines verstorbenen Widersachers Lucio Sillas, und eben diese Giunia hat Lucio in sein Haus aufgenommen, wo er sie mit Anträgen verfolgt. Als sich die Spannungen zu einer richtigen Verschwörung verdichten, die von Lucio Silla aufgedeckt wird, verzeiht er großmütig allen Feinden und verzichtet auf alle Ansprüche: in der Liebe wie in der Machtpolitik.

Mozart umgeht hier die musikdramaturgischen Fehler seines MITRIDATE, wo er etwa den geschlagenen Titelhelden mit einer Bravourarie auftreten läßt. Dieser Typus findet sich auch noch in LUCIO SILLA: Giunias dramatisches B-Dur-Allegro *Ah, se il crudel periglio* (Ach, wenn ich die grausame Gefahr; II,5) ist

mit halsbrecherischen Koloraturen bestickt; aber Mozart vermeidet die Starr-
heit der Da-capo-Form, balanciert die musikalischen Emotionen mit dem Text
aus (was vor allem für die vielen, genau dem Text folgenden ›Accompagnati‹
gilt) und findet für seine Figuren durchaus eigene Töne. Davon profitiert musikdramatisch am meisten die Giunia. So steht der in hellem A-Dur erblühenden Gleichnisarie der Celia *Quando sugl' arsi campi* (Wenn auf die ausgedörrten
Felder der sommerliche Regen fällt) unvermittelt Giunias aufgewühltes d-
Moll-Accompagnato mit der folgenden Arie *Parto, m'affretto* (Ich gehe, ich eile)
gegenüber, deren hektische Streicherfiguren schon etwas von der Erlebnisglut
der Donna Anna in DON GIOVANNI verraten.

Wird hier musikalische Individualität durch harten Kontrast gestaltet, so
gelingt Mozart im Finale I eine musikdramaturgische Bündigkeit durch kom-
plementäre Ausdrucksmittel. Auf einem Heldenfriedhof hat sich Cecilio hinter
dem Grabmal von Giunias Vater versteckt und gibt (Händels RODELINDA und
GIULIO CESARE klingen hier nach) seinen Gedanken über den Tod in einem
c-Moll-Accompagnato Ausdruck. Giunia tritt mit Freunden auf, die den Heldentod in einem feierlichen Es-Dur-Chor preisen, während Giunia mit einem
tonartlich verwandten g-Moll-Adagio des toten Vaters gedenkt. Nach der
Aspasia ist sie die zweite von Mozarts unvergeßlichen g-Moll-Frauen – Ilia,
Konstanze und Pamina werden ihr folgen. Nach einer knappen Reprise des Es-
Dur-Chors, der in seiner tonartlichen Rückbindung an das den Auftritt einleitende Rezitativ des Cecilio in c-moll die in der ›Ombra‹-Tradition stehende
Grabesszene rundet, findet sich Giunia in einem A-Dur-Duett mit dem Geliebten zusammen. Die wechselseitige Vertiefung dieser Szenen gebiert Momente,
in denen Musik selbst zum Drama wird: hinter Maske und Kostüm Menschen
sichtbar machend. Aber diese Erfahrung ist vom Theater noch nicht verbreitet
worden. Wiederaufführungen 1929 in Prag oder 1963 bei den Salzburger Festspielen wiesen einschneidende Eingriffe auf, doch daß nach der konzertanten
Erprobung der Originalform bei der Salzburger Mozart-Woche 1975 die Zürcher Bühnenaufführung von 1981 eine szenische Tradition begründen wird,
scheint nach Patrice Chéraus ingeniöser Inszenierung 1984/85 in Nanterre,
Mailand und Brüssel immerhin in den Bereich des Möglichen gerückt. Die Mozarts indes knüpften vergeblich Hoffnungen an LUCIO SILLA. Als Leopold seiner Frau von der am zweiten Weihnachtstag 1772 im herzoglichen Theater zu
Mailand erfolgten Uraufführung schrieb, glaubte er nicht mehr an die Erfüllung des an die Oper geknüpften Wunsches, Wolfgang werde eine Anstellung
an einem italienischen Hof erhalten: »Wegen der bewusten Sache ist gar nichts
zu machen. Mündlich werde ich dir alles sagen. Gott wird was anderes mit uns
vorhaben.« (Brief vom 27. Februar 1773.)

EINE PRODUKTIVE KRISE

Zunächst hielt der irdische Vertreter des Gottesgnadentums, Fürsterzbischof Hieronymus Colloredo, den Vizekapellmeister Leopold und den Konzertmeister Wolfgang Amadeus (die Besoldung der schon 1769 erteilten Stelle war als ›Belohnung‹ für IL SOGNO DI SCIPIONE im August 1772 erfolgt) streng auf ihre Pflichten als Hofmusiker. Tatsächlich erfolgte nun eine Art Explosion in Mozarts Instrumentalstil, ausgelöst durch die schockartige Bekanntschaft mit Haydns Streichquartetten op. 17 und op. 20. Ihren Niederschlag findet diese künstlerische Krise Mozarts nicht nur in seinen eigenen, ohne Zweck und Auftrag komponierten Streichquartetten KV 168/73, dem ersten ›richtigen‹ Klavierkonzert D-Dur KV 175 oder Meisterwerken wie der kleinen g-Moll-Symphonie KV 183 und der A-Dur-Symphonie KV 201. Sie ist auch in einem Werk festgehalten, das über den IDOMENEO von 1781 hinaus die Brücke zwischen seinen frühen Opern und denen der Wiener Zeit ab 1781 bildet: der Bühnenmusik zu Tobias von Geblers heroischem Schauspiel THAMOS, KÖNIG VON ÄGYPTEN. Entstehungszeit und Bühnenverwendung dieser Chöre und Zwischenaktmusiken sind zwar bis heute nicht eindeutig geklärt, aber die Tatsache, daß Mozart sie zwischen 1773 und 1779 schrieb (eventuell wurde die letzte Hand erst 1780 angelegt), unterstreicht nicht nur Mozarts Wertschätzung der eigenen Musik, sondern auch deren ›Brückenfunktion‹ in seinem Schaffen. Es ist tatsächlich überraschend, daß sich hier über den Text hinaus die freimaurerische Licht-Dunkel-Symbolik der ZAUBERFLÖTE ankündigt; andrerseits hören wir hier nicht nur sozusagen in Mozarts personalstilistische Zukunft hinein, sondern entdecken auch Reflexe des Zeitstils. Der orchestrale Duktus, schon im c-Moll-Satz der ersten Zwischenaktmusik als Echo auf eine Verschwörung, scheint vom vollen Orchestersatz der Pariser ›Tragédie lyrique‹ inspiriert zu sein. Das flirrende d-Moll-Vivace der allgemeinen Verwirrung nach dem vierten Akt oder das vor Dramatik berstende Ende des Aufrührers Pheron in ›Verzweiflung, Gotteslästerung und Tod‹ als instrumentaler Einleitung zum Schlußsatz *Ihr Kinder des Staubes* mit seinem Sarastro-Pathos sind dem Sturmchor und den empörten Elementen in Ignaz Holzbauers GÜNTHER VON SCHWARZBURG aus dem Jahre 1777 ebenso nahe, wie Mozart in dem Melodram der von König Thamos geliebten Sais *Niemand ist da. Die Türen des Tempels sind verschlossen* Georg Bendas Experimente mit dieser Form in seiner ARIADNE AUF NAXOS (1775) und der aus demselben Jahr stammenden MEDEA aufgreift. In der ZAIDE wird die Auseinandersetzung mit solchen Momenten des Zeitstils noch gravierendere Folgen haben – unabhängig von der Bedeutung der Musik zum Thamos. Mozarts Urteil über Holzbauers Oper im Wiener Brief an den Vater vom 15. Februar 1783 ist jedenfalls zutreffend: »Dieses Stück ist hier, weil es nicht gefiel, unter die verworfenen Stücke, welche nicht mehr aufgeführt werden. – es müßte nur blos der Musick wegen aufgeführt werden.«

Das könnte auch gemünzt sein auf das Werk, das Mozart in seinen quasi romantischen Krisenjahren über einen längeren Zeitraum beschäftigte: die Bühnenmusik zu Tobias Philipp von Geblers Drama THAMOS, KÖNIG VON ÄGYPTEN mit der schon erwähnten Beziehung zu seiner späteren Oper DIE ZAUBERFLÖTE. In der spielen drei Akkordfolgen eine wichtige Rolle, schon in der Mitte der Ouvertüre. Sie gibt es auch im THAMOS, und zwar zu Beginn der ersten Zwischenaktmusik, die dieselben Vorzeichen aufweist wie die Ouvertüre in der ZAUBERFLÖTE. Im früheren Werk fixieren die drei offenbar auf Wunsch des freimaurerischen Dichters Gebler verwendeten Erniedrigungszeichen die Tonart c-moll, während sie in der ZAUBERFLÖTE Es-Dur markieren. Damit verbunden ist eine Veränderung des Ausdrucks. Sind die drei B's in THAMOS von Mozart eher unbewußt aus der von ihm zuvor befolgten ›Ombra‹-Tradition mit ihrem Affektgehalt schattenhafter Todesnähe fortgerückt (wie sie in MITRIDATE, LUCIO SILLA und LA FINTA GIARDINIERA variiert wird), so finden sie in der Ouvertüre zur ZAUBERFLÖTE jenen Ausdruck geheimnisvoller Würde, der das brüderliche Welteinverständnis des inzwischen zum Logenbruder Gewordenen musiksymbolisch erfüllt. Aber die Gegenwelt bleibt dieser Tonartensymbolik, sie vor aller Plattheit bewahrend, eingeschrieben. Drückt c-moll nach den Akkordblöcken zu Beginn der zweiten Zwischenaktmusik des THAMOS eine verschwörerische Umtriebigkeit aus, so kehrt diese in derselben Tonart am Ende der ZAUBERFLÖTE wieder: der letzte Auftritt der Königin der Nacht steht wieder in c-moll. Andrerseits kann diese Tonart auch das Spiegelbild der Es-Dur-Symbolik werden: Mozarts MAURERISCHE TRAUERMUSIK steht in ihr genauso wie der nach Bachs Vorbild fugierte Auftritt der beiden Geharnischten, mit dem das Finale der ZAUBERFLÖTE seine entscheidende Wendung nimmt. Das Einverständnis mit der Welt bedeutet nicht die Leugnung ihrer Widersprüche.

> **LA FINTA GIARDINIERA** (Die Gärtnerin aus Liebe. ›Opera buffa‹ in drei Akten; *L* von Giuseppe Petrosellini (?); Salvatortheater München 1775, deutsche Fassung von Franz Xaver Stierle als Singspiel mit gesprochenem Dialog: Augsburg 1780, eventuell schon ein Jahr zuvor in Salzburg, als DIE VERSTELLTE GÄRTNERIN; neue deutsche Fassung von Max Kalbeck: Wien 1891; Bremen 1892; nach der Neuen Mozart-Ausgabe: Schwetzingen/Staatsoper München 1979).

In stärkerem Maße als alle früheren Bühnenwerke Mozarts, mit Ausnahme der Bühnenmusik zum THAMOS, ist die zweite ›Opera buffa‹ des Komponisten von dem geprägt, was den Nachgeborenen als ›Mozartton‹ erscheint – wie sehr dieser auch historisch vermittelt sei und sich uns eher als eine Rückprojektion vom späten Mozart auf den frühen offenbaren mag. Sie ist, vor dem großen Wendepunkt der ZAIDE, eine Art Zusammenfassung der musiktheatralischen Möglichkeiten des Komponisten und hat nicht grundlos, wenngleich meist in kleinformatigen Studio-Aufführungen, als erste seiner frühen Opern repertoiregeschichtlich überlebt. LA FINTA GIARDINIERA (DIE GÄRTNERIN AUS LIEBE ist die angemessene Übersetzung) war ein Auftragswerk des Münchner Hofs für den Karneval 1775, und zwar auf einen Text, den Pasquale Anfossi ein Jahr zuvor, ebenfalls als Beitrag zum Karneval, für Rom vertont hatte. Dieses unglückliche Libretto wurde in der Literatur immer wieder Glucks Reformlibrettisten Ranieri de' Calzabigi zugeschrieben, wenngleich als eine Bearbeitung Marco Coltellinis. Daß es in Calzabigis Ausgaben weder 1774 noch 1793 auftaucht, ist nicht das einzige gegen seine Autorschaft sprechende Indiz.

Doch alle Ungereimtheiten des Textes sollten uns nicht die Ohren für das Besondere der Musik verstellen. Es ist eine ›Buffa‹ des gemischten Typs, in der auch seriöse Charaktere nach Art der sentimentalen Komödie auftreten. Im Mittelpunkt steht die Gräfin Violante Onesti, die nach einer buchstäblich verletzenden Eifersuchtsszene ihrem abgereisten Liebhaber Belfiore folgt und als Gärtnerin verkleidet in den Dienst eines Podestà tritt. Als Gärtnerin aus Liebe muß sie nicht nur die Untreue des Geliebten erleben, der sich in die füllige Nichte des Podestà, Arminda, verliebt hat, sondern auch die Nachstellungen des Amtmanns von Lagonero ertragen. Diesem wiederum stellt sein Kammermädchen Serpetta nach, schließlich tritt noch der von Arminda verlassene Ramiro, ein Ritter in trauriger Gestalt, auf, und aufseiten der unter dem Namen Sandrina tätigen Gräfin versucht ihr Diener Nardo, auch als Gärtner beim Amtmann Don Anchise beschäftigt, die Intrige zu einem guten Ende zu bringen. Am Schluß finden sich die richtigen Paare, nur der Podestà bleibt unbeweibt.

Der Hauptfehler des Librettos liegt in der Überzahl von dreiundzwanzig Arien gegenüber zwei Duetten des Hauptpaars Sandrina–Belfiore, den Solofinali I und II sowie dem einleitenden und abschließenden Chor (ersterer mit Soli). Aber dieser dramaturgische Mangel macht einen anderen erträglicher: die Tatsache, daß die Liebenden in einer Art

Identitätskrise halb wahnsinnig und erst durch einen Heilschlaf kuriert werden. Hier liegt nichts weniger vor als eine – zugegebenermaßen krude – Vorstufe jener Feuer- und Wasserprobe, in der die Liebenden der ZAUBERFLÖTE sich als einander würdig erweisen werden. Sandrina/Violante und Belfiore sind weit weniger entwickelte Persönlichkeiten als Pamina und Tamino, und deshalb verlieren sie nicht nur ihr Selbstgefühl in eine Art von Wahnsinn, sondern erleben ihre Selbstwerdung im Gefühl füreinander auch im Unterbewußtsein: als Schlaf, den Mozart zu Beginn ihres Duetts (III,4) mit allem Zauber der Schlummerszenen aus der venezianischen Oper oder der ›Tragédie lyrique‹ zu malen weiß. Die dramaturgische Schwäche der Gesamtanlage, so unbestreitbar sie auch sein mag, hat geradezu notwendig mit dem Bewußtseinsstand der Figuren selbst zu tun: und das hörbar gemacht zu haben, ist die Genietat Mozarts. Nicht Ungeschicklichkeit ist es, wenn er den Belfiore in I,6 *(Welcher Reiz in diesem Bilde)* ›ante festum‹ dem Belmonte der ENTFÜHRUNG aus dem musikalischen Fleische schneidet und ihn zwei Nummern später *(Hier vom Osten bis zum Westen)* als eitlen Adelsprotz parodiert: solche Unverträglichkeit sagt mehr über Mozarts Befähigung als über deren Grenzen aus.

Der Metapher ›Wahnsinn‹ für den nicht nur momentanen Zustand der Bewußtlosigkeit entspricht ein musikdramaturgisches Charakteristikum, das Tragik und Komik unvermittelt nebeneinander stellt. Dabei gewinnt das tragische Moment einen Ausdrucksgehalt, der über die italienische ›Buffa‹ der Zeit weit hinausgeht. So zeigt sich Arminda in I,7 *(Wenn die Männer sich verlieben)* als eine pfiffige Buffa-Figur, während sie sich in II,1 mit einer Rachearie in d-moll *(Um deine Straf' zu fühlen)* fast als Furie erweist, die vor Mord und Totschlag nicht zurückschreckt. In diesen Bereich des Seria-Ausdrucks gehören auch die c-moll-Arien Ramiros in III,3 *(Bin ich auch von dir verlassen)* und Sandrinas in II,9 *(Ach, haltet, Barbaren)*. Daß Mozart aber keineswegs die Grenzen von ernster und komischer Oper durcheinanderbringt, zeigt die italienische Rezitativfassung. Die mit ihren drei Erniedrigungszeichen harmonisch in der Tradition der Grabesmusiken stehende Arie der Sandrina ist durchaus vergleichbar der in der parallelen Durtonart stehenden Kavatine der Aspasia in MITRIDATE. Aber sie bleibt nicht hermetisch in der ›Ombra‹-Stimmung, da sie mit einem falschen D-Dur-Akkord endet. Nun geht sie, immer noch als Allegro agitato notiert, von g-moll über f-moll in einem ›Accompagnato‹ in eine a-moll-Kadenz über, die von den mit Dämpfern spielenden Streichern eingedunkelt wird. Ohne weitere or-

chestrale Überleitung springt die Szene, die ebenso unvermittelt nach
einem Andante grazioso Serpettas begonnen hatte, nun in die ebenfalls
als Allegro agitato bezeichnete a-moll-Kavatine Sandrinas über: *Ah dal
pianto, dal singhiozzo* (Ach, vor Weinen, Schluchzen, Seufzen).

Diese von Solo-Oboe, Fagott sowie sordinierten Streichern geprägte Arie hat, ihren Modulationen durch verschiedene Moll-Tonarten zum Trotz, nach einer F-Dur-Passage einen überraschend virtuos-
leichtfüßigen Charakter. Erneut geht die Arie in ein ›Accompagnato‹
über, dessen sich ruckartig verändernder Bewegungsablauf dem harmonischen Gang von C-Dur nach Es-Dur entspricht. Mit diesem und
seinen drei Erniedrigungszeichen befinden wir uns wieder in der ›Ombra‹-Region, und in dieser Tonart beginnt als Andante sostenuto das
Septett-Finale des zweiten Akts (die Streicher nehmen die Dämpfer ab).
Daß Mozart die Kavatine der Sandrina virtuos auflockert und nicht in
die abgeschlossene Stimmung der ›Ombra‹-Tradition von Es-Dur/c-
moll einbindet, obwohl die Situation der in einem Wald mit wilden
Tieren ausgesetzten Sandrina das scheinbar erfordert, läßt einen Rückschluß auf seine Einschätzung von Sandrinas Verwirrung zu: diese
entspricht eben nicht der Schlaf- oder Todesnähe der traditionellen
›Ombra‹-Szenen, wie sie Mozart auch für seine Giunia in LUCIO SILLA
verwendet hatte. Gerade die harten Fügungen der Szene machen gegen
den in der Rezitativfassung übermächtigen Drang zur Durchkomposition deutlich, daß wir uns nicht in einer ›Seria‹ befinden, sondern daß
die seriöse Figur der Sandrina in der Welt der ›Buffa‹ lebt. Ihr Wahnsinn ist nicht die Krankheit zum Tode, vielmehr erscheint er uns musikalisch unter dem Horizont seiner Heilbarkeit. Hier liegt eine subtile
Parodie im ursprünglichen Wortsinn der Musikgeschichte vor: die
Verlagerung eines Affekts (ausgedrückt in der ›Ombra‹-Stimmung) in
eine andere als die ursprünglich ihm zustehende Stilebene.

Neben solchen Subtilitäten und den damit verbundenen Gefühls-
implikationen scheut sich Mozart keineswegs vor sprechenden Eindeu-
tigkeiten eines musikalischen Volkstheaters. Eine Variation der Kau-
derwelsch-Arie des neapolitanischen Volkstheaters ist Nardos Andantino grazioso in II,2, dessen Sprachwitz in der deutschen Fassung *Nach
der welschen Art und Weise* deutlicher als im italienischen *Con un vezzo all'
Italiana* herauskommt. Der als Gärtner verkleidete Diener der Gräfin
macht seiner Serpetta in drei verschiedenen Sprachen den Hof, und
Mozart erlaubt sich einen musikalischen Spaß. Beim französischen *Ah,
Madame, votre serviteur* geht er in ein Triller-Menuett über, die engli-

sche Wendung wird in der reinen Streicherbegleitung durch die in Ter-
zen spielenden Bratschen unterstrichen: Ansätze zu einer Parodie von
Nationalstilen, worin der italienische als eine Art ›Natur‹ erscheint.
Überhaupt weist Mozart dem Orchester einen deutlichen Sprachbezug
zu. Wenn Nardo in I,5 seine Arie *Der Hammer zwingt das Eisen* singt,
hören wir im Orchester seine handwerkliche Betätigung, und für die
›Instrumentenarie‹ des Podestà in I,3 *(Zu meinem Ohr erschallet)* bietet
Mozart das ganze Orchester mit den nur hier eingesetzten Pauken auf:
Da muß sich jemand lautstark seine Begierde selbst einreden und beginnt angesichts der schwarzen Harmonie der Bratschen vor Selbstzweifel zu zittern. Höhepunkte der Oper sind die Solistenfinali I und II.
Mozart findet gegenüber den Kettenfinali der Buffa-Tradition seine eigene Lösung, wenn er die gleiche Melodie von jeder Figur nacheinander intonieren läßt, aber mit einem jeweils charakteristischen Unterschied. Nach diesen Final-Auftakten beginnt der Harmoniker Mozart
sein Spiel, wenn er – ganz ungewöhnlich für die Zeit! – die vorherrschenden Moll-Tonarten, im ersten Finale ein großes G-Dur-Rondo
einschließend, durcheinander wirbelt und durch Ruhepunkte in ihrer
Wirkung noch hervorhebt.

Die Uraufführung der FINTA GIARDINIERA am 13. Januar 1775
war ein großer Erfolg. Einen Tag später schrieb der knapp neunzehn-
jährige Komponist der Mutter: »Meine opera ist gestern als den 13ten
in scena gegangen; und so gut ausgefallen, daß ich der Mama den lärme
ohnmöglich beschreiben kan. Erstens war das ganze theater so gestrozt
voll, daß vielle leüte wieder zurück haben müssen. Nach einer jeden Aria
war alzeit ein erschröckliches getös mit glatschen und viva Maestro
schreyen.« Aber es gab nur zwei Wiederholungen, und erst um 1780
führte die Böhmsche Truppe das Werk mit deutschen Dialogen als
Singspiel DIE VERSTELLTE GÄRTNERIN in einer Übersetzung von
Franz Xaver Stierle auf. Zu dem Zweck hatte Mozart Johann Böhm die
Partitur zur Verfügung gestellt, und seitdem ist das Autograph des ersten Akts verschollen. Die beiden anderen Akte, mit Leopold Mozarts
eigenhändiger Übersetzung und einigen Änderungen Wolfgangs, sind
überliefert. Die Doppelexistenz des Werks als deutsches Singspiel und
italienische ›Buffa‹ mit rekonstruierten Rezitativen für den ersten Akt
erklärt vielleicht, warum die Oper auf dem Theater nicht so recht heimisch geworden ist.

DIE GROSSE DREHSCHEIBE

Mozart verließ mit dem Vater München wahrscheinlich in dem gleichen Gefühl wie zwei Jahre zuvor Mailand: enttäuscht, daß der Hof weder einen neuen Auftrag noch gar eine Stelle anbot. Der Kampf um eine solche ›Vacatur‹, wie Mozart sie nannte, wurde ihm ebenso zum Lebenstrauma wie das in seiner Jugend vom Vater ausgehende Bemühen um eine ›Scrittura‹ – einen Auftrag. Ein solcher für das Musiktheater erreichte ihn in Salzburg zur Feier eines Besuchs des Erzherzogs Maximilian. Auf der Rückreise vom Karneval in Paris nach Wien machte dieser April 1775 Station an der Salzach, wo man ihm Mozarts neuestes Werk bot:

> **IL RE PASTORE** (Der König als Hirte. ›Dramma per musica‹ in zwei Akten). Das Libretto war 1751 von Metastasio geschrieben worden (Gluck vertonte es 1756), wurde aber zum gegebenen Anlaß um einen Schlußchor zum höheren Ruhme der Obrigkeit erweitert. Um die zähe Handlung schneller zu diesem Ende zu bringen, war Metastasios Dreiakter auf zwei Akte zusammengezogen worden. Dadurch wurde aus der ursprünglichen Oper eine festliche Serenade. Titelheld ist der Schäfer Aminta, der zu Beginn nicht weiß, daß er der rechtmäßige Erbe des Reichs Sidon ist. Als König Alexander Sidon von einem Usurpator befreit hat, besteht Aminta auf seinem Schäferdasein und seiner Liebe zu der Nymphe Elisa. Die Staatsräson verlangt von ihm aber, beidem zu entsagen: Er soll, um die Völker auszusöhnen, sich auf dem Thron mit Tamiri, der Tochter des gestürzten Tyrannen, verbinden. Diese wiederum liebt Agenor, einen Freund des Mazedonierkönigs Alexander, der am Ende die ›richtigen‹ Paare zusammenführt.
>
> Metastasio hat seine Botschaft eindeutig verkündet: mehrfach heißt es, der gute Hirte sei auch ein guter Herrscher, und die religiöse Grundierung der Metapher vom guten Hirten hatte schon 1751 den Beifall der Kaiserin Maria Theresia gefunden, zu deren Geburtstag die ›Festa teatrale‹ geschrieben worden war. Dramatische Konflikte ließ die kaiserliche Spielebene der Pastorale nicht zu, sie kommen nur scheinhaft vor.
>
> So in der berühmtesten Szene der Oper, Amintas Arie *L'amerò, sarò costante* (II,6: *Ich werde sie lieben und standhaft sein*). Aus diesem Treuebekenntnis meint Agenor zu entnehmen, daß Aminta die gewünschte Verbindung mit seiner Geliebten Tamiri eingehen will. Aber Amintas

Treueschwur richtet sich, obwohl kein Name genannt wird, auf Elisa, und erst wenn er in der Schlußszene als Schäfer auftritt, wird seine Treue offenbar: Er ist bereit, seiner Liebe den Ruhm eines Herrschers zu opfern. Es handelt sich um ein Es-Dur-Andantino, dessen instrumentaler Grundierung durch gedämpfte Streicher, Flöten, Fagotte und Hörner sich doppeltes Englischhorn und ein Geigen-Obbligato zugesellen. Das Stück, durch eine scheußliche Kadenz aus dem 19. Jahrhundert auch als Konzertarie berühmt geworden, hat teil an dem von Mozart schon in MITRIDATE oder LA FINTA GIARDINIERA erprobten ›Ombra‹-Charakter dieser Tonart, der durch eine c-moll-Passage vertieft wird. Treue wird hier also aus dem Bewußtsein ihres möglichen Verlusts (oder der mit ihrer Aufrechterhaltung verbundenen Verluste) beschworen. Daß Mozart die Nähe zur Grabesmusik ebensowenig fixiert wie in Sandrinas c-moll-Arie aus der FINTA GIARDINIERA, läßt sich aus der hohen Lage des Violinsolos und der Gesangspartie (sie war für einen Kastraten geschrieben) in Richtung auf eine Utopie erschließen: Aminta windet sich um eine entscheidende Drehung zum Traum von einer herrschaftslosen Liebe hoch.

Was in dem traditionellen ›Ombra‹-Klang, wie er Giunia in der Friedhofsszene des LUCIO SILLA umfängt, eingespannt ist in die Weltentrücktheit von Tod oder Schlaf, erscheint hier in der fließenden Streicherbegleitung und dem gleichbleibenden Metrum ebenso wie in den Paarreimen des Textes, die Mozart durch ›Portamenti‹ mit jeweils zwei gebundenen Vierteln unterstreicht, als ein erträumtes Beharren auf jener Idyllik, die das Bühnenspiel selber nur als verdinglichtes Abziehbild bietet. Das eigentliche Drama spielt sich nicht in der Szene, sondern in der Musik ab. Daß Mozart für diesen Traum von Treue sich der Rondo-Form bedient, wie später in COSÌ FAN TUTTE, wenn Fiordiligi in ihrem Rondo *Per pietà, ben mio, perdona* Treue aus dem Erlebnis ihrer stärksten Gefährdung erfleht, weist auf den fast schon rituellen Charakter einer Selbstbeschwörung. Wie in Fiordiligis mit einem quasi religiösen Adagio beginnenden Rondo haben wir es mit einem verweltlichten Gebet zu tun. Gewiß ist IL RE PASTORE kein großes Musikdrama, auch nicht literarisch im Sinne der Tradition Metastasios, aber die Balance zwischen dem Orchester und den oft erstaunlich subtil geführten Singstimmen zeugt doch von einer Individualisierung des musikalischen Materials, die auch in einer Bühnenaufführung nachvollziehbar ist.

Daß in dieser Oper dem Drama aus dem Geist der Kammermusik und Symphonik Gerechtigkeit wird, mag ein bezeichnendes Detail belegen. Amintas Aria aus dem ersten Akt (*Aer tranquillo* – Ruhige Luft) erinnert mit der Orchestereinleitung an die aus der gleichen Zeit stammenden Violinkonzerte KV 207 und besonders KV 216: Mozarts Fortschritte als Instrumentalkomponist spiegeln sich auch in jenen Bühnenwerken, die von der Forschung der Kategorie der Nebenwerke zugeordnet wurden. An solchen Fehlurteilen hat die Historie allerdings auch einen aktiven Anteil. Seit Mozart das Werk 1777 seinem Freund Joseph Mysliveček, sicher zum Zwecke einer Aufführung, nach Italien schickte, geriet es in Vergessenheit. An der haben die beiden Wiederaufführungen 1906 in Salzburg und München so wenig geändert wie die 1933 für Dessau erstellte deutsche Fassung von Siegfried Anheisser. Seit Ende des zweiten Weltkriegs ist das zuvor im Besitz der Preußischen Staatsbibliothek Berlin befindliche Autograph verschollen. Ein neuer Versuch der Wiederbelebung wurde bei der Internationalen Mozartwoche Anfang 1974 in Salzburg unternommen, als das Werk konzertant in der Urfassung gespielt wurde.

Die sechs Jahre, die zwischen den Auftragsopern IL RE PASTORE und IDOMENEO liegen, hat man sich nicht grundlos angewöhnt, seit dem VERSUCH EINER KRITISCHEN BIOGRAPHIE Mozarts von Théodore de Wyzewa und Georges de Saint-Foix (Paris 1936–46) als die seiner ›romantischen Krise‹ zu bezeichnen: im Gegensatz zu den rein ›künstlerischen‹ Krisen, wie er sie 1773 durch die erste Bekanntschaft mit Streichquartetten Haydns und später im Wien der frühen achtziger Jahre in der Begegnung mit Bachs Polyphonie erlebte. Ihre äußere Erscheinung findet sie in jener Reise der Jahre 1777/79, die Mozart mit der Mutter statt, wie vordem, mit dem Vater (dem im Gegensatz zum Sohn der Urlaub verweigert worden war), über Mannheim nach Paris führte. Allen anregenden und in seinem Werk durchaus Spuren hinterlassenden Eindrücken zum Trotz spitzt die Reise sich geradewegs katastrophal zu. In Mannheim, wo er sich in Aloysia Weber, seine spätere Schwägerin, verliebt, entwickelt er aus Leidenschaft einen Optimismus zur Lebenslüge, mit dem er sich an allen Schwierigkeiten vorbeihoffte; in Paris, wo er die Mutter verliert, wird er als Künstler so gut wie nicht wahrgenommen; auf der Rückreise weist Aloysia im Januar 1779 in München seinen Heiratsantrag ab: als Mensch und Künstler sich gleichermaßen erniedrigt fühlend, muß er sich wieder in den Salzburger Frondienst stellen. Erst als ihn 1780 aus München der Auftrag zum IDOMENEO erreicht, kann er diese Lebenskrise allmählich überwinden: nicht zuletzt in der klassischen Vollendung seines Künstlertums (nur auf dieses bezieht sich der Begriff der ›romantischen Krise‹; für den Menschen Mozart war sie alles andere als ›romantisch‹).

Dieser biographisch-werkgeschichtliche Entwicklungsstrang, in der Mo-
zart-Literatur immer wieder dargestellt und wohl erstmals 1977 von Wolfgang
Hildesheimer in seinem Buch MOZART durch methodische Hinterfragung aller
vorschnellen Möglichkeiten einer Identität von Leben, Werk und schriftlichem
Selbstzeugnis enthoben, hat zu einer Unterschätzung jenes Bühnenwerks geführt, das Mozart unvollendet liegen ließ, als ihn der Auftrag zum IDOMENEO
erreichte; diese Unterschätzung des Fragments, für das der Komponist selbst
keinen Titel fand (den gab erst der Verleger Johann Anton André 1838 seiner
Edition), fällt um so leichter, als der Komponist seine erste Türkenoper mit der
ENTFÜHRUNG AUS DEM SERAIL 1782 weit übertraf. Doch zu einer Abwertung
des Fragments besteht kein Anlaß. Vielmehr läßt es sich als die große ›Drehscheibe‹ in Mozarts musikdramatischer Entwicklung bezeichnen.

ZAIDE (Singspieltorso in zwei Akten; *L* von Johann Andreas Schachtner nach einer Tiroler Vorlage von Franz Joseph Sebastiani; Frankfurt
1866 nach der Ausgabe Johann A. Andrés von 1838 und von diesem
durch eine Ouvertüre und ein Finalquartett komplettiert; Dialogfassung von Carl Gollmick nach dem Singspiel DAS SERAIL von Joseph von
Friebert; danach zahlreiche Bearbeitungen, zum Beispiel mit der Symphonie KV 318 als Ouvertüre: Salzburger Festspiele 1968; Fassung von
Werner Oehlmann nach der Neuen Mozart-Ausgabe: Salzburg 1982
konzertant; mit einer Rahmenhandlung von Werner Hollweg: Theater
an der Wien 1983).
  Die Bedeutung der ZAIDE für Mozarts Schaffen liegt weniger in der
Tatsache begründet, daß sie seine erste Türkenoper und damit Vorläuferin der ENTFÜHRUNG ist. Die Musik selbst weist nämlich keinerlei
Lokalkolorit auf, und deshalb ist auch der gelegentlich geübte Brauch
fraglich, einer der wenigen Aufführungen des Werks die Symphonie G-
Dur KV 318 voranzustellen, wie es der Mozart-Forscher Alfred Einstein
vorgeschlagen hatte. Zwar stammt diese Symphonie aus dem Jahr 1779,
also der Entstehungszeit des Singspiels, zwar weist sie mit ihrem dua-
listischen Themencharakter auf den Gegensatz Zaide–Soliman hin,
aber gerade ihre türkischen Schlußklänge machen den Scheincharakter
dieser Lösung ebenso offenbar wie die große Orchesterbesetzung: beides kommt in den von Mozart vollendeten Szenen nicht vor. Abgesehen
von dem Problem der nicht überlieferten Dialoge zwischen den Musiknummern, die allerdings nach der Vorlage des Librettisten Schachtner
erschlossen werden können (die Neue Mozart-Gesamtausgabe legt da
eine praktikable Version vor), ist die Frage entscheidend, ob nur ein

Schlußquartett oder ein ganzer Finalakt zur Vollendung des Werks fehlt.

Die Handlung bricht auf dem kritischen Höhepunkt ab. Mit Hilfe des Renegaten Allazim versuchen Zaide und Gomatz aus der Gefangenschaft des Sultans Soliman zu fliehen. Das Mädchen wird vom verliebten Soliman im Serail vergeblich verfolgt, der junge Mann ist zur Sklavenarbeit verurteilt. Als die Flucht der Europäer scheitert, sollen beide hingerichtet werden, nachdem sich herausstellte, daß Allazim einst dem Sultan das Leben gerettet hat. Erst als dieser den Herrscher im Namen der Menschlichkeit um Gnade bittet, gibt Soliman das Paar frei, weil »auch Asien tugendhafte Seelen zeugen kann«. Mozart komponierte insgesamt fünfzehn Musiknummern, die mit dem Quartett der drei Bittsteller und des Sultans schließen – das Ende bleibt also offen. Damit auch die Frage, ob der Trompeter Schachtner in seinem Libretto der Tiroler Vorlage folgte und Allazim sich schließlich als Vater des Geschwisterpaars Zaide–Gomatz herausstellte. In Anbetracht der Finallösung von Lessings ›Dramatischem Gedicht‹ NATHAN DER WEISE, das im Jahre 1779 veröffentlicht wurde, wäre das nicht auszuschließen.

In diesem hochbedeutenden Fragment findet der Musikdramatiker Mozart, wenn man die Vorausklänge von BASTIEN UND BASTIENNE nicht zu hoch ansetzt, zu einem für ihn ganz neuen Ton. Er begnügt sich nicht mehr damit, einen vorgegebenen Rahmen mehr oder weniger reich auszufüllen, wie er es zuvor in seinen dem geistlichen Schuldrama, der Vorform der ›Opéra comique‹, der ›Opera seria‹ und ›Opera buffa‹ verpflichteten Werken getan hatte. In der ZAIDE, die er ohne Auftrag schrieb, versuchte er erstmals mit der Tradition zu brechen und in Richtung auf die deutsche Oper vorzustoßen. Dieser Vorstoß wirkt wie der Versuch einer Quadratur des Kreises. Es gilt jenen Widerspruch aufzulösen, der die Oper des 18. Jahrhunderts gespalten hatte: in einen dramatischen Aspekt, der dem Rezitativ oder Dialog oblag, und einen musikalischen, der handlungsmäßig im Stillstand der Arien und Ensembles kulminierte. Die ersten Ansätze, zu einer spezifisch musikdramatischen Sprache zu kommen, lagen in den Kettenfinali der ›Opera buffa‹ vor. Und von der fragmentarischen ZAIDE an gelingt es Mozart, diese Spaltung zu überwinden, »indem er sie durch musikalische Elemente – Motive, Rhythmen, melodische und andere Bezüge – sublimiert, die sich nicht nur als fähig erweisen, mit dem Text des Librettos eine enge Verbindung einzugehen, sondern auch, die Figuren in ihrer komplexen Lebenswirklichkeit zu charakterisieren«.

Wie wenig Mozart bei aller Innovationsfreude ein Revolutionär des Musiktheaters war, der sich eigene Voraussetzungen für seine Neuerungen schuf, läßt sich auch daran ablesen, daß er das spezifische Experiment der ZAIDE durchaus im Sinne des Zeitgeistes anstellte. Er löste nämlich den Gegensatz zwischen dem handlungstreibenden Rezitativ in der ›Seria‹ (beziehungsweise dem Dialog in der Buffo-Oper französischer Prägung) und dem abstrakten Affektgehalt der Arie (bzw. der Ensembles) durch Melodramen, wie er sie 1778 in Mannheim aus der Feder Georg Bendas kennen- und schätzengelernt hatte: MEDEA und ARIADNE AUF NAXOS. Ein Plan, für Heribert von Dahlberg, den Intendanten des in jenem Jahr eröffneten und mit Schillers Jugenddramen in den frühen achtziger Jahren Furore machenden Mannheimer Nationaltheaters, ein von diesem verfaßtes Melo- oder Monodram zu vertonen, zerschlug sich.

Das erste Melodram, von Mozart italienisch ›Melologo‹ genannt, folgt auf den einleitenden Chor der Sklaven zu den Worten des Gomatz *Unerforschliche Fügung.* In ihm sind, anders als im zweiten Melodram des Singspiels, Wortdeklamation des Sängers und orchestersprachlicher Kommentar strikt voneinander getrennt. Den Streichern sind je zwei Oboen und Fagotte zugeordnet, das einleitende Adagio beginnt mit einer pathetischen, öfter wiederholten Phrase als musiksprachlicher Ausdruck eines Händeringens: Gomatz beklagt sein Schicksal, unter lauter abgestumpften Sklaven arbeiten zu müssen. Je nach dem Ausdrucksgehalt der Worte verändert der zwischen die Textpassagen montierte Orchesterkommentar seine Bewegungsintensität zwischen einem Allegro und einem chromatischen Allegretto, in dem Gomatz seine eigene Verzweiflung gegen die Unempfindlichkeit seiner Mitgefangenen stellt, die trotz ihres Schicksals noch lustig sein können. Eine ausdrucksvolle Oboenmelodie begleitet in einem Andantino den Wunsch des Sklaven, im Schatten auszuruhen, und eine ganz luftige Kadenz schildert, wie er in Schlaf versinkt. Hier ist ein deutscher Ton des musikdramatischen Ausdrucks in Vollendung getroffen, noch über Bendas Vorbild hinausgehend (→S. 354 ff.), und nicht minder überzeugend wirkt zu Beginn des zweiten Akts das Melodram, in dem Sultan Soliman (auch ein Tenor wie Gomatz) seine Wut über die Flucht der Europäer zum Ausdruck bringt.

Mozart instrumentiert dieses Melodram, in dem Sprache und Musik sich manchmal überlagern, sehr viel dramatischer als das erste. An die Stelle der Fagotte treten Hörner, Trompeten und Pauken, und der imperiale Gestus der Musik (schon das C-Dur-Klavierkonzert KV 503 und die ›Jupiter‹-Symphonie sind zu ahnen) unterstreicht die herrschaftliche Stellung dessen, der sich bitter beklagt: *Zaide entflohen! Kann ich den Schimpf überleben?* Erneut gehen Sprache und Musik eine erstaunlich aussagekräftige Verbindung ein, und am Ende wird wieder das anfängliche D-Dur erreicht, in dem sich nun eine Arie Solimans anschließt, nachdem der Führer der Wachen in einem gesprochenen Dialog Allazim als Haupt der Verschwörung entlarvt hat: *Der stolze Löw' läßt sich zwar zähmen.* Hier scheinen wir schon in die Vorstellungswelt von Beethovens Pizarro in FIDELIO vorgedrungen zu sein, und wenn die Musik sich nach einer Kadenz auf der Dominante der Dominante zum Presto beschleunigt, meinen wir in den Dezimsprüngen der Singstimme die Fiordiligi aus COSÌ FAN TUTTE zu hören. Wie sehr Mozart mit der ZAIDE in die Zukunft der Oper vorschießt, läßt sich auch an der folgenden Arie ablesen: *Wer hungrig bei der Tafel sitzt.* Gesungen wird sie von Osmin, der hier nicht – wie in der ENTFÜHRUNG – der dämonische Haremswächter ist, sondern eher ein Gemütsathlet als Mädchenhändler. Diese im Sechsachteltakt sich dahinwiegende F-Dur-Arie mit ihren Lachabschnitten erinnert den unbefangenen Hörer von heute eher an Lortzing als an Mozart.

Damit ist die Vielschichtigkeit des Werks aber noch nicht hinlänglich beschrieben. So gibt es Arien im schlichten Stil des deutschen Lieds, wie Zaides Eingangsszene *Ruhe sanft, mein holdes Leben.* Aber unter der Singstimme, die im letzten Abschnitt einen herrlichen Dialog mit der Oboe führt, ist das Orchester eher im französischen Stil organisiert. Das Menuett-Tempo wird ausdrücklich graziös verlangt, der Oboe und dem Fagott stehen die sordinierten Violinen und die im Pizzikato (geteilt) spielenden Bratschen über einer festen Baßlinie gegenüber. Der C-Dur-Mittelteil der in G-Dur geschriebenen Arie wechselt in den Zweivierteltakt, die Reprise des Menuetts erklingt etwas lebhafter. So unschuldig das alles wirkt, so klar wird doch, daß hier ein Komponist sozusagen eine Zwischenbilanz seiner gestalterischen Möglichkeiten zieht. Aus der fanzösischen Klangwelt scheint auch Zaides zweite Arie entlehnt: *Trostlos schluchzet Philomele*, die sie nach dem mißglückten Fluchtversuch singt: ein A-Dur-Andantino, das nur von den Streichern begleitet wird. Aus der Welt der ›Opera seria‹ scheint dagegen ihre direkt folgende Arie zu stammen: *Tiger! Wetze nur die Klauen.*

Die in der Haupttonart g-moll gehaltene Arie beginnt im Stil italienischer Bravourstücke. Mozart verinnerlicht sie aber dadurch, daß er die Streicher ein Tremolo spielen läßt (für eine Arie recht ungewöhn-

ZAIDE

lich), im Gedanken an ihren Geliebten ändert sich die Tonlage Zaides in Richtung auf einen Pamina-Ausdruck (Es-Dur mit sordinierten Streichern). Wenn dann wieder g-moll erreicht wird, klingt die Todessehnsucht Zaides wirklich schon wie ein Vorgriff auf die in derselben Tonart ausgedrückte Weltflüchtigkeit Paminas, ehe wieder der Tiger-Abschnitt erklingt, mit heftigeren Lautstärkewechseln als zu Beginn. Und so, als wolle Mozart die von ihm erreichte Höhe musiksprachlicher Integration der einzelnen Bausteine mottohaft verkünden, läßt er nach der orchestralen Coda die Singstimme in einem Oktavsturz das Wort ›Tiger‹ noch einmal rufen: da ist der Geist des Melodrams in eine Arie als Schlußbemerkung eingefügt. Von nun an, so scheint dieser Nachklang zu versprechen, wird bei Mozart das Wort-Ton-Problem auf einem höheren Niveau als zuvor abgehandelt werden. Sein Wille, die geschichtlich entwickelten Stufen eines opernhaften Nationalstils zu einer Synthese zusammenzuzwingen, läßt ihn weniger zwischen Singspiel und ›Opera seria‹, ›Opera buffa‹ und ›Opéra comique‹ schwanken, als einige ihrer Bestandteile zu einer neuen Einheit aufheben. Gewiß stehen die Figuren des Fragments noch nicht in der psychologischen Umrißschärfe der ENTFÜHRUNG vor uns, aber die dramatische Musiksprachlichkeit Mozarts löst sich nun von den Fesseln der Tradition.

Das ist nicht nur an Einzelheiten der Arien zu beweisen, sondern auch an den Ensemblesätzen. Schon der Anfang des Finaltrios I (O selige Wonne) läßt den Hörer aufhorchen. Während das Orchester abtaktig intoniert, erklingen die Singstimmen auftaktig, als wolle Mozart das jeweils verschiedene Empfinden der drei ›Verschwörer‹ hinter dem gemeinsamen Interesse hörbar machen. Das E-Dur-Andantino beschwört zunächst mit seinem wiegenden Sechsachteltakt einen utopischen Friedenszustand. Der wird plötzlich, wenn Zaide die Vision eines interplanetarischen Gewitters hat, durch eine harte Beschleunigung des Bewegungsverlaufs zerstört. Gomatz und Allazim beruhigen das Mädchen, das offenbar seine Empfindungen in die Außenwelt projiziert hatte, und wenn in der Haupttonart ein harmonisches Allegro erreicht wird (Möchten doch einst Ruhe und Friede), läßt der angestrengte Freudenton einiges von den wahren Angstgefühlen der drei spüren. Noch bemerkenswerter in dieser Hinsicht ist das Schlußquartett des Fragments Freundin, stille deine Tränen! Es beginnt mit einem reinen Bläsersatz, ganz gelöst im Serenadenton, als solle die von Gomatz im gemeinsamen Liebestod versprochene Erlösung vom irdischen Los dem Satz mottohaft vorangestellt werden. Wenn Gomatz als erster zu singen beginnt, übernehmen die Streicher die Begleitung; dann fleht der inzwischen freigesprochene Allazim den Sultan in kurzen, schluchzerartig durch Pausen abgesetzten Motiven um Gnade für die Liebenden an. Während Zaide sich in einem bewegenden Solo als alleinschuldig bezeichnet, besteht Soliman auf seinem Recht zur Rache. Diese Verschiedenheit im Ensembleklang wird im weiteren Verlauf noch verstärkt, wobei Allazim aus der Haupttonart B-Dur mit seinen Schluchzern in f-moll ausbricht und Soliman ihm in F-Dur mit polyphon verhärteter Orchesterbegleitung antwortet. Am Ende wird die Haupttonart wieder erreicht, die Einheit in der Vielfalt unterstreichend. Hier erklingt zum erstenmal bei Mozart eins jener psychologisierenden Ensembles, in denen die musiktheatralische Eigensprachlichkeit voll ausgebildet ist.

IDOMENEO (›Dramma per musica‹ in drei Akten; *L* von Giambattista Varesco; Cuvilliéstheater München 1781; konzertant: Wien 1786; deutsche Fassung von Johann David Apell: Kassel 1802; von Georg Friedrich Treitschke: Wien 1806, Originalfassung: Basel 1931; nach der Neuen Mozart-Ausgabe: Amsterdam 1973; Kassel 1973).

Schon die kurzen Angaben zur Aufführungsgeschichte deuten die problematische Aufnahme des IDOMENEO an. Den Auftrag für die Oper hatte Mozart 1780 aus München erhalten, wobei Kurfürst Karl Theodor möglicherweise selbst den Stoff bestimmte. Geschrieben wurde das Libretto vom Salzburger Hofkaplan Giambattista Varesco nach Antoine Danchets Drama IDOMENÉE, das André Campra 1712 für die Pariser Karnevalsaison als ›Tragédie lyrique‹ vertont hatte. Auch Mozarts Oper war für den Karneval bestimmt, und dank seiner ausgiebigen Korrespondenz mit dem Vater nach seiner Abreise von Salzburg (5. November 1780) bis zur Ankunft Leopolds und Nannerls in München (26. Januar 1781) sind wir über entscheidende Stufen im Arbeitsprozeß besser als in jeder anderen Oper des Komponisten informiert.

Die Auseinandersetzungen Mozarts mit dem Librettisten – erstmals begegnete er einem Textdichter im Vollbewußtsein seiner Bedeutung – ziehen sich wie eine Leidensspur durch die Entstehungsgeschichte des Werks und haben es in einer gewissen Grauzone erscheinen lassen, zumal Mozart den IDOMENEO 1786 für eine konzertante Aufführung im Wiener Palais des Fürsten Johann Adam Auersperg revidierte (obwohl er ihn im Kern unverändert ließ: eine Folge seiner eigenen Wertschätzung der Musik). Seitdem besteht für jede Aufführung das Problem der Fassung. Das erklärt, neben den für eine ›Opera seria‹

ungewohnten szenischen Schwierigkeiten (Schiffbruch, Auftauchen eines Seeungeheuers), zumindest teilweise die weit über das 19. Jahrhundert hinaus wirksame Verkennung dieses Meisterwerks. Mozart hat es nicht in einer definitiven Form hinterlassen, und selbst nach dem Erscheinen der Oper in der Neuen Mozart-Ausgabe, der ersten authentischen Edition der Oper, wird bei Aufführungen viel gesündigt – oft in Unkenntnis der Sachlage oder aufgrund anfechtbarer Kompromisse.

Abgesehen davon, daß Mozarts Secco-Rezitative trotz eigener Kürzungen des weitschweifigen Librettos immer noch zu lang sind, müssen neben solchen Strichen andere Entscheidungen getroffen werden. So liegt die Arie des Idomeneo *Fuor del mar* in zwei Fassungen vor: einem koloraturendurchsetzten Bravourstück und einem leichteren, dem alternden Sänger Anton Raaff zuliebe entschärften, von dem ungewiß ist, ob es erst für die Wiener Fassung entstand (ihm ist das schwierige immer vorzuziehen). Das Duett Ilia-Idamante aus dem dritten Akt ist auch in zwei Fassungen überliefert, das Orakel gar in vier, und die fragmentarische Es-Dur-Passacaglia am Schluß der finalen Ballettmusik kann auf keinen Fall der ursprüngliche Abschluß des Werks gewesen sein. Hinzu kommt, daß Mozart die Kastratenpartie des Idamante in Wien für einen Tenor umschrieb. Das ging, auch in Ensembles, nicht ohne Änderungen in der Stimmführung ab, und da Mozart die Titelpartie ursprünglich für einen Baß konzipiert hatte und sie nach der Uraufführung hoffte für Ludwig Fischer umschreiben zu können, geistert eine Verwirrung der Tonschlüssel durch die Ausgaben: und damit eine der Tonhöhenzuordnung der einzelnen Figuren. Für eine Aufführung entsteht aber nicht nur die Frage nach der Entscheidung zwischen Münchner Urfassung (mit einem Kastraten bzw. einem Mezzosopran für den Idamante) und der revidierten Wiener Fassung (mit einem Tenor, dem Mozart statt einer Arie des Arbace zu Beginn des zweiten Akts das berühmte *Non temer, amato bene* mit obligater Violinbegleitung schrieb). Problematischer ist neben dieser Entscheidung das Verhalten angesichts der Kürzungen, die Mozart (über die Rezitative hinaus) noch vor der Münchner Uraufführung vornahm; so etwa der Ersatz der großartigen Elektra-Arie *D'Oreste, d'Aiace* durch ein (allerdings fulminantes) Orchesterrezitativ *Oh smania! Oh furie!*

Solche Textprobleme erklären die lange Zeit, ehe der IDOMENEO die Anerkennung als Meisterwerk auf Mozarts voller Höhe erfuhr. Für diese hat die Veröffentlichung der Partitur in der historisch-kritischen Ausgabe 1972 die entscheidende Voraussetzung geliefert; theatermusikalisch wurde sie erstmals 1980 in Zürich anschaulich gemacht, als der Dirigent Nikolaus Harnoncourt das Werk philologisch überzeugend und stilistisch mit einigen historisierenden Charakteristika herausbrachte. Die Vermeidung eines philharmonischen Einheitstons und eines vokalen Dauerlegatos zugunsten eines sprachähnlich zerhackten Musikduktus machte die Herkunft des IDOMENEO aus der Tradition der Barock-Oper deutlich. Dazu gehören instrumentale Farbvaleurs, die gegen die Traditionen des 19. Jahrhunderts mobilisiert werden müssen (nur Darmsaiten und keine Plastikdämpfer für die Streicher, kaum Vibrato in den Bläsern, Holzschlegel für den Pauker), ebenso wie die Berücksichtigung der Tatsache, daß trotz einer durchgehenden Vier-Viertel-Notierung die ›trockenen‹ Rezitative einen ungleichmäßigen Bewegungsfluß haben müssen (›Notes inégales‹ in der französischen Begriffssprache). Dieser Neueinsatz für den IDOMENEO lehnte sich gegen eine zweihundertjährige Wirkungsgeschichte von oft desolater Prägung auf. Daß tiefgreifende Änderungen des Librettos wie die Anton Wilhelm Florentin Zuccalmaglios (1838) oder die französische Version von 1822 (in zwei Textfassungen von Louis-Charles Caigniez) nicht den Weg zum Theater fanden, sei sozusagen als Trost erwähnt. Selbst ambitionierte und fachmännische Einrichtungen wie die von Ernst Lewicki (endgültige Version: 1928), der allen Ernstes »die Merkmale der alten ›Opera seria‹ so weit als möglich« eliminieren wollte (Vorwort), oder die Bernhard Paumgartners, der 1956 für die Salzburger Festspiele im Mozart-Zentenarjahr seine dramaturgischen Änderungen durch die sinnlose Plazierung der Es-Dur-Passacaglia an den Beginn des zweiten Akts krönte, gerieten mehr als fragwürdig. Erst recht gilt das für die Einrichtungen berühmter Komponisten, die 150 Jahre nach der Uraufführung dem IDOMENEO zum Durchbruch verhelfen wollten. (Im gleichen Jahr 1931 fand beim Basler Mozartfest auch ein Rekurs auf die italienische Originalfassung statt, wenngleich in einer Mischversion München/Wien.) So strich Ermanno Wolf-Ferrari für München nicht nur weite Teile der Rezitative, sondern auch acht der vierzehn Arien (nur die Ensembles blieben unangetastet). Die Rezitative schrieb er zum Teil neu und verteidigte sich euphemistisch im Vorwort: »Sollten manche Stellen ›modern‹ klingen, so kann ich beweisen, daß gerade diese von Mozart sind.« Als Ausgleich für diese Kürzungen wählte er die längste Fassung der Orakelszene (70 Takte), die er mit neuem Text mitten in den dritten Akt plazierte. An Stelle von Mozarts Chorfinale (vor dem Schlußballett) ließ er die nach D-Dur transponierte Passacaglia aus der Ballettmusik mit einem eingebauten sechsstimmigen Chor auf Idomeneos letztes Rezitativ folgen.

Kaum zurückhaltender verhielt sich Richard Strauss im gleichen Jahr für Wien. Er schrieb 65 Partiturseiten eigener Musik, was Alfred Einstein in der dritten Auflage des Köchel-Verzeichnisses zum Urteil von der Vergewaltigung anregte. Strauss hatte sich mit dem Argument rechtfertigt, wenn es ihm und dem Texter Lothar Wallenstein »gelungen sein sollte, die im Mozartschen Schaffen einzig dastehende ›Opera seria‹ der deutschen Bühne wiederzugewinnen, will ich, wenn ich dereinst wirklich in den Himmel komme, mich gerne persönlich dem göttlichen Mozart gegenüber wegen meiner Pietätlosigkeit verantworten.« Das indes dürfte ihm nicht leicht gefallen sein, denn der richtigen Einschätzung von Mozarts Musik steht in seiner Bearbeitung eine merkwürdige Selbstbefangenheit im Wege. Daß er die Elektra in Ismene umbenannte, hat wohl damit zu tun, daß er nach dem Todestanz seiner eigenen Elektra keine weitere leben lassen wollte. Andrerseits kam er dank seiner Vorliebe für Hosenrollen (Komponist in ARIADNE AUF NAXOS, Octavian im ROSENKAVALIER) auf die richtige Idee, den Idamante von einer Frau statt einem Tenor singen zu lassen (wie überhaupt die Münchner Urfassung den Vorzug vor den Veränderungen der Wiener Fassung verdient). Die neukomponierten Rezitative sind recht geschickte Zitatverknüpfungen, das Zwischenspiel nach dem Flucht-Chor des Volks im zweiten Akt ein chromatisch verdüstertes Largo, der behutsam zu Mozarts Chorfinale III hinüberleitende Es-Dur-Ensemblesatz (motivisch aus der Einleitung zu Idomeneos letztem Rezitativ gewonnen) ein eigenwilliges ›Hommage à Mozart‹ für zwei Soprane, Tenor, Baß und gemischten Chor.

Mozarts IDOMENEO ergänzt im Schaffen des Komponisten die nationalstilistische Synthese der ZAIDE um eine entscheidende Komponente zu einer sozusagen weltmusikalischen Sprache des 18. Jahrhunderts. Sind in der fragmentarischen ZAIDE Stilelemente des Singspiels mit denen der ›Opera seria‹, ›Opera buffa‹ und ›Opéra comique‹ vermischt, so gewinnt sich Mozart nun auch die Tradition der ›Tragédie lyrique‹. Der IDOMENEO, den er selbst dem Vater gegenüber seine ›große Oper‹ nannte, ist nicht nur ein ›Dramma per musica‹, wie das Libretto ihn der Tradition der ›Opera seria‹ zuweist; Mozart vereint deren Spezifika, etwa die ganz im barocken Affektgehalt aufgehende, allerdings vor der Münchner Uraufführung gestrichene d-moll-Arie der Elektra *D'Oreste, d'Aiace*, mit dem Aufwand des französischen Musik-

dramas. Dem entspricht nicht nur das große Orchester, ihm stand in
München das berühmte Mannheimer Orchester zur Verfügung, sondern auch die Vielfalt der Chöre (die teilweise zur Vergrößerung des
Effekts hinter die Szene plaziert sind) und der Einsatz des Balletts (Mozarts Ballettmusik zum IDOMENEO ist als einzige im 18. Jahrhundert
mit Rameaus Tanz-Musiken vergleichbar). Wie in Rameaus besten
Werken hat Mozart es verstanden, diese getanzten Einlagen (›Entrées‹)
musikdramaturgisch mit dem Ganzen zu verbinden. So begrüßen am
Ende des ersten Akts die Frauen Kretas die aus dem Trojanischen Krieg
heimkehrenden Männer mit jener Tanzdoppelung von Marsch und
Chaconne, die am Ende des dritten Akts wieder erscheint (da ist der in
der Neuen Mozart-Ausgabe gemachte Vorschlag, beide Tänze im ersten Akt die leichtgewichtige Gavotte rahmen zu lassen, wenig überzeugend). Weil im ersten Akt der Wiedersehensfreude von Männern und
Frauen unterschiedliche Motive im Marsch zugeordnet sind, spiegelt
sich in dieser Außenhandlung die Spannung der eigentlichen Innen-
handlung.

Am Ende des zweiten Akts ist das Divertissement ganz in das Drama
integriert, wenn das Volk vor dem Seeungeheuer entsetzt flieht. Hinzu
kommt, daß Mozart diese Einlagen durch Motivzusammenhänge auch
rein musikalisch ins Gesamtwerk integriert. So gibt es thematische
Klammern von der Ouvertüre über die Chorchaconne am Ende des ersten Akts bis hin zum Chormarsch *Scenda Amor* am Ende des dritten
Akts und der Schlußchaconne im anschließenden Tanz-Divertissement. Daß Mozart das französisch geschulte Mannheimer Orchester
(auch die Tanzgruppe des Ballettmeisters und Uraufführungs-Choreo-
graphen Pierre Le Grand war rein französisch) nicht nur in der Klang-
fülle, sondern auch bezüglich der typisch französischen Rhythmen
(Punktierungen) forderte, spricht für seine Kenntnis der Tradition der
›Tragédie lyrique‹. Und wie er Glucks ALCESTE kannte, beweist die
Tatsache, daß er in der Orakelszene das Posaunenkolorit bemüht. So
setzt der IDOMENEO Glucks Reformwerk, das letztlich aus der Versöhnung von ›Opera seria‹ und ›Tragédie lyrique‹ bestand, fort – allerdings
ohne jeden reformerischen Anspruch.

Mozarts Verzicht auf programmatische Selbstdeutungen hat zweifellos mit dazu beigetragen, daß die wahre Bedeutung des IDOMENEO
so lange verkannt werden konnte. Die Einsicht, daß es sich quasi um
eine italienische ›Tragédie lyrique‹ handelt, daß Mozart also Glucks
Reformtat, den ORFEO in den ORPHÉE und die italienische ALCESTE in

eine französische zu verwandeln, ohne diesen reformerischen Wand-
lungsprozeß in einem einzigen Werk zum geschichtlichen Abschluß
brachte, fiel schon frühen Verlegern des Werks schwer. So finden wir
nicht nur die strittige Gattungsbezeichnung ›Opera seria‹ in Simrocks
Klavierauszug von 1798, sondern sogar in der beim gleichen Verlag
1805 herausgekommenen Partitur (die sich durch eine genaue Tonhö-
henzuweisung der einzelnen Partien und eine große Vollständigkeit bis
auf die für Wien anstelle der ursprünglichen Arbace-Arie nachkompo-
nierte Arie mit Violinobbligato *Non temer* KV 490 auszeichnet) die will-
kürliche Bezeichnung ›Dramma eroico‹. In der literarischen Vorlage
des Librettos, Antoine Danchets IDOMÉNÉE, lautet die Genrezuord-
nung einfach ›Tragédie‹. Als Mozart 1764 erstmals in Paris weilte,
spielte die ›Comédie-Française‹ eine spätere Idomeneo-Tragödie von
Antoine Marin Lemierre. Ob die Mozarts sie sahen, ist unbekannt,
möglicherweise wußten sie aber durch die ausführliche Kritik des Barons Melchior Grimm davon, der damals Wolfgangs Protektor war (ihn
aber 1778 recht unleidlich behandelte). Grimm bemängelte den zu ver-
nünftelnden Fortgang der Handlung, die im Selbstopfer Idamantes kulminiert und den Elektra-Stoff ausklammert. Bemerkenswert sind
Grimms Äußerungen, der Stoff fordere »einen dunklen Geist von Unsicherheit, Wechselhaftigkeit, finsteren Andeutungen, Unruhe und
Angst, der das Volk peinigt und von dem der Priester profitiert«. Erst
auf dem Musiktheater, so Grimm, könne es »zu einem sehr interessanten Schauspiel mit einer großen Anzahl zwingender und pathetischer
Situationen« werden – Forderungen, die Mozarts Oper prophetisch
vorwegnehmen.

Die Figurenkonstellation im IDOMENEO entspricht der Tradition
des klassizistischen französischen Sprechtheaters, die Metastasio für die
›Opera seria‹ mechanisiert hatte. Idamante, Sohn des Kreterkönigs
Idomeneo, liebt Ilia, die gedemütigte Tochter aus dem unterworfenen
Königshaus der Trojaner. Ilia teilt heimlich seine Zuneigung, glaubt
aber, Idamante liebe Elektra, die griechische Königstocher aus dem
Hause Agamemnons. Diese wiederum, an den Kreterhof geflüchtet, ist
sicher, über die trojanische Gefangene zu triumphieren, und zwar mit
Hilfe des Königs Idomeneo. Dieses Schema liefert im wesentlichen den
Anlaß für die (meisten) Arien, aber Mozart wertet es unendlich durch
jene Dramaturgie von Spannung–Entspannung auf, die er selbst als
›Chiaroscuro‹ (Helldunkel) bezeichnete. Hebelarm für diese Dramaturgie der Stimmungsumschläge ist ihm der Chor, der solcherweise

eine für die Operngeschichte neuartige Funktion gewinnt. Nach der Ouvertüre und den der Exposition dienenden Arien und Rezitativen Ilias und Idamantes bricht der Chor in eine Jubelhymne aus: Idamante hat den trojanischen Kriegsgefangenen die Fesseln abnehmen lassen und will die Völker Griechenlands und Trojas endlich versöhnen. Diesem Anstieg der Stimmungskurve von Ilias einleitender Elegie über Idamantes Liebesgeständnis hin zu dem chorischen Jubelschrei entspricht die Verlagerung der Handlungsebene vom Privaten ins Allgemeine. Auf diesem Höhepunkt findet der Umschlag statt: aus dem Hell wird ein Dunkel, die privaten Gefühle lassen den mythischen Weltzusammenhang vergessen. Arbace, ein Vertrauter des Königs, bringt die (wie sich nachher herausstellt: falsche) Nachricht vom tödlichen Schiffbruch Idomeneos; Ilia und Idamante gehen betroffen ab; Elektra (Elettra) sieht sich in einer affektbetonten Wut-und-Zorn-Arie *Tutte nel cor vi sento* (Euch alle fühl' ich im Herzen) von den Furien ihres stärksten Fürsprechers beraubt.

Der folgende Schiffbruch-Chor *Pietà! Numi, pietà* (Gnade, ihr Götter, Gnade!), in einen Nah- und Fern-Chor aufgeteilt, unterstreicht die Düsternis des Ablaufs. Aber eben diese chorische Intensität der Bitte um Göttergnade verabsolutiert sich dann wieder in einem Individuum: dem Gelübde des soeben vom Meergott Neptun verschonten Idomeneo, den ersten ihm begegnenden Menschen zu opfern. Die folgende Begegnung mit seinem Sohn Idamante erstellt das ›Chiaroscuro‹ als rezitativischen Dialog. Vater und Sohn gehen, wenngleich aus verschiedenen Gründen, nach der Begegnung schmerzerfüllt auseinander: Idomeneo voller Entsetzen, daß er den Sohn opfern muß, Idamante, weil er sich vom Vater lieblos verlassen fühlt. Das ›Chiaroscuro‹ als dramaturgischer Ausdruck der tragischen Verstrickung wechselt im abschließenden Marsch und dem Chor der geretteten Kriegsteilnehmer zu kollektivem Freudentaumel: das Allgemeine und das Private befinden sich im Zustand der Unvereinbarkeit. Der zweite Akt variiert das Prinzip, aus der Selbsttäuschung des ersten Akts wird nun der Versuch eines bewußten Betrugs. So sichert der Chor *Placido è il mar* (Beruhigt liegt das Meer) dem Plan Idomeneos, seinen Sohn außer Landes zu schicken (er soll Elektra nach Argos zurückbringen), um ihn am Leben zu erhalten, eine Heilserwartung zu. Verstärkt wird sie durch Elektras solistisches Aufgehen in diesen Chor: Sie sieht endlich die Gelegenheit, den Geliebten endgültig für sich zu gewinnen. Der erneute Sturm, im Chor *Qual nuovo terrore è questo* (Welch neues Entsetzen) seinen Widerhall im menschlichen Gefühl der Bedrohung findend, zeigt den gesteigerten Zorn des Gottes Neptun. Auf diesem Höhepunkt der Götterdrohung fordert das Volk Rechenschaft vom König: *Il reo, qu'al è?* (Der Schuldige, wer ist es?). Als Idomeneo sich selbst beschuldigt und dem Gott als Opfer anbietet, setzt das Unwetter erneut ein, und diesmal flieht das Volk in Angst davon: seinen Herrscher verlassend. Am dunkelsten Punkt der Handlung sind Kollektiv und königliches Individuum am weitesten voneinander entfernt.

Die Ferne des Königs zu seinem Volk, mit der der zweite Akt schließt, ist zugleich der Ausdruck von Idomeneos größter Götterferne. Dramaturgisch konsequent erfolgt der Umschlag: Idomeneo bekennt die Wahrheit, daß sein Sohn zum Opfer ausersehen ist. Mozart greift hier in die äußere Dramaturgie insofern ein, als er dem Bekenntnis-Rezitativ des Königs (*Non più, sacro ministro* – Nicht weiter, heiliger Priester) den Orchesterakkord voranstellt, den wir in der ersten Begegnung zwischen Ilia und Idamante gehört hatten und der während des Bekenntnisses chromatisch vertieft wird. Die priesterliche Forderung, den Namen des Opfers bekanntzugeben, schießt also schon durch den Orchesterkommentar in die vom Gott gewährte Schlußfügung vor: den Thronverzicht Idomeneos, seine Nachfolge im Sohn und dessen Verbindung mit der trojanischen Prinzessin. Diesem objektiven Gehalt des Vorspiels steht das subjektive Empfinden des Königs im Rezitativ entgegen: er fühlt nichts als den Schmerz seines Geständnisses. An diesem Punkt hebt Mozart die den zweiten Akt beschließende Entfremdung von König und Volk auf, indem er die Trauer des Königs (die das Orchestervorspiel utopisch überholt hatte) zu jenem Weltschmerz umformt, der sich im Volkschor äußert: *Oh voto tremendo, spettacolo orrendo* (O furchtbares Gelübde! Entsetzliches Schauspiel!). Mozart verläßt hier die Tradition, die eine Arie des Königs gefordert hätte. Aber es gibt eine weitere Drehung im Gewinde des ›Chiaroscuro‹: im Augenblick von Idomeneos tiefster Verzweiflung kehrt sein Sohn als strahlender Besieger jenes Meerungeheuers zurück, das die ganze Insel bedroht hatte. Daß Mozart die Arie des durch Idomeneo immer noch vom Opfertod Bedrohten (*No, la morte io non pavento* – Nein, den Tod fürchte ich nicht) vor der Uraufführung strich (wie auch die spätere des Idomeneo: *Torna la pace al core* – Der Friede kehrt ins Herz zurück), beweist seine eigene Wertschätzung der Chiaroscuro-Dramaturgie gegenüber dem starren Libretto. Die Lösung des dramatischen Knotens, daß der Gott sich durch Ilias Todesbereitschaft erweichen läßt und auf sein Opfer verzichtet, erfolgt vor der abschließenden Seligpreisung Kretas durch Idomeneo und dem Schlußchor zu Ehren des Gottes Amor mit der vom folgenden Ballett pantomimisch beglaubigten Versöhnung von Volk und Herrscher im Rezitativ. Wie in der Kerkerszene von Beethovens FIDELIO tritt die liebende Frau im letzten Augenblick als Retterin auf, doch was bei Beethoven in einem durchkomponierten Quartett *(Er sterbe!)* als Mini-Sonate in D-Dur emporschnellt, die bei Leonores Ausruf *Töt' erst sein Weib* sich zu jenem B hochschwingt, das vom entscheidenden Trompetensignal umspielt wird, folgt im IDOMENEO der Seria-Konvention, wird einfach abgehakt.

Auch die Einheit zwischen Individuum und Kollektiv, zwischen Göttern und Menschen, ist eine scheinhafte, nicht eine gesicherte Idylle: in ihr bleibt, heftiger als in Beethovens Freiheitsutopie, der Stachel des Konflikts stecken. Elektra hatte nach der – für alle außer ihr – glücklichen Wende sich voller Zorn entfernt. Ganz gleich, ob man die ursprüngliche Arie *D'Oreste, d'Aiace* oder das von Mozart noch vor der Uraufführung an ihre Stelle gesetzte Accompagnato-Rezitativ *Oh smania! Oh furie!* betrachtet (beides zu koppeln, wäre eine Entscheidung gegen Mozarts Willen): der Affektgehalt ist in beiden Fällen von solcher Schärfe, daß der Figur in der klassizistischen Synthese von ›Opera seria‹ und ›Tragédie lyrique‹ des IDOMENEO keinerlei Heimatrecht möglich scheint. Die orchestrale Schlußphrase in Elektras von f-moll sich nach c-moll bewegender Arie ist nichts anderes als eine Verzerrung jener chromatischen Wendung in der Ouvertüre, ehe die drei leisen Schlußtakte in D-Dur erklingen: Elektra widersetzt sich mit ihrer geballten Innerlichkeit dem Gang der Handlung. Diese Figur des Widerstands prägt sich dem musikalischen Gedächtnis ein, sie kann auch nicht durch das rauschende Schlußcrescendo der Ballettmusik mit ihrer ritualartig dreimal vorgetragenen Tempobeschleunigung und ihrem fast endlos kadenzierenden D-Dur als der Zentraltonart der Oper ausgelöscht werden (die in Mozarts Autograph folgende Es-Dur-Passacaglia kann schon aus tonartlichem Grund nicht folgen, da der Komponist seit dem MITRIDATE eine Grundtonart durch den Bogen Ouvertüre–Finale in jeder seiner vollendeten Opern bevorzugte).

Dieses Moment des Widerstands Elektras prägt das vielleicht kompositorisch überragende Stück der ganzen Oper, das Quartett im dritten Akt: *Andrò ramingo e solo* (Einsam werde ich in die Irre wandern) zwischen ihr, Idomeneo, Idamante und Ilia. Dieses Quartett steht in jener Tonart (Es-Dur), die sich am härtesten mit dem finalen D-Dur reibt.

Hinzu kommt, daß der Tritonus Es-A das Ensemble durchzieht: diese unheilige Allianz zweier Töne zur übermäßigen Quart, dem Tritonus (seit dem Mittelalter als ›Diabolus in musica‹, als Teufel der Musik, tabuisiert), wird durch die Fermaten-Akkorde im zweiten Teil nur scheinbar gelöst, und selbst die endgültige Auflösung dieser dissonanten Spannung im B- und D-Dur-Triumph der beiden orchestralen Schlußnummern wirkt eher gewollt als erreicht. Mozart hat, über das Trio des zweiten Aktes und die ältere Opernliteratur hinausgehend, in diesem Quartett den Typus des psychologisierenden Ensembles geschaffen, in dem die Figuren von je eigenen Gefühlen geleitet werden. Über die Tradition (und auch sein Quartett in der ZAIDE) setzt sich Mozart insofern hinweg, als er harmonische Wohlgefälligkeit durch ein neues Ideal von Durchführungsmusik ersetzt. Daß es ihm dabei sehr wohl auch auf klangfärberische Details ankam, zeigt die Benutzung der von ihm erstmals im IDOMENEO eingesetzten Klarinetten auch für das Quartett. Schon in dem vorangehenden Rezitativ zwischen Idamante und Ilia spielt der Tritonus A-Es (der erstmals bei der Begegnung Vater–Sohn im ersten Akt erklungen war) eine motivische Rolle, wenn die Bässe diesen Tonraum chromatisch in Abwärtsschritten durchmessen. Der Wechsel zwischen solistischen Einwürfen, die Mozart teilweise ineinanderlaufen läßt, und dem partienweise kontrapunktisch gearbeiteten Ensembleklang, das Wandern von Motivfetzen zwischen den Figuren und die stark variierten Wiederholungen, die jeweils durch Reprisen von Idamantes Eingangssolo gegliedert werden, machen aus dem Quartett ein neuartiges Stück Musik. Aus der Affektsprache der Barock-Tradition, die Mozart durchaus beherrschte, wird durch Abspaltung eine Vorstufe für das Gestaltungsprinzip des Sonatenhauptsatzes gewonnen: das Drama ist verinnerlicht, es findet in der Musik selbst statt.

Dieses neue Gestaltungsprinzip läßt sich sogar in den Arien nachweisen, und kein Zufall ist es, daß lediglich Elektras *Tutte nel cor* im ersten Akt dem verkürzten Da-Capo-Schema der Tradition verhaftet ist. Allerdings mit der entscheidenden Variante, daß die Reprise des Anfangsteils (A steht in d-moll, B in F-Dur) geradezu schockartig in der ›falschen‹ Tonart c-moll beginnt: als wolle Mozart schon den anschließenden Schiffbruch-Chor im Einzelschicksal der Elektra vorwegnehmen, ehe in die ›richtige‹ Tonart d-moll moduliert wird. In Dur-Arien praktiziert Mozart das Tonartenschema des Sonatenhauptsatzes mit einer Modulation zur Dominante am Ende des ersten Teils und Bekräftigung der Haupttonart am Ende, wobei Mittelteil und Reprise stark verkürzt gegenüber dem Formschema sein können. Auch in zweiteiligen Arien und Ensembles wird am Ende des ersten Teils Dominantspannung erzeugt, während der schnellere zweite Teil wieder in der Grundtonart steht. Dieser zweiteiligen Form gibt Mozart im IDOMENEO endgültig den Vorzug vor der älteren drei- oder fünfteiligen. Dadurch gewinnt die Musik eine Dynamisierung, die sich auch in der Neigung des Komponisten äußert, durchkomponierte Szenenblöcke zu konstruieren, die nicht den Beifall des Publikums provozieren. Programmatisch setzt Mozart eine solche Anti-Provokation an den Anfang der Oper, Ilias Arie *Padre, germani, addio:* Rezitativ (Adagio im letzten Takt) und Arie (Andante con moto) gehen ineinander über. Der erste Takt des Andante hat die verbindende Funktion, übt sie aber zweideutig aus: harmonisch wie rhythmisch. Einmal ist die Schlußkadenz des Rezitativs kein richtiger Schluß, da sie nicht zur Tonika moduliert, sondern auf die sechste Stufe; zum anderen wird das Grundtempo der Arie nicht von vornherein festgelegt, sondern in einem Beschleunigungsschub nach fünf Takten erreicht: über Viertel und Achtel zu synkopierten Sechzehnteln. Der Übergang der Arie am Ende in das folgende Rezitativ ist ähnlich gebaut (wie auch die Nummern 17, 18 und 19 einen durchgehenden Komplex ergeben).

Dieser Grundzug, das Nummernschema der alten ›Opera seria‹ in Richtung auf eine kompositorische Komplexität zu überwinden, siedelt den IDOMENEO an der Schnittstelle zwischen alter und moderner Oper an. Der Übergangscharakter zeigt sich in der motivischen Arbeit wie in der Ausdrucksweite der Rezitative (sogar der ›trockenen‹), in orchestralen Details wie im Einsatz des Chores. Mozarts hohe Wertschätzung der Partitur ist von bedeutenden Musikern immer geteilt worden, und das sollte auch für die Antwort gelten, die er dem Vater auf dessen sorgenvolle Anfrage vom 11. Dezember 1780 zukommen ließ. Vater Leopold legte ihm ans Herz, bei der Komposition »nicht einzig und allein für das musikalische, sondern auch für das ohnmusikalische Publikum zu denken« und gab ihm das Motto auf den Weg: »vergiß also das so genannte populare nicht, das auch die langen Ohren (Esel) Kitzelt.« Wolfgang antwortete ausweichend: »wegen dem sogenannten Populare sorgen sie nichts, denn in meiner Oper ist Musik für aller Gattung leute; – ausgenommen für lange ohren nicht« (Brief vom 16.12. 1780). Daß der IDOMENEO trotz jüngerer Versuche, ihn auf dem Theater durchzusetzen, noch nicht die Popularität von Mozarts anderen Meisteropern erreicht hat, dürfte mit einer Besonderheit unserer Ohren zu

IDOMENEO

tun haben. Diese Zusammenfassung dessen, was ernste Oper im 18. Jahrhundert sein konnte, bedarf zur rechten Aufnahme eines musikhistorisch geschulten Gehörs. Mit der ENTFÜHRUNG beginnt in Mozarts Schaffen jene Epoche, auf der er sozusagen seine eigene Geschichtlichkeit abstreift und mit dem Publikum in einer zeitlosen Universalsprache kommuniziert.

DIE ENTFÜHRUNG AUS DEM SERAIL (›Komisches Singspiel‹ in drei Akten; *L* von Johann Gottlieb Stephanie dem Jüngeren; Burgtheater Wien 1782; Bonn 1783; Bern 1803; nach der Neuen Mozart-Ausgabe: Frankfurt/Main 1981).

Um hundert Dukaten, so schrieb Wolfgang Amadé dem »très cher Père« am 4. April 1781, habe der Fürsterzbischof ihn durch seine Weigerung gebracht, den Komponisten für ein Akademie-Konzert in Wien freizustellen. Der »erzlümmel« erlaube es eben nicht, daß seine Leute Profit machen, aber er wolle ihm »gewis eine Nase drehen, daß es eine freude seyn soll«. Mit diesen Zeilen kündigte Wolfgang dem Vater gut zwei Monate nach der Uraufführung des IDOMENEO und im gesteigerten Selbstwertgefühl nach diesem Erfolg nichts weniger an als den Aufstand gegen beider Dienstherrn: den Fürsterzbischof Hieronymus Colloredo. Tatsächlich betrieb Mozart junior seine Abnabelung vom Salzburger Brotherrn geradezu planmäßig. Als er mit einem Gesuch auf Betätigung außerhalb des fürstlichen Wirkungsraums zum dritten Mal vom Grafen Arco, dem Oberstküchenmeister, abgewiesen wird, kommt es zu dem berühmten Eklat. Er findet seinen Niederschlag in Wolfgangs Brief an den Vater vom 9. Juni 1781: »Nun hat es der Herr Graf Arko recht gut gemacht! – das ist also die Art, die leute zu bereden, sie an sich zu ziehen. – daß man aus angebohrner dummheit die Bittschriften nicht annimmt, aus mangelung des Muths und aus liebe zur fuchsschwänzerey dem Herrn gar kein Wort sagt, Jemand vier Wochen herum zieht, und endlich, da derjenige gezwungen ist, die Bittschrift selbst zu überreichen, anstatt ihm wenigstens den zutritt zu verstatten, ihn zur thüre hinaus schmeist und einen tritt im Hintern giebt ... das ist also der Hof, wo ich dienen soll.«

Fortan diente Mozart keinem Herrn mehr. Er blieb, auch ohne offizielle Entlassung aus seinen Salzburger Pflichten, als freier Künstler in Wien, wohin er sich ironischerweise auf Befehl des Fürsterzbischofs begeben hatte. Damit ersparte er zumindest der Post einen Umweg. Im April 1781 hatte er nämlich mit dem aus Breslau gebürtigen Schriftsteller Johann Gottlieb Stephanie d. J. erstmals das Projekt einer gemeinsamen Oper besprochen. Stephanie brauchte das Textbuch nun nicht mehr nach Salzburg zu schicken, sondern trug es eigenhändig am 30. Juli in Wolfgangs Zimmer im zweiten Stock des Hauses ›Zum Auge Gottes‹ am Peter. Dort hatte Mozart am 2. Mai Quartier bei Maria Cäcilia Weber bezogen, die nach dem Wort des Mozart-Biographen Alfred Einstein »die funeste Person war, die es im Leben manches Menschen zu geben scheint, unglückbringend, aber unentrinnbar, wie die Kreuzspinne für eine arme Zimmerfliege.« Die unbekannte Freiheit regte in ihm auch den Musiker an, und nicht ohne Stolz vermerkte er, daß der Auftrag, Stephanies Buch mit dem Titel BELLMONT UND CONSTANZE ODER DIE ENTFÜHRUNG AUS DEM SERAIL zu vertonen, auf niemand anders als Kaiser Joseph II. zurückging. Fünf Jahre zuvor hatte der beschlossen, daß Deutsch die Einheitssprache für die Doppelmonarchie werden und Wiens »Theater nächst der Burg hinfort das deutsche Nationaltheater heißen« solle. Aus Mannheim hatte Wolfgang daraufhin dem Vater begeistert geschrieben, das sei etwas für ihn, und wenn der Kaiser ihm tausend Gulden gebe, schreibe er ihm eine deutsche Oper.

Aus den Rechnungsbüchern des Burgtheaters wissen wir, daß Mozart knapp die Hälfte erhielt: genau 426 Gulden und 40 Kronen. Auch in anderer Hinsicht mußte er seine Hoffnungen zurückschrauben: statt »etwas neues auf die Welt zu bringen«, war er zunächst einmal mit einem Text konfrontiert, der auf ein schon vertontes Libretto von Christoph Friedrich Bretzner zurückging – als der erfuhr, daß ein »gewisser Mensch, namens Mozart« in Wien sich »erdreistet« habe, sein Drama BELMONTE UND CONSTANZE »zu einem Operntexte zu mißbrauchen«, protestierte er öffentlich (ein Jahr später, am 21. Juni 1783, veröffentlichte er eine Detailkritik an Mozarts Libretto, ohne nun aber Mozart wertend zu erwähnen). Tatsächlich hatte Stephanie das Thema von der Begegnung zwischen Abend- und Morgenland in einer beliebigen Form behandelt, wie sie damals als ›Türkenmode‹ grassierte. Die Uraufführung des Singspiels am 16. Juli 1782 im Wiener Burgtheater war, im Vorjahr der Hundertjahrfeier der Entsetzung Wiens von der Belagerung der Türken, Höhepunkt einer ganzen ›Türken-Serie‹. Daß diese in Wien kulminierte, ist nicht nur durch das Jahrgedächtnis an die Schlacht zu erklären; die Tatsache, daß Kaiser Joseph II. die Osmanen mit Hilfe der Russen über den Bosporus zurückdrängen wollte (er tat es ohne diese Verbündeten erst 1788), läßt die Bedrohung des Abendlands als einen habsburgischen Mythos erscheinen: der Verdacht, das Bündnis des französischen Sonnenkönigs mit den Türken im Jahre 1683 habe einem Hegemonieanspruch gedient, führte im Habsburgerreich zu einem Umklammerungs-Trauma, das auch in den Künsten einige Auslaßventile fand. Die Geschichte hat Mozarts Singspiel als Gipfel der musikdramatischen Türkenmode erwiesen. Sein Erfolg verdrängte alle anderen ›Türkenopern‹ des deutschen Kulturraums: nicht nur Hasses SOLIMANO (Dresden 1753) auf einen Text Giovanni Ambrogio Migliavaccas oder Jommellis ›Semi-seria‹ LA SCHIAVA LIBERATA (Stuttgart 1768) auf einen Text Gaetano Martinellis, sondern auch Glucks ›Opéra comique‹ LA RENCONTRE IMPRÉVUE (Wien 1764, → S. 361 f.) und Haydns ›Opera buffa‹ L'INCONTRO IMPROVVISO (Eszterháza 1775, → S. 395 f.).

Auch Mozarts Oper spielt in jenem orientalischen Milieu, das spätestens seit Denis Diderots Roman DIE GESCHWÄTZIGEN KLEINODE (Les bijoux indiscrets) von 1748 zu einem Gemeinplatz in der europäischen Kunst geworden war. Fette Eunuchen und kokette Haremsdamen, weise Kadis und geknechtete Sklaven boten offenbar den Künstlern Freiräume, in denen sich ihre Phantasie ausbreiten konnte. Ideologiegeschichtlich war dieser operettige Orient nichts anderes als die Rache der europäischen Aufklärung an der Bedrohung des Abendlands durch den Islam. Auf den endgültigen militärischen Sieg des Prinzen Eugen über die Türken im Jahre 1717 folgte bald deren Verspottung in den Künsten.

Gegenüber dem billigen Orientbild gab es im 18. Jahrhundert aber auch Ansätze zur einer positiven Auseinandersetzung mit der Unbegreiflichkeit des Ostens. Literarisch hatte Montesquieu 1721 in seinen PERSISCHEN BRIEFEN im exotischen Gewand den Idealstaat beschworen, musikalisch war es Rameau, der 1735 im ersten Bild seiner Ballettoper LES INDES GALANTES mit dem Urbild des generösen Türken Mozart den Weg wies zur Versöhnung zwischen Ost und West. Mozarts Singspiel ist nicht nur die Verwirklichung dieser Utopie im Kunstwerk, es ist auch die Oper einer persönlichen Selbstfindung. Seine Eingriffe in Stephanies Libretto und seine oft in die grundsätzliche Diskussion der Opernästhetik übergehenden Briefe an den Vater (leider sind, im Gegensatz zur Korrespondenz um IDOMENEO, Leopolds Antworten nicht erhalten) unterstreichen den von ihm selbst empfundenen Stellenwert der ENTFÜHRUNG für sein Schaffen. Um so bitterer stieß ihm das Desinteresse des Vaters auf. Selbst als das Singspiel über die

Bühne des Burgtheaters gegangen war und Wolfgang dem Vater das Werk zugeschickt hatte, blieb Leopold reserviert. Zwei Wochen nach der Premiere schickt er wieder eine Erfolgsmeldung nach Salzburg und fügt an: »ich zweifle auch gar nicht, daß ich mit künftigen briefe ihre Einwilligung zu meiner Heyrath erhalten werde.« Damit ist Leopolds Zurückhaltung erklärt. Er spürte, daß sein Sohn mit der Übersiedelung nach Wien sich ihm nicht nur örtlich entfremdete, sondern auch in allen Kunst- und Lebensbereichen selbständiger wurde. Daß Mozarts Erwählte, Konstanze Weber, ihm gleich im Titel von Wolfgangs neuer Oper BELLMONT UND CONSTANZE entgegentrat, machte ihm weder die ENTFÜHRUNG noch die zukünftige Schwägerin sympathischer.

Die Versöhnung von Morgen- und Abendland zeigt sich in der ENTFÜHRUNG ebensowenig wie Mozarts persönliche Selbstfindung in plakativer Veräußerlichung. Eher wird man beides in negativen Umschreibungen eingrenzen können: so zeichnet sich das Werk durch den Verzicht auf jeden kulturimperialistischen Hochmut und auf eine völlige Umkrempelung der Vorlage aus. Wie sehr Mozart in diese auch eingegriffen hat, das Grundgerüst behielt er bei. Seine Verschärfung des Finales, daß Bassa Selim in Belmonte nicht den eigenen Sohn, sondern den seines ärgsten Feindes erkennt, findet wie seine Entscheidung, die Partie des Bassa Selim einem Sprecher und nicht einem Sänger anzuvertrauen, im Vaudeville der Schlußszene sogar eine musikdramatische Entsprechung zu Lessings NATHAN. Bassa, der Renegat, erweist sich als der wahre Christ, wenn er die Fluchtpaare Konstanze/Belmonte, Blondchen/Pedrillo gegen den Einspruch seines Haremswächters Osmin freigibt, und wie Nathan bleibt er vom Freudentaumel derer, die sich endlich finden, ausgeschlossen. Das voreilige Motto »Alle Menschen werden Brüder« greift bei Mozart keineswegs, weil nicht nur Bassa Selim diese musikalische Brüdersprache nicht redet, sondern auch Osmin als geschädigter Fünfter zurückbleibt: sozusagen die Rolle der Elettra aus dem IDOMENEO fortführend. Vertieft wird dieser Riß in der Finalharmonie dadurch, daß Mozart sich formal des Vaudevilles bedient, also eines gassenhauerischen Strophenlieds, das erst gar kein Humanitätspathos hochkommen läßt. Was manch einem wie ein Abstieg in die Niederungen des Geschmacks vorkommt, ist der wahrhaft aufgeklärte Versuch, die dramaturgische Versöhnung nicht durch eine Überstilisierung der Verdinglichung preiszugeben: dieser Schritt vom Singspiel in das zur Versöhnung utopisch aufgehobene Menschheitsdrama konnte erst nach der Revolution folgen, in Beethovens FIDELIO.

Seine Ringparabel, mit der er Sultan Saladin vom Kinderglauben abbringen will, es gebe eine richtige unter den großen Religionen, bezeichnet Lessings Nathan ausdrücklich als Märchen. Er benutzt Sprache, und zwar eine höchst bewußt eingesetzte Sprache, als Mittel der Kommunikation, der Aufklärung, ja der Psychoanalyse. Mozart bedient sich der Musik, um einen Zugang zum Herzen, zum Unterbewußtsein seines Personals in der ENTFÜHRUNG zu gewinnen: sie ist eine Meta-Sprache. Lessing löste den Sinn von Nathans Ringparabel, daß alle Menschen so Brüder sind wie der wahre Geist der Religionen auf Brüderlichkeit abzielt, im Verwandtschafts-Taumel des Finales ein. (Nur der Schmied der Parabel wie des Glücks, Nathan, hat nicht teil daran, bleibt ein potentielles Opfer christlicher Mordlust: »Tut nichts! Der Jude wird verbrannt«, ist das Motto des Patriarchen.) Mozart verlegt sein Bekenntnis zur Brüderlichkeit in die Musik. So ist es völlig abwegig, den Haremswächter nur für eine böse Türkenkarikatur zu halten, den Christenfresser vom Dienst. Osmins Auftrittslied *Wer ein Liebchen hat gefunden*, von dem Einlaß begehrenden Belmonte immer wieder unterbrochen, spricht eine andere Sprache. Das einst als exotisch geltende g-Moll wird nun, in Fortführung von Rameaus Stilisierung der wilden Indianer zu den wahrhaft Liebenden im Schlußbild von LES INDES GALANTES, zum Transportmittel reiner Humansprache erhoben. Hinter der rauhen Schale dieses Mannes, der die Christen am liebsten zu Tode martern möchte (immerhin haben sie ihn zu betrügen versucht), taucht eine höchst verletzliche Empfindsamkeit auf, die der Dichter Ludwig Börne zutreffend die »Poesie der Prosa, den Farbenschmelz des Schmutzes und den Wohlklang des Gepolters« genannt hat.

Mozarts Verzicht darauf, den Bassa singen zu lassen, ist keineswegs – wie in der Literatur immer wieder behauptet – eine dramaturgische Schwächung der Oper. Vielmehr zeigt sich Mozarts Abwendung von der Affektenlehre des Barock und der Aufklärung gerade darin, daß er dem Herrscher emotionale Wechselbäder erspart. Das wiederum hat direkte musikalische Auswirkungen. Eine weitere der angeblichen musikdramaturgischen Schwachstellen des Singspiels liegt in der Abfolge von zwei Arien Konstanzes (Nr. 10 und 11): *Traurigkeit ward mir zum Lose* und *Martern aller Arten*. Beide sind vergleichbar mit der Spannung von Innenbild und Außendruck in den Arien des Osmin, von denen *Wer ein Liebchen hat gefunden* mit dem todtraurigen, alle Liebesenttäuschung vorwegnehmenden Geträller in heftigem Kontrast zu *Solche hergelauf'ne Laffen* und *Ha, wie will ich triumphieren* steht. Daß Konstanzes

Traurigkeitsarie mit ihrer herzbewegenden Kette von verminderten Septakkorden in den Holzbläsern (an der Stelle *Meiner Seele bittern Schmerz*) im selben g-Moll steht wie Osmins Auftritt, verbindet den barbarischen Haremswächter mit Mozarts tiefstem humansprachlichen Ausdruck. In Konstanzes g-Moll-Arie zeigt er sich als Gefühl einer inneren Zerrissenheit: Die wiederholt vom hohen B im Raum einer Oktave herabfallende Phrase *Weil ich dir entrissen bin* endet nach der ersten Hälfte *(dir)* mit einem schmerzlichen chromatischen Aufwärtsschritt zur Tonika, der aber nur den inneren Absturz fixiert. Nach diesem Scheinsprung ist die Phrase rhythmisch zerrissen, wie in ihre Bestandteile zerlegt. Von diesem Seelenzustand her wird die bis zur Hysterie reichende Bravour ihrer folgenden Marternarie begreiflich: sie ist, den Stil der ›Opera seria‹ aufgreifend, ein Instrument des Selbstschutzes vor dem Wort-Werben des Bassas. Diesen Schutzpanzer nehmen wir auch darin wahr, daß Mozart seiner Konstanze nicht weniger als vier obligate Begleitinstrumente mitgibt: Flöte, Oboe, Violine und Violoncello, wobei die beiden Bläserstimmen in dem durch die C-Klarinette klangsprachlich geschärften Orchestertutti der Arie fehlen. Dennoch bleibt das lange Orchestervorspiel ein Problem für jede Aufführung: hier findet so etwas wie eine moralische Aufrüstung gegen die angedrohten Martern statt. Das aus der traditionellen Oper übernommene Pathos Konstanzes motiviert nicht nur ihre Flucht aus dem Herrschaftsbereich des Bassas, sondern bedeutet auch ihre Entscheidung »*für* die Konvention, *für* die sozial sanktionierte Liaison, *für* die . . . Rolle einer europäischen Ehefrau«. Die Diskrepanz zwischen dem Funktionieren einer »geläufigen Gurgel«, die Mozart der Uraufführungs-Konstanze zuschrieb, und dem Verstummen einer Sprechrolle unterstreicht die Kluft zwischen beiden Figuren. An anderer Stelle, dem Auftritt Belmontes im Dialog mit Osmin, nutzt Mozart sehr wohl das gelegentliche Überlappen vom gesprochenen Wort einer Figur mit dem gesungenen einer anderen, getreu dem Vorbild des Melodrams Bendas. Eben dadurch erleben wir im Extrem des Gegensatzes Konstanze–Bassa die Möglichkeit des Umschlags; vielleicht hat Mozart den sogar befürchtet und sich in eine Wunschprojektion von der Rolle seiner zukünftigen Ehefrau Konstanze geflüchtet.

So finden bereits in der scheinbar vordergründigen ENTFÜHRUNG »jene merkwürdigen erotischen Gegenbewegungen in der Musik statt, die wir aus den späteren Opern Mozarts kennen. Mozart scheint sich dabei stets für die nicht denkbaren, verbotenen, sozial nicht realisierbaren Paarungen besonders zu interessieren«, wenngleich bezüglich seiner Konstanze mit einer Ambiguität. Daß die am Ende so glücklich wiederhergestellten Beziehungen der europäischen Paare auf schwankendem Boden stattfindet, zeigt nicht nur das Quartett, das Stephanie auf ausdrücklichen Wunsch Mozarts zusätzlich zu seiner Vorlage dichten mußte. Schon die scheinbar so triviale Frage, warum dem ›niederen‹ Paar Blondchen–Pedrillo keine Selbstdarstellung im Duett zugebilligt wird, macht die Unfestigkeit der Paarbeziehungen zum dramaturgischen Bestandteil der Oper. Offenbar haben die drei gefangenen Europäer (Belmonte als später dazukommender ist auszunehmen) im Orient umlernen müssen. Daß ihnen, wie dem Tempelherrn in Lessings NA-THAN, das helle Licht des Morgenlands die Sinne und die innere Vorurteilsstruktur ins Wanken gebracht hat, demonstriert uns Pedrillo in seiner das Signal zur Entführung gebenden Romanze *Im Mohrenland gefangen war* auf eine hinreißende Weise. Hier ist Mozart so etwas wie die Verbindung von Abend- und Morgenland in der Musik gelungen. Der Siziliana-Rhythmus der Romanze und die eine Mandoline imitierenden Pizzikati der Begleitung suggerieren ein ganz normales Ständchen. Aber es findet in einem Niemandsland statt. Einmal verändert sich die Begleitung in den ablaufenden Strophen (wie auch in Osmins g-moll-Arie), so daß wir keinen Erstarrungs-, sondern einen Bewegungszustand hören: dadurch wird der statische Strophencharakter aufgebrochen. Noch auffälliger sind die Harmonien. Sie schwanken von h-moll nach D-Dur und Fis-Dur, von dort übergangslos nach A-Dur, C-Dur und G-Dur, wobei die gegen den Wortsinn gesetzten Akzente ein übriges tun: in diesem Orient versinkt der Abendländer wie in einer gallertartigen faszinierenden Masse. Das ist das Gegenteil von kulturimperialistischer Draufsicht!

Dem Lokalkolorit hat Mozart überhaupt größte Aufmerksamkeit gewidmet, und zwar weit über seine bekanntesten Türkenmusiken hinausgehend: den Finalsatz seines A-Dur-Violinkonzerts KV 219 und das ›Alla turca‹ am Ende der A-Dur-Klaviersonate KV 331. Dem Vater hat er (Brief vom 26. September 1781) das Kolorit der Ouvertüre (die er zunächst ganz kurz plante, ohne Einfügung von Belmontes nach Moll gewendetem Auftrittsthema) beschrieben. Zu ihm gehören ständige Wechsel zwischen Forte und Piano, wobei an den lauten Stellen die türkische Musik lärmend einsetzt. Diese ist mit der nur in G notierten Piccoloflöte, Beckenpaaren in unterschiedlicher Tonhöhe und der zweistimmig notierten großen Trommel klangfärberisch genau auskalkuliert. Für den erst 1980 veröffentlichten kurzen Marsch vor dem Auftritt der Janitscharen im ersten Akt (Nr. 5 a) setzt er erstaunlicherweise (und nur hier!) die scharfklingende deutsche Trommel ein. Auch das Triangel hat Mozart sich offenbar in verschiedener Größe gedacht, wie aus Gerhard Crolls Erläuterungen in seiner Edition der ENTFÜHRUNG im Rahmen der Neuen Mozart-Ausgabe (Kassel 1982) hervorgeht.

Bezüglich Mozarts Stilisierung des Lokalkolorits muß zur Verdeutlichung angefügt werden, daß es sich bei der nachgeahmten Musik der Janitscharen keineswegs um original türkische Klänge handelte. Vielmehr rekrutierten sich die Kapellen der Janitscharen aus unterworfenen Balkan-Christen, die eine aus Orient und Okzident gemischte Musik spielten. Die Militärkapellen Kaiser Josephs II. oder auch König Friedrichs II. von Preußen spielten solche Janitscharenmärsche, die jedem Türken ausgesprochen europäisch erschienen wären. Dieses konventionelle Türkenkolorit zeichnet etwa den Janitscharenmarsch *Singt dem Bassa große Lieder* aus: Terzenmelodik und Repetitionsfiguren in den Außenteilen, instrumental besonders ausgeprägtes ›Lokalkolorit‹ im a-moll-Mittelteil. Wie Mozart wiederum die Stilisierung des Stilisierten betrieb, sei an Osmins Arie *Solche hergelauf'nen Laffen* gezeigt. Zunächst verwendet er melismatisch wiederholte Floskeln des monotonen Stils, die auf den Ton f zulaufen. Am 26. September 1781 schrieb Mozart dem Vater, warum er in den schnellen Rasselgeräuschen des Schlußteils *Erst geköpft, dann gehangen* nach a-moll modulierte (vergessen hatte er offenbar die Notierung des Triangels; die Neue Mozart-Ausgabe korrigierte diesen Fehler endlich): er wollte das monomanische Rückkehren des Osmin auf den Grundton des F-Dur-Teils ebensowenig wie den Einsatz einer ›falschen‹ Tonart für den Schluß als Mittel der Diffamierung der Figur einsetzen: Weil die »leidenschaften, heftig oder nicht, niemals bis zum Eckel ausgedrücket seyn dürfen, und die Musick, auch in der schaudervollsten lage, das Ohr niemalen beleidigen, sondern doch dabey vergnügen muß, folglich allzeit Musick bleiben muß, so habe ich keinen fremden ton zum f, zum ton der aria, sondern einen befreundeten dazu, aber nicht den Nächsten, D minor, sondern den weiteren, A minor, gewählt.«

Das türkisierende Kolorit bleibt also in Mozarts harmonische Humansprachlichkeit integriert, und an ihr partizipieren ausgerechnet jene asymmetrischen Bildungen, die einem Arnold Schönberg später als Vorstufen einer ›musikalischen Prosa‹ erschienen: Merkmale von Mozarts kompositionstechnischer Modernität. Zu nennen sind die unregelmäßige Phrasenbildung im erwähnten Janitscharenchor (Nr. 5 b mit dem Schema: 7 + 4 + 7 + 7 + 2) und das Schwanken zwischen Drei- und Viertaktgruppen in Osmins D-Dur-Arie *Ha, wie will ich triumphieren*, das Hector Berlioz bei seiner Kritik der französischen Uraufführung als erster bemerkt haben dürfte (19. Mai 1859). Mag auch das von Berlioz in seinem Verriß gerühmte Duett Konstanze–Belmonte *Welch ein Geschick* etwas schematisch geraten sein: die genaue Charakterisierung der Zofe Blondchen, Belmonte als triumphal in die deutsche Operngeschichte eintretender Tenor, zudem die Ensembles vom Trinkduett Pedrillo–Osmin über das Terzett bis hin zum Quartett, das Mozart als Krisen- und Versöhnungsklimax zwischen den Liebenden ausdrücklich bei seinem Librettisten bestellte und das für eine komische Oper in seiner Verinnerlichung ein ungewöhnliches Aktfinale ist, bekunden Mozarts Reife hinlänglich. Die Eintrübung des in D-Dur beginnenden Quartetts, wenn in Belmonte Zweifel an der Treue seiner Konstanze aufkeimen (g-moll), die Oboe seinem und Pedrillos entsprechendem Verdacht gegenüber Blondchen das unausgesprochene Wort anfügt und die beiden Männer, nachdem die Frauen standesgemäß reagiert haben: Konstanze mit Tränen, Blondchen mit einer Ohrfeige, sich überrascht in einem Es-Dur-Andante wiederfinden, aus dem sie sich zu einer b-moll-Bitte um Verzeihung durchringen: das ist ein emotional verfugtes psychologisierendes Ensemble auf Mozarts voller Höhe. Es findet seine nicht minder beeindruckende Fortsetzung in dem entfernten A-Dur-Allegro, das nach d-moll, c-moll, B-Dur und g-moll moduliert wird, ehe vor einem knappen Andantino A-Dur bekräftigt wird. Ein rhapsodischer Mittelteil, der in verschiedene Tempi und Tonarten zerfällt, verstärkt den Eindruck einer allgemeinen Gefühlsverwirrung. Schließlich finden die Männer mit ihrer erneuten Bitte um Verzeihung und deren Gewährung durch die Frauen heim zum eigentlichen D-Dur, in dem die krönende Koda als Preisgesang auf die Liebe folgt.

Im Umkreis dessen, was das zeitgenössische deutsche Singspiel bot, wirkte die ENTFÜHRUNG tatsächlich so, wie Goethe es, bezogen auf seine Arbeit an dem Singspiel SCHERZ, LIST UND RACHE, ausdrückte: »Alles unser Bemühen daher, uns im Einfachen und Beschränkten abzuschließen, ging verloren, als Mozart auftrat. DIE ENTFÜHRUNG AUS DEM SERAIL schlug alles nieder, und es ist auf dem Theater von unserem so sorgsam gearbeiteten Stück niemals die Rede gewesen« (ITALIENISCHE REISE, November 1787).

DIE ERSTÜRMUNG DES GIPFELS

Trotz einer »Cabale« in den ersten beiden Aufführungen, die – wie es Mozart dem Vater mitteilte – zum »Verzischen eines ganzen Aufzugs« führte, wurde die ENTFÜHRUNG zum größten Erfolg zu Lebzeiten des Komponisten. Bis zum Ende der Spielzeit 1781/83 wurde das Singspiel fünfzehnmal aufgeführt (etwa doppelt so häufig, wie es bei Erfolgsstücken üblich war). Nachdem das deutsche Singspiel aus dem Burgtheater verbannt und 1783/84 durch die italienische Oper ersetzt worden war, kam die ENTFÜHRUNG erst am 10. Mai 1786, neun Tage nach der Uraufführung des FIGARO, dorthin zurück. Inzwischen war sie nicht nur am Wiener Kärntnertortheater gespielt worden, sondern auch außerhalb der kakanischen Metropole: in Bonn, Mainz, Köln, Weimar, Riga und Rostock ebenso wie in Prag, Warschau, Salzburg und Preßburg. Trotz dieser Erfolge blieb ein neuer Auftrag aus, aber man darf die Tatsache, daß Mozart sich – mit der Ausnahme der Bühnenmusik zu Stephanies Komödie DER SCHAUSPIELDIREKTOR – erst mit der ZAUBERFLÖTE erneut der deutschen Oper zuwandte, keinesfalls als programmatisches Bekenntnis zur italienischen Oper auffassen. Was ihm fehlte, war einfach die ersehnte ›Scrittura‹, und ohne gezielten Auftrag experimentierte er an Opernstoffen herum, während er in seinen Wiener Klavierkonzerten der Zeit erheblich tiefer schürfte. Außer der Musik zum SCHAUSPIELDIREKTOR hinterließ er zwei Fragmente: L'OCA DEL CAIRO (Die Gans von Kairo), nach einem Text seines IDOMENEO-Librettisten Giambattista Varesco, und LO SPOSO DELUSO (Der betrogene Bräutigam), wahrscheinlich auf einen Text Lorenzo da Pontes. DIE GANS VON KAIRO, offenbar nicht einmal im Libretto fertiggestellt, ist mit drei Arien, zwei Duetten, einem Quartett sowie einem Rezitativ skizzenhaft überliefert, und Mozart hat wohl nur eine einzige Nummer (das Terzett *Siamo pronto alle gran nozze*) vollständig instrumentiert. DER BETROGENE BRÄUTIGAM ist mit der Ouvertüre, einem Quartett, einem Terzett und zwei Arien (diese beiden allerdings nur fragmentarisch) überliefert. Obwohl die Ouvertüre direkt in das Eingangsquartett (dem lediglich ein paar Bläser- und Paukenstellen fehlen) übergeht, haben wir es nicht mit einer Durchkomposition Mozarts zu tun: die Erfindung stammt vom Librettisten, und die Musik steht keineswegs auf der Höhe des Komponisten. Der Einfall zum SCHAUSPIELDIREKTOR stammte vom Kaiser selber; allerdings war er seit Metastasios Intermezzo L'IMPRESARIO DELLE CANARIE von 1724 und Goldonis späterer Komödie L'IMPRESARIO DELLE SMIRNE in ganz Europa geläufig (den Text schrieb der Librettist der ENTFÜHRUNG). Mozart arbeitete Anfang 1786 an dem Stück, gleichzeitig also mit dem FIGARO. Die Uraufführung fand am 7. Februar 1786 in Schloß Schönbrunn zusammen mit Antonio Salieries Buffo-Oper PRIMA LA MUSICA, POI LE PAROLE (Erst die Musik, dann die Worte) statt. Mozarts Beitrag besteht aus der Ouvertüre, je einer Arie für die Primadonnen Herz und Silberklang, einem Terzett der beiden mit dem Tenor Vogelsang sowie einem Quartett, in dem sich der leicht beschränkte Buffo der Truppe, Herr Buff, den genannten anschließt. Das ganze ist ein harmloser Ulk über die Eitelkeiten von Bühnenkünstlern. Mozart hat ihm eine schwergewichtige Ouvertüre vorangestellt. Für den Kontext überraschend ernsthafte Töne hören wir auch im anfänglichen g-moll-Teil der Ariette *Da schlägt des Abschieds Stunde* von Madame Herz, und in die Brillanz von Madame Silberklangs *Bester Jüngling* schleicht sich eine chromatische Melancholie (in der Fagottstimme dieser Gavotte). Von beträchtlicher Komik ist das Terzett, in dem jede Sopranistin behauptet: *Ich bin die erste Sängerin* – da hat Herr Vogelsang mit seiner Forderung nach Bescheidenheit im Künstlertum wenig zu melden, wenngleich die beiden Damen ihm teilweise scheinheilig recht geben und sich doch wieder zu ihrer Wahrheit verplappern. Der C-Dur-Schlußgesang, ein Allegro-Vaudeville *Jeder Künstler strebt nach Ehre*, verbreitert den Scherz, kann ihn aber nicht vertiefen.

LE NOZZE DI FIGARO (Die Hochzeit des Figaro. ›Commedia per musica‹ in vier Akten; *L* von Lorenzo da Ponte nach Beaumarchais' Komödie LA FOLLE JOURNÉE OU LE MARIAGE DE FIGARO von 1783; Wien 1786; Potsdam 1790; deutsche Fassungen u. a. von einem Anonymus für Prag 1787; Michael Held und Franz Walter: Donaueschingen 1787; Christian August Vulpius: Frankfurt 1788; Adolf von Knigge, dessen Tochter Philippine Dialoge nach Beaumarchais' Vorlage einfügte: Hannover 1789; Karl Ludwig Giesecke: Theater auf der Wieden 1792; Eduard Devrient: Wien 1847; Carl Niese 1874 in der Alten Mozart-Ausgabe; Hermann Levi 1899; Max Kalbeck für den Wiener Mozart-Zyklus 1906, zu dem Gustav Mahler die erweiterte Gerichtsszene als Rezitativ vertonte; Siegfried Anheißer 1931; Georg Schünemann nach Levi 1941; Walther Dürr 1978 im Rahmen der Wort-für-Wort-Übersetzungen der Neuen Mozart-Ausgabe. Im gleichen Jahr erschien im Deutschen Literaturarchiv Marbach aus dem Nachlaß Karl Wolfskehls eine poetische Übersetzung, die allerdings keine Rezitative erhält; ergänzt wurden diese durch die wortgetreue Prosaübersetzung, die Karl-Dietrich Gräwe für eine Aufführung der Hamburgischen Staatsoper 1974 angefertigt hatte. Erstaufführung nach der Neuen Mozart-Ausgabe: Gärtnerplatztheater München 1977).

Die Entstehungsgeschichte des FIGARO, den Mozart in seinem eigenen Werkverzeichnis als ›Opera buffa‹ bezeichnete, läßt sich nur noch in den Grundzügen rekonstruieren, da Mozarts Briefe aus den Jahren 1785/86 verloren gegangen sind, das Autograph des dritten und vierten Akts seit 1945 verschollen ist und die Zeugnisse des Librettisten Lorenzo da Ponte und des Sängers Michael Kelly nur mit Vorsicht zu genießen sind. Fest steht lediglich, daß die Uraufführung am 1. Mai 1786 auf den ausdrücklichen Wunsch Kaiser Josephs II. zurückging. Eben der hatte 1785 die Aufführung von Beaumarchais' Komödie durch Emanuel Schikaneders Truppe in Wien verboten; Mozart kannte das Buch (dessen Verbreitung zu untersagen der Kaiser wohl vergessen hatte) in der Übersetzung von Johann Rautenstrauch; er dürfte der Initiator zu einer Vertonung gewesen sein, um den Sensationserfolg des Originals von 1783 ins Medium Oper zu übertragen. Das von Lorenzo da Ponte in seinen Memoiren (MEMOIRES III, ediert 1787) herausgestellte Verdienst, den Kaiser von der politischen Unbedenklichkeit seiner Textfassung überzeugt zu haben, scheint plausibel zu sein, da er die scharf sozialkritische Politrede Figaros im fünften Akt des Originals strich.

Da Ponte hat die Grundstruktur der Vorlage beibehalten, und zwar in der Form von Druck und Gegendruck: Graf Almaviva möchte seine Zusage, auf das ›Ius primae noctis‹ bei seinen weiblichen Untertanen zu verzichten, angesichts der bevorstehenden Hochzeit mit Susanna, der Zofe der Gräfin Rosina, heimlich rückgängig machen. Dieser Intrige von oben begegnen Figaro und, als Drahtzieherin, Susanna, deren Bedeutung durch ihre Anwesenheit in allen sechs Duetten der Oper zum Ausdruck kommt, indem sie sich der Solidarität der aus dem Bürgertum aufgestiegenen Gräfin versichern. Der Graf versichert sich ebenfalls ständisch gemischter Hilfstruppen. Ihm zur Seite stehen Don Bartolo mit seiner ehemaligen Beschließerin Marcellina (die ein spätes Auge auf Figaro geworfen hat), der Richter Don Curzio, der Musiklehrer Don Basilio und als Vertreter des vierten Standes der Gärtner Antonio, der Figaro nicht grün ist. Diese Figurenkonstellation implodiert im Finale des zweiten Akts, dessen Beschleunigungsschub zum abschließenden Septett sozusagen von der Individualkomödie in den Klassenkampf übergeht. Die ständisch gemischte Schlachtordnung wird durch generationstypologische Entsprechungen vertieft. Altersmäßig setzen sich die Paare Bartolo-Marcellina, Graf-Gräfin und Figaro-Susanna bis zu den Infantilerotikern fort: dem Pagen Cherubino und der Gärtnerstochter Barbarina. Da Cherubino der Gräfin (aber auch Susanna und Barbarina) nachstellt, wird er zu einem Konkurrenten für den Grafen, der seinerseits sein Glück nicht nur bei Susanna sucht, sondern auch an Barbarina nicht achtlos vorübergeht. Am Ende finden beziehungsweise versöhnen sich die richtigen Paare.

Mozarts Größe ist darin zu sehen und zu hören, daß er diese Intrige, in der sich Figaro noch als kurz nach der unehelichen Geburt ausgesetzte Frucht der Beziehung zwischen Bartolo und Marcellina entpuppt, strikt durchmusikalisiert. Nicht seine Musik ist revolutionär, sondern sein Verfahren, die Tradition der ›Opera buffa‹ durch deren Vervollkommnung aufzuheben. Diese Aufhebung ist nicht nur im wertenden Sinn als Höherhebung zu verstehen, sondern auch in dem der Auslöschung, denn die in der Geschichte der Oper neuartige und wirklich revolutionäre Spannkraft von Mozarts dramatischer Musik entspringt paradoxerweise der Tatsache, daß der Komponist sie seiner symphonischen Durchführungstechnik unterwirft: dem Prinzip des klassischen Sonatenhauptsatzes. Diese Verfahrensweise, einen Klassizismus als progressive Kunstform zu schaffen (die ganze Kunstmusik des 19. Jahrhunderts ist ohne die Durchführungsprinzipen des Sonatensatzes undenkbar), läßt die Frage nach der politisch-ideologischen Richtigkeit von Mozarts Position als zu kurz greifend erscheinen. Sein Vermächtnis besteht für uns – um einen Gedanken von Karl Marx aufzugreifen – darin, »den Geist der Revolution wiederzufinden, nicht ihr Gespenst wieder umgehen zu machen« (DER 18. BRUMAIRE DES LOUIS BONAPARTE; 1852). Die Rückwärtsgewandtheit des Klassizismus, wie sie bei vordergründiger Betrachtung dem Komponisten im Gegensatz zu dem viel aufmüpfigeren Beaumarchais zuzuschreiben wäre, übt in Wahrheit eine janusköpfige Funktion aus: als Dialektik einer fortschreitenden Aufhebung. Auf sie trifft zu, was Marx den Menschen in geschichtlichen Umbruchsituationen attestierte: wenn sie sich damit beschäftigen, »sich und die Dinge umzuwälzen, noch nicht Dagewesenes zu schaffen, beschwören sie die Geister der Vergangenheit zu ihrem Dienste herauf, entlehnen ihnen Namen, Schlachtparolen, Kostüm« zu einem einzigen Zweck, nämlich ihre eigene »neue Weltgeschichtsszene aufzuführen«.

Die von Mozart in FIGAROS HOCHZEIT aufgeführte neue Weltgeschichtsszene ist die der endgültigen Emanzipation der Musik zu einem dramatischen Funktionsträger und die nicht minder endgültige Verabschiedung des reinen Tendenzträgers zugunsten des im Gesang seine ganze Komplexität ausdrückenden Menschen (wie ein Tendenzträger durch Ausschluß von solcher Komplexität als fassadenhaft denunziert wird, zeigt Mozart am speichelleckenden Belkanto Basilios). Nehmen wir einige Beispiele, die den progressiven Traditionalismus zeigen. Im zweiten Akt singt Cherubino vor der Gräfin in Gegenwart Susannas seine Kanzone *Voi che sapete* (Sagt, holde Frauen). Zweifellos klingt hier die Kavatine *Saper bramate* aus Paisiellos BARBIERE DI SIVIGLIA von 1782 nach, der drei Jahre vor Mozarts FIGARO in Wien aufgeführt worden war. Tonart (B-Dur), Taktart (Zweiviertel), Spielart der Streicher (Pizzikato) und Versfuß (Fünfsilber) sind identisch. Aber was bei Paisiello trotz leichter Modifizierung in der Abfolge der Strophen statisch bleibt, entbindet bei Mozart ein Minidrama des in seiner Sexualität erwachenden Jünglings zwischen Lust und Leid. Das leichte Gekicher der triolisch begleitenden Flöte und Oboe läßt schon den ersten Vers auf schwankendem Boden klingen. In Strophe zwei bewegt sich die Stimme nach F-Dur und wird wiederum von den Holzbläsern konterkariert, die dritte wendet sich nach A-Dur, die vierte nach As-Dur. Die fünfte bringt eine Gegenbewegung in der gleichen Tonart (der kleinen Septime zur Tonika: für Mozart ein geheimnisvoll schimmerndes Kunstmittel), bis nach einer Steigerung der Anfang wieder erreicht ist, angereichert durch einige Holzbläserwendungen. Die Form ist einfach, der Verlauf geradlinig, aber der Mensch ist am Ende der kurzen Arie nicht derselbe wie zu Beginn: er hat ein kleines Drama durchgemacht, und wir sind Komplizen seiner Gefühlsverwirrung geworden.

Zur dramatischen Situation der Szene ist anzumerken, daß es sich um den Vortrag eines Lieds als Lied handelt: der Sänger spielt einen Singenden, er liest von den Noten ab. In diesem Kontext werden die Spannung von Form und Harmonik, der Gegensatz von Statik und Dynamik ineinander verschränkt. Damit beglaubigt Cherubino seine früherotischen Erregungszustände, die er uns schon in seinem Es-Dur-Vivace des ersten Akts *Non so più* (Nr. 6: Ich weiß nicht mehr, was ich bin, was ich tue) mitgeteilt hatte. Wenn er von seinem Verlangen spricht, das er sich selbst nicht erklären kann, verirrt er sich auf die Moll-Terz von B-Dur, und wenn dann die Reprise des Anfangs beginnt, meinen wir, eine Rondoform wahrzunehmen. Doch harmonisch wird sie durch eine Wendung nach As-Dur unterlaufen, und trotz der endlichen Wiederherstellung der eigentlichen Es-Dur-Tonalität kehrt das Hauptthema nicht wieder. Der junge Mann hat in seiner Gefühlsverwirrung buchstäblich den Kopf verloren, die interne Musiksprachlichkeit unterläuft ihre äußere Erscheinung. Daß Es-Dur die Haupttonart der Arie ist, also in einer Beziehung zur Tradition der ›Ombra‹-Szene steht, wie sie Mozart in früheren Opern befolgt hatte, läßt Cherubino weniger im Licht von Beethovens Heroisierung dieser Tonart oder als den Grafen in Kindsgestalt erscheinen denn in seiner Einbeziehung in jene traditionelle Schattenhaftigkeit: »Cherubino erlebt und erleidet zum ersten Mal die Liebe, und zwar als Macht, als Gottheit, noch nicht oder jedenfalls nicht primär auf einen bestimmten Menschen bezogen. Diese Macht kann aber auch ins Dunkle führen, kann den Tod geben, die Sordinen der Violinen deuten es an. Mozart sah das grausige Schicksal voraus, das Beaumarchais 1790 in seinem dritten Figaro-Drama – LA MÈRE COUPABLE II,I enthüllte.«

Man braucht nicht so weit zu gehen, die uneheliche Vaterschaft Cherubinos an dem Sohn der Gräfin in Beaumarchais' 1792 uraufgeführtem Schlußteil seiner Figaro-Trilogie und schon gar nicht den Selbstmord des darob zerknirschten früheren Infantilerotikers in dieser musikalischen Humansprachlichkeit vorauszuhören, um Mozarts Verbindung von Liebes- und Todesgedanken wahrzunehmen. So steht die den zweiten Akt des FIGARO eröffnende Arie der Gräfin *Porgi, amor, qualche ristoro* (Hör mein Fleh'n, o Gott der Liebe) ganz in der Tradition der Seria-Kavatine. Bestimmt wird ihr Affektgehalt von dem in der Schlußzeile ausgedrückten Todeswunsch – falls der Graf ihr nicht seine Liebe erneut zuwende (Nr.II). Der melodische Verlauf bewegt sich zielstrebig auf das Schlüsselwort »morir« zu, das im einzigen Forte der Gesangsstimme und dem höchsten Ton der ganzen Arie (es ist ein zweigestrichenes As) erreicht wird. Mozart nimmt hier unzweideutig Bezug auf den Beginn des Agnus Dei aus seiner 1780 komponierten Missa solemnis KV 337, so daß die Sterbensbereitschaft der Gräfin in die Analogie zum Lamm Gottes gerät. Auch hier wird, im Es-Dur der traditionellen ›Ombra‹-Szene, dem Text eine musikalische Eigenwahrheit abgewonnen: In der Verbindung von Liebes- und Todesgedanken, von Eros und Thanatos, entwickelt der von Mozart musiksprachlich emanzipierte Mensch ein weltliches Gebet.

Frappierend ist auch die thematische Ähnlichkeit zwischen den Anfang des Agnus Dei aus der ›Krönungsmesse‹ KV 317 und dem der zweiten Arie der Gräfin *Dove sono i bei momenti* (Wohin flohen die Wonnenstunden; Nr. 20) im dritten Akt. Wieder schafft sich die Gräfin in der Beschwörung glücklicher Stunden eine Ausdruckswelt, die sich selbst quasi heiligt, zumindest reinigt: Der Erlösungsgedanke des Christentums, durch das Opfer zum Heil vorzudringen, wird von Mozart in das Recht des Menschen auf ein irdisches Glück umgemünzt. Dieser Vorgang einer Säkularisation wird, zumindest in der Anreicherung des musikalischen Aggregatzustands, greifbarer, wenn man die Arie mit Isabelles *Ô douce nuit* aus Grétrys L'AMANT JALOUX von 1778 vergleicht. So wahrscheinlich es ist, daß sie Mozart als Modell diente, so unvereinbar sind beide Szenen doch trotz ihres gleichen Tempos, des gleichen Metrums und der gleichen Instrumentation. Bei Grétry beharrt die Musik im rein Liedhaften, sie gewinnt nicht Mozarts Tiefenperspektive, weil sie ihrer Norm verhaftet bleibt.

Ähnliches gilt für eine andere Stelle bei Grétry, die Mozart offenbar inspiriert hat. Es ist der entscheidende Moment im Finale des zweiten Akts – ein Urbild für die ›Suspense‹-Technik des Filmregisseurs Alfred Hitchcock, wenn der Zuschauer mehr weiß als die Akteure auf der Bühne. Der Graf, der im verschlossenen Boudoir Rosinas nicht ohne Grund einen Nebenbuhler vermutet, kommt zusammen mit der Gräfin zurück, um mit dem eigens herbeigeschafften Werkzeug die Türe zu sprengen: gegen jedes Flehen der Gräfin, ihre Ehre nicht aufs Spiel zu setzen. Dann öffnet sich die Tür, und zur grenzenlosen Überraschung des Grafen wie der Gräfin tritt Susanna heraus, die inzwischen dem Pagen Cherubino zur Flucht verholfen hat. Die analoge Stelle steht in Grétrys schon 1780 in Wien gespieltem L'AMANT JALOUX im Finale des ersten Akts. In einem Andante (bei Mozart: Molto andante) tritt auch hier unvermutet eine Frau hervor, und in beiden Fällen weisen Pausen im Musikfluß auf das große Erstaunen hin. Doch während bei Grétry die Gefühle des eifersüchtigen Alonze von den anderen mit Worten beschrieben werden *(Er weiß nicht mehr, was er sagen soll...)*, malt Mozart die Situation allein durch eine schwebende Streicherfigur aus, mit der B-Dur im wiegenden Sechsachtel-Takt an die Stelle des bisherigen Es-Dur im Vierviertel-Takt tritt. Das Überraschungsmoment bedarf nicht mehr der wörtlichen Fixierung, es ist durch die Musik hinlänglich und viel überzeugender zum Ausdruck gebracht: einen Imaginationsraum im Zuhörer schaffend.

Wie zur Betonung der Tatsache, daß er in dieser zweiten Szene des Finales II auf der Dominante der vorangehenden Tonalität angelangt ist, beschleunigt Mozart nun das Tempo zum Allegro. Es dient der Verständigung der beiden Frauen, die in einer jeweils achttaktig verschlungenen Phrase stattfindet: die Gräfin in engen, ängstlichen Intervallen fragend, Susanna im jeweils doppelten Notenwert beruhigend antwortend und in aufsteigender Tonfolge von Es-F-G diatonisch Fassung beschwörend. Nun tritt, in seiner Vollendung der ›Opera buffa‹ bedient sich Mozart der Tradition des Kettenfinales, Figaro auf. Die Tonalität wechselt nach G-Dur, der Dur-Parallele zur Mollentsprechung der vorangehenden Tonart, wobei das Vierviertel-Allegro sich in ein Dreiachtel-Metrum verändert. Als der Graf, der ihm gegenüber den Vorteil hat, das Scheitern der Intrige von unten zu kennen, ihn ausfragt, verlangsamt sich der Musikfluß zu einem Andante, und das bisherige G-Dur erweist sich als die Dominante des nun eintretenden C-Dur. Dieses wird beim folgenden Auftritt des Gärtners zur Dominante von F-Dur (Allegro molto, vier Viertel). In einer Weiterdrehung dieser Schraube, daß eine Tonart zur Dominante der folgenden wird, kehren wir an den Ausgangspunkt zurück – doch alles ist anders geworden als am Anfang. F-Dur (Andante, Sechsachtel) wird zu B-Dur, und wenn Antonio abgeht, dafür Marcellina mit Bartolo und Basilio auf die Bühne kommt, ist im Vierviertel-Takt wieder das ursprüngliche Es-Dur hergestellt. Fixiert wird es in einem Beschleunigungsschub: von einem Allegro assai über ein Più allegro in ein Prestissimo mündend.

Diese Wiederherstellung der Tonalität des Ausgangspunktes unterstreicht paradoxerweise die Dramatik des Vorgangs, in dem sich die komödiantischen Einzelmotive in einer musikdramatischen Analogie zum Klassenkampf übereinanderschichten: Die musikalische Formgebung durch die harmonische Rundung dynamisiert Mozarts Klassizismus von innen her. Die Verlagerung der eigentlichen Dramatik von der Handlung in die weitaus komplexere Musik entspricht komplementär jener Dramatisierung des Instrumentalen, die Hegel in seiner Ästhetik an Mozarts Symphonien rühmte. Ihm sei »der Wechsel der besonderen Instrumente oft wie ein dramatisches Konzertieren, wie eine Art von Dialog vorgekommen, in welchem teils der Charakter der einen Art von Instrumenten sich bis zu dem Punkte fortführt, wo der Charakter der anderen indiziert und vorbereitet ist, teils eins dem anderen eine Erwiderung gibt oder das hinzubringt, was gemäß auszusprechen dem Klange des Vorhergehenden nicht vergönnt ist« (Die romantischen Künste, II,2).

Was Mozart über die Innenspannung der Kettenfinali in der italienischen Buffo-Oper des 18. Jahrhunderts hinaushebt, ist in der Tat das von Hegel beschriebene Prinzip des Gleichgewichts zwischen Erwiderung und Ergänzung. Die einzelnen Bauteile des musikdramatischen Kunstwerks werden in einen Strukturzusammenhang überführt, der dem Gesetz des Sonatenhauptsatzes unterworfen ist. »Wie ein solcher Sonatensatz in einem Musikdrama Mozarts aussieht, zeige uns eine Analyse eines seiner Gipfelwerke«: es ist, als drittes von insgesamt acht Ensemblestücken im Finale des zweiten Akts, jenes B-Dur-Trio, das auf die von Grétry übernommene und völlig sublimierte Schwebefigur bei Susannas Verlassen des von innen verschlossenen Kabinetts folgt. Das Trio beginnt, während der Graf im Kabinett weiterhin nach einem versteckten Liebhaber seiner Frau sucht, mit der ebenfalls schon erwähnten Verständigung der beiden Frauen über das Vorgefallene, wobei die achttaktige Periode dieser Verständigung, das erste Thema, in sich schon eine Gespanntheit aufweist (*Susanna, son morta... Più lieta, più franca*). Der Wiederauftritt des Grafen, ein Zwischensatz, findet nach Art eines ›Accompagnato‹ statt, wobei der Graf das Motiv seiner Frau variiert. Dann folgt das zweite Thema, in dem der Graf sich darüber empört, geäfft worden zu sein (*Ma far burla simile è poi crudeltà*), nach dem Vorbild des Sonatensatzes auf die Dominante gehoben. Die beiden Frauen entgegnen ihm energisch, er hätte noch Schlimmeres verdient: mit dem motivischen Material des ersten Themas, während der Graf durch Motivspaltung auf ›seinem‹ Teil des Seitenthemas beharrt. Nach einer weiteren Überleitung, die durch den fünfmaligen Vorhalt vor dem Motiv der Frauen deren Beharrlichkeit unterstreicht, beginnt die Durchführung. Der Graf verlegt sich nun aufs Bitten, doch mit seinem eigenen Motiv aus dem Seitensatz begegnet ihm die Gräfin, er läßt es sich quasi aufzwingen und wiederholt es, doch nun ist es weinerlich nach g-moll gewendet. In einem zweiten Anlauf versucht der Graf es bei Susanna, die ihn auch zurückweist. An der Stelle ist Es-Dur erreicht, die Haupttonart des Finales, doch Susanna fürchtet diese voreilige Zementierung und wendet sich mit ihrem Teil des Kopfthemas begütigend an die Gräfin, wobei die Musik nach As-Dur moduliert: Ausdruck der ungebrochenen Gefühle der Gräfin für ihren Mann. In dieser Episode der Durchführung werden als Versuch einer Versöhnung erstmals die beiden Kopfthemen zusammengeschmolzen, und die drei Stimmen vereinen sich. Den Abschluß findet die Durchführung in dem schnellen Hin und Her, mit dem die Fragen des Grafen nach der Intrige beantwortet werden.

Nun sind wir wieder bei Es-Dur angelangt, der Subdominante des Trios, auf der in der klassischen Symphonie die Reprise beginnt. So auch hier, wenn sich die Aussöhnung des Grafenpaares fortsetzt und die Gräfin sein Thema nach c-moll wendet und ihm wirklich herzbewegend Verzeihung gewährt. Susanna antwortet in Es-Dur, als wolle sie die Versöhnungsbereitschaft ihrer Herrin als sentimental verurteilen: Die beiden Frauen sind hier weiter voneinander entfernt als in ihrem gespannten Doppelthema der Exposition. Eine Coda in langen, den Frieden beschwörenden Notenwerten beschließt das Ensemble, das in seinen 161 Takten ein wahres Minidrama ist, hervorgegangen durch Abspaltungsprozesse aus einer achttaktigen Motivphrase. Von diesem hohen Grad der kompositorischen Konstruktivität ist kein anderes Finale der italienischen ›Opera buffa‹ des 18. Jahrhunderts, auch nicht das des ersten Aktes von Cimarosas IL MATRIMONIO SEGRETO (→ S. 262 ff.), in dem sich manche Errungenschaft Mozarts widerspiegelt.

Auch im Sextett des dritten Akts, wenn Marcellina überraschend Figaro als ihren verlorenen Sohn wiedererkennt, nutzt Mozart das Sonatenschema. Allerdings nicht das des Sonatenhauptsatzes, sondern des langsamen symphonischen Satzes: ohne Durchführung (an deren Stelle die erweiterte zweite Themengruppe mit ihrem Durchführungscharakter tritt) und mit einer in der Tonika einsetzenden Reprise. Marcellina beginnt in dem von Mozart oft für komische Situationen benutzten F-Dur das Ensemble (Nr. 19) *Riconosci in questo amplesso una madre* (Erkenne an dieser Umarmung eine Mutter). Don Bartolo variiert das Thema, Don Curzio und der Graf in einer verärgerten Wendung auch. Eine dritte Variante erfährt es in einer ekstatischen, auf einer verminderten Quinte aufgebauten Gestalt, die sich gleichermaßen auf Marcellina, Bartolo und ihren Sohn Figaro bezieht. Beendet wird dieser erste Themakomplex mit einem Halbschluß auf der Dominante: Susanna erscheint mit dem Geld, um Figaro von dem Ehevertrag mit Marcellina freizukaufen (es wird nach der Erkennungsszene nicht mehr benötigt).

Diese Wende nach C-Dur findet ihre szenische Kontrast-Entsprechung in Susannas Erstaunen ob Figaros plötzlich verändertem Verhalten gegenüber Marcellina: deren Umarmung treibt sie in die Moll-Parallele, und sie ohrfeigt Figaro. Operngeschichtlich bleibt diese Ohrfeige durch ihre Einbindung in die Durchführungstechnik des Sonatensatzes Bestandteil eines Prozesses der Veränderung. Sie ist, analog zu der dazu gehörenden Musik, jederzeit widerrufbar: eingebettet in die Dialektik des Sonatenprinzips und damit die Möglichkeit eines Konfliktausgleichs. Die Ohrfeige, die in Donizettis DON PASQUALE der Titelheld von Norina erhält, zieht operngeschichtlich einen Schlußstrich unter die gesellschaftliche Konsensfähigkeit des Sonatenprinzips: aus diesem herausgebrochen, bewirkt sie die Vereinzelung des Helden. Damit ist auch die Geschichte der ›Opera buffa‹ zu Ende: 1843.

Die Reprise im Sextett beginnt nach der konfliktreichen Dominantaufwallung mit einer breit angelegten Klärung der Situation für Susanna, und in der Grundtonart nimmt Marcellina ihr Eingangsthema auf. Es handelt sich aber nicht um eine wörtliche Reprise, sondern um eine ausgeschmückte, während die Holzbläser nun die Originalversion spielen. Susanna, höchst überrascht, antwortet mit einer Variante jenes Themas, das in der Exposition die Verärgerung des Grafen und des Richters begleitet hatte. In ähnlicher Analogbildung folgt, entsprechend der c-moll-Wendung in der Exposition, nun ein Einschub in f-moll (Takte 110–117), ehe die Schlußgruppe erreicht wird. Möglicherweise hat Mozart neben seiner Wertschätzung für dieses Sextett (seine Frau Konstanze teilte sie) auch das Finale des letzten Akts hoch gehalten. Daß es für moderne Ohren nicht so überragend wirkt wie das zum zweiten Akt, liegt an seinem geringeren tonartlichen Spannungsgehalt. Die Grundtonart des letztes Finales ist die der Oper überhaupt: D-Dur (seit dem MITRIDATE spannt Mozart von der Ouvertüre zum Finale einen solchen Bogen; in der ENTFÜHRUNG war das C-Dur, in der ZAUBERFLÖTE wird es Es-Dur sein). Sie wird, nachdem die Gräfin dem Grafen endgültig vergeben hat, in die Subdominante G-Dur verschoben, von wo aus der Festjubel in einem Beschleunigungsruck die Dominante von D-Dur erreicht. Diese tonartlichen Bezüge sind auf Entspannung, auf Symmetriebildung angelegt – außer in jenem Moment, da Susanna in den Kleidern der Gräfin mit Figaro flirtet, er aber ihre Stimme erkennt und das Spiel trotzdem mitmacht: nur hier, im Moment der Gefährdung, ist mit Es-Dur eine große Spannung aufgebaut. Und eben diese von der Grundtonalität am weitesten entfernte Tonart prägt das Finale II zu seinem ungleich höheren Spannungsgehalt. Wesensgemäß verbietet Mozarts Klassizismus im letzten Finale solche Reibungsmomente, hier dient in der unmodulierten Abschlußnummer die Tonika als reine Schlußkadenz wie in einer Sonate oder Symphonie. Wie sehr Mozart gegenüber der Tradition der ›Opera buffa‹ Ensembles auf Kosten von Arien aufwertet, zeigt die Tatsache, daß die 28 Nummern der Oper paritätisch auf beide Formen verteilt sind. Der Überhang an Arien ist abgebaut. Das wiederum bedeutet keineswegs, daß Mozarts Arien weniger perspektivenreich als die Ensembles seien. Im letzten Akt hat Figaro eine anklägerische Arie *Aprite un po' quegl' occhi* (Nr. 27: Ach, öffnet eure Augen). Gegenüber dem Vorbild in Beaumarchais' Komödie ist hier der politische Affront zur Klage über die angebliche Untreue der Frauen eingeengt. Wenn Figaro nun singt, den Rest seiner Botschaft nicht sagen zu müssen, weil jeder ihn kenne, spielen die Hörner dreimal im Orchester ein Signal, als wüchsen sie ihm schon aus der Stirn (Verdi wird im FALSTAFF seinem Mister Ford das gleiche musiksprachliche Ausdrucksmittel zubilligen). Wie oft Mozarts Musik in die Zukunft hineinklingt, ist beispielsweise auch einem Detail in der Arie des Grafen zu entnehmen (Nr. 18: *Vedrò mentre io sospiro* – Ich soll ein Glück entbehren). Beim Gedanken, sich an seinem Konkurrenten Figaro zu rächen, singt der Graf in der gleichen Tonart wie Pizarro bei seiner Rachearie in FIDELIO (*Nun ist es mir geworden, den Mörder selbst zu morden*: beide sind in D-Dur notiert) sowie in denselben Notenwerten und derselben Akzentuierung. Auch an der langanhaltenden Bauart des Sonatensatzes haben Mozarts Arien teil. So hat Susannas sogenannte und in der Forschung oft gescholtene Rosenarie im vierten Akt (Nr. 28: *Deh vieni, non tardar*) eine Form, die man ohne zwanghafte Analogiebildung als Sonaten-Menuett bezeichnen kann: auf den ersten Teil folgt »eine lebhaftere, in der Dominanttonart stehende Verquickung von ›zweiter Themengruppe‹ und ›Durchführung‹« mit einer verhüllten Variation des Anfangs als Reprise, die sich bis zum hohen A emporschwingt. Wenn Figaro im ersten Akt mit seiner Kavatine dem Grafen den Marsch blasen will (Nr. 3: *Se vuol ballare*), zeigt Mozart die Entschlossenheit des Dieners zum Widerstand gegen herrschaftliche Willkür in einer monothematischen Minisonate: Die Anfangsmelodie des F-Dur-Allegrettos mit ihren Tonwiederholungen kehrt auf der Dominante wieder und wird in einem d-moll-Teil durchgeführt, wenn er sich zur Bedachtsamkeit zwingt. Als Reprise dient eine Variante des Anfangs im Presto, das durch eine Verringerung der Notenwerte noch unterstrichen wird, nach einer erneuten Aufnahme des Anfangstempos folgt ein letzter, knapper Presto-Ausbruch: Symmetrie und Harmonie werden zum Sinnbild von Aufsässigkeit – eins der Geheimnisse in Mozarts Klassizismus.

IL DISSOLUTO PUNITO OSSIA IL DON GIOVANNI (Der bestrafte Wüstling oder Don Juan. ›Dramma giocoso‹ in zwei Akten; *L* von Lorenzo da Ponte. Prager Nationaltheater, das heutige Tyl-Theater, 1787; Zweitfassung: Wiener Burgtheater 1788; Leipzig 1788 als Prager Gastspiel; Bern 1812; über 60 deutsche Übersetzungen, die ersten von Heinrich Gottlieb Schmieder: Mainz 1789, und Christian Gottlob Neefe: Mannheim 1789; Ersetzung der Rezitative durch Dialoge: Friedrich Rochlitz 1801 als weitest verbreitete Fassung im 19. Jahrhundert; Rückgang auf das Original: Hermann Levi 1896 als stilbildend für weitere Übersetzungen im 20. Jahrhundert; Wort-für-Wort-Übersetzungen: Walter Dürr für die Neue Mozart-Ausgabe 1977; Karl Dietrich Gräwe 1981; *EA* nach der *NMA:* Salzburger Festspiele 1969; Lübeck 1970).

Den Auftrag zu seinem DON GIOVANNI verdankt Mozart dem Enthusiasmus, den sein FIGARO nach der Prager Erstaufführung Ende 1786 in der Moldaumetropole erregte, während sich die Wiener Begeisterung schnell legte. Als Gast des Grafen Johann Joseph Thun erlebte Mozart in Prag die größten Ehrungen seines Lebens, und ohne Zögern nahm er den Auftrag des Theaterdirektors an, für 100 Gulden eine neue Oper zu schreiben. Anfang Oktober 1787 reiste er mit dem nur zum Teil fertigen Werk erneut nach Prag, um die Aufführung vorzubereiten – Eduard Mörike hat diese Ereignisse in seiner Novelle MOZART AUF DER REISE NACH PRAG frei verarbeitet. Nach zweimaliger Verschiebung fand die Uraufführung am 29. Oktober begeisterte Aufnahme. Dieser Erfolg hielt sich in Prag, während sich das Wiener Publikum mit dem Werk erheblich schwerer tat. Für die im Mai 1788 stattfindende Wiener Premiere nahm Mozart einige Änderungen vor. So strich er die koloraturendurchsetzte B-Dur-Arie des Don Ottavio *Il mio tesoro* (Folget der Heißgeliebten; Nr. 21) und ersetzte sie durch die lyrische G-Dur-Arie *Dalla sua pace* (Nur ihrem Frieden). Da er allerdings ihre Stellung veränderte (statt in II,10 wird sie in I,14 gesungen), hat sich der Brauch eingebürgert, in einer Aufführung beide Arien vortragen zu lassen – was von den Herausgebern des DON GIOVANNI in der Neuen Mozart-Ausgabe hart attackiert wird. Weniger umstritten, da kaum in die Bühnenpraxis eingegangen, ist eine andere Erweiterung der Wiener Fassung: das Duett *Per queste tue manine* (Um deiner zarten Hände willen; Nr. 21 a) zwischen Zerlina und Leporello; für Donna Elviras flammende Es-Dur-Arie *Mi tradì quell' alma ingrata* (Diese undankbare Seele verstieß mich) wiederum sprechen ebenso viele Gründe wie für Ottavios G-Dur-Arie – von daher wird es auf der Bühne wohl bei Mischungen aus der Prager und der Wiener Fassung bleiben.

Abgesehen von der ZAUBERFLÖTE ist DON GIOVANNI Mozarts meistbeschriebene Oper: E. T. A. Hoffmann nannte ihn kurz und bündig die »Oper aller Opern« (›Dramaturgisches Wochenblatt‹, 1815). Noch bemerkenswerter für die allgemeine Wertschätzung des Werks dürfte die Tatsache sein, daß die Oper einem Philosophen zur Entwicklung einer ganzen Musikästhetik diente: Sören Kierkegaard in ENTWEDER/ODER (1843). Mag die auch, gerade in ihrer Aussage über

den DON GIOVANNI, zu Recht auf die Kritik von Musikologen gestoßen sein, so nimmt das dem von Kierkegaard beschworenen
Faszinosum der Oper nichts. Ein späterer Philosoph, als Komponist
gleichzeitig auch in der Knochenarbeit der Analyse erprobt, hat bei allen kritischen Einwänden die Einzigartigkeit von Kierkegaards Essay
über den DON GIOVANNI in einen erhellenden Bezugsrahmen gestellt:
»Seine musikalischen Intuitionen, wie die Beschreibung der DON-
JUAN-Ouvertüre, die allein in Nietzsches Sätzen über das MEISTER-
SINGER-Vorspiel ihr Seitenstück fand, wurden ihm der eigenen Theorie zum Trotz gegeben.« Und um die Höhenlage dieses Paradoxons zu
bestimmen, machte Adorno die Stringenz von Kierkegaards Theorie
dingfest: »Aus ihr wird DON JUAN als das einzige und ausschließliche
Meisterwerk der Musik deduziert, nicht anders als bei Hegel der preußische Staat als Realisierung der Weltvernunft.«

Solche Verwirklichung der Weltvernunft findet in Mozarts Musik
laut Kierkegaard durch ein Höchstmaß an Sinnlichkeit statt: die ›Inkarnation der Genialität des Sinnlichen‹. Diese Begründung, und das läßt
alle fachmusikalischen Fehlernachweise gegenüber Kierkegaards Äußerungen am Kern vorbeischießen, zielt nicht auf Ästhetik, sondern auf
Theologie. Kierkegaard sieht in Don Juan auch den Mythos, der sich
aus den verschiedensten Ablagerungen der Stoffgeschichte – so in Lorenzo da Pontes weitgehend auf ein im gleichen Jahr von Giuseppe Gazzaniga für Venedig komponiertes Drama Giovanni Bertatis zurückge-
hendem Libretto – als das Urbild des Libertins herausfiltern läßt. Für
den dänischen Philosophen aber war Don Juan eine wichtige Figur im
Säkularisationsprozeß des Abendlandes, und ihren Rang verdankt sie
nur Mozarts Musik, die in dieser Deutung zu einem Instrumentarium
des Widerstands gegen den Christengott wird. Umhüllt von Mozarts
Musik, repräsentiere Don Giovanni als Leitbild des Verführers eine
spezifisch moderne Kunst, deren dämonische Kraft sich erst innerhalb
des Christentums zum höchsten Raffinement habe entwickeln können.
Damit klinkte sich Kierkegaard in die romantische Musik-Diskussion
ein und gab ihr eine entscheidende Wende.

Daß Musik, und zwar in ihren größten Momenten, eine religiöse
Komponente habe, war ein romantischer Lieblingsgedanke. Ernst
Theodor Hoffmann, der mit seiner Erzählung DON JUAN 1813 die Dä-
monisierung des DON GIOVANNI entscheidend vorangetrieben hatte,
stellte fest, die Musik sei rein »religiöser Kultus, und ihr Ursprung einzig und allein in der Religion, in der Kirche zu suchen und zu finden«

(Tagebücher II). Obwohl er die enge Beziehung zwischen Kult und Kunst für die Musik seiner Zeit, der Romantik, nicht mehr gegeben ansah, beharrte Hoffmann auf der Heiligkeit der Tonkunst (Alte und neue Kirchenmusik, 1814), in seiner Gedankenführung eng Jean Pauls Vorschule der Ästhetik von 1804 folgend. In der war die romantische Kunst als eine direkte Folge der Auszehrung des Christentums definiert worden, das seinerseits wiederum »die ganze Sinnenwelt mit allen ihren Reizen« vertilgt habe. Der Künstler hätte daraufhin die progressive Flucht in die Welt der Imagination angetreten: »So blühte in der Posie das Reich des Unendlichen über der Brandstätte der Endlichkeit auf.« Aber dieser Rückzug der Romantiker in eine innere Welt war für Jean Paul mit der Gefahr des Identitätsverlustes verbunden: »In der weiten Nacht des Unendlichen war der Mensch öfter fürchtend als hoffend« (§ 23).

Der moderne Mensch, der die Abnabelung vom Christengott, das Augustinische Experiment der Selbstzentrierung (›Experimentum medietatis‹), wagt, ist für Kierkegaard Don Giovanni (nicht als Bühnenfigur, sondern als fleischgewordene Musik). Spezifisch modern ist die Kunst Mozarts, weil sie den Verführer im Lichte einer »anderen Zugehörigkeit« zeigt. Der Begriff der anderen Zugehörigkeit ist von Ernst Bloch für die Figur der Donna Anna entwickelt worden. Schon E.T.A. Hoffmann hatte in seiner Erzählung Don Juan die These vertreten, daß Don Giovanni bei Donna Anna ans Ziel seiner Wünsche gelangt sei, sie entehrt habe. Mag diese Behauptung (mehr darüber im Folgenden) auch kaum aufrechtzuerhalten sein, so hat sie doch eine richtige Spur gelegt: zur Verführbarkeit Donna Annas, zu ihrem Bewußtsein von der eigenen Verführbarkeit. Diesen Zusammenhang, der noch in Joseph Loseys Verfilmung der Oper 1979 als eine symbolische Klammer über die Handlung gelegt wird, spezifizierte Bloch. Annas dem ermordeten Vater gewidmete Trauer und ihre dem Bräutigam Don Ottavio abverlangte Rache für den Mord gingen nämlich in ihrer B-Dur-Arie des zweiten Akts »in Schmerz der Sehnsucht über, in ein Flammen der Koloratur, das von Ottavio überhaupt nichts mehr übrigläßt, hinter dem riesenhaft Don Giovanni erscheint«. Annas innere Zugehörigkeit ist anders insofern, als sie dem Gebot von Natur (dem Vater gegenüber) und Sitte (gegen den Bräutigam) widerspricht. Diese ›andere Zugehörigkeit‹ Donna Annas, die beispielsweise in Annette Kolbs Mozart-Buch (1937) zum dramaturgischen Angelpunkt des DON GIOVANNI erklärt wird, hat Kierkegaard dem Helden selber zugeschrieben.

Erst das Christentum habe die Sinnlichkeit in einen Gegensatz zum Geist gebracht, der griechischen Antike etwa war dieser fremd und damit auch ein Gedanke wie der von einer sinnlich-erotischen Genialität. Kierkegaard fand darin später einen Gefolgsmann in Friedrich Nietzsche, der den Zusammenhang auf den Punkt brachte:»Das Christentum gab dem Eros Gift zu trinken – er starb zwar nicht daran, aber entartete – zum Laster.« Nietzsches Worte von der Entartung darf nicht im späteren Sprachgebrauch der Faschisten und Post-Faschisten verstanden werden: der Philosoph meinte es positiv als einen Schritt zur endgültigen Säkularisation des Menschen. In eben diesen Prozeß sah auch Kierkegaard Mozarts Don Giovanni eingebunden: sozusagen als Gegengift für das christliche Verbot der Sinnlichkeit. Seine andere Zugehörigkeit ist die zum Tabu, er wird – im Sinne Ernst Blochs – zur Figur einer Grenzüberschreitung, und in dieser Bedeutung ist Blochs Formulierung, Don Juan werde »zum glänzendsten Wunschbild, dem Leitbild der Verführung«, auf Kierkegaards theologischen Ansatz zurückzubeziehen, demzufolge diese »Inkarnation des Fleisches« keineswegs in der antiken Welt »eigentlich entwickelt worden ist, sondern der christlichen Welt zugehört«. In dieser Dialektik von Zugehörigkeit und Revolte ist Mozarts Musik eine spezifisch christliche (und moderne) »als Medium für dasjenige, welches das Christentum von sich ausschließt«. Die Sprengkraft der Musik, die in LE NOZZE DI FIGARO durch die vollkommene Harmonie von Arien und Ensembles hindurchgeht und die politische Stoßrichtung von Beaumarchais' Vorlage sublimiert, findet wirkungsdramaturgisch in dem nicht minder ausbalancierten DON GIOVANNI eine Entsprechung insofern, als hier eine durchaus christlich eingebundene Kunst noch im Untergang des Anti-Christen dessen Preislied anstimmt.

Mozart hat mit seiner Musik aber auch in einer Weise Kierkegaards Deutung dieses Leitbilds der revoltierenden Verführung Vorschub geleistet, die dem Philosophen entgangen ist: mit dem Schlußsextett nach der Höllenfahrt des Helden. Daß diese das eigentliche Finale des DON GIOVANNI sei, ist aus der ungeheuren Dramatik der Musik her naheliegend, zumal im Licht einer Psychologie des 19. Jahrhunderts. So hat sich Gustav Mahler 1905 in der von Alfred Roller bühnenraumplastisch gestalteten Wiener Aufführung der Oper, in der zwei turmartige Vorbauten die von den Kulissen üblicherweise gegliederte Zentralperspektive fast schon auf das Prinzip der Brecht-Gardine hin veränderten, geweigert, dem Untergang Don Juans das anschließende Sextett folgen zu lassen. Doch erst dieses bringt das ›Dramma giocosco‹, die Elemente von ›Seria‹ und ›Buffa‹ in Mozarts klassizistische Balance. Der hat Lorenzo da Ponte einen besonderen Akzent durch die Szenenanweisung gegeben, Masetto erscheine mit Gerichtsdienern. Nicht die sexuellen Untaten Don Juans scheinen also angeklagt zu sein: sein Aufstand gegen die Christenmoral, sondern sein weltliches Delikt: der Mord am Komtur. Auf diesen kanalisieren seine Gegenspieler ihren Haß, er wird zum Vehikel ihres Kampfs gegen Don Juans Außenseitertum. Berührt von seinem Untergang sind nur die beiden Menschen, mit denen er in näherer Beziehung stand: die von ihm verlassene Geliebte Elvira und sein Diener Leporello. Sie haben ihre Bezugsperson verloren und wenden sich, geschlechtstypologisch geschieden, nach der Sitte der Zeit einer Transitstation auf dem Weg in ein weniger anfechtbares Leben zu. Dabei ist es unerheblich, ob man die Spielzeit im Spanien des 17. Jahrhunderts ansiedelt, als der Stoff erstmals literarisch greifbar wurde, oder zu Mozarts Tagen im untergehenden ›Ancien régime‹, was die ständischen Tänze in der Drei-Orchester-Szene des ersten Finales mit ihrem Anklang an die Wiener Redoutenbälle sowie die Zitate aus zeitgenössischer Musik bei Don Juans Bankett im zweiten Akt nahelegen. Elvira geht ins Kloster zurück, Leporello ins Wirtshaus. Die beiden Männer unter den zurückbleibenden Paaren können erst jetzt ihr Unterwertigkeitsgefühl dem Toten gegenüber so verdrängen wie die beiden Frauen ihre Selbsterfahrung der Verführbarkeit. Man atmet auf: nicht weil ein Frevler die gerechte Strafe fand, sondern weil ein Mitwisser ihrer Verführbarkeit und Schwäche nicht mehr lebt. So stehen sie alle, da die Gefahr ihrer Dekouvrierung mit den höllischen Schwefelschwaden im Abzug begriffen ist, um so fester in ihrem Glauben da.

Daß solche Festigkeit im Glauben, als Ausdruck einer heuchlerischen Bewußtseinsverdinglichung, auf der Bühne nicht plattgewalzt werden darf, zieht sich wie eine Klammer durch die Rezeptionsgeschichte der Oper. So ließ schon E. T. A. Hoffmann Donna Anna ihr erotisches Urerlebnis, wenngleich er von einer falschen Voraussetzung ausging, zur Todesahnung werden: Das Trauerjahr, das sie Don Ottavio bis zur Hochzeit abbittet, werde sie nicht überleben. Und eben diese Einheit der Erfahrung von Eros und Thanatos vermittelt Joseph Losey in seinem Film 1979. Auch Theaterregisseure haben in jüngerer Zeit Konsequenzen aus der Doppelbödigkeit des Schlußsextetts gezogen. So nahm Bohumil Herlischka 1974 (Düsseldorf/Duisburg) die antichristliche Aufsässigkeit des Helden im Sinne Kierkegaards so ernst, daß er ihn in eine ideengeschichtliche Klammer zwischen dem Augustinischen ›Experimentum medietatis‹ und der Dostojewskij-Verzweiflung stellte: Nur »wer sich selbst zu töten wagt, der ist ein Gott« – dieser Don Juan endete durch Selbstmord. Eine andere Lösung des Problems suchten John Dew (Krefeld/Mönchengladbach 1981) und Jean-Claude Riber (Bonn 1983), indem sie von der Tatsache ausgingen, daß bei der Prager Uraufführung Komtur und Masetto von einem Darsteller gesungen worden waren. Daraus zogen sie die Konsequenz, daß die Erscheinung des Steinernen Gastes von Don Juans Gegnern inszeniert wird, und Dew machte in diesem Täuschungsmanöver Don Ottavio zum Meuchelmörder in einer potenzschwachen Männergesellschaft. Die Frauen wurden von diesem Komplott ausgeschlossen und erfuhren von der Höllenfahrt wie die Theaterbesucher. Peter-Paul Pachl wiederum (Kassel 1981) funktionierte den Chor der höllischen Geister in eine Priesterschaft um, die den aristokratischen Rebellen im Namen der Ewigkeit umbringt.

Diese Skizzierung der Höllenfahrt Don Juans aus einem winzigen Ausschnitt der Rezeptionsgeschichte von Mozarts Oper dient der Verdeutlichung des doppelten Bodens in jenem Schlußsextett, das schon Mozarts Schüler Franz Xaver Süßmayr 1798 unterdrückte und über das Sören Kierkegaard kein Wort verlor. Mozart hat den falschen Schein der Schlußszene buchstäblich auskomponiert. Nicht nur in dem Sinne, daß er im Zeitalter der Josephinischen Aufklärung die mythische Höllenfahrt eines Menschen mit der individuellsten Musik, die bis dahin überhaupt in der Geschichte der Oper geschrieben worden war, schilderte. Dieser Widerspruch findet sich auch in der Binnenstruktur des Schlußsextetts. Im genau kalkulierten Kontrast zur Szenenanweisung, daß Hilfstruppen der weltlichen Justiz von Masetto herbeigeholt worden waren, stehen die Momente eines Sakralstils. Dieser beherrscht die Pseudo-Fuge mit der Moral von der Geschicht': *Also stirbt, wer Böses tut.* Das Presto, mit dem Mozart die Musik über den Text hinwegrauschen läßt, ist eine Wunschprojektion: Nach Leporellos unbefriedigender Erklärung der Vorgänge etabliert sich nun die Moral im Schnellgang, wobei Anna und Elvira den einstimmigen Themaeinsatz im Unisono singen, während die zweiten Violinen den Kontrapunkt als brodelnde Bewegung in viel kürzeren Notenwerten spielen. Dann schließt sich Zerlina an, und die Fuge verliert ihren kontrapunktischen Impuls in der Euphorie: der chorische ›Esprit de corps‹, dem die Männer sich anschließen, macht nicht nur die zuvor geschilderten individuellen Lebensvorstellungen der Figuren vergessen, sondern wird darüber hinaus zu einer Walze. In deren Bewegungsverlauf werden Schlüsselwörter wie ›morte‹ (Tod) und ›sempre‹ (ewig) bis zum Orgelpunkt hin ausgehalten, so daß die plötzlichen Forte-Piano-Wechsel dem Credo einer Messe entnommen zu sein scheinen: Das Geheimnis einer Selbsterfahrung, das hier jeder zu verbergen trachtet, ist nur allzu klar.

Der Sieg der Gemeinschaft über den normverletzenden einzelnen versöhnt den DON GIOVANNI formgeschichtlich mit der Tradition der ›Opera buffa‹, die Verdi in der Schlußfuge seines FALSTAFF noch einmal aufgreift. Aber der Spaß, der bei ihm mit einem lüsternen Vertreter des ersten Standes getrieben wird, hat bei Mozart gesellschaftspolitisch eine ungleich größere Sprengkraft. Die Versöhnlichkeit von Verdis Schlußfuge, die keineswegs zurückliegende Aggressionen vergessen macht, ist bei Mozart noch voller Risse. Während Verdi auf den dickleibigen Ritter einen sanften Blick aus der Perspektive dessen wirft, der auf der Siegerseite der bürgerlichen Revolution steht, befindet sich Mozarts Don Juan in der Tradition jener adeligen Rebellen, in die das Bürgertum seine Kunsthoffnungen auf eine gesellschaftliche Umwälzung projizierte. In der Schlußszene seiner EMILIA GALOTTI, die wiederum im Augenblick der Katastrophe von Goethes WERTHER auf dem Schreibtisch des Romanhelden aufgeschlagen liegt, läßt Lessing das von einem Adeligen verführte Bürgermädchen ausrufen: »Was Gewalt heißt, ist nichts: Verführung ist die wahre Gewalt.« Die Frauen in DON GIOVANNI haben, obwohl der Held nie ans Ziel seiner wie ihrer Wünsche gelangt und er schließlich vielleicht sogar in Elviras Zofe einem reinen Phantom nachjagt, diese Erfahrung der eigenen Verführbarkeit gemacht. Wie genau Staats- und Kirchenautoritäten die Kehrseite der Verführung: eben eine normverletzende Gewalt, fürchteten, zeigt sich an der Wut, mit der Lessings Erzfeind, der Hamburger Hauptpastor Goeze, sogar Goethes Werther als »Freygeist« verdammt, als Libertin, obwohl dieser nicht seine erotische Eroberung genießt, sondern in einer masochistischen Wendung des ›Experimentum mediatatis‹ das Leiden an der Unerfüllbarkeit seiner normverletzenden Liebe zu einer verheirateten Frau. Selbst der neurotisch gewordene Libertin ist dem Verfechter einer autoritären Gesellschaft nicht grundlos verdächtig, die gesellschaftlichen Übereinkünfte zu sprengen, in der subjektiven Revolte die politische Revolution vorzubereiten. Mozart sieht seinen Helden mit vorrevolutionär-wunscherfüllten Augen, und das ungeheure d-moll-Feuer, in dem er ihn – auch aus Sorge vor den Goezes in

Prag oder Wien – untergehen lassen mußte, ist nicht das der Hölle, sondern des Purgatoriums. Hinter seinem Glühen scheint eine Gesellschaft auf, die sich der Unterminierung ihrer Triebökonomie nicht mehr zu schämen braucht. So anfechtbar Kierkegaards Deutung des DON GIOVANNI auch sein mag: die Korrelatfunktion des Don Juan zu Christus für die Säkularisationsgeschichte des Abendlands hat er hellsichtig erkannt.

Die Vielschichtigkeit der Musik im DON GIOVANNI gibt paradoxerweise keinen Hinweis auf die von E. T. A. Hoffmann in seiner Novelle DON JUAN aufgestellte Behauptung, Donna Anna sei vor der ersten Szene der Oper von Don Giovanni verführt worden. Diese Frage hat mit Haarspalterei nichts zu tun, da Hoffmann rezeptionsgeschichtlich die Bühnenpräsenz Donna Annas zuungunsten Donna Elviras geprägt hat, die im 19. Jahrhundert »mehr und mehr zu einer ›hysterischen Alten‹« verkam. 1966 hat der Regisseur Walter Felsenstein Hoffmanns Behauptung minuziös widerlegt. Sein Argument, daß sie Don Ottavio gegenüber zu einer lügnerischen Darstellung der nächtlichen Ereignisse nicht in der Lage sei, ja »daß kein Wort in ihrer Erzählung unwahr« sei, wird musikalisch bekräftigt in dem Rezitativ mit Ottavio vor ihrer Arie *Or sai chi l'onore* (Du kennst den Verräter; Nr. 10). An der entscheidenden Stelle ihrer Erzählung geht das Tempo vom vorherrschenden Allegro in ein Andante über, in dem ein ganz durchsichtiger, falsches Pathos vermeidender Streichersatz aus schlicht absteigendem Baß und dreimal inständig wiederholtem, quintenlosem a-moll-Akkord der Geigen besteht. Darüber entfaltet sich Annas Stimme in engen Tonschritten, die über die mittlere Lage nicht hinausgehen, ehe ein sanfter Trugschluß zu Ottavios Stoßseufzer *Ohimè* überleitet, diesen als Ausdruck der Freude und nicht des Schmerzes festlegend. Er begreift wohl die Vorgänge, obschon Anna mit »atemloser deklamatorischer Bravoura vier Moll-Tonarten durchläuft, wie auf der Suche nach jener Tonart, in der das Schrecklich-Wunderbare auszudrücken wäre«.

Daß Ottavio indes auch einem Trugschluß erlegen sein kann, ist angesichts der geradezu shakespearischen Figurenzeichnung Mozarts nicht auszuschließen. Schon die erste Szene setzt den Maßstab. Der Diener Leporello singt sein F-Dur-Lied über den Tag- und Nachtdienst an einem Menschen, der es gar nicht wert sei (Beethoven hat die Quartsprünge dieser Melodie in der 22. seiner DIABELLI-VARIATIONEN so durch die Tonarten gejagt, daß Hans von Bülow meinte, aus dem DON GIOVANNI sei Meyerbeers ROBERT DER TEUFEL geworden).

Lieber möchte er selber den Herrn spielen. Da hört er ein Geräusch, die Musik moduliert nach B-Dur, und aus dem Haus stürmt Donna Anna hinter Don Giovanni her, um dem erfolglosen Verführer seine Identität zu entreißen: für Leporello ein Anlaß, den Vorgang fernab seiner Dramatik brummelnd zu kommentieren. Während die Bläser nach g-moll modulieren, stellt Annas Vater, der greise Komtur, den nächtlichen Eindringling zum Zweikampf, worauf das Mädchen ins Haus zurückeilt. Ganze neun Takte dauert das ungleiche Duell, mit einem verminderten Septakkord auf B endet es: eben dem Klang, mit dem der tote Komtur als steinerner Gast zu Don Giovannis Bankett erscheinen wird. Das Tempo verlangsamt sich von einem Molto allegro zum Andante, die Harmonik geht nach f-moll, einer Tonart, die in Mozarts Opern nur noch viermal vorkommt (in Barbarinas Cavatine zu Beginn des Schluß-aktes von FIGAROS HOCHZEIT, wenn die verlorene Nadel des Grafen für sie fast existenzbedrohend ist; in derselben Oper im Terzett des ersten Akts und im Finale II kurz vor Susannas Auftritt, wenn nur wir als Zuschauer wissen, wer aus dem verschlossenen Kabinett kommen wird; schließlich in COSÌ FAN TUTTE, wenn Don Alfonso im ersten Akt die falsche Nachricht bringt, die Liebhaber der beiden Schwestern müßten in den Krieg ziehen). Die Todesnot des Komturs, Leporellos Angst um Entdeckung und Don Giovannis zynische Konstatierung des Sachverhalts runden sich hier zu einer ›Ombra‹-Szene, die mit der Tradition solcher musikalisierten Schattenbilder nichts mehr gemein hat.

Solche Komplexität zeichnet auch Szenen aus, die eher der Tradition der Buffo-Oper entsprechen, etwa die Auftrittsarie Donna Elviras auf der Suche nach ihrem Geliebten *Ah chi mi dice mai quel barbaro dov'è* (Ach, wer sagt mir je, wo jener Grausame weilt) mit dem anschließenden Terzett der sie beobachtenden Männer Don Giovanni und Leporello. Die gegenüber dem vorangehenden Rezitativ und Duett zwischen Anna und Ottavio um einen Halbton angehobene Tonalität (Es-Dur gegen d-moll) weist eine größere Wärme, vielleicht im Sinne von Fraulichkeit auf. Zur Vorgeschichte der literarischen Figur ist zu erwähnen, daß es sich um eine Nonne aus Burgos handelt, die von Don Giovanni aus dem Kloster mit einem Eheversprechen entführt wurde. Während sie um den Geliebten klagt, erkennt Don Giovanni sie noch nicht, und Leporello macht sich schon einen Reim auf die Austauschbarkeit der Szene. Das Orchester intoniert im Wechselspiel von Forte und Piano Zweitaktgruppen, die mit ihrem Changieren zwischen Auf- und Abtaktigkeit die vergleichsweise archaisch-strenge Stimmführung Elviras

kontrastieren. Mozart nutzt hier die Taktart als bewußtes Gestaltungsmittel, indem er auf strikte Periodisierung verzichtet. So greift eine
Phrase asymmetrisch in die folgende ein: unter der Oberfläche verspü-
ren wir die Glut in dieser Frau. Mozart verstärkt diese Art der Gestaltung, indem er nach vier Takten den Klarinetten und Hörnern, Fagotten, Bratschen und Bässen, schließlich auch den Violinen einen anderen
Rhythmus gibt, ohne der Musik darob einen einheitlichen Bewegungsverlauf zu nehmen. »Bei einer solchen Satztechnik entsteht der Eindruck einer schier unbegreiflichen Freiheit: Gestalten, die aus dem
Nichts aufflammen; dabei unerhört selbständig, vollplastisch, mit Händen greifbar, ihren Platz im Raum einnehmend, unbekümmert um ihre
Nachbarn.«

Daß dieses Allegro einen ausgeprägten Vorwärtsdrang aufweisen
muß, wird leider allzu oft an den ›komischen‹ Effekt der beiden männlichen Voyeure verraten. Dabei ist auch das dramaturgische Gleichgewicht der Personen musikalisiert: Während Donna Elvira sich in Sequenzen äußert (mit kadenzierender Ausschmückung), Leporello nur
mit einem schon auf seine folgende Registerarie vorausweisenden Satz
beteiligt ist, bekundet Don Giovanni seine Trostbereitschaft mit einem
harmonischen Pendeln. Dabei aber wagt er sich buchstäblich etwas zu
weit vor: um zwei Takte ragt seine Schlußanrede *(Signorina, signorina)*
über die Orchesterbegleitung hinaus, ehe der beiderseitige Schock des
Erkennens folgt. Was szenisch geschieht, ist von Mozart durch eine
souveräne Verselbständigung der rein musikalischen Mittel gestaltet.
Sie sind der Höhe des Instrumentalsatzes der Wiener Klassik entnommen und werden auf die Vokalmusik übertragen: »Hier tritt uns eine
neue, spezifische Haltung entgegen, die die Wirklichkeit ›sub specie‹
des Handelns erfaßt. Mozart greift nicht das stehende Bild heraus (wie
zum Beispiel noch Gluck), sondern die Vorstellung des Handelns.«
Musik hat endgültig das Handeln auf der Bühne gelernt.

Diese Vorstellung des Handelns führt in den Ensembles zu erheblich weniger äußerer Handlung als noch in FIGAROS HOCHZEIT. Sogar
die Dramatik der beiden Finali entwickelt sich weniger explosionsartig
als im FIGARO. Dieser Mangel an äußerer Situationshaftigkeit führt
nicht nur zum tableauartigen Wortduell Don Juans mit dem steinernen
Gast, der bei seiner Mahnung, der Mensch lebe nicht nur von irdischer
Nahrung, den ganzen Tonraum wie in einem Urbild von Zwölftönig-
keit durchschreitet. Der scheinbare Mangel erweist sich auch in dem
über sechshundert Takte umfassenden ersten Finale als ein Moment

ungeheurer Projektion nach innen. Bei dem großen Fest, auf dem drei Kapellen zu Ehren des von Don Juan eingeladenen Bauernpaars Zerlina-Masetto spielen, und das der Held nutzen will, um die junge Braut zu verführen, wird er von den maskiert auftretenden Rächern verfolgt: Don Ottavio in Begleitung von Donna Anna und Donna Elvira. In diesem Augenblick scheint die Zeit stillzustehen, in fünf abwärtssinkenden Akkordschritten wandelt sich das F-Dur-Menuett zu einem streicherlosen B-Dur-Adagio der Masken, die in einer unwirklichen Stimmkreuzung – als wisse Don Ottavio nicht, zu welcher der Frauen er gehört – ein Gebet bei abgenommener Maske intonieren. Im Finaltrubel, der später durch die Dreifach-Rhythmik der Tanzorchester auf der Bühne fast schon ins Tumultöse gesteigert wird, ist das ein Moment der Verinnerlichung höchsten Grades, das große Sostenuto *Oh, Gott! Welch ein Augenblick!* aus Beethovens FIDELIO vorwegnehmend. Von diesem Zentrum des Finales her gesehen bekommt erst die Schlußwendung, mit der sich Don Giovanni in einem Più stretto den Verfolgern entziehen kann, ihre sozusagen ethische Beglaubigung als die weitestmögliche Entfernung des Exzentrikers von jener gebetsartigen Mitte, um die sich seine Gegner gruppieren.

Bläserlos in dieser so stark vom Kolorit der Bläser bestimmten Oper, die in der Friedhofszene und dem Erscheinen des steinernen Gastes mit ihren Posaunenklängen schon in die Romantik vorweist, ist auch die Arie der Elvira *Ah fuggi il traditor* (O fliehe den Verräter; Nr. 8), mit der Donna Elvira Zerlina vor den Verführungskünsten Don Juans warnt. Auch hier hat der nur von den Streichern getragene Klang, wie im späteren Terzett der Masken, einen archaischen, wenn auch vom Text her weniger sakral ausgeprägten Charakter. Das sehr knappe Stück, ein Dreivierteltakt-Allegro, folgt frei dem Schema der Da-capo-Arie. So endet der erste D-Dur-Teil in der Dominanttonart, die zweite Strophe könnte man mit ihren knappen Moll-Modulationen in verschiedenen Tonarten als Mittelteil bezeichnen, der wieder in das anfängliche D-Dur zurückleitet. Dieser einfachen Formanlage und Harmoniefolge entspricht so etwas wie ein durchlaufender Rhythmus. Er wird bestimmt durch die Figur eines punktierten Achtels mit folgendem Sechzehntel. Dieser an die Form der Seria-Oper erinnernde Stil mag Don Giovanni den Anlaß geben, Donna Elvira sogleich als eine nicht ganz ernstzunehmende Verwirrte zu diffamieren – doch er selbst wird in diesem Stil gefangen werden. Beim Auftritt des steinernen Gastes, der Don Juan seinerseits zum Essen einlädt, findet sich (vier Takte vor dem

Händedruck der beiden) eine erstaunlich ähnliche Stelle mit derselben punktierten Rhythmik und der Kontrapunktik der Streicher. Andrerseits ist nicht zu bestreiten, daß eben diese Arie Donna Elviras denselben atemlos hektischen Gestus von Don Giovannis sogenannter Champagnerarie aufweist, in der es allerdings um Wein geht. So holt den Rebellen die alte Ordnung wieder ein.

Gegenüber solchen Subtilitäten in der musikalisierten Beziehung zwischen den Personen, die sich eben nicht mehr durch die Eindeutigkeit der Affektenästhetik festlegen lassen, stehen Clair-obscur-Wirkungen, mit denen Mozart die Unterschiede geradezu herausmeißelt. So im Sextett des zweiten Akts (Nr. 19, dem Es-Dur-Andante), das bis auf die Todespartner Komtur–Don Juan alle Personen zusammenführt. Leporello, der in den Kleidern seines Herrn und im Schutz der Nacht Donna Elvira den Hof machte, versucht ihr zu entkommen. Wir haben hier, nach dem Vorbild des Sonatenhauptsatzes, eine Exposition in der Grundtonart Es-Dur vor uns. Elvira drückt ihre Angst, verlassen zu werden, wieder in einem punktiert rhythmisierten Motiv aus, und wenn Leporello die Ausgangstür sucht, erreicht die Musik die Dominante; als er die Tür gefunden hat, singt er eine Art Kadenz im buffonesken Plapperstil. Doch die Oboen halten den Schlußton der Dominantkadenz weiter aus, während in einem Paukenwirbel dem Fluchtbereiten Donna Anna und Don Ottavio mit Fackelträgern entgegentreten. Um die beiden Paare stilistisch voneinander zu trennen und den Erhellungseffekt der Fackeln zu musikalisieren, entscheidet sich Mozart für eine enharmonische Verwechslung des Dominantseptakkords von Es-Dur mit dem übermäßigen Quintsextakkord der vierten Stufe von d-moll, wodurch das weit entfernte D-Dur erreicht wird. Diese nicht nur von den Pauken, sondern auch von den Trompeten untermalte Modulation hat eine faszinierende Wirkung: Hier bricht, in einem schnittartigen Beleuchtungswechsel, die Welt der tragischen ›Opera seria‹ in das Satyrspiel um Donna Elvira und Leporello ein. Donna Annas Replik wendet sich nach d-moll, wobei wiederum leise Paukenschläge die Bedeutung unterstreichen. Es ist die an den Tod und die Rache des Komturs geknüpfte Tonart: um die Achse von d-moll und D-Dur, der Haupttonart Donna Annas, ist die ganze Oper harmonisch ausgerichtet. Über c-moll wird dieser Höhepunkt der Durchführung des Sextetts wieder nach Es-Dur geleitet, und zwar im Sinne einer Herabtransponierung der Stilhöhe. Seufzend fragt Elvira nach ihrem Gatten, und dem erneuten Fluchtversuch Leporellos begegnen die nun auftretenden Zerlina und Masetto. Die Ebene des ›Eroicomico‹, des gemischten Stils, läßt Mozart dann zu einer Schräge in Richtung auf die ›Buffa‹ werden: Leporello bittet winselnd um sein Leben, wobei er zuerst im Vergleich mit den anderen zu langsam, dann aber zu schnell singt. Das folgende schnelle Allegro bringt in der Es-Dur-Tonalität die Reprise, wobei die tausend schrecklichen Gedanken, die jedem einzelnen durch den Kopf gehen, vordergründig in einem Gegensatz zur festen Tonika stehen. Aber Mozarts Musikdrama ist ohne die formalen Symmetriebildungen des Sonatensatzes undenkbar, sie bleibt bis auf wenige Ausnahmen musikalische Poesie.

Wie wenig diese Poesie einer unwandelbaren ›Tabulatur‹ folgt, ist jedem Detail der Oper abzulesen – beispielsweise dem Modulationsverlauf in der nachkomponierten Ottavio-Arie *Dalla sua pace* (Nur ihrem Frieden). Für diese G-Dur-Lyrik wäre nach dem von Mozart immer wieder erprobten Sonatensatzschema die Haupttonart zur Dominante und deren kadenzierende Befestigung zu entwickeln, von wo aus in die Tonika zurückgeblendet wird. Hier aber wählt Mozart einen Umweg über g-moll, B-Dur und dem nach einer enharmonischen Verwechslung erreichten h-moll (!), ehe er zur Dominante vorstößt. Dieser so oft der Oberflächenpolitur und Rhetorik bezichtigte Edelmann leidet mehr mit den Seufzern und dem Zorn seiner Anna, als er sich den Anschein gibt: »hinter allem unsäglichen Reiz«, wie ihn Mörike in seiner Erzählung MOZART AUF DER REISE NACH PRAG aus der Musik des Wolferl heraushörte, muß der Hörer auch »durch all das geheimnisvolle Grauen der Musik hindurch«.

COSÌ FAN TUTTE OSSIA LA SCUOLA DEGLI AMANTI (So machen's alle oder Die Schule der Liebenden. ›Dramma giocoso‹ in zwei Akten; *L* von Lorenzo da Ponte; Wiener Burgtheater 1790; Leipzig 1791; deutsche Fassung von Heinrich G. Schmieder und Karl David Stegmann: Frankfurt/M. 1791; freie Druckfassung von Christoph Friedrich Bretzner: Leipzig 1794; zahlreiche, meist ›moralisierende‹ Bearbeitungen im 19. Jahrhundert; Basel 1883; werkgetreue Übersetzung von Hermann Levi: München 1897; weitere Übersetzungen von Siegfried Anheißer: 1936 und Georg Schünemann, der seine Rückgriffe auf den ›Juden‹ Levi verschwieg: 1941).

Der kaiserliche Auftrag durch Joseph II. zu dieser Oper erreichte den Komponisten in einer materiell äußerst schwierigen Situation. So griff er freudig zu und stellte die Oper in sieben Wochen bis Januar 1790 fertig. Daß der Kaiser kurz nach der Premiere vom 26. Februar starb, war dem nur insgesamt zehnmal gespielten Werk nicht gerade förderlich. Die nächste Wiener Aufführungsserie fand nach Mozarts Tod in deutscher Sprache statt, und zwar in Bretzners Übersetzung WEIBER-TREUE ODER DIE MÄDCHEN SIND VON FLANDERN. Schon der Titel weist auf eine unerfreuliche Komödie der Irrungen hin, denen COSÌ fürderhin ausgesetzt war. Von vielen Zeitgenossen Mozarts mißverstanden, fiel das Werk auch unter das Verdikt von Komponisten wie Beethoven, Weber oder Wagner. Die Zahl der Bearbeitungen im 19. Jahrhundert, auch außerhalb des deutschen Sprachraums, ist Legion, und ihre Kruditäten dürften in der Wirkungsgeschichte keiner anderen Oper übertroffen worden sein. Eine Neubewertung bahnte sich um die Wende zum 20. Jahrhundert an, für die Hermann Levis Übersetzung ebenso den Anstoß gab wie das Engagement des damaligen Münchner Kapellmeisters Richard Strauss, der in der Oper das Ideal einer »intimen psychologischen, konsequent durchgeführten und sorgfältig abgetönten Handlung ohne Haupt- und Staatsaktionen« sah. An der Musik bewunderte er, ähnlich Gustav Mahler, daß der »mit feinster Ironie behandelte humoristisch-pathetische, parodistisch-sentimentale« Stil ein höchst empfindliches Gleichgewicht schuf.

Diese Wende, fortgesetzt durch den Einsatz des Glyndebourne-Festivals unter dem Dirigenten Fritz Busch zwischen den Weltkriegen und die nach 1945 weltweit sich langsam einbürgernde Wertschätzung für eine Aufführung im italienischen Original, erfuhr sogar eine philosophische Beglaubigung. Der Neukantianer Hermann Cohen versuchte in einer komplizierten Gedankenführung, eine »platonische Rechtfertigung« der COSÌ-Handlung zu leisten. Für ihn, der an Mozarts anderen Meisteropern die Rundung der Figuren »zu ihrer lebensvollen Einheit« als Abglanz eines idealistischen Weltbilds pries, war die »Rettung« der angeblich frivolen COSÌ über den Umweg auf Platons Dialog PHAIDROS möglich als Spiel im Spiel, als Schein im Schein. Mit dieser Potenzierung des Elements ›Theater‹ folgte er gern Mozarts »idealistischer Widerlegung der Skepsis« und kam zu diesem Urteil über eine gnadenlose Liebesprobe, in der sich idealistische Auffassungen von Liebe und Treue nur schwer finden lassen: »Und es ist doch vielmehr Schein, daß alle Liebe nur Schein wäre.« Damit lieferte Cohen jenen Bearbeitungen eine Rechtfertigung, mit denen im 19. Jahrhundert in schon abstruser Weise die scheinbare Unmoral der Handlung verdrängt wurde: sei es dadurch, daß nicht Liebhaber, sondern Freunde den Partnertausch probieren, sei es, daß die Mädchen über das Spiel informiert sind, das mit ihnen getrieben wird.

Die Frauenfeindlichkeit dieses Spiels, in dem Ferrando und Guglielmo dem alten Skeptiker Alfonso in einer Wette die unangreifbare Treue ihrer Bräute Dorabella und Fiordiligi beweisen wollen, bei ihrem Über-Kreuz-Werben in Verkleidung aber dank der tätigen Mithilfe der Kammerzofe Despina, die ihrerseits als Arzt und Notar auftritt, innerhalb von vierundzwanzig Stunden Erfolg haben, ist weniger durch den Rückgang auf Platon zu retten als im Sinne einer ›Marivaudage‹ zu begreifen. Tatsächlich hat Da Ponte jenen von Marivaux vervollkommneten Komödientypus aus der ›Régence‹ aufgegriffen, in dem die wie zu einer Versuchsanordnung (etwa in LA DISPUTE) gruppierten Paare die Tiefe ihres eigenen Empfindens erst im Augenblick der Untreue erfahren. Zu dieser Selbsterfahrung, das hat Hermann Cohen richtig gesehen, gehört die Maskerade, erst sie macht aus dem Leben das Spiel von Liebe und Zufall (so der Titel von Marivaux' 1730 uraufgeführtem Stück LE JEU DE L'AMOUR ET DU HASARD). Die Maskerade dient der Selbstfindung, erst durch sie wird im Zeitalter von Puderquaste und Allonge-Perücke – Mozarts COSÌ ist ein letzter Gruß an das zugrundegehende ›Ancien régime‹ – aus der galanten ›Amour‹ im Spiel die wahre ›Tendresse‹ und ›Passion‹. Nur in der Gefühlsverwirrung durchbricht der Mensch in einer durchformalisierten Gesellschaft die Etikette; nur in der Unmoral, zu der das siegreiche Bürgertum im eigenen Lustverbot solche Normüberwindung machte, wird ein Bewußtsein von der Tiefe erotischer Bindung möglich. Es ist möglich, daß Da Ponte seinen Einfall jener Komödie von den falschen Treuebrüchen (LES FAUSSES INFIDÉLITÉS) verdankte, in der Marie Antoinette, die Schwester Kaiser Josephs II., 1768 im Schloß Trianon den Dichter Nicolas-Thomas Barthe ihrer schauspielerische Mitwirkung versicherte. In dieser Komödie bleiben die falschen Paare, als Folge der Maskerade, zusammen, während da Ponte wieder die alten, vor der Verführungsmaskerade bestehenden Bindungen wiederherstellt – und sie zugleich mit den Mitteln der Operntradition als falsch ausgibt: der Tenor gesellt sich wieder zum Mezzosopran, der Bariton zum Sopran. So bleibt im Hörer die Erfahrung zurück, daß die verführten Paare besser zueinander paßten als die legalen. Das indes verdanken wir weniger Lorenzo da Ponte als der Musik Mozarts.

Mozarts letzte Zusammenarbeit mit dem jüdischen Dichter aus Venedig, der ihm neuartige Bereiche des Wort-Musik-Zusammenhangs erschloß, hat den Charakter eines Rückblicks. Die musikalische Humansprachlichkeit des FIGARO und DON GIOVANNI finden wir kaum noch vor, die tektonischen Bezüge vom motivischen Mini-Zusammenhang über die Dominanten-Architektur des zweiten FIGARO-Finales bis zur harmonischen Achse der D-Tonalität im DON GIOVANNI lassen sich nicht mehr nachweisen. Nun herrscht Kälte vor, und die Fünftonfolge C-A-F-G-A, mit der die Ouvertüre im Andante anhebt, hat zwar den Charakter eines Mottos, nicht aber eine verbindende Funktion im durchführungstechnischen Sinn des Sonatenhauptsatzes. Am Ende der Oper kehrt diese Tonfolge, die im sonatenartigen Presto-Teil der Ouvertüre noch einmal auftaucht, in ihrer wahren Bedeutung wieder. Don Alfonso benutzt sie, um seine Lebensweisheit zu verkünden: So machen's alle (Frauen), und läßt sie von beiden Verführern wiederholen. Der Anfang nimmt das Ende vorweg, das Ende bindet sich zum Anfang zurück, aber trotz allem, was in der Zwischenzeit geschehen ist, hat das musikalische Material des Mottos selbst keine Entwicklung durchgemacht: Mozart treibt eine musikalische ›Marivaudage‹. Diese Kälte einer motivischen Entwicklungslosigkeit spiegelt sich auch in den oft abrupt wirkenden harmonischen Anschlüssen. So marschiert das zweite Finale geradezu, und zwar oft ohne Übergang, von der Haupttonart des Werks, C-Dur, nach Es, E, D, Es und B zurück nach C. So, wie Andante und Presto der Ouvertüre trotz des verbindenden Mottos zu keiner inneren Einheit vordringen, laufen auch die Stationen des Finales ohne innere Glaubwürdigkeit ab: Mozart läßt keinen Zweifel daran zu, daß er der Wiederherstellung des unmaskierten Zustands freudlos gegenübersteht, für ihn ist diese Oper eine Komödie der Entfremdung. Ein Jahr nach dem Ausbruch der Französischen Revolution glaubt er so wenig an die gesellschaftsversöhnende Kraft der ›Opera buffa‹ wie an die Zukunft der die ›Opera seria‹ tragende Schicht. Beide Opernformen werden ihm zu einer Fassadenkunst, deren Mittel sich quasi instrumentalisieren. Die Dezimensprünge, mit denen Fiordiligi in *Como scoglio* (Wie der Felsen; Nr. 14: ein B-Dur-Andante, das sich immer mehr beschleunigt) ihre Unerschütterlichkeit besingt, gehen noch über das hinaus, was Mozart zuvor einer geläufigen Gurgel abverlangte. Die buchstäbliche Marternarie deckt den schmerzlichen Unterschied zwischen Charakter und Haltung auf, der Ausdruck löst sich vom Menschen ab, verselbständigt sich zum Affekt wie in der von Mozart überwundenen Seria-Tradition. Auf der Höhe von Mozarts Kunst wird daraus: Parodie.

Mozart, der den Kräften der ›Opera buffa‹ nicht länger eine gesellschaftliche Wirkung zutraut, verspottet die ›Opera seria‹ mit teilweise den Mitteln, deren er sich selbst bei der Herausprägung seiner Musiksprachlichkeit bedient hatte. So setzt er den verminderten Septakkord parodistisch in pathetischen ›Accompagnati‹ ein (I,9 und II,6), und die von ihm so selten und ganz besonders ausdrucksvoll benutzte Tonart f-moll desavouiert sich in Don Alfonsos Agitato *Vorrei dir, e cor non ho* (Ich möchte sprechen und habe nicht den Mut; Nr. 5). Das Sprechen nämlich ist thematisiert und nicht die Aussage, daß die Verlobten der beiden Mädchen zum Kriegsdienst einberufen seien. Trotz Wiederholungen decken sich die Verse rhythmisch nicht, sie geraten ins Stottern; und dem entspricht die Reduktion auf knappe Motive, die keine Entwicklung kennen, sondern durch Repetition so etwas wie einen Zusammenhang scheinbar erstellen. Was, kurz bevor Susanna aus dem verschlossenen Kabinett im Finale II von FIGARO tritt, in derselben Tonart einen unnachahmlichen Moment der Spannung erzeugt (wie werden die Bühnenfiguren auf die überraschende Situation reagieren?), ist hier zur bewußten Lüge verdinglicht. Und der Chor, den Don Alfonso im D-Dur-Marsch zum höheren Ruhme des Militärlebens aufmarschieren läßt (*Alla gloria militar;* Nr. 8), offenbart mit seinem pompösen Maestoso nicht nur die Reiselust der Soldaten, sondern auch die Kraft, die er immer aufs neue aus dem *Schießen mit Gewehr und Kanonen* gewinnt, als falschen Schein. Hier macht sich unter der Hand mit dem Skeptiker Don Alfonso, der als Zivilist den beiden Militaristen eine Niederlage fürs Leben beizubringen gedenkt, auch Mozart über herrschende Ideologien lustig.

Der Komponist, der in der Geschichte der italienisch gesungenen Oper den Überhang der Soloauftritte abgebaut hat, indem er Arien und Ensembles in FIGARO wie DON GIOVANNI rein zahlenmäßig ausbalancierte, schießt nun in einer spöttischen Volte über das selbstgesetzte Ziel hinaus und stellt den achtzehn Ensemblesätzen lediglich zwölf Solonummern entgegen. Aber diese Überzahl an Ensembles hat kaum teil an Mozarts Fortschrittlichkeit auf diesem Gebiet. Das psychologisierende oder ›Simultanensemble‹, in dem die einzelnen Figuren sich mit verschiedenen Gefühlen darstellen, ist hinter den IDOMENEO und die ZAIDE zurück auf den einheitlichen Wohlklang der Tradition eingeebnet. Die wenigen Ausnahmen von dieser parodistischen Regression haben in COSÌ allerdings eine Schlüsselfunktion: sie lassen hinter die Fassaden schauen. Das ist besonders eindrucksvoll im zweiten Finale, wenn Guglielmo sich aus dem harmonischen As-Dur-Kanon, mit dem die neuen Paare sich gegenseitig zutrinken, ausschert und sich Gift in den Wein wünscht. In diesem wunderbar ausschwingenden Larghetto wird ihm als einzigem die Situation klar: Die Männer haben nicht nur Geld verloren, die Wette mit Don Alfonso, sondern auch das Vertrauen in ihre richtigen Bräute und vielleicht ein Stück Selbstsicherheit. Was sie, und nur Guglielmo dringt zu der Einsicht bei diesem Stand der Handlung vor, mit größter Selbstsicherheit, ohne die geringsten Skrupel gegenüber ihren solcherweise mißbrauchten Verlobten, als eine Art wissenschaftlichen Experiments gestartet hatten, hat sie selber zu Opfern werden lassen. Und doch beschwört die Serenität dieses Kanons, aus der Guglielmo ausbricht, die Richtigkeit der maskierten Paarbeziehung.

Dieses finale Maß an Einsicht des Baritons wird sozusagen dadurch erkauft, daß er von den beiden Verführern die ganze Oper über der Buffo-Tradition verhaftet bleibt (wie auch die Kammerzofe Despina, die mit ihren Verkleidungen als Arzt und Notar die Intrige zur Tat werden läßt). Seine beiden Arien *Non siate ritrosi* (O seid nicht so spröde; Nr. 15) und *Donne mie, le fate a tanti* (Mädchen, so treibt ihr's mit allen; Nr. 26) zeichnen ihn als Pragmatiker, der mit dem Leben leicht fertig wird. Die erste Arie setzte Mozart anstelle der komplizierteren, von ihm dann separat veröffentlichten *Rivolgete a lui lo sguardo* (Richte deinen Blick auf ihn). Diesem völlig unsentimentalen Charakter, der nur im Finale aus der Rolle fällt, entspricht als eigentliche Partnerin die von ihm verführte Dorabella. Obwohl sie sich vom pathetischen Keuschheitspathos Fiordiligis zunächst anstecken läßt, kommt sie mit ihrem Es-Dur-Agitato *Smanie implacabili* (Ihr furchtbaren Qualen; Nr. 11) doch nicht auf die Höhe der Bravourarie in der Seria-Tradition. Geradezu frivol gibt sie sich in dem B-Dur-Allegretto *È amore un ladroncello* (Ein loser Dieb ist Amor; Nr. 28), mit dem sie die Maske ihrer ersten Arie abnimmt und zu ihrer Selbstbestimmung vordringt: der freien Partnerwahl.

Fiordiligi mit ihrer Widerstandsbravour, die in ihrer zweiten Arie, dem E-Dur-Rondo *Per pietà, ben mio, perdona* (O verzeihe mir, Geliebter), fast zu einer Konzertarie mit obligater Hornbegleitung differenziert wird, steht mit dem Tenor Ferrando der klassische Liebhaber als Verführer gegenüber. Seine solistischen Gefühlsäußerungen liegen fern aller Ironisierung, wirken objektiv aber ironisch, wenn nicht gar zynisch, weil sie sich so leicht von einem auf das andere Objekt richten lassen. Das zunächst nur von den Streichern begleitete A-Dur-Andante *Un aura amorosa* (Der Odem der Liebe; Nr. 17) mit dem chromatischen Crescendo, dem sich in der Reprise auch die Bläser anschließen, und

dem ausgeschmückten Mittelteil ist zweifellos eine der schönsten Te-
norarien Mozarts. Aber nicht grundlos wird sie oft vor geschlossenem
Vorhang gesungen: ihre bestrickenden Klänge sind ein Preis der Liebe
insgesamt, weniger der Liebe zu einer bestimmten Person. In seiner leider oft gestrichenen Arie, dem B-Dur-Rondo *Ah lo veggio* (Ja, ich sehe;
Nr. 24) zeigt er sich allerdings in einer Gefühlsverwirrung. Der eitlen
Feststellung, daß Fiordiligi ihm nicht länger widerstehen könne, folgt
über kräftigem Murren von Fagott und Bratschen die Einsicht, daß die
Dame doch nicht so widerstandsarm ist. In Da Pontes Text äußert Ferrando darüber echte Liebesverzweiflung, bei Mozart kehrt aber schnell
das ungestörte B-Dur zurück: Noch ist Ferrandos Verstand seinem Gefühl voraus. Daß er seine Dorabella auch nach Guglielmos Erfolgsmeldung liebt, macht die Verzweiflung seiner Kavatine *Tradito, schernito*
(Verraten, verspottet; Nr. 27) begreiflich. Doch diese, in ihrem anfänglichen c-Moll der Affektsprache der ›Seria‹ angenähert, klärt sich über
Es-Dur nach C-Dur: Der Treuebruch der Braut läßt ihm vielleicht
seine Avancen bei deren Schwester in einem freundlicheren Licht erscheinen.

Diese Kavatine korrespondiert dramaturgisch mit Dorabellas
schon erwähntem Agitato *Smanie implacabili* aus dem ersten Akt. Beide
mit drei Erniedrigungszeichen notierten Szenen (die einzigen der Oper
in dieser Tonalität!) stehen an jeweils neunter Stelle der Szenenfolge
beider Akte, beide resultieren aus dem Zusammensein der Protagonisten mit dem gleichgeschlechtlichen Partner, und auch von der Gesamtanlage der Oper her bilden sie eine Symmetrie wie die beiden
Brennpunkte einer Ellipse: »Dorabellas Arie ist die erste geschlossene
Nummer, nachdem Don Alfonso die Intrige eingefädelt und ihr mit seinem dynamisch unheimlichen ›Accompagnato‹ (Schluß der 7. Szene
des ersten Akts) ein pessimistisch-diabolisches Motto gegeben hat. Ferrandos Cavatina ist die letzte geschlossene Nummer, bevor Don Alfonso beginnt, das gefährliche Spiel zum guten Ende zu bringen«: *Via, e
sarete buono / Vi tornerò l'antica calma* (Seien Sie nur hübsch gelassen,
dann wird sich alles wieder machen). Außer in der Tonart gleichen sich
beide Stücke sowohl in der Instrumentation als auch in der Alla-breve-
Taktierung. Doch diese Klammer ist in ihrer tonartlichen Funktion
nicht mit FIGARO oder DON GIOVANNI zu vergleichen, zumal letztlich
offen bleibt, ob das Ende gut ist oder nicht: Mozarts Symmetriebildungen vertiefen die psychischen Beziehungen unter den Figuren weniger,
als daß sie diese musikdramaturgisch nach außen kehren. So entspricht

das Personengefüge der drei Paare letztlich der Intrigenkonstellation in der ›Opera seria‹ Metastasios. Verdeutlicht wird es dadurch, daß beide Akte je drei Verwandlungen (bei ungefähr gleicher Spieldauer) aufweisen und mit einer Szene für drei Personen beginnen; sind es im ersten Akt die Herren, so machen im zweiten die Damen den Auftakt.

Am nächsten kommt Mozart dem von ihm selbst entwickelten musiksprachlichen Eros in der entscheidenden Szene zwischen Ferrando und Fiordiligi, dem Duett *Fra gli amplessi in pochi istanti* (Seinen Armen eil' ich entgegen; Nr. 29). In dieser Begegnung des schwärmerischen, mehr der ›Seria‹ entlehnten Paars (Dorabella-Guglielmo, das pragmatische Paar, kommt der Tradition der ›Buffa‹ näher), beginnt die Frau mit einem Treuebekenntnis zu ihrem Verlobten. Wenn sich dieses A-Dur-Adagio, konform zum Spannungsgesetz der Sonatenform, zur Dominante wendet, auf der Fiordiligi sich die Freude des Wiedersehens mit dem Verlobten ausmalt, tritt in einer Wendung der Dominante E nach Moll der Verführer auf: das Herzklopfen der Streicher läuft dabei weiter. Wenn Ferrando in einem Accompagnato-Teil droht, sich aus Liebeskummer zu töten und die melodischen Phrasen der Frau ins Emphatische wendet, moduliert die Musik überraschend nach C-Dur, der Haupttonart der Oper. Harmonisch haben wir es hier mit einer Vorwegnahme von Beethovens Technik der Ersatzdominante zu tun: der Einfügung eines Akkords, »der genügend dominantenartig ist, um der Tonika sinnvoll gegenübergestellt zu werden, und doch entfernt genug, um der Struktur einen chromatisch ausdrucksvollen, weitreichenden Dissonanzcharakter zu verleihen«. In derselben Tonart folgt die Auseinandersetzung zwischen beiden, deren schließliche Vereinigung sich (zu den Worten *Incomincia a vacillar*) in der Sextparallele der Stimmführung andeutet. Wenn Fiordiligi eingesteht, sie könne dem Werben nicht länger widerstehen, verliert dieses C-Dur allerdings jede Kälte. Es wird durchscheinend für das parallele a-Moll, von dem aus die Tonika A-Dur erreicht wird. Fiordiligis endgültige Aufgabe *(Du hast gesiegt)* wird über den knappen Wortausdruck hinaus von einer langgezogenen Oboenkantilene, dem einzigen Instrumentensolo der ganzen Oper, unterstrichen. Das die neue Verbindung besiegelnde A-Dur-Andante ist von einer schon aufreizend simplen Struktur. Regelmäßige Phrasen der beiden, abwechselnd solistisch oder parallel geführt, bewegen sich auf einer voll instrumentierten Basis von Tonika-Dominant-Bezügen. Als Hörer meint man, auch ohne den Fortgang der Handlung zu kennen, diesem Gefühlsfrieden nicht recht trauen zu können, zumal die Ersatzdominante im Durchführungsteil und die Oboenkantilene jenseits des gesungenen Wortes zwischen den Bausteinen eine Unschärferelation herstellen: Zweideutigkeit bleibt zurück.

Schwang in den Tabuverletzungen Don Giovannis immer auch der Ruf nach Freiheit wie ein Widerhall der Versammlung der Generalstände im Europa des Jahres 1787 mit (*Viva la libertà:* das steht als ausdrückliches Motto über dem Fest, das Don Juan am Ende des ersten Aktes gibt), so scheint in COSÌ schon der ab 1790 von der französischen Revolutionsregierung verfügte Puritanismus einzuwirken. Daß der katholische, in seiner Jugend so sittenstreng erzogene Mozart, der aus Paris dem Vater mit der größten Befriedigung vom »Krepieren« des Aufklärers Voltaire berichtet hatte (Brief vom 3. Juli 1778), als fortschrittlicher Freimaurer die Dinge anders sah, versteht sich von selbst. Doch so, als wolle er im historischen Augenblick der revolutionären Forderung nach erotischer Libertinage schon ihren Umschlag in die Prüderie vorhersagen, verlegt er sie als Wunschprojektion zwischen den Zeilen zurück ins ›Ancien régime‹. Wer wollte ihm da vorwerfen, daß er nicht so weit wie der Marquis de Sade ging (etwa in LA PHILOSOPHIE DANS LE BOUDOIR, 1795), für den die sexuelle Freiheit die logische Folge der politischen Selbstbestimmung war? Wie weit sich Mozart mit seiner Musikkomödie der Entfremdung vorgewagt hatte, beweist schon ihre in Moral ertränkte Wirkungsgeschichte. Nach dem Tod des aufgeklärten Reformkaisers Joseph, der im Februar des Jahres 1790 die erste Aufführungsserie der COSÌ unterbrach, galt diese Oper schon als geradezu politisch verdächtig. In Wien begann man sich, nicht nur moralisch, für die Kurswende des Jahres 1815 zu rüsten.

LA CLEMENZA DI TITO (Die Milde des Titus. ›Dramma serio per musica‹ in zwei Akten; *L* von Caterino Mazzolà nach Pietro Metastasio. Altstädtisches Theater Prag 1791; Wiener Kärntnertor-Theater 1792; Hamburg 1796; deutsche Fassungen von Friedrich Rochlitz: Dresden 1796; Christian August Vulpius: Weimar 1799, 1802 von Goethe zur Eröffnung des neuen Theaters in Lauchstädt inszeniert; Ignaz von Seyfried: Theater an der Wien 1801; Neufassung als KÖNIG GARIBAL von Carl Maria Heigel mit musikalischen Zutaten von Joseph Hartmann Stuntz: München 1824; *WA* Prag 1848; neue deutsche Fassung von Hans Curjel in der musikalischen Einrichtung von Bernhard Paumgartner: Salzburg 1949; Zürich 1955; nach der Neuen Mozart-Ausgabe: Hannover-Herrenhausen 1971; Salzburg 1975; Basel 1984).

So erfolgreich das Werk nach der wenig geglückten Uraufführung für etwa zwei Jahrzehnte auch war: unter dem Druck der von E.T.A. Hoffmanns Erzählung DON JUAN (1813) und seiner Mozart- sowie Musikdeutung insgesamt ausgehenden Romantisierung des Mozart-Bilds wurde LA CLEMENZA DI TITO immer unbegreiflicher. Den ersten Höhepunkt erfuhr dieser Entfremdungsprozeß bei der Münchner Aufführung 1824, als Joseph Hartmann Stuntz zu dem völlig neu geschriebenen Libretto Mozarts nun KÖNIG GARIBAL genanntem Werk ungeniert eigene Musik zufließen ließ. Aber auch in späteren Zeiten ist die Oper in einer verstümmelten Form – wenn je – dargeboten worden, die den diversen Bearbeitungen des IDOMENEO in puncto Werkferne nicht nachsteht. Das gilt sogar für eine Mozart-Kultstätte wie die Salzburger Festspiele, wo 1949 ein Wiederbelebungsversuch gestartet wurde, zu dem Bernhard Paumgartner dem Werk Passagen aus dem IDOMENEO beimischte (wie er andrerseits vor deftigen Eingriffen in dessen Struktur auch nicht zurückscheute). Erst Anfang der siebziger Jahre unseres Jahrhunderts, als beide Werke im Rahmen der Neuen Mozart-Ausgabe in der zur Zeit optimalen philologischen Edition erschienen (für den TITUS war Franz Giegling verantwortlich, die deutsche Übersetzung steuerte Kurt Honolka bei), brach sich auch im künstlerischen Bereich jene Bereitschaft zu einer authentischen Wiedergabe Bahn.

Mag sein, daß die Historisierung des Zugangs zum TITUS – hervorstechendes Stilmerkmal des für die Neubewertung der Oper auf der Bühne vorrangig zu nennenden Jean-Pierre Ponnelle – im Krebsgang auf das ideologische Umfeld der Krönungsoper auch etwas von der gesellschaftspolitischen Versteinerung dieser bislang jüngsten Epoche der Wirkungsgeschichte Mozarts verkündet. Solche Skepsis ändert aber nichts an der Feststellung, daß der französische Bühnenbildner und Regisseur die musikalische Welt von der Aufführbarkeit des TITUS überzeugt hat, ohne zu verändernden Zutaten greifen zu müssen. Der Kunstgriff Ponnelles bestand darin, unsere im Vergleich mit FIGARO oder DON GIOVANNI ausgeprägte Ferne zum TITUS geschichtlich zu verkürzen, indem er die Handlung von der eigentlichen Spielzeit im Jahre 79 unserer Zeitrechnung in einen späteren Zeitraum verlegte. Dieser umfaßte die Spanne zwischen der ersten Vertonung von Metastasios Libretto durch Antonio Caldara anläßlich der Namenstagsfeierlichkeiten für Kaiser Karl IV. im Wien des Jahres 1734 und der zur Krönung Kaiser Leopolds II. zum König von Böhmen im Prag des Jahres

1791 erfolgten Uraufführung von Mozarts Oper. Ponnelle entwickelte seine Idee in einer Art Stufenplan: zunächst 1969 mit dem Dirigenten István Kertész in Köln, zwei Jahre später zusammen mit Reynald Giovaninetti bei den Münchner Opernfestspielen, schließlich 1976 zusammen mit James Levine bei den Salzburger Festspielen. Diese Fortschreibung der Handlung vom römischen Kaiser Titus Vespasianus, der eine von der sich verschmäht fühlenden Vitellia angezettelte Rebellion übersteht, Vitellias Werkzeug Sextus, dem er sich geradezu zärtlich verbunden fühlt, ebenso großmütig verzeiht wie der Drahtzieherin selbst, erfuhr durch die Spielperspektive des ›Ancien régime‹ eine plausible Verlebendigung mit einzelnen ironischen Spitzlichtern.

Ungleich tiefgründig war 1982 in Brüssel das Konzept des Bühnenbildners Karl-Ernst Hermann, der bei seiner ersten Operninszenierung den Ansatz Ponnelles aufgriff. Er betonte dabei die Nähe der fiktiven Spielzeit zur Französischen Revolution (nicht nur in der Revolte gegen Titus), in der den Figuren sozusagen das Verfügen über die eigene Lebenszeit abhanden kommt. Sie wurden, mit großer Betonung der vielen stockenden Passagen in der Musik durch Sylvain Cambreling, in ihrem Realitätsverlust Teile einer großangelegten Geschichte der Melancholie. In der Tat spricht aus Mozarts Oper, so sehr sie im wesentlichen auch der Dramaturgie Metastasios folgt, weniger der affirmative Gestus einer Krönungsfeier als die Klage um verlorene Hoffnungen und Wünsche. Jede der drei Hauptfiguren ist verurteilt zur Entsagung. Sextus wird von seinem übergroßen Schuldgefühl erdrückt. Vitellia wird an der Scham zugrunde gehen. Titus wird in der Arbeit Vergessen suchen. Jeder hat sich verloren im Verzicht auf ein Lebensinteresse. Das Leben als die Kierkegaardsche Krankheit zum Tode gesehen: da wird der TITUS zu einer milderen Variante des tragischen DON GIOVANNI und der klinisch kalten COSÌ. In solcher Sicht ist LA CLEMENZA DI TITO wirklich in jene Höhe gehoben, die ihre Zuordnung in die Kategorie von Mozarts Meisteropern erlaubt.

Daß die Oper, immerhin um die Wende zum 19. Jahrhundert ein Erfolgsstück, bei der Uraufführung am 6. September 1791 auf geringe Gegenliebe stieß, ist weniger der mit etwa fünfzig Tagen für Mozarts Verhältnisse nicht einmal extrem kurzen Kompositionszeit, wobei sein Schüler Süßmayr die ›Secco‹-Rezitative ausführte, zuzuschreiben. Viel mehr zum schwachen Echo dürfte die Tatsache beigetragen haben, daß die Zuschauer – die Karten waren nach strenger Vorauswahl durch den Hof kostenlos verteilt worden – zweieinhalb Stunden auf das Erscheinen des kaiserlichen Paars warten mußten, so daß ihre unfreundliche Reaktion auf die folgende Musik begreiflich erscheint. Nicht minder begreiflich erscheint das der Kaiserin Maria Louisa in den Mund gelegte Urteil, Mozarts Musik sei eine ›Porcheria tedesca‹ (eine deutsche Schweinerei). Damit reihte sie sich nicht nur würdig in herrscherliche Kunstansichten ein, darüber hinaus bekundete Böhmens neue Königin, eine Spanierin, die in ihrer Geburtsstadt Neapel einschlägige Erfahrungen mit der italienischen Oper der Zeit hatte machen können, daß Mozart eben nicht der üblichen Form der ›Opera seria‹ entsprochen hatte. Ein Gutteil seiner Abweichung vom Pfade der Metastasianischen Dramaturgie verdankt der TITUS dem Libretto, das der sächsische Hofpoet Caterino Mazzolà gegenüber der Vorlage wesentlich verbessert hatte.

Nach FIGARO, DON GIOVANNI und COSÌ mögen wir es bedauern, daß Mozart nicht auch den TITUS zusammen mit Lorenzo da Ponte erarbeiten konnte. Der Venezianer aber war am Wiener Hof in Ungnade gefallen (er verließ die Stadt im März 1791) und wurde im Juli durch Mazzolà ersetzt. Mozart selbst war mit Mazzolàs Arbeit so zufrieden, daß er ihm in seinem eigenhändigen Werkverzeichnis zugestand, den Text auf die Bedürfnisse einer »wahren Oper« gebracht zu haben (»ridotta a vera opera dal Signor Mazzolà«). So gewiß dieses Libretto nicht die Höhe der von Da Ponte verfaßten erreicht, so sehr hat Mazzolà doch durch die Einfügung von je drei Duetten und Terzetten sowie durch die Reduzierung der Handlung von drei auf zwei Akte eine Verbesserung herbeigeführt. Das gilt besonders für das Quintett mit Chor am Ende des ersten Akts, das der Librettist aus drei moralisierenden Arien und schier endlosen Rezitativen Metastasios gewann. Es liegt der Gedanke nahe, daß dieser Eingriff auf Wunsch Mozarts geschah, der im Fall der ENTFÜHRUNG AUS DEM SERAIL ja auch das Quintett des dritten Akts ans Ende des zweiten verlegen ließ und dem Textdichter dadurch eine Änderung des Handlungsverlaufs abverlangte.

Trotz dieser Verbesserungen wäre es abwegig, der Musik jene Simultantechnik zuzugestehen, mit der Mozart auf dem Musiktheater die Psychologie entdeckte – das ließe sich wohl nur vom Finalquintett I behaupten. So ist die Figur des römischen Kaisers – der laut dem achten Kapitel von Suetons LEBEN DES TITUS das berühmte Wort ›diem perdidi‹ (Ich habe einen Tag verloren) ausstieß, als ihm bei Tisch einfiel, an jenem Tage noch niemandem etwas Gutes getan zu haben – in Mozarts Musik nicht gerade die Verkörperung herrschaftlicher Seelenstärke. Rein äußerlich ähnelt er dem Don Ottavio in DON GIOVANNI, also einem edlen Rhetoriker, der immer nur reagiert und nie zum Agieren kommt. Aber gerade diese Charakteristik des Kaisers sondert Mozarts Musik von der eigentlichen Funktion der ›Krönungsoper‹ ab: jener Geschichtsklitterung »durch Fiktionen, die den – angeblich historisch belegten – Edelmut einer Herrscherfigur als solchen in sein privates, gleichsam inoffizielles Leben übertragen« sollen. Hier handelt es sich eben nicht um die Fortsetzung der barocken Staatsaktion mit aufgepfropfter Moral und auch nicht um einen Fürstenspiegel der Aufklärungsepoche, in dem das Volk dem Herrscher dessen Spiegelbild als Wunschvorstellung vorhielt. Mozarts TITUS als musikalisierte Geschichte der Entsagungen wirft einen Blick zurück auf die ›Opera seria‹, deren Mechanismen nicht mehr greifen: Sie sind von der Historie ebenso abgelöst worden wie die Herrschaft eines einzelnen. Zudem scheint Mozart diesem realpolitischen Aspekt der Mildheit seines philosophischen Titus nicht recht getraut zu haben. In seiner ersten Arie *Del più sublime soglio* (Den höchsten Thron der Erde; Nr. 6) verbreitet er seine praktische Philosophie der Güte gegen alle Untertanen nicht nur nach seiner Ankündigung, Servilia, die Schwester seines Intimfreundes Sextus, zu heiraten: da diese Annius liebt, gibt die kaiserliche Entscheidung den letzten Anstoß zur Intrige Vitellias. Er tut das auch, um sich Sextus noch enger zu verbinden – also nicht allein aus der von ihm selbst beanspruchten Gesinnungsethik heraus. So fällt das G-Dur-Andante seiner Arie formal (A-B-A) wie harmonisch und sogar in der Melodieführung ausgesprochen blaß aus. Zwei Ansätze in der Begleitung, wenn sich erste Geigen und Bässe in aufsteigenden Linien verbinden, führen kaum zu einer Festigkeit dieses musikalischen Charakterbilds, und die unentschlossenen beiden Schlußtakte des ersten Teils und seiner Reprise unterstreichen dieses Moment noch.

Wenn der Kaiser in der entscheidenden Fortsetzung dieser Szene (I,3) kaum profilierter wirkt, so liegt es daran, daß Mozart selbst jenes Rezitativ nicht komponierte, in dem Servilia, dem Kaiser zu Füßen fallend, gesteht, daß sie einen anderen liebt. In seiner folgenden D-Dur-Arie *Ah se fosse intorno al trono* (Ach, wäre jedes Herz dem Thron so offen) behauptet die Musik mehr Kontur – aber nur scheinbar. Die Baßeinleitung mit ihren kräftig rhythmisierten Schritten verliert sich alsbald; die Melodieführung der Stimme scheint der Oboenverdopplung bedürftig zu sein, die plötzlich ins Heroische gewendete Reprise des Anfangs wirkt unvermittelt. Nie läßt Mozart diese Figur teilhaben an seiner Kunst der Durchführungsmusik: Der Einfall, die als Durchführung beginnende Reprise schon nach acht Takten abzubrechen und in den Heroismus der marschartigen Koda übergehen zu lassen, ist geradezu desavouierend. Erst in dem Rezitativ des Kaisers, der vor der Unterzeichnung des Todesurteils für Sextus zittert (Nr. 17 a: *Che orror! Che tradimento!*), gewinnt Titus in fallenden Septakkorden und dem ihn niederdrückenden, in Des-Dur gefaßten Entschluß zur Unterzeichnung mehr Charakter. Hier verzichtet Mozart auf die obligatorische Arie und läßt das in Es-Dur endende ›Accompagnato‹, das den Wunsch des Kaisers nach dem Leben eines armen Bauern ausdrückt, in ein ›Secco‹-Rezitativ übergehen. Darin kündigt Publius, der Führer der Leibwache, an, daß Sextus, dem Befehl des Kaisers entsprechend, herbeigeführt wird. Erst durch die konkrete Konfrontation mit seiner ganzen kaiserlichen Gewalt, die über Leben und Tod anderer entscheidet, gewinnt Titus so etwas wie psychische Umrisse. So gerät auch seine dritte Arie umrißschärfer als die beiden vorangehenden: *Se all' impero* (Wenn dem Kaiser nur Strenge abverlangt wird; Nr. 20). Es handelt sich um eine brillante B-Dur-Arie, deren Da-capo-Form Mozart nun gegenüber der Tradition (und auch seinen frühen eigenen Beiträgen zu dieser) vertieft. Das gilt kaum für den reinen Formablauf, da nach einem langsamen Mittelteil (F-Dur im Dreiviertel-Takt) die Reprise des energischen Allegroteils mit Koloraturen reich ausgeschmückt wird. Doch der Mittelteil mit einer unvermuteten Wendung nach c-moll erinnert fast an den Kanon im Finalquartett von COSÌ FAN TUTTE. Nach dem Bekenntnis des Kaisers, er wolle keinen Untertanen aus Furcht haben, wirkt ein wie in seiner vorangehenden Arie zur Koda überleitender Marschteil weniger unvermittelt: Mozarts Musik beglaubigt den moralischen Substanzzuwachs des Herrschers.

Daß der Komponist sich für Titus dennoch weniger interessierte als für Idomeneo, liegt ebenso auf der Hand wie die Tatsache, daß dem TITUS das Spannungsprinzip des IDOMENEO durch den internen Bezug der einzelnen Nummern abgeht. Dennoch ist die Zunahme an Spannung in beiden Akten klar gegliedert, und im Gegensatz zur Seria-Tradition hat auch der Chor eine wichtige dramatische Funktion (wenngleich erheblich geringer als im IDOMENEO). So profitiert der Kaiser vom Jubelchor des Volks nach seiner Rettung *Ah grazia si rendono* (Bringt dem Schöpfer Dankeschöre; Nr. 15), dem er sich mit einem orchestersprachlich vertieften Solo stellt (Terzenparallelen in den Geigen, konzertante Bläser-Obbligati). Das Finale des ersten Akts mit seinen Chorklängen hinter der Bühne ist ein unbestreitbares Meisterwerk.

Sextus wird, nach einem vorangehenden Rezitativ voller Selbstzweifel, mit einer gebetartig sich um eine Dezime hochschraubenden Es-Dur-Phrase charakterisiert: Wenn die Götter Titus und das Reich nicht schützen, will er mit ihm zugrunde gehen. Als Annius, der Geliebte seiner Schwester Servilia, auftritt, eilt er in überraschender Wende nach Ges-Dur davon, zum Kapitol: um die Revolte gegen Titus durchzuführen. Dann tritt Servilia auf, während wir von fern die Schreie des Chores hören und Publius seine Entschlossenheit verkündet, den Aufstand niederzuwerfen. Nun erscheint Vitellia und fragt nach Sextus in einem zwischen Forte und Piano wechselnden Ensemble. Dramatischer Paukenwirbel kündigt die Rückkehr des Sextus an, und in derselben Tonart, mit der er in seiner aufsteigenden Dezime das Finale begonnen hatte, versinkt er nun buchstäblich mit einer fallenden Undezime vor Scham im Erdboden. Auf seine Nachricht vom angeblichen Tod des Kaisers verlangsamt sich das Allegro zu einem g-moll-Andante. Als er seine Schuld bekennen will, wird er erregt von Vitellia zum Schweigen gebracht; zu dem erneut sich verlangsamenden Bewegungstempo erklingt wieder der trauervolle Fernchor, mit dem die Solisten auf der Bühne sich antiphon abwechseln: wieder im plötzlichen Wechsel von Forte und Piano. Im Gegensatz zur Seria-Tradition verklingt der Akt leise, in geheimnisvollen Es-Dur-Klängen.

In der für Mozarts Verhältnisse wenig differenzierten Instrumentation fallen zwei Arien wegen der obligat eingesetzten Soloinstrumente auf: Sestos *Parto, parto* (Ich gehe, Geliebte; Nr. 9) mit Klarinette und Vitellias Rondo *Non più di fiori* (Nicht mehr von Blumen; Nr. 23) mit Bassetthorn. Die B-Dur-Arie des Sesto (Sextus) ist dreiteilig angelegt: Adagio – Allegro – Allegro assai und eine von Mozarts schönsten Arien mit obligatem Instrumentalsolo. Geschrieben war es für seinen Freund Anton Stadler, die Arie selbst für den Kastraten Domenico Bedini; ursprünglich hatte Mozart die Rolle einem Tenor zugedacht. Der konzertante Gestus, vergleichbar Fiordiligis *Per pietà* mit dem Hornsolo aus COSÌ FAN TUTTE, stellt sich einem psychologischen Verständnis der Szene entgegen: Immerhin verläßt Sextus seine Geliebte, um in ihrem Auftrag den nicht minder geliebten Titus zu ermorden. Der Allegro-Teil mit dem Entschluß des Sextus, Vitellia zu rächen, klingt geradezu schwungvoll. Die Affektumwandlung dessen, der »eigentlich den wilden Tieren zum Fraß vorgeworfen gehört«, in die Empfindsamkeit eines Verliebten, »der seinen Schmerz in üppigem Belkanto artikuliert, sofern ihn nicht seine – wahrhaft berechtigten – Gewissensbisse in leidenschaftliche c-moll-Evokationen ausbrechen lassen«, hat wahrscheinlich damit zu tun, daß für Mozart die Klarinette über seine Freundschaft mit Stadler positiv besetzt war. Ähnliches gilt für das von seinem Freund so geschätzte Bassetthorn, eine Altklarinette, die in Vitellias Rondo obligate Begleitfunktion hat. Diese Arie ist ähnlich breit angelegt wie die große Sextus-Arie. Es handelt sich um ein Larghetto in F-Dur, das sich nach Berührung von f-moll und As-Dur zum Allegro beschleunigt. Wenn nach der As-Dur-Passage wieder das Rondothema in B erreicht wird, duettieren Instrument und Solo ohne Begleitung kontrapunktisch. Hier ist schon die Klangwelt von Schuberts Lied DER HIRT AUF DEM FELSEN oder Meyerbeers Kantate GLI AMORI DI TEOLINDA vorweggenommen, und den obligaten Einsatz der Klarinette finden wir auch bei Simon Mayr, dem frühen Rossini und Bellini wieder. Daß Mozarts Rückgriff auf die geschichtlich schon abgestorbene Opernform der ›Seria‹ durchaus nicht Ausdruck künstlerischer Regression war, läßt sich am ›Nachleben‹ der Vitellia aufzeigen. Hohe Expressivität in Verbindung mit einer tiefen Sopran-Lage, über die sich nur selten ein Spitzenton erhebt, wird nicht nur die Leonore in Beethovens FIDELIO und die Rezia in Webers OBERON prägen, sondern auch Wagners dramatischen Soprantypus nach dem LOHENGRIN.

DIE ZAUBERFLÖTE (›Eine große Oper‹ in zwei Aufzügen. *L* von Emanuel Schikaneder. Theater auf der Wieden 1791; Augsburg 1793; nach der Neuen Mozart-Ausgabe: Landestheater Salzburg 1970).

Gut einen Monat nach der Uraufführung vom 30. September 1791 besuchte Nikolaus Graf von Zinzendorf in der Freihausbühne an der Wieden die 24. Aufführung der ZAUBERFLÖTE und trug am 6. November in sein Tagebuch auf französisch das Fazit ein: »Die Musik und die Dekorationen sind hübsch, der Rest eine unglaubliche Farce.« Mit diesem Urteil ist die Wirkungsgeschichte von Mozarts letzter Oper bei allen fortgeschrittenen Liebhabern und ansprechbaren Verächtern der Gattung festgeschrieben: Sie wird, und darin ist die ZAUBERFLÖTE mit keiner anderen Oper vergleichbar, als Dialektik der Beziehung von Text und Musik ihren Weg nehmen. Laut Eckermanns Gesprächsnotizen soll Goethe, der sich selbst an einer Fortsetzung der ZAUBERFLÖTE versucht hatte (sein Werk blieb 1798 Fragment), am Abend des 13. April 1823 gesagt haben, daß der erste von Schikaneder geschriebene Teil »voller Unwahrscheinlichkeiten und Späße sei, die nicht jeder zurechtzulegen und zu würdigen wisse; aber man müsse doch auf alle Fälle dem

Autor zugestehen, daß er im hohen Grade die Kunst verstanden habe, durch Kontraste zu wirken und große theatralische Effekte herbeizuführen«. Darin blieb sich Goethe, der immerhin seinem Schwager Christian August Vulpius 1794 in Weimar eine verballhornende und auf drei Akte gestreckte Bearbeitung des Schikanederschen Textes hatte durchgehen lassen, treu. Denn im Zusammenhang mit dem zweiten Teil seiner Faust-Tragödie stellte er gegenüber Eckermann deren Momente von Mummenschanz (er sprach von der »Erscheinung«) in einen direkten Zusammenhang mit der ZAUBERFLÖTE: »dem Eingeweihten wird zugleich der höhere Sinn nicht entgehen« (25. Januar 1827). Daß der höhere Sinn mancher textlichen Platitüde besonders durch Mozarts Musik zur sinnlich wahrnehmbaren Erscheinung komme, betonte Hegel in seiner ÄSTHETIK: »Schikaneder hat hier nach mancher tollen, phantastischen und platten Produktion den rechten Punkt getroffen. Das Reich der Nacht, die Königin, das Sonnenreich, die Mysterien, Einweihungen, die Weisheit, Liebe, die Prüfungen und dabei die Art einer mittelmäßigen Moral, die in ihrer Allgemeinheit vortrefflich ist – das alles, bei der Tiefe, der bezaubernden Lieblichkeit und Seele der Musik, weitet und erfüllt die Phantasie und erwärmt das Herz.« (DIE ROMANTISCHEN KÜNSTE, II, 3).

Mit Hegels Vorlesungen über Ästhetik, deren erste Ausgabe 1835 erschien, ist die Dialektik der Beziehung von Text und Musik für etwa anderthalb Jahrhundert im Sinne einer Aufhebung von Widersprüchen sozusagen kulturamtlich fixiert. Richard Wagner, der angesichts dieser noch nicht zur Butterfaß-Dialektik entschärften Spannung meinte, »daß es einer erklärenden und vermittelnden historischen Kritik bedarf, um das Ganze in seiner zufällig gestalteten Eigenart zu verstehen und gut zu heißen«, schreckte keineswegs davor zurück, in der ZAUBERFLÖTE die Inthronisation deutscher Kunst zu einem göttlichen Mysterium zu feiern: »Welcher göttliche Zauber weht vom populärsten Liede bis zum erhabensten Hymnus in diesem Werke! Welche Vielseitigkeit, welche Mannigfaltigkeit! Die Quintessenz aller edelsten Blüten der Kunst scheint hier zu einer einzigen Blume vereint und verschmolzen zu sein« (EIN DEUTSCHER MUSIKER IN PARIS, 1840/41). In diesem Fahrwasser bewegte sich das deutschsprachige Mozart-Schrifttum fortan wie in Abrahams Schoß: »Mysterium, Vermächtnis, Humanitätsideal, Magie, Einheit, Vollendung, Deutschtum und vieles andere diente dabei in wechselseitiger Induktion als Beschwörungsformel, um einen Dunstkreis euphemistischer Indifferenz zu erzeugen, hinter dem die Umrisse

DIE ZAUBERFLÖTE

des belobigten Werks verschwimmen und schließlich in edelsinniger Auslegungsprosa untergehn.« Erst als der Schriftsteller Wolfgang Hildesheimer seine über zwanzig Jahre sich erstreckende Auseinandersetzung mit dem Komponisten 1977 in einem großen Buch zusammenfaßte, regte sich einiges.

In Anbetracht dieser lange überfälligen Enttabuisierung eines angeblichen Mysteriums darf vielleicht auch jener Bruch in der Oper erläutert werden, der als einziger von der einschlägigen Literatur überhaupt zugelassen worden war. Noch ein so aufgeklärter und realistischer Regisseur wie Walter Felsenstein mußte zu einem erdrückenden Überhang an Verbal-Motivationen greifen, um seine Leugnung dieses Bruchs szenisch zu beglaubigen. Es geht um die plötzliche Tendenzwende, die im ersten Finale stattfindet. Zuvor hatten wir erlebt, wie der Prinz Tamino von drei Damen der Königin der Nacht vor einer gefährlichen Schlange gerettet wird. Die Königin erteilt ihm den Auftrag, ihre Tochter Pamina – deren Bildnis bei ihm sogleich Liebe weckt – aus dem Herrschaftsbereich Sarastros zu befreien, der sie ihrer Mutter entführt hat. Zu seinem Schutz erhält er eine wundertätige Zauberflöte und als Gefährten den Vogelhändler Papageno, dem als Zauberinstrument ein Glockenspiel überreicht wird. Als er in Sarastros Tempel stürmen will, erfährt er von einem ›Sprecher‹, daß dieser ein weiser Herrscher sei und von der Königin der Nacht verleumdet werde. Fortan wird Taminos Ringen um Pamina gekoppelt mit den Einweihungsriten für den von Sarastro geführten Kreis der Weisen.

Dieser Bruch in der Wertungsperspektive der Oper: daß die gute Königin und der böse Herrscher eine umgekehrte Wertung erfahren, ist ein Anlaß zu feinstsinnigen Erörterungen und Vertuschungsmanövern geworden. Die Diskussion geht auf Kapellmeister Ignaz von Seyfried zurück, der 1840 dafür eine ganz vordergründige Erklärung bot (in einem Brief an Georg Friedrich Treitschke): »Das Textbuch war bis zum ersten Finale vollendet, als in der Leopoldstadt«, einem konkurrierenden Theater, »DIE ZAUBERZITHER ODER KASPAR DER FAGOTTIST erschien.« Da diese Oper mit der Musik von Wenzel Müller und dem Text von Joachim Perinet (sie wurde am 8. Juni uraufgeführt) ihr Sujet wie die ZAUBERFLÖTE aus der von Christoph Martin Wieland 1787 im zweiten Band seiner Sammlung DSCHINNISTAN ODER AUSERLESENE FEEN- UND GEISTERMÄRCHEN veröffentlichten Erzählung LULU ODER DIE ZAUBERFLÖTE bezog, ist kaum an Seyfrieds Urteil zu zweifeln, daß Schikaneder sich hektisch um eine Kursänderung für sein

Projekt bemühte. So lasch er auch in Fragen des geistigen Eigentums gewesen sein mag: den offenkundigen Vorwurf eines Plagiats wollte er nicht auf sich nehmen. An der Feststellung ändern auch alle Hilfs-konstruktionen nichts, die zugunsten einer These vom einheitlichen Werkplan bei Mozart und Schikaneder in die Welt gesetzt worden sind. Gegen den szenischen Reflex dieser Hilfskonstruktionen wirkt am schlüssigsten die Konsequenz, die Ingmar Bergman 1974 für seine (nur gelegentlich in das dramaturgische Gefüge der Oper eingreifende) Ver-filmung der ZAUBERFLÖTE zog: für ihn war Sarastro der Vater Pami-nas, was allerdings den Dialog der Königin der Nacht vor ihrer zweiten Arie der Lüge straft – oder die ganze Szene zum Alptraum macht; und Taminos Bewertungskrise wäre demnach nichts als der wirkungsdra-maturgische Ausfluß eines Zerrüttungsprinzips: eine bürgerliche, keine mythische Lesart, aber immerhin eine, die Bergmans Humanisierungs-prinzip entsprach.

Die Unstimmigkeit zwischen den einzelnen Texten Schikaneders wird sich nie aus der Welt schaffen lassen, sie gehört einfach zur ZAU-BERFLÖTE und ihrer komplizierten Entwicklungsgeschichte. Die Briefe Mozarts an seine Frau bekunden ergreifend, unter welch depri-mierenden äußeren Voraussetzungen er sein ›Opus ultimum‹ für das Musiktheater schuf. Der erwähnte Bruch mit Beginn des ersten Finales findet durchaus nicht nur im Libretto, sondern auch in der Musik statt: mit der Sprecherszene, in die Tamino von den drei Knaben in »einer schwebenden Klangaura« geführt wird, ändert sich Mozarts Klangwelt: »Der Kreis der einbezogenen Tonarten dehnt sich aus, die Harmonik wird extremer, das Profil der Zeitmaße schärfer und gegensätzlicher.« Dieser Sachverhalt ist auf eine pragmatische Weise zu erklären. Da Mo-zart den Text nur schubweise geliefert bekam, ist der Anfang der Oper durch die Welt der von Schikaneder selbst dargestellten lustigen Person Papageno dominiert; vom Finale I an greift aber Mozart entscheidend in den Handlungsablauf ein und erzwingt eine Hinwendung zur Sara-stro-Welt mit ihren langsameren Tempi und höheren Kreuz-Tonarten.

Von einer Königsberger Aufführung der Oper im Jahre 1794 wissen wir, daß sie eine freimaurerische Interpretation bot mit diversen An-spielungen auf Ordensbräuche. Da Schikaneder ebenso wie Mozart Lo-genbruder war, erklärt sich seine allmählich in die ZAUBERFLÖTE ein-dringende Verherrlichung des Freimaurerordens als eine spontan ge-nutzte Gelegenheit, sich von jedem Plagiatvorwurf gegenüber dem nach der gleichen Quelle gearbeiteten Singspiel KASPAR DER FAGOT-

TIST von Joachim Perinet zu reinigen. Zu fragen bleibt da nur, wie er zu dieser Einsicht kam. Etwa einen Monat, nachdem Mozart und Schikaneder von der möglichen Kollision ihres Projekts mit dem fagottspielenden Kaspar erfahren hatten, starb Ignaz von Born, der die Wiener Loge 1781 gegründet und fünf Jahre lang geleitet hatte. Er war ein geachteter Mineraloge, der nicht nur über den wissenschaftlichen Hintergrund der Freimaurerei schrieb, sondern auch eine Satire gegen die Jesuiten veröffentlichte. Mozart kannte ihn, da er seinen Namen dem Vater in einem Brief (20. April 1785) unter den Subskribenten seiner Kantate DIE MAURERFREUDE nennt. Da Leopold II. sich aus Musik so wenig wie aus der Freimaurerei machte, im Gegensatz zu seinem 1790 gestorbenen Vorgänger Joseph II., mag Schikaneder wie Mozart der Gedanke gekommen sein, dem gerade Verstorbenen ein Denkmal zu setzen. Das durfte nicht offiziell geschehen, da die Freimaurerei seit der päpstlichen Bulle von 1738 durch Clemens VIII. verboten war. Schließlich hatte Maria Theresia die geistige Libertinage dieses weltlichen Ordens, die vom konservativen Adel wie von der Kurie gleichermaßen gehaßt wurde, 1764 zu unterdrücken versucht, obwohl ihr Gatte Logenbruder war. Ihr Sohn Joseph II. unterstützte den Orden sogar öffentlich. Aus einem 1866 von dem Prediger Moritz Alexander Zille anonym in Leipzig veröffentlichten Pamphlet kennen wir eine der damals gängigen freimaurerischen Gleichungen für jede Figur der ZAUBERFLÖTE. Demnach wäre Tamino Kaiser Joseph II. persönlich, Pamina das österreichische Volk, Sarastro kein anderer als Ignaz von Born, die sternflammende Königin die Kaiserin Theresia, der farbige Monostatos schließlich ein Zerrbild für den katholischen Klerus.

Solche Zuordnungen, wie vordergründig sie auch immer heute wirken, verdeutlichen unmißverständlich, in welchem Maß die ZAUBERFLÖTE eingebunden war in eine Tradition freimaurerischer Auslegung (zumal in Preußen, wo der Orden im Gegensatz zu Österreich nicht verboten war). Mozart und Schikaneder mußten natürlich angesichts des offiziellen Verbots vorsichtig vorgehen, und die Idee zum versteckten Lob des Ordens dürfte ihnen neben dem Tod von Borns durch einen anderen Fall von europäischem Aufsehen nahegelegt worden sein: die Verurteilung des Grafen Alessandro von Cagliostro durch die Vatikanische Inquisition. Der italienische Alchimist und Abenteurer, der durch seine Beteiligung an der ›Halsbandaffäre‹ um Marie Antoinette zu einer vorrevolutionären Stimmung gegen das ›Ancien régime‹ in Frankreich beitrug, war in Rom 1789 zum Tode verurteilt worden: wegen Häresie durch Freimaurerei. Dieses Todesurteil der ›Heiligen Inquisition‹ wurde am 22. März 1791 Papst Pius VI. zur Unterzeichnung vorgelegt, doch dieser wandelte es in eine lebenslängliche Haftstrafe um. Am 7. April mußte Cagliostro, in Ketten kniend, das Urteil anhören und wurde in das Kastell Sant' Angelo abgeführt, und am 8. Juni meldete der römische Korrespondent des Pariser ›Moniteur Universel‹ von der Umwandlung der Strafe und der Verbrennung von Cagliostros Schriften einschließlich der freimaurerischen. Von diesem Schlag hat sich die Freimaurerei nie wieder erholt, jedenfalls markiert das Jahr 1791 den Niedergang des politischen Einflusses der Loge. Cagliostro starb übrigens, im Schloß San Leone bei Urbino unterirdisch in Einzelhaft gehalten, 1795.

Kann die Namensähnlichkeit zwischen Sarastro und Cagliostro ein Zufall sein? Sie bietet sich für eine Erklärung des Tendenzwechsels in der ZAUBERFLÖTE ebenso an wie die zwischen Sarastro und dem persischen Priester Zoroaster (Zarathustra). Eine wie faszinierende Berühmtheit der Italiener damals war, läßt sich auch der Tatsache entnehmen, daß Goethe 1791 seinen schon unter dem Eindruck der Halsbandaffäre entstandenen Plan, den Vorgängen »die Form der komischen Oper« zu geben, durch die Prosafassung der Komödie DER GROSS-COPHTA verwirklichte. Versuchte Goethe, ähnlich wie in der Revolutionskomödie DER BÜRGERGENERAL, mit der Lustspielform seine Angst vor der Realrevolution zu bannen, indem er die unseligen Folgen einer sich mehr und mehr korrumpierenden Adelsgesellschaft warnend schilderte, so dürften Mozart und Schikaneder dem als Giuseppe Balsamo in Palermo Geborenen das ägyptische Kolorit ihrer Freimaurerallegorie zumindest teilweise verdanken – und damit die zeitpolitische Unanstößigkeit ihrer Oper. In der Forschung ist immer wieder betont worden, daß Ignaz von Born mit seinem Aufsatz ÜBER DIE MYSTERIEN DER EGYPTIER 1784 im ›Journal für Freimaurer‹ die Hypothese vertrat, die Freimaurerei habe ihren Ursprung in den Priesterbünden Alt-Ägyptens. Weniger bekannt ist, daß Cagliostro selber eine ägyptische Loge gegründet und 1784 in Paris bei der Generalversammlung der Freimaurer versucht hat, sie als Einigungsloge für die widerstrebenden Tendenzen auf diesem Weltkongreß durchzusetzen: vergebens. Wahrscheinlich verdankte Cagliostro seine Inspiration der gleichen Quelle wie Ignaz von Born: dem Roman SÉTHOS des Abbé Jean Terrasson (1731), den Matthias Claudius 1777/78 als GESCHICHTE DES EGYPTISCHEN KÖNIGS SETHOS übersetzt hatte.

DIE ZAUBERFLÖTE

Mit diesen Hinweisen auf das Schicksal des zwielichtigen Freimaurers Cagliostro und seine möglicherweise auslösende oder verstärkende Funktion für die musikdramaturgisch-ideologische Wende, die sich in der ZAUBERFLÖTE mit der Sprecherszene vollzieht, sollen andere Einflüsse auf das Werk nicht bagatellisiert werden. Zu nennen wäre da allgemein die Wiener Tradition des Zauberstücks und der Maschinenkomödie (in der ZAUBERFLÖTE setzte auch Schikaneder eine Flugmaschine für die drei Knaben ein), insbesondere Paul Wranitzkys OBERON von 1789 (dessen Textdichter Karl-Ludwig Giesecke sich später zum wahren Librettisten der ZAUBERFLÖTE ernannte, obwohl nicht einmal der Text zu OBERON, KÖNIG DER ELFEN sein geistiges Eigentum war) und Wenzel Müllers Singspiel DAS SONNENFEST DER BRAHMINEN (1790; Text von Karl Friedrich Hensler), in dem die Priester- und Tempelszenen an Zahl die von Mozarts Schauspielmusik THAMOS, KÖNIG VON ÄGYPTEN noch weit übertrafen. Keiner dieser Einflüsse kann die Rätsel der ZAUBERFLÖTE auflösen, doch ihre wechselseitige Induktion verdeutlicht, daß DIE ZAUBERFLÖTE nicht als Mysterium der ›teutschen Oper‹ konzipiert war, sondern vorrangig als Zeitstück, und eben dieses bedarf keiner Betrachtungsweise ›sub specie aeternitatis‹, die alle Widersprüche ausbügelt. DIE ZAUBERFLÖTE hat teil an der freimaurerischen Geheimgeschichte des 18. Jahrhunderts. So wie diese plebejische Zünfte, aristokratische Geheimbünde und bürgerliche Konspirationszirkel in einem verborgenen Strang zur weltlichen Fortsetzung mittelalterlicher Ketzerbewegungen verband, mischen sich auch in der ZAUBERFLÖTE divergierende Momente zu einem der Aufklärung verpflichteten Ganzen. Die Reiche von Licht und Finsternis sind aber nicht mehr, wie in Rameaus ZOROASTRE, in die Heilsgewißheit eines königlichen Gottesgnadentums eingebunden, sie sprechen mit ihrer Widersprüchlichkeit direkt zu uns. Die böse Königin mit Mozarts Herztönen in g-moll, das Reich des guten Sarastro mit seiner Frauenfeindlichkeit und der grausamen Hierarchie – alles wird von Mozart mit dem gleichen Interesse vertont. Nicht die Verteilung der Wertunterschiede auf bestimmte Personen ist das Anliegen seiner Musik, sondern die Weckung unseres Interesses für diese Personen und ihre Widersprüche. So wechseln ja die drei Knaben ebenso ungeniert das ideologische Lager wie der schwarze Sklave Monostatos: ohne daß Mozart mit der Musik Moral predigen würde.

Die Logenbrüder Mozart und Schikaneder waren sich, sorgloser in dieser Beziehung als etwa Goethe, ihrer fortschrittlichen Position als

Freimaurer bewußt. Wir dagegen wissen, daß sich im Umkreis ihrer ge-krönten Brüder, Josephs II. von Österreich wie Friedrichs II. von Preu-ßen, das Aufgeklärtsein der Freimaurer von seiner instrumentalisierten Seite her zeigte: als Ausdruck einer bestimmten Herrschaftsweise, der absolutistischen. An dieser Dialektik der Aufklärung partizipiert DIE ZAUBERFLÖTE mehr, als es ihre Autoren ahnen konnten, als es uns lieb sein darf. Den ersten Stachel in die fleischlich gewordene Selbstzufrie-denheit des Fortschrittsglaubens hat bezüglich der ZAUBERFLÖTE Sö-ren Kierkegaard in seinem Essay über den DON GIOVANNI gestoßen (ENTWEDER/ODER, 1843). Ihm war der ganze Initiationsritus für Ta-mino/Pamina, ihr Eindringen in den Sonnenkreis der Vernunft ideolo-gisch verdächtig. Statt dessen schlug er sich auf die Seite der Naturbur-schen Papageno/Papagena und feierte die Unmittelbarkeit der Sinn-lichkeit Papagenos. Ihm erschien der Vogelhändler als plebejischer Nachfahr des Don Juan, den er in seinem Essay den Aufstand gegen die Christenmoral (und deren Bigotterie) hatte proben lassen. Vielleicht war auch Hegel diesen Weg gegangen, als er an der ZAUBERFLÖTE das Ideal einer »mittelmäßigen Moral, die in ihrer Allgemeinheit vortreff-lich ist«, rühmte. Wie, wenn damit nicht das niedere Paar Papageno/Papagena gemeint wäre, sondern der Herrschaftsapparat Sarastros?

Die Freimaurermoral zeigt sich in der ZAUBERFLÖTE von ihrer aufklärerischen Seite wie von deren Umschlag in eine spießbürgerliche Vorurteilsstruktur, bei genauem Hinsehen mehr von dieser als von je-ner (wenn man Schikaneders oft trivialen Text so ernst nehmen will). Sarastro erscheint in solchem Licht, sicher gegen die Intentionen der Autoren, wie der wirkliche Cagliostro: ohne Legitimation seines Herr-schaftsanspruchs, als ein salbadernder Ideologe. Für diesen Groß-Cophta sind ägyptisches Kolorit und freimaurerisches Pathos die ent-liehenen Machtinsignien des Bürgers, der den Herrscher spielt – er ist eine Art Bürgergeneral. Wie wenig die Erleuchtung durch diesen Weis-heitspriester zur Aussöhnung der Gesellschaft beiträgt, beweist die Fi-nalmechanik vor dem obligatorischen Schlußjubel des Volks. Zuerst findet sich das hohe Paar, dann verbinden sich Papageno und Papagena, darauf folgt der Untergang der Königin der Nacht, ehe die Priesterkaste (nun bereichert durch Pamina und Tamino) Schönheit, Weisheit und Stärke besingt: »Statt Vereinigung, Ausgleich, Harmonie erfolgt hier die Spaltung der Menschheit.« Wer in dieser Oper auch musikalisch die Vereinigung des Hohen mit dem Niedrigen, des Elitären mit dem Volkstümlichen sieht: »Das letzte Mal, daß sie sich wie auf schmalem

Grat in äußerster Stilisierung versöhnten«, erkauft sie durch jene »Jovialität biederer Gesellen, bei der Herz und Geist ein wenig fürlieb nehmen müssen« (Friedrich Nietzsche, MORGENRÖTE IV).

Diese Jovialität, die im 19. Jahrhundert von weniger hellhörigen Zeitgenossen als Nietzsche meist mit Autorität verwechselt wurde, äußert sich am stärksten in Sarastros Arie *In diesen heil'gen Hallen* (Nr. 15). Es handelt sich, in der für Mozart recht seltenen Tonart E-Dur, um ein Larghetto in zwei Strophen. Abgesehen von der Tatsache, daß der im Text genannte Verzicht auf Rache durch den späteren Untergang der Königin der Nacht als Heuchelei dekouvriert wird, ist die musikalische Statur dieses Humanitätsbekenners simpel. Das allzu kurze Orchestervorspiel exponiert keinen Charakter, sondern eine Plüschatmosphäre, die variationslose Wiederholung hat keinerlei Anteil an jener Differenzierungskunst Mozarts, mit der etwa der Osmin in der ENTFÜHRUNG als höchst schillernder Charakterbaß eingeführt wurde. Sarastro spricht hier seine Lebensphilosophie in der schlicht volkstümlichen Strophigkeit aus, die Mozart auch den beiden Liedern Papagenos (Nr. 2 und 20) sowie der Arie des Monostatos (Nr. 13) zukommen ließ: ein Indiz dafür, daß die von Sarastro beanspruchte Höhenlage angemaßt ist. Vielleicht zeugt die Larmoyanz, die er hier solistisch vor Pamina ausbreitet, auch etwas von seiner Unsicherheit, sogar von seinem Verliebtsein? Viel fester im Gestänge seines Herrschaftsapparates zeigt ihn Mozart in seiner Chorarie *O Isis und Osiris, schenket der Weisheit Geist* (Nr. 10) sowie als Teil des Chors Nr. 18 *O Isis und Osiris, welche Wonnen.* Der letztgenannte Chor erinnert am Ende orchestral an *In diesen heil'gen Hallen,* die Chor-Arie, ein F-Dur-Adagio, greift mit einem Choralrefrain dem Auftritt der zwei Geharnischten vor (*Der, welcher wandert diese Straße,* Teil des Finales II). Hier findet Mozart einen spezifisch weltlichen Sakralton, der die barocke Dissonanzenharmonik mit ihren expressiven Verhaltketten zugunsten reiner Dreiklangschritte aufgibt.

Die Geradlinigkeit, die in Sarastros Soloarie philiströs wirkt (vielleicht sucht er in der Glätte von Form und Harmonie Schutz), hat in der Chorarie und dem Priesterchor mit ihrer Beschränkung auf eng beieinanderliegende Töne ein eigene Emphase. Gewiß mag man auch hier schon die männerbündnerische Selbstzufriedenheit von Chören des 19. Jahrhunderts spüren, aber die Zurücknahme der Chromatik ist in den kultischen Handlungsvollzug sinnvoll integriert. Der intendierte Ausdruck von Reinheit, den Mozart dieser freimaurerischen Musik unterlegt, wird im Finale des zweiten Akts ungleich eindrücklicher getroffen. Es beginnt (II,26) mit den drei herabschwebenden Knaben in einem Es-Dur-Andante, dessen Streicherlosigkeit dem Trio einen unirdischen Charakter verleiht. Als sie der zum Selbstmord bereiten Pamina den Dolch entreißen, geht die Bewegung zwar in ein Allegro über, die Tonart bleibt aber von denselben Vorzeichen bestimmt (drei Been). Im folgenden Auftritt der zwei Geharnischten bleibt sie ebenfalls bestimmend, nun aber nach Moll gewendet. Posaunen und Streicher betonen die Dreizahl durch drei Schläge, denen Violoncelli und Holzbläser in einer schmerzlichen Phrase antworten; der Vorgang wiederholt sich auf der Dominante. Dann intonieren die Streicher ein Fugato, in das die beiden Männer, Tenor und Bariton in Oktavparallele, einstimmen. Es ist die Melodie des lutherischen Chorals *Ach Gott, vom Himmel sieh darein*, den Mozart ganz im Stil eines Bachschen Choralvorspiels setzt. Da ist alle Gemütlichkeit, die sich durch die Priester- und Sarastro-Szenen zieht, aufgegeben, der archaische Klang zielt auf ein Maximum an Transparenz, wird zum akustischen Symbol jener Wasser- und Feuerprobe, der sich Pamina und Tamino zu unterziehen haben. Die Feuerprobe ist ein Adagio-Marsch in C-Dur, der im Diskant von Taminos Flöte, im Baß von den Pauken begrenzt wird, als Mittelstimmen hören wir Hörner, Trompeten und Posaunen. Abgesehen vom dritten Anlauf, wenn die Flötenmelodie in einen Dominantseptakkord mündet, betont die Begleitung immer nur die Tonika. Hier ist satztechnisch ein Äußerstes an Simplizität erreicht, ohne daß es trivial wirkte.

Eine ähnliche Beobachtung läßt sich am Triumphchor im zweiten Finale machen *(Triumph! Triumph! Du edles Paar)*. Tamino und Pamina haben die Proben bestanden, und nun werden sie in den Tempelkreis aufgenommen. Mozart feiert den Augenblick auffälligerweise mit der kürzesten selbständigen musikalischen Nummer des ganzen Werks. Es handelt sich um einen typischen Fanfarensatz im Allegro-Tempo, Pauken und Trompeten dominieren das nur mit Streichern, Oboen und Hörnern besetzte Orchester. Harmonisch bewegt sich der C-Dur-Satz in den ersten beiden Versen nicht über den Dreiklang von Prim, Terz und Quint hinaus. Was so banal klingt, ist eine motivische Rückbindung an die jeweils drei Akkordblöcke in der Ouvertüre. Im letzten Vers *(Kommt, tretet in den Tempel ein!)* wird diese kompakte harmonische Struktur aufgebrochen, sie löst sich in einzelne Stimmen auf. Dabei nimmt die Oberstimme einen Quartenabstieg in Dreiklängen vor, ehe sie den Grundton C erreicht: aus der additiven Akkordfolge wird eine Mini-Durchführung. Die sofortige Wiederholung des Verses setzt im

Reprisencharakter die reine Wiederholungsfunktion außer Kraft: die Worte *Kommt! Kommt* reiben sich synkopisch aneinander, in die Bruchstelle schneidet ein Streicherlauf in Unisono-Sechzehnteln hinein, ehe wieder der Fanfarenrhythmus einsetzt, »und zwar auf dem unvermittelt hineinschmetternden, schier berstenden Quartsextakkord (dem einzigen des Satzes)«. Die beiden Probanden sind nun aufgenommen, aber es ist eine schmerzliche Initiation, die etwas von den Verlusten aufscheinen läßt, mit denen Tamino und Pamina diesen endgültigen Abschied von der Welt der sternflammenden Königin und ihres befederten Vogelhändlers erkaufen.

Mozarts gelegentlicher Verzicht auf die von ihm für die Gattung Oper nutzbar gemachte Durchführungstechnik, der in der Figur des Sarastro Aura und Erscheinung voneinander trennt, wird schon in der Es-Dur-Ouvertüre programmatisch verkündet. Nach der Adagio-Introduktion mit ihren drei geheimnisvoll-würdigen Akkordblöcken zu Beginn setzt auf sechs hartnäckig und betont wiederholten Tönen ein bewegtes, heftig rhythmisiertes Streicherfugato ein, das im vollen Tutti zur Dominante führt. Doch statt einer Durchführung hören wir wieder in einem Adagio drei Akkord-Blöcke. Sie, die zu den Priesterszenen des zweiten Aktes wiederkehren werden, haben im Gegensatz zu den sogar die Moll-Parallele durchlaufenden Akkorden zu Beginn der Ouvertüre keinerlei harmonische Dynamik mehr, als Abbild des Initiationsritus für eine Loge legen sie den Gedanken einer erstarrten, im Ritus selbst sich erschöpfenden Zeremonie nahe. Dann ertönt wieder in den Streichern das Fugato-Thema, diesmal aber ohne die zuvor gemachte Unterscheidung zwischen Piano für die ersten drei Viertel des Takts (es sind Achtel) und Forte für das letzte (es ist erst in Sechzehnteln, dann in Achteln notiert). Nach einer in eine Generalpause mündenden Zuspitzung beginnt die Reprise, und am Ende stehen wieder drei Es-Dur-Akkorde als triumphaler Abschluß: Am Standard Mozarts gemessen, hat sich der Entwicklungsgehalt zur Entfaltung von Klangpracht verschoben.

In anderer Beziehung hat Mozart aber in der ZAUBERFLÖTE seinen Weg weitergeführt, etwa in der Einzigartigkeit der geradezu optischen Gestik seiner Musik. Schon die Introduktion des vor der Schlange fliehenden Tamino (ein c-moll-Allegro) macht den Vorgang vor unseren Ohren greifbar, wenn der vor Furcht ohnmächtig Werdende in ein trugschlüssiges As-Dur getragen wird, in dem die drei Damen das Tier erlegen, ehe sie in ihrem Es-Dur sich selbst zur Tat gratulieren: Hier wird jemandem eine gefährliche Komödie vorgespielt. Eine vergleichbare von innen her bedrohliche und daher wirklich gefährliche Situation erlebt Tamino im Finale I, wenn er den Herrschaftsbereich Sarastros betritt und der Sprecher sich ihm entgegenstellt. Es ist ein durchkomponiertes ›Accompagnato‹ *(Wo willst du, kühner Fremdling, hin?)* von größter Ausdruckstiefe und Ausdehnung: vergleichlos in der Operngeschichte bis zu Mozart. Hier haben wir den Drehpunkt der ganzen ZAUBERFLÖTE vor uns. Schon will Tamino sich abwenden, da er sich in seiner Vorurteilshaltung gegen das Reich Sarastros bestätigt fühlt, als der Sprecher ihm droht: *Wenn du dein Leben liebst, so rede, bleibe da.* Die an der Stelle erklingende Dissonanz im Orchester »ist eine *Unterbrechung* der f-moll-Kadenz, der die zwei Schlußtakte ... fehlen, die musikalisch logisch wären. Dieser musikalischen entspricht aber die szenische Unterbrechung des erregten Abganges Taminos durch den ihm energisch den Weg vertretenden« Sprecher der Priesterschaft, und die macht den unvermittelten Sprung nach c-moll zu einem wahrhaft existenzbedrohenden Faktum.

Dadurch, daß er bleibt, bewirkt Tamino den Umschlag des Handlungsverlaufs. Mozart selbst ist das klar gewesen, wie seine ausgedehnten Skizzen zu dieser Szene beweisen: die kompositorische Lösung des Problems ist ihm schwergefallen. Die von ihm dabei erreichte »Differenzierung von melodischer und deklamatorischer Sprachgestik«, die Wagner in seiner Schrift DAS PUBLIKUM IN RAUM UND ZEIT (1878) zu Recht als Mozarts große Neuerung in der deutschen Oper (und damit als Vorbild für sein eigenes Schaffen) bezeichnete, ist in der Tat ungewöhnlich. Um so mehr, als Mozart »eine quasi-prosaische und damit der Verslyrik Schikaneders durchweg zuwiderlaufende musikalische Prosodie« anstrebt. Das beginnt schon mit Taminos Reaktion auf die Lehre der drei Knaben, wenn Mozart in *Die Weisheitslehre dieser Knaben sei ewig mir ins Herz gegraben* eine emphatische Fermate auf das scheinbar falsche Wort setzt: *mir* statt *ewig.* Aber genau darum geht es: um Taminos individuelles Erkenntnisdrama und nicht um ein Verkünden wohlfeiler Ewigkeitswerte. Wie schwer Tamino dieser Erkenntnisprozeß wird, machen die abrupten Modulationen deutlich, wenn er nacheinander die drei Tempelpforten zu durchschreiten versucht: von B-Dur geht der Weg über Es-Dur nach As-Dur. Nach dem Abgang des Sprechers bleibt Tamino in scheinbarer Ratlosigkeit zurück und stellt die Frage: *O ew'ge Nacht! Wann wirst du schwinden?* Mozart gibt, Schikaneders Text vorauseilend, in der Frage schon die Antwort mit. Taminos

Phrase *O ew'ge Nacht* ist nichts anderes als die tongetreue Reprise des Anfangs der Arie der Königin der Nacht *O zitt're nicht, mein lieber Sohn* (Nr. 4). Deren B-Dur ist nun um einen Halbton nach unten transponiert: in Richtung auf die Baßregion Sarastros. Tamino hat den entscheidenden Schritt getan: fort von der Königin, hin zu Sarastro.

Tamino kommt in seinen lebensbedrohenden Begegnungen mit der Schlange und dem Sprecher der Sarastro-Priester glimpflich davon. Gegen solche existentiellen Gefährdungen ist Papageno trotz seiner Angst vor Blitz und Donner gefeit. Dennoch gibt Mozart auch ihm in der Selbstmorddrohung und dem Angstausdruck vor der Reise in das Sarastro-Reich etwas von der seelischen Tiefe seiner Schmerzenstonart g-moll mit. Das gilt auch für die Königin der Nacht und deren Tochter Pamina. Beide Frauen werden von Mozart als psychisch außerordentlich gefährdete Wesen porträtiert, und beiden gilt dabei offenbar seine Sympathie. Das mag im Fall der Königin überraschen, die Schikaneder eher beiläufig im Orkus verschwinden läßt. Daß ihr musikalisches Porträt: das Ineins aus einschmeichelnder Klage und koloraturgepanzerter Drohung, von Mozart nicht zur Musikdramaturgie von Zuckerbrot und Peitsche verdinglicht wurde, ist aus seiner Fähigkeit zu erklären, Musik quasi aus der Erlebnissphäre seiner Geschöpfe zu komponieren: und sei es gegen den vordergründigen Sinn der Vorlage. So konstruiert er eine Mutter-Tochter-Beziehung durch tonartliche Bezüge. Der langsame Teil der ersten Arie der Königin (*Zum Leiden bin ich auserkoren;* Nr. 4) steht ebenso in g-moll wie Paminas Arie (*Ach, ich fühl's, es ist entschwunden;* Nr. 17). Wenn man bedenkt, daß Mozart mit dieser Tonart immer seelische Extremzustände verbindet, daß sie in geschlossenen Nummern aber nur noch für Ilia in IDOMENEO und Konstanze in der ENTFÜHRUNG eingesetzt ist, dann wird der Stellenwert dieser Mutter-Tochter-Beziehung greifbar. Erstaunlicherweise beginnen beide Arien auch im gleichen abfallenden Tongestus, und zwar auf derselben Tonhöhe. Erst von dieser beglaubigten Verwandtschaft her wird es verständlich, daß Pamina beim Dialog vor der zweiten Arie ihrer Mutter bereit zu sein scheint, mit ihr aus dem Machtbereich Sarastros, aber auch aus der Nähe Taminos, zu fliehen. Dieser Dialog erläutert übrigens auch, daß Paminas Vater, der alte König, ein Geistesverwandter Sarastros zumindest in der Beziehung der Frauenfeindlichkeit war.

Erst in diesem Augenblick sieht die Königin, daß ihr Plan fehlschlagen muß, Pamina mit Hilfe Taminos aus dem Wirkungskreis ihres Erzfeindes zu befreien. Doch selbst in ihrem Fluch auf die Tochter (*Der*

Hölle Rache kocht in meinem Herzen; Nr. 14) spüren wir immer wieder die Bereitschaft zur Zurücknahme, und die rituelle Schlußbekräftigung im dreimaligen Anruf der Rachegötter *(Hört!)* steigt nach der Terz von d-moll um eine Sekunde über die Quinte hinaus: es ist ein Überschrei, unter dessen lang ausgehaltener, sich selbst beschwörender Dauer Tonika und Dominantseptakkord von Es-Dur dreimal spannungsvoll wiederholt werden. Hier ist ein Mensch außer sich geraten. Pamina wiederum erfährt ihre Grenzsituation in der totalen Verinnerlichung. Ihr Klagegesang, Mozarts bewegendste g-moll-Arie, steht harmonisch in der gleichen Spannung wie die erste Arie der Königin der Nacht. Hatte die, in der Hoffnung auf den Retter Tamino, in glitzernden B-Dur-Koloraturen geendet, so flieht Pamina für einen Moment in diese Tonart, wenn sie des vergangenen, nie genossenen Liebesglücks mit Tamino gedenkt *(Nimmer kommt ihr Wonnestunden meinem Herzen mehr zurück).* Doch wenn dieses Seitenthema zur Dominante geführt wird und in die Reprise des Anfangsteils münden müßte, geht Mozart von der Norm ab und weicht zweimal in die Subdominante aus. Mit einem geradezu entmaterialisierten Oktavsprung nimmt Pamina einen Standpunkt jenseits des Grabes ein: *So wird Ruh' im Tode sein.* Das knappe Orchesternachspiel schwankt zwischen Zweier- und Dreiermetrum. Diese Frau hat den Boden unter den Füßen verloren, sie bleibt zurück als Opfer einer Männergesellschaft: wie ihre Mutter. Dingsymbole wie Flöte, Glokkenspiel, ägyptisches Dekor und Freimaurerriten tendieren gegen Null angesichts solchen Menschenschicksals. Das macht Mozarts ZAUBERFLÖTE »unsterblich auch im aktuellen Sinn, im Sinn ihres dauernden Aufrufs, dauernd aufgegebenen Problems. Und das, was das Problem (nicht das Symbol) angeht, so lange die Welt steht oder genauer: so lange die revolutionär gemeinte Welt (das Reich der Freiheit) noch nicht steht«. Ingeborg Bachmann hat diesen Zusammenhang in ihrem *Blatt für Mozart* auf die Musik Wolfgang Amadés insgesamt bezogen: »Die reinste, bitterlichste und süßeste Musik ist nur die vollkommene Variation über das von der Welt begrenzte, uns überlassene Thema.«

REVOLUTION UND KLASSIZISMUS
LUIGI CHERUBINI
(1760–1842)
IN FRANKREICH

Der 14. Juli 1789 ist ein mythisches Datum. Neuere Forschungen lassen kaum Zweifel darüber zu, daß der Sturm auf die Bastille durch seine Nachwirkungen ungeheuer aufgebläht wurde. Daß die im Gefängnis einsitzenden Häftlinge des ›Ancien régime‹ nicht sehr zahlreich waren und kaum den adäquaten Anlaß für eine der größten Umwälzungen in der europäischen Geschichte gaben, ist hinlänglich bekannt. Weniger bekannt war lange Zeit, daß sich die Festungsbesatzung kaum kampffreudig verhielt und beinahe freundschaftlich über die Übergabe mit den Belagerern verhandelte. Politisch gewichtiger als die Befreiung der Gefangenen waren zuvor andere Ereignisse gewesen: die Versammlung der Generalstände in Versailles am 5. Mai, als König Ludwig XVI. den Abgeordneten den Abstimmungsmodus freistellte, oder die Selbsternennung der Vertreter des Dritten Standes zur Nationalversammlung am 17. Juni. Aber nicht einmal eine so symbolträchtige Handlung wie der Ballhausschwur am 20. Mai, als die Abgeordneten des Dritten Standes nach Solidarisierungsadressen von Vertretern der privilegierten Stände der Gewaltandrohung des Königs mit dem Schwur antworten, erst nach Verabschiedung einer Verfassung auseinanderzugehen, war der Geschichtsschreibung fanalartig genug, um als Beginn der Großen Revolution in die Annalen eingetragen zu werden.

Es war und blieb der 14. Juli 1789, der den Umbruch der Feudalwelt zur bürgerlichen fixieren sollte. Dabei hätte der Sturm der so oft zitierten Volksmassen auf die Bastille auch von jenen fünfundvierzig Musikern durchgeführt werden können, die ein Schreiber bei der Militärverwaltung am Tag zuvor um sich gesammelt hatte. Der musikbegeisterte Bernard Sarrette gründete mit diesem revolutionären Schritt das Musikkorps der Nationalgarde, das fortan die Aufmärsche und Feiern der jungen Republik begleiten sollte. Nie hat es in der Geschichte der Menschheit eine so musikgesättigte, geradezu musikalische Revolution wie diese gegeben. Den fünfzehn neuen Militärmärschen der Nationalgarde standen alsbald fünf Hymnen auf den 14. Juli und sogar vierzehn zu Ehren der im Dienst der Revolution gefallenen Bürger zur Seite. Als am 14. Juli 1790 der erste Jahrestag der Revolution auf dem Marsfeld gefeiert wurde, dirigierte der aus Belgien stammende François-Joseph Gossec, der schon das Musikleben des ›Ancien régime‹ mit vielerlei Initiativen belebt hatte, seinen CHANT DU 14 JUILLET vor viertausend Choristen und dreihundert Orchestermusikern, von denen allein fünfzig das kaum jemals tonrein zu blasende Schlangenhorn (›Serpent‹) als besonderes Lokalkolorit traktierten. Und als ein Jahr später die sterblichen Überreste des revolutionären Grafen Mirabeau sowie die des schon dreizehn Jahre zuvor verschiedenen Aufklärers Voltaire in das neue Panthéon überführt wurden, erklang mit Gossecs MARCHE LUGUBRE das Vorbild der großen Trauermärsche des 19. Jahrhunderts, von Beethovens EROICA, dem ersten Teil der SYMPHONIE FUNÈBRE ET TRIOMPHALE, die Berlioz zum Gedenken an die Juli-Revolution des Jahres 1830 schrieb, über Wagners Trauermusik nach Siegfrieds Ermordung in der GÖTTERDÄMMERUNG bis hin zum Kopfsatz von Mahlers fünfter Symphonie aus dem Jahre 1904.

Gossec, der sich nach Mißerfolgen im Frankreich des ›Ancien régime‹ von der Oper zurückgezogen hatte, kehrte als Hauptkomponist der Revolution doch auf die Bühne zurück: 1792 mit L'OFFRANDE À LA LIBERTÉ (Das Freiheitsopfer), einer für Tenor, Chor und Orchester gesetzten dramatischen Kantate über die Marseillaise. Ihr folgte ein Jahr später ein ähnliches Werk, LE TRIOMPHE DE LA RÉPUBLIQUE, und als Abgesang auf die Schreckensherrschaft des Konvents komponierte er auf das im Mai 1794 von Robespierre verkündete Dogma vom neuen republikanischen Glauben die Hymne L'ÊTRE SUPRÊME (Das höchste Wesen). Sie wurde am 8. Juni, keine zwei Monate vor dem 9. Thermidor, der Verhaftung und Guillotinierung Robespierres, auf dem Marsfeld uraufgeführt: mit 1600 Orchestermusikern und 4000 Choristen, denen sich unisono ungefähr 500 000 Pariser anschlossen. In seinen MEMOIREN hat Berlioz bezüglich seiner 1840 komponierten Trauer- und Triumphsymphonie auf die Revolution von 1830 die ästhetische Voraussetzung für eine solche Massenwirkung genannt: »Ich dachte mir, daß für ein solches Werk, das ja im Freien erklingen sollte – zumindest bei der ersten Aufführung –, der einfachste Plan der beste wäre«. In der Tat war die Musik der Französischen Revolution primär Freiluftmusik, die sich nur mühsam in ein Opernhaus pressen ließ – wie im Fall von Gossecs dramatischen Kantaten. Und zum anderen war sie, aller Massierung der eingesetzten Musiker zum Trotz, von eher schlichter Machart: sie ästhetisierte die Schrecken der Realzeit unter ganz bewußter Reduzierung ihrer ästhetischen Mittel.

SCHRECKLICHE VEREINFACHER?

Daraus ist den Opernkomponisten der Revolutionszeit immer wieder der Vorwurf gemacht worden, sie hätten sich als ›terribles simplificateurs‹ propagandistisch betätigt. Das ist nur in wenigen Ausnahmefällen zu belegen. So konzipierte etwa der Italiener Bernardo Porta im April 1794 eine ›Sans-culottide‹ in fünf Akten zur Feier der Ausrufung der Republik mit dem Titel LA RÉUNION DU DIX AOÛT (Die Versammlung vom 10. August), und im Februar desselben Jahres hatten sich zwölf Komponisten, darunter Cherubini, Grétry, Dalayrac und Méhul, zu einer kollektiven ›Opéra comique‹ zusammengetan. In LE CONGRÈS DES ROIS (Der Kongreß der Könige) schildern sie einen Aufstand der Mätressen der Könige Europas gegen ihre Herren, nachdem der Magier Cagliostro sie von den Idealen der Französischen Revolution hatte überzeugen können. Wenn auch der Einbruch der neueren Realhistorie in die Libretti der französischen Revolutionsoper die alten Mythen weitgehend verdrängte und die Oper in den Dienst der politischen Aktualität stellte, so betätigten sich die Komponisten im Regelfall als Idealisten der Umwälzung. Agit-Prop-Werke wie die genannten kamen immer seltener auf die Bühne. Als Beispiele eines Antiklerikalismus seien erwähnt LES RIGUEURS DU CLOÎTRE (Die Grausamkeiten des Klosters; 1790) von Henri-Montan Berton (1767–1844), wo die Nationalgarde Nonnen aus den Klostermauern befreit und ihren Familien zuführt, oder André Ernest Modeste Grétrys (1741–1813) LA ROSIÈRE RÉPUBLICAINE (Das republikanische Rosenmädchen; 1794). Hier müssen sich am Ende zwei Nonnen ihres Habits entkleiden und unter dem Gelächter des Mobs die Carmagnole tanzen. Vielleicht war das von dem wie Gossec aus Belgien stammenden Komponisten als Tribut an den Zeitgeist gedacht. Immerhin war die Partitur seines Hauptwerks aus dem ›Ancien régime‹, RICHARD CŒUR DE LION (Richard Löwenherz; → S. 340 f.), im Jahr zuvor öffentlich verbrannt worden.

Es mag hier und in einigen anderen Fällen jenes opportunistische Verhalten von Komponisten zu konstatieren sein, das in der Musikgeschichtsschreibung allzu lange global den Hauptvertretern der französichen Oper zwischen 1789 und 1799, als Napoleon die Revolution mit dem Staatsstreich vom 18. Brumaire (9. November) für beendet erklärte, zugeschrieben wurde. Generell aber muß aus den überlieferten Werken ein differenzierteres Bild abgeleitet werden. Allgemein läßt sich den Komponisten, die für die Oper arbeiteten, konzedieren, daß sie einen Beitrag für die Weiterentwicklung der Menschheit liefern wollten, speziell in der Frage der Menschenrechte. Das schloß Fortschritte auf dem eigentlich musikalischen Gebiet nicht aus. Schon akustisch war die Proklamation der Menschenrechte unmißverständlich vernehmbar: in einer Erweiterung der klanglichen Farbpalette. Gossec zum Beispiel führte in seiner MARCHE LUGUBRE das Tamtam in die abendländische Musik ein, und zwar nicht nur als pathetisches Zeitkolorit, sondern auch als Frühform eines instrumentalen Theaters. Während der Überführung Mirabeaus in das neue Panthéon trugen zwei Nationalgardisten das Instrument, dem sie für das zeitgenössische Straßenpublikum schauerliche Klänge mit ihren Schlegeln entlockten. Eine vergleichbare Erweiterung des Klangspektrums in der Oper verdanken wir Grétry, der in seiner ROSIÈRE RÉPUBLICAINE erstmals die Orgel einsetzte. In der Oper fand das Tamtam Eingang durch ROMÉO ET JULIETTE (1793) von Daniel Steibelt (1765–1823) und in Gasparo Spontinis LA VESTALE (1807), möglicherweise auch schon bei der Pariser Wiederaufnahme von Salieris vorrevolutionärem TARARE (→ S. 326 f.) im Jahre 1790.

NEUE KLANGWELTEN

Der martialische Aspekt dieser revolutionären Freiluftmusiken spiegelt sich auch in den Opern jener Zeit, am eindringlichsten wohl in der Kriegsmusik des dritten Akts von Cherubinis LODOÏSKA (1791), wenn die Belagerer in die Burg des Bösewichts einbrechen. Solchem Bruitismus entgegengesetzt ist der von den Revolutionskomponisten geschätzte ländliche Klang des Kuhreigens, wie er etwa in Grétrys GUILLAUME TELL (1791) ertönt und in Rossinis Vertonung nachhallt. Martialisches und rustikales Kolorit verbinden sich in der Sturmszene des dritten Akts von Cherubinis MÉDÉE, in der etwa die Piccoloflöte viel bewußter eingesetzt wird als in der Sturmszene von Beethovens PASTORALE. Solchen Ausbrüchen sind immer wieder Momente der Stille gegenübergestellt. Im zweiten Akt von Cherubinis LODOÏSKA (1791) gibt es ein ›sotto voce‹ gesungenes Männerterzett, die Kriegsmusik im dritten Akt mündet nach der Rettung der Titelheldin aus dem zusammenbrechenden Schloßturm in ein Diminuendo der im Oktavabstand spielenden Geigen und Bässe. Jean-François Lesueur (1763–1837) ließ das Finale II von PAUL ET VIRGINIE (1794) bei leerer Bühne in einem Pianissimo enden. Rodolphe Kreutzer (1766–1831), Widmungsträger von Beethovens nach ihm benannter Violinsonate, hatte das Sujet 1791 vertont und auch einen fast durchkomponierten dritten Akt gewagt. Momente der Stille, zumeist nach lärmigen und brutalen Szenen, gibt es noch in anderen Opern der Revolutionszeit: die Dynamik explodierte im Orchestergraben analog zu den Extremzuständen der Realzeit. Parallel zu dieser Aufspreizung des orchestralen Klangspektrums verlief eine permanente Erhöhung des Stimmtons, bis die Pariser Akademie der Wissenschaften im Jahre 1859 die Normalstimmgabel auf 435 Hertz festlegte und damit der Wiener Stimmtonkonferenz von 1885 vorgriff.

Die klangsinnliche Vermittlung des Neuen, des Unerhörten und Revolutionären wurde auch in der präromantischen Behandlung des Horns offenbar. Besonders Étienne-Nicolas Méhul (1763–1817) tat sich mit einer kantablen Setzweise für das Instrument hervor. Er schätzte, wie viele seiner Zeitgenossen, besonders gestopfte Hornklänge. So setzte er im Finale I von MÉLIDORE ET PHROSINE (1794) nicht weniger als vier Hörner mit diesem buchstäblich manipulierten Klang ein, um der Extremsituation gerecht zu werden: Aimar, der sich aus Standesdünkel der Verbindung seiner Schwester Phrosine mit Mélidore widersetzt, wird von diesem niedergestreckt. Schwer verwundet, ruft er seinen Bruder Jule, der Phrosine wiederum in einer latent inzestuösen Neigung zugetan ist, zur Rache auf. In Phrosines zuvor erklungener Arie gibt es auch zahlreiche gestopfte Horntöne, die zusätzlich zur Kolorierung des Klangs eine leichte harmonische Eintrübung bewirken, da die Tonhöhe durch die stopfende Hand sanft nach oben verschoben wird. Einer Erhöhung der Dynamik diente das ausdrücklich geforderte Heben der Schalltrichter, etwa im Sturm des dritten Akts dieser Oper, der wie eine Vorwegnahme Webers klingt. Eine raumklangliche Variante dazu lieferte der Tenor und Komponist Pierre Gaveaux (1760–1825), der in der Gefängnisszene seiner LÉONORE (1798; die erste Vertonung des FIDELIO-Stoffs) die Schalltrichter der beiden Hörner gegeneinander richtet, um einen höhlenartigen Effekt rein akustisch zu erzeugen. Mit erhobenem Schalltrichter ließ später Jean-François Lesueur lauthals die Hörner als religiöse Fanfaren im dritten Akt seines OSSIAN (1804) ertönen. Da war der Schritt in die Romantik vollends getan. Vier Hörner waren auch für Opern aus der engeren Revolutionszeit die Regel geworden, und zwar teilweise auf Kosten der Trompeten, die beispielsweise in Méhuls MÉLIDORE ET PHROSINE, wo im dritten Akt mit Mélidores ›Prière‹ das Vorbild der romantischen Gebetsszenen erklingt, in ADÈLE ET DORSAN von Nicolas Dalayrac (1753–1809) aus dem Jahre 1795 oder in Cherubinis MÉDÉE (1797) und LES DEUX JOURNÉES (Der Wasserträger; 1800) fehlen.

Der Emanzipation des als Jagdinstrument der Feudalzeit ideologisch negativ besetzten Horns zu einem vollwertigen Orchesterinstrument entsprach die des Violoncellos durch Méhul. Seine Werke weisen zahlreiche Soli für dieses Instrument auf, und von besonderem Klangreiz ist der Anfang der Ouvertüre zu ARIODANT (1799; Cherubini gewidmet als Dank dafür, daß der seine MÉDÉE Méhul gewidmet hatte). Er ist notiert für drei solistische Celli, und die vierte Stimme im strengen Satz, der den Anfang der Ouvertüre zu Rossinis GUILLAUME TELL, ja sogar des Liebesduetts im ersten Akt von Verdis OTELLO vorwegzunehmen scheint, wird unisono von den Kontrabässen gespielt. Diese Neigung vieler Komponisten der Revolutionszeit zu einer dunklen Streichersonorität spiegelt sich auch in der immer häufiger werdenden Sordinierung von Instrumenten. Grétry hatte in RICHARD CŒUR DE LION sozusagen ›avant la lettre‹ das Stichwort gegeben, als er Geigen, Hörner, Trompeten und Pauken gleichermaßen dämpfte, um eine Klangatmosphäre der Bedrohlichkeit zu erzeugen. Auch in thematischer Hinsicht nahm RICHARD LÖWENHERZ ein Spezifikum der Revolutionszeit vorweg: die sogenannte Rettungsoper, in der ein Held im letzten Augenblick durch menschliche Tatkraft aus einer ausweglos scheinenden Situation befreit wird. François-Adrien Boieldieu (1775–1834) hat 1800 zu diesem Thema das Nachwort mit seinem BÉNIOVSKI geliefert. Hier, wo gestopfte Hörner und Trompeten ein heftiges Wechselspiel von Signal und Antwort auf und hinter der Bühne liefern, verdinglicht sich nur eine klangkoloristische Besonderheit der Revolutionsoper zum schieren Effekt. Auch die Würde der Gattung Rettungsoper, später von Beethoven in FIDELIO auf ein neues Niveau gehoben, zerfließt hier zur Lächerlichkeit, wenn am Ende ein komplettes Straflager, Insassen wie Aufseher, aus der sibirischen Kälte gerettet wird. Boieldieu, der später mit seiner DAME BLANCHE (1825) dem Neo-Royalismus sein romantisches Rührstück liefern sollte, hat auch in einer anderen Beziehung einen Schlußstrich unter die Oper der Revolutionszeit gezogen. Schon im Jahr 1797 war von ihm LA FAMILLE SUISSE (Die schweizer Familie) uraufgeführt worden: eine leichtgewichtige Komödie wie die pseudo-orientalische LE CALIFE DE BAGDAD (1800). Beides sind Werke, in denen die Gewichtigkeit der ›Opéra comique‹ der Revolutionszeit aufgegeben wird zugunsten des bürgerlichen Lach- und Unterhaltungstheaters.

REPUBLIKANISCHE OPER

In der Tat muß als gattungsspezifische Besonderheit der französischen Oper in der Revolutionszeit betont werden, daß die vormals strenge Funktionsaufteilung zwischen der Großen Oper (›Tragédie lyrique‹) und der Komischen Oper mit gesprochenem Dialog (›Opéra comique‹) zerbrach und einer Vielfalt der Möglichkeiten wich. Das gilt nicht nur im thematischen Sinn, daß die leichte Oper sich in den Dienst der Volksaufklärung und der patriotischen Bewegung stellte. Auch im institutionellen Bereich wurde der Wandel spürbar. Im Jahre 1791 erließ der König gezwungenermaßen ein Dekret, in dem das seit 120 Jahren bestehende Privileg der ›Académie Royale de Musique‹ für das Musiktheater aufgelöst wurde. Die Folge war eine geminderte Bedeutung der Opéra für das französische Musikleben, ehe sie 1794 in der Rue de Richelieu als Théâtre

des Arts unter republikanischem Vorzeichen neu entstand, 1804 durch Napoleon zur Kaiserlichen Akademie ernannt und ab 1807 unter seine persönliche
Protektion gestellt wurde. Diese Restauration feudaler Zustände war verbunden mit einer Minderung der Vielzahl jener kleiner Theater, die ab 1789 zwischen Opéra und Opéra-comique entstanden waren – der Kaiser ließ alle bis auf
das Ambigu-comique schließen. Es begann die Frühzeit der Gattung der
›Grand Opéra‹ – Gasparo Spontini schickte sich an, in Paris das Opernzepter zu
übernehmen.

Wichtiger als die Opéra für die Geschichte des Musiktheaters im revolutionären Frankreich war die Opéra-comique. Sie bestand im Grunde aus zwei
Häusern. Die eigentliche Opéra-comique war 1762 durch Zusammenschluß
mit der Comédie-Italienne entstanden und wurde 1793 offiziell zum Théâtre de
l'Opéra-comique National umbenannt. Im Volksmund hieß sie nach ihrem
Standort an der Rue Favart schlicht Théâtre Favart. Noch gegen Ende des ›Ancien régime‹ hatte die Opéra-comique Konkurrenz durch das Théâtre de Monsieur bekommen. Marie-Antoinettes Coiffeur hatte es im Januar 1789 für die
Aufführung italienischer Opern gegründet. 1791 zog das Theater in die Salle
Feydeau um und nahm fortan deren Namen an. Nachdem das Theater die ex-
klusive Aufführung der Italiener aufgegeben hatte und ab 1793 auch französische Werke herausbrachte, wurde es zu einer ernstzunehmenden Konkurrenz
für die Opéra-comique. In diesen beiden Häusern fanden die wichtigsten Premieren der Epoche statt, wobei auffälligerweise einige Sujets gleich von zwei
Komponisten vertont wurden: LODOÏSKA von Cherubini und Kreutzer (beide
1791), PAUL ET VIRGINIE von Kreutzer (1791) und Lesueur (1794), ROMÉO ET
JULIETTE von Dalayrac (1792) und Steibelt (1793), LA CAVERNE von Lesueur
(1793) und Méhul (1795), schließlich die auf das gleiche Sujet zurückgehenden
Opern MONTANO ET STÉPHANIE (1799) von Berton und Méhuls ARIODANT
(1799). Obgleich die beiden letztgenannten Werke am selben Haus herauskamen, der Opéra-comique, achteten die wichtigsten Komponisten auf eine Arbeitsteiligkeit. So schrieben Cherubini, Lesueur und Gaveaux hauptsächlich für
das Théâtre Feydeau, wo Gaveaux als Tenor engagiert war, während Grétry,
Berton, Dalayrac, Méhul, Kreutzer und später auch Boieldieu die Opéra-comique in der Rue Favart bevorzugten. Die Konkurrenz zwischen beiden Häusern belebte indes nicht nur das Geschäft, was nach dem Sturz Robespierres in
der Herrschaft des Direktoriums und dem Aufstieg Napoleons dem Triumph
des Bürgertums mit seiner kapitalistischen Wirtschafts- und seiner imperialisti-
schen Außenpolitik die ideologische Überbau-Aura gegeben hätte. Beide Häuser kollabierten 1801 und mußten im darauffolgenden Jahr im Théâtre Feydeau
fusioniert werden.

Diese Disziplinierung des bunten Theaterlebens der Revolutionszeit stellte unter dem Zepter Napoleons im Prinzip die Monopolsituation der ›Académie royale‹ der Feudalzeit wieder her. Auch die Institutsgeschichte der Theater in der Zeit zwischen 1789 und Napoleons Selbstkrönung zum Kaiser im Jahre 1804 spiegelt alle Gegensätze der Realzeit zwischen demokratischem Aufbruch und organisiertem Terror, verfaßten Menschenrechten und wild betriebener Guillotine, universalem Humanitätsideal und kriegswütigem Patriotismus, vehementer Friedenssehnsucht und ungebrochenem Imperialismus. Was sich in allen Widersprüchen nach der Hinrichtung Robespierres 1794 und erst recht nach der Einsetzung des von Napoleon dominierten Direktoriums im Herbst 1795 als Konstante im Wirtschaftsleben entwickelt: der kommerzielle Unternehmermut als Signum der neuentstandenen bürgerlichen Gesellschaft, prägt auch das Musikleben der Zeit. Die allmählich erfolgende Verbürgerlichung der Musik allgemein, der Oper im besonderen, bedeutet nicht nur die Lösung der Kunst von allen Anbindungen an Hof, Kirche und Adelswelt, sondern auch die organisatorische Konsequenz aus dem neuen Ideal des innengeleiteten und nicht mehr fremddetermininierten Menschen. Es entsteht das Kunstleben mit einem öffentlichen Publikum auf der einen Seite, professionell ausgebildeten und von kommerziellen Agenturen vermittelten (im Marxschen Sinn: distribuierten) Musikern auf der anderen.

PARIS, HAUPTSTADT DES 19. JAHRHUNDERTS

In dieser Beziehung hat die Revolution von 1789 schon dem Kulturbetrieb des 19. und 20. Jahrhunderts den Weg eröffnet. Der revolutionäre Ursprung der bürgerlichen Kunstorganisation zeigt sich auch in der Geschichte des Pariser Konservatoriums. Hervorgegangen ist es aus jenen 45 Musikern, die Bernard Sarrette am Vorabend des 14. Juli 1789 als Musikkorps der Nationalgarde zusammengefaßt hatte. Er nahm, streng auf instrumentale Fertigkeit bedacht, in sein Korps auch Mitglieder früherer Adelskapellen auf und beantragte 1791 die Errichtung einer staatlichen Militärmusikschule. Ein Jahr später wurde der Plan vom Pariser Stadtrat in die Tat umgesetzt. Die ›École de musique militaire‹ war zunächst 120 Schülern zum unentgeltlichen Unterricht vorbehalten, die allerdings Söhne von Nationalgardisten sein mußten. Jedes der 60 Bataillone konnte zwei Schüler vorschlagen. 1793 weitete Sarrette das Institut und dessen strengen Ausbildungsplan aus, als Lehrer konnte er neben anderen Lesueur, Méhul und Cherubini gewinnen. Als am 22. Oktober 1796 das Pariser ›Conservatoire de musique‹ eröffnet wurde, hatte sich Sarrettes Lebenstraum von der Musik als unverzichtbarem Bestandteil einer Volkserziehung erfüllt.

Für 600 Schüler standen 115 Professoren zur Verfügung, Noten und Musikbücher aus dem Besitz von Emigranten und säkularisierten Klöstern bildeten den Grundstock der später in die Nationalbibliothek übergehenden Büchersammlung des Konservatoriums, ein nationaler Musikverlag im Anschluß an das ›Conservatoire‹ rundete Sarrettes Planungen ab. Aus dem Reservoir der mit den jüngsten Erkenntnissen der Musikdidaktik trainierten Schüler des Konservatoriums rekrutierten sich vorzügliche Instrumentalisten der Pariser Opernorchester, und aus den Absolventen stellte der Dirigent François-Antoine Habeneck ab 1806 auch die Orchester der stilbildenden Symphoniekonzerte des Konservatoriums zusammen. Von dieser Kultur sollte Richard Wagner prägende Einflüsse erfahren, die sich in der symphonisch-orchestralen Konzeption seiner Musikdramen aufgehoben finden. Die Umwälzungen nach 1789 lieferten die Voraussetzung dafür, daß Paris auch musikalisch zur Hauptstadt Europas im 19. Jahrhundert wurde.

Der internen Professionalisierung des Pariser Musiklebens nach 1789 stand während des Revolutionsjahrzehnts in der Wirkungsabsicht der Komponisten eine bewußte Popularisierungstendenz gegenüber. Sie hat in den meisten musikhistorischen Darstellungen der Epoche die rein musikalischen Qualitäten der behandelten Werke überschattet. So unbestritten es ist, daß nach 1789 die Oper sich vom Privileg der Gesellschaft von ›la cour et la ville‹ zu einem Vergnügen für (fast) alle Volksschichten wandelte, so eindeutig die Senkung des – klassenspezifisch betrachtet – Sozialstandards der Theatergänger verbunden war mit einer Hebung des Bildungsniveaus in den unteren Ständen, so sehr ist es die Frage, ob das Publikum nur »zu genießen wünschte, was das Vergnügen der privilegierten Klassen gewesen war«, ob es wirklich in einer kindlichen Weise genoß, da »es nicht daran interessiert war, als Connaisseur nach Hause zu gehen«. Diese soziologisierende Betrachtungsweise mag für jedes Publikum jeder Theaterepoche mehr oder weniger zutreffen, sie impliziert aber zu Unrecht, die Komponisten der Revolutionszeit hätten ihren Popularitätswillen mit künstlerischem Substanzverlust erkauft. Von der Wirkungsdramaturgie der großen Freiluftmusiken der Epoche auf die Absichten der für beide Häuser der Opéracomique schreibenden Komponisten zu schließen – die große Opéra spielte erst nach Spontinis Ankunft in Paris im Jahre 1803 wieder eine wichtige Rolle – geht an den Gegebenheiten vorbei.

Betrachtet man die eigentlichen Revolutionsopern genauer, so zeigt sich in ihnen zumindest tendenziell der gleiche Hang zur Professionalisierung wie in der Entwicklung der Musikpädagogik. In dem Maße, wie sich die im engeren Sinne revolutionsbezogenen Themen – Propaganda im besonderen, Rettungsopern im allgemeinen – gegen Ende des Jahrzehnts ausweiten und einer Verbürgerlichung Platz machen, löst sich die Oper von sozusagen staatspolitischen Funktionen. Sie wird in der Besinnung auf ihre Kunstmaterialien immer mehr autonom, damit eines Publikums der Kennerschaft bedürftig; im wirkungsdramaturgischen Einsatz dieser Materialien immer emphatischer, damit allgemein verständlich. Ist zu Beginn der Epoche der Realitätsbezug der Sujets das revolutionierend Neue, so entwirft in der napoleonischen Restauration am Ende des Revolutionsjahrzehnts ein Werk wie Cherubinis MÉDÉE geradezu eine Gegenwelt zum Alltag. Die Oper verliert hier ihren gerade erst gewonnenen Realitätsgehalt und bestimmt sich selbst zum Ausdruck, ja geradewegs zum Organ der Universalität des Ich. Diese Oper, und darin entsprach sie zahlreichen anderen Werken der Epoche, läßt sich nicht mehr wie die lyrischen Tragödien des ›Ancien régime‹ den ästhetischen Kategorien des Schönen und Guten zuschreiben. Ihre Wahrheit ist eine jenseits solcher Kategorien. Und die neuen Kategorien finden sich nur im Werk selbst, nicht außerhalb seiner. Man kann diese bürgerliche Tugend der Musik nach 1789 auch in einer theologischen Perspektive sehen. Dann wäre sie sozusagen post-religiös, den Ort jener Wahrheit füllend, der nach der Abschaffung der Religion leer geworden war.

Die Entwicklung der Eigengesetzlichkeit der Musiksprache, die bei Mozart eine spezifisch theaterbezogene Gestik des Symphonischen gewonnen hatte, war das Hauptanliegen der Komponisten der französischen Revolutionsepoche. Es war ein kurzer Traum, den politischen Fortschritt ineinszusetzen mit der Popularisierung der künstlerischen Mittel in der Musik. Schon Méhul hat das erkannt, als er auf Einladung der Kommission für Volksbildung bezüglich der Verwendung einer Revolutionshymne auf einer Funktionsaufteilung beharrte: »Wird die Hymne in der Oper gesungen, so kann sie einen dramatischen Charakter haben. Sie kann mit musikalischen Malereien, mit Rezitativen, Arien und Chören dargeboten werden. Soll sie aber vom Volk bei den Dekadenfesten gesungen werden, dann müßte man sie notwendigerweise einfacher gestalten.« Gegen diese Feststellung wirkte Méhuls Schlußforderung, das Volk müsse singen lernen, damit die Volksgesänge in die Oper übernommen werden könnten, wie eine negative volksbildnerische Utopie. Längst war ihm bewußt geworden, daß die Freisetzung des Individuums mit dem neuen Ideal der Selbstbestimmung und Innenlenkung für den Künstler die Tendenz zum Esoterischen mit sich zog. Darin werden Elemente reiner Unterhaltung, einer befriedigten Schau- und Hörlust, zu abgesunkenen Kulturgütern, die erst in dem massenmedialen Kulturkommerz des 20. Jahrhunderts ihre Inthronisierung zu einer – nun allerdings bedenklichen – Volkskunst erfahren werden. Die im revolutionären Frankreich um 1794/95 in allen Lebensbereichen einsetzende Verbürgerlichung, Folge der Selbstbestimmung des Individuums, führt in der künstle-

rischen Autonomie zumindest der Möglichkeit nach zur Esoterik. In der ist der
freie Künstler geradezu ein Widerpart des freien Bürgers. Wird für diesen die
Konventionalität zur Primärtugend gesellschaftlichen Verhaltens, so stellt sich
jener unter einen schöpferischen Originalitätszwang. Der das 19. und Teile des
20. Jahrhunderts durchziehende Antagonismus zwischen dem Künstler und
dem diesem meist als Philister erscheinenden Bürger wird schon am Ende des
französischen Revolutionsjahrzehnts prototypisch greifbar in der Feindschaft
zwischen Kaiser Napoleon und Cherubini.

KAISER UND NEBENKAISER

Es wäre zu vordergründig, in den Kollisionen dieser beiden Männer – Cherubini fühlte sich von dem Korsen nicht grundlos geradezu verfolgt und verbrachte die zwölf Empire-Jahre in einer Art innerer Emigration – nur die Unvereinbarkeit von verschiedenen Geschmacksvorstellungen zu sehen. Tatsächlich dürfte der musikbegeisterte Napoleon, der in Lesueur einen begeisterten
Parteigänger hatte, in Cherubinis unterhaltungsferner Grundierung einer musiksprachlichen Autonomie für das Theater jenen Übergang des Bürgerlichen
ins Esoterische bemerkt haben, der für ihn quasi politisch verdächtig war:
mochte sich doch dahinter eine Anspruchsanalogie zu seiner eigenen Entwicklung verbergen, die durch den Umschlag des Demokratischen in das selbstver-
faßte Bürgerkaisertum gekennzeichnet war. Der pathologisch gefärbte Haß
Napoleons auf den Komponisten steht somit am Beginn der bis ins Heute
reichenden Spannung zwischen der Obrigkeit mit dem kleinbürgerlichen
Geschmack und dem oft kleinbürgerlichen Künstler mit dem Hang zum autonomen Gesamtkunstwerk. Daß ausgerechnet Cherubini in dieser sozialge-
schichtlichen Perspektive zum geheimen Widerpart Napoleons wurde, ist nicht
zufällig. Von den anderen Komponisten der französischen Revolutionsperiode
kam für eine solche Symptomatik insofern kein anderer in Frage, als sie alle nicht
den Olympiern der Musikgeschichte zuzuordnen sind. Die großen Umwälzungen der Zeit, in der Realwelt wie in jener der Musik, lassen sich nicht aus dem
Werk eines Universalgenies ablesen. Sie müssen in ihrer widersprüchlichen
Vielfalt mühsam zu einem imaginären Gesamtkunstwerk der Epoche zusammengefügt werden. Und Cherubinis MÉDÉE ist 1797 schon der Nachruf auf die
Periode. Etwas von dem atemberaubend schnellen Tempo des Geschichtsab-
laufs, dem die Menschen sich ganz konkret ausgesetzt empfanden, läßt sich in
den Werken der Zeit selbst aufspüren. Die entscheidende formgeschichtliche
Neuerung der Revolutionsopern, die sämtlich dem Genre der ›Opéra comique‹
mit gesprochenem Dialog angehören, war die Einlassung auf aktuelle Themen.

So ging Jean-Nicolas Bouillys Libretto LÉONORE OU L'AMOUR CONJUGAL auf eine tatsächliche Episode der Revolutionszeit zurück. Da war es durchaus möglich, daß die realen Vorbilder für Leonore und Florestan ihr Schicksal auf der Opernbühne noch einmal erleben konnten: von Gaveaux' französischer LÉONORE (1798) über Ferdinando Paërs italienische LEONORA (Dresden 1804) bis zu Beethovens deutscher LEONORE (der Erstfassung des FIDELIO, Wien 1805) und ihrer Endfassung als FIDELIO (Wien 1814). Die auf der Bühne gespielte Zeit näherte sich der realen Spielzeit auf eine zuvor in der Geschichte der Oper unbekannte Weise, die Oper begann sozusagen in die Geschichte einzugreifen, zumindest sich in diese einzumischen. Für die Komponisten und ihre Textdichter war das eine unausgesprochene Selbstverständlichkeit, quasi die neubürgerliche Operntugend gegenüber der Feudalzeit mit ihren Stoffen aus Mythos und alter Geschichte. Diese Beteiligung am Wehen des Weltgeistes nahm manch einem Komponisten buchstäblich den Atem. So ließ Lesueur in der Anweisung für das richtige Tempo von Pauls Arie im dritten Akt der Oper PAUL ET VIRGINIE ein italienisches ›Allegro fieramente e disperato‹ mit dem französischen Zusatz ›sans vitesse et largement‹ zusätzlich verunklaren: das Allegro ist zugleich fiebrig und verzweifelt, es breitet sich aller Erregung zum Trotz geschwindigkeitslos aus. Da hat im Rausch der vorbeifliegenden Realzeit die pragmatische Zeit für die Ausarbeitung anscheinend gefehlt: im Finale des ersten Aktes läßt Lesueur die harmonische Abfolge von D-dur, f-moll und A-dur ohne jede Modulation erfolgen, die Blöcke werden einfach durch eine Generalpause voneinander getrennt und miteinander verbunden.

Den Hauch der Zeit spürten die Komponisten der Revolutionsepoche auch im ideologischen Sinn. Cherubini etwa floh zweimal aus den für ihn bedrohlich werdenden Wirren von Paris nach Rouen. Hatte Berton 1790 in den GRAUSAMKEITEN DES KLOSTERS die antiklerikale Stimmung des Jahres 1789 eingefangen, als er die junge, ins Kloster gezwungene Lucile als Opfer einer königlichen Intrige und die Äbtissin als deren Werkzeug darstellte, so nimmt etwa in seinem PONCE DE LÉON (1797) die Inquisition, die den spanischen Dichter verhaftet, auf eine verschlüsselte Weise die Züge des Konvents und der jakobinischen Schreckensherrschaft an. Zwei Jahre später wagt es Berton, in dem auf eine Episode aus Ariosts RASENDEM ROLAND zurückgehenden MONTANO ET STÉPHANIE, den christlichen Religionskult um die kirchliche Trauung positiv darzustellen. Zwar wird das Werk wegen des Protests antiklerikaler Kreise nach drei Aufführungen in der Salle Favart abgesetzt, kommt aber ebendort ein Jahr später mit einem revidierten dritten Akt triumphal heraus. Der Antikleriker von 1790 war in einem Jahrzehnt fromm geworden, nicht anders als Méhul, der noch 1797 mit LE JEUNE HENRI König Heinrich IV. durchaus kritisch dargestellt hatte, aber 1807 mit der biblischen Oper JOSEPH ein großes Erbauungswerk schuf. Hier, wo nur der seinen Bruder nach Ägypten verkaufende und von Selbstvorwürfen zerrissene Simeon in der reinen Männeroper (lediglich die Partie des Benjamin wird von einem Sopran gesungen) zu musikdramatischer Profilschärfe kommt, lassen die neben dem schlichten Morgengebet der Israeliten üppig harmonisierten Klänge der jungen Ägypter sich als wohlwollender Reflex auf Napoleons imperialistisches Ägypten-Abenteuer deuten.

DAS LOKALKOLORIT

Die ›Couleur locale‹, ein Spezifikum der französischen Oper im 19. Jahrhundert, kündet sich hier als frühromantische Klangaura an, gleichzeitig zur Unternehmung des Staatsmanns und Dichters Chateaubriand, der 1806 nach Jerusalem reiste und seine Erfahrungen in dem Epos DIE MÄRTYRER ODER DER TRIUMPH DER CHRISTLICHEN RELIGION (1809) zusammenfaßte. Sollte Chateaubriand 1802 in seinem GÉNIE DU CHRISTIANISME wegweisend für die Romantik die Natur als Quelle religiöser Empfindungen entdecken und damit der ›Couleur locale‹ einen neuen kulturellen Stellenwert sichern, so hatten die ersten Ansätze in der Revolutionsoper nach 1789, besondere Klangkolorits der Fremde einzusetzen, eine auch politisch-sympathisierende Funktion gehabt – wie sie nach dem Aufstand der Griechen gegen die Türken 1821 zu einem Hauptzug der europäischen Romantik wurde. Wenn der Diener Varbel in Cherubinis LODOÏSKA eine Polonaise zum Ruhme des Essens, Trinkens und Liebens anstimmt, sein Herr Floreski in der Gegenstrophe elegisch die Liebe besingt, dann wird nicht nur der komische Gegensatz Papageno–Tamino aus der ZAUBERFLÖTE fortgeschrieben. Plötzlich erkennen beide Männer, daß ihre Lieder – gleichzeitig gesungen – einen passablen Kontrapunkt ergeben, und erst dieser Zusammenklang bringt die Handlung dramaturgisch weiter: die Gefangene Lodoïska wirft aus ihrem Verlies Steine auf die Singenden, die im Gesang ihre Identität preisgegeben haben. Nun kann sie endlich auf Befreiung aus ihrem Gefangenenturm hoffen: die Polonaise als musikalisches Agens treibt das Singen wie die Handlung voran. Die nach Hillers Singspiel DIE JAGD wohl erste Polonaise der Operngeschichte, politisch eine Sympathiekundgebung für das gegen den Willen Frankreichs dreimal geteilte Polen, führt ästhetisch zu einer neuartigen Form szenisch-musikalischer Entwicklung.

Diese Verbindung des Komischen mit dem Ernsthaften ist eine Besonderheit der französischen Revolutionszeit, ebenso wie die Vorherrschaft der Schreckens- und Rettungsopern. Cherubinis LODOÏSKA steht mit der vom finsteren polnischen Bösewicht Dourlinski eingekerkerten, am Ende von ihrem

Geliebten Floreski und den mit diesem verbündeten Tataren befreiten Titelfigur für diese Tendenz ebenso wie Lesueurs LA CAVERNE, die Méhuls gleichnamige Vertonung desselben Stoff weit überragt. So wie am Ende der LODOÏSKA das Schloß des bösen Fürsten zerstört wird, geschieht es mit der Höhle der Räuber in LA CAVERNE. Dort wird die tugendhafte Séraphine von dem sie leidenschaftlich liebenden Räuberhauptmann Rolando und seinen Gefährten gefangengehalten. Als Rolando seine Beute gegen die Lüsternheit der Gruppe verteidigt, kommt es zum Kampf, den der gute Räuber – er stellt sich als Bruder der Gefangenen heraus – mit Hilfe ihres zum blinden Sänger maskierten Ehemanns und rechtzeitig eintreffender Verstärkung im letzten Augenblick gewinnen kann. Die Zerstörung der Höhle ist, wie die der Burg in LODOÏSKA, das bühnenwirksame Zeichen für die Unwiederherstellbarkeit des überwundenen Übels.

Die Rettung des einzelnen im letzten Augenblick kann auch aus Naturgewalten geschehen. In beiden Vertonungen von PAUL ET VIRGINIE, einem Stoff in der Tradition der Verklärung des Eingeborenen zum wahren Edlen, sind es Sturm und Schiffbruch, in Cherubinis ÉLISA OU LE VOYAGE AUX GLACIERS DU MONT ST. BERNARD (Elisa oder die Reise zu den Gletschern des St. Bernhard; 1794) ist es eine Lawine, aus der die Hauptfiguren gerettet werden. Treten hier an die Stelle realpolitischer Bedrohung des einzelnen durch eine Willkürherrschaft unverdächtige Kräfte der Natur, so dreht Cherubini am Ende der Revolutionsepoche deren ursprüngliche Opernthematik um, wenn er 1800 in LES DEUX JOURNÉES (Der Wasserträger) einen verfolgten Adeligen mehrfach durch einen Angehörigen der Unterschicht retten läßt. Offenbar hatten sich nach einem Jahrzehnt klassenspezifische Themagrundierungen verbraucht. Die Zuspitzung der Aktionen durch niederstürzende Mauern oder Schneelawinen hat aber noch nicht den fatalen Aspekt eines Weltuntergangs wie in Meyerbeers HUGENOTTEN oder Wagners GÖTTERDÄMMERUNG (wiewohl deren Autor sie auch als einen Neuanfang der Menschheit verstand). Die Teilnehmer an der ersten bürgerlichen Revolution des Abendlands hatten sich in ihren Opern den Optimismus bewahrt. Um die Schrecken, die mit der Umwälzung von Schneemassen und gesellschaftlichen Hierarchien verbunden sind, als grauenhaften Fatalismus der Geschichte zu begreifen, bedurfte es weiterer Revolutionen – und deren Niederschlagung.

MOTIVVERKNÜPFUNGEN

Es wäre ungerecht, von den Opern der französischen Revolutionszeit die ideale Einheit zwischen Sujet und Vertonung zu erwarten, auch die Realzeit hat ja die Forderung nach Freiheit, Gleichheit und Brüderlichkeit nur in beschränktem

Maße verwirklicht. Zukunftsweisender als die revolutionsbedingten Handlungsthemen waren die musikimmanenten Fortschritte. Einige davon wurden schon erwähnt, andere bleiben zu nennen. Einer der wichtigsten Komponisten der Epoche war Nicolas Dalayrac. Auch in der speziellen Beziehung, daß er seinen Opern durch die Einfügung von Erinnerungsmotiven eine innere Bündigkeit zu geben versuchte. So nimmt im Finale II seines LÉON (1798) das Orchester das Thema des Liebesduetts aus dem ersten Akt auf und versichert die gewaltsam voneinander getrennten Liebenden ihrer ungebrochenen Gefühlsbindung. Das Ende der Oper wird beinahe zu einem Treffpunkt aller von Dalayrac im ganzen Werk eingesetzten Motive. In seinem LÉHÉMAN OU LA TOUR DE NEUSTADT (Leheman oder Der Turm von Neustadt; 1801), einer Variante der Rettungsoper aus dem ungarischen Freiheitskampf Rákóczis gegen die Habsburger Herrschaft, setzt Dalayrac geradezu methodisch acht Erinnerungsmotive als akustische Leitfiguren ein. Als das Werk unter dem Titel MACDONALD auf deutsch in München gegeben wurde, schrieb Carl Maria von Weber eine begeisterte Kritik (1811). Zwei der Leitthemen tauchen schon in der Ouvertüre auf, ein weiteres in Amélinas Romanze vom irrenden Pilger (*Un voyageur;* Nr. 2), das immer wieder dann erklingt, wenn Amélina auf einen glücklichen Ausgang hofft. Wenn im Finale II der gefangengenommene Fürst Fédéric (= Rákóczi) abgeführt wird, klingt es fast wie ein Trauermarsch, der zugleich für den Hörer Rettung signalisiert. Nicht minder interessant das Finale I, das nach Kanonenschlägen und Trompetenfanfaren – dem Signal für die Gefangennahme des Fürsten – in ein Melodram Amélinas mündet, während die Bühne allmählich leer wird und das Orchester beinahe verstummt. Hier klingt die Gefängnisszene aus dem FIDELIO deutlich an, wenngleich in umgekehrter Reihenfolge der eingesetzten Mittel. Auch wäre es nicht einmal vermessen, die Herkunft von Wagners orchestraler Leitmotivtechnik aus der französischen Revolutionsoper zu erklären.

Besondere Sorgfalt, eine eigene Form zu finden, ist Méhul zuzuschreiben. Sie betrifft einmal seinen Umgang mit der Technik des Erinnerungsmotivs. Anders als in Dalayracs LÉHÉMAN oder seiner häufigen Verwendung in Grétrys RICHARD LÖWENHERZ vertraut Méhul nicht auf die quantitative Verbreitung. Er versucht vielmehr eine qualitative Vertiefung im Sinn der symphonischen Durchführungstechnik. Ein Beispiel dafür ist das Verleumdungsduett *Gardez-vous de la jalousie* (Hüten Sie sich vor der Eifersucht) im zweiten Akt von EUPHROSINE (1790). Die ohne vordergründige Revolutionsthematik von François-Benoît Hoffmann, dem Textdichter von Cherubinis MÉDÉE, ausgesprochen witzig librettierte Geschichte führt uns in Coradin einen tyrannischen Fürsten vor, der so gut wie keinen Menschen auf sein Schloß läßt. Die junge

Euphrosine nimmt sich vor, den Tyrannen zu bessern – dem Untertitel der ›Opéra-comique‹ entsprechend: EUPHROSINE OU LE TYRAN CORRIGÉ. Der sich anbahnenden Liebesbeziehung zwischen beiden widersetzt sich die intrigante Comtesse d'Arles, eine frühere Verlobte des Tyrannen, der gerade wieder einen jungen Mann in den Turm hat werfen lassen. Als Euphrosine um Gnade für den Gefangenen bittet, redet die Comtesse Coradin in einem Duett genau jene Eifersucht ein, vor der sie ihn zu warnen vorgibt: Euphrosine bitte für den Gefangenen aus Liebe um Gnade. Das Duett, von den Zeitgenossen bis hin zu Belioz zu Recht bewundert, basiert auf dem unscheinbaren Motiv einer steigenden und einer fallenden Terz, die zu Beginn im Baß erklingen. Wenn die Comtesse sich Coradin einzuschmeicheln versucht, spricht im Baß das Leitmotiv, verstärkt durch die Ostinatofigur in der Mittelstimme, einen gegenläufigen Kommentar. Mit einer Steigerungsdramatik moduliert Méhul das Motiv nun, läßt auch Abspaltungen entstehen, die über eine fiebernde Geigenfigur zur Coda führen. In der setzen Blechbläser und Pauke wirkungsvolle Schlußakzente. Wir haben es »mit einem in Durchführungstechnik gearbeiteten Stück zu tun, das eben dieser Technik seine atemlose Steigerung, seine Spannungen, seine Einheitlichkeit bei aller Widersprüchlichkeit verdankt. Méhul scheint die Ausnahmestellung dieses Duetts innerhalb der Oper empfunden zu haben ... Der Ouvertüre, deren Hauptthema das einer rechten Lustspiel-Ouvertüre ist, ist in einer Einleitung *Lent, très marqué* (Langsam, sehr betont) das Motiv der Verleumdung vorangestellt.« Das gleiche Motiv prägt im dritten Akt Coradins reuevolle Arie *Moi seul, j'ai commis le crime* (Ich allein habe das Verbrechen begangen), als er glaubt, Euphrosine sterbe an einem ihr aufgezwungenen Gifttrank (in Wirklichkeit hat der Schloßarzt Alibour ihr ein harmloses Mittel eingeflößt).

Méhul geht hier über eine rein quantifizierende Einsetzung des Erinnerungsmotivs weit hinaus, indem er ihm eine klangauratische Wirkung gibt. Die weist Weber den Weg zu seinen leitmotivischen Klangsymbolen im FREISCHÜTZ, im Phantomsymbol der EURYANTHE-Ouvertüre oder dem Hornruf zu Beginn der OBERON-Ouvertüre. Ein anderes Mittel, rein mit Musik dramaturgische Zusammenhänge zu schaffen, hängt mit der bevorzugten Form der französischen Revolutionsoper zusammen: der komischen Oper mit ihrer Abfolge von geschlossenen Musiknummern und gesprochenen Dialogen. Wie kaum einer seiner Zeitgenossen hat Méhul die Grenzen dieses Schemas gespürt – und zu überwinden getrachtet. So kam er in ARIODANT (1799), wo er Othon, dem Gegenspieler der Titelfigur im Ringen um die Gunst Inas, durch variierten Einsatz von Erinnerungsmotiven zu einem prägnanten Musikprofil verhilft, zu einer neuen Lösung. Statt musikalische Nummern sozusagen natürlich, in der sie bestimmenden Tonart, enden zu lassen, ging er dazu über, ihnen eine Coda in einer grundtonfernen Tonalität aufzuzwingen: als Übergang zum nächsten Dialog, wobei er diesen manchmal melodramatisch mit fortlaufender Musik unterfütterte. In der Mehrzahl der Musiknummern von ARIODANT nutzt Méhul dieses schon in MÉLIDORE ET PHROSINE erprobte Verfahren, indem er jedesmal die Grundtonart noch einmal bekräftigt, ehe er sie aufgibt. Man darf in dieser Überraschungsmethode eine Frühform vagierender Tonalität sehen, die eine primitive Form gegen den Erwartungshorizont des Publikums aufwertet – wenngleich ohne Folgen für die Musikentwicklung im direkten Sinn: »Spätere Komponisten der ›Opéra comique‹ waren mehr daran interessiert, Erwartungen (in jeder Beziehung) zu erfüllen statt zu enttäuschen; und die deutschen Romantiker, Méhuls wahre Erben, taten alsbald den logischen nächsten Schritt und setzten an die Stelle von Dialogen durchkomponierte Formen.«

DAVIDS KLASSIZISMUS

Méhul selbst, der in der Revolutionszeit ausgesprochen experimentell komponierte, gab nach dem Aufstieg Napoleons seine avantgardistische Haltung auf und übte sich in der Bibeloper JOSEPH im klassizistischen Faltenwurf. Für dieses oratorische Musikdrama, in dem er auf alle tonalen Zuspitzungen verzichtete, gab er auch jedwede Dramatik auf: »Leidenschaft, Fortschritt und Kampf der Gegensätze. Das einfachste Verhältnis legt sich ermüdend durch die drei Acte auseinander; der längst vorbereitete und erwartete Moment, daß Jacob endlich seinen Sohn wiedererkenne, wird mit einem sich zur Geduldprobe steigernden Phlegma hinausgeschoben. Und als dieser Hauptmoment des Ganzen endlich eintritt, vollzieht er sich in gesprochenem Dialog! Hier, wo die Musik ihr Bestes, Größtes geben konnte und sollte, ist sie von der Scene verbannt.« Das einfachste Verhältnis, in dem Méhul Leidenschaften und Gegensätze austariert, ist als Formprinzip analog zum Klassizismus des Malers Jacques-Louis David zu verstehen. Der hatte schon während des ›Ancien régime‹ mit seinem Gemälde DER SCHWUR DER HORATIER jenem antikisierenden Kunstideal den Weg gewiesen, in dem viele der führenden Köpfe des republikanischen Frankreich den Schlüssel zu ihrer eigenen, neuen und zugleich in der Tradition verankerten Identität sahen. David setzte seine malerische Synthese von antikisierendem Inhalt und klarem, ins Monumentale übergehendem Aufbau durch seine Inszenierung frührevolutionärer Musikumzüge auch für die Musiker seiner Zeit in eine normative Anschaulichkeit um.

In Davids Stilwille war von vornherein eine Einheit zwischen progressiven und restaurativen Momenten angelegt. Daß er, 1794 vorübergehend eingekerkert, in der Zeit des Direktoriums und Kaisertums Napoleons, der ihm 1799 zum Modell saß, ebenfalls der stilbildende Künstler wurde, zeigt etwas von dieser immanenten Widersprüchlichkeit auf. Sie ist zu begreifen als fließender Übergang vom revolutionären Impuls (für David, eine Zeitlang Mitglied des Konvents, waren die Maler des feudalen Rokoko unzüchtige Schmierer) zur Legitimation der konkreten Revolution und ihrer staatspolitischen Auswirkungen. Der Rückbezug auf die Kunst des augusteischen Roms enthielt bei David, was schon im frühen Schwur der Horatier offenkundig wird, eine puritanische Strenge des Ordnungsdrangs, der sich sehr wohl als Feier autoritärer Herrschaftsformen deuten läßt. Aufgehoben wird dieser ideologische Widerspruch erst durch den in der französischen Kunstgeschichte klar markierten Übergang zur Romantik: bei Géricault und, besonders eindringlich im Bild Die Freiheit führt die Revolution an (1830), bei Delacroix. Wie bei David, so ist auch bei den Komponisten der Französischen Revolution die Widersprüchlichkeit von Sujet und Form im einzelnen Werk selbst nicht versöhnt. Auf sie, die sich als Revolutionäre der Oper begriffen – dem Capitaine Sarrette wird das Motto *Révolutionnons l'opéra* (Laßt uns die Oper revolutionieren) zugeschrieben – und gleichzeitig als Klassiker in der Nachfolge Glucks verstanden, läßt sich eben nicht der Begriff des Klassischen im Sinne Hegels (Ästhetik, II,3) anwenden. Klassisch wäre demnach »das sich selbst Bedeutende und damit auch sich selber Deutende«. Wir haben es vielmehr mit einem Klassizismus zu tun, in dem der ausgeprägte Sinn für das Normative durchaus Brüche mit der Tradition implizieren kann.

Das Verstehen solcher geschichtlichen Bewegtheit »ist selber nicht so sehr als eine Handlung der Subjektivität zu denken, sondern als Einrücken in ein Überlieferungsgeschehen, in dem sich Vergangenheit und Gegenwart beständig vermitteln.« Unter diesem hermeneutischen Aspekt gewinnt das, was in einer normativen Betrachtung der Werkgestalt widersprüchlich erscheint an den Opern der französischen Revolutionsepoche, eine überraschende Durchlässigkeit für progressive Tendenzen, die in der Musikgeschichtsschreibung allzu lange übersehen worden sind. Im Gegensatz zu dem Maler David, dessen Klassizismus keinerlei romantisierende Züge aufweist und in der Darstellung des Kaisers Napoleon geradewegs dem Empirestil den Weg ins Biedermeier weist, ist der Klassizismus der Opernkomponisten der Epoche durchsetzt von präromantischen Kunstmomenten. Eingangs dieses Kapitels wurden einzelne Hinweise auf das entstehende Gespür für neue Klangfarben genannt (während David immer dem rein Zeichnerischen den Vorzug vor der Farbe gab). So hat beispielsweise Méhul, bevor er mit seinem Erfolgswerk JOSEPH neben Spontini zum führenden Komponisten des Empire aufstieg, auch mit zum Teil unklassischen Mitteln experimentiert. Neben den schon erwähnten Harmoniebrüchen sei aus seinem in dunklem, geigenlosen Kolorit orchestrierten Einakter UTHAL (1806) die undefinierbare, sozusagen athematisch wirkende Form der Ouvertüre genannt. In dieser ertönt plötzlich ein Schrei der Heldin Malvine. Sie hat im Nebel – die Handlung spielt frei nach dem angeblichen Barden Ossian im schottischen Hochland – den Vater verloren. Wenn die Ouvertüre, die vom anfänglichen C-Dur einen erstaunlichen Modulationsweg nach B-Dur nimmt, zu Ende ist, sehen wir Vater Larmor und Tochter wiedervereint in der wilden Landschaft. Doch solche Sprünge und Würfe, schon deutliche Symptome einer Präromantik, wurden weder vom Komponisten noch von seinen Kritikern – allen voran Cherubini – als Bestandteil einer revolutionären Ästhetik gewürdigt.

So erklärt sich die Entwicklung des sehr für Kritik zugänglichen Méhul zum statischen Klassizismus seines JOSEPH nicht zuletzt aus der Beachtung der Schelte von seiten seiner Kollegen wie aus seinem wachsenden Vertrauen auf die ästhetische Verbindlichkeit des Davidschen Klassizismus für die gesamte Kunst. Lesueur wiederum, »einer jener Komponisten, die ein Gutteil mehr fühlen, als sie ausdrücken können«, frönte diesem Ideal des Klassizismus, indem er jede Nummer seines TÉLÉMAQUE (1796) einem bestimmten Modus zuordnete, dessen dramaturgische Bedeutung er aus seiner vagen Theorie altgriechischer Musik ableitete. Gleichzeitig verlangte er die erhoffte dramatische Wirkung seiner Modi den Sängern in präzisen Szenenanweisungen ab – der Musik selbst traute er zu Recht solche Kraft nicht zu. Der einzige Opernkomponist der französischen Revolutionszeit, in dessen Hauptwerk eine Balance zwischen Absicht und Wirkung, Sujet und Form, Text und Musik besteht, war Cherubini. Daß er, von Beethoven, Wagner und Brahms gleichermaßen hochgeschätzt, in unserer Zeit keineswegs auf eine so direkte Weise vom Publikum verstanden werden kann wie Mozart oder Beethoven mit ihren Opern, ist weniger seiner MÉDÉE als Manko anzulasten als unserem Verständnis, dem die Fähigkeit zum Einrücken in ein Überlieferungsgeschehen weitgehend abhanden gekommen ist. Cherubini war nichts weniger als der größte Musikklassizist in seiner alles andere als klassizistischen Zeit.

LUIGI CHERUBINI (1760–1842)

Der aus Florenz stammende Cherubini, Meisterschüler Giuseppe Sartis, ließ sich im vorrevolutionären Jahr 1788 endgültig in Paris nieder. Dort hatte er sich nach anfänglichen Erfolgen in der Heimat und einer weniger erfolgreichen Tätigkeit als Hofkomponist in London einige Aufmerksamkeit gesichert, als er 1786 Einlagearien für Opern anderer Komponisten schrieb. Ausgebildet sowohl im Stil der neapolitanischen ›Opera buffa‹ wie auch dem von Glucks ›Tragédies lyriques‹, brachte Cherubini im Dezember 1788 seinen DÉMOPHON in der Pariser Opéra, der ›Académie Royale‹, heraus. Wie eine Wiederaufführung des zu Unrecht völlig aus den Opernspielplänen verschwundenen Werkes 1985 in der Römischen Oper zeigte – wiewohl sie in italienischer Übersetzung des von Jean-François Marmontel nach Metastasios Vorlage geschriebenen Librettos erfolgte –, erweist sich der Komponist in seiner ersten französischen Oper trotz des ausufernden Wortreichtums des Librettos als ein Meister seines Fachs. Der Nachhall Glucks ist unüberhörbar, dessen ALCESTE mit dem Orakelspruch und dem darin geforderten Opfer der Götter hier mit ähnlichen Mitteln aufgegriffen wird: gedehnte Liegeharmonien über absteigendem Baß, simple Führung der Singstimme in großen Notenwerten, die harmonisch fast nur auf Tonika und Dominante erfolgen. Im Gegensatz zu Gluck gestaltet Cherubini aber, darin Marmontels räsonierende Textflut überwindend, die Züge der Aufsässigkeit gegen das Opfer in einem schon vorrevolutionären Maße. Nur König Démophon ist bereit, Dircé, die Tochter seines Feldherrn Astor, zu opfern. Ihr heimlicher Ehemann Osmide aber bäumt sich entschieden gegen diesen Fatalismus auf und erstürmt mit seinen Soldaten am Schluß den Tempel im Namen des Naturrechts. Da ist es fast kein Wunder, daß in seiner kriegerischen Auftrittsarie im ersten Akt ein Teil der späteren Marseillaise als Vorauszitat erklingt. Als im zweiten Akt Osmides erster Rettungsplan scheitert, Dircé mit ihrem Vater zur Flucht zu verhelfen, bleibt er (II,7) verzweifelt zurück. Marmontel hatte die Arie als Wahnsinnsszene konzipiert (*Ah, ah! Mon désespoir m'épouvante* – Ah, meine Verzweiflung läßt mir die Sinne schwinden). Cherubini aber nutzte den Text zu einem durchkomponierten Psychogramm von erstaunlicher Ausdrucksvielfalt. Er wendet hier konsequent die neuen Errungenschaften des symphonischen Sonatenprinzips der Wiener Schule an. Zeigen seine Ouvertüren generell den Einfluß Haydns, da er wie in einem Sonatenhauptsatz das Kopfthema jeweils zur Dominante moduliert, um das Seitenthema zu gewinnen, so erweist er sich in der Osmideszene als Beherrscher einer szenischen Durchführungsmusik. In der kommt dem Orchester der Primat zu, wobei sich die musikalische Situation nach jeweils wenigen Takten verändert und die motivischen Bausteine in erregenden Kontrasten aneinandergesetzt werden. Das geschieht in einer flexiblen Technik der motivischen Abspaltung, die scheinbar formlos wirkt. In Wirklichkeit ist die innere Geschlossenheit der Szene für den Hörer und nicht nur den Partiturleser »auf komplizierte und kunstvolle Art durch thematische Einheitlichkeit erreicht worden. Das Motiv, mit dem das Stück anhebt, gibt das Material für eine Reihe weiterer Motive her«, die – in insgesamt acht Schattierungen ertönend – die Szene zusammenhalten. Das geschieht momentweise auch unter Einbezug der Singstimme in den orchestralen Abspaltungsprozeß. Das vom Opernhelden verlangte Recht auf Selbstbestimmung des Menschen, die 1788 am weitesten fortgeschrittene Position im Prozeß der Aufklärung, erscheint bei Cherubini in der am weitesten fortgeschrittenen musikalischen Technik. Dabei ist es belanglos, ob der Italiener an Mozarts Errungenschaften in FIGAROS HOCHZEIT und DON GIOVANNI anknüpfen konnte (wahrscheinlich kannte er sie damals nicht), oder ob hier die »Hauptquelle des symphonischen und instrumentalen Stils in der deutschen Musik des 19. Jahrhunderts« liegt. Unbestreitbar ist jedenfalls das Neuartige dieser Musik, die seelische Zustände nicht mehr als Reihung von Affekten schildert, sondern als aus einem motivischen Kern dialektisch entwickelte Vielfalt. Diese progressive Technik prägt nicht nur die Details einer einzelnen Szene. Cherubini überträgt sein Prinzip auch auf die Großform, so daß er mit einigen manchmal ohne Ganzschluß ineinander übergehenden Szenen das Tor zum Zeitalter der Durchkomposition öffnet. Daß diese vor allem für die Entwicklung der deutschen Oper im 19. Jahrhundert wegweisenden Momente auch andere Opern aus der französischen Revolutionsepoche kennzeichnen, wurde anhand von Méhuls EUPHROSINE (→ S. 517) und ARIODANT (→ S. 517 f.) aufgezeigt.

Auch in der heroischen Komödie LODOÏSKA setzt Cherubini die für die Oper neuartige Kompositionstechnik ein, diesmal an einem Stoff, der repräsentativ für die Revolutionszeit ist. Im Gegensatz zu dem fast unbemerkt bleibenden DÉMOPHON brachte das neue Werk dem Komponisten mit der Uraufführung am 18. Juli 1791 im Théâtre Feydeau einen großen Erfolg ein. Das von Claude-François Fillette, der sich Loraux nannte, nach einem Abenteuerroman geschriebene Libretto schildert die Befreiung der unschuldig eingekerkerten und von ihrem Entführer Doulinski heftig umworbenen Fürstentochter Lodoïska. Befreit wird sie schließlich vom Grafen Floreski, dem nicht nur der Diener Varbel – eine komische Figur –, sondern auch der Tatar Titzikan als Typus des edlen Wilden zur Seite steht. So deutlich die Ähnlichkeit der Beziehung Floreski/Varbel zu der zwischen Tamino und Papageno in Mozarts aus demselben Jahr stammender ZAUBERFLÖTE, so klar sind die vorwärtsweisenden Züge der LODOÏSKA schon im Libretto. Der Name des Floreski zielt auf Beethovens Florestan, derjenige der Lodoïska auf die Leonore in FIDELIO, und unabhängig von Namensähnlichkeiten – Titzikans Vertrauter Altamoras erinnert stark an den Offizier Altamor in Salieris TARARE – hat Cherubini neben seinem Heldenpaar auch im Bösewicht Dourlinski ein Vorbild für Beethoven geschaffen: er findet sich im Pizarro des FIDELIO wieder. Die schon an Beethoven gemahnende Durchführungstechnik prägt auch weite Teile der Musik, der Finalensembles zumal, und charakterisiert besonders das Duett zwischen der Gefangenen und ihrem Verfolger im zweiten Akt, wo eine laufende Achtelfigur in immer neuen Varianten den Fortgang des Stücks bestimmt. Diese Strenge der immanent musikalischen Gestaltung gewinnt neben dem rein dem Handlungsverlauf illusionistisch dienenden Charakter der Musik ein eigenes Gewicht.

EMPFINDLICHES GLEICHGEWICHT

So klingt bei Cherubini das Hauptmerkmal des Musikdramas im 19. Jahrhundert an als bewußter Versuch, Illusionismus und Durchführungscharakter in der Musik auszubalancieren. Das gilt auch für die komischen Momente des Werks, etwa das Quintett im zweiten Akt, nachdem Dourlinski die ihm widerstehende Lodoïska wieder in ihr Turmverlies hat bringen lassen. Nun sind Floreski und Varbel unter einem Vorwand im Schloß erschienen, und drei Offiziere Dourlinskis bieten ihnen einen Gifttrank an. Varbel gelingt es, die echten und falschen Weinflaschen zu vertauschen, so daß die Finsterlinge das Gift trinken. Aus dem Orchester steigen triolische Figuren, zu denen die drei Offiziere sich immer mehr in synkopischen Phrasen verwirren, ehe sie in Ohnmacht fallen. Die Auflösung der rhythmisch klaren Verhältnisse wird sozusagen planmäßig durchgeführt, bis das Klangbild der Musik und das Erscheinungsbild der Schurken identisch sind. Das dramatische Schlußsignal zur Erstürmung des Schlosses gibt ein Kanonenschlag, auf den eine ›Symphonie guerrière‹ folgt: eine Ehrerbietung Cherubinis an die Schlachtenmusiken der französischen ›Tragédie lyrique‹ der Zeit vor Gluck, mit dem einen Unterschied indes, daß die akademische Trockenheit der Musik durch ihre ins Ungeheure steigende Lautstärke eine neue Qualität gewinnt – zumindest als akustisches Pendant zur Erstürmung des Schlosses, die Floreski im Stil des Melodrams mit gesprochenen Worten kommentiert.

Die Austarierung von konstruktivem Aufwand und bühnenwirksamem Ausdruck suchte Cherubini 1806 in der deutsch für Wien geschriebenen FANISKA zu wiederholen: trotz des Uraufführungserfolgs letztlich vergebens. Gelungen in einem über das in LODOÏSKA Erreichte hinausgehenden Maß ist ihm das in seiner MÉDÉE, die als einziges seiner Bühnenwerke überlebt hat. Weder die 1794 mit geringem Erfolg herausgekommene Alpenoper ÉLISA noch LES DEUX JOURNÉES von 1800, unter dem Titel DER WASSERTRÄGER auch in Deutschland ein Erfolgsstück bis in die Mitte des 19. Jahrhunderts, haben Cherubinis Ruf als Opernkomponist gefestigt. Das gilt erst recht für sein nachrevolutionäres Opernballett ANACRÉON OU L'AMOUR FUGITIF (Anakreon oder Die flüchtige Liebe; 1803), in dem der Komponist nach einer großartigen Ouvertüre Zuflucht bei einem Genre der Rameau-Zeit suchte. Die letzten Opern

Cherubinis, der im Alter hochrangige Werke der Sakral- und Kammermusik schrieb, blieben Nachhutgefechte: LES ABENCÉRAGES OU L'ÉTENDARD DE GRENADE (Die Abenceragen oder das Banner von Granada; Pariser Opéra, 1813) waren ein halbherzig vorgenommener Versuch, an dem inzwischen von Spontinis VESTALIN und FERNAND CORTEZ initiierten Typus der großen historischen Oper teilzuhaben, ALI-BABA OU LES QUARANTE VOLEURS (Ali Baba oder Die vierzig Räuber; Pariser Opéra 1833) war ein blasser Verschnitt aus früher Komponiertem, ausgegeben als orientalisierende Märchenoper. Bleibenden Ruhm konnte Cherubini nur mit einer Oper erringen: MEDEA.

MÉDÉE (Medea. ›Opéra‹ in drei Akten, *L* nach Euripides von François-Benoît Hoffmann. Théâtre Feydeau Paris 1797; Berlin 1800 in der Übersetzung Karl Alexander Herklots; Wien 1802 in der Übersetzung Georg Friedrich Treitschkes, für die Cherubini eine gekürzte Neufassung schuf; Frankfurt/M. 1855 mit den anstelle der originalen Dialoge nachkomponierten Rezitativen Franz Lachners; in italienischer Sprache: London 1865 mit Rezitativen von Luigi Arditi; Mailand 1909 in der Übersetzung Carlo Zangarinis nach der Lachner-Fassung; deutsche Dialogfassung von Hans Schüler und Heinrich Strobel: Erfurt 1925; italienische Lachner-Fassung mit Maria Callas in der Titelrolle: Musikalischer Mai Florenz 1953; Mailänder Scala 1953; *WA* Originalfassung: Palatine Opera Group Durham, 1967; Lyon 1985).

Wie seine Rettungsopern auf Sujets der Revolutionszeit: LODOÏSKA, ÉLISA, LES DEUX JOURNÉES und FANISKA, gehört auch MÉDÉE der Gattung der ›Opéra comique‹ an: die musikalischen Nummern werden in der Originalfassung durch gesprochene Dialoge verbunden. Dieses rein technische, gattungsspezifische Detail hat das Nachleben des Werks schwer befrachtet. Selbst in Frankreich haben es gerade die großen Werke dieses Genres nicht leicht gehabt, sich in der Originalfassung durchzusetzen – wenn es sich, wie in HOFFMANNS ERZÄHLUNGEN oder CARMEN, um Opern handelte, die nicht gerade als komisch zu bezeichnen sind. In Cherubinis MEDEA gibt es, anders als in den gerade erwähnten späteren Exempeln der Dialogoper, auch nicht die Spur von Komik. Das hat in der Wirkungsgeschichte des Werks dazu geführt, daß die – nicht zuletzt durch die Internationalisierung des Opernbetriebs – immer heikler aufzuführende Dialogfassung fast gänzlich zugunsten der Version mit den von Franz Lachner nachkomponierten Rezitativen von den Spielplänen verschwand. Innerhalb dieses Umwandlungsprozesses hatte es seine Logik, daß der Ausmerzung der für die Gattung ›Opéra comique‹ bezeichnenden Dialoge die Umsetzung ins Italienische folgte: aus der MÉDÉE wurde eine MEDEA. Das diente zwar dem Verbleib des Werks im Opernbetrieb außerhalb Frankreichs, mehrte aber die Schwierigkeiten, das Besondere des Werks adäquat zu begreifen.

Der Textdichter Hoffmann hat, über seine Hauptquelle, die *Medea* des Euripides, hinausgehend, den Konflikt unter Auslassung der Vorgeschichte konzentriert. Durch den Auftritt der Nebenbuhlerin Medeas sowie den Fortfall der Figur des Aegeus hat er zudem die Operntauglichkeit des Stoffes erhöht. Nach dem durch Medeas Hilfe erreichten Gewinn des Goldenen Vlieses will Jason die Mutter seiner Kinder verlassen und in Korinth die Tochter König Kreons heiraten: Dircé (in der italienischen Fassung heißt sie Glauce, in der deutschen Krëusa). Kreon verbannt Medea, die den ihr gewährten Aufschub eines Tages nutzt, um die Rivalin zu vernichten und Rache am Treuebruch Jasons zu nehmen: sie ermordet ihre beiden Kinder. Die Geradlinigkeit, mit der das Geschehen abläuft und in die Katastrophe mündet, war dem zeitgenössischen Publikum nicht geheuer, ein Erfolg wurde die Uraufführung des später von vielen Komponisten hochgeschätzten Werks nicht für Cherubini. In der Tat stand die MÉDÉE quer zur Zeit. Deren Forderung erfüllte sie letztlich nur in jenem formalen Punkt, der ihr später zum Nachteil geriet: in der Zugehörigkeit zur Gattung der Revolutionsoper mit gesprochenen Dialogen. Den moralischen Gehalt der Rettungsoper indes kehrte Cherubini ins Gegenteil um. Hatte er in LODOÏSKA den von Grétrys RICHARD LÖWENHERZ übernommenen Typus zum Hohenlied der Gattentreue sublimiert, wie es auch Beethovens FIDELIO prägen sollte, so stellt uns die MÉDÉE dessen totale Pervertierung dar. Gegen die Ziele der Oper in der französischen Revolutionszeit setzt Cherubini auch das fatale Ende: nicht Befreiung aus einer Notlage, sondern Untergang ist seine Botschaft. Und wieder gegen den Strom der Zeit trifft dieser Untergang nicht nur einen einzelnen, der sich an den Menschenrechten versündigt hat. Neben den Opfern, die Medeas Weg in die Selbstvernichtung begleiten, hat ihr Ende im brennenden Tempel – aus dem sie nicht, wie bei Euripides und in Marc-Antoine Charpentiers MÉDÉE von 1693 (→ S. 109 ff.) – auf einem Himmelswagen entkommt – jenen universellen Fanalcharakter, wie er erst wieder die Katastrophe in den HUGENOTTEN und der GÖTTERDÄMMERUNG charakterisieren wird.

Schon die Wahl eines mythischen Stoffes war nicht zeitgemäß, seine spezielle Behandlung noch weniger – das gilt auch im operntechnischen Sinn. In der MÉDÉE stehen, anders als in Cherubinis anderen Opern jener Zeit und den besten seiner Zeitgenossen, nicht Massenszenen und Chortableaus im Vordergrund, sondern die Abfolge von Arien und Duetten. Dem Individuum wird weit mehr Raum gegeben als den Kollektiven, und die negativ besetzte Zuspitzung dieses Individualismus muß dem zeitgenössischen Publikum am Ende des französischen Revolutionsjahrzehnts vorgekommen sein wie ein Alptraum von den kollektiven Schrecken der Realzeit. Dieser Alptraum aber, das blieb den meisten Zeitgenossen verborgen, war sehr wohl auch und vor allem Zeitkunst: in seiner klassizistischen Ausrichtung und deren dialektischer Fortschrittlichkeit. Eine Szene wie das chorische Priesteropfer anläßlich der Hochzeit Jasons mit Krëusa im zweiten Akt hat mit der pentatonischen Harmonik einen ausgesprochen antikisierenden Charakter: Cherubini verstand den Klassizismus seiner Zeit auch als Heraufbeschwörung der griechischen Antike. Zugleich markiert das Eintauchen in diese Welt seiner Vorstellung den Punkt des Umschlags: der negative Individualismus der Medea ist auch die denkbar schärfste Kritik an einem gesellschaftlichen Defizit der Revolution. Die in den Opern der Zeit so oft und freudig proklamierten Menschenrechte sind dieser Außenseiterin Medea, sie ist Frau und Fremde in Korinth zugleich, nicht zuerteilt worden. Ihre mörderische Rache erscheint im historischen Umfeld von Cherubinis Oper weniger mythisch als realpolitisch vermittelt. Vom ersten Auftritt der tragischen Heldin bis zu den Schlußakkorden des Werks in d-moll wölbt sich der Bogen zu einem sich verdichtenden Spannungsfeld dramatischer Unausweichlichkeit. Gegen den Veränderungsoptimismus, der sich in den Finali der französischen Revolutionsopern erhebt, setzt Cherubini seine Medea als Opfer der noch nicht veränderten Zustände eines gewalttätigen Patriarchats. Die Pariser Gesellschaft reagierte darauf mit einer Verdrängung, nicht anders als im Falle der schon 1786 von dem Nürnberger Johann Christoph Vogel für Paris geschriebenen MÉDÉE À COLCHOS, die mit den auffälligen Mollwendungen, verminderten Septakkorden und chromatischen Wendungen die Düsternis von Cherubinis Meisterwerk in mancherlei Beziehung vorwegnahm. Daß Cherubinis MEDEA bis heute nicht in ihrer Originalgestalt repertoirefähig wurde, darf als Hinweis darauf verstanden werden, daß die zur Verdrängung des Werks im Paris des Jahres 1797 führenden gesellschaftlichen Ursachen bis ins Heute nachwirken. Auch die Wiederentdeckung des Werks durch Maria Callas beim Florentiner Musikalischen Mai 1953 – ihr folgten weitere Einsätze der Sängerin für die MEDEA – erfolgte auf der Basis der italienischen Rezitativfassung.

FORMGESTALTUNG

Angelegt ist der Dreiakter in Formteilen, deren Zahl von Akt zu Akt abnimmt in Richtung auf ein latentes Ideal der Durchkomposition. Im ersten Akt gibt es sieben Musiknummern, im zweiten fünf, im dritten nur noch drei große Blöcke. Vorangestellt ist eine bedeutsame Ouvertüre in f-moll, die sowohl die Höhe wie die Begrenztheit von Cherubinis Klassizismus verdeutlicht. Auf das leidenschaftliche Hauptthema folgt das aus diesem abgeleitete Nebenthema wie im symphonischen Sonatenhauptsatz bei Haydn. Aber schon in der Exposition wird vernehmbar, was den langen durchführungsartigen Mittelteil noch deutlicher charakterisiert (Takt 159–275). Das Material wird nicht eigentlich durchgeführt, die beiden Themen erscheinen sowohl in der ursprünglichen wie in vielfach variierter Form nicht einer Bewegungsdialektik unterworfen, die sie zwanghaft verändert. Statt dessen benutzt Cherubini eine blockhafte Bauweise mit einer auffälligen Strenge der Reprise einzelner Bestandteile. Dieser Serialismus steht mit der Dramatik des angeschlagenen hohen Tons in einem gewissen Gegensatz: »Das konstant durchgehaltene Pathos scheint die klassische Dialektik des musikalischen Satzes zu verhindern, von der andrerseits das Pathos sich ableitete und die nun gewissermaßen zur Institution wird.«

Die Tendenz zur klassizistischen Erstarrung inmitten eines heftigen Bewegungsablaufs ist indes nur eine Seite von Cherubinis Kompositionsstil. Die ausführliche Introduktion mit Chor und Arie der Dircé zeigt schon zu Beginn nach einer kurzen Mollwendung des in B-Dur beginnenden Tableaus, wie ein dreitaktiger Nachsatz den ausgewogenen Kadenzbau mit seinen bestimmenden Wiederholungsfloskeln durchbricht und zu einem eigenständig neuen Bewegungsduktus vordringt: »Einheit erscheint hier nicht als präformierte, sondern als im individuellen Zugriff hergestellte.« Die durch ein ›Accompagnato‹ mit der Introduktion verbundene C-Dur-Arie Dircés, ein Gebet um göttlichen Beistand gegen den Schatten Medeas (*Hymen, viens dissiper – O amore, vieni a me* – Gott der Liebe, zerstreue unsere Sorgen), ist in ihrer flötenumspielten Koloraturgeläufigkeit ein Gruß zurück an die italienische ›Seria‹. Aber Cherubini verbindet hier das Schema der Da-capo-

MÉDÉE

Arie mit dem Geist des Sonatenprinzips. Dem Hauptthema in C-Dur folgt der Seitensatz in der Dominante, ehe der durchführungsartige Mittelteil in kräftigen Modulationen nach As- und A-Dur ausweicht. Reprise und Coda folgen wieder in der Grundtonart. Zusammen mit dem ersten Teil der Introduktion, in dem der Chor der Frauen und Dircés Soli sich strophisch abwechseln, ist die Arie aufgrund des für Cherubini typischen Verzichts auf melodische Exaltation und des orchestralen Primats ein auskalkuliert ausdrucksneutraler Auftakt des Musikdramas. Zuspitzung findet es nach der Einführung des eher bläßlichen Tenoristen Jason und dem wieder als Solo-Chor-Nummer verwirklichten Segenswunsch Kreons für das junge Paar, dessen Stimmen sich dem Satz vermischen (*Dieux et Déesses tutélaires – Pronube Dive, Dei custodi* – Ihr schützenden Gottheiten). Plötzlich erscheint (Nr. 5) Medea inmitten der Festgesellschaft und läßt sich auch von Kreons Bannfluch nicht abschrecken (*C'est à vous à trembler – Qui tremar devi tu –* Zittre du an dieser Stelle). Mit dieser Kreon-Arie samt chorischen und Soloeinwürfen Dircés ist der tragische Ton für das weitere Drama festgeschrieben. Von h-moll zieht sich nun der harmonische Spannungsbogen über die F-Dur-Arie Medeas (Nr. 6: *Vous voyez de vos fils la mère infortunée ⇥ Dei tuoi figli la madre tu vedi* – Sieh die Gattin vor dir) zu ihrem den ersten Akt beschließenden e-moll-Duett mit Jason (*Perfides ennemis – Nemici senza cor* – Ihr drohet mir umsonst). Die Tritonus-Beziehung in den Tonarten der Arie Kreons und der Medeas vermittelt schon harmonisch die Unversöhnlichkeit zwischen den Lagern. Kreons Arie ist dreiteilig angelegt, wobei der erste im parallelen Dur schließt (D), der mittlere als Reprise nach h-moll zurückführt und der letzte als knappe Coda die Grundtonart bekräftigt. Aus dem strengen Formschema scheint nur der Mittelteil auszuweichen, an dessen Ende das Hauptmotiv kadenzartig durchbrochen wird. Aber Wiederholungen nehmen dem Vorgang den Charakter der Normabweichung, und wenn vor der Schlußkadenz des dritten Teils das Hauptthema erneut auftritt, ohne daß der zurückliegende Bewegungsverlauf an seiner Grundgestalt etwas verändert hätte, stellte sich die musikalische Konstruktion sozusagen quer zu ihrer szenischen Funktion: »Cherubinis Intention, den als ein dramatisches Werden konzipierten Ablauf musikalisch autonom zu verankern, ist offenkundig. Die Lösung aber ist klassizistisch. Ihr liegt die Vorstellung statuarischer Monumentalität zugrunde.«

NORMABWEICHUNG UND KLASSIZISMUS

Medea versucht in ihrer Arie, Jasons Zuneigung zurückzugewinnen. Der Cantabile-Arie ist eine beschwörende, dreimal wiederholte Orchesterformel vorangestellt, zu deren drittem Erklingen die Singstimme ansetzt. Dem eher wiegenden Dreivierteltakt wird immer wieder als Medeas Klagemotto ein vorhaltähnlicher Terzfall vom hohen A aufgezwungen (*Ingrat – Ingrato –* Undankbarer). Was hier wie ein szenisch angemessener Ausdruck von Monomanie wirkt, verliert in dem unvermittelt nach As-Dur ausweichenden Mittelteil indes einiges an Überzeugungskraft, wenn die ganze siebentaktige Phrase, in der Medea Jason an vergangenes Liebes- und Lebensglück erinnert, notengetreu wiederholt wird. Analoges gilt auch für das Duett mit Jason. Es beginnt mit einer zwanghaft abwärtsverlaufenden Sechzehntelfigur, die so etwas wie die klanggewordene Vorstellung Medeas ist, den Mann niederzuringen. Diese Figur, der als Motor eine staccatiert rhythmisierte Folge gleich hoch notierter Töne im Baß zugrunde liegt, wird nach mancherlei motivischer Abspaltung durch Wiederholung in eine parataktische Satzform gezwungen. Diese Wiederholungen lassen die Musik wie ein Flachrelief erscheinen, ihre Tiefendimension ist »weitgehend neutralisiert zugunsten flächiger Überdimensionierung.« Die den Zeitgenossen als nicht geheures Abbild einer Normabweichung erscheinende Medea hat in ihrer musiksprachlichen Wirklichkeit Anteil an dem Schicksal, das sie gesellschaftspolitisch beklagt: der nicht voll entwickelten Autonomie.

Wie fortgeschritten Cherubinis Musiksprache aber im Vergleich mit anderen Werken der Zeit war, verdeutlicht die scheinbar konventionellste Nummer der Oper: die g-moll-Arie von Medeas Vertrauter Neris, der Amme ihrer Kinder, im zweiten Akt (Nr. 10: *Ah, nos peines – Solo un pianto –* Laß vereint uns alles tragen). Dramaturgisch und harmonisch ist die Arie »the point of no return« in der Oper. Dramaturgisch steht sie zwischen den beiden für den Handlungsablauf entscheidenden Ensembles: dem großen Chortrio, in dem Medea von Kreon einen Tag Aufschub für ihre Abreise erbittet, und dem zweiten Duett mit Jason, in dem sie ihn zum letzten Mal anfleht, zu ihr zurückzukehren. Die Neris-Arie bereitet auch harmonisch den Übergang vom Es-Dur-Trio zum d-moll des Duetts vor, jener Tonart, die den Schlußakt bestimmen wird. Dieser Brückenfunktion im dramaturgisch-harmonischen Gesamtplan entspricht die dreiteilige Anlage der Arie. Der Mittelteil setzt sich deutlich vom Anfang ab, die Reprise ist eine reduzierte Zusammenfassung des motivischen Materials. Aber nun ist das motivisch Gleiche nicht mehr dasselbe bei der Wiederkehr: die Fügung der Neris in das Unvermeidliche macht den hoffenden Aspekt ihrer Klage vom Anfang nichtig. Cherubini unterstreicht das, indem die hohen Streicher die melancholisch absinkende Stimme in parallelen Sexten begleiten. Wenn sie dann wieder hochsteigen, sozusagen Hoffnung schöpfen, wird der Abwärtslauf in den tiefen Registern fortgesetzt, und den Kommentar zu dieser auskomponierten Ausweglosigkeit liefert das obligat geführte Fagott.

Auch in der Großform vermittelt Cherubini den Stückablauf durch musikalische Formmittel. Ist der erste Akt bis zu Medeas Auftritt von einer harmonischen Zufälligkeit geprägt, einem unverbindlichen Wechsel zwischen den Durtonarten B, C, D, G und F, so schlägt das Finale II mit seinem Marschchor den Bogen zurück zum f-moll der Ouvertüre. War dort im Klangvolumen und dem symphonisch breiten Klangduktus der Wille zum erhaben-pathetischen Stil vorherrschend, so montiert Cherubini nun das musikalische Geschehen in mehrere unvereinbare Ebenen. Der eigentliche Marsch mit seiner fremdartigen Munterkeit wird hinter der Bühne von den Bläsern gespielt, und in ihn fallen mehrfach die chorischen Invokationen mit ihrer merkwürdig wirkenden Pentatonik ein. Die akustische Ferne zum Geschehen ist aus der Erlebnisperspektive Medeas gestaltet, und ihr entspricht die sozusagen stilistische Ferne: Die als Barbarin Gescholtene hört den Hochzeitsmarsch als Musik von Barbaren. Chromatische Fortschreitungen mit mediantverwandten Akkorden, die fast schon wie Versatzstücke in einer nicht-tonalen Montagetechnik wirken, verstärken im Priestermarsch diesen Eindruck des Fremdartigen noch. Im Vordergrund agiert Medea, die der Hochzeitszeremonie Jasons lauscht und sich kommentierend in eine große Wut steigert. Cherubini akzentuiert das durch den Übergang von unbegleiteter Rede über ein Melodram hin zum streicherbegleiteten Rezitativ – ein Reichtum der Gestaltungsmittel, der in Lachners Rezitativfassung verlorenging und somit auch als Vorstufe zum Einzug des trojanischen Pferds mit Kassandras Kommentar in den TROJANERN von Hector Berlioz aus dem allgemeinen Bewußtsein schwand. Aber auch Spontini in seiner VESTALIN und Meyerbeer in den HUGENOTTEN haben deutlich Bezug auf Cherubinis Vorbild genommen, seine MÉDÉE steht allen klassizistischen Innenklammern zum Trotz auch schon mitten im romantischen Zeitalter.

Dem dritten Akt ist eine ausgedehnte Orchesterintroduktion vorangestellt, ein Psychogramm der von Seelenstürmen zerrissenen Medea. Aus den nacheinander erklingenden Tönen eines d-Moll-Dreiklangs erwächst mit deren Wiederholung eine geheimnisvolle Spannung. Dem Aufstieg zur Dominante folgt eine Reprise, nun in umgekehrter Richtung, von der Dominante zur Tonika zurückführend. Medeas innerer Kampf, ob sie, die der Krëusa ein todbringendes Geschenk hat bringen lassen, in ihrer Rache auch die eigenen Kinder opfern soll, wird als Teufelskreis musikalisch abgeschritten: ausweglos. Ihr letzter Auftritt nach dem Doppelmord geht vollends in die romantische Vorstellungswelt über. Die tradierte Arienstruktur ist nun aufgegeben zugunsten einer Expressivität, die jene aus dem Finale II noch übersteigert und geradewegs in die Welt Spontinis, Webers und Meyerbeers weist. Der d-Moll-Schluß, in dem Medea vor den entsetzt fliehenden Korinthern in Flammen aufgeht, weist in der gleichen Tonart insofern noch über den Untergang des Helden in Mozarts DON GIOVANNI hinaus, als Cherubini nicht die gesellschaftskonforme, rational besänftigende Moral von der Geschichte folgen läßt. Der Feuertod des Don Giovanni und der Medea sind fanalartige Zeichen eines Untergangs. Mozart hatte ihm den Kommentar aus der Spießbürgerperspektive folgen lassen. Cherubini verweigert jeden Kommentar: der Flammentod seiner Normabweicherin ist auch ein Beitrag zur Selbstwerdung des Genres, ja der Menschheit. Die Oper, gerade bürgerlich geworden nach den Umwälzungen des Jahres 1789, verweigert sich in Cherubinis MÉDÉE dem bürgerlichen Unterhaltungstheater und fordert – wie die positiv thematisierten Opern der französischen Revolutionsepoche – das Recht auf eine ihr eigene Deutung der Welt. Die schließt die Forderung nach dem Autonomwerden der künstlerischen Gestaltungsmittel ein. Beethoven hat wie kein anderer Komponist der Vorromantik den Anspruch Cherubinis geteilt, aufgegriffen und in seinem FIDELIO auf eigene Weise einzulösen versucht. Cherubinis MÉDÉE öffnete der Oper das Portal zum 19. Jahrhundert.

QUELLENANGABEN

SEITE

26 Erich Auerbach, Mimesis. Dargestellte Wirklichkeit in der abendländischen
Literatur. Bern 1959 (2. Auflage), S. 516

42/43 Brief Monteverdis, deutsche Übersetzung zitiert nach Silke Leopold,
Monteverdi und seine Zeit. Laaber 1982, S. 238

49 Silke Leopold, a.a.O., S. 117 f.

60 Wolfgang Osthoff, Das dramatische Spätwerk Claudio Monteverdis.
Tutzing 1960, S. 154

62 René Leibowitz, Les Fantômes de l'opéra. Paris 1972, S. 327 f.

65 Hugo Leichtentritt, Studien zur Geschichte der italienischen Oper im
17. Jahrhundert. Berlin 1901 (Nachdruck Hildesheim 1967), S. 25

67 Donald J. Grout, The Chorus in Early Opera. In: Festschrift für Friedrich
Blume zum 70. Geburtstag. Kassel 1963, S. 161

71 Jane Glover, Cavalli. London 1978, S. 92

80 f. Dokument zitiert nach Ch. Nuittier – E. Thoinan, Les Origines de l'opéra
français. Paris 1886, S. 281 f.

81 f. Erich Auerbach, La cour et la ville. In: Vier Untersuchungen zur Geschichte
der französischen Bildung. Bern 1951, S. 39

82 Erich Auerbach, a.a.O., S. 48 und 50

83 f. Arnold Hauser, Sozialgeschichte der Kunst und Literatur. München 1975,
S. 476

83 f. St. Évremond, zitiert nach James R. Anthony, French Baroque Music.
London 1974, S. 63

87 f. Abbé Mably, Lettres à Mme La Marquise de P… sur l'opéra. Paris 1741,
S. 74

92 F.-J. de Chastellux, Essai sur l'union de la poésie et de la musique.
Den Haag 1765 (Nachdruck Genf 1970), S. 21 f.

92 f. Mémoires de M. Goldoni pour servir à l'histoire de sa vie et à celle de son
théâtre. Paris 1787, Bd. 3, S. 38

104 Philippe Beaussant, Versailles. Opéra. Paris 1981, S. 131

113 Marivaux, Théâtre complet. Paris 1968, Bd. 2, S. 985

116 d'Alembert, zitiert nach Denise Launay, La Querelle des bouffons.
Genf 1973, Bd. 3, S. 398

127 Elke Lang-Becker, Szenentypus und Musik in Rameaus Tragédie lyrique.
München–Salzburg 1978, S. 20

137   Cuthbert Girdlestone, Jean-Philippe Rameau. His Life and Works.
New York 1969 (2. Auflage), S. 273

142   Helmut Plessner, Die verspätete Nation. Frankfurt/Main 1974 (2. Auflage),
S. 74 und 78

153   Erdmann Neumeister, Die allerneueste Art zur reinen und galanten Poesie
zu gelangen. Hamburg 1707, S. 399

158   Eckermanns Gespräche mit Goethe (14. März 1831)

159   Klaus Zelm, Die Opern Reinhard Keisers. Studien zur Chronologie, Überlieferung und Stilentwicklung. München–Salzburg 1975, S. 203

159   Max Schneider im Vorwort zum Neudruck. Leipzig 1912 (DdT 37/38), S. XII

169   Dokument zitiert nach Eric Walter White, A History of English Opera.
London 1983, S. 47

170   Dokument zitiert nach Edward J. Dent, The Rise of English Opera.
London 1928, S. 68

173   Roger North, zitiert nach Peter Holman, Purcells Semi-Opern und ihre
Vorläufer. Begleittext zur Schallplattenaufnahme von Purcells »Fairy
Queen«, Archiv-Produktion 2742 001, Hamburg 1982

191   Ludwig Finscher, Die opera seria. In: Mozart-Jahrbuch 1973/74.
Salzburg 1975, S. 27

207   Hellmuth Christian Wolff, Die Händel-Oper auf der modernen Bühne.
Leipzig 1957, S. 13

229   Paul Henry Lang, Georg Friedrich Händel. Sein Leben, sein Stil und seine
Stellung im englischen Geistes- und Kulturleben. Basel 1979, S. 270

230   Wolfgang Osthoff, Händels »Largo« als Musik des Goldenen Zeitalters.
In: Archiv für Musikwissenschaft 1973, S. 189

231   Walter Felsenstein – Joachim Herz, Musiktheater. Beiträge zur Methodik
und zu Inszenierungskonzeptionen. Leipzig 1976, S. 162

234   Walther Siegmund-Schultze, Deidamia und Zauberflöte. Gedanken zu zwei
Spätwerken. In: Musikbühne. Berlin 1977, S. 63

236   Hermann Abert, Die opera buffa. In: W. A. Mozart, Bd. I. Leipzig 1973
(2. Auflage), S. 332 ff.

236   Wolfgang Osthoff, Die Opera buffa. In: Gedenkschrift Leo Schrade.
Bern–München 1973, S. 678 ff.

239   Helmut Hucke, Alessandro Scarlatti und die Musikkomödie. In: Colloquium
Alessandro Scarlatti Würzburg 1975. Tutzing 1979, S. 190

245   Thrasyboulos G. Georgiades, Aus der Musiksprache des Mozart-Theaters.
In: Mozart-Jahrbuch 1950, Salzburg 1951, S. 78. Georgiades sah in dieser
musikalischen Formgebung die Grundlage für die musikalische Zeitgestal-
tung bei den Wiener Klassikern. Ihre Gesetzmäßigkeit von Sonatenprinzip
und Durchführungsmusik sei einem statischen Klassik-Begriff diametral entgegengesetzt. In der jüngeren Forschung ist aus dieser Einsicht in geschichtliche Prozesse die Neigung gewachsen, vor einer Überbewertung der SERVA
PADRONA zu warnen und ihr Pergolesis neapolitanische Dialektkomödie

LO FRATE 'NNAMORATO (Neapel 1732) oder die ursprünglich als Intermezzi für seine ›Seria‹ ADRIANO IN SIRIA (Neapel 1734/ konzipierte
Komödie LIVIETTA E TRACOLLO (bekannt auch unter dem Titel
LA CONTADINA ASTUTA – Die schlaue Bäuerin; Neapel 1734) wenn
nicht vorzuziehen, so doch als gleichwertig an die Seite zu stellen. Bei
genauerer Betrachtung stellt sich aber die Überlegenheit der SERVA heraus.
Der Reiz von LIVIETTA E TRACOLLO beschränkt sich im Szenischen auf
die Mechanik der Verkleidungskomödie: die als Mann verkleidete Livietta
sucht mit ihrer Freundin nach dem Dieb Tracollo, der sich als polnisches
Mädchen verkleidet hat und sich in seine Verfolgerin verliebt. Musikalisch
ist das Spektrum zwar weiter gespannt als in der SERVA PADRONA,
aber diese Aufspreizung der neuen musikalischen Gestik bis hin zu weiner-
licher Moral und grotesker Satire erweist sich letztlich als starr zeitverhaftet.

246 Thrasyboulos G. Georgiades, a.a.O.

247 Reinhard Strohm, Die italienische Oper im 18. Jahrhundert.
Wilhelmshaven 1979, S.133

251 Carl Burney's der Musik Doctors Tagebuch einer Musikalischen Reise.
Hamburg 1772 (Nachdruck Kassel 1959), S.131

254 f. D. H. Lawrence, Pornography and Obscenity. In: Sex, Literature, and
Censorship, edited by Henry T. Moore. London 1955, S. 201

258 Reinhard Strohm, a.a.O., S. 269 (s. Anm. zu S. 247)

259 Wolfgang Osthoff, a.a.O., S. 716 f. (s. Anm. zu S. 236)

259 Sabine Henze-Döhring, Opera seria – Opera buffa und Mozarts
»Don Giovanni«. Zur Gattungskonvergenz in der italienischen Oper des
18. Jahrhunderts. Laaber 1986, S.110

270 Donald J. Grout, A Short History of Opera. New York 1965 (2. Auflage),
S.190

288 Friedrich Lippmann, Über Cimarosas ›Opere serie‹. In: Analecta
Musicologica 1982, S. 33

298 Theodor W. Adorno, Zum Klassizismus von Goethes Iphigenie.
In: Noten zur Literatur IV. Frankfurt/Main 1974, S. 30

309 Peter Gülke, Rousseau und die Musik oder Von der Zuständigkeit des
Dilettanten. Leipzig und Heinrichshofen 1984, S.184

309 Ludwig Finscher, Vorwort zur »Orphée«-Partitur in der Neuen Gluck-
Gesamtausgabe. Kassel 1966, S. XXI

318 Harald Kaufmann, Anmerkungen zu Gluck. In: Spurlinien. Analytische
Aufsätze über Sprache und Musik. Wien 1969, S. 63

321 Julian Rushton, »Iphigénie en Tauride«. The Operas of Gluck and Piccinni.
In: Music & Letters. Oxford 1972, S. 430

327 Edward J. Dent, The Rise of Romantic Opera. Cambridge 1976, S. 43

330 Lesage, zitiert nach J. R. Anthony, a.a.O., S.151 (s. Anm. zu S. 83 f.)

337 André Ernest Modeste Grétry, Memoiren und Essays über Musik. Mit einem
Vorwort hg. von Peter Gülke. Leipzig 1973, Wilhelmshaven 1978, S. 273 f.

339   Peter Gülke im Vorwort der Grétry-Memoiren, a.a.O., S.13

339   Grétry, a.a.O., S.156 f.

340 f.   Grétry, a.a.O., S.191

341   Peter Gülke, a.a.O., S. 33

344   Carl Maria von Weber, Kunstansichten. Leipzig 1969, S. 203

344   Grétry, De la verité. Paris 1801, Bd. 1; zitiert nach P. Gülke, a.a.O., S. 30
       (s. Anm. zu S. 237)

347   J. Fr. Reichardt, zitiert nach Renate Schusky, Das deutsche Singspiel im
       18. Jahrhundert. Quellen und Zeugnisse zu Ästhetik und Rezeption. Bonn
       1980, S. 25

348   J. Fr. Reichardt, a.a.O., S. 63

353 f.   Christoph Martin Wieland, Gesammelte Schriften. Hg. von der Deutschen
       Kommission der Königlich Preußischen Akademie, Berlin 1909 ff., Bd. 14,
       S. 81 f.

353 f.   Wieland, »Die Abderiten«, a.a.O., Bd. 10, S. 123 ff., S. 165 ff.

354   Johann Gottfried Herder, Sämtliche Werke, hg. von Bernhard Suphan.
       Berlin 1877 ff., Bd. 23, S. 333 f.

357   Karl H. Wörner, Schönbergs »Erwartung« und das Ariadne-Thema.
       In: Die Musik in der Geistesgeschichte. Bonn 1970, S. 101. Vgl. dazu Zdeňka
       Pilková, die Benda – allerdings ohne Detailnachweis – zuschreibt, den
       dramatischen Fortgang mit der Logik einer musikalischen Metamorphose
       des thematischen Materials gestaltet zu haben. In: Dramatická tvorba
       Jeřiho Bendy. Prag 1960, passim; auch in: L'Opéra français au XVIIIᵉ siècle.
       Aix-en-Provence 1982, S. 495

362   Kaiser Joseph II., zitiert nach Otto Michtner, Das alte Burgtheater als
       Opernbühne von der Einführung des deutschen Singspiels (1778) bis zum
       Tod Kaiser Leopolds II. (1792). Wien 1970, S. 25 f.

388   Helmut Heißenbüttel, Liebe – süßeste Stimme. In: Süddeutsche Zeitung
       27./28. März 1982

403   Georg Feder, Einige Thesen zu dem Thema: Haydn als Dramatiker.
       In: Haydn-Studien Bd. 2, hg. von Georg Feder. München–Duisburg
       1970, S. 127

404   Theodor W. Adorno, Bürgerliche Oper. In: Klangfiguren. Musikalische
       Schriften I–III. Frankfurt/Main 1978, S. 35

405   Alban Berg, zitiert nach »Wozzeck«. Rowohlt-Opernbücher, hg. von Attila
       Csampai und Dietmar Holland. Reinbek 1985, S.154 f.

406   Ludwig Wittgenstein, Schriften. Frankfurt/Main 1960, S.83

424   »Plaque tournante«: René Leibowitz, Histoire de l'opéra. Paris 1957, S.64

425   René Leibowitz, a.a.O., S. 71

434   Melchior Grimms »Correspondance littéraire, philosophique et critique…«,
       hg. von Maurice Tourneux. Paris 1878, Bd. 5, S. 450 f. (deutsche Übersetzung
       zitiert nach Rudolf Angermüller, Bemerkungen zum Idomeneo-Stoff).
       In: Mozart-Jahrbuch 1973/74, Salzburg 1975, S. 290

445   Attila Csampai im Einführungsessay zum »Entführungs«-Band der
      Rowohlt-Opernbücher. Reinbek 1983, S.17 und S.19

452   Karl Marx, Der 18. Brumaire des Louis Bonaparte. Frankfurt/Main 1965,
      S.9f.

454   Wolfgang Osthoff, Mozarts Cavatinen und ihre Tradition. In: Festschrift
      Hellmuth Osthoff zu seinem 70. Geburtstag. Tutzing 1969, S.161

456   Georg Knepler, Musikgeschichte des 19. Jahrhunderts, Bd. I. Berlin 1961,
      S. 89 ff. (mit einer genauen Analyse der Szene)

460   Charles Rosen, Der klassische Stil. Kassel–München 1983, S. 350

462   Theodor W. Adorno, Kierkegaard. Konstruktion des Ästhetischen.
      Frankfurt/Main 1962, S. 44 und 42

463 f.   Ernst Bloch, Das Prinzip Hoffnung, Bd. III. Berlin 1959, S. 95, 94

464   Friedrich Nietzsche, Jenseits von Gut und Böse. In: Werke Bd. II,
      hg. von Karl Schlechta. München o. J., S. 639

464   Sören Kierkegaard, Entweder/Oder. In: Gesammelte Werke Bd. I,
      hg. von E. Hirsch u. a. Düsseldorf 1956, S. 64 und 68

468   Attila Csampai, Mythos und historischer Augenblick in Mozarts DON
      GIOVANNI. In: Don Giovanni. Rowohlt-Opernbücher. Reinbek 1981, S.10

468   Walter Felsenstein, Donna Anna und Don Giovanni (1966). In: Walter
      Felsenstein – Joachim Herz, Musiktheater. Beiträge zur Methodik und zu
      Inszenierungskonzeptionen. Leipzig 1976, S.176

468   Wolfgang Hildesheimer, Mozart. Frankfurt/Main 1977, S. 234

470   Thrasyboulos G. Georgiades, a.a.O., S. 78 (s. Anm. zu S. 245)

474   Richard Strauss im Programmheft des Münchner Residenztheaters für die
      Premiere im Dezember 1910. Zitiert aus dem Così-Band der Rowohlt-Opern-
      bücher. Reinbek 1984, S. 237 f.

474   Hermann Cohen, Die dramatische Idee in Mozarts Operntexten.
      Berlin 1915, S. 50 und 102

477   »Simultanensemble«: Wortprägung von Anna Amalie Abert,
      in: Die Opern Mozarts. Wolfenbüttel – Zürich 1970, passim

479   Wolfgang Osthoff, a.a.O., S. 58 (s. Anm. zu S.453)

480   Charles Rosen, a.a.O., S. 359 (s. Anm. zu S.460)

485   Wolfgang Hildesheimer, a.a.O. (s. Anm. zu S.468), S. 312

487   Wolfgang Hildesheimer, a.a.O., S. 318

488   Johann Peter Eckermann, Gespräche mit Goethe in den letzten Jahren seines
      Lebens. Berlin 1956, S. 666

489   Eckermann, a.a.O., S. 273

490   Ulrich Dibelius, Eine Ungleichung mit zwei Bekannten. Ruhm und Realität
      von Mozarts ZAUBERFLÖTE. In: Musik-Konzepte Bd. 3. München 1978, S. 24

490   Ulrich Dibelius, a.a.O., S. 30

495   Attila Csampai, Das Geheimnis der ZAUBERFLÖTE oder Die Folgen
      der Aufklärung. In: Zauberflöte-Band der Rowohlt-Opernbücher.
      Reinbek 1982, S. 39

495   Theodor W. Adorno, Einleitung in die Musiksoziologie. Reinbek 1968, S. 31

497   Thrasyboulos G. Georgiades, Kleine Schriften. Tutzing 1977, S. 150

499   Hans Pfitzner, Werk und Wiedergabe. In: Gesammelte Schriften, Bd. 3.
Augsburg 1929, S. 98 (Zitat enthält im Original noch weitere Hervorhebungen des Autors)

499   Christoph Wolff, »O ew'ge Nacht! Wann wirst du schwinden?«
Zum Verständnis der Sprecherszene im ersten Finale von Mozarts
ZAUBERFLÖTE. In: Analysen. Festschrift für Hans Heinrich Eggebrecht
zum 65. Geburtstag. Stuttgart 1984, S. 241

501   Ernst Bloch, Die Zauberflöte und Symbol heute (1930). In: Zur Philosophie
der Musik, hg. von Karola Bloch. Frankfurt/Main 1974, S. 265 f.

510   Edward J. Dent, The Rise of Romantic Opera. Cambridge 1976, S. 94

511   Henri Radiguer, Musikgeschichte Frankreichs von 1789 bis 1815.
In: Studienmaterial für die Künstlerischen Lehranstalten, Reihe Musik.
Berlin 1955, S. 39

517   Georg Knepler, Musikgeschichte des 19. Jahrhunderts, Bd. I. Berlin 1961,
S. 172

518   Winton Dean, French Opera. In: New Oxford History of Music, Bd. VIII.
Oxford 1982, S. 61

518   Eduard Hanslick, Die moderne Oper. Kritiken und Studien. Berlin 1875,
S. 91

519   Hans-Georg Gadamer, Wahrheit und Methode. Grundzüge einer
philosophischen Hermeneutik. Tübingen 1965 (2. Auflage), S. 274 f.

520   Edward J. Dent, a.a.O., S. 65 (s. Anm. zu S. 510)

521   So Winton Dean in dem zustimmenden Vorwort zu seiner Ausgabe
von Edward J. Dents Geschichte der romantischen Oper, a.a.O., S. VIII
(s. Anm. zu S. 510)

522   Georg Knepler, a.a.O., S. 150 (s. Anm. zu S. 517; vgl. dazu: Georg Knepler,
Die Technik der sinfonischen Durchführung in der französischen
Revolutionsoper. In: Beiträge zur Musikwissenschaft. Berlin 1959, S. 4 ff.)

527   Stefan Kunze, Cherubini und der musikalische Klassizismus.
In: Analecta musicologica XIV. Köln 1974, S. 313

528   Stefan Kunze, a.a.O., S. 314

529   Stefan Kunze, a.a.O., S. 316

530   Stefan Kunze, a.a.O., S. 318

530   Alexander L. Ringer, Cherubini's »Médée« and the Spirit of French Revolu-
tionary Opera. In: Essays in Musicology in Honor of Dragan Plamenac on
His 70th Birthday. Pittsburgh 1969, S. 293

GLOSSAR

a cappella Gesang ohne Instrumentalbegleitung

Accompagnato → *Recitativo accompagnato*

Air einfache Strophenform in der französischen Oper, vokal wie instrumental

Akkord Zusammenklang mehrerer Töne, meist als Dreiklang

Appoggiatur in eine Melodielinie als dissonierendes Sekundintervall eingeschobener Stützton vor einer emphatischen Betonung

Arie großes Sologesangsstück

Arioso in ein Rezitativ eingefügter Abschnitt mit arienhafter Melodiebildung

Basso continuo eine durch Akkorde zu ergänzende Baßstimme, deren harmonische Ausfüllung meist durch Ziffern notiert wurde (bezifferter Baß)

Basso ostinato Baßstimme, die ständig (auch bei leichter Variation) wiederholt wird

Belkanto (Bel canto) schöner Gesang als Stil -und Technikkategorie

Buffonistenstreit (La querelle des bouffons) eine der großen Auseinandersetzungen in der französischen Geistesgeschichte des 18. Jahrhunderts über die Frage, ob der italienischen Buffo-Oper nach dem Vorbild von Pergolesis »La serva padrona« der Vorzug vor dem französischen Musikdrama der ›Tragédie lyrique‹ zukomme

Bordunbaß ein ständig mitklingender Baßton, z. B. von einer mitschwingenden Saite erzeugt

Caballetta → *Kaballetta*

Canzona → *Kanzone*

Cavatina → *Kavatine*

Chiaroscuro, Clair-obscur Wechsel von Hell und Dunkel

Coda → *Koda*

Colla parte mit der Singstimme gehende Begleitung, meist im Unisono der Violinen

Commedia dell' arte italienische Stegreifkomödie mit festen Typen, meist trivialliterarischen Charakters

Da-capo-Arie typische Arienform der italienischen ›Seria‹ des 18. Jahrhunderts, deren Anfangsteil (Kopf) am Ende wiederkehrt, und zwar mit Koloraturen verziert; in der Glanzzeit der ›Seria‹ genau reglementierte Fünfteiligkeit

Decrescendo Abnehmen der Lautstärke

Descente Götterankunft in der ›Tragédie lyrique‹

Divertimento Instrumentalstück unterhaltenden Charakters

Divertissement Einlagenummer im französischen Musikdrama des 17. und 18. Jahrhunderts, meist als Ballett mit Instrumental-, gelegentlich auch Vokalbegleitung

Dominante in der Funktionsharmonik die Oberquinte der Grundtonart und der auf ihr
gebildete Dreiklang, neben der ersten Stufe (→ *Tonika*) wichtigste harmonische
Stufe

Entrée Eingangsnummer eines Divertissements

Entremeso → *Intermezzo*

Eroicomico, eroico-comico heroisch-komische Mischform der italienischen Oper

Fermate langausgehaltene Note (auch Corona genannt)

Finale Schlußnummer eines Opernakts oder einer Instrumentalkomposition

Fioritura Verzierung, Ausschmückung einer Gesangslinie

Homophonie Satztypus, in dem eine Hauptstimme akkordisch begleitet wird

Imitation Stilelement der → *Polyphonie*, in dem ein Motiv ungleichzeitig in verschiedenen Stimmen aufgegriffen wird

Impresario Theaterunternehmer, in der Geschichte der italienischen Oper oft auch
Auftraggeber für Komponisten

Intermède (frz.), *Intermezzo* (ital.), *Entremeso* (span.) Zwischenspiel meist komischen
Charakters während einer ernsten Oper

Intrada fanfarenartige Orchestereinleitung der frühen Oper

Introduzione Eingangsnummer einer Oper, im späten 18. Jahrhundert analog zum
Finale meist aus mehreren Stücken zu einem großen Ensemblesatz durchgeformt

Kabaletta virtuoser Abschlußteil einer Arie, meist der → *Kavatine*; ab dem späten
18. Jahrhundert Nachfolgeform der Da-capo-Arie

Kadenz ›Schlußfall‹ einer instrumentalen oder vokalen Solonummer, als Improvisa-
tion auf einen Quartsextakkord folgend oder aus Dominante oder Subdominante
und Tonika (auch aus Subdominante, Dominante und Tonika) zusammengesetzte
Abschlußformel

Kanzone im späten 18. Jahrhundert liedhaft-lyrische Vokalnummer

Kavatine usprünglich auf dem überschüssigen Takt eines Rezitativs aufgebautes
Arioso; ab dem späten 18. Jahrhundert einteilige, oft liedhafte einfache Arie, der
sich als virtuoser Abschluß allmählich eine → *Kabaletta* anschloß

Koda Schlußteil der → *Sonatensatzform*

Koloratur ›färbende‹ Schmückung einer Vokallinie, meist durch Verzierungen

Lamento Klagegesang

Lamentobaß chromatisch im Bereich einer Quart absteigende Baßbegleitung zu einem
Lamento, oft in ostinatohafter Variation

Masque festliches Maskenspiel am englischen Königshof des 16. und 17. Jahrhunderts,
bestehend aus gesprochenen Dialogen, Liedern, Chören und Tänzen

Melodram szenische oder halbszenische Vortragsform, in der deklamierte Texte einer
(Monodram) oder zweier Personen (Duodram) mit einer die Sprache teilweise
überlappenden Orchesterbegleitung unterlegt sind

Messa di voce bruchloses An- und Abschwellen der Stimme auf (meist) einem Ton

Modulation Übergang von einer Tonart in eine andere

Monodie Sologesang, im 17. Jahrhundert die neuartige, von einem Generalbaß begleitete Gesangsform gegenüber der alten Mehrstimmigkeit (Polyphonie)

Monodram → *Melodram*

Monolog in der französischen → *Tragédie lyrique* ausgedehnte Arienform im Gegensatz zum → *Air*; anders als in der → *Da-capo-Arie* der italienischen Oper formal nicht reglementiert; im allgemeinen Sinn: Solonummer eines Vortragenden

Moresca ›Mohrentanz‹, möglicherweise von den Mauren über Spanien und Neapel eingebürgerte Tanz- und Liedform, heute noch im neapolitanischen Volksgesang lebendig

Neapolitanischer Sextakkord Mollsubdominante mit abwärts alterierter Sexte

Obbligato ausgeschriebene, also nicht improvisierte und keineswegs auslaßbare Instrumentalbegleitung zu einer Gesangsnummer, meist selbständig geführt

Ombraszene schattenhafte Grabes- oder Geisterszene in der italienischen Oper des 18. Jahrhunderts, meist in der Tonart Es-Dur (mit drei Erniedrigungsvorzeichen)

Opéra-ballet Operntypus, in dem die Tanzdivertissements der ›Tragédie lyrique‹ des 18. Jahrhunderts das Übergewicht gegenüber dem gesanglich-dramatischen Moment des Musikdramas gewannen

Opera buffa Hauptbezeichnung für die italienische komische Oper im Gegensatz zur → *Opera seria*

Opéra comique Komische Oper des französischen Kulturraums, im Gegensatz zur → *Tragédie lyrique* mit gesprochenen Dialogen zwischen den Musiknummern; durch die institutionalisierte Bindung an das Haus der Opéra-Comique im Gegensatz zur Bindung der ›Tragédie lyrique‹ an das Haus der Opéra schließt die Gattungsbezeichnung im 19. Jahrhundert auch durchaus nicht-komische Erscheinungsformen mit gesprochenen Dialogen ein

Opera seria Hauptbezeichnung für die ernste italienische Oper, die wie die → *Opera buffa* keine gesprochenen Dialoge kennt

Ostinato ›hartnäckige‹ Wiederholung eines Motivs, besonders im Baß der Orchesterbegleitung

Parlando Sprechgesang, besonders in den schnell vorzutragenden Rezitativen der Opera buffa

Pasticcio ›Pastete‹, Arrangement verschiedener Stücke mehrerer Komponisten zu einem neuen Ganzen

Pizzikato gezupfte Streichertöne

Polyphonie Tonsatz aus selbständig geführten Stimmen im Gegensatz zur akkordisch begleiteten Hauptstimme in der → *Homophonie*

Portamento im Gegensatz zum heutigen Verständnis als Verschleifen der Gesangslinien zwischen zwei Tönen ursprünglich das weitbögig geschlossene Singen auf einem Atem

Preghiera Bittgesang, gebetsähnliche Arienform, hervorgegangen aus der Kavatine (frz.: Prière)

Prière → *Preghiera*

Recitar cantando ›singendes Sprechen‹, Gesangsweise in der Frühform der italienischen Oper

Récitatif obligé orchesterbegleitetes Rezitativ der ›Tragédie lyrique‹

Récitatif ordinaire in einfachen Baßschritten akkordisch begleitetes Rezitativ der ›Tragédie lyrique‹

Recitativo accompagnato orchesterbegleitetes Rezitativ der italienischen Oper

Recitativo secco ›trockenes‹, d. h.: nur vom Cembalo (u. U. mit Verstärkung anderer Baßinstrumente) begleitetes Rezitativ der italienischen Oper

Rezitativ im Gegensatz zur Arie sprachähnliche, immer vom natürlichen Wortakzent geprägte Vortragsform von großer rhythmischer Freiheit

Ritornello, Ritournelle wiederkehrender und damit formbildender Orchestersatz in instrumentalen und vokalen Nummern

Scrittura Auftrag für eine Opernkomposition, verbunden mit der für den Komponisten zwanghaften Zuerteilung eines Librettos

Secco → *Recitativo secco*

Seconda pratica der um die Wende zum 17. Jahrhundert moderne, d. h. monodische Vokalstil im Gegensatz zur alten Praxis der polyphonen Satzweise

Seicento in der italienischen Geistesgeschichte das 17. Jahrhundert

Sequenz Wiederholung einer Ton- oder Akkordfolge auf einer anderen als der ursprünglichen Harmoniestufe

Seria → *Opera seria*

Settecento in der italienischen Geistesgeschichte das 18. Jahrhundert

Siciliano, Siziliana Vokal- oder Instrumentalstück in wiegendem ⁶⁄₈- oder ¹²⁄₈-Takt; die auf Sizilien verweisende Herkunftsbezeichnung ist unsicher

Sinfonia (frz.: *Symphonie*) orchestrales Vorspiel zu einer Oper oder einem großen Formteil (Akt z. B.)

Sommeil in der französischen ›Tragédie lyrique‹ eine Schlummerszene

Sonatensatzform vor allem für den Kopfsatz der klassischen Sonate verbindliche Gliederung des Formablaufs in Exposition, Durchführung, Reprise (der Exposition) und Koda

Staccato gestoßene, jeden Ton deutlich vom nächsten absetzende Artikulationsweise

Stile concitato dramatisch erregter Vortragsstil

Stile rappresentativo darstellender Stil, szenischer Musikvortrag in der Frühform der italienischen Oper

Stile recitativo wie das → *Parlar cantando* sprachnaher Gesangsvortrag in der Frühform der italienische Oper

Subdominante in der Funktionsharmonik die Unterquinte der Grundtonart (→ *Tonika*) und der auf ihr gebildete Dreiklang

Synkope Verschiebung des Grundmetrums durch Vorwegnahme seines Schwerpunkts, Akzentverschiebung auf eine unbetonte Taktzeit

Tenore di grazia leichter Tenor für verzierte Partien

Testo im italienischen Oratorium und in halbszenischen Großformen des 17. Jahrhunderts der Erzähler

Tonika in der Funktionsharmonik die erste Stufe und der auf ihr gebaute Dreiklang; üblicherweise beschließt die Tonika einen längeren Formteil, sie gibt ihm die Tonartbezeichnung

Tragédie lyrique das französische Musikdrama vom späten 17. Jahrhundert bis zur Revolution von 1789

Tremolo in der Orchestersprache die schnelle Wiederholung desselben Tons zum Zwecke einer dramatischen Ausdruckssteigerung

Tritonus die um einen Halbton vergrößerte, übermäßige Quarte; im strengen Satz der alten Kontrapunktiker als ›Teufel in der Musik‹ verboten

Unisono Gleichklang aller Stimmen auf demselben Ton (auch in Oktavparallelen)

Vaudeville Gassenhauer, liedhafter Einschub bzw. Finalstück in der frühen → *Opéra comique*

Abaris ou les Boréades *(Rameau)*
S.118 f., 133

Les Abencérages ou L'Étendard de
Grenade *(Cherubini)* S.524

Acante et Céphise *(Rameau)* S.120

Accis y Galatea *(Literes)* S.369

Achill unter den Mädchen → Deidamia
(Händel)

Achille in Sciro *(Jommelli)* S.284

Achilles in Petticoats *(Gay)* S.233

Acide *(Haydn)* S.390 f., 401

Acis et Galatée *(Lully)* S.244

Acis und Galathea *(Literes)* S.369

Adam und Eva oder Der erschaffene,
gefallene und wiederaufgerichtete
Mensch *(Theile)* S.151, 154

Adèle et Dorsan *(Dalayrac)* S.506

Adelson e Salvini *(Bellini)* S.262

Admeto *(Händel)* S.182, 215, 217

Adonis *(Keiser)* S.157

Agrippina *(Händel)* S.162, 199,
219 f., 242

Alarico il Gotha *(Steffani)* S.79

Alceste *(Gluck)* S.129, 287, 294, 296,
298 f., 302, 305, **310–313**, 323, 325,
412, 433, 521

Alceste *(Schweitzer)* S.349

Alceste ou Le triomphe d'Alcide
(Lully) S.87, 89, 93 ff., **99–102**

Alcina *(Händel)* S.216 f., 230

Alcione *(Marais)* S.95, 106, 125

Alessandro *(Händel)* S.182, 216 f.

Alessandro nell'Indie *(J. Chr. Bach)* S.283

Alessandro nell'Indie *(Cimarosa)* S.288

Alessandro nell'Indie *(Vinci)* S.275

Alessandro nell'Indie *(Wagenseil)*
S.360

Alessandro vincitor di se stesso
(Cesti) S.76 f.

Ali-Baba ou Les quarante voleurs
(Cherubini) S.524

Alkesta *(Raupach)* S.380

Alkestis *(Gluck)* S.129, 287, 294, 296,
298 f., 302, 305, **310–313**, 323, 325,
412, 433, 521

Alkestis oder Der Triumph des
Herakles *(Lully)* S.87, 89, 93 ff.,
99–102

Almira, Königin von Kastilien
(Händel) S.162, 215 f., 219 f.

Amadigi di Gaula *(Händel)* S.217, 222

Amadis de Gaule *(J. Chr. Bach)* S.283

Amadis de Gaule *(Lully)* S.89, 92 f.,
95, 101

Amadis von Gallien *(Händel)*
S.217, 222

L'Amant jaloux *(Grétry)* S.338, 455

Les Amants magnifiques *(Lully)* S.87

Amerikanzy *(Fomin)* S.385

Amor vuol sofferenza *(Leo)* S.240

L'amore in musica *(Boroni)* S.253

Amors Guckkasten *(Neefe)* S.347

Amors Guckkasten *(Reichardt)* S.348

Anacréon ou L'Amour fugitif
(Cherubini) S.523

Andromaque *(Grétry)* S.340

L'Andromeda *(Manelli)* S.53, 69

Andromeda *(Giacobbi)* S.144

Die anerkannte Europa *(Salieri)* S. 325

Angelica vincitrice di Alcina *(Fux)*
S. 267

L'anima del filosofo ossia Orfeo ed
    Euridice *(Haydn)* S. 306, 387 ff.,
    391, 401

Anjuta *(russ. Komponist, Name unbe-
    kannt)* S. 381

Antes que celos y amor la piedad llama el
    valor o Aquilles en Troya *(de Nebra)*
    S. 369

Antigone *(Traetta)* S. 286 f.

Apollo e Dafne *(Cavalli)* S. 70 f.

Apollo et Hyazinthus *(Mozart)*
S. 78, 407

Der Apotheker *(Haydn)* S. **391–392**

L'Aretusa *(Vitalis)* S. 65

Argia *(Cesti)* S. 75

Ariadne *(Conradi)* S. 154

Ariadne *(Händel)* S. 213, 215, 217 f.,
220, 375

Ariadne *(Monteverdi)* S. 36, 49 f., 53

Ariadne auf Naxos *(Benda)*
S. 365, 415, 426

Ariadne auf Naxos *(Strauss)* S. 97,
188, 432

Ariane ou Le mariage de Bacchus
    (Cambert) S. 84, 171

Arianna *(Händel)* S. 213, 215, 217 f.,
220, 375

Arianna *(Monteverdi)* S. 36, 49 f., 53

Ariodant *(Méhul)* S. 506, 508,
517 f., 522

Ariodante *(Händel)* S. 215, 217, 230

Ariodante *(Pollarolo)* S. 188

Armida *(Haydn)* S. **402–403**

Armida *(Salieri)* S. 287

Armida abbandonata *(Jommelli)*
S. 285

Armida placcata *(Wagenseil)* S. 360

Armide *(Gluck)* S. 135, 293, 304, 321

Armide *(Lully)* S. 89, 91, 94, **102–105**,
106, 368

Arminio *(Hasse)* S. 281

Arminio *(Steffani)* S. 77

Arsinoe *(Keiser)* S. 157

Artaserse *(Galuppi)* S. 283

Artaserse *(Hasse)* S. 279

Artaserse *(Terradella)* S. 283

Artaserse *(Vinci)* S. 275

Artaxerxes *(Arne)* S. 181, 375

Ascanio in Alba *(Mozart)* S. 410, 413

L'Astarto *(Albinoni)* S. 165

Astianatte *(Bononcini)* S. 182

Le astuzie femminili *(Cimarosa)* S. 262

Atalanta *(Händel)* S. 217

Atenaide *(Vivaldi)* S. 202

Attilio Regolo *(Hasse)* S. 278

Attilio Regolo *(Jommelli)* S. 284

Atys *(Lully)* S. 88, 92 ff., 138

Aucassin et Nicolette *(Grétry)* S. 341

Axur, re d'Ormus *(Salieri)* S. 327

Die Bäuerinnen von Murcia *(de Hita)*
S. 371 f.

Il Bajazet *(Gasparini)* S. 206, 226

Der Barbier von Sevilla *(Rossini)* S. 250,
258, 260

Der Barbier von Sevilla oder
    Die nutzlose Vorsicht *(Paisiello)*
    S. **258–261**, 453

Il barbiere di Siviglia *(Rossini)*
S. 250, 258, 260

Il barbiere di Siviglia ovvero La
    precauzione inutile *(Paisiello)*
    S. **258–261**, 452

Bastien und Bastienne *(Mozart)* S. 335,
409, 425

Die befreite Sklavin *(Jommelli)* S. 442

Die Befreiung Ruggieros auf der Insel
    Alcinas *(Caccini)* S. 30

The Beggar's Opera *(Pepusch)*
S. 181, **182–185**, 209, 222, 345, 373 f.

Der bekehrte Trunkenbold *(Gluck)*
S. 360

Das belagerte Cythera *(Gluck)* S. 299

Die Belagerung von Belgrad *(Storace)*
S. 378
Die Belagerung von Rhodos
    (Locke u. a.) S. 169, 171
Bellérophon *(Lully)* S. 94, 96
Die belohnte Treue *(Haydn)*
S. 388, **399–400**
Bellmont und Constanze oder Die Ent-
    führung aus dem Serail → Die Ent-
    führung aus dem Serail *(Mozart)*
Béniowski *(Boieldieu)* S. 507
Berenice *(Händel)* S. 214
Die Bergknappen *(Umlauff)* S. 363
Der betrogene Bräutigam *(Mozart)*
S. 449
Der betrogene Kadi *(Gluck)* S. 360
Die Bettleroper *(Pepusch)* S. 181,
182–185, 209, 222, 345, 373 f.
Blaise le savetier *(Philidor)* S. 337
Blaubart *(Grétry)* S. 338, 340, 344
Boris Godunow *(Mattheson)* S. 164
Le Bourgeois gentilhomme *(Lully)*
S. 86 f., **96–99**
La Briseida *(de Hita)* S. 370
La buena hija *(da Silva)* S. 370
Der Bürger als Edelmann *(Lully)*
S. 86 f., **96–99**
La buona figliuola → Cecchina ossia
    La buona figliuola *(Piccinni)*

Le Cadi dupé *(Gluck)* S. 360
Cadmus et Hermione *(Lully)*
S. 85, 88 ff., 93, 95, 99 f., 126
La caduta dei giganti *(Gluck)* S. 295
Calandro *(Ristori)* S. 378
Le Calife de Bagdad *(Boieldieu)* S. 507
Camilla → Il trionfo di Camilla regina
    de' Volsci *(Bononcini)*
La canterina *(Haydn)* S. **391,** 392
Capriccio *(Strauss)* S. 40, 328, 406
La capricciosa ed il credulo *(Sarri)*
S. 243
Cara Mustafa *(Franck)* S. 157

Cardillac *(Hindemith)* S. 96
Carmen *(Bizet)* S. 330, 524
Le Carnaval et la folie *(Destouches)*
S. 94, 106
Der Carneval von Venedig *(Keiser)*
S. 154
Castor et Pollux *(Rameau)* S. 118 f.,
121 f., **131–133,** 286, 313
La catena d'Adone *(Mazzocchi)* S. 65
Catone in Utica *(Vinci)* S. 222, 226,
271, 275, 278
Cautela contra cautela o El rapto de
    Ganimedes *(de Nebra)* S. 369
La caverne *(Lesueur)* S. 508, 515
La caverne *(Méhul)* S. 515
Cecchina ossia La buona figliuola
    (Piccinni) S. **253–258,** 370
Celos aun del air matan *(Hidalgo)* S. 367
Chi la dura la vince *(Biber)* S. 78
Die Chinesinnen *(Gluck)* S. 359 f.
Der chinesische Held *(Cimarosa)* S. 288
Chi soffre speri *(Mazzocchi/Marazzoli)*
S. 67
Chowanschtschina *(Mussorgski)* S. 383
Los ciegos *(Misón)* S. 371
Le cinesi *(Gluck)* S. 359 f.
Circe *(Keiser)* S. 157
Claudine von Villa Bella
    (Reichardt) S. 350 f.
Claudius *(Keiser)* S. 157, 162
La clemenza di Scipione *(J. Chr. Bach)*
S. 283
La clemenza di Tito *(Hasse)* S. 380
La clemenza di Tito *(Mozart)* S. 212,
274, 288, 379, **481–488**
Cleopatra e Cesare *(C. H. Graun)* S. 282
Le congrès des rois *(Cherubini, Grétry,
    Dalayrac, Méhul u. a.)* S. 504
La Contadina *(Hasse)* S. 243
La Contadina astuta *(Pergolesi)* S. 534
Les Contes d'Hoffmann *(Offenbach)*
S. 524
Una cosa tara *(Martín y Soler)* S. 378

Così fan tutte ossia La scuola degli
amanti *(Mozart)* S. 335, 422, 427,
469, **473–481**, 483 f., 486 f.
Costanza e fortezza *(Fux)* S. 268
Creso *(Draghi)* S. 160
Cythère assiégée *(Gluck)* S. 299

Dafne *(Peri)* S. 22, 24, 144
La Dafne *(da Gagliano)*
S. 30, **36–37**, 46
La Dame blanche *(Boieldieu)* S. 507
Les Danaïdes *(Salieri)* S. 325 f.
Daphne → Pastoral-Tragikomödie
von der Daphne *(Schütz)*
Daphne *(Peranda/Bontempi)* S. 149
Dardanus *(Rameau)* S. 118, 121 f.,
133–137
David et Jonathas *(Charpentier)*
S. 106, **107–109**
Deidamia *(Händel)* S. 214 f., 219
233–235
Demetrio *(Hasse)* S. 244, 271
Démophon *(Cherubini)* S. 521 f.
Der bei dem allgemeinen Weltfrieden
und dem großen Augustus
geschlossene Tempel des Janus
(Keiser) S. 157
Der in sein Modell verliebte Maler
(Duni) S. 335
Los desagravios de Troya *(Literes)*
S. 369
Le Déserteur *(Monsigny)* S. 336, 342
Les deux journées *(Cherubini)*
S. 506, 515, 523 f.
The Devil to Pay *(Coffey)* S. 181, 345
Le Devin du village *(Rousseau)* S. 115,
240, **332–335**, 343, 381, 409
La diavolessa *(Galuppi)* S. 251 f.
Dido *(Haydn)* S. 390
Dido and Aeneas *(Purcell)* S. 61, 73,
172, **177–181**
Didone abbandonata *(Hasse)* S. 279
Didone abbandonata *(Jommelli)* S. 284

Didone abbandonata *(Sarri)*
S. 243, 269, 271
Didone abbandonata *(Vinci)* S. 275
Dioclesian *(Purcell)* S. 173 f.
Il dissoluto punito ossia Il Don
Giovanni *(Mozart)* S. 50, 256, 266,
346, 378, 401, 414, **460–473**,
475, 477, 479, 482 f., 484, 494,
522, 531
Doktor und Apotheker
(Dittersdorf) S. 350, **363–366**
Don Chisciotte in Sierra Morena
(Conti) S. 269
Don Giovanni *(Mozart)* S. 50, 256, 266,
346, 378, 401, 414, **460–473**, 475, 477,
479, 482 f., 484, 494, 522, 531
Don Pasquale *(Donizetti)* S. 237, 458
Don Quichote auf der Hochzeit des
Comacho *(Mattheson)* S. 165
Der Dorfbalbier *(Hiller)* S. 347
Der Dorfjahrmarkt *(Benda)* S. 355
Der Dorfwahrsager *(Rousseau)* S. 115,
240, **332–335**, 343, 381, 409
La Dori *(Cesti)* S. 75
Doriclea *(Cavalli)* S. 71
Down in the Valley *(Weill)* S. 182
The Dragon of Wantley *(Lampe)*
S. 209, 373 ff.
Die drei Zeitalter der Oper *(Grétry)*
S. 341
Die Dreigroschenoper *(Weill)*
S. 182, 184
I due supposti conti *(Cimarosa)* S. 390
The Duenna *(Linley d. J.)* S. 376

Echo und Narziss *(Gluck)* S. 300
Egisto *(Cavalli)* S. 70, 74
Der eifersüchtige Liebhaber *(Grétry)*
S. 338, 455
Der eingebildete Sokrates *(Paisiello)*
S. 261
Elektra *(Strauss)* S. 324
Elena *(Cavalli)* S. 71

Die Elfenkönigin *(Purcell)*
S.169, 173, **175–177**

Eliogabalo *(Cavalli)* S.71

Élisa ou Le voyage aux glaciers du Mont
St. Bernard *(Cherubini)* S.515, 523 f.

Elisabetta, regina d'Inghilterra *(Rossini)*
S.300

L'elisir d'amore *(Donizetti)* S.237

Emilia o L'eremitaggio di Liverpool
(Donizetti) S.262

Emma und Eginhard → Die lasttragende Liebe *(Telemann)*

Enrico Leone *(Steffani)* S.77

Die Entführung aus dem Serail
(Mozart) S.129, 242, 361 f., 365,
392, 395, 401, 404, 418, 424, 427 f.,
440–448, 449, 459, 484

The Ephesian Matron *(Dibdin)* S.377

Gli equivoci *(Storace)* S.377

L'Eraclea *(Scarlatti)* S.200

L'Ercole amante *(Cavalli)* S.70 f.,
73–74, 81, 191

Die erfinderische Witwe *(Sellitti)*
S.243

Erindo oder Die unsträfliche Liebe
(Kusser) S.149

L'Erismena *(Cavalli)* S.70

L'Eritrea *(Cavalli)* S.70 f., 72

Der Erntekranz *(Hiller)* S.347

L'eroe cinese *(Cimarosa)* S.288

Erst die Musik, dann die Worte
(Salieri) S.40, 328, 450

Erwin und Elmire *(Reichardt)*
S.350, 352

Eumelio *(Agazzari)* S.64

Euphrosine ou Le tyran corrigé
(Méhul) S.516 f., 522

L'Euridice *(Caccini)* S.30, **31–34,** 37,
44 f., 63, 65, 68

L'Euridice *(Peri)* S.21, 27, 30, **31–34,**
37 f., 44 f., 63, 65, 67 f., 388

Euridice *(Wagenseil u. a.)* S.360

L'Europa riconosciuta *(Salieri)* S.325

L'Europe galante *(Campra)* S.99,
106, 121

Euryanthe *(Weber)* S.304, 517

Ezio *(Händel)* S.217, 229

The Fairy Queen *(Purcell)*
S.169, 173 **175–177**

Der Falke *(Bortnjanski)* S.384

Die falsche Sklavin *(Gluck)* S.360

Falstaff *(Salieri)* S.257

Falstaff *(Verdi)* S.50, 237, 459, 467

La Famille suisse *(Boieldieu)* S.507

Faniska *(Cherubini)* S.523 f.

Faramodo *(Händel)* S.219

Le Faucon *(Bortnjanski)* S.384

La Fausse esclave *(Gluck)* S.360

La fedeltà premiata *(Haydn)*
S.388, **399–400**

Fernand Cortez *(Spontini)* S.524

Le feste superbe *(Reichardt)* S.348

Les Fêtes de l'Hymen et de l'Amour
(Rameau) S.122

Les Fêtes d'Hébé *(Rameau)* S.120

Les Fêtes vénitiennes *(Campra)* S.106

Fetonte *(Jommelli)* S.285

Fewej *(Paschkewitsch)* S.383

La fida ninfa *(Vivaldi)* S.204

Fidelio *(Beethoven)* S.122, 136, 164,
219, 229, 290, 339, 356, 366, 427, 437,
443, 459, 471, 488, 507, 513, 516, 522,
525, 531

Figaros Hochzeit *(Mozart)* S.60, 213,
231, 242, 246, 253, 259 f., 263 ff.,
337 f., 364 f., 377, 387, 399, 449,
450–461, 464, 469 f., 475, 477, 479,
484, 522

Il filosofo di campagna *(Galuppi)*
S.**249–252,** 255

La finta giardiniera *(Mozart)*
S.**416–420,** 422

La finta pazza *(Sacrati)* S.81

La finta pazza licori *(Monteverdi)* S.53

La finta semplice *(Mozart)* S.408 ff.

Die Fischerinnen *(Haydn)* S. **394–395**
Il Flaminio *(Pergolesi)* S. 247 f.
Flavio *(Händel)* S. 22
La Flora *(da Gagliano/Peri)* S. 30
Il Floridante *(Händel)* S. 215, 217
Florindo und Daphne *(Händel)* S. 162
La forza dell'amore e
    dell'odio *(Araja)* S. 379
Lo frate 'nnamorato *(Pergolesi)*
S. 248 f., 534
Fredegunda *(Keiser)* S. 160
Der Freischütz *(Weber)* S. 356, 517
Fürst Igor (Borodin) S. 383

Die Gans von Kairo *(Mozart)* S. 449
Der geduldige Sokrates *(Telemann)*
S. 164 f.
Die geheimen Begebenheiten Henrico
    IV, Königs von Castilien und Leon
    (Mattheson) S. 164
Die Geisterinsel *(Reichardt)* S. 352
Der Geisterturm *(Storace)* S. 377
Der Geizige *(Paschkewitsch)* S. 383
Der gekettete Adonis *(Mazzocchi)* S. 65
Il gemino d'amore *(Orefice)* S. 240
Die geraubte Proserpina *(Monteverdi)*
S. 68
Der Gerechte *(Händel)* S. 374
La Gerusalemme liberata *(Pallavicino)*
S. 77
Giasone *(Cavalli)* S. 69, 72, 75, 77, 261
Un giorno di regno *(Verdi)* S. 237
Giulio Cesare in Egitto *(Händel)* S. 213,
215, 217 f., 222, **223–225**, 414
Giulio Sabino *(Sarti)* S. 290
Giunio Bruto *(Cimarosa)* S. 288
Il giustino *(Händel)* S. 374
Die glückliche Hand *(Schönberg)* S. 356
Die glücklichen Betrügereien
    (Pollarolo) S. 193 f.
Die Götterdämmerung *(Wagner)*
S. 503, 515, 525
Der goldene Apfel *(Cesti)* S. 75 f., 95

Der goldene Apfel *(Fomin)* S. 384
Der goldene Hahn *(Rimski-Korsakow)*
S. 383
Die Grausamkeiten des Klosters
    (Berton) S. 504, 513
Griselda *(Bononcini u. a.)* S. 195 ff.
Griselda *(Scarlatti)* S. 200
Die großartigen Liebhaber *(Lully)* S. 87
Die großmüthige Tomyris *(Keiser)*
S. 161
Günther von Schwarzburg *(Holzbauer)*
S. 349, 415
Guillaume Tell *(Grétry)* S. 341, 505
Guillaume Tell *(Rossini)* S. 506

Hänschen und Gretchen *(Reichardt)*
S. 348
The Haunted Tower *(Storace)* S. 377
Der Heilige Alexius *(Landi)* S. 66 f.
Der Heilige Johannes der Täufer
    (Stradella) S. 68
Die Heimkehr des Odysseus
    (Monteverdi) S. **53–56**, 57,
    60, 66, 77, 189, 237
Die heimliche Ehe *(Cimarosa)* S. 236,
253, **262–266**, 290, 458
Die heimliche Ehe *(Devienne)* S. 264
Herrscher für einen Tag *(Verdi)* S. 237
Hésione *(Campra)* S. 106
Hieronymus Knicker *(Dittersdorf)*
S. 364
Hippolyte et Aricie *(Rameau)* S. 94,
111, 118 f., 121, 123–129, 313
Der hochmütige Gefangene *(Pergolesi)*
S. 238, 244
Der hochmüthige, gestürzte und wieder
    erhabene Croesus *(Keiser)*
    S. 160–161
Die Hochzeit des Figaro *(Mozart)*
S. 60, 213, 231, 242, 246, 253, 259 f.,
263 ff., 337 f., 364 f., 377, 387, 399, 449,
450–461, 464, 469 f., 475, 477, 479,
484, 522

Hoffmanns Erzählungen *(Offenbach)*
S. 524

Die Horatier und die Curatier *(Cimarosa)* S. 262, **288–290**

Der Hufschmied *(Philidor)* S. 337

Les Huguenots *(Meyerbeer)*
S. 515, 525, 530

Idomeneo, re di Creta *(Mozart)* S. 99,
286, 288 f., 399, 415, 423 f., **429–439,**
440, 442 f., 477, 482, 486, 500

Ifigenia *(Traetta)* S. 286, 390

Ifigenia in Trauride *(di Majo)* S. 283

Imeneo *(Händel)* S. 214, 217, 219

L'impresario delle Canarie *(Sarri)*
S. 243, 269

L'incontro improvviso *(Haydn)*
S. 361, 394, **395–396,** 397, 442

L'incoronazione di Poppea
(Monteverdi) S. 27, 43, 53, **56–62,**
66, 70 f., 73, 76 f., 189, 220 f.

Les Indes galantes *(Rameau)*
S. 99, 118 **129–131,** 442, 444

The Indian Queen *(Purcell)*
S. 173 ff., 178

L'infedeltà delusa *(Haydn)* S. **392–394**

L'infedeltà fedele *(Cimarosa)* S. 399

Gl'inganni felici *(Pollarolo)* S. 193 f.

Intermezzo in Pisa → Il trionfo
dell'onore *(Scarlatti)*

Ipermestra *(Cavalli)* S. 71

Iphigénie en Aulide *(Gluck)* S. 294,
299 f., 302, 309 f., **315–319,** 223

Iphigénie en Tauride *(Gluck)* S. 26, 119,
135, 293 f., 299 f., 302, 309 f., **319–325**

Isis *(Lully)* S. 88, 93 f.

L'isola disabitata *(Haydn)* S. 401, 403

L'italiana in Algeri *(Rossini)* S. 98, 261

L'Ivrogne corrigé *(Gluck)* S. 360

Die Jagd *(Hiller)* S. 346 ff., 514

Der Jahrmarkt von Sorotschinzi
(Mussorgski) S. 384

Jamschtschiki na podstawe *(Fomin)*
S. 384 f.

Janus *(Keiser)* S. 157

Jason *(Cavalli)* S. 69, 72, 75, 77, 261

Jery und Bätely *(Reichardt)* S. 352

Le Jeune Henri *(Méhul)* S. 513

Joseph *(Méhul)* S. 514, 518 ff.

Die Jubelhochzeit *(Hiller)* S. 347

Juchhey *(Reichardt)* S. 352

Jugar con fuego *(Barbieri)* S. 372

Julius Cäsar in Ägypten *(Händel)* S. 213,
215, 217 f., 222, **223–225,** 414

Jupiter und Jo *(Peranda/Bontempi)*
S. 149

Kak poschiwosch, tak i proslywosch
(Paschkewitsch) S. 382

King Arthur *(Purcell)* S. 173 f.

Der König als Hirte *(Mozart)*
S. **421–423**

König Garibal → La clemenza di Tito
(Mozart)

Der königliche Schäfer oder Basilius in
Arcadien *(Keiser)* S. 154

Die Krönung der Poppäa *(Monteverdi)*
S. 27, 43, 53, **56–62,** 66,
70 f., 73, 76 f., 189, 220 f.

Der krumme Teufel *(Haydn)* S. 389

Kunst und Liebe *(Reichardt)* S. 352

Das Kutschenunglück *(Paschkewitsch)*
S. 383

Die Kutscher auf der Poststation
(Fomin) S. 384 f.

Las labradoras de Murcia *(de Hita)*
S. 371 f.

Der lächerliche Prinz Jodelet *(Keiser)*
S. 161, 197

Die lasttragende Liebe oder Emma und
Eginhard *(Telemann)* S. 154, 165,
167–168

Die Launische und der Leichtgläubige
(Sarri) S. 243

Léhéman ou La tour de Neustadt
(Dalayrac) S. 516
Léon (Dalayrac) S. 516
Leonora (Mercadante) S. 262
Leonora (Paer) S. 513
Leonore → Fidelio (Beethoven)
Léonore (Gaveaux) S. 506, 513
La liberazione di Ruggiero dall'isola
d'Alcina (Caccini) S. 30
Lieb' und Treu (Reichardt) S. 352
Liebe im Dorf (Arne) S. 377
Liebe verlangt Leiden (Leo) S. 240
Der Liebestrank (Donizetti) S. 237
List um List oder Der Raub des
Ganymed (de Nebra) S. 369
Lila (Reichardt) S. 352
Lisuart und Dariolette (Hiller) S. 345 f.
Livietta e Tracollo (Pergolesi) S. 534
Lodoïska (Cherubini) S. 505, 508,
514 f., 522 ff.
Lodoïska (Kreutzer) S. 505
Lohengrin (Wagner) S. 488
The Lord of the Manor (Jackson)
S. 376
Lottchen am Hofe (Hiller) S. 346
Love in a Village (Arne) S. 377
Lucile (Grétry) S. 338, **342–344**
Lucio Silla (J. Chr. Bach) S. 283
Lucio Silla (Mozart) S. 410, 413 f., 416,
419, 422

Macdonald → Léhéman ou La tour de
Neustadt
Machandelboom (Riehm) S. 356
Die Macht der Liebe und des Hasses
(Araja) S. 379
Die Mädchen in der Galeere (Vinci)
S. 240
La maga fulminata (Manelli) S. 69
Die Magd als Herrin (Pergolesi)
S. 115 f., 166, 232, 238, **242–249**, 250,
258 f., 277, 281, 333
Le Magnifique (Grétry) S. 339

Le Maréchal ferrant (Philidor) S. 337
Le Mariage clandestin (Devienne)
S. 264
Masagniello furioso oder Die neapolita-
nische Fischer-Empörung (Keiser)
S. 157, **158 f.**
The Masque of Alfred (Arne) S. 185
Il matrimonio segreto (Cimarosa)
S. 236, 253, 262–266, 290, 458
Medea (Benda) S. 355, 372, 415, 426
Medée (Charpentier)
S. 106, 109–111, 525
Medée (Cherubini) S. 505 f., 511 f., 516,
520, 523, **524–531**
Médée à Colchos (Vogel) S. 526
Il Medoro (da Gagliano) S. 30
Die Meistersinger von Nürnberg
(Wagner) S. 168, 462
Mélidor et Phrosine (Méhul) S. 506,
518
Melnik – koldun, obmantschik i swat
(Sokolowski) S. 381
Die Mißverständnisse (Storace) S. 377
Mit dem Feuer spielen (Barbieri) S. 372
Mitridate Eupatore (Scarlatti) S. 198 f.
Mitridate, re di Ponto (Mozart)
S. 410 f., 413, 416, 418, 422, 459
Il mondo alla roversa (Galuppi)
S. 250
Il mondo della luna (Haydn)
S. **396–397**, 400
Monsieur de Pourceaugnac (Lully)
S. 86
Montano et Stéphanie (Berton)
S. 508, 513
Montezuma (Graun) S. 281 ff.
La morte d'Orfeo (Landi) S. 64, 67
Mosè in Egitto (Rossini) S. 246
Der Müller als Zauberer, Betrüger und
Ehestifter (Sokolowski) S. 381
La Muette de Portici (Auber)
S. 158, 239
Muzio Scevola (Cavalli) S. 70

Das Nachtlager von Granada *(Kreutzer)*
S. 351
Naïs *(Rameau)* S. 118 ff.
Nero *(Händel)* S. 162
Nestschastje ot karety *(Paschkewitsch)*
S. 383
Der neumodische Liebhaber Damon
(Mattheson) S. 165
Nina ossia La pazza per amore
(Paisiello) S. 262
Niobe *(Steffani)* S. 77
Nowgorodskoj bogatyr Bojeslawitsch
(Fomin) S. 384
Le nozze di Enea con Lavinia
(Monteverdi) S. 53
Le nozze di Figaro *(Mozart)*
S. 60, 213, 231, 242, 246, 253, 259 f.,
263 ff., 337 f., 364 f., 377, 387, 399,
449, **450–461**, 464, 469 f., 475,
477, 479, 484, 522
Le nozze di Peleo et di Teti *(Caproli)*
S. 81
Le nozze di Teti e di Peleo *(Cavalli)*
S. 70 f.

Oberon, König der Elfen *(Weber)*
S. 353, 488, 517
Oberon, König der Elfen *(Wranitzky)*
S. 494
L'oca del Cairo *(Mozart)* S. 449
Octavia *(Keiser)* S. 157 f., 162
L'Olimpiade *(Cimarosa)* S. 288
L'Olimpiade *(Jommelli)* S. 284
L'Olimpiade *(Leo)* S. 275
L'Olimpiade *(Pergolesi)* S. 285
L'Olimpiade *(Vivaldi)* S. 202, 205
Gli Orazi e i Curiazi *(Cimarosa)*
S. 262, **288–290**
Oreste *(Cimarosa)* S. 287
Orfej i Ewridike *(Fomin)* S. 384
L'Orfeo *(Monteverdi)* S. 27, 37, 39 f., 43,
44–49, 52, 53 f., 57, 59 f., 64 f., 67, 69,
71, 242

Orfeo *(Rosso)* S. 81
Orfeo ed Euridice *(Gluck)* S. 126, 128,
262, 286, 294 f., 298 ff., **304–310**,
311 ff., **314–315**, 321, 325, 401, 433
L'Orione *(Cavalli)* S. 71
L'Oristeo *(Cavalli)* S. 71
Orlando *(Händel)* S. 215 f., 217, 222
Orlando finto pazzo *(Vivaldi)* S. 202 ff.
Orlando Paladino *(Haydn)* S. **400–401**
L'Ormindo *(Cavalli)* S. 70, **72–73**
Ornospade *(Caldara)* S. 268
L'Orontea *(Cesti)* S. 75 ff.
Orpheus und Eurydike *(Fomin)* S. 384
Orpheus und Eurydike *(Gluck)* S. 126,
128, 262, 286, 294 f., 298 ff., **304–310**,
311 ff., **314–315**, 321, 325, 401, 433
Ossian *(Lesueur)* S. 506
Otello *(Verdi)* S. 61, 506
Ottone *(Händel)* S. 216

The Padlock *(Dibdin)* S. 377
Il paese della cuccagna *(Galuppi)* S. 250
Les Paladins *(Rameau)* S. 118, 120
Paride ed Elena *(Gluck)* S. 294, 296,
299, 302, 312, 324
Partenope *(Händel)* S. 214, 217
Il pastor fido *(Händel)* S. 222
Pastoral-Tragikomödie von der
Daphne *(Schütz)* S. 37, 143 ff.
La Pastorale d'Issy *(Cambert)* S. 84
Patrò Calienno della Costa *(Orefice)*
S. 240
Paul et Virginie *(Kreutzer)* S. 508, 515
Paul et Virginie *(Lesueur)* S. 505,
513, 515
Les Peines et les plaisirs d'amour
(Cambert) S. 84
Le Peintre amoureux de son modèle
(Duni) S. 335
Pelléas et Mélisande *(Debussy)* S. 61
Pereroschdenij *(Sorin)* S. 381
Le pescatrici *(Haydn)* S. **394–395**
Peter Grimes *(Britten)* S. 181

Der Petersburger Kaufhof
  (Paschkewitsch) S. 382
Pfalzgraf Roland (Haydn) S. **400–401**
Phaéton (Lully) S. 89, 96
Philemon und Baucis (Haydn) S. 390
Der Philosoph auf dem Lande
  (Galuppi) S. **249–252**, 255
Pimpinone oder Die ungleiche Heirat
  (Telemann) S. 164, **165–166**, 242
Pique Dame (Tschaikowsky) S. 338
The Pirates (Storace) S. 378
Platée ou Junon jalouse (Rameau)
  S. 118 f.
Die Plejades oder das Siebengestirn
  (Mattheson) S. 164
Polly (Pepusch) S. 373
Il pomo d'oro (Cesti) S. 75 f., 95
Pomone (Cambert) S. 84, 88, 90, 171
Pompeo magno (Cavalli) S. 70
Ponce de Léon (Berton) S. 513
Poro (Händel) S. 216
Der Prächtige (Grétry) S. 339
Il prigioniero superbo (Pergolesi)
  S. 238, 244
Prima la musica, poi le parole (Salieri)
  S. 40, 328, 450
La Princesse de Navarre (Rameau)
  S. 118 f., 213
Procris und Cephalus (Keiser) S. 154
Proserpina rapita (Monteverdi) S. 68
Proserpine (Lully) S. 88
Psyché (Lully) S. 93, 96, 171
La púrpura de la rosa (Hidalgo) S. 367
Pygmalion (Rameau) S. 118, 372

Radamisto (Händel) S. 216 f., 219
Raoul Barbe-bleue (Grétry)
  S. 338, 340, 344
Rappresentatione di anima e di corpo
  (de' Cavalieri) S. 28, 30 f., **34–36**,
  37, 44, 63 f., 66, 70, 146, 149
Die Rauchfangkehrer (Salieri)
  S. 235, 362

Il re pastore (Mozart) S. **421–423**
La Rencontre imprévue (Gluck)
  S. 360, **361–362**, 395, 442
Das republikanische Rosenmädchen
  oder Das Tugendfest (Grétry)
  S. 342, 504 f.
La Réunion du dix août (Porta) S. 504
Riccardo Primo (Händel) S. 214, 217
Richard Cœur de Lion (Grétry) S. 338,
  340–341, 342, 504, 507, 516, 525
Les Rigueurs du cloître (Berton)
  S. 504, 513
Rinaldo (Händel) S. 181, 185, 221 f., 227
Il ritorno d'Ulisse in patria
  (Monteverdi) S. **53–56**, 57,
  60, 66, 77, 189, 237
Ritter Roland → Orlando Paladino
  (Haydn)
Robert le diable (Meyerbeer) S. 468
Robert und Kalliste → La sposa fedele
  (Guglielmi)
Rodelinda, regina dei Langobardi
  (Händel) S. 214, 216, 222, **227–229**,
  414
Rodrigo → Vincer se stesso è la maggior
  vittoria (Händel)
Roland (Lully) S. 88 f.
Roméo et Juliette (Dalayrac) S. 508
Roméo et Juliette (Steibelt) S. 505
Rosemunde (Schweitzer) S. 349
Der Rosenkavalier (Strauss)
  S. 62, 213, 432
La Rosière républicaine ou La Fête de la
  vertu (Grétry) S. 342, 504 f.
Ruggiero (Hasse) S. 280 f.

Die Sängerin (Haydn) S. **391**, 392
Samson (Rameau) S. 123, 130
San Giovanni Battista (Stradella) S. 68
Sankt-Peterburgskij gastinnyi dwor
  (Paschkewitsch) S. 382
Il Sant'Alessio (Landi) S. 66 f.
Der Schauspieldirektor (Mozart) S. 328

Der scheinbar wahnsinnige Roland
(*Vivaldi*) S. 202 ff.

La schiava liberata (*Jommelli*) S. 442

Lo schiavo di sua moglie
(*Provenzale*) S. 237

Das Schlaraffenland (*Galuppi*) S. 250

Die schlaue Bäuerin (*Pergolesi*) S. 534

Die schlaue Magd (*Hasse*) S. 281

Die Schmerzen und Freuden der Liebe
(*Cambert*) S. 84

Die Schnitterinnen von Vallecas
(*de Hita*) S. 370

Die Schweizer Familie (*Boieldieu*)
S. 507

Scipione (*Händel*) S. 217

Scipione Africano (*Cavalli*) S. 70 f.

Scylla et Glaucus (*Leclair*) S. 138

Die Seele des Philosophen oder
Orpheus und Eurydike (*Haydn*)
S. 306, 387 ff., 391, 401

Seelewig (*Staden*) S. **145–149**

Las segadoras de Vallecas
(*de Hita*) S. 370

La selva sin amor (*de Castro?*) S. 367

Semiramide (*Rossini*) S. 290

Das Serail (*Friebert*) S. 424

Serpilla e Boccacco, ovvero Il marito
giocatore e la moglie bacchettona
(*Vinci*) S. 240

Serse (*Bononcini*) S. 194, 229

Serse (*Cavalli*) S. 229

Serse (*Händel*) S. 159, 210, 214, 219,
222, **229–233**

La serva padrona (*Pergolesi*) S. 115 f.,
166, 232, 238, **242–249**, 250, 258 f.,
277, 281, 333

La serva scaltra (*Hasse*) S. 281

Sesostrate (*Hasse*) S. 238

Sich selbst besiegen ist der größte Sieg
(*Händel*) S. 220

The Siege of Belgrade (*Storace*) S. 378

The Siege of Rhodes (*Locke u. a.*)
S. 169, 171

Siegfried (*Wagner*) S. 337, 404

Silla (*Händel*) S. 217

Siroè, re di Persia (*Händel*) S. 214, 217

Siroè, re di Persia (*Vinci*) S. 275

Der Sklave seiner Frau (*Provenzale*)
S. 237

Skupoj (*Paschkewitsch*) S. 383

Socrate immaginario (*Paisiello*) S. 261

Sofonisba (*Traetta*) S. 286

Il sogno di Scipione (*Mozart*)
S. 410, 413, 415

Solimano (*Hasse*) S. 442

Solimano (*Pérez*) S. 283

Solotoje jablonko (*Fomin*) S. 384

Das Sonnenfest der Brahminen
(*Müller*) S. 494

Sophie ou Le mariage caché (*Kohout*)
S. 264

Sosarme (*Händel*) S. 215

Lo speziale (*Haydn*) S. **391–392**

Das Spiel von Körper und Seele
(*de' Cavalieri*) S. 28, 30, 31, **34–36**,
37, 44, 63 f., 66, 70, 146, 149

La sposa fedele (*Guglielmi*) S. 253

Gli sposi malcontenti (*Storace*) S. 377

Lo sposo deluso (*Mozart*) S. 449

Störtebeker und Jögde Michaels
(*Keiser*) S. 157

Die Stumme von Portici (*Auber*)
S. 158, 239

Der Sturz der Giganten (*Gluck*) S. 295

Die Sühne Trojas (*Literes*) S. 369

Tamerlano (*Gasparini*) S. 206

Tamerlano (*Händel*) S. 166, 214 f., 217,
222, **225–227**, 289

Tancrède (*Campra*) S. 106

Tarare (*Salieri*) S. 326 f., 505, 522

Tassilone (*Steffani*) S. 77

Die Tauschhändler (*Dauvergne*) S. 335

Telemaco (*Gluck*) S. 299

Télémaque (*Lesueur*) S. 520

The Tempest (*Purcell*) S. 173

Le Temple de la gloire *(Rameau)* S.123
Teseo *(Händel)* S.222
Der Teufel ist los *(Coffey)* S.181, 345
Der Teufel ist los oder
  Die verwandelten Weiber
  (Standfuß) S.345
Die Teufelin *(Galuppi)* S.251f.
Thésée *(Lully)* S.93
Thomas and Sally *(Arne)* S.376
Thomyris *(Pepusch u. a.)* S.184
Il Tigrane *(Scarlatti)* S.198
Titus *(Mozart)* S.212, 274, 288, 379,
481–488
Tolomeo *(Händel)* S.217
Tom Jones *(Philidor)* S.337
Trajanus *(Keiser)* S.157
Die treue Gattin *(Guglielmi)* S.253
Der treue Hirte *(Händel)* S.222
Die treue Nymphe *(Vivaldi)* S.204
Die treue Untreue *(Cimarosa)* S.399
Il trionfo della libertà *(Scarlatti)* S.198
Il trionfo dell'onore *(Scarlatti)*
S.238, 241ff., 247
Il trionfo di Camilla regina de' Volsci
  (Bononcini) S.194
Tristan und Isolde *(Wagner)* S.61, 143
Der Triumph der Ehre *(Scarlatti)*
S.238, 241ff., 247
Der Triumph der Volskerkönigin
  Camilla *(Bononcini)* S.194
Les Trois âges de l'opera *(Grétry)*
S.341
Die Trojaner *(Berlioz)* S.95, 180,
318, 530
Les Trouqueurs *(Dauvergne)* S.335
Les Troyens *(Berlioz)* S.95, 180,
318, 530
Tsefali i Prokris *(Araja)* S.380
Die Tugend in der Liebe *(Scarlatti)*
S.196
Die Tugend in Liebeswirren *(Cavalli)*
S.72
Ulysses *(Keiser)* S.157

Die ungleiche Heirat oder Das herrsch-
  süchtige Kammermädchen → Pimpi-
  none *(Telemann)*
Untreue lohnt nicht *(Haydn)*
S.392–394
Die unverhoffte Begegnung *(Haydn)*
S.361, 394, **395–396**, 397, 442
Die unverhoffte Begegnung oder Die
  Pilger von Mekka *(Gluck)*
S.360, **361–362**, 395, 442
Die unzufriedenen Gatten *(Storace)*
S.377
Uthal *(Méhul)* S.520

Le vedova ingegniosa *(Sellitti)* S.243
Venus and Adonis *(Blow)* S.171
La vera costanza *(Haydn)* S.**397–399**,
400f.
Die verdammte Staatssucht oder Der
  verführte Claudius *(Keiser)* S.157
La vergine del sol *(Cimarosa)* S.288
Die verkehrte Welt *(Galuppi)* S.250
Der verliebte Bruder *(Pergolesi)*
S.248f., 534
Die Versammlung vom 10. August
  (Porta) S.504
Die verstellte Einfalt *(Mozart)* S.408ff.
Die verstellte Gärtnerin
  (Mozart) S.**416–420**, 422
Die verwandelten Weiber *(Hiller)*
S.345
La vestale *(Spontini)* S.505, 524, 530
La vida do grande Dom Quixote de la
  Mancha *(da Silva)* S.370
Vincer se stesso è la maggior vittoria
  (Händel) S.220
La virtù de' strali d'amore *(Cavalli)*
S.72
La virtù negli amori *(Scarlatti)* S.196
Voldomiro *(Cimarosa)* S.288
Vor Eifersucht und Liebe gewinnt
  Mitleid Wert oder Achill in Troja
  (de Nebra) S.369

Die vorgetäuschte Wahnsinnige
  (Sacrati) S.81
Das Vorhängeschloß *(Dibdin)* S.377

Wahre Beständigkeit *(Haydn)*
S. **397–399,** 400 f.
Der Wald ohne Liebe *(de Castro?)*
S.367
Die Walküre *(Wagner)* S.304
Der Wasserträger *(Cherubini)*
S.506, 515, 523 f.
Weiberlisten *(Cimarosa)* S.262
Die weiße Dame *(Boieldieu)* S.507
Die Welt auf dem Monde *(Haydn)*
S. **396–397,** 400
Wer ausharrt, siegt *(Biber)* S.78
Wer leidet, darf hoffen *(Mazzocchi/
  Marazzoli)* S.67
Wie du lebst, ist auch dein Ruf
  (Paschkewitsch) S.382
Die Wiedergeburt *(Sorin)* S.381
Die Witwe von Ephesus
  (Dibdin) S.377

Wozzeck *(Berg)* S.326, 365, 405
Die wüste Insel *(Haydn)* S.401, 403

Xerxes *(Bononcini)* S.194, 229
Xerxes *(Cavalli)* S.229
Xerxes *(Händel)* S.159, 210, 214, 219,
222, **229–233**

Zaide *(Mozart)* S.355 f., 415,
424–425, 426 f., 432, 438, 477
Zaïs *(Rameau)* S.119
Die Zauberflöte *(Mozart)* S.99, 212,
266, 324, 326 f., 366, 415 f., 418, 449,
459, 461, **488–501,** 514, 522
Die Zauberzither oder Kaspar der
  Fagottist *(Müller)* S.490 f.
Zefal und Prokris *(Araja)* S.380
Zémire et Azor *(Grétry)* S.341
Die zerschmetterte Zauberin
  (Manelli) S.69
Le zite 'n galera *(Vinci)* S.240
Zoroastre *(Rameau)* S.94, 107, 118 ff.,
122, 133, 494

PERSONENVERZEICHNIS

Abert, Hermann S. 236, 270 304f., 310
Ablessimow, Alexander S. 381
Adam de la Halle S. 330
Adlgasser, Anton S. 407
Adorno, Theodor W. S. 164, 404, 462
Agazzari, Agostino S. 29, 64
Agnelli, Scipione S. 42
Alberti, Leone Battista S. 190
Albinoni, Tommaso S. 165 f., 242, 269
Alembert, Jean Le Rond d' S. 113 ff.
Alfieri, Vittorio S. 288
Algarotti, Francesco S. 281, 295 f.,
302, 316
Alxinger, Johann Baptist von
S. 319, 324
Ambros, August Wilhelm S. 53
André, Johann S. 259
André, Johann Anton S. 424
Anfossi, Pasquale S. 397, 417
Angermüller, Rudolph S. 409
Angiolini, Gasparo S. 295
Anheisser, Siegfried S. 423, 450, 473
Anna von Österreich S. 86
Anna Amalia, Herz. v. Sachsen-Weimar
S. 346
Anna Iwanowna, Kaiserin v. Rußland
S. 380
Apell, Johann David S. 429
Apolloni, Giovan Filippo S. 75
Araja, Francesco S. 379 f.
Arditi, Luigi S. 524
Ariost S. 87, 202 f., 267, 513
Aristophanes S. 252
Aristoteles S. 67

Arne, Thomas Augustine
S. 181, 185, 375 ff.
Arnold, Samuel S. 377
Arteaga, Esteban (Stefano) S. 270, 301
Artusi, Giovanni Maria S. 40 f.
Arvioux, Laurent d' S. 98
Auber, Daniel François Esprit
S. 158, 239
Auenbrugger, Lepold von S. 362
Auersperg, Johann Adam S. 429
August der Starke S. 277, 378

Bach, Johann Christian S. 92, 283, 407,
413, 416
Bach, Johann Sebastian S. 67, 104, 157,
210, 423
Bachmann, Ingeborg S. 406, 501
Badani, Carlo Francesco S. 389, 400
Badoaro, Giacomo S. 53
Baltasar de Beaujoyeuls S. 81
Barberini, Antonio S. 28, 67 f.
Barberini, Francesco S. 28, 67 f.
Barberini, Maffeo (Urban VIII.) S. 67
Barbieri, Francesco Asenjo S. 372
Bardi, Giovanni Maria dei S. 22, 28, 40
Baroni, Leonora S. 81
Barthe, Nicolas-Thomas S. 475
Basili, Basilio S. 372
Batteux, Charles S. 129
Bausch, Pina S. 305
Baumgarten, Alexander Gottlieb S. 164
Beaumarchais, Pierre-Augustin Caron de
S. 258 f., 261, 264, 327 f., 450 ff.,
459, 464

Bedford, Herzog von S. 222
Bedini, Domenico S. 487
Beethoven, Ludwig van S. 122, 136,
164, 219, 227, 229, 252, 290, 313, 339 f.,
347, 356, 366, 409, 427, 436, 443, 453,
468, 471, 474, 480, 488, 503, 505, 507,
513, 520, 522, 525, 531
Bellini, Vincenzo S. 262, 488
Benda, Friedrich Ludwig S. 259
Benda, Georg Anton (Jiří Antonín)
S. 355 ff., 372, 415, 426, 445
Benti-Bulgarelli, Marianna S. 269
Bérain, Jean S. 96
Beresowski, Maxim S. 380
Berg, Alban S. 326, 365, 405
Bergman, Ingmar S. 491 f.
Berlioz, Hector S. 95, 132, 180, 263,
298, 305, 310, 313, 318, 344, 356, 388,
448, 503, 530
Bernadon → Kurz
Bernard, Pierre-Joseph S. 131
Bernini, Lorenzo S. 67
Bertati, Giovanni S. 262, 264, 462
Berton, Henri-Montan S. 504, 508, 513
Betterton, Thomas S. 175
Biber, Heinrich Ignaz Franz S. 78 f.
Bickerstaffe, Isaac S. 377
Biron, Ernst Johann S. 380
Bloch, Ernst S. 464
Blow, John S. 171 f.
Boccaccio, Giovanni S. 195, 254
Bodmer, Johann Jacob S. 163 f.
Böhm, Johann S. 420
Böhm, Karl S. 316
Börne, Ludwig S. 444
Boieldieu, François-Adrien S. 507 f.
Boileau-Despréaux, Nicolas S. 89, 155
Bon, Girolamo S. 379
Bonlini, Giovanni Carlo S. 242
Bononcini, Antonio S. 195 f., 197
Bononcini, Giovanni S. 182, 184, 192,
194 ff., 198, 210, 222, 229 f.

Bontempi, Giovanni Andrea S. 149
Borck, Caspar Wilhelm von S. 345
Bordoni, Faustina S. 182, 216, 277
Borghese, Scipione S. 65
Born, Ignaz von S. 492 f.
Borodin, Alexander S. 383
Boroni, Antonio S. 253
Borosini, Francesco S. 226
Bortnjanski, Dmitri Stepanowitsch S. 384
Bostel, Lucas van S. 153, 157, 160
Boucher, François S. 96
Bouilly, Jean-Nicolas S. 513
Boyle, Richard, Earl of Burlington
S. 196
Braccioli, Graziolo S. 203
Braganza, Bárbara de S. 368
Brahms, Johannes S. 520
Brandes, Johann Christian S. 355
Brecht, Bertolt S. 182 ff., 223, 353
Breitinger, Johann Jakob S. 163 f.
Bretonneau, Père S. 107
Bretzner, Christoph Friedrich
S. 441, 474
Britten, Benjamin S. 178, 181 f.
Brossard, Sébastian de S. 109
Brosses, Charles de S. 207, 240
Bruckner, Anton S. 52
Brunelli, Bruno S. 269
Bruno, Giordano S. 23
Büchner, Georg S. 258, 405
Bülow, Hans von S. 468
Buontalenti, Bernardo S. 32
Burgoyne, John S. 376
Burnacini, Ludovico S. 75
Burney, Charles S. 172, 196, 211, 251,
274, 277, 280, 282 ff.
Busch, Fritz S. 474
Busenello, Giovanni Francesco
S. 56 ff., 70
Busoni, Ferruccio S. 248
Bussani, Giacomo Francesco S. 223
Buti, Francesco S. 73

Caccini, Francesca S. 30
Caccini, Giulio S. 22, 24, 27–37, 38, 40, 44 ff., 48, 63, 65, 80, 388
Cagliostro, Graf Alessandro von S. 492 f.
Caigniez, Louis-Charles S. 431
Caldara, Antonio S. 233, 268, 360, 482
Calderón de la Barca, Pedro S. 367 ff.
Callas, Maria S. 524, 526 f.
Calzabigi, Ranieri de' S. 63, 205, 267, 270 f., 295, **301–315**, 388, 417
Cambert, Robert S. 90, 171
Cambreling, Sylvain S. 483
Campion, Thomas S. 169
Campra, André S. 73, 99, 106, 111, 121, 429
Cañizares, José de S. 369
Caproli, Carlo S. 81
Carey, Henry S. 373 ff.
Carissimi, Giacomo S. 106, 110
Carpio, Marquis del S. 199
Casanova, Giacomo S. 301
Castro, Blas de S. 367
Cattaneo, Claudia S. 50
Cavalieri, Emilio de' S. 27 f., 30 f., 34 f., 37, 40, 44, 48, 63 f., 70, 146, 149, 150
Cavalli, Pier-Francesco S. **69–74**, 75 ff., 81, 87, 191, 229 f., 261
Cervantes Saavedra, Miguel de S. 370
Cesti, Antonio S. **75–76**, 77 f., 95
Charpentier, Marc-Antoine S. **106–111**, 525
Chastellux, François-Jean S. 92
Chateaubriand, François René, Vicomte de S. 514
Chaucer, Geoffrey S. 195
Chérau, Patrice S. 414
Cherubini, Luigi S. 342, **502–531**
Chiabrera, Gabriello S. 33
Christian Albert, Herzog v. Schleswig-Gottorf S. 151
Christine, Königin von Schweden S. 75
Chrysander, Friedrich S. 156 f., 213, 226

Cicognini, Giacinto Andrea S. 69, 72, 75
Cigna-Santi, Vittorio Amadeo S. 410
Cimarosa, Domenico S. 166, 236, 253, 262 ff., 274, **287–291**, 390, 399, 457
Claudius, Matthias S. 493
Clemens VIII., Papst S. 492
Coffey, Charles S. 181, 344
Cohen, Hermann S. 474 f.
Coignet, Horace S. 355
Colbert, Jean-Baptiste S. 83 f., 86
Colloredo, Hieronymus von S. 410, 415, 440
Colman d. Ä., George S. 262
Coltellini, Marco S. 286, 392, 408, 417
Conti, Francesco S. 195, 268 f.
Prinz de Conti S. 108, 111
Conradi, Johann Georg S. 154
Corelli, Arcangelo S. 77
Corneille, Pierre S. 86, 88, 91, 113, 138, 219, 223, 227, 288 f.
Corneille, Thomas S. 88, 96, 109 f.
Corsi, Jacopo S. 22, 24, 28, 32
Cortés, Hernán S. 281
Crescimbeni, Giovanni Maria S. 189 f.
Croll, Gerhard S. 446
Cromwell, Oliver S. 170
Cruz, Ramón de la S. 370 f.
Curjel, Hans S. 481
Curtis, Alan S. 57
Cuzzoni, Francesca S. 182, 216

Dahlberg, Heribert von S. 426
Dalayrac, Nicolas S. 504, 506, 508, 516
Dallapiccola, Luigi S. 53
Danchet, Antoine S. 429, 434
Dancourt, Florent-Carton S. 361, 395
Dante Alighieri S. 26, 36
Dauvergne, Antoine S. 335
Davenant, William S. 169 ff.
David, Jacques-Louis S. 518 f.
Dean, Winton S. 219
Debussy, Claude S. 61, 298

Dechant, Hermann S. 350
Delacroix, Eugène S. 519
Deller, Alfred S. 212
Descartes, René S. 49, 115 ff., 204
Desmares, Marie S. 91
Destouches, André-Cardinal S. 94, 106
Devienne, François S. 264
Devrient, Eduard S. 450
Dew, John S. 466
Diaghilew, Sergej S. 248
Dibdin, Charles S. **376–378**
Diderot, Denis S. 111, 113, 295, 342, 442
Dilherr, Johann Michael S. 147
Ditters von Dittersdorf, Karl S. 284,
359, **363–366**
Doni, Giovanni Battista S. 23, 26 f., 50
Donizetti, Gaetano S. 236, 262, 458
Dorati, Antal S. 386
Dotti, Cavaliere S. 198
Draghi, Antonio S. 77, 160
Dryden, John S. 171, 173 f.
Dubarry, Marie Jeanne S. 303
Dubos, Jean-Baptiste S. 91, 94 f.
Dubreuil, Alphonse du Congé S. 320
Dürr, Walther S. 450, 461
Dufresny, Charles S. 98
Duni, Egidio Romoaldo S. 254, 335 f.
Durazzo, Giacomo S. 295
Durey de Noinville S. 80
Durón, Sebastián S. 369

Ebeling, Christoph Daniel S. 251
Eccles, John S. 185
Eckermann, Johann Peter S. 488
Einstein, Alfred S. 424, 432, 441
Elisabeth Petrowna, Kaiserin v. Rußland
S. 380
Elmenhorst, Hinrich S. 152
Enzensberger, Hans Magnus S. 182
Eschenburg, Johann Joachim S. 211
Esterházy, Prinz Nikolaus von
S. 386, 390
Eugen, Prinz v. Savoyen S. 108, 442

Euripides S. 67, 100, 110, 123, 138, 302,
310 f., 316 f., 319, 353 f., 524 f.

Farinelli (d. i. Carlo Broschi)
S. 207, 270, 369
Faustini, Giovanni S. 70 f.
Faustini, Marco S. 70
Favart, Charles-Simon S. 331, 334 ff.,
345 ff., 409, 513
Federico, Gennaro Antonio S. 244, 248
Feind, Berthold S. 153, 157 f., 161
Felsenstein, Walter S. 260, 468, 490
Ferdinand II., Kaiser von Österreich
S. 30
Ferdinand IV., König von Sizilien S. 287
Ferdinand VI., König von Spanien
S. 368
Ferrari, Benedetto S. 68 f.
Fielding, Henry S. 337, 373
Fillette, Claude-François S. 522
Fischer, Ludwig S. 430
Fleming, Paul S. 144
Förtsch, Johann Philipp S. 154, 160
Fomin, Jewstignej Ipatowitsch
S. 382, **384–385**
Fontenelle, Bernard de S. 96
Fortner, Wolfgang S. 182
Franck, Johann Wolfgang S. 154, 157
Frazzi, Vito S. 75
Friberth, Karl S. 395
Friebert, Joseph von S. 424
Friedrich II. der Große S. 281 ff., 295,
447, 495
Friedrich Wilhelm II. S. 348
Friedrich Wilhelm III. S. 352
Frigimelica-Roberti, Girolamo S. 198
Frye, Christopher S. 377
Fux, Johann Joseph S. 196, 267 f., 360
Fuzelier, Louis S. 129 f.

Gabrielli, Caterina S. 286
Gagliano, Marco da S. 24 f., 30, 36 f.,
46, 48, 50

Galilei, Galileo S. 24

Galilei, Vincenzo S. 26

Galuppi, Baldassare S. 242, 249 ff., 255, 262, 283 f., 360, 380, 397

Gamerra, Giovanni de S. 413

García, Manuel S. 371

Gardiner, John-Eliot S. 138

Garrick, David S. 262, 377

Gasparini, Francesco S. 203, **206–208,** 225 f., 242

Gasparini, Quirino S. 410 f.

Gasperini, Guido S. 57

Gassmann, Florian Leopold S. 325

Gaveaux, Pierre S. 506, 508, 513

Gay, John S. 182, 184 f., 222, 233, 373

Gazzaniga, Giuseppe S. 462

Gebler, Tobias Philipp von S. 349, 415 f.

Genzinger, Dr. von S. 387

George I., König von England S. 211

George II., König von England S. 220

Johann Georg I., Kurfürst von Sachsen S. 144

Georg II., Landgraf von Darmstadt S. 144

Gerber, Ernst Ludwig S. 263

Géricault, Théodore S. 519

Gerstenberg, Heinrich Wilhelm von S. 355

Giacobbi, Girolamo S. 144

Giegling, Franz S. 482

Giesecke, Karl-Ludwig S. 450, 494

Gilbert, William S. 24, 378

Giovaninetti, Reynald S. 483

Giovannini, Pietro S. 290

Girzik, Franz Xaver S. 397, 400, 402

Glinka, Michail S. 384 f.

Gluck, Christoph Willibald, Ritter von S. 26, 52, 61, 64, 90, 92, 119 f., 126, 128 f., 135, 137, 149, 162, 165, 215, 255, 261 f., 267, 270, 274, 276, 278, 280, 283, 286 f., 291, **292–328,** 339, 352, 357, 359, **360–362,** 388, 395 f., 401, 403, 405, 412, 417, 421, 433, 442, 470, 519, 521, 523

Goehr, Walter S. 57

Goethe, Johann Wolfgang von S. 50, 111, 158, 164, 230, 236 f., 254, 257, 263, 266, 273, 295, 297 f., 319 f., 350, 351 ff., 356, 448, 467, 481, 489, 493 f.

Goeze, Johann Melchior S. 467

Goldoni, Carlo S. 92, 188, 202, 249 ff., 253 f., 257, 391, 394, 396 f., 408, 449

Gollmick, Carl S. 424

Gonzaga, Ferdinando S. 38, 42

Gonzaga, Francesco S. 38 f., 49

Gonzaga, Vinzenzo S. 36, 38, 50

Gossec, François-Joseph S. 503 f.

Gotter, Friedrich Wilhelm S. 352, 355

Gottsched, Johann Christoph S. 155 f., 162, 359

Grabu, Louis S. 171

Gräwe, Dietrich S. 450, 461

Graun, Carl Heinrich S. 274, **281–283,** 352

Graupner, Christoph S. 153

Gravina, Gian Vincenzo S. 269

Grétry, André Ernest Modeste S. 274 f., **337–344,** 455 ff., 504 ff., 516, 525

Grillparzer, Franz S. 304

Grimani, Vincenzo S. 198 f., 220

Grimm, Friedrich Melchior Baron von S. 302, 329, 342, 434

Griselini, Francesco S. 253

Guadagni, Gaetano S. 305

Guarini, Giovanni Battista S. 22, 67

Guglielmi, Pietro S. 253

Guidiccioni-Luccesini, Laura S. 28

Guidotti, Alessandro S. 28

Guillard, Nicolas-François S. 298, 319

Guymond de la Touche S. 320

Haas, Robert S. 53

Habeneck, François-Antoine S. 510

Händel, Georg Friedrich S. 156, 159, **162–168,** 172, 181 ff., 192, 194, 196,

199 f., 206, 208, **209–235**, 242, 278 f.,
289, 294, 300, 374 f., 414

Hagen, Oskar S. 213

Hagenauer, Lorenz S. 410

Hager, Leopold S. 409

Hallmann, Johann Christian S. 153

Hanslick, Eduard S. 263

Harnoncourt, Nikolaus
S. 44, 49, 53 f., 57, 431

Harsdörffer, Georg Philipp S. 145 ff.

Hasse, Johann Adolf S. 156, 238, 243 f.,
274, 277–281, 282 f., 295, 352, 360, 442

Hauptmann, Gerhart S. 195

Haydn, Joseph S. 274, 306, 359, 361,
364, **386–403**, 415, 423, 442, 521, 527

Haydn, Michael S. 407

Haym, Nicola Francesco
S. 218, 222 f. 225, 227 f.

Hegel, Georg Wilhelm Friedrich
S. 291, 318, 344, 456, 462, 488,
495, 519

Heidegger, John James S. 220

Heigel, Carl Maria S. 481

Heinrich, Siegfried S. 44 f.

Heinrich IV., König von Frankreich
S. 21, 80, 513

Heinse, Wilhelm S. 254, 257, 266, 273,
285 f., 304, 308, 325

Heißenbüttel, Helmut S. 388

Held, Michael S. 450

Hensler, Karl Friedrich S. 494

Henze, Hans Werner S. 53, 406

Herberay des Essarts S. 88

Herder, Johann Gottfried
S. 211 f., 273, 354, 356

Herklots, Karl Alexander S. 244, 524

Herlischka, Bohumil S. 465

Hermann, Karl-Ernst S. 483

Herodot S. 230

Herz, Joachim S. 231

Hesiod S. 22

Hidalgo, Juan S. 367 f.

Hildesheimer, Wolfgang S. 424, 490

Hill, Aaron S. 221

Hiller, Johann Adam S. 182, 205, 292,
345, **346–348**, 352, 355, 513

Hindemith, Paul S. 44, 49, 96

Hinsch, Hinrich S. 157

Hirschfeld, Robert S. 391 f.

Hita, Antonio Rodríguez de
S. 370 f.

Hitchcock, Alfred S. 455

Hoe, Johann Joachim S. 161

Hölderlin, Friedrich S. 233

Höveln, Konrad von S. 149

Hoffmann, Ernst Theodor Amadeus
S. 293, 304, 364, 461 ff., 465,
467 f., 482

Hoffmann, François-Benoît
S. 516, 524 f.

Hofmannsthal, Hugo von S. 96 f.

Hogarth, William S. 264

Hollweg, Werner S. 424

Holzbauer, Ignaz S. 349, 415 f.

Homer S. 53, 354

Honolka, Kurt S. 482

Hugo, Victor S. 328

Humboldt, Wilhelm von S. 273

Hunold, Christian S. 152 f.

Indy, Vincent d' S. 44, 49, 53, 56, 123

Innozenz X., Papst S. 68

Innozenz XI., Papst S. 108

Ives, Charles S. 339

Jackson, William S. 376

Jacobs, René S. 75

Jacobi, Friedrich Heinrich S. 273

Jean Paul (d. i. Johann Paul Friedrich
Richter) S. 463

Jommelli, Niccolò S. 274, 278, 283 ff.,
290, 295, 360, 442

Jonson, Ben S. 169

Joos, Kurt S. 175

Joseph I., Kaiser von Österreich
S. 267

Joseph II., Kaiser von Österreich S. 325,
327, 362, 364, 408, 440 f., 447, 451, 473,
475, 481, 492, 495

Kalbeck, Max S. 416, 450
Kant, Immanuel S. 387
Karl I., König von England S. 169 f.
Karl II., König von England S. 170 f.
Karl III., König von Spanien
S. 243, 369 ff.
Karl IV., König von Spanien S. 369, 482
Karl VI., Österr. Kaiser S. 196, 267 f.,
271, 358
Karl Eugen, Herzog von Württemberg
S. 284 ff.
Karl Theodor, Kurfürst von Bayern
S. 286, 429
Katharina II. die Große S. 259, 286,
380, 383
Kaunitz, Wenzel Anton von S. 359
Kayser, Philipp Christoph S. 350
Keiser, Reinhard S. 82, **154–162**, 197,
216, 220
Kelly, Michael S. 377, 451
Kepler, Johannes S. 24
Kertész, István S. 483
Kierkegaard, Sören S. 461–468, 494
Killigrew, Thomas S. 170
Klaj, Johann S. 145, 147
Kleiber, Erich S. 387
Klein, Anton S. 349
Klopstock, Friedrich Gottlieb S. 300
Knigge, Adolf von S. 450
Knigge, Philippine S. 450
Knipper, Karl S. 381
Koch, Gottfried Heinrich S. 345 f.
König, Johann Ulrich von S. 149, 160
Köselitz, Heinrich (gen. Peter Gast)
S. 264
Kohout, Joseph S. 264
Kolb, Annette S. 463
Kraack, Erich S. 53, 57
Krauss, Clemens S. 406

Kreith, Carl-Heinrich S. 316
Křenek, Ernst S. 57, 59
Kretschmar, Hermann S. 270
Kreutzer, Conradin S. 351
Kreutzer, Rodolphe S. 505, 508
Krylow, Iwan S. 385
Kühnelt, Hans Friedrich S. 393
Kurz, Josef-Felix von (gen. Kurz-
Bernadon oder Bernadon)
S. 249, 359, 389
Kusser, Sigismund S. 149, 154

La Bruyère, Jean de S. 89, 126
Lachner, Franz S. 254, 530
La Fontaine, Jean de S. 96, 337
Lambert, Michel S. 85
Lampe, John Frederic S. 373 ff.
Lamprecht, Jacob Friedrich S. 156
Landi, Stefano S. 64, 66 f.
Lanier, Nicholas S. 169
Lasso, Orlando di S. 99, 257
Latzko, Ernst S. 400
Lawes, Henry S. 169, 171
Lawrence, David Herbert S. 254
Le Blanc du Roullet, Marie François
S. **301–319**
Le Brun, Charles S. 84, 91
Lecerf de la Vieville, Jean-Laurent
S. 105, 107, 109, 115
Leclair, Jean-Marie S. 138 f.
Leclerc de la Bruère, Charles Antoine
S. 133
Le Grand, Pierre S. 433
Le Gros, Joseph S. 305, 309
Leibniz, Gottfried Wilhelm
S. 152, 270
Leibowitz, René S. 18
Lemierre, Antoine Marin S. 434
Leo, Leonardo S. 203, 240, **274–277**
Leopold I., Kaiser von Österreich
S. 75, 157, 267
Leopold II., Kaiser von Österreich
S. 262, 311, 482, 492

Leppard, Raymond S. 54, 57, 72, 137
Le Riche de la Pouplinière S. 123
Le Rochois, Marthe S. 108
Lesage, Alain-René S. 330 f., 336, 361
Lessing, Gotthold Ephraim S. 21,
140 f., 143, 153, 162, 295, **349**, 350, 425,
444, 444, 467
Lesueur, Jean-François S. 505 f., 508 f.,
513, 515, 520
Levi, Hermann S. 450, 461, 473 f.
Levine, James S. 483
Lewicki, Ernst S. 431
Lewis, Matthew Gregory S. 377
Linde, Hans-Martin S. 34
Linley d. J., Thomas S. 376
Liszt, Franz S. 356
Literes, Antonio S. 369
Locke, John S. 171
Locke, Matthew S. 171 f.
Lockmann S. 255, 286
Löwlein, Hans S. 316
Logroscino, Nicola S. 242
Lohenstein, Daniel Casper S. 153
Lope de Vega, Felix S. 367
Lorenzi, Giambattista S. 399
Lortzing, Albert S. 347, 364, 427
Losey, Joseph S. 463, 465
Los Velez, Marquis S. 240
Lothar, Mark S. 396
Lotti, Antonio S. 242
Ludwig XIII., König von Frankreich
S. 80
Ludwig XIV., König von Frankreich
S. 82 f., 86, 97, 103 f., 106, 108, 123, 138,
191, 330
Ludwig XV., König von Frankreich
S. 332, 335
Ludwig XVI., König von Frankreich
S. 300, 502
Lütjen, Peter S. 151
Lully, Jean-Baptiste S. 73 f., 77, 81,
85–106, 107 ff., 116, 118 ff., 126,
129, 138, 149, 158, 171, 175, 191, 218,
222, 244, 300 f., 303 f., 313, 319, 333,
341, 368
Lwow, Nikolai S. 385

Mably, Abbé S. 88
Macchiavelli, Niccolò S. 281
Maderna, Bruno S. 49
Maffei, Scipione S. 190
Magli, Gualberto S. 39
Magno, Carlo S. 39 f.
Mahler, Gustav S. 450, 464, 474, 503
Abbé Mailly S. 98
Maintenon, Françoise d'Aubigné
S. 81, 89, 102 f., 330
Majo, Gian Francesco di S. 283
Malibran, Maria S. 371
Malipiero, Gian-Francesco
S. 49, 53, 56
Manelli, Francesco S. 53, 68 f.
Mann, Heinrich S. 21
Manni, Agostino S. 34
Manzuoli, Giovanni S. 407
Marais, Marin S. 95, 106, 125
Marazzoli, Marco S. 67
Marcello, Benedetto S. **200–202**, 391
Margaretha Theresia von Spanien S. 75
Maria Amalia, Prinzessin von Sachsen
S. 243
Maria Theresia, Kaiserin von
Österreich S. 73, 233, 271, 302,
311, 314, 386, 401, 421, 492
Maria Iwanowna, Zarin S. 380
Maria Louisa S. 483
Marie Antoinette S. 302, 475, 492
Marinelli, Karl S. 363
Marini, Biagio S. 52
Marivaux, Pierre Carlet de Chamblain
de S. 112 f., 116, 255, 475 f.
Marlowe, Christopher S. 178
Marmontel, Jean-François
S. 122, 303, 342 f., 521
Marpurg, Friedrich Wilhelm S. 278
Martelli, Pier Jacopo S. 190

Martín y Soler, Vicente S. 378, 380
Martinelli, Gaetano S. 442
Marx, Karl S. 117, 214, 452
Massenet, Jules S. 254
Matinski, Michail S. 382 f.
Mattei, Saverio S. 261
Mattheson, Johann S. 154 f., **162–168**, 186 f., 220, 282
Matthus, Siegfried S. 53
Maximilian III., Kurfürst von Bayern S. 249, 421
Mayr, Simon S. 488
Mazarin, Jules, Kardinal S. 73, 80 ff., 86
Mazzocchi, Domenico S. 65 f.
Mazzocchi, Virgilio S. 67
Mazzolà, Caterino S. 481, 483 f.
de' Medici, Caterina S. 42
de' Medici, Cosimo S. 30
de' Medici, Margherita S. 30
de' Medici, Maria S. 21, 31, 80
Méhul, Étienne-Nicolas S. 504, 506, 508 f., 511, 513, 515 ff., 522
Mercadante, Saverio S. 262
Mesmer, Franz Anton S. 409
Metastasio, Pietro (d. i. Antonio Trapassi) S. 63, 181, 189 ff., 202, 205, 217, 219 f., 226, 233, 236 f., 242, 249, 252, 267, **269–272**, 275 ff., 283 ff., 287 f., 290, 295, 301, 303, 353, 359 f., 375, 389 f., 401, 408, 412 f., 421 f. 434, 449, 480, 481 ff., 521
Meyer, F. L. W. S. 262
Meyerbeer, Giacomo (d. i. Jakob Liebmann Beer) S. 468, 488, 515, 530 f.
Michaelis, Johann Benjamin S. 347
Michel Le Tellier, Marquis de Louvois S. 83
Migliavacca, Giovanni Ambrogio S. 401, 442
Millico, Giuseppe S. 314
Milton, John S. 81, 169, 301
Minato, Nicola S. 160, 229 f.
Mingotti, Angelo S. 162, 295

Mingotti, Pietro S. 162, 295
Mirabeau, Gabriel Graf S. 503, 505
Misón, Luís S. 371
Mocenigo, Girolamo S. 51
Mörike, Eduard S. 461
Molière (d. i. Jean-Baptiste Poquelin) S. 82, 85 ff., 91, 96, 187, 243, 249
Moline, Pierre-Louis S. 304, 309
Monsigny, Pierre-Alexandre S. 336 f., 339, 342
Montalvo, García Ordóñez S. 88
Montesquieu, Charles de Secondat, Baron de la Brède et de S. 98, 442
Monteverdi, Claudio S. 24, 27, 33, 35 ff., **38–62**, 64 ff., 76 f., 81, 148, 161, 188, 215, 220 f., 237, 242, 244, 268, 275, 291, 389, 405
Monteverdi, Giulio Cesare S. 40
Montgomery, Kenneth S. 72
Moreschi, Alessandro S. 207
Morhof, Daniel Georg S. 150
Mortari, Virgilio S. 238
de la Motte, Antoine Houdard S. 121
Mozart, Leopold S. 408, 415, 420, 429, 439, 442
Mozart, Nannerl S. 408, 429
Mozart, Wolfgang Amadeus S. 50, 62, 64, 78, 99, 129, 189, 212 f., 231, 236, 239, 241 f., 246, 248, 253, 256 f., 258, 260, 263 ff., 270 f., 274, 283, 285 f., 288, 291, 294, 299, 301, 315, 324 ff., 335 ff., 343, 346, 349, 355 ff., 361 ff., 376 ff., 387 f., 390, 392, 395, 399, 401, **404–501**, 511, 520, 522, 531
Müller, Wenzel S. 490, 494
Muratori, Lodovico S. 162
Mussorgski, Modest S. 383
Mysliveček, Joseph S. 423

Napoleon I., Kaiser der Franzosen S. 267, 344, 385, 504, 508 f., 512, 514, 518 f.

Nebra, José de S. 369
Neefe, Christian Gottlob S. 347, 460
Neri, Filippo S. 34
Neugebauer, Hans S. 305
Neumeister, Erdmann S.152
Niese, Carl S. 450
Nietzsche, Friedrich
S. 17, 462, 464, 496
North, Roger S.173
Nourrit, Adolphe S. 305
Noverre, Jean-Georges S.120, 284f.

Oberlin, Russell S. 212
Oehlmann, Werner S. 424
Oñate, Graf S. 239
Opitz, Martin S. 37, 143 ff.
Orefice, Antonio S. 240
Orff, Carl S. 44, 49
d'Orneval S. 361
Osthoff, Wolfgang S. 236
Ottoboni, Pietro S.198, 379
Ovid S. 37, 44, 87, 124, 407

Pachl, Peter-Paul S. 466
Paer, Ferdinando S. 513
Paisiello, Giovanni S. 258 ff., 274,
284 f., 380, 453
Pallavicino, Carlo S. 77
Pariati, Pietro S.165, 242, 244, 267 f.
Parini, Giuseppe S. 413
Paschkewitsch, Wassili Alexejewitsch
S. 382 f.
Paumgartner, Bernhard
S. 34, 431, 481 f.
Pellegrin, Simon-Joseph de
S.123 f., 126, 133
Pelletan, Fanny S. 305
Pepusch, John Christopher
S.182, 184 f., 222, 373
Peranda, Marco Giuseppe S.149
Pérez, Davide S. 283
Pergolesi, Giovanni Battista
S.115, 166, 203, 232, 238, 244, 246 ff.,

258 f., **274 – 277**, 279, 281, 284 f.,
333, 341 f.
Peri, Jacopo S. 21 f., 24, 27, 30 – 37, 38,
40, 44 ff., 48, 63, 65, 67, 144, 388
Peri, Lucia S. 32
Perinet, Joachim S. 492
Perrault, Charles S. 344
Perrin, Pierre S. 84 f., 88, 90
Perti, Antonio S. 227
Peter I. der Große S. 379 f.
Petrarca, Francesco S. 21, 195, 274
Petrosellini, Giuseppe S. 258 f., 416
Phidias S. 297
Philidor, François-André-Danican
S. 337, 339
Philipp II., Herzog von Orléans S.106
Philipp IV., König von Spanien S. 368
Philipp V., König von Spanien
S. 243, 368 f.
Piccinni, Nicola S. 253 ff., 260, 274,
302 – 303, 320 f., 370
Piccioli, Giuseppe S.198
Pindemonte, Giovanni S. 288
Piovene, Agostino S. 206, 225 f.
Pius VI., Papst S. 493
Platon S. 43, 277, 474
Plautus S. 252
Plutarch S. 223
Pohl, Carl Ferdinand S. 392
Pollarolo, Antonio S.195, 197
Pollarolo, Carlo Francesco S.188, 193
Polzelli, Luigia S. 390
Pompadour, Jeanne Antoinette S. 301
Ponnelle, Jean-Pierre
S. 49, 54, 306, 482 f.
Ponte, Lorenzo da S. 259, 264, 301,
319, 327 f., 377, 450 ff., 460, 462, 464,
473 ff., 478, 484
Porpora, Nicola Antonio
S. 207, 220, 277, 279
Porta, Bernardo S. 504
Porta, Nunziato S. 400
Postel, Christian Heinrich S.153, 157

Poussin, Nicolas S. 91
Pradon, Jacques S. 206, 225 f.
Praetorius, Johann Philipp S. 161, 165 f.
Praetorius, Michael S. 29
Praxiteles S. 295
Prehauser, Gottfried S. 358
Priest, Josias S. 177 f.
Proust, Marcel S. 340
Provenzale, Francesco S. 237
Purcell, Daniel S. 174
Purcell, Henry S. 61, 73, 82, 101, 169,
172–181, 185, 210, 216
Puschkin, Alexander S. 325
Puttini, Francesco S. 397

Quinault, Philippe S. 85, 87 ff., 96,
99 ff., 113, 119, 149, 191, 222, 302, 304

Raaff, Anton S. 430
Racine, Jean S. 83, 88, 91, 95, 113,
123 f., 129, 219, 225 f., 286, 303,
316 f., 410
Radcliffe, Ann S. 377
Raffaelini, Francesco Maria S. 78
Raguenet, François S. 105, 115, 188
Rákóczi, Ferenc S. 516
Rameau, Jean-Philippe S. 73, 87, 93 ff.,
99, 104, 106 f., 109 f., **111–139,** 286,
289, 294 f., 298, 300, 303, 313, 319, 331,
333, 335, 341, 357, 433, 442, 444, 494
Rasi, Francesco S. 39
Rauch, Christoph S. 152
Raupach, Hermann S. 380
Rautenstrauch, Johann S. 451
Redlich, Hans Ferdinand S. 44, 57
Reichardt, Johann Friedrich
S. 347, **348–352**
Reinken, Johann Adam S. 151
Reiser, Anton S. 151 f.
Rennert, Günther S. 316
Riber, Jean-Claude S. 466
Riccoboni, Luigi S. 112
Riccoboni, Flaminia S. 112

Riccio, Giovanni Battista S. 52
Richard I. Löwenherz S. 340
Richardson, Samuel S. 253 ff., 257, 342
Richelieu, Armand Jean du Plessis,
Herzog von, Kardinal S. 80 f., 83, 85
Riehm, Rolf S. 356
Rimski-Korsakow, Nikolaj S. 326, 383
Rinuccini, Ottavio S. 21–25, 31 ff., 36,
45, 48 f., 67, 80, 144, 150, 388
Ristori, Giovanni Alberto S. 203, 379
Robespierre, Maximilien de
S. 503, 508 f.
Robbins Landon, H. C.
S. 392 ff., 396, 399
Rochlitz, Friedrich S. 460, 481
Rolland, Romain S. 65, 165, 213, 235
Roller, Alfred S. 464
Rolli, Paolo Antonio S. 195, 218, 233
Rosa, Salvator S. 75
Rospigliosi, Giulio S. 66 f.
Roßbach, Christian S. 363
Rossi, Giacomo S. 221
Rossini, Gioacchino S. 98, 166, 203,
245 f., 250, 253, 258 ff., 290, 299, 365,
488, 505 f.
Rosso, Luigi S. 81
Roubillac, Louis-François S. 210
Rousseau, Jean-Jacques S. 95, 104,
112 f., 115, 217, 240, 256, 273, 302, 309,
317, 331, **332–335,** 339, 343 f., 355,
372, 381, 409
Rovere, Vittoria della S. 30
Ruspoli, Francesco Maria S. 195

Sacchini, Antonio S. 274
Sacrati, Francesco S. 81
Sade, Donatien-Alphonse-François,
Marquis de S. 481
Sáenz, Pedro S. 367
Saint-Évremond, Charles de Marguetel
de Saint-Denis, Seigneur de
S. 84, 89, 96, 138, 152, 155 f., 163 f.
Saint-Foix, Georges de S. 423

Saint-Saëns, Camille S. 112
Saint-Simon, Claude Henri de Rouvroy,
  Graf von S. 83
Salieri, Antonio S. 40, 257, 287, 290,
325–328, 362 f., 449, 505, 522
Salvi, Antonio S. 227, 243
Sammartini, Giovanni Battista S. 294
Sander, Johann Daniel S. 310, 316, 319
Sarrette, Bernard S. 502, 509 f.
Sarri, Domenico S. 243, 269
Sarti, Giuseppe S. 262, 290, 520
Sartorio, Antonio S. 77, 223
Savage, William S. 212
Saveur, Joseph S. 114
Savoia, Margherita di S. 49
Sbarra, Francesco S. 75
Scarlatti, Alessandro S. 184, 188, 195,
196–200, 203, 220, 237 ff., 241 f., 247,
274, 277, 279 f., 368
Scarlatti, Domenico S. 247
Scarron, Paul S. 161, 259
Schachtner, Johann Andreas S. 424 f.
Scheibe, Johann Adolph S. 156
Scheidt, Samuel S. 146
Schein, Johann Hermann S. 146
Schenk, Johann S. 347
Schiebeler, Daniel S. 345
Schikaneder, Emanuel S. 363, 451,
488 f., 490 ff., 494 f., 499 f.
Schiller, Friedrich von S. 236, 257, 266,
273, 295, 297 f., 341, 426
Schlegel, August Wilhelm S. 272 f.
Schlegel, Friedrich S. 273, 356
Schliemann, Heinrich S. 297
Schmieder, Heinrich Gottlieb
S. 460, 473
Schönberg, Arnold S. 41, 114, 248,
356, 447
Schönemann, Johann Friedrich S. 345
Schott, Gerhard S. 151, 154
Schubart, Christian Friedrich Daniel
S. 356, 364
Schubert, Franz S. 351, 488

Schüler, Hans S. 524
Schünemann, Georg S. 450, 473
Schürmann, Georg Caspar S. 149
Schütz, Heinrich S. 37, 143 ff.
Schultz, Helmut S. 395
Schumann, Robert S. 356
Schweitzer, Anton S. 349, 355
Scotti, Annibale S. 369
Sebastini, Franz Joseph S. 424
Seckendorf, Siegmund von S. 356
Sedaine, Michel-Jean S. 336 f.,
340 ff., 344
Sellitti, Giuseppe S. 243
Seneca S. 57 ff.
Senesino S. 196, 216
Serio, Luigi S. 287
Settle, Elkanah S. 175
Seyfried, Ignaz von S. 481, 490
Shadwell, Thomas S. 171
Shaffer, Peter S. 326
Shakespeare, William S. 33, 163, 171,
175 f., 178, 210, 223, 352, 364, 373, 377
Shaw, George Bernard S. 223, 373
Sheridan, Richard Brinsley S. 376 f.
Shield, Wiliam S. 377
Silva, António José da S. 370
Simrock, Karl S. 434
Sografi, Antonio S. 288
Sokolowski S. 381
Sophokles S. 67
Sorin, Dementij Alexejewitsch S. 381
Sourdéac, Marquis de S. 84 f.
Spener, Philipp Jacob S. 151 f.
Spontini, Gasparo S. 505, 510, 519,
524, 530 f.
Staden, Sigmund Theophil (eigentl.
  Johann Gottlieb) S. 145, 146 ff.
Stadler, Anton S. 488
Stählin, Jacob von S. 379
Stamitz, Carl S. 284
Stampiglia, Silvio S. 191, 194, 229, 267
Standfuß, Johann Georg S. 181, 345
Steffani, Agostino S. 77, 79

Steglich, Rudolf S. 235
Stegmann, Karl David S. 473
Steibelt, Daniel S. 505, 508
Stendhal (d. i. Marie Henri Beyle)
   S. 253, 263 f., 290
Stephanie d. J., Johann Gottlieb
   S. 363, 440 ff.
Stierle, Franz Xaver S. 416, 420
Storace, Nancy S. 377
Storace, Stephan S. **376–378**
Stradella, Alessandro S. 68
Stranitzky, Joseph Anton von S. 358
Stransky, Joseph S. 314
Strauss, Richard S. 40, 96 f., 188, 213,
   293, 324, 328, 406, 432, 474
Strawinsky, Igor S. 248
Strehler, Giorgio S. 266
Striggio, Alessandro S. 44
Strobel, Heinrich S. 524
Strozzi, Giulio S. 67 f.
Strungk, Nikolaus Adam S. 154
Stuntz, Joseph Hartmann S. 482
Süßmayr, Franz Xaver S. 466, 483
Sueton, Gaius S. 484
Suleiman II. der Prächtige S. 171
Sullivan, Arthur S. 378
Sulzer, Johann Georg S. 186 f., 299
Sumarokow, Alexander
   Petrowitsch S. 380
Sumerau, Freiherr von S. 392
Swift, Jonathan S. 182

Tacitus S. 56
Tagliazucchi, Giovanni Pietro S. 282
Taine, Hippolyte S. 184
Tasso, Torquato S. 21 f., 28, 44, 51, 67,
   77, 87, 102, 106, 402
Tate, Nahum S. 177 f., 180
Telemann, Georg Philipp S. 154 f.,
   157 ff., 161, **162–168**, 242, 269
Terenz S. 252
Terradellas, Domingo S. 283
Terrasson, Jean S. 493

Tessarini, Carlo S. 166
Theile, Johann S. 151, 154
Thun, Johann Joseph S. 461
Tieck, Ludwig S. 344, 356
Torelli, Giacomo S. 81
Toscanini, Arturo S. 305
Tosi, Francesco S. 207
Traetta, Tommaso S. 262, 274, 283,
   286–287, 290, 320, 390
Treitschke, Georg Friedrich
   S. 429, 490, 524
Tronsarelli, Ottavio S. 65
Tschaikowsky, Peter Iljitsch S. 338
Tullio, Francesco Antonio S. 239, 241

Umlauff, Ignaz S. 363
Urban VII., Papst S. 28
Urfey, Thomas d' S. 176, 181

Vaňhal, Jan Křtitel (Wanhall, Johann
   Baptist) S. 364
Varesco, Giambattista S. 429, 449
Vecchi, Orazio S. 51
Verdi, Giuseppe S. 50, 61 f., 64, 227,
   237, 289, 460, 467, 506
Vergil S. 22, 44, 177 f., 180
Viardot, Pauline S. 305, 310, 371
Vigarini, Carlo S. 73, 96
Vinci, Leonardo S. 203, 240, **274–277**,
   278 f.
Vitalis, Filippo S. 65
Vitruvius S. 190
Vivaldi, Antonio S. 166, 196, 200 f.,
   202–206, 216, 274 f.
Vogel, Johann Christoph S. 526
Vogler, Abbé S. 280
Voltaire (d. i. François Marie Arouet)
   S. 139, 338, 344, 385, 481, 503
Vulpius, Christian August S. 450,
   481, 489

Wagenseil, Georg Christoph
   S. 284, 360

Wagner, Richard S. 17, 61 f., 64,
119, 143, 168, 270, 291 ff., 298, 314,
316 f., 319, 323, 337, 340 f., 349, 354,
388, 404, 474, 488 f., 499, 503, 510, 515,
516, 520
Wagner, Wieland S. 305
Wallenstein, Lothar S. 432
Walpole, Hugh S. 373
Walpole, Robert S. 182 f.
Walter, Franz S. 450
Walther, Johann Gottlieb S. 282
Wantschura, Ernst S. 381
Watteau, Jean-Antoine S. 113
Weber, Aloysia S. 423
Weber, Carl Maria von S. 304,
338, 344, 353, 356, 474, 488, 506,
516 f., 531
Weber, Konstanze S. 443
Weber, Maria Cäcilia S. 441
Weidmann, Paul S. 363
Weill, Kurt S. 182 f.
Weise, Christian S. 158
Weiser, Anton S. 407
Weiskern, Friedrich Wilhelm S. 409
Weiße, Christian Felix S. 181, 345 ff.
Wend, Christoph Gottlieb S. 167
Wendling, Dorothea S. 286
Wenzinger, August S. 44
Werner, Theodor Wilhelm S. 166

Widl, Rufinus S. 407
Wiel, Taddeo S. 57
Wieland, Christoph Martin S. 272,
349, 353 f.
Wilhelmine, Markgräfin
   von Bayreuth S. 281
Wilson, Robert S. 110
Winckelmann, Johann Joachim S. 163,
272, 296 f.
Wirth, Helmut S. 386
Wittgenstein, Ludwig S. 406
Wladislaw Sigismund, Prinz von Polen
S. 30
Wolff, Helmuth Christian S. 154, 164
Wolf-Ferrari, Ermanno S. 249, 431
Wolfskehl, Karl S. 450
Wranitzky, Paul S. 494
Wyzewa, Théodore von S. 423

Zangarini, Carlo S. 524
Zarlino, Gioseffo S. 40 f.
Zeno, Apostolo S. 159, 189 ff., 195 f.,
202, 219, 237, 267 f.
Zille, Moritz Alexander S. 492
Zimmer, Walter S. 397
Zinzendorf, Nikolaus Graf von S. 488
Zuccalmaglio, Anton Wilhelm
   Florentin S. 431
Zweig, Stefan S. 209